U0630053

教育部哲学社会科学研究后期资助重大项目

易地扶贫搬迁、农户生计与生态环境可持续发展

IMPACTS OF
THE POVERTY ALLEVIATION RESETTLEMENT PROGRAM ON
RURAL HOUSEHOLDS' LIVELIHOOD
AND ECOSYSTEM SERVICES IN CHINA

李 聪 著

社会科学文献出版社
SOCIAL SCIENCES ACADEMIC PRESS (CHINA)

本书得到教育部哲学社会科学研究后期资助重大项目（19JHQ015）、国家自然科学基金优青项目（72022014）、国家自然科学基金面上项目（71973104）、陕西高校青年创新团队的资助

序

消除绝对贫困，增进人民福祉，长期以来都是我国政府追求的宏伟目标。2013 年以来，在“精准扶贫”“精准脱贫”方略的指导下，党中央团结带领全国各族人民，让困扰中华民族千年的绝对贫困问题得到彻底解决，为世界减贫工作做出巨大贡献。在这场脱贫攻坚战中，“易地搬迁”无疑是针对“一方水土养不起一方人”地区最行之有效的脱贫手段。它发源于陕西等西部省份为解决生态脆弱与深度贫困相互交织等问题的探索，力图从根本上打破地理环境对贫困地区和贫困人口发展的限制，通过人口、资源、环境与经济社会的全方位变革，实现社会快速变迁、地区跨越发展、人口持续脱贫、生态逐步恢复的多重目标。由于易地搬迁涉及人口众多，仅在“十三五”期间全国就有近 1000 万贫困人口实现搬迁脱贫，同时搬迁后还需要一系列后续扶持措施统筹做好基础设施、公共服务、产业发展、社区治理等工作，因此其备受实践领域和政策研究领域的关注。

陕西省是贫困人口和贫困地区相对集中的地区之一。早在 2011 年，为了彻底解除生态环境脆弱和地质灾害频发对人民生命财产安全的威胁，陕西省在陕南三市率先开展了“陕南移民搬迁工程”，并在 2016 年统一整合进国家易地扶贫搬迁工程。经过近十年的历程，陕西移民搬迁在脱贫攻坚、生态建设、防灾减灾、城乡发展等方面发挥了重要作用，其积累的众多先进经验和做法得到国家发展改革委的肯定，并在全国进行推广。尤其在 2020 年 4 月，习近平总书记来陕西考察时对安康“山上兴产业，山下建社区，社区办工厂”的易地搬迁发展模式给予肯定。

李聪教授及其所在的西安交通大学移民搬迁研究团队长期以来一直致力于西部地区保护与发展问题研究。自 2006 年起，研究团队就通过建立广泛的国际合作，以西部山区农户的贫困问题为研究背景，将当时在国际扶贫领域较为流行的生计分析方法引入公共管理和经济学领域，并于 2008 年在陕西省周至县组织了农户生计与环境变迁专项调查，对农户生计、贫困与环境问题进行了探索性研究。2011～2015 年，结合陕南移民搬迁的政策实践与生态脆弱地区实现人与自然和谐发展的现实需求，课题组进一步深化国际合作，与美国斯坦福大学“自然资本”项目团队、中国科学院等国内外不同学科背景的研究者建立跨学科的研究团队，在陕西安康地区、延安地区组织两次专项调查，围绕移民搬迁和退耕还林政策评估，探索建立保护与发展政策研究的框架与方法，相关研究成果得到了国际学术界的普遍认可。在这一阶段，研究团队将扎根陕西的实践经验总结上升为中国在协调人与自然关系中的典型做法，并向世界介绍构建 21 世纪生态文明的中国模式，为其他发展中国家提供经验借鉴。2016 年以来，围绕脱贫攻坚的现实背景，研究团队将农户生计研究进一步深化，在国内较早地把国际前沿的社会-生态系统理论与脆弱性、恢复力研究相结合，应用于农户贫困尤其是易地搬迁政策减贫研究之中。与此同时，研究团队还与政府部门开展深度合作，于 2017 年与陕西省国土资源厅及陕西四个地市建立起国内第一个聚焦易地扶贫搬迁的智库型研究基地。研究基地建立以来，围绕陕西移民搬迁政策接续、移民搬迁政策生态效益评估以及全国易地扶贫搬迁对象脱贫模式等现实问题开展了一系列专项研究，形成了多份研究报告，部分成果得到了实践部门的应用和采纳。

李聪教授的最新专著《易地扶贫搬迁、农户生计与生态环境可持续发展》，聚焦易地扶贫搬迁政策生态保护与脱贫发展两大目标，以农户为基本分析单位，关注搬迁政策对宏观生态系统服务和微观生计变化的影响。除了理论研究和机制探索外，该书还着眼于易地扶贫搬迁的概况与政策现状，对中国易地扶贫搬迁的政策进行了系统梳理和分析，同时选取陕西社区工厂模式和安康飞地经济作为典型案例进行了分析，对易地扶贫搬迁的实践经验进行总结和提炼。整体而言，该书至少有以下三个特点。

第一，研究选题具有深刻意义，填补了相关研究的空白，为政策创新提供理论指导。兼顾减贫和生态保护是易地扶贫搬迁政策与其他开发性扶贫政策相比最大的特点，而以往有关研究主要聚焦易地扶贫搬迁政策的减贫效应，较少关注其生态效应。而这本书不仅系统研究了易地扶贫搬迁政策对农户生计资本、生计策略、生计后果的影响，还通过生计与生态的耦合，关注易地扶贫搬迁政策对生态系统服务的影响，并对政策的生态效应进行全面评估。这些研究成果对于新时期易地扶贫搬迁政策的接续具有非常强的指导与借鉴意义。

第二，联合国际化的研究团队，采用跨学科的研究方法，形成顶天立地式的研究创新。以往有关减贫政策的研究多从政策效应评估的视角出发，主要采用经济学、管理学、人口学、社会学等社会科学的研究方法，对政策的分析与评价存在一定的片面性。而李聪教授这本最新专著立足于发生在中华大地上的伟大减贫实践，结合国际相关研究领域最前沿的视野，通过与美国斯坦福大学、中国科学院等国内外知名研究机构开展深度合作，率先将生态学、环境学、地理学等自然科学的研究方法与技术引入政策评估研究之中，实现自然科学与社会科学的深度融合，由点及面，由静及动，跨学科地研究中国本土的现实问题，既有深度的定性分析，也有严谨的定量研究，全面阐明了搬迁政策对众多利益相关者在不同尺度上的多重效应，科学评估了政策结果产生的长期效应与可持续性。

第三，研究问题来源于政策实践，学术创新成果服务于政策创新，有效实现研究与政策实践的互动融合。该专著的内容既包括学术研究的理论创新成果，也包括对政策的系统梳理和对实践经验的总结。其中学术创新的研究问题来源于易地扶贫搬迁的政策实践，着眼于政策所追求的多维目标平衡，其研究结果又服务于进一步的政策创新，帮助实践中积累的经验进一步推广，推动现实问题的解决。

本人自 2011 年起在安康工作十年，恰好处于陕南移民搬迁工程、国家易地扶贫搬迁工程的重要时间节点之内，在安康全面打赢脱贫攻坚战最关键的几年里，有幸亲身经历、见证了安康大地这些年经历的沧桑巨变。李聪教授及其所在的西安交通大学移民搬迁研究团队深耕易地扶贫搬迁研究已有十余年，自 2011 年起他们就与安康市政府签署合作协议，在安康建立调研基地，多次组织深度调研、问卷调查。在这十余年中他们通过建立跨地区、跨学科的研究平台，用严谨、科学的学术研究记录发生在三秦大地上的伟大巨变，让“安康模式”“陕西经验”在国内外学术界和实践部门得到广泛认可与推广。这本专著立足于陕西的实践，凝结了李聪教授及其研究团队最新的研究成果，不仅内容翔实丰富，兼具学理性和实践性，而且字里行间饱含一个“三农”领域学者对中西部农村地区与贫困人口发展的殷切关注。我相信，无论是这本书的研究选题与研究思路，还是研究内容与研究结果，都能对关注中国易地扶贫搬迁政策的研究者和政策的实际执行者有所启迪！

郭　青

陕西省人大常委会 副主任

2022 年 8 月 16 日

前言

按照党中央、国务院决策部署，2015 年 11 月，国家发展改革委、国务院扶贫办等部门启动实施新时期易地扶贫搬迁工程。“十三五”时期，易地扶贫搬迁不仅解决了“一方水土养不起一方人”地区近 1000 万建档立卡贫困人口的“两不愁三保障”问题，还通过挪穷窝、换穷业、拔穷根，从根本上阻断了贫困的代际传递，取得了良好的经济、社会、生态效益。从公共政策的视角来看，易地扶贫搬迁无论是搬迁规模、投入力度，还是强度以及持久性，都不失为一项强有力且影响空前的公共干预政策。从微观经济学的角度出发，易地扶贫搬迁改变了传统农户“靠山吃山”的生计模式，移民农户通过搬迁安置重组生计资本，提升生计能力，改善生计选择，优化生计策略。从宏观可持续发展的角度来看，易地扶贫搬迁也为原本生态脆弱地区的可持续发展创造了有利条件。总的来说，易地扶贫搬迁作为一项宏大的公共干预政策，在实践中实现了脱贫致富与生态保护的双赢效果，同时在加快促进新型城镇化、农业现代化和公共服务均等化中发挥了积极作用。

本人所在西安交通大学移民搬迁研究团队长期致力于西部地区保护与发展问题研究。自 2006 年起，研究团队就通过建立广泛的国际合作，研究西部山区农户的贫困问题。此后十余年里，课题组与美国斯坦福大学“自然资本”项目团队、中国科学院等国内外不同学科背景的研究者建立跨学科的研究团队，分别以陕南移民搬迁政策、易地扶贫搬迁政策为背景开展农户生计与生态环境可持续发展研究。于 2008 年、2011 年、2015 年、2019 年、2021 年持续不断地在深度贫困与生态脆弱问题相互交织的陕西开展专项调查与政策评估，探索建立保护与发展政策研究的框架与方法。依托研究成果，本人主持并完成国家自然科学基金项目 4 项、省部级项目 3 项，参与国际合作项目、国家社会科学基金项目、国家自然科学基金项目 13 项，在国内外知名高水平期刊发表论文合计 50 余篇，形成调研报告和政策建议3篇。撰写的报告《陕南移民搬迁工程的生态效应评估与接续生态移民的工作框架设计》获陕西省第十四次哲学社会科学优秀成果二等奖。在创新学术研究、推动政策实践方面开展了大量工作，相关成果得到了学术界和政策实践部门的普遍认可。

本书是研究团队多年来研究成果的凝练与汇总，综合了经济学、生态学、地理学和公共管理等多学科的理论、方法和模型，梳理中国易地扶贫搬迁的政策与实践经验，讨论易地扶贫搬迁政策对农户的生计影响与生态效益，以期对这项重要的公共干预政策进行科学评估并为移民政策制定提供借鉴与参考。全书按照政策篇、生计篇、生态篇和实践篇四个篇章展开论述，总共十二章内容。政策篇基于国际、中国和陕西三个层面总结了易地扶贫搬迁工作的具体情况，对比国内外易地扶贫搬迁的经验和发展成效，总结移民农户后续生计转型和重塑的做法，同时，梳理陕西省易地扶贫搬迁的典型经验，发掘易地扶贫搬迁脱贫实践的一般规律。生计篇梳理了可持续生计的相关理论及应用，围绕生计资本、生计策略、生计恢复力、多维贫困、收入不平等、贫困脆弱性等对易地扶贫搬迁农户的生计模式展开了全面探讨，并从社会性别的特殊视角对农户生计问题展开分析。生态篇构建了生态与生计的耦合分析框架，分析易地扶贫搬迁农户的"福祉-生态"耦合模式；基于宏观、中观、微观三个尺度以及短期和长期两个视角系统测度了易地扶贫搬迁的生态效益，对陕西省安康市的易地扶贫搬迁工程进行了系统评估。实践篇提炼了具有代表性的陕南社区工厂产业扶贫模式，并基于远程耦合模型分析了飞地经济的影响，从实践角度探讨了促进搬迁群体可持续发展的历史经验。

本书利用西安交通大学移民搬迁研究团队于2008~2021年在陕西省部分地市调研所得的一手大样本调查数据，应用农户经济学的分析思路，计量经济学及统计学的分析工具与方法，将对易地扶贫搬迁政策的总结与评估贯穿始终。首先，将恢复力理论与可持续生计分析框架相结合，构建搬迁农户生计恢复的整体分析框架，系统全面地测评了搬迁农户的生计恢复力，深化了现有研究对脆弱性背景下农户生计恢复力的认识。其次，采用中观和宏观尺度的地理信息系统GIS方法和生态系统服务评估模型InVEST评估易地扶贫搬迁政策的生态效益，将农户的微观生计和中观、宏观层面的生态效益分析引入整体的政策系统，对政策进行综合考量和总体评价，探索出生态系统服务与居民福祉的耦合模式，为促进易地扶贫搬迁地区农户生计和生态保护的协调发展提供理论依据。最后，在理论基础上探索与提炼陕西易地扶贫搬迁的特色实践模式，将政策的学理价值和实践价值有机结合，为搬迁地区经济转型升级和巩固脱贫攻坚成果奠定坚实的基础。

本书得以顺利出版，离不开各方的大力支持。感谢教育部哲学社会科学研究后期资助重大项目（19JHQ015）、国家自然科学基金优青项目（72022014）、国家自然科学基金面上项目（71973104）、陕西高校青年创新团队等对本书编写的资助。感谢美国斯坦福大学 Gretchen C. Daily 教授、Marcus W. Feldman 教授以及中国科学院欧阳志云研究员、郑华研究员在研究中给予的指导和帮助。本书是西安交通大学移民搬迁研究团队十多年来工作的结晶，感谢西安交通大学人口与发展研究所李树茁教授、黎洁教授多年来的合作与支持，感谢团队博士研究生李明来、王磊、郭嫚嫚、刘杰、高博发、王悦、毕皓林、陈丹蕾的辛苦付出，硕士研究生王慧敏、伏庭霆、李萍、高梦、荀扬、邢钰、戚东、王金天、王肖童、马海丽、马玉洁、齐玥、惠萌、张聪聪、王新宇、汪伟、陈怡、冯淑亚、赵泽昕、郑安琪等的参与及贡献，感谢陕西省自然资源厅和安康市委、市政府对研究及调查的大力协助。感谢实地调查中的全体调研员和接受访谈的农户。感谢社会科学文献出版社工作人员在出版过程中的劳动和付出。感谢家人的包容与支持，敬现与病魔抗争的父亲——坚毅刚强的战士，他是我一生的榜样。最后，谨以此书奉献给无数为祖国脱贫事业无私奉献、默默耕耘的基层工作者，愿我们的研究成果为促进中西部农村地区与贫困人口发展的政策提供参考与借鉴，为国家战胜贫困、实现人民共同富裕的伟大事业添砖加瓦。

由于本人水平有限，书中不妥之处在所难免，恳请专家和学者批评指正。

李 聪

2023 年 5 月

目　录

政策篇

生计篇

生态篇

实践篇

政策篇

第一章 研究背景与内容框架

第一节 本书的研究背景

一 易地扶贫搬迁概况

作为全球最早实现千年发展目标中减贫目标的发展中国家，中国始终致力于消除贫困和增进人民福祉。特别是2012年党的十八大召开以来，以习近平同志为核心的党中央把扶贫开发摆到治国理政的重要位置，提升到关乎全面建成小康社会、实现第一个百年奋斗目标的新高度，按照精准扶贫、精准脱贫的基本方略，做出一系列重大部署和安排，全面打响脱贫攻坚战。2015年，《中共中央 国务院关于打赢脱贫攻坚战的决定》的颁布标志着我国扶贫开发事业进入了啃硬骨头、攻坚拔寨的新阶段，同时“易地搬迁脱贫一批”成为“十三五”期间脱贫攻坚“五个一批”精准扶贫工程的重要组成部分。从最早的“三西吊庄移民”到内蒙古、贵州、云南、宁夏四省（自治区）的易地扶贫搬迁试点，再到全国范围内的推广，易地扶贫搬迁被证明是行之有效的扶贫措施之一。作为中国开发式扶贫的重要举措，脱贫攻坚的“头号工程”和标志性工程，“十三五”期间易地扶贫搬迁计划用5年时间，将生存和发展环境恶劣地区的约1000万农村贫困人口进行搬迁安置，以彻底破解“一方水土养不起一方人”的发展困境，涉及全国22个省（自治区、直辖市）约1400个县（市、区），计划投入资金规模超过1万亿元。

截至2020年末，“十三五”期间计划搬迁安置的易地扶贫搬迁和同步搬迁任务已全部完成，全国累计建成集中安置点约3.5万个，建设安置住房266万余套，搬迁群众入住率接近100%。五年多来，各地配套建设安置点内外道路 8.9 万公里、污水处理设施 5 万个、垃圾处理设施 5.6 万个；新建或改扩建中小学和幼儿园 6100 多所、医院和社区卫生服务中心 1.2 万多所，养老服务设施 3400 余个、文化活动场所 4 万余个。[①] 经过五年多的奋斗，所有参与搬迁的贫困人口实现“两不愁三保障”目标，绝对贫困问题得到根本解决，享受到的公共服务水平得到显著提升。目前，全国易地扶贫搬迁工作已经进入以巩固和拓展脱贫质量为目标的后续扶持阶段。

二 易地扶贫搬迁与农户生计

移民搬迁工程等政策举措力图破解集中连片特困地区经济发展和生态保护的双重难题，同时加快促进新型城镇化、农业现代化和公共服务均等化，无论从搬迁规模、投入力度还是强度以及持久性方面来说，其作为一项强有力的公共政策干预影响的广度和深度将是空前的。从微观经济学的角度出发，此类政策干预最终作用的发挥要落脚到个体的生活方式，体现为农户积极主动地以搬迁为契机，重组生计资本，提升生计能力，改善生计选择，优化生计策略。

在移民搬迁工程中，农户将面临一系列问题，比如，面临大额的搬迁资金支出、生产生活资源的重新分配、经济方式的变化、民风民俗的变化、文化氛围的改变、生产生活环境的改变、融入迁入地生产生活、生计恢复以及心理上的巨大压力等问题。这些问题都会对农户的可持续生计状态产生重大的影响。这些农户的搬迁安置不是简单的人口迁移，而是一种政治、经济以及社会系统剧烈变迁的过程，导致农户原来所熟悉的生产生活方式被改变，原有的社会组织结构和社会网络在一定程度上解体，进而可能导致某些农户的生计陷入困境。世界银行的研究也表明，迁移可能会对移民产生一系列的影响，具体包括：人们被安置到一个新的资源竞争更加激烈的环境中，原来熟练的生产技能不能得到充分运用，原有的生产体系被严重破坏，丧失了生产性的收入来源；家族群体被分散，乡村原有的社会关系网络和社会组织结构被削弱，传统势力、文化特征以及潜在的互相帮助作用减弱；等等。移民在离开原住地进入陌生的安置地之后，在政治、经济、社会、文化和环境等方面面临一个系统的生计恢复与重新适应

① 数据来源：光明网，https：//m. gmw. cn/baijia/2021-06/30/34962534. html。

的社会过程。

从某种意义上说，理顺和厘清移民搬迁对农户生计的影响路径和作用机制，制定和实施农户生计恢复与重建方案，探讨如何防范与消除生态移民生计转型的风险，进而实现生计顺利转型和生计可持续发展，有助于这项公共政策的制定、实施、执行、评估和完善等。在某种程度上，学者们对移民搬迁政策干预效应的研究，特别是对自愿型移民搬迁如何影响微观农户研究的忽视，已经远远滞后于中国相关公共政策的制定和执行。关于农户生计问题的研究不仅对中国西部地区移民搬迁政策评估至关重要，对当前中国其他地区的易地扶贫搬迁和发展中国家乃至国际移民搬迁政策的制定和运行也有重要借鉴意义。

三　易地扶贫搬迁与生态

易地扶贫搬迁是我国“十三五”时期实施脱贫攻坚、精准扶贫“五个一批”的重要举措，旨在通过对生存环境恶劣地区的农村贫困人口实施易地搬迁安置，从根本上破解“一方水土养不起一方人”的发展困境，实现生态保护与脱贫致富的双赢。对易地扶贫搬迁的生态效益进行考量，有赖于对生态系统服务（Ecosystem Service，ES）价值以及由政策选择或人类活动导致的人类福祉变化的有效评估，而均衡（trade-off）生态系统和人类福祉的关系，评估和测度人类从生态系统中获得的收益是提供科学、有效决策的关键。基于现有的评估模型和工具，许多学者实现了在全球广泛的决策背景和多个尺度下评估和测度生态系统服务给整个人类和区域人口带来的福祉。但较少研究关注到二者在微观尺度上的结合，特别是从家庭视角切入，审视个体决策单位对生态系统服务的使用和依赖。然而，生态系统服务功能的发挥离不开微观个体的决策及行为给其带来的影响。因此，审视微观视角下农户对生态系统服务的依赖程度至关重要。

站在精准扶贫的角度审视易地扶贫搬迁政策的成效，不仅要从微观农户视角出发评估政策作用下的减贫效果，还要关注移民搬迁家庭的可持续生计的现代转型，特别是落脚福祉与生态相关的耦合模式。一方面，政府希望在城镇化背景下提高农户的自身发展能力以达到增收脱贫；另一方面，由于生态环境资源的公共属性与农户追求个体经济利益之间存在冲突，政府希望通过搬迁和劳动力非农转移来降低农户对生态的依赖程度，实现对当地生态的修复和保护。在政策的实施过程中，由于外部性内化于微观参与者的行为实践，农户既是参与者主体和重要的利益相关群体，又是社会生产和消费决策的最基本单位，因此，搬迁农户生计行为既体现了微观经济行为主体利用自然资源和生态系统服务（包括供给服务、调节服务和文化服务）的过程、途径和方式，又直接决定了生态保护与经济发展关系的可持续性。综上，作为重要的生态与发展类项目，易地扶贫搬迁政策能够在多大程度上破解“一方水土养不起一方人”的发展困境，实现双重目标的政策初衷，对微观视角下的农户可持续生计进行分析，特别是厘清政策对其福祉及生态的耦合模式的影响是关键。

易地扶贫搬迁的重心在于将农户从生态脆弱、难以生存的地方搬迁至宜居地，重点为以人为本，改善农户居住和生产环境，使其远离自然灾害、脱离因资源环境引致的贫困，政策支持也都集中在实现“搬得出、稳得住、能致富”的目标上；在人基本实现了脱灾、脱贫的基础上，接下来的易地扶贫搬迁的工作重心应向生态目标转移，在家庭、社区和区域层面探讨其在实现生态目标方面的成效和面临的问题，对于评估易地扶贫搬迁的生态效益十分必要。

四　易地扶贫搬迁的陕西实践

陕西省的移民搬迁启动于2011年，兼顾避灾、扶贫、生态和发展多维目标，计划用10年时间对陕南240万、陕北32.9万人口进行搬迁安置，是当时我国最大规模的移民搬迁工程。陕南地处秦巴山区腹地，地形地貌复杂、生态环境脆弱，滑坡、泥石流等地质灾害、洪涝灾害频发，给当地居民的生命财产安全造成严重威胁；而陕北白于山区是陕西三大贫困地区之一，干旱缺水，自然条件恶劣，贫困问题突出。恶劣的自然环境和经济、社会发展面临重重掣肘的现实使得陕西省移民搬迁成为一项不得不为的民生工程。这项工程也被视为山区摆脱贫困的“治本之策”，标志着政府减灾治贫从被动式治理向预防式治理转变，为我国城镇化提供了一条移民搬迁式就近城镇化的发展道路，也为我国脱贫攻坚“五个一批”中的“易地搬迁脱贫一批”政策的制定提供了实践基础与陕西样本。

“十三五”期间，基于中央打赢脱贫攻坚战的总体部署，陕西省的移民搬迁再次起航，在全省范围内继续推进涉及28.7万户96.3万人的易地扶贫搬迁。截至 2020 年末，全省“十三五”时期易地扶贫搬迁安置项目建设和旧宅腾退复垦任务已全面完成，并在全国率先启动安置房不动产登记工作，共建成 2116 个集中安置点，24. 93 万户 84. 36 万搬迁群众全部实际入住，搬迁规模约占全国易地扶贫搬迁总任务的 1/10，其中，集中安置搬迁群众 22. 6 万户 76. 6 万人，城镇安置 16. 8 万户 60. 7 万人，集中安置率和城镇安置率分别达到 90. 8%和 72%。①

第二节　本书的研究内容与框架

本书的目的是梳理中国易地扶贫搬迁的政策与实践经验，讨论易地扶贫搬迁政策对农户的生计影响与生态效益，以期对这项重要的公共政策进行科学评估，并为其他地区的易地扶贫搬迁乃至移民政策制定提供借鉴与参考。

本书包括政策篇、生计篇、生态篇和实践篇，总共十二章内容。本书首先对研究背景、内容框架和易地扶贫搬迁政策进行了概括，其次在可持续生计分析框架下从生计重构、生计恢复力、性别等角度对易地扶贫搬迁对农户的生计影响进行了研究，再次讨论了生计与生态系统服务的耦合并对易地扶贫搬迁的生态效益及多尺度利益相关者的成本和收益进行了分析和评估，最后介绍了陕西易地扶贫搬迁实践中的社区工厂和飞地经济。本书的内容结构如图 1-1 所示。

第一章为研究背景与内容框架。从易地扶贫搬迁概况、易地扶贫搬迁与农户生计、易地扶贫搬迁与生态和易地扶贫搬迁的陕西实践四个方面阐述了本书的研究背景，介绍了本书依托课题组的调研及数据，并说明了本书的内容结构。

第二章为易地扶贫搬迁工程概况与政策。本章介绍了移民安置的国际经验，并从中国的易地扶贫搬迁概况和陕西实践两个方面阐述了中央与地方的易地扶贫搬迁政策现状。

第三章为易地扶贫搬迁对象的贫困与脱贫。本章回顾了人们关于贫困概念的认识历程，比较了国内外关于贫困的界定标准，阐释了易地扶贫搬

① 数据来源：陕西省人民政府网站，http：//www. shaanxi. gov. cn/xw/sxyw/202101/t20210112_ 2148904. html。

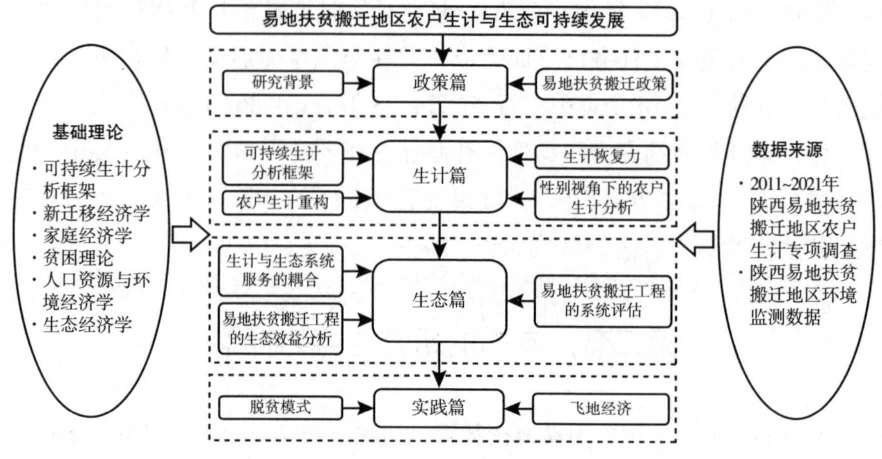

图 1-1　本书的内容结构

迁对象脱贫定义，探讨了易地扶贫搬迁对象脱贫模式的内涵和外延。

第四章为可持续生计的相关理论及应用。介绍了可持续生计分析框架（DFID 模型），并从国际实践和中国实践两个方面阐述了这一分析框架的应用。

第五章为易地扶贫搬迁与农户生计重构。首先从自然资本、物质资本、金融资本、社会资本等方面描述了移民搬迁农户的生计资本现状，并将搬迁户与非搬迁户以及不同安置方式下农户的生计资本现状进行了对比分析。随后讨论了移民搬迁和农户借贷对生计策略的影响并分析了移民搬迁对家庭劳动力外出务工活动的影响机制，以及从农户贫困脆弱性、收入恢复效果、多维贫困和收入不平等的角度测度了移民搬迁农户的生计后果。

第六章为易地扶贫搬迁与农户生计恢复力。首先介绍了恢复力的相关理论，然后对农户生计恢复力进行了测度并分析了其影响因素，最后讨论了城镇化对农户生计恢复力的影响。

第七章为性别视角下西部贫困山区的农户生计研究。分别介绍了性别视角下女性劳动力外出务工的影响因素、农户家庭消费结构和农户贫困脆弱性影响三个方面的研究。

第八章为易地扶贫搬迁下生计与生态系统服务的耦合。首先从生态系统服务评估和生态系统服务与人类福祉的关系两方面阐述了生态系统服务的理论综述，随后分析了易地扶贫搬迁对农户生态系统服务依赖度的影响和“福祉-生态”耦合模式。

第九章为易地扶贫搬迁的生态效益分析。首先从家庭、社区和区域三个层面对陕南移民搬迁工程的生态效果进行了分析与评价，其次从微观作用模式、社区推动模式、区域协调模式和生态与人类福祉连接模式等方面对陕南移民搬迁的经验与模式进行了总结，再次对生态移民政策的设计理念和理论基础进行了阐述，最后提出了接续实施生态移民的工作框架。

第十章为易地扶贫搬迁对多尺度利益相关者的影响评估。分别从搬迁工程对土地利用的影响、工程初期农户生计的变化和多尺度利益相关者的收益成本动态三个方面对易地扶贫搬迁工程进行了评估。

第十一章为乡村振兴视域下稳定脱贫模式研究总结。本章从社区工厂精准扶贫模式出发，分析了陕西省社区工厂脱贫实践。同时，介绍了本土化渐进型易地扶贫搬迁脱贫模式的内容及实践成效。在社区工厂和本土化渐进型脱贫两个视角下对易地扶贫搬迁中出现的稳定脱贫模式进行了总结。

第十二章为飞地经济对安康生态与环境的影响。飞地经济是两个相互独立、经济发展存在落差的行政地区打破行政区划限制，通过跨空间的行政管理和经济开发，实现资源互补和经济协调发展的区域经济合作模式。本章从安康生态与环境的现状分析、飞地对安康的环境与生态影响、移民搬迁的生态效益和飞地经济工业转移过程中环境效应的测算思路四个方面分析了安康飞地经济的生态与环境影响。

第三节 调研与数据

本书实证研究所采用的数据主要来源于西安交通大学农户生计与环境课题组于2008年4月、2011年11月、2015年10~11月、2019年11月、2021年7月在陕西省的西安市周至县南部山区、延安市、安康市、渭南市、商洛市、榆林市等地所进行的调研。

一 调研地点概况

1. 西安市周至县

周至县是西安市最贫困的县之一，其年财政收入位列同级县（市、区）末位，农村人均年收入和消费均低于全国平均水平。其所辖南部山区乡镇占总面积的76.4%，交通不便，自然条件恶劣，耕地资源严重缺乏，无灌溉条件且季节性灾害频繁。

当地是西安市最主要的饮用水源地，同时也是国家级和省级自然保护区所在地，严格的环保和生态政策的实施限制了农户传统的以农业或林业为主的生计；退耕后，外出务工已成为当地山区农户的首选，根据《西安统计年鉴（2005）》，当地户均外出人数由2002年的0.167上升到2004年的0.785。但当地重男轻女的思想观念使妇女的受教育程度远低于平均水平，加之地理位置偏远，与外界联系少，封闭、落后、保守等文化特征使女性在选择外出的决策中处于明显劣势地位。因此，该地作为贫困山区女性劳动力外出务工影响因素的调查地具有代表性。

课题组于2008年4月对西安市周至县南部山区进行调研。

2. 延安市

延安市地处黄土高原腹地，沟壑纵横、生态脆弱，历史上极端贫困。在很多农村地区，由于自然环境恶劣、基础建设落后、产业基础薄弱，易地扶贫搬迁迫在眉睫。

截至2018年6月底，延安市“十三五”时期易地扶贫搬迁17306户56338人，规划实施的117个易地扶贫搬迁安置点，已建成94个，其余23个已全面开复工，安置住房主体在建1176套，主体封顶3134套，全市易地扶贫搬迁移民共入住12996户43482人，入住率为75.1%，延长、志丹、黄陵、宜川、黄龙、洛川六县安置点移民搬迁主体工程及基础设施配套已全部完工，至9月底全面完成“十三五”时期易地扶贫搬迁安置任务。其中，2018年4022户12444人易地扶贫搬迁任务，主体在建888套，主体封顶2447套，分房交钥匙687套。①

延安市具有丰富的易地扶贫搬迁实践，符合课题组调研目标，课题组于2015年10月对延安市进行调研。

3. 安康市

安康市是陕西省十个设区市之一，辖九县一区，面积为2.35万平方公里，户籍人口为301.80万人。该市地处陕南秦巴山集中连片特困地区腹地，是中国南北地质、气候、生物、水系、土壤五大自然地理要素的

① 数据来源：中国报道网，http：//sdjd.chinareports.org.cn/plus/view.php？aid=10165。

天然分界线，具有涵养水源、保持水土以及维持生物多样性等重要生态服务功能，已成为重要的生态屏障。同时安康也是中国南水北调中线工程重要的水源保护区，承担着水源保护、生物多样性保护、水源涵养、水土保持和生态建设等重要任务，辖区内包含多处禁止开发区域和限制开发的重点生态功能区。此外，该地区广泛实施的退耕还林、天然林保护工程、森林生态效益补偿基金、中央财政转移支付、自然保护区建设、集体林权制度改革等一系列政策措施，给其经济和社会的全面发展带来了巨大挑战。

安康也是新时期精准扶贫、精准脱贫的重点帮扶区域，全市有100.5万贫困人口，10个县（区）中除平利县为陕西省省定扶贫开发工作重点县之外，其余均为国家级扶贫开发工作重点县。有证据表明，该市贫困人口的主要贫困类型包括：因生存环境限制和自然灾害致贫的约占贫困总人口的14.3%；因基础设施落后、生产条件制约和缺少增收手段致贫的约占45.9%；因贫困失学致贫的约占8.9%；因地方病和突发疾病等致贫的约占9.2%；因残疾和智力障碍致贫的约占21.7%。其中，66.48%的贫困人口居住在自然条件恶劣、生态环境脆弱、基础设施落后的中高山区（刘伟等，2015）。为彻底解决当地经济发展、农户增收和贫困人口减少的实际问题，有力改善贫困区域的经济社会发展环境，从根本上消除自然灾害对民众生命财产安全的威胁，陕西省政府于2011年5月启动有史以来堪称“搬迁之最”的陕南大移民。

以避灾扶贫和生态保护为主要目标的陕南移民搬迁工程，涉及安康市22.6万户88万人，他们多数居住在不适宜人类生存发展的生态脆弱区和高寒山区。这些区域农户生计异常脆弱，致贫原因极为复杂，交通遭受山大沟深阻隔，相对封闭，地形条件复杂，洪涝、干旱、山体滑坡和泥石流等自然灾害易发多发，因灾因病致贫返贫现象尤为严重。

安康是移民搬迁工作的发源地、推进地、规范地。自2011年启动实施移民搬迁工作以来，市委、市政府始终坚持“遵循规律、系统谋划、统筹推进、四化同步、一举多赢”的思路，把移民搬迁作为推动发展的重要引擎和脱贫攻坚的关键举措，强力推进，合力攻坚，取得了阶段性成效。截至2017年底，安康市累计建设30户以上集中安置社区1154个，搬迁安置25.2万户90.1万人，其中易地扶贫搬迁14.4万户44.6万人。坚持进城入镇集中安置为主，城镇安置 15. 9 万户 55. 2 万人，助推城镇化率提高近 10 个百分点。累计完成直接投资 500 亿元，拉动相关投资超过 1000 亿元，有力地助推了安康市经济社会发展。通过移民搬迁，广大贫困群众吃上了“挪穷窝、移穷业、断穷根”的“扶贫套餐”，大大加快了脱贫攻坚步伐。①

根据安康市的实际情况，青壮年劳动力已经基本上倾巢而出外出务工，打工收入在贫困农户的收入中所占比重居于主导地位，劳动力转移就业创业在新时期的扶贫工作中发挥着举足轻重的作用。同时促进特色产业发展对贫困农户自我发展能力的提升作用也非常明显，合理利用当地丰富的林地资源、生态旅游资源等，实现自给自足、靠山吃山和靠水吃水，是促进贫困农户增收和贫困人口减少的重要手段。但劳动力实现自我转移和就地转移面临诸多困难，而特色产业的发展也需要国家各项政策的综合扶持，结合当前的城镇化、现代化和服务均等化等时代背景，借助易地扶贫搬迁的各项扶持政策和帮扶措施，贫困区域的农户家庭才能实现农户生计的可持续发展。

安康市是本课题组的重点调研地区之一，课题组于 2011 年 11 月、2015 年 10～11 月、2019 年 11 月、2021 年 7 月分四次对安康市进行了调研。

4. *渭南市*

陕西省渭南市处于陕西关中渭河平原东部，经济水平相对陕南地区较高，易地扶贫搬迁工程实施时间较短，多为城镇安置。“十三五”期间，渭南市累计投入各类易地扶贫搬迁资金约 55 亿元，建成易地扶贫搬迁安置社区 95 个，建成安置住房 14247 套，安置住房和社区规划红线内基础设施、公共服务配套全部达标，解决了困扰已久的“两不愁三保障”问题，完成了“十三五”时期全市近 1/3 贫困人口的脱贫攻坚任务。渭南市易地扶贫搬迁整体工作连续四年位居陕西省第一方阵、关中片区前列。

在促进搬迁的同时，渭南市还按照“宜耕则耕、宜林则林、宜草则草”的原则和“应腾尽腾、应拆尽拆、应复尽复”等要求，同期有序推进旧房拆除和宅基地复垦复绿工作，先后拆除、复垦复绿 10957 户 5767 亩，

---

① 数据来源：http：//zrzy. ankang. gov. cn/Content-130631. html。

促进了渭南市秦岭北麓和黄土塬区的生态恢复。[①]

渭南市临渭区东城苑/向阳安置社区是典型的城镇安置，社区基础设施较为齐全，但缺乏配套的产业园区。向阳安置社区是易地扶贫搬迁安置贫困群众人数最多的社区，共有 3168 套安置房，搬迁户自主创业、自己找工作的占比较大，其次是物业公司吸收 70 户贫困户就业，如社区的保洁、保安等岗位。安置社区距离原来的土地较远，农民将土地流转后不再种地，尽管政府给安置社区很多税收优惠，但农户在城市生活花费大，必须解决搬迁户的收入问题。

渭南市华州区新民小镇一期是 2012 年开始的，最早的是避灾搬迁安置，多为整村搬迁，规划安置 530 户，总共实际安置 517 户 1895 人，入住率为 97.55%。搬迁群众主要来自杏林镇石提峪山区的车湾村、灰池村、天岩村、康平村。新民小镇一期项目总投资 7100 万元，已建成 13 栋住宅楼，生活设施配套齐全，社区周围建有公交站 1 座，停车场 1 个，社区公园 1 个，社区中心广场 1 个（160 平方米），幼儿园 2 所，小学 2 所，初中 1 所。扶贫移民搬迁是第二期工程，工程从 2016 年 11 月开始建设，总占地 149 亩，总共安置 1502 户 4957 人，总建筑面积为 13.88 万平方米，总投资 2.7 亿元，社区周边规划建设物流园。目前入住人数较少，没有成立社区居委会，由物业代管。

课题组于 2019 年 11 月、2021 年 7 月分两次对渭南市进行了调研。

5. 商洛市

商洛市位于陕西省东南部，秦岭南麓，与鄂豫两省交界。全市有建档立卡贫困人口 17.34 万户 57.63 万人，其中 4.98 万户 19.45 万贫困群众通过易地扶贫搬迁实现脱贫，1/3 的建档立卡贫困群众搬出了“一方水土养不起一方人”区域，为贫困群众按期脱贫、增强发展潜力奠定了坚实基础。

商洛市已建成 247 个集中安置区，其中 800~3000 人集中安置区 58 个，3001~10000 人集中安置区 8 个，10000 人以上集中安置区 2 个，所有集中安置区全面建成投用。所有安置区质量安全规范、基础设施配套、教

---

① 数据来源：中央广电总台国际在线，http：//sn.cri.cn/n/20210205/4207fd8f-a0b9-c79a-30ba-9dbdb33878a9.html。

育卫生服务配套、社区管理服务、产业培育、劳动力就业和基层党建合格率均达到 100%。

其中，山阳县 2011~2020 年十年规划搬迁 4.3 万户 16.2 万人，是商洛市搬迁规模最大的县。近年来，山阳县按照“制度设计—试点示范—全面铺开”思路，对全县“十三五”期间建成的 55 个易地扶贫搬迁集中安置点统筹规划、分类施策，扎实做好易地扶贫搬迁后续扶持各项工作，全县 12472 户 52785 名搬迁群众融入移民新社区，过上幸福新生活。

商洛市丹凤县坚持精准搬迁、精准安置、精准脱贫“三精管理”，探索推行移民搬迁、产业园区建设、城乡统筹发展、脱贫攻坚、消费市场培育“五位一体”模式，扎实推进易地扶贫搬迁工程，累计建成易地扶贫搬迁集中安置点 12 个，6839 户 27393 名易地搬迁对象全部入住，城镇安置率为 99.4%，楼房安置率为 100%。逐集中安置点完善就医、就学等配套设施，在大型安置点，大力发展服装加工、农产品深加工、仓储物流、电子商务等新兴业态，吸纳就近就业 5326 人，扶持创业 790 人，开设公益性专岗安置 94 人，有效解决了群众有收入、稳得住的问题。

课题组于 2021 年 7 月对商洛市进行了调研。

6. 榆林市

榆林市位于陕西省的最北部，黄土高原和毛乌素沙地交界处，是黄土高原与内蒙古高原的过渡区，辖 2 个区、1 个县级市、9 个县，是陕西杂粮的主产区。

为了让生活在“一方水土养不起一方人”地区的群众搬迁到适宜生产生活的地方，陕西省榆林市各级各相关部门始终按照“搬得出、稳得住、能致富”要求，全面加快安置房建设、基础设施和公共服务配套、后续产业就业、社会管理和社会融入等四个方面内容，着力强化安置房建设，压茬推进脱贫攻坚任务相衔接，全市移民搬迁及与之相关的一系列扶贫工作均取得明显成效。

榆林市“十三五”期间共搬迁 13273 户 46154 人，均为建档立卡贫困人口，入住、旧宅腾退均已达 100%。基本上每个县（市、区）的基础设施和公共服务已全面补齐，达到了“小型保基本、中型保功能、大型全覆盖”的要求；产业培育开局良好，现有产业覆盖搬迁群众近 4000 户，主要依托产业公司、合作社、村集体经济发展种养殖、光伏、酒业、小杂粮、中药材等；就业帮扶有序推进，社区管理和社会融入初见成效。在推进“羊产业后续扶持”模式上，结合全市启动的羊产业“双千万”工程，创造了入股分红、租赁厂房、吸纳就业等多种方式带动搬迁户发展；大力培育的“园区集中安置点就业贫困户”模式，整合各类扶贫资金推进“一县一园”扶贫产业园建设，切实解决搬迁劳动力就业问题，取得了阶段性的成效。

课题组于 2021 年 7 月对榆林市进行了调研。

二　调查工具与调查过程

1. 调查工具

课题组的调查工具以结构化的农户问卷调查和社区问卷调查为主，辅以半结构化的访谈作为补充。

其中，问卷内容包括农户家庭的基本情况、生计资本、家庭生计活动等方面的信息，还涉及农户家庭成员外出务工的状态、经历、地点、职业、收入、汇款等相关信息，用于测度家庭的外出务工程度和状况。

社区问卷的调查对象是所有样本村，一般由村干部代为回答。问卷中包括各村的基本情况，涉及人口流动、自然地理、交通状况、教育卫生设施、农田水利和农业生产、经济发展、村级管理组织等多项内容。

农户问卷的主要调查对象是家庭中年龄在 18~65 周岁的户主或户主的配偶，主要内容如下。第一，家庭基本情况。调查农户家庭规模以及成员年龄、职业、接受教育和培训的情况。第二，土地与家庭生计。调查农户土地特征、退耕还林参与情况、家庭住房特征、金融资本以及社会资本等。第三，家庭生产与消费行为。调查农户收入来源、包含能源在内的家庭消费情况以及政府政策和农户响应情况。第四，针对搬迁户的来源地、类别以及搬迁前后的经济生活等的调查。第五，农户参与生态补偿政策、农村扶贫与发展项目政策、易地扶贫搬迁的情况，农户对这些政策的态度与评价以及政策影响和生计变化情况等。

总体上，农户问卷所涉及的信息涵盖了被访问人员的家庭成员基本情况（如人口与社会经济特征），本家庭来自农业、林业、非农产业、外出务工、政府补贴、低保及移民经济补偿等的收入，本家庭消费状况，以及政策项目参与情况等。其中，农户收入和消费数据均对应于调查前的 12

个月。

社区问卷主要包括村基本情况、村组织情况、扶贫与本村经济发展情况、基础设施建设以及公共服务建设等方面。

2. 调查过程

课题组调查过程总体上分为问卷设计、试调查、修改问卷、调查培训、正式调查、问卷回收审核、建立数据库并录入数据、数据清洗、数据修正与补救等环节。

2008 年 4 月，课题组在对周至县进行调查前，首先对调查人员进行了有关调查事项的培训。调查地包括周至县南部 4 个乡镇的 16 个行政村，课题组对这些行政村调查期内全部常住农户进行了入户调查。在实地调查和数据录入过程中，课题组采取了一系列措施进行质量控制，之后又对调查数据进行了清洗工作，最终获得 1074 份有效问卷，共计 4287 份个人信息。在剔除了调查对象中的“丧偶”“离异”“单身”三种类型的样本后，最终选取了“夫妻双方都存活”的有效样本 873 个。

2011 年 10 月，课题组在安康市拟调查地开展了试调查的调查访谈和问卷测试，对安康市林业局、发改委的规划科和以工代赈办的政府官员进行访谈，对安康市平利县长安镇高原村、城关镇龙头村以及宁陕县筒车湾镇朱家沟村、皇冠镇朝阳沟村村委会干部进行访谈，共获得访谈记录 6 份；分别对进行访谈的四个村的农户进行入户问卷调查和情况了解，获得农户问卷 9 份。课题组根据试调查的实际情况总结了调查过程中的不足和问卷设计的问题，对调查问卷进行了认真修改。之后进行访谈与问卷调查的系统化培训。培训后采用现场模拟或者模范试访的形式强化调查员对问卷内容的理解和操作。

2011 年 11 月，课题组成员在安康市四县一区的 15 个镇 25 个行政村展开为期 8 天的正式问卷调查。课题组成员作为调查指导员负责与当地统计局和镇、村干部进行协调，组织调查员进行入户调查工作，控制调查员的问卷调查数量、质量，解决调查员在实际调查中遇到的各种技术问题，保证调查的顺利进行。此外，课题组成员一方面同调查员一样进行入户的实际调查以保证问卷完成的数量，另一方面对调查员进行跟访和复访以保证问卷完成的质量。

2015 年 10 月，课题组在安康市调研的数据收集过程分为：调查准备阶段（问卷设计、试调查和调查培训）、正式调查阶段、数据整理阶段以及贯穿全程的质量控制环节。本次针对安康市的调研主要以安康市的农村住户为调查对象，考虑移民规模与社区建设等因素，结合大量调查地资料和实地考察，确定了安康市紫阳县的 3 个集中安置社区和汉滨区、宁陕县的 4 个乡镇 8 个行政村，其中安康市的 8 个行政村属非集中安置点，是根据安康市统计局所提供的行政村名单随机抽取得到的。本次调研采用便利抽样的方法，随机调查访问当日在家的农户。

通过问卷设计、问卷回收、数据录入、数据清洗、数据修正与补救等工作环节，在安康市共发放 800 份调查问卷，回收 670 份，问卷回收率达 83.75%，其中，有效或部分有效问卷 657 份，有效率为 98.06%，在有效问卷中，搬迁户有 469 户。在吴起县共发放 350 份问卷，回收 300 份，问卷回收率达 85.71%，其中有效问卷 296 份，有效率为 98.67%，在有效问卷中，搬迁户有 91 户。

课题组于 2019 年 11 月在安康市、渭南市进行调研。根据试调查的情况和调查研究目的，选择城镇安置的渭南临渭区东城苑安置社区、华州区新民小镇和安康白河县西营镇天逸社区，与中心村安置的仓上镇裴家社区作为调查地。逐步进行了问卷设计、试调查、修改问卷、正式调查、问卷回收审核、建立数据库并录入数据等工作。本次调查获取的样本量达到预期，渭南、安康调查共回收问卷 310 份，有效问卷 305 份。其中，渭南临渭区东城苑安置社区回收有效问卷 80 份、华州区新民小镇 80 份，安康白河县西营镇天逸社区回收有效问卷 84 份，仓上镇裴家社区 61 份。

2021 年 7 月，课题组对安康市紫阳县与岚皋县、商洛市山阳县与丹凤县、渭南市澄城县与合阳县、榆林市靖边县与定边县共 4 个市 8 个县展开调研，由陕西易地扶贫搬迁课题组组织开展，以安康市紫阳县城关镇仁和安置社区与岚皋县民主镇富丽明珠安置社区及农田安置社区、商洛市山阳县城关镇宏祥安置社区与丹凤县龙驹镇凤冠新城安置社区、渭南市澄城县城关镇幸福安置社区与合阳县城关镇古莘安置社区、榆林市靖边县张家畔镇东新社区与定边县定边街道新乐社区作为调查地。调研按照科学的调研流程有序开展，基本完成调研任务，达成预期结果，共回收有效问卷 1285 份，包括安康市 394 份，商洛市 378 份，渭南市 221 份，榆林市 292 份。

三 抽样方法

在抽样设计的目的性、可测性、可行性、经济性原则下，课题组在历次调研中采取的抽样方法和具体抽样过程如下。

课题组于 2008 年 4 月对陕西省周至县的调查采用多级整群抽样方法。

第一，按照自然生态条件先确定调查的 4 个乡镇。

第二，按照经济发展水平、地理条件两个标准，并考虑该村农户生计类型与人口数量等因素的差异性，将每个乡镇的行政村划分为收入水平高、低两个层次，每个层次抽取 2 个村，共 16 个行政村；之后对每个行政村调查期内全部常住农户进行入户调查。

课题组于 2011 年 11 月在安康市的调研抽样的过程如下。

第一，根据课题的研究目标选择调查县（市、区）。课题的研究目标要求选择森林资源丰富的贫困山区、生态政策实施较多或自然生态保护比较典型的地区，同时需要移民搬迁户较多的地区。根据调查地的大量资料，在实地考察的基础上，课题组选择了安康市的汉滨区、紫阳县、石泉县、平利县和宁陕县 5 个调查县（区）。

第二，基于调查的实际可操作性，从 5 个调查县（区）里分别选择了 3 个调查乡镇。结合研究的需要，课题组成员查阅了大量关于调查地的资料，并在此基础上选择将要调查的乡镇，主要选择那些有移民安置社区的乡镇，或者是森林资源丰富、生态服务（如生态供给服务、支持服务、调节服务和文化服务）有特色，并且生态服务功能比较突出的乡镇，或者是已经开展了退耕还林工程的乡镇。

第三，在已经选定的要调查的乡镇里，选择了 10 个有移民集中安置点的行政村，15 个没有移民集中安置点的一般行政村，共选择了 25 个调查村。在调查村的选择上，首先，将这 5 个调查县（区）有移民集中安置点的 10 个行政村选定为调查村。其次，其他 15 个没有移民集中安置点的一般行政村的样本抽取过程如下：在安康统计局所提供的 5 个县（区）15 个乡镇的行政村名单的基础上，从中随机抽取 12 个行政村；另外根据课题的特别研究需求，补充了生态服务突出、实施退耕还林突出、有退耕还湿或其他类型生态补偿项目的 3 个行政村。所以，在数据调查中包括安康 5 个调查县（区）15 个调查乡镇 25 个调查村。最终抽取了 1500 个农户样本。

课题组于2015年10~11月在延安市、安康市，于2019年11月在安康市、渭南市，于2021年7月在安康市、渭南市、商洛市、榆林市调研的抽样方式为任意抽样法（便利抽样法），即在被审查的总体中随意抽出一部分作为样本进行审查、稽核的一种方法，其具有简便易行、节约成本等优点。具体过程如下。

第一，根据课题组的研究目的和试调查情况，按照选择县（市、区）的标准：参与易地扶贫搬迁、中心村安置与城镇安置具有鲜明特点的安置社区，其中安置社区中搬迁农户参与一定的宅基地腾退与土地流转。

第二，根据课题组的研究目的和试调查情况，在当地工作人员的配合下，课题组了解了调查地易地扶贫搬迁、宅基地腾退、帮扶措施等方面的总体情况，对被调查安置社区的情况进行了详细了解。在此基础上，采取了便利抽样的方式，即调查人员在划定的调查区域内随机选取当日在家的农户进行问卷调查，并将反馈的问卷收集后进行数据录入等相关工作。结合试调查情况和收集的被调查地资料，以及调查时间安排和被调查地的交通、自然情况，在征求当地工作人员的建议之后，确定调研地点。

第二章
易地扶贫搬迁工程概况与政策

第一节　移民安置的国际经验

从国际范围来看，出于保护生态环境，建立自然保护区或者建设重大水利工程等目的，许多国家开展过大型的移民安置计划，将受到政策影响的人口搬迁出来进行重新安置。国际上的移民安置做法不仅历史悠久、类型多样，基本涵盖了中国目前涉及的移民搬迁类型，而且移民搬迁家庭后续生计转型和重塑的做法和经验对新阶段中国易地扶贫搬迁工作有着重要的借鉴意义。

一　国外移民安置案例介绍

（一）泰国农村移民扶贫

泰国南北地区经济发展水平差别极大，经济发展极其不平衡，北部地区地形以山地为主，非常不利于生产生活；而南部地区地形以平原为主，人口密集，城市众多。20 世纪 50 年代，北部山区过度垦殖现象十分严重，农业生产方式十分落后、单一，造成严重的生态环境问题。为此，20 世纪 60 年代末，泰国国王制定了“国王扶贫计划”，旨在帮助居住在泰国北部山区的贫困人口摆脱贫困、发展经济。该计划的内容是将生存条件恶劣的北部山区农民迁移出来，在泰国的中部、南部建立“山民自助居住区”，由政府统一提供基础设施和公共服务，并采取一系列产业扶持措施，帮助山民转变生计方式，实现可持续发展。

其中，泰国政府为实现山民脱贫而采取的主要措施包括以下三种。第一，强化产业扶持。政府和银行投资建立果园、滩涂养殖场、蔬菜种植园和农产品加工厂，先期由政府派出技术人员规划设计，建设时选择准迁户的青年一边接受培训一边参加建设，建成后农户与政府签订承贷合同，3年之中享受免税待遇，分期还清贷款。第二，加强实用农业技术推广。为了改变山民传统的耕种方式，政府通过聘用农业技术人员协助扶贫计划的实施，同时在农业生产中改变原来的仅种植水稻的单一种植状态，引进甘蔗、洋麻等经济作物代替罂粟种植。第三，加强农产品营销。成立专门的基金会，在曼谷、清迈等主要大城市设立负责市场营销的机构，专门负责项目区农产品销售。

通过“国王扶贫计划”的实施，项目区内的大部分山民不再迁移易地耕作转而实现定居，并且消除了传统刀耕火种式的耕作方式，实现现代化耕作和经营，生态环境得到有效保护和改善，农民生活水平大大提高。

（二）苏丹农村扶贫移民

20世纪80年代初，苏丹北部达尔富尔地区由于荒漠化问题日益严重，环境承载力不断下降。为了解决干旱和荒漠化问题引发的粮食减产和食物短缺问题，当地政府将达尔富尔地区干旱少雨和荒漠化最严重区域的农民搬迁到雨水较为丰沛的南部地区。由于达尔富尔地区移民规模较大，移民安置的方式以重新选择安置点新建社区为主，搬迁对象优先选择最贫困的农村人口。

为了减轻搬迁过程给贫困农民带来的负担，政府采取了多项援助措施，包括为移民从迁出区到安置点提供交通运输；提供简易安置住房建设所需的各种当地原材料；为移民家庭提供至少两年的粮食。另外，为了帮助移民家庭重塑生计，拓宽收入渠道，政府采取的主要措施包括：第一，为移民家庭分配土地，并免费提供谷物种子、蔬菜种子和手工劳动工具；第二，提供以工代赈岗位，优先招聘移民来为各种基本工程提供劳务服务。

（三）印度野生动物自然保护区移民安置

2001年10月，为保护Bhadra野生动物保护区，政府将村民安置到M. C. Halli和Kelaguru的两个村庄，其中前者占地304公顷，安置农户373户，后者占地186公顷，安置其余的农户。在此过程中，政府提供的帮助措施包括以下三种。第一，如果搬迁家庭拆除自己在保护区的旧房屋，则会得到补偿金和安置到移民村的运输费用。第二，政府为每户农户提供免费宅基地和6个月的生活津贴。第三，M. C. Halli的安置群众积极参与了移民安置决策过程，其对房屋的设计建设要求均被采纳。

在两个安置地点中，M. C. Halli 安置点土地肥沃，便于灌溉，生产甘蔗、水稻、水果、蔬菜的条件良好。通过搬迁，在这一安置点生活的群众采用多元化的种植策略，并将生产的农产品在当地市场销售。有的家庭通过在社区内开餐馆或小超市不仅为安置点提供服务，还增加了家庭收入，生活水平有了普遍提高。

二　国外移民安置经验借鉴

1. 重视前期科学规划，避免盲目开发

从众多国家的经验来看，成功的移民安置工程离不开前期的科学规划。科学的移民安置规划不仅涵盖安置地点的选择、安置房屋的建设、完善的补贴优惠政策，还包括后续产业的发展计划。以泰国“国王扶贫计划”为例，其成功的原因不仅在于扶贫计划中有国王的直接参与和支持，而且离不开科学的规划设计。例如，其建立的移民区产业园区都由政府派出技术人员规划设计，建成后农户与政府签订承贷合同，而且在这一过程中重视对青年的培训和吸引，这些科学的做法保证了短时间内移民的生计就能得到有效恢复。

2. 因地制宜发展后续产业，突出地区特色优势

后续产业的发展是移民安置计划的重中之重，有时对整个计划的成败具有决定性影响。从其他国家的做法来看，根据安置地点的区位优势，因地制宜，突出特色，采用差异化和多样化的战略是许多国家的普遍做法。例如，印度在移民安置过程中根据不同安置地点的区位优势发展不同特色的农业经济。目前来看，其他国家的农村移民在后续发展中仍然以从事农业产业为主，但其耕作方式、种植策略、销售方式等都比以前有了非常大的进步，基本实现了“造血型”移民安置。

3. 注重发挥非政府组织的作用

从众多国家的移民搬迁工作实践来看，非政府组织在搬迁和后续发展过程中扮演越来越重要的角色。与政府组织相比，非政府组织更加接近基层群众，能够作为政府组织和搬迁群众联系的纽带为群众所接受。同时大规模的搬迁仅依靠政府出资和主导往往难以持续，通过吸收企业、社会组织等非政府组织的力量可以形成全社会广泛支持的合力，不仅有利于搬迁

工作的顺利进行，也有利于搬迁群众后续发展的可持续。在苏丹和印度的移民安置项目中，都有大企业参与到安置房屋建设、耕作技术推广的过程中。

4. 重视发挥市场作用

搬迁过程本身是让搬迁群众逐渐融入市场的过程。无论是国内还是国外，搬迁前这些人口的生存环境远离市场，他们基本过着自给自足的生活，生产方式落后且单一，在国外的搬迁实践中，不仅在搬迁过程中吸引企业参与，充分调动市场资源，同时在发展后续产业的过程中也重视引入市场机制，发展新型经济，建立销售网络。例如，泰国的“国王扶贫计划”中有专门的基金会分担政府的财政负担，同时推广经济作物种植，并建立负责营销的专门机构。通过搬迁使贫困人口融入市场中有利于其分享市场化带来的优势和红利，缩小地区发展之间的差距。

5. 高度重视生态环境建设

保护脆弱的生态环境是许多国家开展移民安置的目标之一。泰国的“国王扶贫计划”在开展前当地水土流失严重，生物多样性也遭到破坏，苏丹的移民计划也是为了减轻荒漠化带来的危害。因此在搬迁以及后续发展过程中，各个国家十分重视对生态环境的保护和修复。例如，泰国在安置地区大力推行实用农业技术，提高农业生产的可持续性。苏丹达尔富尔北部移民在迁移到南部后在发展过程中尽量保持达尔富尔地区传统农业系统的多样性，避免发生北部地区的荒漠化现象。

第二节　中国的易地扶贫搬迁概况

一　易地扶贫搬迁工程的背景

1. 改革开放40多年来中国的减贫成就

中国是人口大国，同时也是发展中国家，一直致力于推动世界减贫事业发展。特别是改革开放40多年来，中国将扶贫开发摆在突出位置，实施了精准扶贫基本方略、制定了脱贫攻坚的目标任务，在减贫事业上取得了显著成效，为世界减贫事业做出了“中国贡献”。

改革开放以来，我国已经实现7亿多贫困人口脱贫，贫困发生率由

1978 年的 97.5%下降至 2017 年底的 3.1%，对世界减贫的贡献率超过 70%。党的十八大以来，中国新建改建了农村公路 50 多万公里，解决了 1400 多万人的安全饮水问题，解决了 700 多万户农户的危房改造。易地扶贫搬迁 800 万户。

国务院扶贫开发领导小组办公室主任刘永富在 2018 年 11 月召开的改革开放与中国扶贫国际论坛上表示，近五年我们累计减少贫困人口 6850 多万人，保持在每年减贫 1000 万人以上。2020 年，我国的脱贫攻坚战取得了全面胜利，现行标准下 9899 万农村贫困人口全部脱贫，832 个贫困县全部摘帽，12.8 万个贫困村全部出列，区域性整体贫困得到解决。这是中国历史上首次消除绝对贫困，也为世界减贫事业贡献了中国经验。

中国政府承诺，让贫困人口和贫困地区同全国一道进入全面小康社会，到 2020 年我国现行标准下农村贫困人口实现脱贫，贫困县全部摘帽，解决了区域性整体贫困。这是中国历史上首次消除绝对贫困，也必将为世界减贫事业贡献中国经验。

2. 精准扶贫与易地扶贫搬迁

2013 年，习近平总书记在湖南湘西考察时首次提出了“精准扶贫”的概念。精准扶贫，就是要对扶贫对象实行精细化管理，对扶贫资源实现精确化配置，对扶贫对象实行精准化扶持，确保扶贫资源真正用在扶贫对象身上、真正用在贫困地区。易地扶贫搬迁是行之有效的扶贫措施之一，多年实践证明，由于生产生活条件极其恶劣、就地扶贫措施成效不显著，易地扶贫搬迁成为“一方水土养不起一方人”地区摆脱贫困的最有效途径，精准扶贫方法论对于易地扶贫搬迁具有重要的指导意义。

首先，易地扶贫搬迁是精准扶贫“五个一批”中的重要组成部分。按照精准扶贫、精准脱贫的基本方略，各地组织开展了大规模的扶贫对象精准识别工作，基本摸清全国贫困人口分布、致贫原因、脱贫需求等信息，其中有约 1000 万农村贫困群众仍生活在“一方水土养不起一方人”地区。基于这一现实情况，中国政府将“易地搬迁脱贫一批”作为新时期脱贫攻坚“五个一批”精准扶贫工程之一，决定用 5 年时间，把这些贫困群众搬迁出来，彻底摆脱恶劣的生存环境和艰苦的生产生活条件，帮助他们增加就业机会，实现稳定脱贫。

其次，易地扶贫搬迁是对精准扶贫的贯彻与实践。无论是搬迁前对搬迁对象的精准识别，还是搬迁后对农户的精准帮扶和精准脱贫，都体现了精准扶贫的思想。

3. 搬迁前精准识别

需搬迁的建档立卡贫困群众按照环境条件分类：约三分之一居住在深山石山、边远高寒、荒漠化和水土流失严重地区及水土、光热条件难以满足农业生产需要或不具备基本发展条件的地区；约三分之一居住在交通、水利、电力、通信等基础设施欠缺以及教育、医疗、卫生等基本公共服务能力严重不足的地区；约六分之一生活在《全国主体功能区规划》明确的水源保护区、生物多样性保护区、湿地保护区、国家森林公园等禁止开发区或限制开发区；其他的生活在地方病严重、地质灾害频发的地区。考虑到还有部分生活在同一村庄的非贫困群众同样缺乏发展空间，是返贫的高风险人群，各地也同步实施了搬迁，并与贫困群众共享基础设施和公共服务设施。同时，注重长期目标和短期目标结合，综合考虑贫困地区现有资源条件和安置容量稳步推进同步搬迁，防止为整体搬迁而搬迁，把不该搬的一般农户搬了，应该搬的贫困户却没有搬。

4. 搬迁后精准帮扶和精准脱贫

搬迁后要做到因户因人精准施策帮助搬迁群众稳定脱贫，搬迁是手段，脱贫是目的。各地立足安置区资源优势，因户因人施策，发展特色农牧业、劳务经济，探索资产收益扶贫，积累了一些经验和做法。

对农业安置的搬迁群众，根据当地农业资源和农产品特色，采取“公司+农户”“合作社+农户”“订单农业”等新模式、新理念，提供与城乡消费结构升级相适应的绿色农产品、体验式农产品，助推农村第一、第二、第三产业融合发展。四川省宣汉县整合涉农项目资金，组织搬迁群众种植蜜柚、药材，发展生猪、水产养殖，村级党支部、村民委员会牵头组建多个专业合作社，实现搬迁群众增收。安徽省岳西县根据搬迁群众的实际情况，采取“易地扶贫搬迁+种植养殖、就近务工、城镇就业、农家乐”等多种模式，“一户一策”量身制订脱贫方案，促进搬迁群众增收。

对靠近工业园区、靠近旅游景区、进城安置的搬迁群众，开展“订单式”“定向式”职业技能培训，推动有劳动能力的搬迁群众向安置区周边的工业企业、旅游服务、商贸流通等第二、第三产业转移，帮助有劳动能力和就业意愿的贫困群众在安置区就业。贵州省凯里市通过人员底数清、技能状况清、文化程度清、收入情况清和择业意愿明、培训专业明、就业意向明、公示结果明的“四清四明”做法，及时签订就业协议，确保有劳动能力的搬迁群众每户至少有 1 人就业。

有的地方将集体土地上的水电、矿产、光伏等资源开发赋予集体股权，让搬迁群众分享资源开发收益。有的地方通过盘活农村闲置房屋、集体建设用地、农村四荒地、林场和水面等资产发展休闲农业和乡村旅游，增加搬迁群众资产性收入。例如，湖北省郧西县依托五龙河景区建设安置区，引导搬迁群众通过开办农家乐、销售农特产品、景区务工等增加收入。

二　易地扶贫搬迁工程的国家规划与进展

1983 年，我国针对“三西”地区探索实施“三西吊庄移民”扶贫，开创了搬迁扶贫的先河。2001 年，在内蒙古、贵州、云南、宁夏 4 个省（自治区）开展易地扶贫搬迁试点，随后又陆续扩大到全国 17 个省（自治区、直辖市）。2015 年 11 月，《中共中央　国务院关于打赢脱贫攻坚战的决定》的印发，标志着中国扶贫开发事业进入了脱贫攻坚的新阶段。2015 年 12 月，国家发展和改革委员会、国务院扶贫开发领导小组办公室会同财政部、国土资源部、中国人民银行五部门联合印发《“十三五”时期易地扶贫搬迁工作方案》（发改地区〔2015〕2769 号）。2016 年 9 月，国家发展和改革委员会印发《全国“十三五”易地扶贫搬迁规划》（发改地区〔2016〕2022 号）。

《“十三五”时期易地扶贫搬迁工作方案》明确了我国“十三五”时期易地扶贫搬迁工程的总要求、规模、搬迁对象和安置方式、补助标准、投资和资金筹措、投资政策、资金管理办法、建设内容与补助标准、部门职责分工和政策保障等。《全国“十三五”易地扶贫搬迁规划》进一步明确了“十三五”时期易地扶贫搬迁的总体思路、迁出区域与搬迁对象、搬迁方式与安置方式、建设任务、资金来源、保障措施等，是一份纲领性文件。

1. 迁出区域与搬迁对象

迁出区域主要为自然条件严酷、生存环境恶劣、发展条件严重欠缺且建档立卡贫困人口相对集中的农村贫困地区。主要包括四类：深山石山、边远高寒、荒漠化和水土流失严重，且水土、光热条件难以满足日常生产生活需要，不具备基本发展条件的地区；《国家主体功能区规划》中的禁止开发区或限制开发区；交通、水利、电力、通信等基础设施，以及教育、医疗卫生等基本公共服务设施十分薄弱，工程措施解决难度大、建设和运行成本高的地区；地方病严重、地质灾害频发，以及其他确需实施易地扶贫搬迁的地区。

这些地区主要集中在青藏高原地区、西北黄土高原地区、西南石漠化地区、东部酸壤地区和部分高寒地区以及自然灾害严重地区。这些地区资源环境承载能力弱，水、电、路等基础设施和教育、医疗、文化等公共服务设施落后，群众出行难、用电难、吃水难、上学难、看病难的现象普遍存在，就地脱贫发展无望，增收渠道不畅，传统扶贫手段难以奏效。经调查识别，上述区域分布在全国 22 个省（自治区、直辖市）约 1400 个县（市、区），涉及需搬迁的约 981 万贫困群众。

2. *搬迁方式与安置方式*

按照群众自愿、应搬尽搬的原则，对居住在“一方水土养不起一方人”地区的建档立卡贫困人口实施搬迁，结合新型城镇化和新农村建设，采取了集中安置为主、集中安置与分散安置相结合的方式。处理好搬得出和稳得住、能脱贫的关系，搬迁一户，脱贫一户，因地制宜探索搬迁安置方式，在安置点的选择上以“四靠”（靠近工业园区、靠近产业园区、靠近旅游景区、靠近交通便利地区）为主，对于文化程度较高、具有一定劳动技能的搬迁对象，鼓励他们向城镇产业聚集区、旅游景区安置；对于文化程度较低、劳动技能较差的搬迁对象，引导他们在中心村或移民新村实现农业安置；对于无劳动能力的搬迁对象，则通过社会保障政策兜底。

注重因地制宜、精准施策，“挪穷窝”与“换穷业”同步，将“搬迁是手段，脱贫是目的”的理念贯穿于安置区选址、安置模式选择、安置房及配套设施建设、后续产业发展和就业扶持全过程。安置区选址以方便搬迁群众生产生活和就业为目标，尽量靠近中心村、小城镇、产业园区、旅游景区，避免出现因选址不当进行二次搬迁；鼓励采取以集中安置为主，集中安置和分散安置相结合的安置模式，引导搬迁群众在安置区附近就业；在自然景观优美、旅游资源丰富、文化特色突出的地区，注重搬迁安置与乡村旅游有机结合，帮助搬迁群众通过开发旅游资源、开办农家乐等脱贫致富。安置区还提供较为完善的基本公共服务，解决了搬迁群众就医、就学等后顾之忧。为防止出现群众因搬迁举债无力再发展的问题，易地扶贫搬迁政策加大了资金投入力度，确保搬迁群众掏很少的钱就能获得一套安全适用的住房，帮助搬迁群众就业创业，不断拓宽搬迁群众增收渠道，努力实现扶真贫、真扶贫、真脱贫。例如，河南、安徽等省份将安置区选择在县城、园区、乡镇、乡村旅游点附近，努力为搬迁群众就近就业提供便利条件。宁夏回族自治区依托引黄灌溉工程，为南部干旱地区的搬迁群众提供一定面积的水浇地进行有土安置。贵州省充分考虑“八山一水一分田”的地理特征，结合工业园区用工需求，将石漠化地区贫困群众安置到城镇或产业园区。四川、云南等省份依托当地丰富的人文和自然资源，结合安置区建设发展乡村旅游，帮助搬迁群众增收脱贫。

3. 安置住房

综合考虑搬迁群众生产生活需要、各级政府财政承受能力等多方面因素，坚持尽力而为、量力而行，在易地扶贫搬迁工程中努力建造“保障基本、安全适用”的安置房。对安置房户型和建筑风格不搞“一刀切”，由各地在充分尊重搬迁群众意愿的基础上自行确定。房屋设计强调与当地自然环境相协调，注重体现区域民居特点和民族文化特色。鼓励采取“统一规划、统一建设”“统一规划、自行建设”等方式施工建设，便于统一规划设计风格，并在确保房屋质量安全前提下有效控制住房建设成本。各地在工程实施过程中，注重引导搬迁群众全流程参与安置房设计、工程招标施工、材料采购、质量监管，充分调动搬迁群众参与美好新家园建设的积极性，有效保障搬迁群众的知情权和参与权。

安置房是保障搬迁群众基本生活的脱贫房，不是富裕房、小康房。为此，国家发展改革委、国务院扶贫办明确了建档立卡贫困户人均住房建设面积不超过 25 平方米的控制标准。制定这一建设标准，主要是防止贫困群众建大房、搞豪华装修的冲动，避免其因此背上沉重的债务，也是为了防止造成新的不公平，影响农村社会和谐稳定。从各地政策执行情况来看，只要户型设计合理，人均 25 平方米的住房能够满足搬迁群众基本生活需要。此外，为方便搬迁群众脱贫后扩建住房，各地在户型设计和住房建设时，采取了“打二建一、打三建一”或院落内预留建房空间等措施。

为使搬迁群众享受更为便捷的公共服务，方便搬迁群众就医和就学，各地除建设安置房外，还按照“规模适宜、功能合理、经济安全、环境整洁、宜居宜业”的原则，在安置区配套建设水电路、电信网络及垃圾、污水处理设施，同步规划建设教育、卫生、文化等基本公共服务设施，配套建设商业网点、便民超市、集贸市场等生活服务设施，努力实现搬迁群众不仅搬得出来，还能尽快融入和适应新环境。

4. 生态修复与宅基地复垦

迁出区大多处在生态脆弱地区，有些属于《全国主体功能区规划》中的禁止开发区或限制开发区，易地扶贫搬迁为改善迁出区生态环境提供了空间。迁出区土地的综合利用紧紧围绕生态安全，根据不同地区分类施策，对仍可利用的迁出区耕地，鼓励新型农业经营主体流转搬迁户耕地，按照现代农业生产组织方式，进行规模化标准化经营；对不适合耕种的土地，严格退耕恢复生态，打造青山绿水。这些措施对防治水土流失、维护国家生态安全都具有重要意义。

按照《中华人民共和国土地管理法》规定，农村居民实行“一户一宅”，搬迁群众在安置区获得新的宅基地并建设住房后，依照法律规定应退出原有宅基地。易地扶贫搬迁政策要求对原宅基地进行复垦复绿，土地指标纳入城乡建设用地增减挂钩项目予以优先安排，并作为安置区住房建设用地指标置换来源，相关收益统筹用于支持省级投融资主体偿还信贷资金。地方政府一般对拆旧复垦工作预留一定的缓冲期，并对及时拆除旧房、主动腾退宅基地的搬迁群众给予一定的资金奖励，这些措施取得了较好的效果。

5. 新社区融入

贫困群众搬离熟悉的原居住地，生活环境和生产方式发生改变，在生产、生活和心理等方面有不少困难，能否经受住迁徙带来的挑战，不仅取决于搬迁群众自身的适应能力，也取决于安置地提供的软硬件设施。各级政府在制度设计上努力消除融入壁垒，减少搬迁群众的后顾之忧，帮助他们顺利融入新社区，树立过上美好新生活的信心。贵州省黔西南州从解决搬迁群众搬出难、稳住难、发展难、融入难的“四难”问题着手，推动贫困群众“搬出渴望、搬出文化、搬出产业、搬出尊严、搬出动力、搬出秩序”。

在搬迁过程中，各地尽量避免打破原有社会结构，将同一迁出地的搬迁群众集中安置到一个安置区，维持原有文化习俗和社会关系。对搬迁群众的传统民间文化和技艺进行统计分类、记录保存，同时引导搬迁群众依托地方民族文化资源发展文化旅游产业，不仅使传统文化资源得到保护开发，也为搬迁群众的新家营造“故土感”，减轻迁徙带来的心理压力，同时增加搬迁群众的收入。

在提供生活便利方面，及时帮助协调户口迁移、子女入学、养老低保等，让搬迁群众平稳过渡，增强搬迁群众对新家园、新环境的认同感和归属感。在社区管理方面，实行属地化、社区化管理，加强对搬迁群众心理疏导和文化教育，营造开放包容的社区文化，引导搬迁群众共同参与社区管理，增强主人翁意识，养成与新环境相适应的生产方式和生活习惯，帮助他们顺利融入新社区。

6. 深度贫困地区和特定贫困群体的搬迁

搬迁群众大多集中在革命老区、少数民族地区、边疆地区，特别是“三区三州”等深度贫困地区，生存环境恶劣，基础设施和公共服务设施缺口大，社会发育相对不足，部分地区甚至存在“一搬跨千年”的情况。各级政府采取了更加集中的支持、更加有效的举措，支持深度贫困地区加大易地扶贫搬迁力度，与此同时，统筹考虑深度贫困地区的搬迁群众搬到哪里去、搬后收入哪里来，科学合理确定搬迁规模、安置方式和脱贫路径，防止出现搬迁“后遗症”。

国家发展改革委会同有关部门加大了对深度贫困地区特别是“三区三州”易地扶贫搬迁的支持力度。一方面，按照中央预算内投资人均 1 万元的最高标准对新疆维吾尔自治区、西藏自治区、青海省和四川、云南、甘肃三省涉藏州县搬迁群众安置住房建设进行补助；另一方面，明确“三区三州”等深度贫困地区在确保搬迁群众住房建设补助标准不降低、自筹标准不提高的前提下，省级政府可统筹易地扶贫搬迁资金（中央预算内投资除外），支持边缘贫困户同步搬迁。此外，支持深度贫困地区统筹易地扶贫搬迁结余资金、财政涉农资金、社会帮扶资金，用于搬迁群众后续产业发展和转移就业、技能培训等工作。

易地扶贫搬迁注重民族传统特色文化传承与保护，尊重搬迁安置区少数民族风俗习惯和民族感情，引导各地建设具有民族特色的安置住房，大力发展民族特色优势产业，创建民族团结示范村，推动各民族交往交流，促进各民族和谐共处。例如，四川省凉山州等深度贫困地区，通过举办“农民夜校”和实行“一村一幼”工程，帮助搬迁群众学习现代社会知识、养成良好生活习惯。

易地扶贫搬迁特别注重残疾人、孤寡老人、长期患病者等“无业可扶、无力脱贫”的特定困难群体，以及部分文化水平低、缺乏劳动技能的群体。针对这些特定困难群体，各地坚持因人因户施策，采取了有针对性的帮扶举措，对没有劳动能力的，通过社会保障兜底，实现“两不愁三保障”；对长期患病的，结合实施健康扶贫加大救治力度。

7. 资金筹措渠道与资金监管

资金足额筹措到位，是完成易地扶贫搬迁建设任务的必要条件。为保障符合条件的搬迁群众应搬尽搬，防止出现“搬富不搬穷”等问题，易地扶贫搬迁创新资金筹措方式，大幅增加中央预算内投资，引入了开发性、政策性金融资金。易地扶贫搬迁资金筹措总量约6000亿元，其中，中央预算内投资约800亿元，地方政府债务资金约1000亿元，专项建设基金约500亿元，低成本长期贷款约3500亿元。此外，搬迁群众根据自身经济条件，按照每户不超过1万元的标准适当自筹建房资金，鳏寡孤独等特定困难群体可以免于自筹，农户自筹资金总计约200亿元。

为承接使用好易地扶贫搬迁金融资金，有关省份按照市场化运作原则，组建了省级投融资主体，专门承接通过专项建设基金、地方政府债务资金注入的项目资本金，以及国家开发银行、中国农业发展银行等金融机构发放的长期贷款。同时，在县级组建项目实施主体，与省级投融资主体签订资金使用协议，从省级投融资主体承接相关资金，专项用于易地扶贫搬迁工程建设。

为确保资金规范、高效使用，中国政府有关部门先后出台了一系列资金使用管理办法。国家发展改革委出台了《易地扶贫搬迁中央预算内投资管理办法》《易地扶贫搬迁专项建设基金监督管理暂行办法》等，建立事前规范审核、事中强化监督、事后严格考核的工作机制，力求实现资金安排使用全过程监管。财政部、国务院扶贫办印发《关于做好易地扶贫搬迁贷款财政贴息工作的通知》，明确中央财政贷款贴息政策，规范贴息资金申请下达和使用管理流程。中国人民银行出台易地扶贫搬迁信贷资金筹措方案，加快资金衔接投放，保障易地扶贫搬迁专项金融债券顺利发行，督促指导有关金融机构优化资金管理。

为加大监管力度，国家发展改革委建立了易地扶贫搬迁常态化稽查机制，对地方政府政策执行、资金使用等情况进行了多次稽查，正在启动实施大巡查；与最高人民检察院联合开展易地扶贫搬迁重点项目挂牌督办，加大惩治和预防职务犯罪力度。财政部、中国人民银行、审计署等部门不断强化资金保障和监管，加大审计监督力度，确保易地扶贫搬迁资金规范高效使用，确保实现廉洁搬迁、阳光搬迁。

第三节　陕西的易地扶贫搬迁实践

“十一五”期间，受地理环境、自然条件等多种因素制约，陕南、陕北地区自然灾害频发，群众贫困面广。为从根本上消除山区群众安全隐患和改善他们的生产生活条件，陕西省委、省政府做出对陕南、陕北地区实施避灾扶贫移民搬迁的重大决策。其中陕南计划避灾扶贫移民搬迁 240 万人口，陕北计划移民搬迁 39.2 万人口，这是国内规模最大的移民搬迁工程，本节对陕西的易地扶贫搬迁实践进行介绍。

一　陕西易地扶贫搬迁的背景与阶段划分

1. 2011 年之前：自发探索时期

2011 年之前的易地移民搬迁主要体现为小规模的自发搬迁。其搬迁动机主要包括避灾和进城务工两个方面。前者主要是居住在灾害多发地的农户出于避灾减灾需要，自发或在政府组织下进行小规模的搬迁。后者主要是指进城务工的农户出于对美好生活的向往将家庭从农村迁移到城镇而产生的搬迁行为。在这一阶段虽然没有出现大规模的搬迁，但这一阶段的探索为之后的陕南移民搬迁工程积累了宝贵经验。

2. 2011~2015 年：陕南移民搬迁时期

陕西成规模的易地扶贫搬迁工作起源于 2010 年 7 月 18 日陕南三市的泥石流灾害，灾害的发生和抢救引发了对于在灾害多发地进行原址重建式的扶贫救灾工作的反思。救灾工作陷入了“受灾—重建—再受灾—再重建”的循环，因此，针对不适宜居住地区，要实施搬迁，远离灾害，否则就是在复制灾害，复制贫困。

陕南的移民搬迁工作取得了权威认定。2014 年，李克强总理到商洛和安康调研，指出要将扶贫开发和经济社会发展规划、新型城镇化规划相结合，斩断复制贫困的链条。从这个意义上说，李克强总理认为陕南的移民搬迁是能够斩断贫困链条的，是有利于新型城镇化的，从权威的角度肯定了陕西易地扶贫搬迁工作的意义和成绩。

3. 2016~2020 年："十三五"时期

2016 年是陕西脱贫攻坚工作的转型期。首先，转变管理体制，实施总领总抓。明确了陕西省自然资源厅主抓陕西省的移民搬迁工作，是移民搬迁工作的主管部门。其次，体制机制转变：全系统建设，形成省、市、县三级的管理体系，同时，着手抓管理细则、移民搬迁工作细则。再次，统一思想认识：陕南、陕北进行统一的集中安置社区的建设，统一思想认识。组织关中、陕北的省委书记和县委书记到陕南的集中安置社区进行参观，之后召开座谈会，统一思想，进行统一集中安置建设。最后，政策上的纠偏：陕西的移民搬迁政策要严格遵照党中央的扶贫政策执行，其中与中央文件政策不符的一律纠正，回到中央政策上。

具体的推进过程可以进行如下划分。

2017~2018 年：在精准识别搬迁对象、搬迁总人数后按照政策要求完成搬迁任务。

2019~2020 年：后搬迁时期。着重解决搬迁后的相关问题，包括宅基地的腾退、可持续发展等问题。

二　陕西易地扶贫搬迁的政策特征

1. 搬迁对象

陕西省移民（脱贫）搬迁涉及易地扶贫搬迁、同步的避灾搬迁、生态搬迁和统筹的重大工程、城镇化、镇村综合改革等其他类搬迁。其中，易地扶贫搬迁占搬迁总人口的 26. 93%。"十三五"期间，陕西省规划完成易地扶贫搬迁 35. 48 万户 125. 4 万人，占全部搬迁人口的 26. 93%，其中列入国家连片特困地区、国家扶贫开发工作重点县的共计 56 个县（区）29 万户 104 万人，占全省易地扶贫搬迁总人口的 82. 9%，省级连片特困地区搬迁 2. 3 万户 6. 8 万人（扣除与国家连片特困地区、国家扶贫开发工作重点县重合部分），占易地扶贫搬迁总人口的 5. 41%。分区域来看，陕南地区规划搬迁 20.48 万户 74.8 万人，占全省总规模的 59.65%；关中地区规划搬迁 8.83 万户 32.60 万人，占全省总规模的 26.00%；陕北地区规划搬迁 6.17 万户 18 万人，占全省总规模的 14.35%。

2. 安置方式

综合考虑安置用地条件、环境承载力和后续发展空间，合理确定安置规模，坚持以集中安置为主，分类落实集中安置规模要求，促进全省人口聚集、要素聚集、产业聚集，进一步形成规模集聚效应。

以市为单位，集中安置率关中不低于 90%，陕北不低于 85%，陕南不低于 80%。鼓励搬迁群众进城入镇，推动移民（脱贫）搬迁与四化同步、城乡一体建设深度融合，以市为单位，城镇安置率陕南不低于 60%，其他地区不低于 65%。规范分散安置，对于不具备集中安置条件的搬迁户，采取插花安置、投亲靠友等方式在有一定聚集规模、基础及公共服务设施条件好、有增收致富条件的地方实施分散安置。对于建档立卡特困户，采取“交钥匙”工程落实住房兜底保障。

在安置点选址的具体操作中，坚持做到“四避开、四靠近、四达到”原则。“四避开”：充分衔接土地利用总体规划，全面开展搬迁安置点地质灾害、洪涝灾害和环境影响等评估工作，严格生态边界管控，强化土地用途管制，坚决避开地质灾害易发区、洪涝灾害威胁区、生态保护区和永久基本农田。“四靠近”：把移民搬迁作为推动城镇化建设、促进城乡公共服务均等、提高土地利用效率和脱贫致富产业科学布局的切入点和突破口，引导安置点建设向城镇、中心村、农村新型社区和产业园区（旅游景区）聚集，实现搬迁安置社区建设基础设施共建共享。“四达到”：落实安置区综合承载能力评估工作，完善配套后续服务设施和主导产业，切实增强搬迁群众的可持续发展能力，达到房产能升值、增收有保障、基础配套强、公共服务好的目标。以搬迁为手段，就业为核心，脱贫为目标，统筹推进移民搬迁安置住房建设、配套基础设施建设、脱贫致富发展，同步规划、同步实施，为“搬得出、稳得住、能致富”奠定坚实基础。

3. 安置住房建设

对于搬迁对象建立“一户一档”，摸清搬迁对象的基本情况和安置意愿，签订搬迁协议，约定安置方式、安置地点、户型面积，按照

"先人后房、以户定建"的原则，实施安置住房建设。坚持"保障基本、安全适用"的原则。对于集中安置社区建设，坚持统规统建为主，严格管理统规自建。严格执行房屋建设相关规范，确保质量安全，注重经济适用、绿色美观。参考《陕西省农村特色民居设计图集》，打造功能完善、节约环保、规模适当、造价合理、实用美观、依山顺势、融山水于一体的特色民居；对于"一户一宅"安置，在宅基地预留续建空间扩建；对于进城入镇或园区安置，地方政府可回购符合政策要求的城镇存量商品住房，原则上优先安排同步搬迁对象和统筹搬迁对象，易地扶贫搬迁对象安置要严格落实国家相关政策，坚决落实"住房不举债"刚性要求。

坚持"实用、够用"原则，严格执行建档立卡易地扶贫搬迁人均住房面积不超过25平方米的红线要求。对于鳏寡孤独、残疾人等特困单人户和2人户，纳入幸福院、敬老院等养老机构由民政部门实行集中供养；对于有一定劳动能力的特困群众，按人均20平方米的标准，由政府集中建房，实行"交钥匙"工程免费提供。对于3人以上家庭的易地扶贫搬迁户，按照保基本的原则，以人均20平方米的标准主推60平方米、80平方米、100平方米的户型，最大不超过120平方米。对于避灾、生态及其他类型的搬迁户，在严格执行省定宅基地面积标准及建房补助标准不变的前提下，由搬迁对象根据家庭经济状况，合理确定住房面积。

4. 脱贫致富发展

结合迁入地资源禀赋、就业容量、搬迁群众能力等实际情况，发展特色现代农业、劳动密集型工业、劳务经济、现代服务业等，同步编制科学合理的"一点一策、一户一法"脱贫致富规划，为搬迁群众就地就近就业，发展第二、第三产业创造条件，为落实"搬迁是手段、脱贫是目的、就业是核心、产业是根本""先业后搬、以业促搬、以岗定搬、订单搬迁，人、地、房、业精准对接"等相关要求提供基础支撑。

结合搬迁群众就业发展意愿、劳动力等情况，逐户签订脱贫致富协议，明确产业发展方向、就业培训计划、帮扶具体措施等内容，精准对接岗位供给和就业需求，制定创业就业产业脱贫致富措施，实现"订单搬迁、以岗定搬、迁企融合、搬脱同步"。切实增强搬迁群众自身造血能力，稳步实现搬迁与脱贫衔接、生产与生活同步、安居与乐业统筹，阻断贫困代际相传。

对于继续从事农业生产经营的搬迁安置区，按照因地制宜、各具特色、产业化经营的思路，发展特色现代农业。抢抓国家扶贫开发及全省农业产业扶贫等有利政策，围绕搬迁区域农业发展提速增效，科学布局三大区域农业产业，支持发展农业优势主导产业。

把发展劳动密集型工业作为促进移民搬迁群众收入稳步增长的重要支撑。充分发挥社会力量扶助作用，加大招商和返乡人员创业支持力度，鼓励社会资本、企业在移民安置区周边发展劳动密集型产业。

充分发挥三产服务业的就业主渠道作用，引导移民搬迁群众向三产服务业转变，拓宽增收渠道，提高移民搬迁群众生产生活水平。

以劳务组织化输出、政府全程化服务、劳务技能化发展为抓手，大力引导劳务输出脱贫致富。统筹各类资源，实现劳务输出由数量型向质量型、由体力型向技能型、由短期务工向长期稳定、由盲目无序向规范有序、由一般性劳务经济向创业性劳务经济的转变，使劳务输出产业成为搬迁群众脱贫致富的主要渠道之一。

按照“资源变股权、资金变股金、农民变股民”的原则，探索将自然资源、公共资产、财政专项扶贫资金和其他涉农资金资本化、股权化，增加移民搬迁群众资产性收益，探索脱贫致富新路径。

同时引导移民搬迁群众创新创业，并采取发展教育、完善生态补偿、社会保障兜底等其他脱贫致富措施。

三　陕西易地扶贫搬迁经验总结

陕西在移民搬迁实践中形成了一整套行之有效的特色模式，其中有代表性的有“五个三”工作模式（三份协议一次签、三项规划一体编、三类建设协调推、三项措施配套跟、三方力量同发力）、“三精管理”模式（精准搬迁、精确施策、精细管理）、“社区+”脱贫模式（“社区+社区工厂”“社区+各类园区”“社区+旅游景区”）、“三问三解三促进”（问需、问计、问效，解民忧、解民疑、解民困，促人岗对接、促服务跟进、促实际入住）。

陕西易地扶贫搬迁的经验还有以下几个方面：实施了五级书记抓搬迁，充分发挥了一把手推进工作的优势；运用市场的力量，将移民搬迁工作和市场机制相结合，发挥市场的作用；注重群众主体和内生动力，尊重群众的地位和意愿，用群众的方法解决问题；采用科学的方法，构建信息系统，运用大数据和信息平台进行管理，不断在实践中进行探讨；牢记历史责任，同步筹划搬迁志，对记录搬迁工作的音频、视频、影像资料进行收集，记录下这些历史性的时刻，供后来人参考和对这段历史进行客观的评价。

第三章 易地扶贫搬迁对象的贫困与脱贫

第一节　易地扶贫搬迁对象贫困的认识和界定

在世界发展进程中，无论是过去还是现在，贫困都是困扰世界发展的重大难题之一。自从人类进入文明社会以后，贫困就一直是各种社会形态下的一种特定社会经济现象，而反贫困即减少或消除贫困，也就成为全球共同关注和研究的重大课题。

对贫困的认识是贫困问题研究的起点，如何认识贫困既反映了人们对不平等问题根源的反思，也在一定程度上体现出各国政府在反贫困实践中的意愿和思路。贫困是一个内容极为广泛的概念，总体而言，国际社会对贫困问题的认识是一个由浅入深、由表到里、循序渐进的过程。

一　国内外学者对贫困概念的界定

1. 收入贫困及贫困线的确定

绝对贫困：早期对贫困的认识主要停留在满足基本需求方面，因此一些学者认为贫困者总是难以满足自身生活必需品的消费，贫困状况也是指基本的生存消费无法得到满足。最早从这一角度出发对贫困进行定义的学者是20世纪初英国的朗特里（B. S. Rowntree），他在《贫困：城市生活研究》（*Poverty*：*A Study of Town Life*）一书中指出："如果一个家庭的总收入不足以支付仅仅维持家庭成员生存需要的最低生活必需品开支，这个家庭就基本陷入贫困之中。"世界银行发布的《2000/2001年世界发展报告》评价说，朗特里方法"以家庭收入和支出调查为基础，目前已成为对贫困进行定量分析和政策论述的主要手段"。这种对贫困的认识主要就是指收入贫困（物质贫困），收入贫困是指收入或者消费达不到一定标准或者数量的状态。这是 20 世纪 70 年代以前占主流的贫困界定方式，同时也是当今包括中国在内的很多发展中国家政府对贫困的界定方式。

相对贫困：无论是收入贫困还是消费贫困，都是在绝对水平上讨论贫困问题，实际上社会经济发展到一定阶段以后，绝对意义上的以满足基本生存需求为主的收入贫困基本能够被消灭，但是相对于社会平均水平，收入处于底层的群体依然维持着贫困的状态。因此，有学者提出了相对贫困的概念，强调人们生活水平的相对性和差距性。也就是说，相对贫困不是根据客观的维持基本生存的收入水平来定义的，而是根据低收入者与其他社会成员之间的收入差距来界定的。世界银行将相对贫困定义为个体或家庭低于本国平均收入的一定比值的收入水平。不过虽然这种认定体现了一定程度的相对性，但还是保留了收入作为主要标准的测量方式。

根据收入贫困的定义，贫困是指收入或者消费达不到一定标准或者数量的状态。因此，将满足生命个体的最低生存需求的货币量化，从而通过划定收入贫困线的方式将贫困人口和非贫困人口区分开来成为最简便也最通用的贫困识别方式之一。当贫困人口的收入水平超过贫困线后，则意味着其实现“脱贫”目标。这种方法不仅可以快速识别出贫困人口，测算其他测量贫困程度的指标，而且便于政府和其他组织为最需要帮助的人直接提供帮助，并对政府的扶贫政策进行评估。

图 3-1 是我国 1985~2015 年根据收入标准划定的贫困线及贫困人口数量变化趋势。1986 年我国第一次制定扶贫标准，采用恩格尔系数法，以每人每日 2100 大卡热量的最低营养需求为基准，再根据最低收入人群的消费结构进行测定；2001 年，国家大幅提高扶贫标准，贫困人口大幅增加到 9029 万人，然后逐年降低到 2010 年的 2688 万人；2011 年，我国扶贫标准再度大幅提高（以 2011 年 2300 元不变价为基准），相应地，贫困人口大幅增加到 1.22 亿人，此后随着“精准扶贫”战略的实施，贫困人口数量再度减少；2018 年，我国贫困线约为 3200 元。

从世界范围来看，通过对发展中国家贫困线进行比较，一些国际组织也根据收入标准制定了相应的贫困线水平，如表 3-1 所示。其中最具有代表性的就是世界银行所制定的贫困标准。1990 年，世界银行选取当时一组

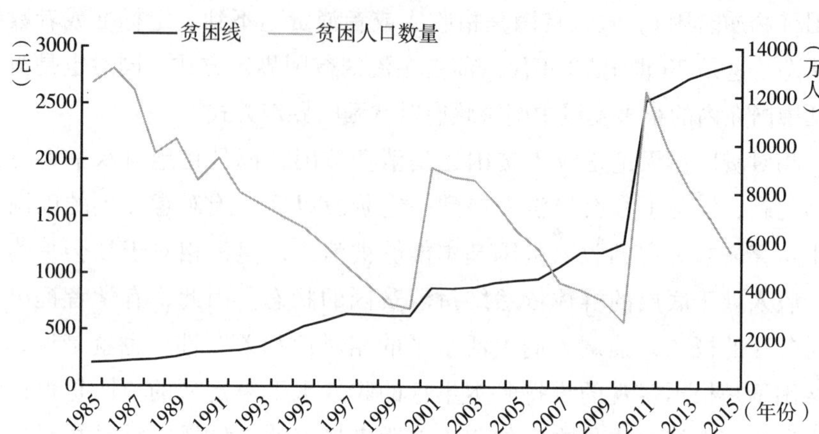

图 3-1　1985~2015 中国贫困线及贫困人口数量变化趋势

最贫穷国家的贫困线，采用购买力平价将它们换算成美元，通过计算平均值将贫困线设定在人日均 1 美元。2005 年和 2015 年世界银行两次将贫困线上调到人日均 1.25 美元和 1.9 美元。

表 3-1　国际贫困线标准变化

年份	扶贫标准
1990	人日均 1 美元
2005	人日均 1.25 美元
2015	人日均 1.9 美元

2. *能力贫困及多维贫困标准的确定*

随着人们对贫困问题认识的深入，依据收入或消费界定贫困的方式也受到学者广泛的质疑。首先，一些学者认为仅以基本生存需求来界定贫困有失偏颇，因为人的需求绝不仅限于此。其次，人是嵌入生产以及其他社会活动之中的社会人，而不仅仅是购买生存必需品的消费者。另外，基本生活必需品的价格会受到多种因素影响而不断变化，因此以收入或消费水平确定贫困线实际上难以操作。

能力贫困：在收入贫困广受诟病的情况下，一些发展经济学家开始从其他角度思考广大发展中国家的贫困与发展问题。其中最具有代表性的观点就是阿马蒂亚·森（2002）在其著作《以自由看待发展》中提出的“可行能力”的概念。森所谓的可行能力是指：“一个人有可能实现的、各种可能的功能性活动（个人认为值得去做，或去达到的各种事情或状态）组合。”贫困则被看作对基本可行能力的剥夺（如饥饿、营养不良等），而不仅仅是收入或消费低下。森对贫困的重新阐释使贫困的概念从一维视角发展到了多维视角。在多维视角下，收入本身不再是目的，相反，它只是实现人的发展的工具。在森这种思想的影响下，20 世纪 90 年代以后世界银行重新定义了贫困，认为缺少达到某种生活水平的能力的人就是穷人。这一定义指出贫困不仅是物质匮乏（以适当的收入和消费概念来测算），而且还包括低水平的教育和健康。

随着收入贫困的视角不断被经济学家所诟病，通过货币这一单一维度量化最低生存需求的方式也受到许多研究者的批评和质疑。自阿马蒂亚·森提出能力贫困的研究视角后，越来越多的研究者不再以收入作为衡量贫困的唯一指标，而是将衡量贫困的指标拓展到涉及人类发展和生活质量改善的方方面面，多维贫困的视角开始占据反贫困理论和实践的主导地位。

表 3-2 列出了国际常见的多维贫困标准，从中可以发现，与单纯依靠收入单一指标来确定贫困标准相比，多维贫困标准扩充了对贫困的认识，更强调人的“发展”问题，尤其关注教育、健康、居住条件等方面缺失带来的贫困。受国际常见的多维贫困标准影响，在国内反贫困研究中，许多学者借鉴多维贫困思想，围绕国外多维贫困指标在国内的应用开展了大量研究工作，从收入、知识、健康、环境卫生、饮水、燃料等多个维度对我国多维贫困指数进行测算。在政府层面的反贫困实践中，从以收入为主确定贫困人口的识别和退出，在扶贫工作中围绕贫困人口收入增加这一核心开展扶贫工作，逐渐开始关注贫困人口实现全面发展，注重培养贫困人口内生动力。在新一轮精准扶贫工作中，国家确立的贫困户退出标准为“一达标、两不愁、三保障”，即农村建档立卡贫困户家庭年人均可支配收入稳定超过当年省里面公布的扶贫标准线；不愁吃、不愁穿；教育、医疗、住房有保障。

表 3-2　国际常见的多维贫困标准

评价指标	时间	指标内容
人文发展指数(HDI)	联合国开发计划署,1990	预期寿命;成人识字率;实际人均国内生产总值(以购买力平价折算)
人类贫困指数(HPI)	联合国开发计划署,1997	寿命;读写能力;生活水平
多维贫困指数(MPI)	Alkire 和 Foster,2007	健康:营养状况、儿童死亡率 教育:儿童入学率、受教育程度 生活水平:饮用水、电、日常生活用燃料、室内空间面积、环境卫生和耐用消费品

3. 权利贫困及脆弱性贫困

权利贫困：20 世纪 90 年代，在可行能力的基础上，森进一步提出从经济资源角度看待贫困，看到的只不过是一种表象，从个人能力角度审视贫困仅仅是扩展了贫困的内涵，导致贫困的深层次原因应该是政治权利和社会权利的缺失。基于这种认识，社会排斥、权利缺失等概念都被引入贫困概念的延伸研究之中，形成了权利贫困概念。在这一认识的基础上，联合国开发计划署进一步指出，贫困的实质在于人类发展所必需的最基本的机会和选择权被排斥。

脆弱性贫困：随着贫困概念不断完善和延伸，有关脆弱性的概念逐渐被引入其中。Morduch 和 Sicular（2002）在研究风险对贫困的影响时涉及了脆弱性的概念，这里的脆弱性可以理解为家庭在面对收入冲击时缺乏平滑消费的机制。随着脆弱性研究的深入，脆弱性的含义主要分为外在和内在两个方面：外在方面主要是指暴露在外的冲击、压力和风险；内在方面主要是指贫困人口缺乏应对外部冲击的手段。脆弱性思想体现了人们意识到外部冲击（自然灾害、经济、社会、制度等方面）对贫困问题的加剧作用。除此之外，与收入贫困、能力贫困范式相比，脆弱性贫困范式避免了在研究贫困问题时陷入静态性的局限之中，而是采用一种动态性、前瞻性的视角来看待贫困，即脆弱性高的人群在未来有更大概率陷入贫困之中，而已经陷入贫困的高脆弱性人群在面临风险冲击时贫困问题可能会加剧。

通过对国际组织、国内机构及学者对贫困的认识与界定进行梳理（如

表 3-3 和表 3-4 所示）可以发现，贫困的定义经历了一个从狭义到广义、从单一到多元、从绝对到相对、从静态到动态的变化过程。

表 3-3　国际组织对于贫困的认识与界定

视角		时期	主要定义	来源
收入贫困	绝对贫困	20 世纪初以来	在生存伦理的判断标准下，没有足够的资源得到本地公认的、满足基本生活所需的机会的人就是贫困者	世界银行
	相对贫困	20 世纪 60 年代以来	个体或家庭的收入水平低于本国平均收入的一定比值	世界银行
能力贫困		20 世纪 80 年代以来	当某些人、某些国家或群体没有足够的资源获取他们在那个社会公认的一般都能享受到的饮食、生活条件、舒适和参加某些活动的机会时，就是处于贫困状态	世界银行，1980
			缺少达到某种生活水平的能力的人就是穷人，贫困不仅是物质匮乏，而且还包括低水平的教育和健康	世界银行，1990
权利贫困		20 世纪 90 年代开始	贫困的实质在于人类发展所必需的最基本的机会和选择权被排斥	联合国开发计划署
			贫困应该被理解为个人、家庭和人的群体的资源（物质的、文化的和社会的）如此有限以致他们被排除在他们所在的成员国可以接受的最低限度的生活方式之外	欧共体委员会，1993
脆弱性贫困		20 世纪 90 年代开始	贫困不仅仅是指收入低微和人力发展不足，它还包括人对外部冲击的脆弱性，包括缺少发言权、权利被社会排斥在外	世界银行，2000

虽然学界对贫困还有很多类型区分，但是不难看出，对贫困的特征或者原因的理解都是围绕着收入贫困、能力贫困以及权利贫困、脆弱性贫困四个基本维度。在这四个维度中，收入贫困是最容易测算也是世界范围内使用最为广泛的测算维度；能力贫困和权利贫困是收入贫困形成的根本原因。从发展的角度来看，当社会经济福利水平处于较低层次时，学者和各

表 3-4　国内机构及学者对于贫困的认识与界定

视角	主要定义	来源
收入贫困	贫困一般是指物质生活困难，即一个人或一个家庭的生活水平达不到一种社会可接受的最低标准。他们缺乏某些必要的生活资料和服务，生活处于困难境地	国家统计局课题组
	贫困是缺乏生活资料，缺乏劳动力再生产的物质条件，或者因收入低而仅能维持相当低的生活水平	汪三贵，1994
	一般来说，贫困就是一个人尽自己最大的努力进行工作或者工作尝试，但是他的收入远远不能满足其日常正常的生活开支。也就是说，单个个体或者个体所在的家庭的生活状态水平，不能被社会正常人所接受。他们对于正常生活所需要的基本物质资料和正常的基本生活服务都不能正常享受，我们一般认为这类人的生活处于十分不容易的困难境地	国家统计局
能力贫困	贫困是经济、社会、文化落后的总称，是由低收入造成的基本物质、基本服务相对缺乏以及缺少发展机会和手段的一种状况	林闽钢，1994
	贫困是一种生存状态，在这种生存状态中，人由于长期不能合法地获得基本的物质生活条件和参与基本的社会活动的机会，以至于不能维持一种个人生理和社会文化可以接受的生活水准	康晓光，1995
权利贫困	贫困是在特定的社会背景下，部分社会成员由于缺乏必要的资源而在一定程度上被剥夺了正常获得生活资料及参与经济和社会活动的权利	关信平，1999

国政府往往关注的重点是如何满足贫困群体的温饱问题，也就是绝对贫困；当一个社会的经济福利水平处于较高层次时，对贫困的关注将会向多维贫困和相对贫困转换。

二　易地扶贫搬迁对象贫困的界定

通过梳理国内外学者对贫困概念的界定我们可以发现，贫困是一个相当复杂的综合问题，研究贫困问题一定要把握贫困“多层次”的特点。通过层层剖析贫困问题的表象以及表象背后诱发的深层次原因，才能做到标本兼治、对症下药。本研究对贫困层次的界定如图 3-2 所示。

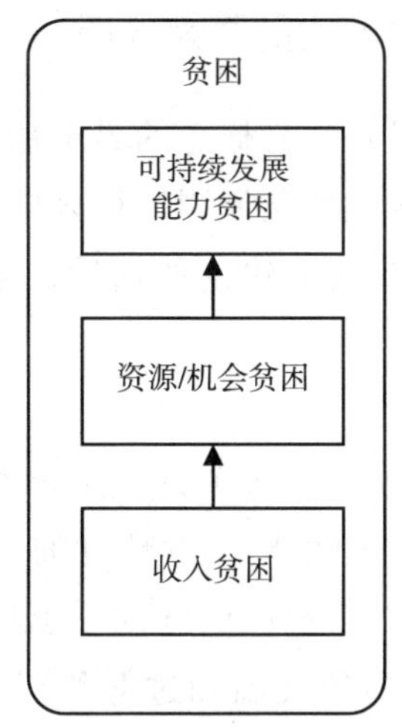

图 3-2　本研究对贫困层次的界定

收入贫困：当前，中国已消除绝对贫困，实际上目前国内的脱贫攻坚战略主要是从收入贫困的角度出发，保障贫困人口的基本生存需求，使其人均收入或者生活水平达到贫困线以上。在本节的分析思路中，我们依然把收入贫困作为易地扶贫搬迁对象陷入的第一层次的贫困，即易地扶贫搬迁对象或家庭依靠合法劳动获得的收入不能维持基本的生存需求。

资源/机会贫困：进一步分析陷入收入贫困的原因之后我们认为，易地扶贫搬迁对象生存的自然环境十分恶劣，限制了其对基础设施、公共服务、市场信息等资源的获取，从而损失了许多发展的机会，直接导致其收入水平低下，难以维持生存需要。易地扶贫搬迁对象由于没有足够的资源获取社会公认的一般都能享受到的饮食、生活条件、舒适和参加某些活动的机会，于是处于贫困状态之中。因此，资源/机会贫困是易地扶贫搬迁对象陷入的第二层次的贫困。

可持续发展能力贫困：结合阿马蒂亚·森的能力贫困理论，我们将可行能力视为一种可持续发展能力，即人们可以通过自己的努力实现一种持久稳定的发展，这种发展不仅是获得可观的收入，更是一种包含多维度的全面发展。因此，我们认为易地扶贫搬迁对象陷入贫困的根源在于可持续发展能力的欠缺和不足。

三　易地扶贫搬迁对象致贫原因分析

在明确本研究对贫困这一核心概念的界定基础上，接下来将结合理论和实践对易地扶贫搬迁对象的致贫原因进行分析。明确共性和个性两个方面的致贫原因，结合精准扶贫方法论的指导，才能做到精准施策、精准脱贫。

1. 自然环境层面原因

德国人文地理学家拉采尔深入考察自然环境与贫困产生的关联，在《人文地理学的基本定律》中指出自然环境的恶劣程度与贫困的程度有着某种潜在的重要关联。一个地区的气候、土壤等因素是影响经济发展的基本原因。一方面，过高的气温和过低的气温都不利于经济的发展；另一方面，气候、土壤和水文等对农业生产有直接的重大影响，而气候恶劣、土质贫瘠的地方，农业生产条件差，基础设施薄弱，容易引发贫困。国内学者在研究我国贫困问题时也充分考虑了自然环境因素（气候、资源、地形、土壤等）与贫困的关联。我国学者姜德华等（1988）认为农产品生产率低下是贫困发生的原因，而农产品生产率低下的原因又包括自然资源情况较差以及基础设施建设落后两个方面。

根据《全国“十三五”易地扶贫搬迁规划》中的界定和要求，易地扶贫搬迁对象生活在“一方水土养不起一方人”的地区。其中约三分之一居住在深山石山、边远高寒、荒漠化和水土流失严重地区及水土、光热条件难以满足农业生产需要或不具备基本发展条件的地区；约三分之一居住在交通、水利、电力、通信等基础设施欠缺以及教育、医疗、卫生等基本公共服务能力严重不足的地区；约六分之一生活在《全国主体功能区规划》明确的水源保护区、生物多样性保护区、湿地保护区、国家森林公园等禁止开发区或限制开发区；其他的生活在地方病严重、地质灾害频发的地区。图 3-3 是《全国“十三五”易地扶贫搬迁规划》中不同原因建档立卡搬迁人口分布，从图中可以看到，资源承载力严重不足地区、公共服务滞后地区和国家禁止或限制开发地区是易地扶贫搬迁对象主要迁出地。

易地扶贫搬迁对象生活的地区在发展过程中受到生存环境恶劣和生态环境脆弱的限制，其地理环境、地质条件、土壤、气候等自然条件较差，

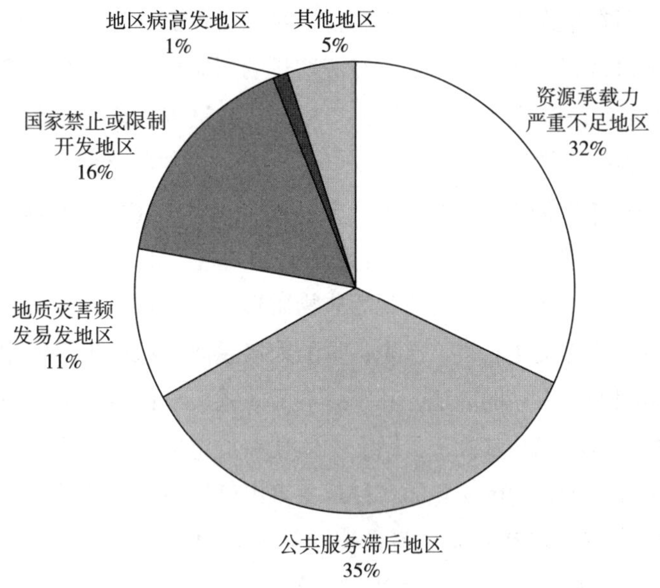

图 3-3　不同原因建档立卡搬迁人口分布

资源不足，容易发生自然灾害，导致农业生产效率低下，使农户经常暴露在脆弱性的风险之下；同时，不利的自然环境意味着不利的经济区位条件，这会造成基础设施建设不足和发展机会缺失，群众的生计资本存量和发展能力严重不足，极易陷入贫困之中；另外，受到气候和地形条件影响，还有一些易地扶贫搬迁地区是地方病高发地区，贫困群众中因病致贫比例较高。如果不进行易地搬迁，而是继续生活在原来的地方或者就地脱贫，不仅难以摆脱“过度开发—生态退化—贫困—进一步开发”的环境贫困陷阱，群众的生计状况得不到根本改善，生活水平依然很低，返贫风险极高，而且贫困群众的生活态度、价值观念和行为方式没有得到根本改变，原有的贫困文化依然存在，贫困的代际传递没有被阻隔；另外，原住地的生态环境也会逐渐恶化，绿色发展理念将得不到践行。

2. 个体层面原因

除了自然环境致贫论外，还有一些学者从贫困人群自身的个体层面出发分析造成其陷入贫困的原因。首先，人力资本理论认为，对于现代经济来说，人的知识、能力、健康等人力资本的提高，对于经济增长的贡献远比物质资本、劳动力数量的增加更为重要。因此，贫困产生的根本原因不在于物质的匮乏，而在于人力资本的匮乏和自身对人力投资的轻视，人的能力没有与物质资本保持齐头并进，而变成经济增长的限制因素。其次，除了人力资本投资不足外，一些学者认为贫困人口所拥有的贫困文化也是造成其贫困的因素之一。美国人类学家刘易斯（Lewis，1959）最早将贫困视作一种文化现象，1959 年他首次提出“贫困文化”这一概念，即贫困阶层所具有的一种独特生活方式，主要指长期生活在贫困之中的一群人的行为方式、习惯、风俗、心理定式、生活态度和价值观等非物质形式。他认为，穷人之所以贫困和其所拥有的贫困文化有关。首先，贫困人口脱离了社会生活的主流，处于一种自我封闭的或孤立的境地，其家庭生活方式、价值观念交互影响，更加剧了他们的贫困状况；其次，贫困文化体现在特定的家庭关系之中，在此种特定的家庭环境中，贫困文化的各种现象得以延续或代代相传。对于易地扶贫搬迁对象而言，其家庭大多陷入长期贫困之中，甚至存在贫困的代际传递，因此所有家庭成员的行为方式、生活态度和价值观念都会受到影响。对于一些易地扶贫搬迁对象而言，彻底斩断穷根、打破贫困的代际传递需要从改变其价值观念和生活态度入手，即扶贫与扶志相结合。

对于易地扶贫搬迁对象个体而言，我们在调研中发现搬迁对象户主年龄整体较大，家庭成员受教育水平低、技能单一，导致其人力资本水平不高，家庭的可持续发展能力不足。另外，搬迁对象中“因病致贫”“因病返贫”的比例较高，家庭抵御疾病风险的能力不足，脱贫难度较大。除此之外，一些扶贫干部还向我们反映，一些易地扶贫搬迁对象仍然存在“等”“靠”“要”思想，思想观念落后，内生动力严重不足。

第二节　易地扶贫搬迁对象脱贫的认识和界定

一　国内学者对于脱贫的认识

所谓脱贫，顾名思义即“摆脱贫困”，是无数政府、社会组织、国际组织不断追求的目标。国内学者对于脱贫的认识往往是从“精准脱贫”出发的，而精准脱贫则是：“要从根本上消除致贫的根源，进而达到彻底摆脱贫困、真正走上富裕康宁的道路。”

“精准脱贫”与“精准扶贫”往往一起使用，在一定层面上，二者具有一定联系，都是基于精准的理念方针对贫困人口进行识别和帮扶，从而改善其贫困现状，实现国家的政策目标。然而仔细分析两者背后蕴含的深层次含义，还是会发现两者有所区别。首先，从含义上讲，王朝明和王彦西（2018）认为，精准扶贫是指以精细化管理、综合协同、持续再生计的理念为指导，运用统筹、协调、分类的科学方法，变扶贫“大水漫灌”为“精确滴灌”，对扶贫对象实施精准识别、精准施策、精准扶持、精准管理的综合治理贫困的新方略；精准脱贫是指在精准扶贫的前提下，通过“分批分类”的办法，对精确到户的贫困人口进行有针对性的“造血”或“输血”式帮扶，使之具备自我稳定的脱贫状态及能力，真正实现脱真贫、真脱贫的全过程目标。简言之，精准扶贫要点在“扶”，关键在于帮扶的过程；而精准脱贫要点在“脱”，关键在于帮扶的结果。二者是手段与目标的关系。其次，“扶贫”与“脱贫”二者一字之差，实质是我国减贫战略的重大转变。扶贫强调的是政府对贫困对象的帮扶，其主体在于政府，贫困者是政府帮扶的接受者；而脱贫的主体在于贫困对象，它强调既要对贫困者进行帮扶，使他们自主走出贫困，又要使贫困者具备防止再次走入贫困的能力，达到永久脱贫的目标。最后，“扶贫”与“脱贫”存在层次上的递进。精准脱贫不仅要实现精准扶贫的目标，即帮扶贫困人口走出贫困，还要防止贫困者再次“返贫”。其最终的实质意义是消除社会中的不平等，使全社会达到一种公平正义的状态，从而促进全社会的均衡。

二　易地扶贫搬迁对象脱贫的界定

对脱贫概念的认识取决于对贫困的认识，因此，如何理解贫困也就决定了脱贫的含义。通过上文分析，我们将易地扶贫搬迁对象的贫困分为三层含义，即收入贫困、资源/机会贫困和可持续发展能力贫困。与此对应，“脱贫”也包含三个层次，分别对应易地扶贫搬迁对象三个层次的贫困。本研究对脱贫层次的界定如图 3-4 所示。

首先，易地扶贫搬迁对象摆脱第一层贫困的标志即脱贫的第一层含义就是其家庭收入超过国家确定的贫困线，并达到国家脱贫标准。结合当前脱贫攻坚的考核而言，除了从经济标准出发外，还要兼顾贫困对象的基本生活需求，即“两不愁三保障”（农村贫困人口不愁吃、不愁穿，农村贫困人口义务教育、基本医疗、住房安全有保障）。

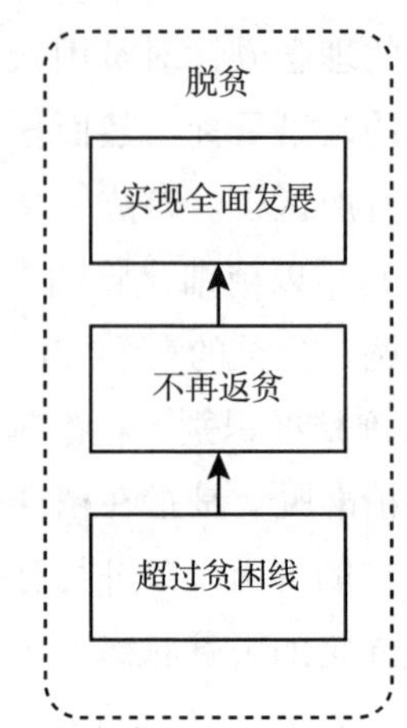

图 3-4　本研究对脱贫层次的界定

其次，易地扶贫搬迁对象摆脱第二层贫困的标志是获得一定的发展资源和机会，不再陷入返贫风险之中。当搬迁对象摆脱收入贫困之后，尽管收入水平已经超过了贫困线，但仍然只是在短期内摆脱收入贫困，返贫的风险依然存在。因此，能否真正跨越贫困陷阱，还在于其是否能够获得发展的资源和机会，搬迁对象只有在迁入地拥有稳定的生产资源，生计得到顺利转型和发展，才能真正实现不再返贫的目的。

最后，易地扶贫搬迁对象摆脱第三层贫困的标志是获得可持续发展能力，逐渐达到致富的目的，搬迁对象在健康、教育、文化等诸多方面都实现发展。获得可持续发展能力即搬迁对象依靠自身内生动力，逐渐减少对政府扶持的依赖，充分利用各类生产资源，把握外部发展机会与条件，实现一种持久而稳定的全面发展。

第三节　易地扶贫搬迁对象脱贫模式的含义和界定

“模式”作为一个常见的词语，迄今为止并没有一个明确统一的概念。实学者陈世清（2010）认为模式是主体行为的一般方式，是理论和实践之间的中介环节，具有一般性、简单性、重复性、结构性、稳定性、可操作性等特征。而 Alexander 等（1977）给出的经典定义是：每个模式都描述了一个在我们的环境中不断出现的问题，然后描述了该问题的解决方案的核心。通过这种方式，你可以无数次地使用那些已有的解决方案，无须再重复相同的工作。模式有不同的领域，当一个领域逐渐成熟的时候，自然会出现很多模式。模式是一种参照性指导方略。在良好的指导下，有助于高效完成任务，有助于按照既定思路快速做出一个优良的设计方案，达到事半功倍的效果，而且会得到解决问题的最佳办法。

关于"脱贫模式"，学者并没有给出一个明确的定义，本研究参考学者郭晓鸣、赵昌文（2000）对"扶贫模式"的定义，认为"脱贫模式"指的是扶贫主体运用一定的生产要素和资源，利用一定的方法和手段作用于贫困对象，使之具备自我稳定的脱贫状态及能力，促进其实现可持续发展的方式、方法和措施的总称。对贫困的不同认识决定了对脱贫的认识，继而决定了对脱贫模式的认识，从这一角度来说，本研究对脱贫模式的认识也分为三个层次（见图 3-5）。首先，对于收入贫困而言，脱贫模式意味着政府通过精准的帮扶措施，促进贫困对象收入提高的方式，最终使其收入超过贫困线，达到国家脱贫标准；其次，对于资源/机会贫困而言，脱贫模式意味着政府通过运用一定的生产要素和资源，利用一定的方法和手段作用于贫困对象，促进其获得资源与机会的方式，最终彻底摆脱贫困陷阱，不再有返贫风险；最后，对于可持续发展能力贫困而言，脱贫模式意味着贫困对象内生动力提高，获得可持续发展能力，实现全面发展的方式。

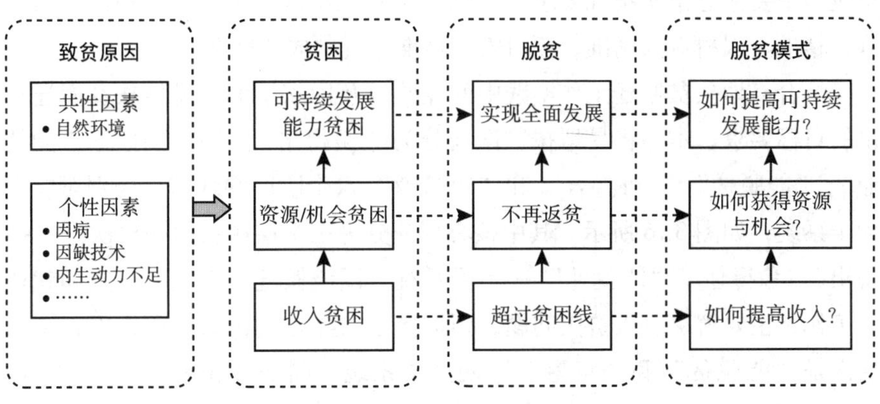

图 3-5　贫困、脱贫、脱贫模式关系

在理解易地扶贫搬迁对象脱贫模式时，不仅要理解上文提到的三个层次的脱贫模式的含义及其相互关系，同时还要与易地扶贫搬迁所涉及的不同阶段和环节联系起来，系统分析每个环节和阶段不同作用主体对搬迁对象所产生的不同作用，把握资源与要素是如何作用于搬迁对象的，以及最终产生的结果如何，这样才能系统把握什么是易地扶贫搬迁对象的脱贫模式。接下来，本书将从我国易地扶贫搬迁工作的实际出发，结合其实践历程，对易地扶贫搬迁对象脱贫模式进行系统分析和说明。

根据易地扶贫搬迁工程实施的逻辑顺序，以及不同时点工作目标和内容的差异，将易地扶贫搬迁工程划分为“搬得出”、“稳得住”、“能就业”、“能脱贫”、“可融合”和“可持续”六个不同的阶段，在此基础上，对中国各地帮扶易地扶贫搬迁群众脱贫致富的典型经验进行分阶段归类梳理，进而尝试发掘易地扶贫搬迁对象脱贫实践中成功和失败做法的一般规律，为总结易地扶贫搬迁对象脱贫模式提供支持。

易地扶贫搬迁不仅是一项社区再造和重建工程，更是一项人口分布、资源环境、经济社会重新调整与完善的系统工程，不仅涉及安置住房、基础设施和公共服务设施建设，更涉及搬迁群众就业创业、社区管理、文化传承等诸多方面。易地扶贫搬迁工程的实施不是一蹴而就的，具有典型的阶段性和内在逻辑一致性特征，每个阶段有着不同的工作内容和重点，围绕着搬迁群众脱贫致富的目标循序推进、层层展开。在搬迁及后续发展的全过程中要注意落实精准要求，做到扶贫对象精准、资金使用精准、措施到户精准、因村派人精准、项目安排精准、脱贫成效精准。

结合易地扶贫搬迁工作实践中的经验以及国家层面对易地扶贫搬迁提出的目标要求，本书将易地扶贫搬迁分为“搬得出”、“稳得住”、“能就业”、“能脱贫”、“可融合”和“可持续”六个阶段和环节，分别对应六大子系统，如图 3-6 所示。其中核心部分分为三个层次：第一层次是“搬得出”“稳得住”“能就业”三个子系统，围绕搬迁、安置、稳定和就业等工作，主要解决收入贫困问题，帮助搬迁对象达到国家贫困标准；第二层次是“能脱贫”和“可融合”两个子系统，围绕搬迁对象生计转型优化、社区治理体系建设、安置点产业发展等工作，主要解决资源/机会贫困问题，帮助搬迁对象获得发展的资源与机会，重塑或拓展搬迁对象的社会网络，帮助搬迁对象彻底摆脱贫困陷阱，实现不再返贫的目标；第三层

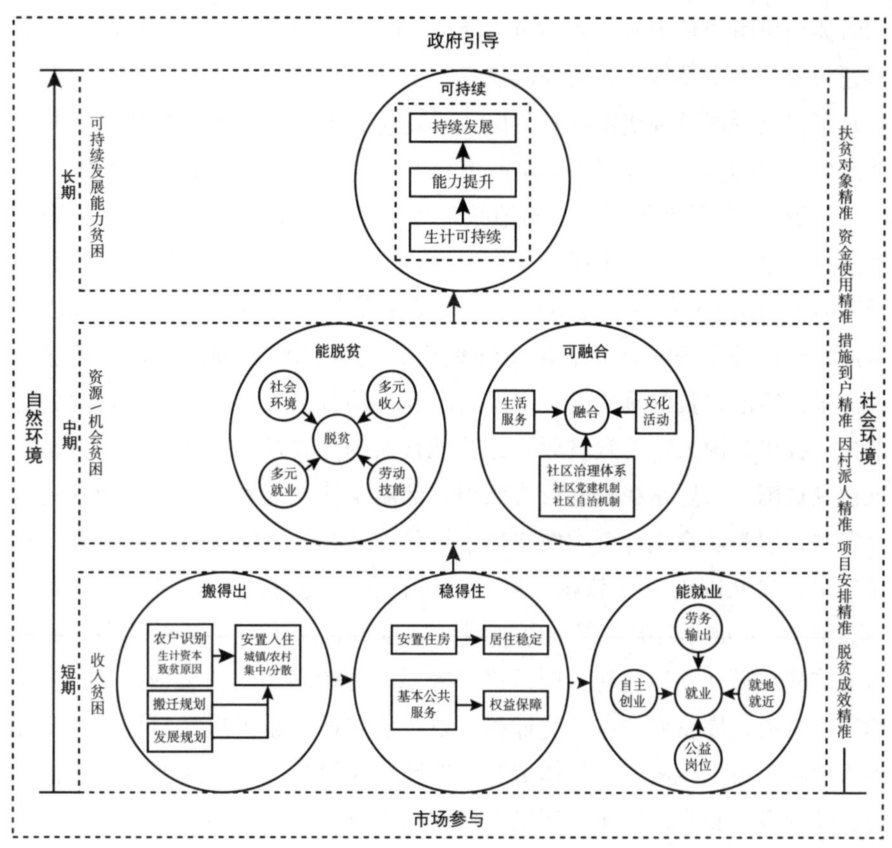

图 3-6　易地扶贫搬迁脱贫系统

次是“可持续”子系统，围绕搬迁对象知识技能培训、引导思想观念转变和培养多元增收渠道等工作，结合所获得的发展资源与机会，逐步实现可持续发展的目标。这一子系统代表着易地扶贫搬迁所要实现的最终目标，在提高搬迁对象内生动力的基础上，帮助其获得可持续发展能力，实现搬迁对象选择的自由和发展的自由，同时以人为中心，促进区域发展平衡和人与自然协调发展。外侧是易地扶贫搬迁所处的自然环境和社会环境，除此之外易地扶贫搬迁还需要政府和市场两方面力量的参与。

易地扶贫搬迁脱贫系统的核心部分是“搬得出”、“稳得住”、“能就业”、“能脱贫”、“可融合”和“可持续”六大子系统。这六大子系统在逻辑上和时间上环环相扣、层层递进，不仅反映了易地扶贫搬迁工程所处的几个阶段，还明确了每个阶段所要实现的目标和所要摆脱的贫困层次，同时体现出每个环节和阶段内实现脱贫目标的主要工作。值得说明的是，搬迁对象是整个易地扶贫搬迁脱贫系统的核心，无论是搬迁、脱贫、融合还是可持续发展都围绕搬迁对象展开，政府只在其中的各个阶段发挥其职能起到引导的作用，并吸引市场的力量参与到易地扶贫搬迁工程之中。

“搬得出”子系统是整个易地扶贫搬迁工程的起点。其他子系统则是由搬迁衍生出来的后续问题。第一，精准识别搬迁对象及其特征是实现“搬得出”的首要任务。易地扶贫搬迁的本质是，通过空间的转移来改变贫困群众的外部发展环境，减少他们面临的外部风险冲击，降低其脆弱性。根据精准扶贫的基本要义，识别出真正的贫困人口是精准扶贫的关键前提，找出贫困人口的致贫原因是精准帮扶的重要基础。然而，无论是精准识别贫困人口还是找出其致贫原因，都需要精准识别出农户所拥有的生计资本，因为农户生计资本的状况不仅是判断其是否贫困的主要标准，也是找出致贫原因的重要依据。第二，进行科学完备的选址和规划是实现“搬得出”的重要前提。识别出贫困人口也就相应确定了搬迁对象，而安置点该建在哪儿，如何建，则是接下来要考虑的问题。凡事预则备，不预则废。故而，周密而完备的选址和规划对于实现“搬得出”目标的重要性不言而喻。根据现实中的具体情况，选址不仅要与安置方式的选择紧密结合，还要考虑到当地资源、环境、地理条件以及经济社会发展的程度；而规划不仅要在搬迁对象识别的基础上设计最佳的户型搭配，还要考虑基础设施和公共服务设施的建设，同时还要与后续产业扶持结合起来，为产业发展预留空间。第三，选择符合实际的安置方式是实现“搬得出”的基础。选择安置方式时要考虑多重因素，其中既包括资源、环境、地形条件等自然方面的因素，又包括经济发展水平等社会层面的因素，安置方式在一定程度上决定了后续增收的方式、融合的进程和可持续发展的模式。第四，确保安置点建设质量是实现“搬得出”的保障。在安置点建设环节可以创新市场力量参与方式，同时政府要发挥监督作用，确保工程质量，使搬迁对象住得安心。

“稳得住”子系统是整个易地扶贫搬迁工程的前提。搬迁对象从原住地迁出后，生活和生计都处于调整和适应的状态，因此在思想上会出现摇摆和徘徊。如果没有度过这段特殊时期，那么一些搬迁对象就有可能发生返迁，后续的脱贫工作就无从谈起。因此，这一阶段要以稳定为目标，通过多种手段解除搬迁对象后顾之忧。第一，良好的居住环境是实现“稳得住”目标的基础保障。良好的居住环境不仅是有房子可住，还要有现代化的配套设施，让搬迁对象住得舒心。第二，完善基本公共服务是实现“稳得住”目标的服务保障。对于搬迁对象而言，除了住上新房子外，教育、医疗、社会保障等基本公共服务能否得到保障也是实现稳定的重要考量，这不仅意味着“三保障”目标的实现，也关系到搬迁对象是否对自己的新身份实现认同。

“能就业”子系统是整个易地扶贫搬迁工程的关键。搬迁对象从原住地迁出后，离开了原来世代耕作的土地，如何为他们另谋生路不仅关系着搬迁对象在安置区能否实现稳定，从而避免出现返迁的现象，而且还关系到收入贫困问题的解决。对于就业问题而言，第一，劳务输出和就地就近就业是最主要途径。组织有能力的搬迁对象外出务工不仅可以使其获得较高的劳动收入，还可以使其增长见识，形成示范带动效应，解决更多劳动力就业问题；而就地就近就业则较好地解决了因家庭或个人原因不能外出务工的劳动力以及妇女、老人等家庭辅助劳动力的就业问题。第二，自主创业就业是有效补充。搬迁所带来的回流效应能够吸引有头脑和经验的外出务工人员回乡创业，政府通过支持返乡能人的创业意愿既能促进产业发展又能解决就业问题。第三，公益岗位就业是最后保障。对于受自身条件所限无法通过前几种途径解决就业问题的劳动力，政府通过开发公益岗位来以工代赈，既解决就业问题，又能使这部分搬迁对象实现人生价值。“能就业”的核心是充分发挥劳动力集聚的资源优势，通过就业来实现搬迁对象的稳定，通过就业来拓宽搬迁对象增收途径。

“能脱贫”子系统是整个易地扶贫搬迁工程的核心。搬迁对象从原住地搬出来后，其生存环境和生活条件有了极大的改善，但如何帮助其转变原有“靠山吃山”式的生计模式，实现稳定增收则是最为关键的问题，这一问题关系到搬迁对象能否获得更多的发展资源与机会，从而使其摆脱资源/机会贫困。在这一子系统下，政府围绕搬迁对象的“生计转变”这一核心，采用多元手段，充分调动迁出地与迁入地两方面的资源，吸引市场力量，创新增收渠道与方式，通过产业、务工、资产收益和社保兜底等手段实现摆脱资源/机会贫困的目的。第一，就业多元化是实现“能脱贫”的主要途径。在务工方式上主要包括劳务输出就业、与产业结合就近就地就业、自主创业就业、公益岗位就业等多种途径；在务工人员选择上不仅涵盖家庭主要劳动力，更包括妇女、老人等家庭辅助劳动力，充分利用安置点劳动力资源，全面保障搬迁对象“安居”与“乐业”。第二，收入多元化是实现“能脱贫”的基础。除了多元就业之外，不断增加收入渠道对搬迁对象来说更加重要。对搬迁对象来说，主要的增收途径包括工资性收入、外出务工收入、经营性收入、资产收益分红和转移性收入。产业配套是收入多元的必备条件，在产业选择上根据当地实际，结合不同的安置方式，在自然条件较好的地区发展特色农林种植业，在靠近城镇的安置点发展加工业，在靠近景点的安置点发展旅游服务业；在产业发展模式上，要充分发挥市场的作用，吸引企业参与，培育新型经营主体，提升农业组织化水平，创新企业、新型经营主体、合作社和农户之间的利益联结机制，确保农户实现持久稳定的收益。第三，技能培训和稳定的社会环境是实现“能脱贫”的保障。一方面，就业多元和收入多元都离不开对搬迁对象开展技能培训，提高搬迁对象人力资本水平，提升其脱贫内生动力；另一方面，社会环境的稳定是“能脱贫”目标实现的外部条件，通过法制保障和乡规民约为搬迁对象创造和谐、稳定的外部环境，有助于其脱贫目标的实现。

“可融合”子系统是整个易地扶贫搬迁工程的保障。搬迁对象从原住地迁出至新的安置点后，除了面临生计转型和如何增收的问题之外，随即面临如何融入新环境的问题。只有实现“可融合”的目标，易地扶贫搬迁对象才能在安置点重塑新的社会关系网络，从而在未来获得持久而稳定的发展。第一，建立完善的社区治理体系是实现“可融合”的基础。完善的社区治理体系一般包括两个方面的内容：一是社区党建机制；二是社区自治机制。社区党建机制要突出党组织对安置社区的政治领导、组织领导和思想领导；而社区自治机制则要突出搬迁对象自我管理与自我服务，随着搬迁对象自我管理和自我服务水平的提高，其内生动力也会逐步提高。通过建立社区治理体系，使搬迁对象与政府之间架起一道桥梁。第二，文化活动是实现“可融合”的纽带。对于搬迁对象而言，举办多样的文化活动不仅可以丰富社区生活，增加搬迁对象之间的交流与联系，拓展其社会网络，而且有利于传承原有的传统文化与风俗习惯，能够减少搬迁给农户心理上带来的冲击，有助于其快速融入新的安置点之中。第三，生活服务平台是实现“可融合”的保障。打造安置社区生活服务平台，不仅可以方便群众办事，提高工作效率，而且能够塑造搬迁社区“家”文化，增强搬迁对象主人翁意识。

“可持续”子系统是整个易地扶贫搬迁工程的目的。通过之前的工作，搬迁对象的生计得到有效转变，生活水平也相应提高，逐渐融入新家园之中，并获得了一定的发展资源与机会，收入贫困和资源/机会贫困问题基本得到解决。但要彻底摆脱最后一个层次的贫困，还要进一步提升其自身发展能力。第一，推动搬迁移民群众理念观念转变。通过思想教育和模范示范作用扭转一些搬迁对象存在的“一切依赖政府”的错误观念和思想，逐渐培养其“劳动致富”“奋斗光荣”的意识和愿望。第二，推动搬迁对象知识技能提升。不仅要通过技能培训帮助搬迁对象实现就业能力的提升，扩大其就业机会的选择范围，同时还要通过教育培训提升搬迁对象综合素质，如现代化的生活理念、工作理念、竞争意识、市场意识等。通过思想观念的转变和知识技能的提升实现搬迁对象生计可持续和能力提升。第三，推动多重可持续目标实现。要通过多种手段拓宽搬迁对象增收渠道，增强搬迁对象风险意识和投资意识。通过以上途径最终使搬迁群众有积极的意愿和充足的能力充分运用发展资源，自由选择发展机会从而在未来获得持续而稳定的发展。在此基础上还要通过搬迁发挥人口、资源的集聚优势，创造新的经济增长极，补齐贫困地区发展的短板，打破区域间发展不平衡的现状，实现迁出地和迁入地持续稳定的发展。同时，要通过搬迁保护迁出地脆弱的生态环境，在迁入地坚持绿色发展的理念，在安置社区规划、建设、管理以及产业配套等各个阶段将环境保护、资源节约与发展相结合，实现迁出地与迁入地人口、资源与生态环境的持续、协调发展。

总之，易地扶贫搬迁脱贫系统中，“搬得出”、“稳得住”、“能就业”、“能脱贫”、“可融合”和“可持续”六个子系统是六个由前而后、环环相扣、彼此间相互联系的阶段，它们本身体现着六个由低到高、层层递进的目标，同时还对应解决三个层次的贫困问题。在“搬得出”这个前期阶段就要预先谋划和兼顾“稳得住”、“能就业”、“能脱贫”、“可融合”和“可持续”的目标，而“可持续”这个目标能否实现也是最终检验“搬得出”、“稳得住”和“能脱贫”等各阶段工作成果的标准。易地扶贫搬迁对象的脱贫致富是一个循序渐进、逐步实现的过程，绝非一蹴而就、立竿见影的事情。而易地扶贫搬迁对象三个层次的脱贫模式也与易地扶贫搬迁几个阶段的工作息息相关。在易地扶贫搬迁对象的脱贫过程中，“搬得出”、“稳得住”和“能就业”等几大子系统所对应的目标是可以通过短期的工作和努力实现的，然而让他们“能脱贫”、“可融合”和“可持续”则需着眼于更长久的时期。因此，充分认识到这项工程的长期性和复杂性，把握好整个过程的关键节点和各个阶段工作的优先重点，抽象提炼出那些更为根本的、决定长期趋势的、具有一般性的工作规律，是制定正确的绩效考核标准，保证实际工作“不走样”，最终实现易地扶贫搬迁对象稳步脱贫目标的不二法门。

生计篇

第四章
可持续生计的相关理论及应用

第一节　可持续生计分析框架的相关理论

学界对于贫困定义以及消除贫困基本目标的研究构成了可持续生计分析框架的理论背景。此框架开放式的指导作用体现在能够考虑到贫困所有可能的方面以及与此有关的所有不可持续的生产生活方式，而这种方法通过将贫困农户加入贫困评估中来消除贫困。赞同这一观点的原则应该具有如下核心特征：以穷人为中心、响应和参与、整体性、多层次性以及经济、社会、制度和环境的可持续性属性（苏芳等，2009；Roberts、杨国安，2003；Goldman et al.，2008；Ashley and Carney，1999）。这些原则是促进和推动发展干预活动成功的前提。

可持续生计分析框架（DFID 模型）建立在一众学者如 Sen（1983）、Chambers 和 Conway（1992）以及 Scoones（1998）和 Carney（1998）等对贫困性质进行理解的理论基础上，并将他们的工作规范化，使之成为一套单独的、可以共享的发展和规划方法，如图 4-1 所示。在分析减贫和农村发展问题时，该框架可以用来指导生计策略和农户家庭限制条件的分析，较为系统全面地收集可用信息并综合考虑各种问题的成因。但需要注意的是，当应用这一框架针对农户家庭局限性这一微观层面进行分析时，应该充分认识到分析框架所具有的弹性，必须将其简化以便使它具有可操作性和实用性。通过把对贫困的新理解集成到一个分析性的工具之中，DFID 模型可以洞察关于农户生计的复杂性和贫困的主要影响因素（Roberts、杨国安，2003）。DFID 模型是可持续农村生计咨询委员会在其他机构前期研究的基础上发展起来的，它的独特魅力在于为发展和贫困研究提供了一个针对重要问题的核对清单，并对这些重要问题之间的联系进行了概括，提醒人们要把注意力放在关键的影响和过程上，同时强调影响农户生计的不同要素之间的多重性互动作用。

DFID 框架以人为中心，既不采用线性方法来展开分析，也没有提供一个现实的模型。这一框架所确定的增加贫困农户可持续生计的目标或手段多种多样，包括增加贫困农户享有高质量教育、信息和医疗服务等的权利或机会，营造一种更关心支持贫困农户的平等的社会环境，使其能够更为安全、稳定地利用和管理各种自然资源，同时为贫困农户提供更有保障的资金来源和渠道，以及支持农户生计策略多样化，使其更平等地利用市场环境。

DFID 模型揭示了一个理解贫困的概念框架，同时指出消除贫困的潜在机会。通过勾绘农户家庭如何寻求一条宽广的生计出路，表达了促进其长远发展的生计机会。图 4-1 显示出农户通过有效配置其资产、权利和可能的策略去追寻某种生计出路的途径。从图 4-1 可以看出，可持续生计分析框架由脆弱性背景、生计资本、转换结构和过程、生计策略以及生计产出五部分组成，各组成要素以非常复杂的方式相互作用，但不表示简单的从属关系或因果联系。具体来说，脆弱性背景下的冲击、趋势和季节性既可以塑造生计资本，也可以给生计资本带来损伤，政府和私人部门对基础设施建设的投资（物质资本）、技术创新（人力资本）和制度建设（社会资本）也是生计资本生成的过程，同时法律政策和文化制度也能在一定程度上对资源拥有和响应以及生计策略反馈的程度进行调节（Kollmair and

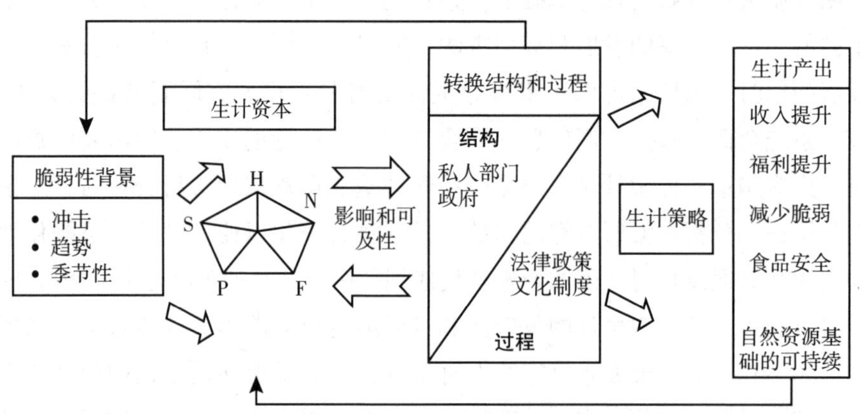

图 4-1　DFID（1999）的可持续生计分析框架

Gamper，2002）。当人们拥有较多生计资本时，往往赋予其更多选择的权利并具备利用一些政策措施确保自身生计安全的能力，而生计资本在很大程度上决定了人类获取福祉的能力，不同的资本组合会导致不同的生计产出（苏芳等，2009）。

可持续生计分析框架将农户视为在脆弱性背景下利用一定资本寻求生存或谋生的对象，而这种环境也影响着农户的生计策略和生计活动，即生计资本配置和使用的方式，以求实现预期成果和既定的生计目标。换句话说，在脆弱性环境中制度和政策等因素的影响下，在生计资本和政策、制度等的相互作用下，作为整个生计核心的生计资本的状况和属性，决定了人们采用何种生计策略，进而导致某种生计产出，同时生计产出又会反作用于生计资本，影响整个生计资本的状况和属性（李斌等，2004）。

可以发现，可持续生计分析框架对农户生计的分析并不一定都从脆弱性背景开始，然后经过一系列组成要素的影响和作用，最后输出生计产出。各种不同的力量和因素决定了生计的形式和状况，而这些力量和因素一直处于不断变化的状态，当进行农户生计分析时，人们往往要同时调查分析生计资本、生计产出以及选择谋生的生计策略。根据框架显示的反馈，最为重要的是从变革中的转换结构和过程到脆弱性背景以及从生计产出到生计资本的反馈。

普遍认为，个人和家庭的资产状况既是理解其拥有选择的机会、采用的生计策略和所处的风险环境的基础，也是针对贫困减少和农村发展项目设计和实施、政策制定的切入点（Carney，1998；Ashley and Carney，1999）。在对以资产为基础的农户生计进行分析时，应该同时考虑以下六个方面：第一，顺序性，指的是建立成功生计策略的开端以及随后获得资产之间的相关性；第二，替代性，指的是各种资本之间的替代以及相互结合的必要性；第三，集合性，指的是获取其他资产的权利以及特殊资产组合的存在性；第四，获得性，指的是获取特殊资产的影响因素；第五，交易性，指的是涉及交易的资产属性以及这些资产的意义；第六，趋势性，指的是资产的消耗和积累以及新资产获得的趋势（Scoones，1998；Ellis，2000；李斌等，2004）。

可持续生计分析框架另一个重要组成部分是影响生计的社会、经济和政治背景。从农户拥有的资产状况到选择采取何种生计策略，均是在特定的背景条件下完成的。Scoones（1998）为了研究和政策制定的需要，将这种背景分为两类：一类是外部条件和趋势，主要指历史、政治状况、经济发展趋势、农业生态环境和气候等；另一类是组织和制度。Ellis（2000）也把背景分为两类：社会关系、制度和组织；趋势和冲击因素。Carney（1998）则直接称这种背景为脆弱性背景。风险环境和脆弱性背景作为外在条件，主要由社会经济、政治、人口和自然环境等因素的发展现状和趋势决定。个人和家庭的生计策略深受这些环境和背景因素的影响，例如，土地制度变迁、发展政策变动、气候条件变化和市场形势转化等都对个人和家庭的生计策略有重要影响。显然，背景的组成要素异常复杂，涉及诸多社会科学领域的研究问题，导致在理论和实践研究中都存在困难之处，然而这种复杂性又为不同学科不同领域带来新的研究问题。在这种复杂的背景条件下，个人和家庭的生计资本将会决定农户家庭生计策略和生计活动的选择和调整，最终输出生计产出。

第二节　可持续生计分析框架的应用研究

大多数实践中的生计方式通常被认为可以更好地掌握生计的复杂性，理解生计方法对贫困的影响以及识别如何采取合适的干预措施（Farrington，2009）。随着农户生计研究和实践的深入，可持续生计分析框架被广泛应用于世界各国的减贫与农村发展问题和全球变化领域中的人文社科领域。不管是作为一个整体性的指导框架，抑或针对某一特定国家、区域、部门或问题进行研究，可持续生计分析框架都为研究微观农户的决策和行为提供了一种有力的指导和视角。

一　国际实践

国际上很多学者运用可持续生计分析框架对农户生计的各个领域展开研究，涉及诸多方面，如生计响应（Sallu et al.，2010）、生计多样性、生计脆弱性、生计安全、生计与减贫、生计与能源消费、生计与土地利用、生计与资源保护、生计与海洋渔业等。具体来看，Sallu 等（2010）运用生计轨迹方法探索影响农户生计的冲击和压力，阐述了与恢复力和脆弱性密切相关的生计策略的特征，发现如果能够认识到正式和非正式制度的重要性，可以实现更多具有弹性的生计轨迹。Babulo 等（2008）利用可持续生计分析框架考察了埃塞俄比亚农户的生计策略，特别是与林产品相关的生计活动，通过基于 360 个样本的实证研究，发现资本贫穷阻碍了农户从事高收益的生计活动，使得贫穷农户过多依赖自然资源。Smith 等（2001）同时使用定性和定量分析的结果显示，乌干达农户的传统职业和非传统职业在财富和性别之间存在差异，而社会历史特征和当前的投资水平是生计多样化呈现不同水平的决定因素。Simtowe（2010）采用马拉维 400 个农户的截面数据分析了生计多样化的影响因素，发现超过 60%的农户选择包括农业在内的多种生计策略，而只有 37%的农户单纯依赖农业。Hahn 等（2009）通过收集莫桑比克两个不同行政区的社会人口特征、生计、社会网络、健康、食物和用水安全，以及自然灾害和气候变化，开发了生计脆弱性指数来估计这两个行政区的气候变迁脆弱性，结果显示，一个行政区在水资源方面更加脆弱，另一个行政区在社会人口结构方面比较脆弱。Singh 和 Hiremath（2010）通过综合考虑生态安全、经济效率和社会公平，设计了可持续生计安全指数对印度东部地区展开实证分析，结果发现该指数可以有效平衡经济学家、环境学家和平等主义者的共同关注点，并作为实现可持续发展的参考方法。Kelman（2008）将可持续生计分析框架用于火山相关的生活场景，认为该框架对于理解、沟通和管理脆弱性和风险有帮助，有利于社区更好地管理火山环境，并控制脆弱性环境，有利于管理风险和进行灾后重建和恢复。Ellis（2000）关于坦桑尼亚的实证研究发现，农村贫困与土地、牲畜的缺乏和无法保障农业机会减少后的非农替代强相关。贫困农户遭受公共部门制度背景的中立或阻碍多于帮助他们建立自我脱贫的路径，扶贫项目需要致力于解决宏观层面目标和当地层面制度背景的断裂。Cherni 和 Hill（2009）以古巴偏远的农村社区为研究对象，采用可持续生计方法研究了可再生能源与农户生计的关系，发现小规模可再生能源技术与政府可持续发展政策的有效结合是推广可再生能源服务的最佳选择，并且能大大提高农户的生计可持续性。Vista 等（2012）以菲律宾某椰果庄园为研究对象，探索了土地改革对农户可持续生计的影响，发现土地改革后并没有显著提升农户的生计可持续性，只是给了农户更多的自由从而改善其生活前景和社会资产。Ahmed 等（2010）通过研究孟加拉国西南部沿海以捕虾为生的渔民的可持续生计与捕虾之间的关联，发现渔民生计主要来源于捕虾，且对海岸生态系统的生物多样性有一定影响。Allison 和 Horemans（2006）分享了西非 25 个国家将可持续生计分析框架用于渔业管理的经验，认为该框架有利于形成统一的渔业政策，有利于识别致贫因素，并且维持渔业资源的可持续发展。

此外，围绕着自然保护区的建立与社区经济发展，研究者采用可持续生计分析框架对农户生计展开大量研究。有代表性的如 Cetinkaya 等（2014）以土耳其峡谷国家公园为例，认为可持续地利用国家公园内的药用草本植物的生计策略能够带来积极的影响。Shoo 和 Songorwa（2013）探讨了生态旅游是否能够最大限度改善居民生计，结果表明阿玛尼自然保护区生态旅游几乎没有给当地居民带来利益，建议应该适当提升居民对生态旅游的参与度。

二　中国实践

中国对可持续生计的研究起步较晚，随着国际上可持续生计分析框架以及相关研究成果的介绍和引进（Roberts、杨国安，2003；李斌等，2004），中国学者围绕可持续生计分析框架对农户生计的各个方面进行了大量有益的探索。本书按照何仁伟等（2013）和汤青等（2013）的归纳和思路展开，具体如下。

第一，针对生计脆弱性的分析。张国培和庄天慧（2011）定量分析了自然灾害对农户贫困脆弱性的影响，而李伯华等（2013）则从社会资本的视角重新审视了农户生计脆弱性问题，并对农户社会关系网络断裂和重构过程中的各种风险冲击进行了细致分析。阎建忠等（2009）通过对青藏高原农牧民生计脆弱性的定量分析发现，脆弱性环境、生计资产缺乏和适应能力匮乏是导致农牧民生计脆弱性的根本原因。李聪（2018）实证检验了易地移民搬迁对西部山区农户贫困脆弱性的影响，发现搬迁户与非搬迁户之间以及不同搬迁特征农户之间的贫困脆弱性差异显著。

第二，针对生计资本的分析。杨云彦、赵锋（2009）采用南水北调中线工程的实地调研数据进行实证分析的结果显示，库区农户的生计资本整体较弱，社会融合度偏低，建议结合开发性移民政策和生态补偿机制促使移民生计资本优化并转型。生计资本量化方面，有代表性的如李小云等（2007）率先将农户五大生计资本的量化研究引入中国，而赵雪雁（2011）

通过建立生计资产评估指标定量分析了农户生计资产对其生活满意度的影响，发现甘南高原农户的生计资产存在一定的空间异质性。李聪等（2014b）则以陕南移民搬迁为背景，构建了农户生计资本的测度指标，并通过描述性对比和似不相关估计分析了农户生计资本的现状与影响因素。

第三，针对政策、结构和过程的分析。中国的实践研究主要集中在公共政策干预、农业经营组织和农村社区等对农户生计的影响，特别是生态保护政策、城市化进程中征地引起的自然保护区社区农户和失地农民生计状况的改变等。黎洁等（2009）认为兼业户比纯农户的生计资本禀赋更好，生计活动更加多样化，抗风险能力更强，贫困程度更低，对自然环境的依赖性也更弱，鼓励当地农户从事兼业经营综合解决农村贫困与环境保护问题。梁义成等（2013）发现“稻改旱”项目显著改变了当地农户的生计资本、生计行为和生计后果。参与项目的农户拥有较多的生产性物质资本和社会资本，增加了工资性劳动供给，总体上对农户的收入水平有显著的正向作用。高晓巍、左停（2007）发现社区范围内的农户互助行为可以缓解贫困农户遭受的脆弱性冲击，而农户社区组织的建构对丰富和拓展农户生计资本，促进农户生计创新具有重要意义（黄颖、吴惠芳，2008）。孙炜红、张冲（2013）结合新型城镇化背景分析了失地农民可持续生计存在的问题，并从国家政策和农民自身角度探讨了导致失地农民生计不可持续的原因。丁士军等（2016）发现征地后农户物质资本与人力资本、金融资本和社会资本的紧密性降低，而金融资本与人力资本和社会资本的紧密性得到提升，农户征地前的生计资本对征地后的生计资本存在正向影响，但各个维度的影响重要性存在一定差异。

此外，霍增辉、吴海涛（2015）在对农户生计分析框架回顾的基础上得出了失地农户生计脆弱性的结论。郭玲霞（2014）分析了农户失地后不同生计资本组合下可能出现的生计产出及响应，发现由于各种资本均较弱的农户占大多数，因此失去土地对他们维持可持续生计是一种严重威胁。陈浩、陈雪春（2013）指出征地补偿在短期内对中低收入群体的收入水平有一定的提升作用，特别是对低收入群体的收入提升作用明显；征地补偿还使得高收入群体比例显著增长，贫富差距进一步拉大。宋建辉等（2014）认为失地后农户的收入和消费水平提升是暂时的，如果不提升这些农户的就业技能和转变其就业观念，收入和消费水平的提升难以长久。

江雪萍、李尚蒲（2015）认为失地后农户的收入结构发生了较为显著的变化，工资性收入成为失地农户收入来源的主体，且工资性收入主要来自本地非农务工活动。

第四，针对生计策略的分析。中国农户生计研究非常关注生计策略，研究成果较多。有代表性的如李聪等（2013）以陕南为例，对自愿型搬迁对农户生计策略的影响进行了实证分析，发现陕南移民改善了当地基础设施进而提升了农户家庭对外部资源的占有能力，诸如包括公共服务、培训项目、就业支持以及市场环境优化在内的支持性措施，认为总体上易地移民搬迁对农户生计有着正向的、积极的作用。梁义成等（2011）根据农户调查数据，通过计算多个指标识别农户的非农和农业多样化生计策略，分析了农户多样化生计策略的影响因素。王成超、杨玉盛（2011）认为生计非农化与农户耕地流出之间是一种正反馈关系，彼此之间相互作用且相互联系。汤青等（2013）基于陕西和甘肃的农户调研数据，对不同类型农户的可持续生计效益进行了评价，并提出了未来适宜黄土高原的生计策略。也有学者对生计多样化和土地利用之间的关系展开研究。如卓仁贵（2010）分析了生计多样化对土地利用的影响，进而针对解决农户生计与土地可持续利用中存在的问题，提出了应对策略。此外，生计多样化与农村居民点布局或整合也有关系。王成等（2011）通过构建农户生计资产量化指标体系，量化农户生计资产并进行农户分类，剖析不同农户的后顾生计来源及其居住意愿。赵雪雁（2011）认为，生计资产影响生计策略的选择，自然资本缺乏，促使农户寻求其他谋生方式，但人力资本、物质资本、金融资本以及社会资本的缺乏限制了农户的生计多样化。还有学者研究了农户的能源消费和采药行为，如郜秀军（2011）发现贫困导致了农户对薪柴能源的依赖，不稳定的脱贫并不能减少农户的薪柴消费量，而劳动力外出务工可以促使农户降低对薪柴的依赖，此外替代能源的可及性也对农户薪柴消费量有重要影响。黎洁（2011）认为当地农户上山采药与家庭从事非农活动和农林业生产的特征、信用约束、家庭劳动力数量等相关。

第五，针对农户生计对生态环境影响的研究。黎洁（2011）提出禁止当地农户采药行为的关键在于农户是否可以实现生计活动转型以及降低他们面临的信用约束。朱利凯等（2011）认为脆弱的生态环境对其生产活动十分敏感，解决农牧户生计问题的同时要保护生态环境。李聪等（2017）

利用在陕南安康地区的入户调研数据，构建了农户生态系统服务依赖度指数，对比分析不同搬迁类型和特征家庭的生态系统服务收益和依赖度差异，并进一步检验易地扶贫搬迁对农户生态系统服务依赖度的影响。结果显示：搬迁户获得的生态系统总净收益和供给、调节、文化等服务净收益以及社会经济净收益均高于非搬迁户；具有不同搬迁特征的农户之间的生态系统服务依赖度差异显著；自愿搬迁、集中安置和新阶段的移民等特征也在降低农户对生态系统服务的依赖上起到了积极作用。

总体来说，当前使用可持续生计分析框架进行生计研究尚有如下不足。

首先，可持续生计这一概念兼具客观性和主观性，由此导致的明显的模糊性和不确定性使得定量分析存在一定程度的困难，而关于可持续生计的理论研究也没有走向纵深，缺乏系统完善的理论体系作为可持续生计研究的基础，尤其在概念扩展、参数选择、数量关系、生计变化的动态调节机制以及生计要素限制机制等方面的理论亟待加强和完善。

其次，可持续生计分析框架自身的理论性不强，其偏重一般性的实践应用，导致为数不多的定量研究中往往注重对农户生计的某一方面展开分析，如生计策略、生计资产等，这些研究成果保持相对独立，难以形成全面系统的研究成果。可持续生计分析框架中各个组成部分相互影响、彼此联系，综合性、系统性的研究有利于人们从全局上审视和探索农户的生计状况，制定相应政策措施促进农户生计可持续。

再次，可持续生计思想的初衷旨在解决发展中国家的贫困减少和农村发展问题，因此当前的多数研究均聚焦于农村减贫与发展。随着可持续生计内涵和外延的不断扩展，可持续生计受制度、组织机构、政策干预和法律法规影响的程度逐渐加深，越来越多的学者意识到仅仅对农村地区的可持续生计进行研究略显片面。在中国当前新型城镇化、农业现代化和公共服务均等化的背景下，针对移民搬迁、就地就近城镇化、脱贫和实现非农转型的农户的可持续生计研究并不多见，学界理应加强针对这一特殊类型农户的生计研究。除展开公共政策分析和制度研究外，学者还应关注此类农户的生计脆弱性、生计资本、生计策略和生计活动等科学问题，揭示移民搬迁等政策干预对农户可持续生计的影响机制和相互作用的规律，为其他地区和国家的政策执行提供科学依据。

最后，当前关于农户生计的研究成果多数集中于地理学和社会经济学两大领域，基于不同的学科背景，地理学家倾向于从综合性的研究视角讨论可持续生计的总体分析框架，而社会经济学家则多采用计量经济学的方法对生计资本等进行定量研究。在针对具体研究问题，特别是分析新型城镇化背景下移民搬迁农户的生计决策时，必须将可持续生计分析框架与家庭迁移相关理论结合起来，为移民生计变化和实现生计可持续提供理论支撑。

第五章 易地扶贫搬迁与农户生计重构

第一节 移民搬迁农户的生计资本现状

对陕南地区移民搬迁农户生计的分析和研究及其成果应用，不但有利于移民搬迁农户在安置地有效规避因搬迁致贫的风险，提高其生计恢复力，促进搬迁家庭生计可持续发展，而且有利于在大规模搬迁项目实施中维护社会稳定，为化解搬迁过程中政策介入带来的各种社会问题和风险提供基本保障；同时，还可以在公共政策领域为打破扶贫发展与生态保护对立局面提供思路。

一 生计资本现状分析

1. 搬迁户与非搬迁户生计资本状况

表 5-1 反映了样本总体生计资本信息以及搬迁户与非搬迁户在生计资本方面的差异。搬迁户与非搬迁户的自然资本、物质资本以及社会资本大多数情况下是存在显著差异的，而人力资本方面差异不显著。

表 5-1 样本总体、搬迁户与非搬迁户的生计资本特征

生计资本	总体	搬迁户	非搬迁户	LR 或 t 检验结果(pr)
自然资本(亩/户)				
平均林地面积	33.95	23.69	38.14	***
平均耕地面积	5.09	5.09	5.10	NS
物质资本				
家庭平均住房面积(平方米)	127.21	140.99	121.56	***

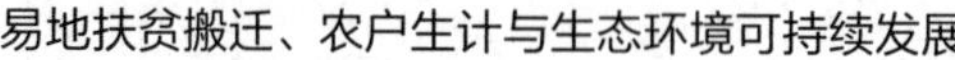

续表

生计资本	总体	搬迁户	非搬迁户	LR 或 t 检验结果(pr)
房屋估价(%)				***
10 万元及以下	60.2	37.5	69.7	
11 万~20 万元	28.7	42.6	22.9	
21 万~30 万元	8.2	15.2	5.3	
30 万元以上	2.9	4.7	2.1	
房屋结构(%)				***
土木结构	45.6	16.2	57.8	
砖木结构	16.1	20.8	14.1	
砖混结构	38.1	62.5	28.0	
其他	0.2	0.4	0.1	
房子与村主要公路的距离(%)				***
一里之内	81.7	89.2	78.6	
二至五里	15.2	10.0	17.3	
五里以外	3.1	0.7	4.1	
住房所处海拔高度(%)				***
500 米及以下	33.9	53.2	25.8	
501~1000 米	61.4	44.6	68.4	
1001~1500 米	3.1	0.7	4.1	
1500 米以上	0.6	0.5	0.6	
不知道或不清楚	1.1	1.0	1.1	
大型生产工具				
挖掘机(辆/户)	0.0014	0.0000	0.0020	NS
铲车(辆/户)	0.0036	0.0049	0.0030	NS
机动三轮车(辆/户)	0.0221	0.0319	0.0181	NS
拖拉机(辆/户)	0.0064	0.0025	0.0080	NS
水泵(个/户)	0.0734	0.0784	0.0713	NS
耐用消费品				
摩托车(辆/户)	0.3882	0.4657	0.3564	***
汽车(辆/户)	0.0548	0.0490	0.0572	NS
电视机(台/户)	0.9516	1.0343	0.9177	***
电冰箱(柜)(台/户)	0.4437	0.5858	0.3855	***
洗衣机(台/户)	0.7778	0.8407	0.7520	***
电脑(台/户)	0.1033	0.1299	0.0924	+
拥有生产生活工具总数量(个/户)	2.8314	3.2230	2.6704	***

续表

生计资本	总体	搬迁户	非搬迁户	LR 或 t 检验结果(pr)
人力资本(%)				
全家初中以上文化程度的人数比例	41.86	44.1787	40.9052	+
全家曾有村干部等经历的人数比例	11.42	10.26	11.89	NS
全家参加培训的人数比例	10.24	11.46	9.74	NS
全家有手艺或技术的人数比例	10.10	10.75	9.84	NS
金融资本				
家中是否有存款(%)				***
有	25.4	19.7	27.8	
没有	74.6	80.3	72.2	
社会资本(%)				
参加过种植或购销协会	2.6	4.2	2.0	*
参加过农家乐等旅游协会	0.7	1.5	0.4	*
参加过农机协会	0.3	1.0	0.0	**
参加过其他协会	1.6	1.2	1.7	NS
参加过以上几种专业协会	4.6	6.6	3.8	*

注：*** 表示 $p<0.001$；** 表示 $p<0.01$；* 表示 $p<0.05$；+表示 $p<0.1$；NS 表示不显著。

从自然资本信息可以看出，平均林地面积（33.95 亩/户）远大于平均耕地面积（5.09 亩/户），搬迁户平均每户拥有林地面积显著少于非搬迁户，而平均耕地面积在二者之间差异并不显著。

从物质资本信息可以看出，家庭平均住房面积为127.21 平方米；房屋估价主要集中在10 万元及以下水平（60.2%）；将近一半（45.6%）的房屋是土木结构，其次是砖混结构（38.1%）；房子与村主要公路的距离大都在一里之内（81.7%）；一半以上（61.4%）住房所处海拔高度在501~1000 米水平；大型生产工具拥有量较少，且在搬迁户与非搬迁户之间无显著差异；几乎每户都拥有一台电视机（0.95），平均每户拥有 3 个生产生活工具（2.83）。通过对比搬迁户与非搬迁户的物质资本信息，可以看出搬迁户家庭平均住房面积（140.99 平方米）明显大于非搬迁户（121.56 平方米）；搬迁户房屋估价在11 万~20 万元水平所占的比例最大（42.6%），非搬迁户的房屋估价在10 万元及以下水平所占的比例最大（69.7%），价值在21 万~30 万元、30 万元以上水平的搬迁户所占比例均比非搬迁户要高，说明搬迁户房屋估价比非搬迁户明显要高；搬迁户房屋 62.5%为砖混结构，在各类型房屋结构中占比最大，而非搬迁户 57.8%为土木结构，砖混结构仅占 28.0%，说明搬迁户的房屋结构由传统的土木结构和砖木结构向现代的砖混结构转变；搬迁户房子与村主要公路的距离在一里之内的比例以及住房所处海拔高度在 500 米及以下的的比例都比非搬迁户有显著性提高；在大型生产工具方面，两者之间并无显著差异，且拥有率较低，均未达到 10%；搬迁户耐用消费品拥有量排在前四位的依次是电视机、洗衣机、电冰箱（柜）和摩托车，非搬迁户有着同样的排行，但占有比例都明显低于搬迁户，拥有电脑和汽车的比例都很低。

在人力资本信息中，可以了解到有不到一半的农户是初中以上文化程度，10%左右的人曾有村干部等经历或参加培训或有手艺或技术。搬迁户中初中以上文化程度的比例（44.18%）显著高于非搬迁户（40.91%）；曾有村干部等经历、参加培训或有手艺或技术的比例在搬迁户与非搬迁户之间无显著差异。

从金融资本信息可以看出，大约只有 1/4 的农户家中有存款，但搬迁户中有存款的比例显著低于非搬迁户，说明搬迁户与非搬迁户在金融资本方面有显著差异。

从社会资本信息中可以看出，参加过种植或购销协会、旅游协会、农机协会的农户很少，不到 5%。然而，搬迁户中参加过以上协会的比例都显著高于非搬迁户。说明搬迁户较非搬迁户拥有更多的社会资本，获得更多培训和发展的机会。

2. 不同安置方式下农户生计资本状况

表 5-2 是集中安置与非集中安置农户的生计资本特征。

表 5-2　不同安置方式农户的生计资本特征

生计资本	总体	集中安置户	非集中安置户	LR 或 t 检验结果(pr)
自然资本(亩/户)				
平均林地面积	23.69	21.4294	27.5053	NS
平均耕地面积	5.09	6.4438	2.8072	+
物质资本				
家庭平均住房面积(平方米)	140.99	147.8633	129.4013	*
房屋估价(%)				***
10 万元及以下	37.5	25.0	58.6	

续表

生计资本	总体	集中安置户	非集中安置户	LR 或 t 检验结果(pr)
11 万~20 万元	42.6	51.6	27.6	
21 万~30 万元	15.2	19.5	7.9	
30 万元以上	4.7	3.9	5.9	
房屋结构(%)				***
土木结构	16.2	7.0	31.6	
砖木结构	20.8	17.2	27.0	
砖混结构	62.5	75.0	41.4	
其他	0.4	0.8	0.0	
房子与村主要公路的距离(%)				***
一里之内	89.2	93.4	82.2	
二至五里	10.0	5.9	17.1	
五里以外	0.7	0.8	0.7	
住房所处海拔高度(%)				NS
500 米及以下	53.2	53.1	53.3	
501~1000 米	44.6	45.3	43.4	
1001~1500 米	0.7	0.4	1.3	
1500 米以上	0.5	0.8	0.0	
不知道或不清楚	1.0	0.4	2.0	
大型生产工具				
挖掘机(辆/户)	0.0000	0.0000	0.0000	—
铲车(辆/户)	0.0049	0.0039	0.0066	NS
机动三轮车(辆/户)	0.0319	0.0391	0.0197	NS
拖拉机(辆/户)	0.0025	0.0039	0.0000	NS
水泵(个/户)	0.0784	0.0938	0.0526	NS
耐用消费品				
摩托车(辆/户)	0.4657	0.4766	0.4474	NS
汽车(辆/户)	0.0490	0.0664	0.0197	**
电视机(台/户)	1.0343	1.0000	1.0921	NS
电冰箱(柜)(台/户)	0.5858	0.5508	0.6447	+
洗衣机(台/户)	0.8407	0.8281	0.8618	NS
电脑(台/户)	0.1299	0.1484	0.0987	NS
拥有生产生活工具总数量(个/户)	3.2230	3.2109	3.2434	NS
人力资本(%)				
全家初中以上文化程度的人数比例	44.1787	39.9732	51.2617	***

续表

生计资本	总体	集中安置户	非集中安置户	LR 或 t 检验结果(pr)
全家曾有村干部等经历的人数比例	10.26	10.66	9.61	NS
全家参加培训的人数比例	11.46	11.88	10.73	NS
全家有手艺或技术的人数比例	10.75	11.87	8.86	NS
金融资本				
家中是否有存款(%)				NS
有	19.7	21.1	17.2	
没有	80.3	78.9	82.8	
社会资本(%)				
参加过种植或购销协会	4.2	3.5	5.3	NS
参加过农家乐等旅游协会	1.5	2.0	0.7	NS
参加过农机协会	1.0	1.2	0.7	NS
参加过其他协会	1.2	0.4	2.6	*
参加过以上几种专业协会	6.6	5.5	8.6	NS

注：*** 表示 $p<0.001$；** 表示 $p<0.01$；* 表示 $p<0.05$；+表示 $p<0.1$；NS 表示不显著。

表 5-2 反映了搬迁户样本总体生计资本信息以及集中安置户与非集中安置户在生计资本方面的差异。

从自然资本信息可以看出，搬迁户平均林地面积（23.69 亩/户）远大于平均耕地面积（5.09 亩/户），集中安置户平均耕地面积显著高于非集中安置户的平均水平，二者在平均林地面积上无显著差异。

从物质资本信息可以看出，搬迁户家庭平均住房面积为 140.99 平方米；房屋估价主要集中在 11 万~20 万元水平（42.6%）；房屋以砖混结构为主（62.5%），其次是砖木结构（20.8%）；房子与村主要公路的距离大都在一里之内（89.2%）；53.2%的农户住房所处海拔高度在 500 米及以下水平，其余基本在 501~1000 米水平；大型生产工具拥有量较少，且在集中安置户与非集中安置户之间无显著差异；几乎每户都拥有一台电视机（1.03），平均每户拥有 3 个生产生活工具（3.22）。通过对比集中安置户与非集中安置户的物质资本信息，可以看出集中安置户家庭平均住房面积（147.86 平方米）显著大于非集中安置户（129.40 平方米）；约有一半集中安置户房屋估价在 11 万~20 万元水平，而非集中安置户的房屋估价有一半多在 10 万元及以下，说明集中安置户住房条件要显著优于非集中安置户；集中安置户的房屋 75.0% 为砖混结构，在各类型房屋结构中占比最大，显著高于非集中安置户砖混结构房屋比例，而砖木结构砖和土木结构房屋比例集中安置户显著低于非集中安置户，说明集中安置户的房屋结构要明显优于非集中安置户，由传统的土木结构和砖木结构向现代的砖混结构转变；集中安置户房子与村主要公路的距离在一里之内的比例显著高于非集中安置户；集中安置户与非集中安置户均有约一半住房所处海拔高度在 500 米及以下，且二者间无显著差异；在大型生产工具方面，两者之间并无显著差异，且拥有率较低，均未达到 10%；集中安置户的耐用消费品拥有量排在前四位的依次是电视机、洗衣机、电冰箱（柜）和摩托车，非集中安置户有着同样的排序，且除电冰箱（柜）之外的其余耐用消费品之间均无显著差异，虽然拥有电脑和汽车的比例很低，但是集中安置户拥有汽车比例显著高于非集中安置户。

从人力资本信息中可以了解到有不到一半的农户是初中以上文化程度，10%左右的人曾有村干部等经历或参加培训或有手艺或技术。集中安置户中初中以上文化程度的比例（39.97%）显著低于非集中安置户（51.26%）；曾有村干部等经历、参加培训或有手艺或技术的比例在集中安置户与非集中安置户之间无显著差异。

从金融资本信息可以看出，家中有存款的农户不到所有搬迁户的 1/5，说明搬迁户的金融资本整体处于较低水平，集中安置户家中有存款的比例略高于非集中安置户，但二者之间差异并不显著。

从社会资本信息中可以看出，参加过种植或购销协会、旅游协会、农机协会的搬迁户很少，均不到 5%。

二 生计资本量化比较

1. 自然资本

自然资本指的是农户所拥有的自然资源，这种自然资源可以用来生产产品，并且可以为农户的生计提供其他的资源流和服务。对农户而言，耕地是最重要的自然资源，是最基本的生存保障，作为衡量农户自然资本存量的重要指标，耕地越多表示拥有的自然资本越高。本研究选用人均实际耕地面积和人均实际林地面积来测量，根据问卷设计，农户耕地面积包括水田面积、旱地面积、茶园面积等。林地面积包括生态公益林面积、退耕还林面积等。

表 5-3 描述了非搬迁户与搬迁户自然资本对比情况，可以看出：搬迁户的人均实际耕地面积（1.07）显著低于非搬迁户（1.72），搬迁户的人均实际林地面积（6.08）显著低于非搬迁户（10.70）。由此可见，搬迁户的自然资本低于非搬迁户（土地资源紧张）。塞尼强调集体资源的重要性，他认为，集体资源有利于增加个体和村集体的收入，同时可以减少移民的支出。当地移民在搬迁后失去了原来拥有的丰富的山林和水域，主要因为在安置区进行土地调整和再分配的难度较大，一方面，受制于当地的客观生态条件，土地资源的稀缺导致搬入的农户很难再分配到新的土地；另一方面，搬入地原有的土地都已承包给当地土著的村民，很难进行大的调整，搬迁户能分到的大多是需要新开垦的荒地或者需要改良的土地。这些原因导致了移民自然资本的损失难以得到合理的补偿。

表 5-3　非搬迁户与搬迁户自然资本对比

	总体	非搬迁户	搬迁户	LR/t 检验
人均实际耕地面积	1.53	1.72	1.07	***
人均实际林地面积	9.36	10.70	6.08	***
样本量	1404	996	408	

注：*** 表示 $p<0.001$。

2. 物质资本

物质资本是指移民维持生产生活的基础设施和生产资料，如生产工具、基础设施等，包括住房和自有资产（问卷中设计了 11 种重要的家庭资产，如汽车、摩托车、电视机、冰箱、电话、电脑等）。在本研究中，根据问卷的设计，我们选择住房情况和自有资产作为物质资本的评价指标。

对于农户住房的评价充分考虑到住房的面积、结构、估价和房子与村主要公路的距离。人均住房面积划分为 5 个等级，分别为 10 平方米及以下、11~20 平方米、21~30 平方米、31~40 平方米和 40 平方米以上，分别赋值为 1、2、3、4、5。房屋结构根据当地实物量调查的划分标准，分为土木结构、砖木结构、砖混结构和其他四类，分别赋值为1、2、3、0.5。房屋估价分为四个等级，分别为10万元及以下、11万~20万元、21万~30万元、30万元以上，分别赋值为1、2、3、4。房子与村主要公路的距离根据当地的实际情况，划分为一里之内、二至五里、五里之外三类，分别赋值为3、2、1。这样农户的住房情况就为人均住房面积、房屋结构、房屋估价和房子与村主要公路的距离的赋值之和。在测量农户家庭资产的时候，问卷中涉及了11种农户家庭常用的物品，所以按照被调查农户实际所拥有自有物质资本的种类占11种自有物质资本的比例来确定。例如，如果某农户家庭有电视机、冰箱和摩托车，则该农户的自有物质资本指标数值为3/11=0.27。

表5-4描述了非搬迁户与搬迁户物质资本对比情况，可以看出：不论是住房情况还是自有资产，搬迁户都显著优于非搬迁户。这种显著差异是因为搬迁户在政府的搬迁补贴下住房条件有所改善。很多研究者认为，搬迁户购买耐用消费品等资产被认为是非理性消费行为。在调查中发现，搬迁户之所以购买冰箱、洗衣机、电脑等耐用消费品是因为他们知道要搬迁，所以在搬迁前将购买这些耐用消费品的资金节省下来，等到搬迁后再购买。

表5-4 非搬迁户与搬迁户物质资本对比

	总体	非搬迁户	搬迁户	LR/t检验
住房情况	9.94	9.57	10.82	***
自有资产	0.25	0.24	0.28	***
样本量	1404	996	408	

注：*** 表示 $p<0.001$。

3. 金融资本

金融资本是指搬迁户为了实现其生计目标所拥有的金融资源，本研究借鉴杨云彦、赵锋（2009）对金融资本的划分和测量，主要涉及家庭现金收入、融资渠道两方面。在本研究的问卷调查中，家庭现金收入包括农林业收入、养殖业收入、工资收入、政府补助或补贴和其他收入五部分。工资收入主要指非农经营收入、外出务工收入。政府补助或补贴在问卷中涉及了搬迁住房补助、退耕还林补助、粮食补助、家用补贴、农机补贴、家电补贴及低保等。其他收入主要包括亲友馈赠（礼金）、转租或转包土地收入和采药的收入。所有收入都是调查时前12个月的家庭收入，农林业收入、养殖业收入、非农经营收入及总收入在本研究中是各项收入的现金纯收入，实物收入不计算在内。在实际的生产生活实践中，搬迁的家庭或多或少都会存在资金短缺的情况。融资渠道作为金融资本的重要组成部分，受到社会资本的影响比较大。本研究以农户三年内是否从亲朋好友处借钱、是否得到过政府小额到户扶贫贴息贷款、是否从银行借过钱三个方面作为评价标准。

表5-5描述了非搬迁户与搬迁户金融资本对比情况，可以看出：搬迁户的家庭现金收入（21189）显著高于非搬迁户（13129），因为移民虽然在搬迁、装修房屋的过程中，劳动时间有所减少，但是在这一年接受了政府的搬迁住房补助，总体收入高于非搬迁户。搬迁户的融资渠道（0.92）也显著高于非搬迁户（0.49）。原因是搬迁户由于搬迁面临较大的现金压力，有更多的现金需求，如新建住房、购置家电用品等，搬迁后急需归还债务或者缓解资金压力。

表5-5　非搬迁户与搬迁户金融资本对比

	总体	非搬迁户	搬迁户	LR/t 检验
家庭现金收入	15472	13129	21189	***
融资渠道	0.62	0.49	0.92	***
样本量	1404	996	408	

注：*** 表示 $p<0.001$。

4. 社会资本

社会资本指的是农户在进行生计活动的过程中所能够调动的社会资源，社会关系网络规模和通信费用两个方面可以反映农户社会资本的高低。根据问卷设计，在本研究中，社会关系网络规模用亲戚中的村干部或公务员的数量和急需大笔开支时可以求助的户数来测量。这两个指标可以反映农户在面临风险和困难时获得支持的强弱和所能调动资源的多寡。通信费用可以反映农户日常交往的频率，根据实际调查过程中了解的情况，将通信费用划分为5个等级，分为50元及以下、51~100元、101~150元、151~200元、200元以上，分别赋值为1、2、3、4、5。

表5-6描述了非搬迁户与搬迁户社会资本对比情况，可以看出：搬迁户的通信费用（3.16）显著高于非搬迁户（2.50）。搬迁户在搬迁后不仅需要维持原有的社会关系网络，同时在新的环境下还要建立新的关系网络。融资的需求也迫使搬迁户需要更多的社交活动来满足，这也间接地与金融资本相对应。搬迁户的社会关系网络规模（5.10）大于非搬迁户（4.84），但在统计上不显著。

表5-6　非搬迁户与搬迁户社会资本对比

	总体	非搬迁户	搬迁户	LR/t 检验
社会关系网络规模	4.92	4.84	5.10	NS
通信费用	2.69	2.50	3.16	***
样本量	1404	996	408	

注：*** 表示 $p<0.001$；NS 表示不显著。

5. 人力资本

人力资本是指能够增加移民生计收入或改善健康状况所拥有的劳动能力、技能、知识和健康等。根据问卷设计主要选用家庭劳动能力、户均受教育水平、非农培训、健康状况来表示人力资本。家庭劳动能力是家庭中劳动力个数与总人数的比例，比例的大小可以反映农户家庭整体的劳动能力。户均受教育水平分为三类，即小学及以下、初中、高中及以上，分别赋值为1、2、3。非农培训用每户参加过非农培训的人数来表示，可以反映农户参与非农活动的能力。健康状况分为好、一般、不好三类，分别赋值为3、2、1。

表5-7描述了非搬迁户与搬迁户人力资本对比情况，可以看出：非搬迁户的家庭劳动能力（0.76）显著优于搬迁户（0.73），而搬迁户的户均受教育水平、非农培训、健康状况则优于非搬迁户（户均受教育水平差异不显著），说明搬迁户人口的质量高于非搬迁户。这可能是因为一方面搬迁户在思想上比较重视教育与技能培训，另一方面在实际的生活中，地理位置及空间的变化对农户选择生计活动或多或少都会有一定的影响，对于

搬迁户，由于搬迁自然资本缺少，不得不提高技能以寻求其他的谋生手段。同时，也是政府对其有效培训指导的作用。

表 5-7 非搬迁户与搬迁户人力资本对比

	总体	非搬迁户	搬迁户	LR/t 检验
家庭劳动能力	0.75	0.76	0.73	+
户均受教育水平	1.48	1.47	1.50	NS
非农培训	2.46	2.32	2.79	***
健康状况	10.34	9.73	11.84	***
样本量	1404	996	408	

注：*** 表示 $p<0.001$；+表示 $p<0.1$；NS 表示不显著。

6. 生计资本

非搬迁户与搬迁户生计资本的单项对比，直观地反映了搬迁对农户生计资本的影响，包括资本损失与增强的变化。但是，很难反映生计资本的整体水平变化情况。所以，在确定了各级资本指标权重的基础上，本研究继续对非搬迁户和搬迁户的生计水平进行综合评价。

目前，指标权重确定的方法主要有客观赋值法和主观赋值法。客观赋值法一般包括多元回归分析法、层次分析法、直接比较法及神经网络法；主观赋值法通常是德尔菲法。在这里，我们主要借鉴李小云等（2007）对生计资本的指标选取与权重分配：自然资本中人均拥有耕地面积（0.5）、人均实际耕种面积（0.5），物质资本中住房情况（0.6）、家庭资产（0.4），金融资本中获得现金信贷的机会（0.25）、获得现金援助的机会（0.25）、家庭现金收入（0.5），社会资本中参与社会活动和组织（0.25）、资金帮助（0.25）、实物帮助（0.25）、劳动力帮助（0.25），人力资本中农户劳动能力（0.5）、男性成年劳动力（0.25）、成年劳动力受教育程度（0.25）。还有一些学者也对生计资本进行了指标测量等。依据前人的研究，并结合调查当地的具体情况，本研究选取的生计资本测量指标如表 5-8 所示。由于各测量指标的类型、量纲、变化幅度和数量级都不同，所以在对指标进行加总前，需要对其进行标准化，本研究采用极差标准化的方法，对每种指标进行处理，处理之后的指标介于 0 和 1 之间。最终得到农户生计资本评价指标权重，如表 5-8 所示。

表 5-8　生计资本评价指标权重

一级指标	二级指标	三级指标
生计资本	自然资本（N,0.3）	人均实际耕地面积（N_1,0.5）
		人均实际林地面积（N_2,0.5）
	物质资本（P,0.2）	住房情况（P_1,0.6）
		自有资产（P_2,0.4）
	金融资本（F,0.1）	家庭现金收入（F_1,0.66）
		融资渠道（F_2,0.33）
	社会资本（S,0.2）	社会关系网络规模（S_1,0.66）
		通信费用（S_2,0.33）
	人力资本（H,0.2）	家庭劳动能力（H_1,0.4）
		户均受教育水平（H_2,0.2）
		非农培训（H_3,0.2）
		健康状况（H_4,0.2）

表 5-9 描述了非搬迁户与搬迁户生计资本评价结果对比情况，可以看出：除了自然资本以外，搬迁户的物质资本、金融资本、社会资本和人力资本都显著优于非搬迁户。说明虽然搬迁工程对农户的自然资本产生了负面的影响，但是在政府的扶持与农户自身的努力下，搬迁工程对其他各项资本是正面积极的影响，对于农户整体的生计资本，搬迁户（0.29）也显著高于非搬迁户（0.26）。尽管搬迁户和非搬迁户在五种资本禀赋上各具优势，但总体而言，搬迁户的资本禀赋要优于非搬迁户。在某种程度上可以说搬迁工程的实施是有利于农户生计资本的改善的。

表 5-9　非搬迁户与搬迁户生计资本评价结果对比

	总体	非搬迁户	搬迁户	LR/*t* 检验
自然资本	0.09	0.10	0.06	***
物质资本	0.39	0.37	0.45	***
金融资本	0.15	0.13	0.19	***
社会资本	0.23	0.21	0.27	*
人力资本	0.51	0.51	0.53	***
生计资本	0.27	0.26	0.29	***

注：*** 表示 $p<0.001$；* 表示 $p<0.05$。

三 生计资本影响因素分析

（一）研究方法

1. 生计资本的指标选取及量化

为了对不同家庭类型的生计资本进行比较和影响因素分析，需要对农户生计资本的数量和质量有一个整体判断。关于生计资本的量化，近年为学术界广泛应用，这为本研究打下良好基础，结合调查当地的具体情况，首先对生计资本所涉及的测量指标进行了萃取，之后在权重配比的基础上将其量化，得到生计资本最终评价结果。详细的指标选取和权重配比参考了课题组以往在秦岭山区的相关研究，如表 5-10 所示。由于各测量指标的类型、量纲、变化幅度和数量级都不同，所以在进行加总前，需要对其进行标准化，本研究采用极差标准化的方法，对每种指标进行处理，最后得到的指标是介于 0 和 1 之间的具体数值。该数值越趋近于 1，代表该类资本在样本中的相对水平越高。

自然资本指的是农户所拥有的自然资源，这种自然资源可以用来生产产品，并且可以为农户的生计提供其他的资源流和服务。对陕南山区农户而言，耕地和林地是最重要的自然资源，也是衡量农户自然资本存量的重要指标。物质资本是指移民维持生产生活的基础设施和生产资料，如居住条件、生产工具等，本研究选择住房情况和自有资产作为物质资本的评价指标。金融资本是指搬迁户为了实现其生计目标所拥有的金融资源，主要涉及家庭现金收入、融资渠道两方面。家庭现金收入包括农林业收入、养殖业收入、非农收入、政府补助或补贴和其他收入五部分。融资渠道以“农户三年内是否从亲朋好友处借钱”“是否得到过政府小额到户扶贫贴息贷款”“是否从银行借过钱”三个方面作为评价标准。社会资本指的是农户在进行生计活动的过程中所能够调动的社会资源，本研究中社会关系网络规模反映农户在面临风险和困难时获得支持的强弱和所能调动资源的多寡，用“亲戚中的村干部或公务员的数量”和“急需大笔开支时可以求助的户数”来测量，通信费用反映农户日常交往的频率。人力资本是指能够增加移民生计收入或改善健康状况所拥有的劳动能力、技能、知识和健康等。根据问卷设计主要选用家庭劳动能力、户均受教育水平、非农培训、健康状况来表示。家庭劳动能力反映农户家庭整体的劳动能力，非农培训反映农户参与非农活动的能力。

表 5-10　生计资本的指标选取

一级指标	二级指标	三级测量指标
自然资本	人均实际耕地面积(N_1,0.5)	水田面积、旱地面积
	人均实际林地面积(N_2,0.5)	生态公益林面积、退耕还林面积
物质资本	住房情况(P_1,0.6)	人均住房面积、房屋结构、房屋估价和地理位置
	自有资产(P_2,0.4)	家庭所拥有资产的种类占总资产数的比例
金融资本	家庭现金收入(F_1,0.66)	农林业收入、养殖业收入、非农收入、政府补助或补贴和其他收入
	融资渠道(F_2,0.33)	从亲朋好友处借钱、政府小额到户扶贫贴息贷款、银行借款
社会资本	社会关系网络规模(S_1,0.66)	亲戚中的村干部或公务员的数量和急需大笔开支时可以求助的户数
	通信费用(S_2,0.33)	家庭日常交往中的通信花费
人力资本	家庭劳动能力(H_1,0.4)	家庭中劳动力个数与总人数的比例
	户均受教育水平(H_2,0.2)	家庭成员受教育水平的等级分类
	非农培训(H_3,0.2)	参加过非农培训的人数
	健康状况(H_4,0.2)	健康状况等级

注：表中指标与权重是在参考以往对生计资本量化研究的基础上，经过对调查数据进行反复比较后最终确定。

2. 影响因素的选择

根据文献和调查地实际情况，本研究的自变量归为三类，即搬迁因素、家庭因素和社区因素，具体的变量设置与取值参见表 5-11。搬迁因素包括农户是否为搬迁户、安置方式是否为集中安置。

家庭因素包括户主的年龄、受教育程度及是否有外出务工的经历、家庭规模、家庭负担比以及房屋是否临近公路。户主的年龄、受教育程度和是否有外出务工的经历通常影响着家庭其他成员生计活动的选择；家庭规模、家庭负担比反映了整个家庭通过生计活动获取生计资本的能力；房屋是否邻近公路在某种程度上反映了农户出行、获得资本及转换资本的方便程度。

社区因素包括农户所在村的人均年收入、是否临近自然保护区、到镇上距离。农户所在村的人均年收入代表着当地农户整体的富裕程度和社区经济发展的状况；而是否临近自然保护区则直接关系到农户对自然资源的使用以及相应的生产行为是否受到限制，这是决定农户对生产投资的态度和倾向的重要因素，并进一步影响家庭生计资本的存量；在陕南山区，农户居住比较分散，而乡镇政府所在地往往处在地理位置相对优越、公共设施相对便利、商业相对聚集的地方，并成为乡镇中心，因此，到镇上距离反映了农户所在村庄距离较为集中的商店、农产品加工点的便利程度，这些地方也是农户出售农林产品和购买日常生活用品的场所，在一定程度上扮演着市场的角色，对农户生计资本的获得和转换有着重要的影响。

表 5-11　自变量设置与取值

变量名称	定义	均值	标准差
搬迁因素			
搬迁户	农户是否参与陕南移民搬迁项目	0.29	0.01
集中安置户	安置方式为集中安置	0.63	0.02
家庭因素			
户主特征			
受教育程度	参照组(户主受教育程度在小学及以下)		
初中	受教育程度是初中	0.34	0.47
高中及以上	受教育程度是高中(中专、技校)、大专及以上	0.07	0.26
年龄	户主年龄	50.49	12.75
外出经历	户主有曾经外出务工的经历	0.28	0.45
人口特征			
家庭规模	家庭中人口总数	3.66	1.57
家庭负担比	家庭中非劳动力的数量占总人口数的比例	0.25	0.27
地理特征			
临近公路	居住房屋是否临近村主要公路	1.21	0.48
社区因素			
人均年收入	家庭所在村的人均年收入(千元)	1.66	0.47
临近保护区	家庭所在村是否临近自然保护区	4.44	1.08
到镇上距离	家庭所在村到镇上距离(公里)	10.14	7.91

3. 分析方法

本节首先利用描述性统计的方法对比了搬迁户和非搬迁户各类生计资本的量化结果，之后分别利用总体样本和搬迁户样本构建生计资本影响因素模型进行回归分析。回归策略如下：首先，将所有的调查样本纳入农户生计资本影响因素回归模型，在控制家庭因素和社区因素的条件下，验证参与移民搬迁是否影响农户生计资本；其次，在搬迁户样本中，分析不同安置方式对农户生计资本的影响。考虑到农户各类生计资本的相互影响，为了系统地减少方程间误差项扰动带来的估计偏误，本研究采用似不相关回归模型（Seemingly-Unrelated Regression Model），将各资本的影响因素方程进行联立。

（二）分析结果

1. 生计资本现状比较

表 5-12 提供了搬迁户与非搬迁户生计资本比较情况，在五大生计资本上，两类农户之间的差异显著。从总体样本的均值来看：人力资本的平均水平最高，物质资本次之，自然资本水平最低。从搬迁户和非搬迁户的对比发现：搬迁户的总生计资本及物质资本、金融资本、人力资本和社会资本都显著高于非搬迁户，但自然资本显著低于非搬迁户。

表 5-12　搬迁户与非搬迁户生计资本比较

生计资本	总体	非搬迁户	搬迁户	*t* 值
自然资本	0.06	0.07	0.04	7.51***
物质资本	0.39	0.37	0.45	-9.93***
金融资本	0.15	0.13	0.19	-10.25***
社会资本	0.23	0.21	0.27	-6.32***
人力资本	0.51	0.51	0.53	-1.93**

注：t 检验用于检验均值；*** 表示 $p<0.01$；** 表示 $p<0.05$。

2. 生计资本的影响因素分析

本研究选取量化后的五种生计资本作为因变量，对农户生计资本的影响因素进行回归分析。表 5-13 的模型 1 至模型 5 分别为总体样本中农户自然资本、物质资本、金融资本、社会资本和人力资本的影响因素模型，经过对缺失值和奇异值处理，最终进入模型的总体样本是 1095 个；模型 6 至模型 10 分别为搬迁户样本中农户自然资本、物质资本、金融资本、社会资本和人力资本的影响因素模型，样本量为 241 个。由于人力资本的指标涵盖了受教育程度以及家庭的劳动力数量，因此未将户主的受教育程度、家庭规模等变量纳入模型 5 和模型 10。

基于总体样本的回归结果显示，在控制了家庭因素和社区因素之后，搬迁对家庭物质资本、金融资本、社会资本和人力资本有显著的正向影响，对自然资本有负向影响，但影响不显著。在家庭因素中，年龄对自然资本有显著正向影响，对物质资本、金融资本、社会资本都有显著的负向影响；受教育程度对生计资本有着较为显著的正向影响，特别是对物质资本、金融资本和社会资本；外出经历对家庭的自然资本有显著的负向影响；临近公路对家庭的自然资本和社会资本有显著负向影响，对家庭的物质资本和金融资本有显著的正向影响；家庭规模对自然资本、物质资本、金融资本和社会资本都有显著的正向影响；家庭负担比对农户金融资本以外的其他资本都有显著的负向影响。在社区因素中，临近保护区对家庭自然资本、物质资本和人力资本有显著的负向影响，对家庭金融资本有显著的正向影响；人均年收入对家庭自然资本和社会资本有显著的负向影响，对家庭金融资本有显著的正向影响；此外，到镇上距离对自然资本有显著的负向影响，对物质资本、社会资本和人力资本有显著正向影响。

基于搬迁户样本的回归结果显示，相对于分散安置，集中安置对农户家庭自然资本、物质资本、金融资本和社会资本的提高有显著的正向影响，但对人力资本的影响不显著。在家庭因素中，受教育程度对搬迁农户的物质资本和社会资本有着显著的正向影响；家庭规模对搬迁农户的自然资本有负向影响，但对家庭的物质资本和社会资本有显著的正向影响；此外，家庭负担比对搬迁农户的物质资本、社会资本和人力资本都有着显著的负向影响；临近公路对搬迁农户的自然资本有显著负向影响，但对物质资本有显著正向影响。在社区因素中，临近保护区对搬迁家庭的物质资本有着显著的负向影响，但对搬迁户的金融资本有显著正向影响；此外，到镇上距离对搬迁农户的物质资本有显著的正向影响。

表 5-13　生计资本影响因素回归结果

自变量	模型 1	模型 2	模型 3	模型 4	模型 5	模型 6	模型 7	模型 8	模型 9	模型 10
	N	P	F	S	H	N	P	F	S	H
搬迁因素										
搬迁户	-0.01	0.07***	0.05***	0.05***	0.02***	—	—	—	—	—
集中安置户	—	—	—	—	—	0.04***	0.07***	0.10***	0.04**	-0.01
家庭因素										
年龄	0.02*	-0.04**	-0.03**	-0.05**	-0.04	0.02	-0.05	-0.02	-0.05	0.01
初中	0.00	0.03***	0.02**	0.06***	—	-0.01*	0.03*	0.01	0.05**	—
高中及以上	0.02**	0.09***	0.01	0.12***	—	0.01	0.10***	-0.01	0.12***	—
外出经历	-0.02***	-0.01	-0.01	0.00	0.01	-0.01	-0.01	-0.01	-0.03	0.00
家庭规模	0.01***	0.02***	0.02***	0.04***	—	-0.01***	0.01**	0.01	0.03***	—
家庭负担比	-0.02***	-0.03***	-0.01	-0.04**	-0.45***	-0.02	-0.07**	-0.02	-0.09**	-0.46***
临近公路	-0.01**	0.08***	0.01**	-0.02**	0.00	-0.02**	0.08***	-0.02	0.00	0.02
社区因素										
临近保护区	-0.05***	-0.03**	0.04***	-0.02	-0.02**	0.00	-0.04*	0.10***	-0.02	0.00
人均年收入	-0.01***	-0.01	0.01**	-0.01*	-0.00	-0.00	0.00	-0.01	-0.01	-0.01
到镇上距离	0.00***	0.00***	0.00	0.00***	0.00*	0.00***	0.00	0.00	0.00	0.00
R^2	0.23***	0.36***	0.18***	0.27***	0.69***	0.24***	0.29***	0.21***	0.19***	0.66***

注：*** 表示 p<0.01，** 表示 p<0.05，* 表示 p<0.1。

3. 讨论与总结

本研究利用在陕南山区农户调查的数据，分析了移民搬迁工程对农户生计资本的影响。陕南移民搬迁背景下，搬迁户的生计资本总体优于非搬迁户。以避灾、扶贫和生态为目的的搬迁工程影响着代表农户发展能力的生计资本的获得和使用，搬迁带来了农户自然资本受损，但在一定程度上提升了家庭的物质资本、金融资本、社会资本和人力资本，此外，在安置方式的选择上，集中安置这一模式对生计资本的提升较分散安置表现出更多的优势。下面就一些重要发现进行讨论并总结。

第一，移民搬迁使得搬迁家庭的自然资本受损。尽管总体样本的回归分析并未验证这一结论，但通过现状对比分析可以看出，搬迁后，搬迁户的自然资本较非搬迁户显著减少，一方面，陕南地区地形地貌带来资源本身的稀缺，以及在调整过程中的制度瓶颈使得搬迁户在安置地无法得到较之前同等的土地面积。但从目前的情况来看，政府考虑到这些问题的存在，对原有土地在过渡期内的继续使用以及鼓励安置的土地的内部流转等政策的实施无疑使得搬迁引起的自然资本减少不那么显著。另一方面，从搬迁样本的分析结果发现，集中搬迁模式更能照顾到搬迁户对于土地这一重要资源的需求，从而促使政府在实施规划的过程中将土地这一资源作为集体需求进行突出，这也在一定程度上验证了塞尼所强调的集体资源的重要性。而分散安置则难以表现出这样的优势，搬迁户分到的大多是需要新开垦的荒地或者需要改良的土地。这些原因导致了移民自然资本的损失难以得到合理的补偿。

第二，移民搬迁显著提高了搬迁家庭的物质资本。以防灾减灾为出发点的搬迁工程成为农户提高自身物质资本的契机，农户不但改善了自身的住房条件，也在一定程度上增加了耐用消费品和生产生活工具的数量。但同时，由于缺乏正确的引导规划，乔迁的过程中农民极易产生攀比的心理，造成对于一些“家庭大件”的非理性消费，这极有可能成为家庭的“财负”，并直接影响了搬迁后生计策略的选择和再生产的决策。此外，集中安置户家庭的物质资本积累显著优于分散安置户，集中安置地都是新建房屋，而分散安置户中许多人会从当地原住居民手中购买二手房，相较于集中安置来讲，物质资本的改善程度便不那么明显。

第三，移民搬迁显著提高了搬迁家庭的金融资本。从收入来看，搬迁户得到了政府的搬迁补助，这在很大程度上推高了搬迁家庭的总体收入水平；从融资渠道来讲，搬迁使得家庭面临更多的资金压力，即使有政府的补助和支持，搬迁家庭仍需要拓宽自己的融资渠道，从这一点来看，搬迁户势必会在融资渠道上优于非搬迁户。但同时也需要指出，融资能力强并不代表家庭的债务状况好，搬迁的高额花费也可能使得他们耗费多年的积蓄，并债台高筑，但考虑到调查中农户的负债较难准确测度，这一指标并未在金融资本的构建中体现。

第四，移民搬迁显著提高了搬迁家庭的社会资本。经历了搬迁，许多农户更加清楚地认识到社会资本的重要性，很多人不仅需要维持原有的社会关系，在新的环境下还要建立新的关系网络，加上搬出来以后网络、电话等基础设施更为便利，社交活动也较之前频繁，特别是集中安置社区，这些基础条件的改善更为明显。

第五，移民搬迁也提高了搬迁家庭的人力资本。尽管构成人力资本的部分指标并不会受搬迁的影响，但搬迁仍有可能在一定程度上带来家庭人力资本的提高。医院、学校等公共设施的可及性提高，搬迁后政府一些非农培训项目的参与，都为家庭人力资本的提高提供了便利和可能，搬迁后自然资本的缺少使他们不得不提高技能以寻求其他的谋生手段，同时调查中也发现，许多家庭搬迁的原因更多是考虑子女教育问题，这也无疑为人力资本的提升埋下伏笔。

总之，移民搬迁政策的实施对农户的改变和影响是巨大的，伴随着空间结构的改变，农户对其他资源所有权的占有能力和机会也发生了变化。落脚到五大生计资本，这种变化源自三个方面：一是土地所有制和资源受限带来的自然资本的损失；二是受惠于搬迁政策的直接支持作用；三是空间结构发生改变之后，农户自身与来自外部环境的支持所产生的主动性和适应性之间的互动。

本研究结论的政策启示也较为明显。通常在相对优越的环境中，农户家庭更易于获得和使用各种资本，搬迁对资本可及性和可获得性的改变能否助力家庭快速积累自我发展能力以增强生计适应性并呈多样化，政府的主导作用不可或缺，本研究的结论也为当地政府在下一阶段中的搬迁工作指明了重点。但同时，伴随着自然资本的损失，城镇化背景下“移民”和“农民”双重身份的搬迁农户在面临二元体制和生存环境变化的风险时，将何去何从，政府的干预和引导作用仍然至关重要。

第二节　移民搬迁、农户借贷与生计策略

一　移民搬迁对农户生计策略的影响

（一）引言

陕南移民搬迁以避灾、扶贫和生态保护为主要目的，规划用十年时间对陕南28个县（市、区）的240万人实施移民搬迁，是新中国成立以来最大的移民搬迁项目。该项目的实施对身处秦巴山区集中连片贫困区和地质灾害高发区的群众具有重大而深远的影响。在自愿型移民搬迁项目中，参与移民搬迁的农户并非必然陷入学者所描述的“介入型”生计困境（Cernea，2000；杨云彦、赵锋，2009），但即便如此，移民搬迁所带来的地理位置和社会环境的变化，仍需农户花费一定的时间去适应。在新的环境中，农户需要对资本进行重新配置并重新构建生计模式。在当前经济结构转型的背景下，有着“移民”和“农民”双重身份的移民搬迁户在面临二元体制和生存环境变化时，会选择哪些生计活动以实现“稳得住、能致富”的基本目标？他们对生计活动的选择又会将他们的生计模式引向何方？分析移民搬迁户的生计策略不仅对评估陕南移民搬迁工程至关重要，对其他地区或国家层面移民搬迁政策的制定也有一定的借鉴意义。

从生计的角度出发，学者对中国的移民搬迁问题的研究多以大型水库建设、区域生态恢复项目等的工程类移民为对象，通过描述与比较移民搬迁农户生计资本的现状来反映他们在被动移民搬迁过程中能力的变化以及所面临的困境（韩振燕，2006；胡静、杨云彦，2009；傅春、林永钦，2009；严登才，2011；唐勇智，2011）。这些研究多从移民搬迁的总体特征出发，通过分析农户生计资本的变化来体现移民搬迁给搬迁农户生计带来的影响。也有少数学者（唐丽霞等，2005）对中国的自愿型移民搬迁进行了研究，他们分析了农户的生计资本对移民搬迁的影响。总结以往关于移民搬迁农户生计的研究，可以发现以下不足。第一，农户生计构成的全貌未能得到体现。无论是分析移民搬迁决策还是移民搬迁结果，相关研究都将农户的生计构成落脚到家庭所拥有的生计资本上，但在可持续生计分析框架中，移民搬迁给农户带来的生计资本变化只是其整个生计链条上的

一个中间环节，资本在其他生产活动中重新配置才是可持续生计的关键，故而探讨移民搬迁后农户生计策略的变化，才能更好地体现移民搬迁对农户生计的影响。第二，农户生计策略的动态性及机制未能得到反映。农户生计策略的调整不仅体现着他们在面对外界环境变化和自身资本变化时所做出的理性决策，更凸显了农户生计的动态性，同时也是分析移民搬迁影响的核心所在。特别是在生态脆弱性与贫困脆弱性较高的环境下，自愿型移民本身对搬迁的期望较高，也更愿意积极迎合和主动适应移民搬迁带来的变化，并通过生计活动的选择与新的生计模式的形成来体现生计策略的调整。这一经济行为充分体现了农户在追求美好生活过程中生计决策的自主与理性，这与许多非自愿型移民搬迁过程中农户被动的“等”“靠”“要”有着根本的不同，所产生的结果也有着本质的差异。因此，在搬迁后农户生计策略调整的过程中，农户所表现出来的理性决策机制应该得到分析。

与以往研究相比，本节试图做以下拓展。第一，借鉴可持续生计分析框架，构建移民搬迁背景下农户生计策略的分析框架，以反映农户生计的动态变化。第二，细化农户生计策略的调整过程，以体现农户经济行为背后的理性决策机制，并利用调查数据分析农户生计策略调整的结果。这一分析具体包括两项内容：一是分析移民搬迁及安置方式对农户生计活动选择的影响；二是分析移民搬迁及安置方式对农户不同生计活动收入的影响。

本部分结构安排如下：第一部分是引言，第二部分提出分析框架，第三部分为方法与变量，第四部分为结果与讨论，第五部分为小结。

（二）移民搬迁背景下农户的生计策略分析框架

可持续生计分析框架为研究微观农户的决策与行为提供了有力的框架指导和切入视角，也是本节构建分析框架的基础。作为一般性的指导框架，人们更注重和强调其内涵，而不拘泥于框架本身。此外，该框架所具有的灵活性和可塑性特征无疑也为研究者跳出短期的静态模式来探索农户生计的长期动态趋势提供了思路，同时也赋予了它更强的生命力。依据可持续生计分析框架，农户对其所拥有的生计资本进行组合，参与不同的生产活动，从而实施某种生计策略；各类资本的可及性或可获取性及农户对各类资本的利用受到社会因素、外在趋势和冲击因素等的制约（DFID，1999）。

结合相关理论及以往研究，借助可持续生计分析框架，本节将陕南移民搬迁背景下农户的生计策略放在动态的可持续生计分析框架中来考察，并构建了分析框架（见图 5-1）。

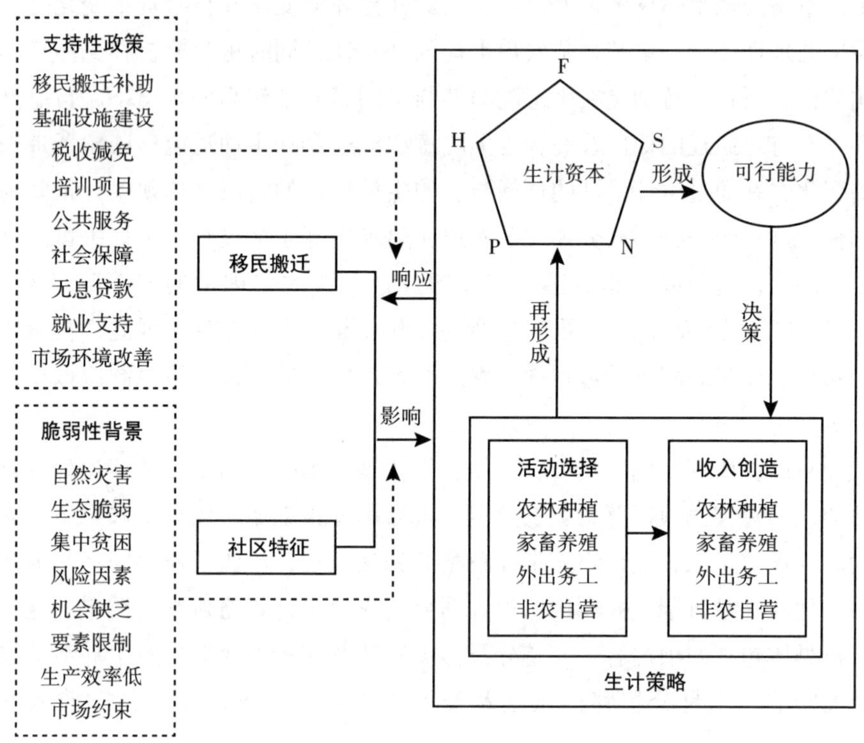

图 5-1　移民搬迁背景下农户生计策略分析框架

说明：虚线（框）部分旨在补充说明移民搬迁背景下农户生计策略的机理，将不作为具体变量参与讨论。图中 N 为自然资本，H 为人力资本，S 为社会资本，P 为物质资本，F 为金融资本。

陕南移民搬迁政策的实施，连同当地生态与贫困的双重脆弱性，共同构成了影响当地农户生计的外部环境。在可持续生计分析框架中，大的社会变迁、经济转型以及突然的冲击都能对处于脆弱性环境中的农户的生计产生影响。特别是在中国，许多公共政策的实施依靠发展类项目的运行（梁义成等，2013）。陕南移民搬迁作为政府主导的大型项目，其实施势必对当地的经济与社会发展产生巨大影响。对于处于脆弱性环境中的贫困农户而言，更是机会与风险并存。其机会表现为：作为一项重要的民生工程，陕南移民搬迁通过改善当地基础设施来提高农户对家庭外部资源的占有能力，其支持性措施包括提供公共服务、培训项目、就业支持以及市场环境改善等，成为农户发展生计的机会。但是，风险也同时存在：现阶段当地经济基础薄弱，产业项目偏少，吸纳就业能力低，暂时无法为移民搬迁后的农户劳动力提供足够的就业岗位，对于花费大量甚至全部积蓄进行移民搬迁并脱离土地的农户而言，他们将在安置地面临新的生计困境。

“能力”的引入扩大了“生计”概念的范畴，也为进一步探索移民搬迁对农户生计策略的作用机制提供了理论支撑。在可持续生计分析框架中，农户拥有五种生计资本，包括自然资本、金融资本、物质资本、人力资本和社会资本（Ellis，2000），并形成农户的能力。这种能力既是农户响应外部环境的基础，也是移民搬迁背景下农户决定家庭生计策略的重要考量因素。基于 Sen（1983）对能力的定义，Chambers 和 Conway（1992）概括了生计范畴所包含的能力的表现形式：处在一定的外部生存环境中的个人和家庭处理胁迫和应对冲击的能力，以及在此之后发现并利用机会的能力。这一概念的引入使得研究者不再过分关注食物或收入等浅层次的物质要素，而将目光集中于人本身能力的发展。当外界发生不利的变化时，个人和家庭所拥有的这些能力使农户的生计选择不再是被动的反应，而是主动的适应。陕南移民搬迁政策的实施改变了农户生产和生活的空间结构。伴随着这种空间结构的改变，农户对家庭外部资源的占有能力和机会也会发生变化。在安置地相对优越的环境中，农户更容易获得和使用各种外部资源，这种对资本可及性的改变有助于农户快速积累生计资本。对不同类型的资本加以组合并重新配置，能增强家庭生计的适应性，并实现收入来源的多样化。因此，通过移民搬迁获得的外部资源横向来看是一种可行能力，纵向来看是农户自我发展的能力（李聪等，2010）。在这个层面上，移民搬迁改变了农户的能力，成为农户转变生计模式的契机。但是，以往的研究也发现，移民搬迁是一把“双刃剑”，政府的支持和自身潜力的激发在为农户带来资本积累的同时（参见傅春、林永钦，2009；唐勇智，2011；韩振燕，2006），也会对他们的能力产生不利影响。研究者普遍认为，在这些不利影响中，移民搬迁农户自然资本的损失是首要的（严登才，2011）。无论是在自愿型移民搬迁中还是在非自愿型移民搬迁中，自然资本的变化都是导致农户生计模式转变的主要因素，特别是在生态脆弱地区。而在生计模式转变的过程中，人力资本的失灵常常成为家庭进行资本配置的最大掣肘（胡静、杨云彦，2009）。在新的环境中，移民搬迁农户都面临一个生计再构建与恢复的过程。

在移民搬迁后农户生计再构建与恢复的过程中，生计策略的选择至关重要。“策略”一词，将移民搬迁背景下农户面对外界变化时所表现出来的主动性与适应性之间的互动嵌入家庭理性决策中来考虑。根据Chambers 和 Conway（1992）的定义，“生计策略是家庭凭借自身资源要素选择参与不同的生计活动，并创造生存所需的收入水平的行动”。基于此，本书将生计策略界定为生计活动选择以及在此基础上的收入创造两项内容，以体现移民搬迁对生计策略影响的机制和路径。以往研究也表明，生计资本水平的高低决定着农户的生计策略选择，是否参与非农活动、参与何种类型的非农活动，也会受到农户生计资本状况的影响（李聪等，2010）。特别是在陕南这样的集中连片贫困区，资本的匮乏会制约农户生计活动的多样性，农户往往无法参与高回报的非农活动。这也意味着，他们被排除在市场之外，不能获得其他地区同类经济主体所拥有的发展机会（Ellis，2000）。然而，资金或技术的门槛限制也并非绝对的，那些较为“富裕”的农户仍可以从非农活动中获得较高的回报。因此，根据要素禀赋的差异，并结合陕南地区的实际情况，本书将农户的生计活动划分为四类：农林种植、家畜养殖、外出务工和非农自营。其中，农林种植一直是西部山区农户最主要的生计活动，而家畜养殖则是一种重要的辅助生计活动，这两种生计活动都对自然资源有着较强的依赖性。劳动力向城市流动已经成为中国转型时期重要的人口特征，陕南地区也不例外，特别是在当地缺乏非农就业机会和劳动力市场缺失的情况下，外出务工成为农户重要的收入来源。相比前三种生计活动，非农自营带有一定的资金或技术门槛限制，这一特征在一定程度上阻碍了当地农户参与该类生计活动。

图 5-1 所列的分析框架为本节系统地分析陕南移民搬迁对农户生计策略的影响提供了整体性的指导。为了厘清分析框架中各个变量之间的具体关系，本节接下来将利用实地调查数据，通过构建计量模型来阐释移民搬迁对农户各类生计活动选择以及不同生计活动收入的影响。

（三）方法与变量

1. 分析方法与计量模型

本书选用 Heckman 两阶段模型来分析移民搬迁对农户生计策略的影响。选择这一方法主要是为了对样本的选择偏误进行校正（Heckman，1979）。农户以选择参与某一种生计活动为前提来获取相应的收入，也就是说，农户对生计活动的参与带有一定的选择性，这就导致农户在没有参与的生计活动上的收入数据缺失，即所谓的截尾数据问题。在回归模型中，不对这类截尾数据进行校正，就会造成样本选择性偏误，即估计结果的随机扰动项非零造成估计结果有偏。Heckman 两阶段模型在收入方程中运用迭代最小二乘法，利用方程间的误差项信息对因变量进行联立估计，通过在计量模型中加入逆米尔斯比率（Inverse Mills Ratio，IMR）来解决这一问题。

在实际操作中，Heckman 两阶段模型包含两步。第一步，估计农户选择参与各类生计活动的概率。本书使用 Probit 模型来估计移民搬迁因素、生计资本、社区特征对农户参与农林种植、家畜养殖、外出务工和非农自营四类生计活动的影响。第二步，利用选择方程的估计结果计算 IMR 并迭代进入收入方程，分析移民搬迁及安置方式对农户各类生计活动收入的影响。其中，Probit 模型的函数表达式为：

$$p_i\ (y_i = 1 \mid X_i) = F(\alpha_o + \alpha_1 x_1 + \alpha_2 x_2 + \cdots + \alpha_n x_n) \tag{5-1}$$

在公式（5-1）中，p_i 为农户参与第 i 类生计活动的概率；x_1，x_2，…，x_n 为解释变量，包括移民搬迁因素、生计资本、社区特征；α_o 为常数项，α_1，α_2，…，α_n为解释变量的系数。

基于 Probit 模型的回归结果，用影响农户参与各类生计活动因素的估计系数计算 IMR，再将其代入第二阶段的收入方程中：

$$Y_i = \beta_o + \beta_1 x_1 + \beta_2 x_2 + \beta_3 x_3 + \cdots + \beta_n x_n + \sigma IMR + \mu \tag{5-2}$$

在公式（5-2）中，Y_i 表示农户在第 i 类生计活动中所获得的收入；x_1，x_2，…，x_n 为解释变量，即影响农户各类生计活动收入的移民搬迁因素、生计资本、社区特征；β_o 为常数项，β_1，β_2，…，β_n 为解释变量的系数；σ 为 IMR 的系数；μ 为随机项。

2. 变量设置

调查地区地处秦岭山区，当地农户的主要生计活动包括农林种植、家畜养殖、外出务工和非农自营四类。其中，农户的农林种植活动除包括种植传统的粮食作物以外，还包括他们在山上种植一些经济作物，如核桃、山茱萸、板栗等；家畜养殖主要指饲养用于出售或供家庭消费的家畜，如牛、羊、猪等；外出务工指家庭成员在外地进行非农务工且一年内累计务工时间超过 3 个月的行为，不包括因工作、上学、结婚、参军等其他因素发生了户籍变化的行为；非农自营是指在当地进行非农自雇经营的行为，如开办“农家乐”、经营商店、搞运输等。在 Probit 模型中，因变量分别为“是否参与农林种植”、“是否参与家畜养殖”、“是否有成员外出务工”和“是否参与非农自营活动”，均为虚拟变量（没有参与该类生计活动=0，参与了该类生计活动=1）。在 Heckman 两阶段模型中，因变量分别为农户的“农林种植收入”、“家畜养殖收入”、“外出务工收入”和“非农自营收入”，均为连续变量。在实际操作中，本节将各类收入取对数后再纳入回归模型。

自变量包括移民搬迁因素、生计资本和社区特征三个方面，用以反映移民搬迁政策下影响农户生计策略的家庭和社区因素。自变量的含义与描述性统计分析结果如表 5-14 所示。本节用农户“是否参与陕南移民搬迁工程”和“安置方式”两个自变量来反映移民搬迁因素。陕南移民搬迁属于自愿型移民工程，农户的生计策略是否受到移民搬迁的影响以农户是否自愿参与移民搬迁工程为前提。为了更好地解释陕南移民搬迁工程对农户生计的影响，本节以“是否参与陕南移民搬迁工程”来区分移民搬迁户与非移民搬迁户。在参与移民搬迁的样本中，安置方式的选取更多地体现着以局部地理特征为基础的同质性，不同的安置方式对农户的生计决策有不同的影响。因此，在分析移民搬迁因素对农户生计策略的影响时，本节选取安置方式作为主要的移民搬迁因素。

根据生计资本的定义和分类，本节选取农户所拥有的五类生计资本，包括自然资本、物质资本、金融资本、社会资本和人力资本，并依据以往的相关研究选取变量。对于自然资本，本节选取了“人均土地面积”和“是否参与退耕还林工程”两个变量。其中，“人均土地面积”反映了农户所拥有的自然资本的水平；“是否参与退耕还林工程”这一变量虽然不能直接反映农户的自然资本水平，但在一定程度上影响农户林地面积和耕地面积的比例，并作用于其农业生产过程中自然资本的投入，从而最终对农户农林种植活动产生影响。以往的研究还发现，退耕还林通过改变农户在农林种植活动中要素投入的形式进而影响他们对其他生计活动的参与和收入（Uchida et al.，2009）。物质资本涵盖的项目众多，本研究调查问卷中设计了 11 项家庭资产选项（包括机动三轮车、拖拉机、汽车、摩托车等交通运输和生产工具以及电视、冰箱、洗衣机等生活耐用品），本节用“家庭拥有资产项占比”［农户所拥有的资产选项数与总项数（11）的比值］来反映农户的物质资本水平（参见郃秀军等，2009b）。金融资本用“借款难易程度”来反映。这一变量是由“是否得到过银行贷款”、“是否从非正规金融机构或个人贷过款”和“是否向亲戚朋友借过款”3 个指标合成，处理方法参照了 Sharp（2003）和李小云等（2007）的资本指标计算方法，经过处理之后该变量的取值介于 0 和 1 之间，数值越趋近于 1，代表样本所拥有的金融资本相对越高。社会资本用“亲戚中是否有公职人员”和“急需大笔开支时可求助的户数”两个变量来反映。在农村地区，有亲戚担任公职人员的农户往往具有较高的社会资本水平，它是农户在选择生计活动时考量的重要因素。而“急需大笔开支时可求助的户数”则主要反映农户在生计活动中遇到临时支出困难时可以寻求帮助的网络。反映农户人力资本水平的变量包括三类共 6 个，其中，“劳动力占比”、“最高受教育水平”和“是否参与过非农培训”是农户选择生计活动时所要考量的重要因素，“劳动力数量”、“平均受教育年限”和“参与过非农培训的人数”则是影响农户生计活动收入的因素（参见梁义成等，2011）。

社区特征用“到乡镇中心的距离”和“是否靠近或在自然保护区内”两个变量来反映。在陕南山区，农户居住得比较分散，而乡镇政府所在地往往处在地理位置相对优越、公共设施相对便利、商业相对聚集的地方，并成为乡镇中心。因此，“到乡镇中心的距离”反映了农户所在村庄距离较为集中的商店、农产品加工点的便利程度，这些地方也是农户出售农林产品和购买日常生活用品的场所，在一定程度上充当着市场的角色。“是否靠近或在自然保护区内”直接关系到农户对自然资源的使用以及相应的生产行为是否受到限制，而这是决定农户对生产投资的态度和倾向的重要因素（黎洁、郃秀军，2009）。

表 5-14　自变量的含义与描述性统计分析结果

变量	变量含义与赋值	均值	标准差
移民搬迁因素			
是否参与陕南移民搬迁工程	农户是否参与陕南移民搬迁工程？否=0，是=1	0.29	0.45
安置方式	移民搬迁农户的安置方式。分散安置=0，集中安置=1	0.63	0.48
生计资本			
自然资本			
人均土地面积	农户人均拥有的农地和林地面积（亩）	10.53	15.19
是否参与退耕还林工程	农户是否参与退耕还林工程？否=0，是=1	0.80	0.40
物质资本			
家庭拥有资产项占比	农户所拥有的资产选项数与总项数(11)的比值	0.25	0.14
金融资本			
借款难易程度	由“是否得到过银行贷款”、“是否从非正规金融机构或个人贷过款”和“是否向亲戚朋友借过款”三个指标合成	0.62	0.78
社会资本			
亲戚中是否有公职人员	没有=0，有=1	0.25	0.43
急需大笔开支时可求助的户数	农户急需大笔开支时可以求助的户数（户）	4.92	4.46
人力资本			
劳动力占比	劳动力数量占家庭总人口的比重	0.75	0.27
劳动力数量	农户劳动力的数量（个）	2.73	1.39
平均受教育年限	家庭所有成员的平均受教育年限（年）	4.60	2.00
最高受教育水平	受教育水平最高的家庭成员的受教育年限（年）	6.36	2.53
是否参与过非农培训	是否有家庭成员参与过非农培训？否=0，是=1	0.26	0.44
参与过非农培训的人数	家中参与过非农培训的成员数量（人）	2.46	1.43
社区特征			
是否靠近或在自然保护区内	农户所在村是否靠近或在自然保护区内？否=0，是=1	0.34	1.08
到乡镇中心的距离	农户所在村到乡镇中心的距离（公里）	10.14	7.9

（四）结果与讨论

1. 生计策略现状

（1）生计活动参与情况

从样本农户 2011 年生计活动参与情况来看（见表 5-15），传统的农业生产仍然占据着主要地位，无论是移民搬迁户还是非移民搬迁户，都将农林种植作为首要的生计活动。同时，参与家畜养殖活动和外出务工活动的农户比例也较高，并且在移民搬迁户与非移民搬迁户两类群体中呈现显著的差异，由此可见，家畜养殖和外出务工已经成为农林种植以外农户最为重要的生计活动。参与非农自营活动的农户比例较低，且在移民搬迁户和非移民搬迁户之间没有表现出显著差异。

在移民搬迁户样本中，参与农林种植、家畜养殖、外出务工三类生计活动的农户比例在集中安置户与分散安置户之间都有显著的差异，分散安置户参与农林种植和家畜养殖的比例（分别为92%和65%）显著高于集中安置户（分别为85%和55%），但他们参与外出务工的比例（55%）则显著低于集中安置户（69%）。

表 5-15　样本农户 2011 年生计活动参与情况

生计活动	非移民搬迁户(%)	移民搬迁户(%)	t 值	分散安置户(%)	集中安置户(%)	t 值
农林种植	90	88	1.45*	92	85	2.07**
家畜养殖	66	58	2.74***	65	55	1.94**
外出务工	55	64	-3.17***	55	69	-2.98***
非农自营	10	12	-0.72	12	12	0.04

注：t 检验用于检验均值差异；*** 表示 $p<0.01$，** 表示 $p<0.05$，* 表示 $p<0.1$。

（2）收入水平及构成情况

除了上述四类生计活动，农户的收入来源还包括政府补贴以及其他收入，如房租、土地流转租金等。从样本农户 2011 年的收入水平（包含现金与实物[①]）及构成情况可以看出（见表 5-16），农林种植仍然是农户的主要收入来源，虽然这一收入水平并没有在移民搬迁户（7828 元）与非移民搬迁户（7323 元）之间表现出显著差异，但这一收入在家庭总收入中的比例在两类农户之间差异显著，非移民搬迁户的农林种植收入在家庭总收入中的比例高达 39%，显著高于移民搬迁户的 26%。农户第二个主要收入来

① 农户的农林种植收入包括现金收入和实物收入。其中，实物收入 =（总产量-出售量）× 市场价格。

表 5-16　样本农户 2011 年的收入水平及构成情况

		非移民搬迁户	移民搬迁户	t 值	分散安置户	集中安置户	t 值
农林种植收入	收入水平(元)	7323	7828	-0.51	5093	9457	-2.30***
	比例(%)	39	26	6.21**	26	25	0.20
家畜养殖收入	收入水平(元)	1539	1722	-0.75	2485	1269	2.61***
	比例(%)	10	8	1.94**	14	5	5.59***
外出务工收入	收入水平(元)	4091	6000	-3.78***	4246	7036	-2.75***
	比例(%)	21	26	-2.52***	21	30	-2.13**
非农自营收入	收入水平(元)	3003	3758	-0.78	3993	3618	0.22
	比例(%)	7	6	0.38	4	7	-1.08
政府补贴	收入水平(元)	1204	5105	-15.95***	2796	6482	-5.02***
	比例(%)	16	24	-5.12***	23	24	-0.48
其他收入	收入水平(元)	927	2358	-5.71	2250	2423	-0.25
	比例(%)	8	10	-2.30	12	8	1.85**

注：t 检验用于检验均值差异；*** 表示 $p<0.01$，** 表示 $p<0.05$，* 表示 $p<0.1$。

源是外出务工，移民搬迁户的外出务工收入水平及其在家庭总收入中的比例（6000 元，26%）均显著高于非移民搬迁户（4091 元，21%）。移民搬迁户与非移民搬迁户在非农自营收入和其他收入及其在家庭总收入中的比例上均没有表现出显著差异，但在政府补贴上，移民搬迁户的收入水平及其在家庭总收入中的比例（5105 元，24%）均显著高于非移民搬迁户（1204 元，16%）。

在移民搬迁户样本中，集中安置户的农林种植收入水平（9457 元）和外出务工收入水平（7036 元）都显著高于分散安置户（分别为 5093 元和 4246 元）。同时，集中安置户的外出务工收入在家庭总收入中的比例最高（30%），且显著高于分散安置户（21%），可见，外出务工已经成为集中安置户最主要的收入来源。但是，集中安置户的家畜养殖收入水平及其在家庭总收入中的比例（1269 元，5%）显著低于分散安置户（2485 元，14%）。而非农自营收入水平及其在家庭总收入中的比例在这两类群体之间均没有表现出显著的差异。同时，相比分散安置户获得的政府补贴（2796 元），集中安置户获得的补贴更多（6482 元），但政府补贴在家庭总收入中的比例在这两类农户之间的差异并不显著。

2. 移民搬迁对农户生计活动选择的影响

本节分别对总样本和移民搬迁样本建立他们参与各类生计活动的 Probit 模型，考察移民搬迁对农户生计活动选择的影响。考虑到变量属性的差异且为了避免变量自相关问题，本节对部分纳入模型的人力资本变量进行划分，将“劳动力占比”、“最高受教育水平”和“是否参与过非农培训”放入 Probit 模型，将“劳动力数量”、“平均受教育年限”和“参与过非农培训的人数”放入收入方程。变量的膨胀因子检验结果显示，自变量之间不存在线性相关关系。回归结果如表 5-17 和表 5-18 所示，F 检验结果表明，各个回归方程都通过了显著性检验，方程整体显著。

表 5-17 为是否参与陕南移民搬迁工程对农户生计活动选择影响的 Probit 模型估计结果。从中可以看出，第一，移民搬迁户参与农林种植活动的概率显著低于非移民搬迁户。按照陕南移民搬迁政策的规定，移民搬迁户原本拥有的土地要归还集体，他们在安置地将被重新分配土地以保障其口粮。但是，受到客观条件的限制，移民搬迁户在安置地所获得的土地面积与原居住地相比减少很多，土地面积的减少在一定程度上制约了移民

搬迁户参与农林种植活动。一部分资本禀赋较高的农户选择另辟他径，放弃在安置地继续参与农林种植活动，这种现象也表明，移民搬迁对农户参与农林种植活动具有不利影响。第二，移民搬迁户参与家畜养殖活动的概率比非移民搬迁户低33%。家畜养殖活动更多地受饲养空间和饲养成本的限制。一般情况下，移民搬迁户的居住条件会得到改善，但居住空间较移民搬迁前更小，因此，相比非移民搬迁户，移民搬迁户参与家畜养殖活动的场所受到了一定程度的制约。从成本的角度看，由于非移民搬迁户可以采取放养的方式降低家畜饲养成本，且移民搬迁户对自然资源的可得性有所降低，因此，一部分移民搬迁户在移民搬迁后选择放弃参与家畜养殖活动。第三，移民搬迁对农户参与非农自营活动影响不显著。尽管在调查中发现，农户未来发展非农自营的意愿比较强烈，但市场不完善以及存在准入门槛导致当地参与非农自营的农户比例普遍偏低，即使在移民搬迁后，农户参与非农自营的可能性也并没有得到提高。其原因可能有两点：一是移民搬迁户有可能将资金暂时用于移民搬迁过程中的房屋建设等花费而使非农自营的初始资本投入达不到准入门槛；二是由于在移民搬迁初期基础设施建设没有完全跟进，商品与劳动力市场的发育程度较低，农户参与非农自营的决策可能被迫搁置。另外，相比非移民搬迁户，移民搬迁户参与外出务工活动的概率并没有发生显著变化。可见，前文发现的移民搬迁户外出务工的比例高于非移民搬迁户，并不是由移民搬迁引起的。也就是说，移民搬迁户外出务工行为的发生有可能先于移民搬迁工程的实施。

表5-18为安置方式对移民搬迁户生计活动选择影响的Probit模型估计结果。从中可以看出，第一，集中安置户参与外出务工活动的概率远远高于分散安置户，而这一显著差异可能突出体现了政府主导的培训项目、就业指导等措施在集中安置方式下的汇聚，这一方面为后续促进就业措施的介入提供了路径支持，另一方面也提醒政府相关部门应加强对分散安置户的关注。第二，集中安置户参与家畜养殖活动的概率要显著低于分散安置户。其原因可能是，在集中安置方式下，农户的居住安排受集体统一规划而缺乏弹性，从而在空间上制约了他们参与家畜养殖活动。第三，农户对农林种植活动和非农自营活动的参与并没有受安置方式的影响。

表 5-17　是否参与陕南移民搬迁工程对农户生计活动选择影响的 Probit 模型估计结果

	农林种植	家畜养殖	非农自营	外出务工
是否参与陕南移民搬迁工程	-0.29**	-0.33***	-0.13	-0.03
人均土地面积	-0.00	-0.00*	0.01**	-0.01***
是否参与退耕还林工程	1.10***	0.61***	-0.37**	0.19*
家庭拥有资产项占比	0.76*	1.48***	4.03***	0.75**
借款难易程度	0.21***	0.11**	0.16**	0.15***
亲戚中是否有公职人员	-0.12	0.16	0.07	0.07
劳动力占比	0.23	0.10	-0.10	0.29*
最高受教育水平	0.00	-0.04*	0.07***	0.05***
是否参与过非农培训	-0.46***	0.11	0.31**	0.15
是否靠近或在自然保护区内	-0.35***	-0.53***	0.06	-0.03
到乡镇中心的距离	0.03***	0.04***	-0.01	0.02***
对数似然值	-286.71	-624.44	-283.57	-688.12
伪决定系数	0.17***	0.10***	0.21***	0.06***
LR 统计值	114.19	135.92	147.79	87.21

注：*** 表示 p<0.01，** 表示 p<0.05，* 表示 p<0.1。

表 5-18　安置方式对移民搬迁户生计活动选择影响的 Probit 模型估计结果

	农林种植	家畜养殖	非农自营	外出务工
安置方式	-0.14	-0.40**	-0.14	0.62***
人均土地面积	0.08**	0.00	0.02	-0.01
是否参与退耕还林工程	1.38***	0.55*	0.07	-0.07
家庭拥有资产项占比	1.64*	1.04	5.89***	-0.34
借款难易程度	0.32*	0.12	0.49***	0.15
亲戚中是否有公职人员	-0.49	0.49**	-0.22	-0.05
劳动力占比	0.03	0.67*	0.95	0.75**
最高受教育水平	-0.03	-0.02	0.07	-0.01
是否参与过非农培训	-0.79***	0.15	0.18	0.06
是否靠近或在自然保护区内	0.96**	0.35*	-0.49	-0.06
到乡镇中心的距离	0.07**	0.07***	0.01	0.01
对数似然值	-63.22	-164.38	-65.99	-177.10
伪决定系数	0.30***	0.13***	0.34***	0.06**
LR 统计值	53.74	47.28	66.74	21.48

注：*** 表示 p<0.01，** 表示 p<0.05，* 表示 p<0.1。

3. 移民搬迁对农户生计活动收入的影响

在分析移民搬迁对农户生计活动选择影响的基础上，本书进一步使用 Heckman 两阶段模型探讨移民搬迁对农户生计活动收入的影响。除了基于总体样本的移民搬迁对非农自营收入影响的方程不显著外，其他回归方程均通过了显著性检验。回归结果如表 5-19 和表 5-20 所示。

表 5-19 为是否参与陕南移民搬迁工程对农户各类生计活动收入影响的模型估计结果。从中可以看出，第一，尽管移民搬迁户参与家畜养殖活动的概率显著低于非移民搬迁户，但对于有条件并继续参与家畜养殖活动的农户来说，移民搬迁对他们获得家畜养殖收入有着显著的促进作用。这一方面得益于安置地交通、信息等公共资源可得性的提高，在家畜养殖方面农户得到了更多的供求信息和更好的技术指导；另一方面得益于在政府鼓励集约化养殖方式的情况下，部分农户改原来的散养为圈养，虽然饲料成本上升了，但规模的扩大在总体上降低了成本，提高了效率。第二，移民搬迁对农户外出务工收入有着显著的促进作用。尽管移民搬迁并没有显著提高农户参与外出务工活动的概率，但在参与外出务工活动的样本中，移民搬迁户的外出务工收入显著高于非移民搬迁户。一方面，在参与移民搬迁之前，外出务工为农户参与陕南移民搬迁工程提供了资金支持；另一方面，移民搬迁户在面对债务压力时，变得更加倚重外出务工收入，他们通过家庭内部劳动力的优化配置来实现这一转变。家庭内部劳动力优化配置的具体途径包括：增加外出务工人数、转向更有利于实现优化配置的劳动力市场等。第三，移民搬迁对农户农林种植收入没有影响。虽然移民搬迁带来的土地面积减少使得农户参与农林种植活动的概率降低，但农户在该类活动上所获得的收入并没有显著减少，土地千百年来所承担的基本生存保障功能在此刻显得尤为突出。随着移民搬迁后生活成本的提高，特别是在新环境下外部风险及不确定性的增加，农户会千方百计地确保基本口粮需要。同时，自然资源的稀缺使得移民搬迁户更加珍视所拥有的土地，并逐步转向集约化的耕作方式以提高土地利用效率，加之搬迁过渡期的设置延长了他们对原有土地的使用期限，这些因素结合在一起，对移民搬迁户农林种植收入的降低起到了一定的缓冲作用。

表 5-20 为安置方式对移民搬迁户各类生计活动收入影响的模型估计结果。结果显示，安置方式对移民搬迁户的家畜养殖收入有显著的负向影

响，而对移民搬迁户的农林种植收入、非农自营收入和外出务工收入均没有显著影响。

表 5-19　是否参与陕南移民搬迁工程对农户各类生计活动收入影响的模型估计结果

	农林种植收入	家畜养殖收入	非农自营收入	外出务工收入
是否参与陕南移民搬迁工程	-0.11	0.31*	0.23	0.33**
人均土地面积	0.00	0.01**	-0.00	-0.01
是否参与退耕还林工程	0.49**	0.11	-0.74*	0.04
家庭拥有资产项占比	-0.07	0.53	4.34	0.96*
借款难易程度	0.06	-0.18**	0.06	0.00
急需大笔开支时可求助的户数	0.03***	0.02**	0.01	0.02***
劳动力数量	0.01	0.03	0.04	0.01
平均受教育年限	-0.04	0.05*	0.13	0.03
参与过非农培训的人数	0.10***	0.05	0.07	0.04
是否靠近或在自然保护区内	0.56***	-0.21	-0.44	0.26**
到乡镇中心的距离	0.04***	0.00	0.01	-0.00
逆米尔斯比率	0.32	-0.53	0.52	0.32
卡方统计值	159.81***	41.08***	12.07	45.95***

注：*** 表示 $p<0.01$，** 表示 $p<0.05$，* 表示 $p<0.1$。

表 5-20　安置方式对移民搬迁户各类生计活动收入影响的模型估计结果

	农林种植收入	家畜养殖收入	非农自营收入	外出务工收入
安置方式	0.20	-0.98***	-0.21	0.14
人均土地面积	0.02***	0.01*	-0.00	-0.00
是否参与退耕还林工程	0.16	0.75	-1.06	0.16
家庭拥有资产项占比	0.34	1.27	0.41	0.41
借款难易程度	-0.01	-0.00	-0.23	-0.00
急需大笔开支时可求助的户数	0.05***	0.06***	0.03	0.03
劳动力数量	0.12*	0.21**	-0.23	-0.16**
平均受教育年限	-0.04	0.00	0.17	-0.07
参与过非农培训的人数	0.08	0.09	0.22	0.31***
是否靠近或在自然保护区内	1.22***	0.01	0.91	0.27
到乡镇中心的距离	0.03***	0.04	-0.06**	0.00
逆米尔斯比率	-1.14*	0.61	-0.64	-0.15
卡方统计值	82.38***	43.43***	19.87**	31.63***

注：*** 表示 $p<0.01$，** 表示 $p<0.05$，* 表示 $p<0.1$。

（五）小结

本节研究以陕南移民搬迁工程为例，考察了移民搬迁对农户生计策略的影响。研究发现，移民搬迁及安置方式对农户生计策略的影响在不同的生计活动上有所不同。移民搬迁显著降低了农户参与农林种植、家畜养殖活动的概率；家庭劳动力在重新配置的过程中向外出务工活动侧重。从农户生计的整体态势看，农户移民搬迁后其生计策略的变化基本上契合了政府所提倡的农户生计方式向非农转型的发展方向，但这一变化更多地体现在已经参与非农活动的农户身上，该类农户通过重新配置家庭内部劳动力而强化了其非农生计活动，这在一定程度上促进了农户生计结构的优化。

本节研究结论对陕南移民搬迁工程的后续改进有一定启示，即“搬得出”只是移民搬迁实施的第一步，后续“稳得住，能致富”的目标更加重要。政策制定者希望农户在移民搬迁后将剩余劳动力转移到非农活动中去，但剩余劳动力不会自然而然地实现非农转移，一定程度上的外部干预十分必要。由于陕南移民搬迁工程当前还处于初期阶段，政府和相关组织难免会将注意力更多地放在“搬得出”这一目标上，此时市场的培育、基础设施的建设以及教育资源的完善都有一定的滞后性，因而，剩余劳动力在本地完成非农转移一时还难以实现。在这样的情况下，“能致富”的移民目标更多地依赖外出务工活动来实现。与此同时，由政府牵头实施的就业指导及培训项目也在这一过程中发挥着积极的作用。不过，移民搬迁户过度依赖外出务工收入，也可能给后续“稳得住”目标的实现带来隐患。特别是当外出务工人员面临的失业风险增大时，将对非农转型中的移民搬迁户造成很大冲击，并极易使他们陷入贫困。因此，当地政府在继续推进移民搬迁工程的同时，也应该引导移民搬迁户合理开发和有效利用安置地的资源，并为他们在本地实现非农就业营造良好的外部环境，提供资金、技术以及税收方面的支持，从而真正实现陕南移民搬迁农户生计的可持续发展。

二　农户借贷行为对生计策略的影响——基于陕西易地扶贫搬迁地区的实证

（一）引言

搬迁农户在搬迁后面临全新的生存环境，需要重新组合自身生计资本，再次规划生计策略以快速融入当地生活。此时，传统的生产要素供给增加不仅不能满足搬迁农户长久的收入来源需求，还有极大可能使其陷入再度贫困的恶性循环，要想真正实现脱贫致富的终极目标，就必须关注搬迁安置区贫困人口的自我发展能力，力争将“供血式”扶贫转化为“造血式”扶贫。由于农业的弱质性和农户自有资金的有限性，单纯依靠农户自身无法完成搬迁后生产和生活的平稳过渡，部分农户更难以实现在安置地发展产业的愿景。因此，该贫困群体离不开国家和社会提供的稳定有效的金融信贷支持。已有研究也证实借贷对农业生产、农民增收和农村经济发展贡献良多，尽管目前农村金融服务市场机制和体系在不断发展完善，但是由于缺乏有效抵押担保物和信息不对称等问题，部分农户信贷资金受到严重约束，从而有可能阻碍其生计升级和转型步伐。《全国“十三五”易地扶贫搬迁规划》中明确提出，鼓励金融机构通过扶贫小额贴息贷款、扶贫贴息贷款以及创业担保贷款等方式，对符合要求的搬迁群众和安置区龙头企业给予信贷资金支持，为农户生计资本重组、生计能力提升、生计策略优化，以及最终实现持久性脱贫提供有力保障。

鉴于以上背景分析，本节借助课题组在陕南和陕北的一手调查数据，将对农户借贷行为的研究置于易地扶贫搬迁环境中，同时以生计策略为福利作用路径，实证分析了农户借贷行为从产生到发挥作用的具体机制。一方面能够真实反映移民搬迁安置地区农户借贷需求与借贷供给的对接状况，寻求可能影响到农户借贷行为的因素；另一方面也能够判断借贷行为各个维度对农户各项生计活动选择及其收入创造的作用大小。研究结论旨在为农民信贷可得性的提高、农村地区信贷支持政策的完善和金融服务水平的提升提供参考和借鉴。

（二）相关理论与实证研究回顾

1. 相关理论

(1) 农户借贷行为

农户借贷行为作为家庭金融的一个重要分支，广义上是指存在于农民和其他经济主体之间的资金流通活动，这些经济主体涉及银行、企业以及农户自身，包括借贷频率、借贷规模和借贷用途等，且涵盖借出和借入两个方向。借出资金是指除必需资金以外，农户将其他资金转至银行或借给他人以获取一定利息的投资行为。借入资金是指当农户产生资金需求时，从正规金融机构、民间组织或个人处获取贷款或借款的行为。就借贷行为来源渠道而言，由于发展中国家农村区域正规金融和非正规金融二元化结构的遍及，农户的借贷渠道也相应地有正规借贷和非正规借贷之区分，正规借贷指借贷资金来源于银行及农信社等正规金融机构，而非正规借贷的资金则来源于朋友、亲戚及其他民间渠道，农户借贷行为是其资金需求的外在表现，如果当期农户家庭收入无法有效满足消费需求，则会产生相应的借贷行为，以实现家庭预期效用水平。

在现有的理论基础之上，结合已有的调查数据，本节借贷行为是指农户借入资金的行为，包括是否借贷、借贷渠道和借贷规模三个维度。其中，是否借贷指的是农户在过去的一年里是否发生过借入资金的行为。借贷渠道涵盖了来自银行或农信社的贷款和小额到户扶贫贴息贷款两种正规渠道，以及从亲朋好友处获得借款的非正规渠道。借贷规模指的是来自以上三种借贷渠道的借贷总额。这三个细分指标能够使农户借贷行为更加立体，也为后文全面刻画农户借贷行为的发生路径和影响机制打下基础。

（2）农村金融理论

农村金融市场的发展关系到整体金融体系是否能够健康运行。因为大部分发展中国家普遍存在商品市场化程度较低的现象，由此带来了资金供应紧张等问题，对农村金融机构的发展壮大造成影响。关于发展中国家的金融发展问题，也引发了学术界的激烈讨论，相应地，形成了不同的观念和流派。从目前关于农村金融的理论来看，它们大多倾向于把关注发展中国家政府对金融发展的作用作为重点关注内容，主要形成了以下三种理论。

农村金融管制理论。该理论的核心思想是在农村金融市场中，政府必须有强有力的干预，根据市场即时情况，对其实行一定的调控和管制。同时，该理论提倡在农村金融市场中，应当优先实行信贷供给先行的战略。政府应该在农村金融市场中扮演重要角色。具体做法是，由政府主导，在当地设立专门的政策性金融机构，为低收入农民群体提供一定额度的信贷补贴，从而促进当地正规金融的规范性发展，同时遏制高利贷及其他形式的非法集资行为。然而，这种在市场上单方面利用正规金融挤出非正规金融的方式长期来看是不可取的，这种方式一方面会抑制正规金融机构的借贷积极性，另一方面会对农村金融市场的多样化发展造成阻碍。

农村金融市场理论。伴随着农村金融市场的发展完善，农村金融管制理论的弊端日益凸显，随之兴起的是农村金融市场理论，该理论突出市场自行调节机制对农村金融市场发展的重要意义，认为农民具备一定的储蓄能力，低息条件下的政策性资金可能会不利于农村金融市场的健康发展。因此，该理论主张政府对市场不要有过多的干预，要使金融机构之间展开充分竞争，让市场真实供需状况决定利率水平，这样才能够最大限度激发金融机构在管理资金上的积极性。但是，该理论并未被证明是持续有效的，因为长期的自由化的市场利率无形中增加了农户的借贷成本，从而降低了农户的信贷可得性。

不完全竞争市场理论。该理论糅合了农村金融管制理论和农村金融市场理论的进步之处，主张政府适当的管控对市场是有效的，可以部分弥补市场自身的缺陷带来的一系列问题。该理论倡导的利率政策是由市场本身所决定的利率水平，而非政府的直接干预，政府要根据市场的情况变化采取有效的措施抑制通货膨胀，使市场的利率保持在较高水平，这样会有助于投资和储蓄的增长。然而，发展中国家在 20 世纪 90 年代后爆发的金融危机使众多学者认识到了经济和金融自由化的内在弊端，此时，国家的理性干预对市场平稳运行的重要性再次凸显。

（3）农户经济理论

农户借贷行为是农户经济理论的外化表现，研究农户经济理论有助于深层次理解农户借贷行为背后的逻辑链条，而农户经济理论下设多个分支，其中本研究主要涉及以下理论。

利润最大化理论。Schultz（1964）提出农户始终以追求利润最大化为终极目标，这也是农户经济行为的基本假设。需要注意的是，此处的利润最大化并非指的是以货币形式存在的利润，该假设将农户视为理性的微观经济主体。具体而言，利润最大化理论的含义是指关于生产要素投入价格和产品价格，农户参考各种因素做出相应的预期判断，而这种对于价格的敏感度受制于农户自身所掌握的资本以及市场实际情况的影响。在农户经济效率假设成立的前提下，当现阶段可用于生产的技术条件固定不变时，农户的行为在完全竞争市场上被认为是有效率的，也是其追求利润最大化的外在表现，所以在完全竞争市场上引进全新生产技术、促进人力资本等生产要素投入的增加，是刺激农户经济效率提升，使农户获得更高利润的可行路径。Yotopoulos（1968）提出在农业生产过程中，即便农户使用的生产技术和要素配置相同，也很难得到同等数量和水平的产出，所以农户会充分衡量外部的市场环境以及内部的家庭生计目标等因素，以实现自身的利润最大化。

风险规避型农户理论。风险规避型农户理论的主要内容是在利润最大化假设的前提下，由于自然风险、经济社会风险和其他风险的不确定性使农户无法对未来一段时期的经济状况做出合理预判，出于自身对经济风险承受能力的考量，此时农户会选择最为保守的决策方式。Lipton（1980）认为，尽管风险系数和收益程度在一般情况下呈正相关关系，但是为了保证家庭收支尽可能地平衡，家庭条件并不富裕的农户仍然会选择偏保守的投资方式。在此之后，Scott（1977）提出农户总是将生存权利的优先级置于家庭资产总量之前，安全性始终是农户在进行决策时首先要考虑的重要因素，净收入总额较少的农户家庭更愿意选择低风险的生存环境。这也反映了家庭经济水平较低的农户会主动规避风险性偏高的活动，因此，他们有较少的机会在信贷市场上获取一定的金融资源支持，从而有可能进一步拉开与富裕农户家庭的收入差距。

2. *农户借贷行为实证研究回顾*

国外关于农户借贷行为的研究起步较早，且研究对象多为发展中国家，他们的研究为当今农户借贷行为研究的开展贡献了重要理论依据。其中以罗纳德·麦金农的金融深化理论为代表，他的主要观点是：发展中国家由于金融抑制和资本不足等原因经济发展滞后于发达国家。麦金农（1997）在《经济发展中的货币与资本》中指出，在整体金融水平落后地区，政府的借贷供给与农户的借贷需求并未有效匹配。尤其是经济发展程度较低国家的农村地区，正规金融机构的高要求会把许多普通农户排斥在外，迫使其只能通过民间借贷等非正规渠道获取资金，而此现象会对农村地区金融市场的发展产生不利影响。Bialowolski 和 Weziak-Bialowolska（2013）就农户借贷渠道的选择展开研究，发现正规金融和非正规金融有着一定的替代效应。当发展中国家的农户产生资金需求时，更偏好于通过非正规借款渠道，即亲友、民间借贷等获得资金。在借贷行为影响因素方面，Aliero 和 Ibrahim（2012）发现受教育程度和婚姻状况会对农户是否获得借贷具有显著的正向影响，而户主年龄则对农户是否获得借贷呈现显著的负向影响。

发展中国家农户借贷行为区别于发达国家，是农村金融的一个重要分支，对促进农业生产与农民增收具有长远意义，也因此引发了国内外相关领域的广泛讨论。学术界围绕农户借贷行为展开的研究多体现在农村金融发展与贫困减缓的文献中，他们的研究范围较广且各具针对性，主要覆盖借贷行为特征、借贷行为的影响因素和借贷福利效果三大方面。在借贷行为特征方面，学者主要从借贷规模、借贷频率和借贷渠道等维度进行了系统分析。如刘松林、杜辉（2010）研究得出不同收入群体农户的借贷需求特征有所差别，高收入农户主要为生产型借贷，他们会将借贷资金用于农业和其他产业的投资，而收入较少农户借贷行为的产生多是出于生活性开支的需求，且呈现借贷额度不高、借贷周期短等特点。潘海英等（2011）以经济发达地区为例，发现农村合作银行是当地农户获得借贷资金的主要途径，此外，农户的借贷多是一年内的短期借款。

在借贷行为的影响因素方面，现有的研究大多聚集在不同借贷渠道的影响因素上，学者根据发展中国家农村金融的二元结构性，将借贷渠道选择区分为正规和非正规两种类型来加以考察，而在影响农户借贷渠道选择的具体因素上，不同研究因研究内容、样本选取和模型建立等差异，会得出不相一致的结论。周先波、罗连化（2015）发现正规与非正规借贷之间有着明显的替代关系，且这种替代性要偏重于非正规借贷对正规借贷的替代，这与易小兰、莫媛（2016）提出的互补性关系相反。易小兰、蔡荣（2017）的研究得出收入较高、劳动力占比较大且意向从事非农生产的农户家庭更偏好通过正规渠道获取资金，而那些选择非正规渠道的农户家庭的普遍特征为收入较低、家庭负担比较重且将资金用于应急性消费。张少宁、张乐柱（2018）的研究结果显示，当借款渠道呈现机构借贷和亲友借贷的二元式格局时，交易成本以及借贷金额将成为维持型农户选择借贷渠道的核心依据。杨明婉等（2018）立足于家庭资源禀赋视角，发现社会资本会对农户家庭获得非正规借贷产生显著的正向影响，而正规借贷则更偏好于有形资产如房屋、耕地较为丰富的农户家庭。童馨乐、杨向阳（2013）通过对安徽和江苏两地的数据进行实证分析，发现农村信用社关系会正向影响农户获得正规金融机构的贷款。

国内关于借贷福利效果的研究多数集中在借贷后对农户生产经营和收

入水平的影响上，大部分学者就借贷对农户收入有积极的正面影响方面基本达成了共识，刘辉煌、吴伟（2014）利用中国家庭金融调查数据考察了农户借贷产生的收入效应，发现获得贷款资金支持能够有效推动农户收入的增加，但如果农户本身处于低收入水平，那么他们贷款所带来的收入效应则会不明显。朱喜、李子奈（2006）基于我国约3000户农户的调查数据，通过工具变量法研究发现正规借贷和非正规借贷两种资金获取方式对农户收入都具有显著的正向影响。闫啸、牛荣（2017）以陕西和宁夏1771个农户样本为例，利用动态模型研究得出农户借贷对其收入的正向影响在动态上是递增的。陈飞、田佳（2017）基于农业生产投入视角对农户借贷的福利效应进行了测算，结果显示这种福利效应在不同渠道的借贷资金之间会有所差别，相比民间借贷，正规借贷具有较好的生产投入效果和增加农业收益的作用。但也有学者研究得出相反结论，曹瓅等（2014）得出借贷在促进农户农业收入增加方面未表现出显著影响的结论。韦克游（2014）发现信贷支持对农业生产投入和农户收入无显著影响，究其原因是农户的信贷可得性较低，并非农户的信贷资金使用不当。

总的来看，学者主要围绕借贷行为特征、借贷行为受何种因素的影响以及借贷行为福利效果三个方面展开了深入研究，得出的结论对本研究具有极其重要的参考价值。然而，其中遗留的部分问题有待进一步讨论和考量：第一，农户的借贷效果的产生需要一定的作用机制和时间过程，大多数研究在衡量农户借贷行为的福利效果时，直接将农户的家庭总收入或人均收入作为福利指标，却忽视了收入产生的必要前提，即农户对于生计活动的选择；第二，农户作为微观经济主体，其借贷行为从发生到效果表现是一个完整的过程，其中涉及多个复杂环节，但是已有文献多侧重于借贷行为的产生、渠道选择和后续影响等某一方面的研究，将农户借贷行为的影响因素、作用机制和福利效果同时纳入衡量的文献较少；第三，以往研究较少将农户的借贷行为置于易地扶贫搬迁的背景下考察，这些都为本研究的开展留下了全新的研究视角和充分的研究空间。

（三）农户借贷行为对生计策略影响的机理分析

1. 理论模型

本节在借鉴Wouterse（2008）以及李聪等（2013）研究的基础上，引进农户借贷行为，以阐释农户借贷行为的发生机制以及借贷行为如何影响生计策略。具体来讲，农户效用函数如下：

$$U = E\mu(Y,X;ZU) \tag{5-3}$$

在公式（5-3）中，Y 表示农户家庭收入，X 表示农户的闲暇，ZU 是会影响到农户效用的家庭特征。可以看出，农户效用受到家庭收入 Y 的影响，而 Y 的函数表达式为：

$$Y = y_c + y_{nc} \tag{5-4}$$

其中，y_c 代表农业收入，指的是农户从事农林种植或家畜养殖活动产生的收入，而农户参与此类生计活动会面临一定的市场准入门槛，如购置种子和生产设备等，其必须掌握的资金为 $\overline{K}_c$，y_c 的表达式为：

$$y_c = [p_c g_c(L_c;A) + \eta_c]\overline{K}_c \tag{5-5}$$

在公式（5-5）中，p_c 为农产品价格，L_c 为农户在农业活动中投入的劳动力，A 表示农户的生计资本，$\eta_c \sim N$（0，σ_c^2）代表自然环境或其他非确定性因素造成的冲击。

非农收入 y_{nc} 指的是非农经营收入和外出务工收入，需要强调的是，非农活动的参与也要达到准入标准，其资金要求为 $\overline{K}_{nc}$，一般认为，非农活动的资金投入大于农业活动的资金投入（$\overline{K}_{nc}>\overline{K}_c$），$y_{nc}$ 的函数表达式为：

$$y_{nc} = [p_{nc} g_{nc}(L_{nc};A) + v_{nc}(L_{nc};A)\eta_{nc}] \mid \overline{K}_{nc} \tag{5-6}$$

其中，L_{nc} 表示在非农活动中投入的劳动力，v_{nc}（L_{nc}）指的是农户在非农活动中投入的劳动力多少对该类生产活动风险的影响大小。

农户的资金总量由外部获得的借贷资金 R 和已有的生计资本 f（A）两部分组成，即

$$\overline{K} = R(ZU,D,B) + f(A) \tag{5-7}$$

其中，D 和 B 分别表示会影响到农户借贷行为的地理因素和移民搬迁因素。

除了资金方面的约束，农户还面临时间上的约束：

$$L_c + L_{nc} \leqslant T - XL \tag{5-8}$$

由以上分析可得，当且仅当农户借贷的边际效用为正时，农户会做出进行借贷的决策，即

$$\frac{dE_u}{dR} \geqslant 0 \tag{5-9}$$

当农户获得借贷资金后，在不同情境下选择的生计策略会存在差别，两项必要前提为：一是农户的资金总量达到某项活动的准入门槛，二是农户在该项活动上的预期收益要大于其他活动。当农户选择从事农业活动时，需要满足：

$$\begin{cases} \overline{K} \geqslant \overline{K}_c \\ \dfrac{du}{dL_c} > \dfrac{du}{dL_{nc}} \end{cases} \tag{5-10}$$

由公式（5-10）可得，农户选择从事非农活动时，拥有的资金 $\overline{K}$ 已满足该活动的资金门槛 $\overline{K}_{nc}$，且在该活动上的期望效用要大于农业活动的期望效用。

当农户选择农业活动和非农活动的期望效用无差异时，需要满足：

$$\begin{cases} \overline{K} \geqslant \overline{K}_{nc} \\ \dfrac{du}{dL_c} = \dfrac{du}{dL_{nc}} \end{cases} \tag{5-11}$$

由公式（5-11）可知，当农户拥有的资金水平等于或超出非农活动的资金门槛，同时在农业和非农两种类型生产活动的期望效用相等时，理性的农户选择两种类型的生产活动无差异。

2. 机理分析

第一，易地扶贫搬迁通过改变家庭资源禀赋作用于农户的借贷行为。麦金农在《经济发展中的货币与资本》中指出，家庭所拥有的资源禀赋在一定程度上是影响农户借贷行为的重要因素。大量研究也已经证实，当处于充满限制性因素的环境中时，农户会根据个人特征、家庭特征以及其他资源状况综合权衡来决定是否进行借贷和借贷金额的多少。也就

是说，个人特征和家庭特征等是影响农户借贷行为的基本因素。当农户搬迁至安置地后，一方面，耕地、林地和房屋等自然资本以及物质资本会随着搬迁政策发生数量和质量上的改变，在此过程中难免会产生各种资金需求，如房屋装修、置办大件物品等，而单纯依靠农户的自有资金无法完成这一转化过程的平稳过渡，相应地，就催生了农户寻求金融资源支持的需求；另一方面，农户原有的社会关系网络对借贷行为的影响会因为居住地空间上的位移而加速弱化，导致他们到安置地后需要重新整合社会关系和人脉资源，这会使得农户借贷的来源和数量与搬迁前相比有所不同。因此，本节将是否为搬迁户作为影响农户借贷行为的变量放入回归模型。

第二，农户借贷行为的福利效果表现为生计策略的转型与升级。本节的生计策略被划分为生计活动选择和生计收入创造两个环节。农户之所以会产生借贷行为，是因为其生产或生活某一环节出现了资金缺口，当这种资金缺口借助外部力量得到填补时，农户选择生计活动构成和组合的经济基础才会更加稳固。一般来讲，农户借贷的去向和用途是经过其理性选择的结果，而生计活动正是这种选择的外在行为表现，因此，农户是否获得借贷会影响后续生计活动的选择。生计活动各项收入是农户收入的细化分类，代表了农户从事某项生计活动带来的福利效果。以往相关研究中大多就借贷能够促进农户收入增长达成了基本共识，但是，借贷行为对农户四类生计活动收入影响的方向和大小，还需要实证结果的支撑和论证。当前，农户之间收入差距较大的现象在农村地区仍然普遍存在，部分农户收入不足以满足生产和消费所需资金，这也对当地金融资源的有效配置造成一定的阻碍。由经济学原理可以得出，作为一个理性人，当农户无法获取所需的资金支持或获得的资金支持程度较低时，将会主动减少家庭日常开支或被迫放弃投资某项活动，这可能会导致家庭生活质量的降低和整体收入水平的下降。在此种情况下，如果农户能够通过一种或多种渠道获取所需额度的借贷资金，就会具备选择某种生产经营活动的实力，从而为其创收提供必要的前提条件。也就是说，借贷渠道和借贷规模能够通过生计活动的效益来影响农户的收入。

第三，易地扶贫搬迁通过影响农户对资源的占有和利用能力作用于生计策略。易地扶贫搬迁政策的实施促使农户面临的外部环境发生了改变，本节借鉴已有研究，以动态视角来考察易地扶贫搬迁对生计策略的影响。根据可持续生计分析框架，外来的任何冲击都可能引起农户的生计模式发生变化，再加上贫困地区的农户本身就处于脆弱性环境之中，而易地扶贫搬迁作为一种外在作用力，能够通过触及农户所拥有的外部条件而改变农户对各种资源的占有和利用能力。例如，搬迁后农户周围的基础设施和自然环境与搬迁前相比有所不同，在此情形下，农户可以重新组合手中掌握的生计资本，并再次选择从事生计活动的类型和比例，以提升收入水平和生活质量。

第四，易地扶贫搬迁背景下农户借贷行为对生计策略有着重要影响。从借贷行为的“前因”来看，易地扶贫搬迁工程作为一种外在作用力，会连同农户的个人特征和家庭特征等一起影响农户的借贷决策。从借贷行为的“后果”来看，依据可持续生计分析框架，农户的生计活动选择和生计收入创造是借贷行为福利效果的外在表现形式。但不可忽视的是，在易地扶贫搬迁政策实施的背景下，搬迁户和非搬迁户在生计策略上可能也会有所区别，因此，农户的搬迁特征以及借贷特征会共同对生计策略产生影响。

（四）农户借贷行为的影响因素分析

本部分数据来源于西安交通大学课题组于 2015 年 10~11 月在陕南安康市和陕北吴起县开展的农户生计专项调查。

1. 农户的借贷现状

结合本节的研究目的和已收集的调查数据，接下来将对不同搬迁特征下农户的借贷行为特征进行简要介绍。首先从表 5-21 农户是否借贷的基本情况来看，在调查的 953 户农户中，在过去的一年里，产生过借贷行为的有 570 户，占样本总量的 59.81%，其中，搬迁户在过去的一年中有过借贷行为的农户有 360 户，占该地区搬迁户样本量的 63.16%，非搬迁户在过去的一年中有过借贷行为的农户数量和占比分别为 210 户和 36.84%，这反映了移民搬迁在一定程度上会对农户借贷行为的产生起到催化的作用。在过去的一年中没有借贷行为的搬迁户和非搬迁户总数达 383 户，占总样本量的 40.19%，说明仍有不少农户借贷需求较弱。从图 5-2 中能够发现，在搬迁户样本中，在过去的一年中有过借贷行为的占比达 65.45%，高于非搬迁户样本的 52.11%，说明搬迁户在借贷行为上比非搬迁户表现得更加活跃。

表 5-21　农户是否借贷的基本情况

	搬迁户		非搬迁户		总体	
	样本数	比例(%)	样本数	比例(%)	样本数	比例(%)
在过去的一年中有过借贷行为	360	63.16	210	36.84	570	59.81
在过去的一年中没有借贷行为	190	49.61	193	50.39	383	40.19

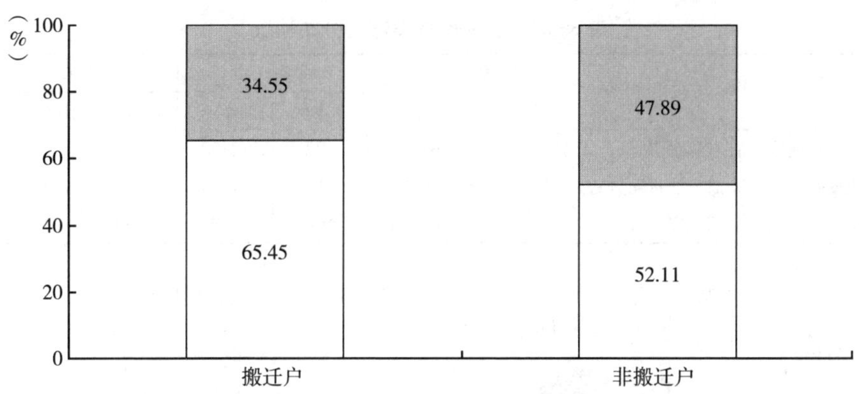

图 5-2　农户是否借贷的基本情况

表 5-22 为农户借贷渠道的分布情况，根据问卷中所列问题，本节中的借贷渠道分为正规和非正规两种方式，来自正规渠道的借款包括从政府获得小额到户扶贫贴息贷款和从银行或农信社获得贷款，非正规渠道借款指的是从亲朋好友处获得借款。需要说明的是，表 5-22 的总体样本为有过借贷行为的农户。从该表中能够很明显地看出，从银行或农信社获得贷款的 254 户农户中，搬迁户占到了 67.72%，远远高于非搬迁户的 32.28%。从政府获得小额到户扶贫贴息贷款的 31 户中，搬迁户的户数和占比分别为 18 户和 58.06%，非搬迁户的户数和占比分别为 13 户和 41.94%。这反映了对于小额信贷这条贷款途径，搬迁户和非搬迁户未表现出较大区别。通过亲朋好友这一非正规渠道获得借款的农户总数达 459 户，多于从前两种正规渠道贷款的累计户数之和，其中，搬迁户和非搬

迁户分别有290户和169户，说明大部分农户更愿意依靠血缘关系和人脉关系获得资金支持。除此之外，从表5-22中能够发现，相比非搬迁户，搬迁户在借贷渠道的开拓方面表现得更为积极。由图5-3可以看出，各个借贷渠道的占比排位在搬迁户与非搬迁户样本中相同，具体来讲，从亲朋好友处获得借款的户数在这两个样本中都占到了最高的比例，比例排在第二位的是从银行或农信社获得贷款这一渠道，而从政府获得小额到户扶贫贴息贷款这条途径的农户占比在搬迁户与非搬迁户样本中都比较低。

表5-22　农户借贷渠道的分布情况

	搬迁户		非搬迁户		总体	
	样本数	比例(%)	样本数	比例(%)	样本数	比例(%)
从银行或农信社获得贷款	172	67.72	82	32.28	254	34.14
从政府获得小额到户扶贫贴息贷款	18	58.06	13	41.94	31	4.17
从亲朋好友处获得借款	290	63.18	169	36.82	459	61.69

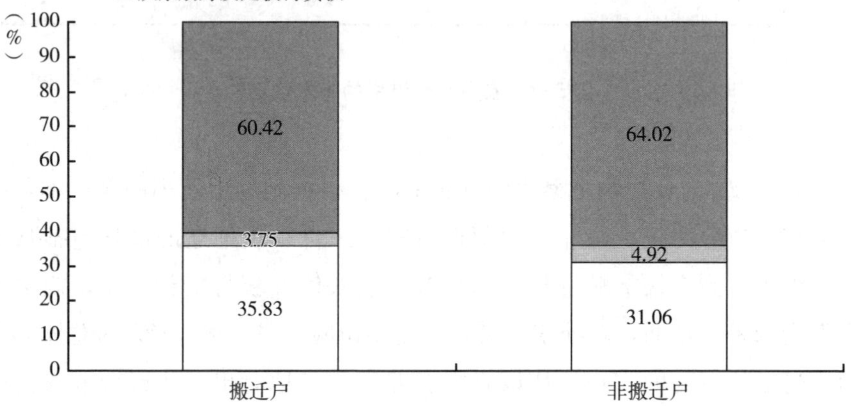

图5-3　农户借贷渠道的分布情况

表5-23反映了农户借贷规模的基本情况，在该表中，农户的借贷规模被划分为低（1万元及以下）、中（1万~10万元）、高（10万元以上）三个等级，总体样本为借款额度不为零的农户。从各等级借贷规模在总体样本中的分布来看，农户数量和占比最多的是1万~10万元这个区间，共

计 349 户，占总体样本的比例高达 62.21%。在低、中、高三个等级的借贷规模中，搬迁户样本中人数最多的位于中等级额度，即 1 万~10 万元，在此额度上的数量为 231 户，占借贷规模为该等级农户总体样本的比例为 66.19%。而该借贷规模农户样本中其余 33.81%的农户为非搬迁户，说明在中等级额度借款上搬迁户的人数较多。就低等级借贷规模而言，搬迁户和非搬迁户的数量和占比未表现出较大差别，此外，搬迁户借贷规模在 10 万元以上的人数和占该等级借贷规模农户总体样本的比例分别为 73 户和 60.83%，大于非搬迁户样本的 47 户和 39.17%，这反映出相比搬迁户群体，非搬迁户群体可能对于高额度贷款秉持着较为谨慎的态度。通过图 5-4 能够看出，农户的借贷规模多集中在 1 万~10 万元这个区间，在该规模上的农户数量占搬迁户和非搬迁户样本的比例分别为 65.44%和 56.73%。

表 5-23　农户借贷规模的基本情况

	搬迁户		非搬迁户		总体	
	样本数	比例(%)	样本数	比例(%)	样本数	比例(%)
1 万元及以下	49	53.26	43	46.74	92	16.40
1 万~10 万元	231	66.19	118	33.81	349	62.21
10 万元以上	73	60.83	47	39.17	120	21.39

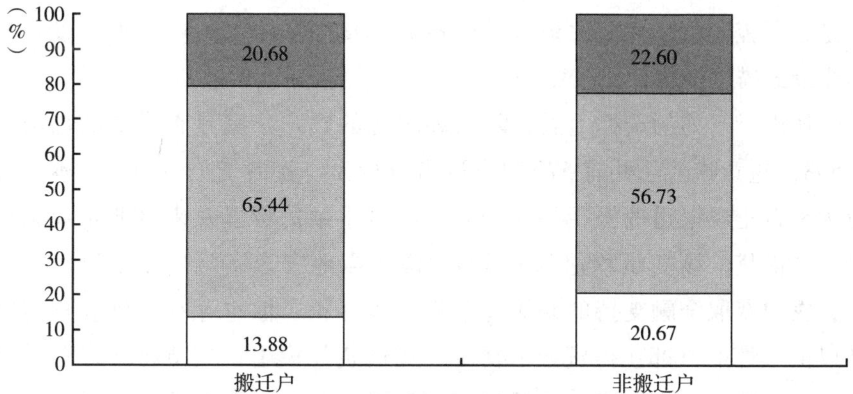

图 5-4　农户借贷规模的基本情况

2. 计量模型与实证结果

(1) 变量选取

以往文献中关于农户借贷行为影响因素指标体系的选取有多种分类方法，本节在参照王性钰等（2016）、甘宇（2017）等做法的基础上，选取了以下四个特征作为自变量，分别是：搬迁特征（是否为搬迁户）、个人特征（户主年龄）、家庭特征（劳动人口数量、人均土地面积、家庭是否有存款、家庭拥有资产项占比、亲戚中是否有公职人员、急需大笔开支时可求助的户数、风险偏好）、地理特征（住房离村主要公路的距离、社区因素）。考虑到调查地位于搬迁工程实施地区，搬迁户和非搬迁户获取金融资源的能力可能会不相一致，所以将搬迁特征纳入模型。个人特征指的是户主年龄，随着年龄的日益增长，农户投入生产活动中的时间和精力可能会减少，其借贷需求也可能受到一定程度的抑制。家庭特征涉及农户家庭人口和土地规模、资产状况、社会资本水平和可承受的金融风险水平，以上四项综合代表了农户家庭资源禀赋和对农村金融的认知状况，是不可忽视的重要因素，可能会通过两个方面影响农户家庭的借贷行为决策：一方面，农户家庭资源禀赋能够作为相应的抵押物，向银行、农信社等正规金融机构表明一定的偿债能力；另一方面，农户对信贷产品的认知会触及其借贷意愿和购买借贷产品的行为决策。地理特征选取了住房离村主要公路的距离作为衡量指标，该指标代表了农户获取当地金融信息的便利程度，由于不同地区农村金融市场发展的程度有所区别，所以社区因素的引入是为了控制陕南和陕北地区间差异所带来的影响。表 5-24 是自变量和因变量的描述性统计。

从借贷行为的选择上看，陕南和陕北的农户家庭是否借贷的均值为 0.598，这意味着总共有 570 户有过借贷行为。就借贷渠道而言，本部分分为来自正规渠道的银行贴息贷款、政府小额信贷以及来自非正规渠道的亲友借贷，该变量均值为 0.794，说明当地农户实际借贷渠道较为单一，农户获取金融支持的来源有待进一步开拓，但也存在个别农户能够从以上三种渠道都获得资金的情况。在借贷规模上，本节将农户总借贷金额取对数后放入模型。从反映家庭资源禀赋的细分指标看，是否为搬迁户的均值达到 0.577，说明调研区域有 550 个农户家庭参与了移民搬迁工程。在个人特征上，户主年龄最小值为 21 岁，最大值为 81 岁，平均年龄为 51.960 岁。在家庭特征上，劳动人口数量均值为 3.159，最小值为 0，这反映了调研地农户家庭部分成员外出进城务工导致的家庭留存在居住地的整体劳动能力不足的问题。当地人均土地面积最大值为 202.800 亩，最小值为 0 亩，均值为 7.581 亩。农户家庭是否有存款的均值为 0.114，表明当地大部分家庭没有存款这一项金融资产，这也在一定程度上意味着他们抵抗外来风险的能力较弱。而家庭拥有资产项占比最小值为 0，最大值为 0.818，均值为 0.345，反映农户家庭固定资产总量仍处于较低水平。亲戚中是否有公职人员的均值为 0.262，可见当地因政治关系形成的社交网络只局限在少数群体中。急需大笔开支时可求助的户数最小值为 0，最大值是 60，均值为 4.657，说明当地大部分农户在需要资金支持时可以依靠亲友借贷这一途径。而风险偏好的最大值为 5，均值为 2.685，说明该地区农户的投资意识淡薄，思想观念偏保守，相比高风险高收益的自主创业，更偏好稳健收益型生计活动。在地理特征上，住房离村主要公路的距离的均值为 1.112，可见农户普遍居住在离村主要公路较近的地方，从社区因素的均值 0.311 能够看出，本次调查的农户样本中陕南地区占 31%左右。

表 5-24　自变量和因变量的描述性统计

变量	变量设置	最小值	最大值	均值	标准差
因变量					
是否借贷	虚拟变量，是否发生过借贷行为，是=1，否=0	0	1	0.598	0.491
借贷渠道	虚拟变量，借贷渠道来源为政府小额信贷、银行贴息贷款和亲友借贷，无渠道=0，一种渠道=1，两种渠道=2，三种渠道=3	0	3	0.794	0.757
借贷规模	连续变量，取对数后的农户总借贷金额	0	16.810	6.307	5.356
自变量					
搬迁特征					
是否为搬迁户	虚拟变量，是否为参与易地扶贫搬迁工程的农户，是=1，否=0	0	1	0.577	0.494
个人特征					
户主年龄	连续变量，户主年龄（岁）	21	81	51.960	11.610

续表

变量	变量设置	最小值	最大值	均值	标准差
家庭特征					
劳动人口数量	连续变量,家庭劳动力的数量(个)	0	9	3.159	1.412
人均土地面积	连续变量,农户拥有的土地和林地面积(亩)	0	202.800	7.581	13.370
家庭是否有存款	虚拟变量,家庭在银行是否有存款,是=1,否=0	0	1	0.114	0.317
家庭拥有资产项占比	连续变量,家庭所拥有的资产项与总项数(11)的比值	0	0.818	0.345	0.130
亲戚中是否有公职人员	虚拟变量,农户来往的亲戚中是否有公职人员,是=1,否=0	0	1	0.262	0.440
急需大笔开支可求助的户数	连续变量,家庭急需大笔开支时可求助的户数	0	60	4.657	5.584
风险偏好	发现干某件事很赚钱,即使有可能亏本,也愿意借钱进行投资,完全不同意=1,不同意=2,无所谓=3,同意=4,完全同意=5	1	5	2.685	1.355
地理特征					
住房离村主要公路的距离	虚拟变量,农户房子离村主要公路的距离(里),一里以内=1,二至五里=2,五里之外=3	1	3	1.112	0.388
社区因素	虚拟变量,陕北地区=1,陕南地区=0	0	1	0.311	0.463

(2)模型构建与说明

因农户借贷行为所涉及的三个指标,即是否借贷、借贷渠道和借贷规模的性质有所区别,所以本节在分析农户借贷的影响因素时,分别针对以上三个指标建立了不同的计量模型,使实证分析结果更为准确。

模型一:因是否借贷为虚拟变量,故使用 Probit 模型来分析是否借贷的影响因素。模型一的表达式如下:

$$P_i(Y_i = 1 \mid X_i) = \Phi(\alpha X_i) \tag{5-12}$$

其中,P_i代表第 i 个农户是否借贷的概率,Y_i等于 1 时代表第 i 个农户在过去的一年内有过借贷行为,Y_i等于 0 时代表该农户在过去的一年内没有借贷行为，X_i 是所有解释变量向量，α（α_1，α_2，…，α_n）为待估参数，Φ 为标准正态分布函数。

模型二：由于借贷渠道这一变量为排序数据，因此本节采用有序 Probit 模型（Ordered Probit 模型，下文简称 Oprobit 模型）进行估计，作为 Probit 模型的扩展，该模型专门用来处理因变量为排序数据的情况，其具体设定为：

$$Z_i = \beta_0 + \beta X_i + \mu_i \tag{5-13}$$

Z_i 表示农户的借贷渠道，X_i 为表 5-24 中的所有解释变量，β（β_1，β_2，…，β_n）是所有解释变量的待估参数，μ_i 为随机扰动项，Z_i^* 为农户借贷渠道的潜在变量，它和农户借贷渠道的关系如下：

$$Z_i = \begin{cases} 0, Z_i^* \leqslant C_1 \\ 1, C_1 < Z_i^* \leqslant C_2 \\ 2, C_2 < Z_i^* \leqslant C_3 \\ 3, C_3 < Z_i^* \end{cases} \tag{5-14}$$

其中，$C_1 \sim C_3$ 为待估参数切点，把借贷渠道划分成了不同等级。

模型三：因为借贷规模为取值范围大于 0 的受限因变量，如果单纯运用最小二乘法来进行模型估计，产出的结果会不一致，所以，本节构建 Tobit 模型来分析农户借贷规模的影响因素，其公式为：

$$Y_i = \gamma_0 + \gamma X_i + \sigma_i \tag{5-15}$$

其中，Y_i 为农户的借贷规模，X_i 是全部解释变量，γ（γ_1，γ_2，…，γ_n）是所有解释变量的待估参数，γ_0 为常数项，σ_i 为随机扰动项。

（3）实证结果分析

表 5-25 为农户借贷行为影响因素分析的模型估计结果，现就各特征对农户借贷行为的具体影响分析如下。

①是否借贷的影响因素

从模型 1 的回归结果能够看出，第一，在搬迁特征上，参与搬迁会对农户获得贷款产生显著的正向影响，且通过了 1%水平上的显著性检验。从回归系数上看，搬迁户发生过借贷行为的概率要比非搬迁户高 29.4%，可能是因为农户短期内可支配资金有限，搬迁至新居住地后又面临装修新住房、购买基本生产生活用品及其他项支出的压力，不得不通过借贷来弥补资金缺口，因此相比非搬迁户，搬迁户对借贷有更大的需求。

第二，在个人特征上，户主年龄会负向影响农户借贷行为的产生。由于年老的户主身体机能有所下降，可劳动时间较年轻户主更短，对资金的再创造能力较低，风险承受能力也处于较低水平，其借贷需求会受到相应的抑制。因此，年轻户主家庭的借贷需求在一定程度上大于年长户主家庭。

第三，在家庭特征上，劳动人口数量对农户是否借贷的回归系数为正且显著。原因可能是家庭劳动力规模的扩大在提升整体生产力的同时也可能会造成生产性和生活性消费额度的增加。家庭是否有存款对农户是否借贷呈现显著的负向影响，是否拥有存款在一定程度上能够代表一个农户家庭的经济状况，当家庭的存款足以应对未来一段时期的日常生活开支和临时性支出时，便不会产生借贷需求。急需大笔开支时可求助的户数对农户是否借贷具有显著的正向影响，说明可触及的非正规借贷来源面积的扩大会有效刺激农户家庭借款需求。风险偏好也正向影响农户是否借贷，风险偏好代表了农户进行自主创业时的融资意愿，风险承受程度越高，发生借贷行为的可能性越大。

②借贷渠道的影响因素

模型 2 的回归结果揭示了以下结论。第一，在搬迁特征上，是否参与搬迁对农户的借贷渠道具有显著的正向影响，且通过了 1%的显著性水平检验。说明搬迁户获取资金的来源相比非搬迁户会更加多样化。一方面，部分搬迁户原有谋生方式的变更催生了其从事外出打工和自主创业等生计活动想法，进一步地会主动开拓渠道获取相应的初始启动资金；另一方面，相关政策针对搬迁户的特惠贷款也直接丰富了其借贷渠道。

第二，在个人特征上，户主年龄会负向影响农户的借贷渠道，这也就意味着随着户主年龄的增长，其借贷渠道会变窄，具体原因可从以下两个方面剖析：从正规渠道来看，这些正规金融机构放贷给农户是建立在相关政策允许的基础之上的，当户主年龄不在规定范围之内时，将会难以获得来自银行、农信社等正规渠道的贷款；从非正规渠道来看，农户在向亲朋好友借款时对方会将其未来可劳动时长、收入波动情况纳入考虑，而年长的户主在劳动能力和收入稳定性方面都不具备一定的优势，从而不利于其借贷渠道的广泛开拓。

第三，在家庭特征上，劳动人口数量对借贷渠道具有显著的正向影响。劳动人口是家庭创造收入的必要前提，劳动人口多，该农户家庭总收入会持续增加，绝大多数正规金融机构在选择贷款对象时更偏好稳定且收入水平较高的农户家庭，同样，家庭存款作为总资产的组成部分，对借贷渠道呈现显著的负向影响。这是因为当家庭资产能够满足一段时期内家庭总开支时，存款和借贷资金就具有一定的替代性，农户不会主动寻求渠道获取资金支持。急需大笔开支时可求助的户数对借贷渠道具有显著的正向影响，原因是这些可求助的亲朋好友是农户的社会资本的体现，当农户产生资金需求时会一并考虑亲友借贷等非正规渠道，这也表明亲友借贷仍是农民普遍接受的非正规借贷方式之一。风险偏好对借贷渠道有显著的正向影响，当农户计划为开展自主创业筹集资金时，便会积极开拓多种借贷渠道。

③借贷规模的影响因素

根据模型 3 的回归结果能够看出，第一，在搬迁特征上，是否为搬迁户对借贷规模具有显著的正向影响。由于搬迁户在搬迁过程中可能会面临部分生计资本的损失，所以相比非搬迁户来讲，需要更高数额的借贷资金来填补资金缺口。

第二，在个人特征上，户主年龄对借贷规模具有显著的负向影响。年龄大的户主在身体机能日益衰退的同时患重大疾病的概率也要高于年轻户主，出于借贷风险的考虑，农村正规金融机构一般不会将高额度贷款发放给年长户主。

第三，在家庭特征上，劳动人口数量对借贷规模具有显著的正向影响。劳动力的多少代表了一个家庭整体收益能力的高低，劳动力多的家庭有更大概率获得高额度贷款。家庭是否有存款对借贷规模呈现负向影响。急需大笔开支时可求助的户数对借贷规模具有正效应，当农户遭遇突发性风险时，相比有较少亲朋好友可借的农户，可求助户数多的农户家庭可以获得多笔累计借款。风险偏好也对农户的借贷规模呈现显著的正向影响，因为该指标反映了农户家庭对金融风险的意愿偏好，农户的风险承受意愿越强烈，就会促使其寻求越高数额的借款。

表 5-25　农户借贷行为影响因素分析的模型估计结果

变量	模型 1 是否借贷	模型 2 借贷渠道	模型 3 借贷规模
是否为搬迁户	0.294*** (0.103)	0.262*** (0.089)	2.009*** (0.664)
户主年龄	-0.012*** (0.004)	-0.012*** (0.004)	-0.076*** (0.027)
劳动人口数量	0.088** (0.036)	0.074** (0.031)	0.676*** (0.238)
人均土地面积	-0.005 (0.005)	-0.006 (0.005)	-0.041 (0.030)
家庭是否有存款	-0.943*** (0.152)	-0.867*** (0.142)	-6.991*** (1.217)
家庭拥有资产项占比	-0.100 (0.390)	0.128 (0.337)	0.478 (2.533)
亲戚中是否有公职人员	0.050 (0.110)	0.069 (0.095)	0.547 (0.693)
急需大笔开支时可求助的户数	0.018* (0.010)	0.016** (0.007)	0.109*** (0.041)
风险偏好	0.098*** (0.035)	0.085*** (0.030)	0.661*** (0.216)
住房离村主要公路的距离	0.116 (0.121)	0.031 (0.102)	0.781 (0.673)
社区因素	-0.029 (0.123)	-0.138 (0.107)	-0.460 (0.751)
常数项	0.134 (0.338)		2.482 (2.200)
观测值	818	818	812

注：*** 表示 $p<0.01$，** 表示 $p<0.05$，* 表示 $p<0.1$；括号内为标准误。

（4）内生性检验

①内生性问题讨论

由于借贷行为存在一些无法观测或难以量化的因素，其也会对农户的借贷行为产生影响，再加上调查数据一定程度的有限性，本部分的回归模型有可能存在因为遗漏变量造成的内生性问题，因此，选取合适的工具变量放入模型具有必要性。

②工具变量选取

考虑到本节的样本为易地扶贫搬迁地区的农户，而易地扶贫搬迁属于扶贫类型的搬迁，农户是否搬迁受到家庭整体经济水平及自身意愿等因素的影响，而这些因素也会直接或间接作用于农户借贷行为。所以本章选取的工具变量必须满足以下两个条件：一是与是否为搬迁户这个变量高度相关；二是不会直接影响到因变量，即农户借贷行为。本节参照李树茁等（2011）的做法，将各村搬迁户占比作为工具变量。一方面，各村搬迁户占比代表了当地搬迁工程的参与概况，它与变量是否为搬迁户高度相关；另一方面，各村搬迁户占比与农户借贷行为不存在明显的相关关系，所以符合工具变量为外生性的要求。

③回归结果

加入是否为搬迁户的工具变量后，分别对三个基础模型进行相应的工具变量回归分析。表 5-26 显示了放入工具变量后的回归结果。当因变量分别为是否借贷、借贷渠道时，对应模型杜宾-吴-豪斯曼检验的 p 值分别为 0.904、0.797。当因变量为借贷规模时，对应模型的杜宾-吴-豪斯曼检验的 p 值为 0.995，均大于 0.05，表明该解释变量为外生变量。这也就意味着表 5-26 中的 Probit 模型、Oprobit 模型以及 Tobit 模型无严重的内生性。第一阶段工具变量的系数分别为 3.632、3.632 和 0.976，均显著不为 0，拒绝第一阶段回归中工具变量为 0 的原假设，即不存在弱工具变量。第二阶段的回归结果显示，是否为搬迁户、劳动人口数量、急需大笔开支时可求助的户数、风险偏好对农户是否借贷、借贷渠道以及借贷规模均具有显著的正向影响，户主年龄和家庭是否有存款对农户是否借贷、借贷渠道以及借贷规模呈现显著的负向影响。这些结果与表 5-25 中得出的结果基本保持一致，证实表 5-25 的实证结果是可靠且稳健的。

表 5-26　农户借贷行为影响因素分析的工具变量回归结果

变量	模型 4 一阶段	模型 5 二阶段	模型 6 一阶段	模型 7 二阶段	模型 8 一阶段	模型 9 二阶段
	是否为 搬迁户	是否 借贷	是否为 搬迁户	借贷 渠道	是否为 搬迁户	借贷 规模
是否为搬迁户		0.278** (0.132)		0.282** (0.115)		2.062** (0.888)
户主年龄		-0.012*** (0.004)		-0.0130*** (0.004)	0.000 (0.001)	-0.078*** (0.027)

续表

变量	模型 4	模型 5	模型 6	模型 7	模型 8	模型 9
	一阶段	二阶段	一阶段	二阶段	一阶段	二阶段
	是否为搬迁户	是否借贷	是否为搬迁户	借贷渠道	是否为搬迁户	借贷规模
劳动人口数量		0.084** (0.036)		0.0714** (0.031)	0.011 (0.008)	0.660*** (0.231)
人均土地面积		-0.006 (0.005)		-0.006 (0.005)	0.001 (0.001)	-0.045 (0.033)
家庭是否有存款		-0.925*** (0.153)		-0.852*** (0.142)	-0.036 (0.034)	-6.866*** (1.061)
家庭拥有资产项占比		-0.131 (0.390)		0.128 (0.338)	-0.219** (0.088)	0.386 (2.525)
亲戚中是否有公职人员		0.056 (0.111)		0.069 (0.095)	-0.038 (0.025)	0.576 (0.705)
急需大笔开支时可求助的户数		0.017* (0.010)		0.0165** (0.007)	0.001 (0.002)	0.106* (0.054)
风险偏好		0.098*** (0.035)		0.0860*** (0.030)	0.006 (0.008)	0.661*** (0.222)
住房离村主要公路的距离		0.100 (0.123)		0.021 (0.104)	-0.052* (0.027)	0.751 (0.771)
社区因素		-0.020 (0.128)		-0.116 (0.111)	-0.015 (0.028)	-0.337 (0.827)
各村搬迁户占比	3.632*** (0.186)		3.632*** (0.186)		0.976*** (0.030)	
常数项	-1.840*** (0.125)	0.220 (0.355)	-1.841*** (0.125)		0.087 (0.079)	2.678 (2.302)
观测值	813	813	813	813	807	807

注：*** 表示 p<0.01，** 表示 p<0.05，* 表示 p<0.1；括号内为标准误。

（五）农户借贷行为对生计策略的影响

1. 变量选取和描述性统计

为研究易地扶贫搬迁与农户借贷行为对生计策略的具体影响，探究借贷行为的各个环节对农户生计转型与生计的贡献程度，本部分主要涉及被解释变量、核心解释变量和其他控制变量。

（1）被解释变量

参照李聪等（2013）的研究，本部分将农户的生计策略划分为生计活动选择和生计收入创造两项。调查地的农户主要从事农林种植、家畜养殖、外出务工和非农经营四类生计活动。其中，农林种植包括传统的粮食作物的种植和部分经济作物如板栗、核桃等的种植；家畜养殖指饲养鸡、鸭、牛、羊等家禽家畜以供自家消费或对外出售；外出务工指家庭成员长期居住外县（市）或本县（市）进行非农产业劳动，但户籍仍保留在原居住地（农村地区）；非农经营是指农户在本地进行自雇经营，如经营小型商店、“农家乐”等。本部分模型中涉及的因变量分为两类，一类是虚拟变量，即“是否从事农林种植活动”、“是否从事家畜养殖活动”、“是否从事外出务工活动”和“是否从事非农经营活动”，参与该生计活动的取值为1，否则为0；另一类为连续性变量，是以上四类生计活动的分项收入，即“农林种植收入”、“家畜养殖收入”、“外出务工收入”和“非农经营收入”，为提高数据的严谨性和结果的准确性，以上四项生计活动收入均取对数后再纳入模型。

（2）核心解释变量

本部分的核心解释变量为农户借贷行为，为全面衡量农户借贷行为各个环节对生计策略的影响，本部分对农户借贷行为的划分和前文的做法相同，根据借贷行为产生的逻辑顺序，将其分解为“是否借贷”、“借贷渠道”和“借贷规模”三个变量。其中，“是否借贷”为虚拟变量，有过借贷行为记为1，反之记为0；借贷渠道为从银行或农信社获得的贷款、从政府获得的小额到户扶贫贴息贷款和从亲朋好友处获得的借款三种，其中，借款来自这三种渠道中的任何一种记为1，从以上三种渠道中的两种借款记为2，三种渠道都有借款的记为3，无以上三种借款渠道中的任何一种则记为0；借贷规模则是连续性变量，是来自以上三种渠道的借贷总额，取对数后纳入回归模型。

（3）其他控制变量

生计资本会对农户的生计策略造成一定影响，本部分把生计资本作为控制变量纳入模型。按照生计资本的有关定义及分类，本部分所选取的生计资本分为五类，分别为自然资本、物质资本、金融资本、社会资本和人力资本。其中，自然资本选取的变量是家庭土地面积，包括家庭拥有的耕地和林地面积。物质资本选取的是“家庭拥有资产项占比”，也就是家庭的资产项数与调查问卷中 11 项家庭资产项数的比值。金融资本则以“家庭是否有存款”来衡量。社会资本选用的是“亲戚中是否有公职人员”这一变量。人力资本包括“户主年龄”、“劳动力占比”和“家庭最高受教育年限”三个变量，均为农户在决定从事某种生计活动时需要参考的关键因素。将社区因素，即“陕南或陕北地区”作为控制变量，因陕南和陕北的地理特征、居住环境和搬迁情况不相一致，所以应考虑区域差异可能造成的影响。

（4）变量描述性统计

从表 5-27 中可以看出，因变量分为生计活动选择和生计收入创造两类，其中，是否从事农林种植活动、是否从事家畜养殖活动、是否从事非农经营活动和是否从事外出务工活动四个变量的最小值和最大值分别为 0 和 1，但是均值的区别较大。其中，是否从事外出务工活动的均值为 0.725，是这四个变量中均值最大的变量，反映了打工是调查地大部分农户维持生计的途径之一。是否从事农林种植活动的均值为 0.648，表明调查地有一半以上的农户仍在从事传统的农业活动。是否从事家畜养殖活动和是否从事非农经营活动的均值分别为 0.320 和 0.172。在以上四类生计活动收入中，最大值居于首位的是家畜养殖收入，达到 1378752 元（自然对数值为 14.140）。由于借贷行为包含的是否借贷、借贷渠道和借贷规模三个变量在上一部分已经有过详细说明，所以在此不做过多陈述。从自变量来看，户主年龄最小是 21 岁，最大是 81 岁，平均年龄处于 51.960 岁，而此年龄段农户的身体状况正处于不断下降阶段，同时也面临许多不确定的外来风险。家庭土地面积最小值是 0，最大值是 508.400，均值为 24.53，说明在家庭拥有的耕地和林地总面积上，农户之间存在较大差距。但从均值来看，农户的自然资本普遍处于中等偏下水平。家庭拥有资产项占比的最小值为 0，最大值为 0.818，均值处于 0.345，这和地区因素紧密相连。因调查所在地是国家扶贫重点区域，大部分农户实际可运用的资金有限，仅购买基本的物品及工具。家庭是否有存款的均值为 0.114，能够看出仅有少数农户拥有存款。亲戚中是否有公职人员的均值为 0.262，说明大部分农户的社会资本较为匮乏。劳动力占比的均值为 0.758，代表当地农户家庭的劳动力数量较为充足，家庭抚养负担较轻。家庭最高受教育年限最小值为 1，最大值为 16，均值为 10.070，表明农户家庭成员受教育程度平均处于初中水平。而社区因素的均值为 0.311，说明陕南地区的农户占全部调查样本的 70%左右。

表 5-27　变量描述性统计

变量	变量设置	最小值	最大值	均值	标准差
因变量					
是否从事农林种植活动	虚拟变量，农户在过去的一年内是否从事农林种植活动，有=1，无=0	0	1	0.648	0.478
是否从事家畜养殖活动	虚拟变量，农户在过去的一年内是否从事家畜养殖活动，有=1，无=0	0	1	0.320	0.467
是否从事外出务工活动	虚拟变量，农户在过去的一年内是否从事外出务工活动，有=1，无=0	0	1	0.725	0.447
是否从事非农经营活动	虚拟变量，农户在过去的一年内是否从事非农经营活动，有=1，无=0	0	1	0.172	0.378
农林种植收入	连续变量，农户在过去的一年农林种植活动收入的对数值	0	12.610	4.057	3.947
家畜养殖收入	连续变量，农户在过去的一年家畜养殖活动收入的对数值	3.645	14.140	7.439	1.619
外出务工收入	连续变量，农户在过去的一年外出务工活动收入的对数值	3.912	12.010	9.493	1.063
非农经营收入	连续变量，农户在过去的一年非农经营活动收入的对数值	0	13.750	8.140	3.314
自变量					
借贷行为					
是否借贷	虚拟变量，农户在过去的一年内是否有过借贷行为，有=1，无=0	0	1	0.598	0.491
借贷渠道	虚拟变量，农户的借贷渠道总数，无=0，一种=1，两种=2，三种=3	0	3	0.794	0.757
借贷规模	连续变量，农户借款总额的对数值	0	16.810	6.307	5.356
搬迁特征					
是否为搬迁户	虚拟变量，是否为参与易地扶贫搬迁工程的农户，是=1，否=0	0	1	0.577	0.494

续表

变量	变量设置	最小值	最大值	均值	标准差
自然资本					
家庭土地面积	连续变量，农户家庭拥有的耕地和林地面积（亩）	0	508.400	24.53	37.480
物质资本					
家庭拥有资产项占比	连续变量，家庭所拥有的资产项与总项数（11）的比值	0	0.818	0.345	0.130
金融资本					
家庭是否有存款	虚拟变量，家庭在银行是否有存款，是=1，否=0	0	1	0.114	0.317
社会资本					
亲戚中是否有公职人员	虚拟变量，农户来往的亲戚中是否有公职人员，是=1，否=0	0	1	0.262	0.440
人力资本					
户主年龄	连续变量，户主年龄（岁）	21	81	51.960	11.610
劳动力占比	连续变量，家庭劳动力人数占总人数的比例	0	1	0.758	0.238
家庭最高受教育年限	连续变量，家庭所有成员最高受教育年限	1	16	10.070	3.790
地理特征					
社区因素	虚拟变量，陕北=1，陕南=0	0	1	0.311	0.463

2. 农户借贷行为对生计活动选择的影响

（1）实证结果分析

农户是否参与某种生计活动为二值选择问题，因此本节采用 Probit 模型借助最大似然法估计农户是否为搬迁户和是否借贷对其选择参与某种生计活动概率的影响。前文已介绍过该模型，此处不再赘述。

表 5-28 为农户借贷行为对生计活动选择影响的 Probit 模型估计结果，接下来分别立足于两个核心解释变量，对表中结果进行阐释。

是否借贷对生计活动选择影响：第一，是否借贷对农户从事家畜养殖活动呈现显著的负向影响。这意味着农户获得借贷资金后，会降低其参与家畜养殖活动的概率。家畜养殖活动在农村占据着重要地位，本质上属于传统农业活动，它对饲养场地面积有着较高要求，需要付出大量的时间成本和人力成本，也面临周期时间长的资金收益过程，综合来看，并非农户脱贫致富的最佳选择。而理性的农户之所以从外部获取一定数额的借贷资金，原因之一是其具有强烈的生计转型意愿，因此，农户在实际拿到这笔借贷资金后，会逐步减少甚至直接放弃从事家畜养殖活动。第二，是否借贷对农户从事非农经营活动具有显著的正向影响，这也就意味着农户获得借款或贷款后会激发其参与非农经营活动的动力。非农经营活动包括创办“农家乐”、经营小商店以及其他自为雇主的经营活动，此类活动往往具有较高的准入门槛，且需要农户具备一定的资金基础以抵御不确定的经营风险导致的资金损失。正因为此特性，相比传统农业型的生计活动，非农经营活动会带来更高收益和更广阔的发展空间。所以，农户出于获得源源不断收益和促进生计转型的考量，会将借贷资金投资于非农业生产，力求通过创业获得稳定长久的现金流，达到脱贫致富的最终目的。

是否为搬迁户对生计活动选择的影响：第一，搬迁对农户从事农林种植活动有着显著的负向影响，移民搬迁户在原居住地的土地资源依据相关规定要上交集体，然而，因可分配资源有限，农户在搬迁后享有的土地面积与搬迁前相比会大幅度减少，从而抑制了其从事农林种植活动的意愿。第二，搬迁对农户从事家畜养殖活动呈现显著的负向影响，从事家畜养殖活动的前提之一是拥有足够的饲养空间，但是大部分农户在搬迁后的实际居住空间与搬迁前相比会有所降低，这对其从事家畜养殖活动造成了空间上的约束，所以一些农户会转而从事其他操作性强的生计活动。第三，搬迁对农户从事外出务工活动具有显著的正向影响。一方面，农户在搬迁后可能由于距离等原因放弃原有工作，面临暂时性失业，而外出务工由于成本低、门槛低等原因，会成为农户的最佳备选；另一方面，安置地的就业信息和就业培训，也会起到鼓励农户外出务工的作用。

表 5-28　农户借贷行为对生计活动选择影响的 Probit 模型估计结果

变量	模型 10	模型 11	模型 12	模型 13
	是否从事农林种植活动	是否从事家畜养殖活动	是否从事外出务工活动	是否从事非农经营活动
是否借贷	-0.054 (0.100)	-0.187* (0.100)	0.076 (0.100)	0.197* (0.119)

续表

变量	模型 10	模型 11	模型 12	模型 13
	是否从事农林种植活动	是否从事家畜养殖活动	是否从事外出务工活动	是否从事非农经营活动
是否为搬迁户	-0.855*** (0.107)	-0.890*** (0.108)	0.304*** (0.104)	0.020 (0.121)
家庭土地面积	0.002 (0.001)	0.004** (0.001)	0.000 (0.001)	0.001 (0.001)
家庭拥有资产项占比	-0.089 (0.393)	0.756* (0.401)	-0.795** (0.392)	2.129*** (0.469)
家庭是否有存款	0.298* (0.165)	0.099 (0.154)	-0.083 (0.158)	0.079 (0.168)
亲戚中是否有公职人员	-0.121 (0.113)	0.111 (0.112)	-0.243** (0.109)	0.433*** (0.123)
户主年龄	0.005 (0.004)	0.009** (0.004)	-0.008* (0.004)	-0.017*** (0.005)
劳动力占比	0.124 (0.208)	-0.755*** (0.212)	0.474** (0.200)	0.263 (0.284)
家庭最高受教育年限	0.007 (0.014)	0.011 (0.014)	0.057*** (0.014)	0.048*** (0.018)
地理因素	0.330*** (0.123)	-0.784*** (0.127)	-0.182 (0.115)	-0.594*** (0.145)
常数项	0.414 (0.333)	-0.035 (0.348)	0.253 (0.339)	-1.707*** (0.406)
观测值	843	836	850	842

注：*** 表示 $p<0.01$，** 表示 $p<0.05$，* 表示 $p<0.1$；括号内为标准误。

（2）内生性检验

①内生性问题讨论

考虑到会有其他无法观测或难以量化的因素对农户的生计策略产生一定的影响，加上调查数据具有一定程度的有限性，本部分的回归模型有可能存在因为遗漏变量造成的内生性问题，有必要选取合适的工具变量对模型进行调整。

②工具变量选取

由于本节的数据来源于易地扶贫搬迁地区，值得注意的是，农户是否搬迁受到家庭整体经济水平及主观意愿等多方面因素的影响，而这些因素也会直接或间接对农户的生计策略产生作用，所以本章选取的工具变量必须满足以下两个条件：一是与是否为搬迁户这个变量高度相关；二是不会直接影响到因变量，即农户的生计策略，包括农户的生计活动选择以及生计收入创造。将各村搬迁户占比作为工具变量，一方面，各村搬迁户占比代表了当地搬迁工程的参与概况，它与变量是否为搬迁户高度相关；另一方面，各村搬迁户占比与农户的生计活动选择以及生计收入创造不存在明显的相关关系，所以符合工具变量为外生性的要求。

③回归结果

在加入解释变量是否为搬迁户的工具变量后，表 5-28 对应模型 DWH 检验的 p 值分别为 0. 000、0. 000、0. 041 和 0. 613，说明当因变量为是否从事农林种植活动、是否从事家畜养殖活动、是否从事外出务工活动时，是否为搬迁户为内生变量；当因变量为是否从事非农经营活动时，该解释变量为外生变量。由表 5-29 可以看出，第一阶段工具变量的系数分别为 3. 651、3. 661、3. 681 和 3. 668，说明弱工具变量在以上方程中不存在。当模型中因变量为是否从事农林种植活动、是否从事家畜养殖活动和是否从事外出务工活动时，应以加入内生变量的工具变量后回归结果，即表 5-29 中的回归结果为准。当因变量为是否从事非农经营活动时，模型无内生性，仍以表 5-28 中的结果为准。由表 5-29 可得，是否借贷对农户从事农林种植活动和外出务工活动无显著影响，对农户从事家畜养殖活动具有显著的负向影响，这与表 5-28 中得出的结论基本保持一致，进一步印证了原有回归结果的稳健性。

3. 农户借贷行为对生计活动收入影响

在衡量农户借贷行为对生计活动收入的影响时，为同时对多个方程进行系统估计，克服方程间扰动项的相关性，本部分采用了似不相关回归（SUR）模型，建立联立方程组以提高模型的系统性，使模型估计更有效率。除此之外，还引入逆米尔斯比率（IMR），一是为了解决样本的选择性偏误的问题，使回归结果更加具有说服力；二是因为农户生计收入创造和生计活动选择密切相关，IMR 能够使生计活动和生计活动收入之间建立联系。

表 5-29　农户借贷行为对生计活动选择影响的工具变量回归结果

变量	模型 14	模型 15	模型 16	模型 17	模型 18	模型 19	模型 20	模型 21
	是否从事农林种植活动	是否为搬迁户	是否从事家畜养殖活动	是否为搬迁户	是否从事外出务工活动	是否为搬迁户	是否从事非农经营活动	是否为搬迁户
是否借贷	-0.069 (0.096)		-0.195** (0.099)		0.080 (0.100)		0.190 (0.119)	
是否为搬迁户	-1.290*** (0.124)		-1.228*** (0.135)		0.458*** (0.132)		-0.039 (0.161)	
家庭土地面积	0.001 (0.001)		0.003** (0.001)		0.000 (0.001)		0.001 (0.001)	
家庭拥有资产项占比	-0.160 (0.382)		0.709* (0.395)		-0.831** (0.392)		2.130*** (0.470)	
家庭是否有存款	0.282* (0.157)		0.102 (0.150)		-0.088 (0.157)		0.086 (0.168)	
亲戚中是否有公职人员	-0.122 (0.110)		0.104 (0.110)		-0.235** (0.109)		0.438*** (0.124)	
户主年龄	0.004 (0.004)		0.008** (0.004)		-0.006 (0.004)		-0.018*** (0.005)	
劳动力占比	-0.006 (0.204)		-0.799*** (0.209)		0.532*** (0.200)		0.210 (0.286)	
家庭最高受教育年限	0.004 (0.013)		0.009 (0.014)		0.0584*** (0.014)		0.046*** (0.018)	

续表

变量	模型 14	模型 15	模型 16	模型 17	模型 18	模型 19	模型 20	模型 21
	是否从事农林种植活动	是否为搬迁户	是否从事家畜养殖活动	是否为搬迁户	是否从事外出务工活动	是否为搬迁户	是否从事非农经营活动	是否为搬迁户
地理因素	0. 220 * （0. 124）		-0. 912 *** （0. 131）		-0. 149 -0. 120		-0. 613 *** -0. 150	
各村搬迁户占比		3. 651 *** （0. 184）		3. 661 *** （0. 186）		3. 681 *** （0. 185）		3. 668 *** （0. 186）
常数项	0. 977 *** （0. 335）	-1. 855 *** （0. 124）	0. 310 （0. 355）	-1. 879 *** （0. 125）	0. 037 （0. 351）	-1. 889 *** （0. 125）	-1. 582 *** （0. 424）	-1. 878 *** （0. 125）
观测值	838	838	831	831	845	845	837	837

注：*** 表示 $p<0.01$，** 表示 $p<0.05$，* 表示 $p<0.1$；括号内为标准误。

（1）实证结果分析

表5-30为农户借贷渠道对生计活动收入影响的SUR模型估计结果，从该表中可以得出以下结论：借贷渠道对家畜养殖收入呈现显著的正向影响。无论是小额信贷和农信社贷款等正规借贷，还是向亲朋好友的非正规借贷，都属于农户借贷渠道选择的一种，而借贷渠道越多，越有利于农户家畜养殖收入的增长。这是因为，如果农户向正规金融机构申请目标数额贷款，一般来讲会在指定文件中说明贷款用途，而银行或农信社出于惠农帮扶会提供贷款利息和还款期限等政策上的优惠，以切实帮助农民实现产业发展的愿望。如果向亲朋好友借钱，也会被询问具体贷款用途，并在力所能及范围之内给予经验传授和过程指导。从各处取得资金后，农户可能会将这笔钱的绝大部分用于发展非农产业。然而，这对普通农户来讲难度较高，在产业发展的中后期由于自身经营或外部营商环境等种种原因，产业发展不见成效。也就是说，借贷资金对于非农产业并未产生直接的实质性作用。此外，由于搬迁后发展农林业的场地有限，继续种植粮食作物和经济作物谋求生计已经较为困难，这时农户会发现，用于家畜养殖活动的剩余借贷资金表现出正向的影响，这是因为农民之前就熟练掌握了养殖技能，再加上资金的投入将会事半功倍。

表5-30　农户借贷渠道对生计活动收入影响的SUR模型估计结果

变量	模型22	模型23	模型24	模型25
	农林种植收入	家畜养殖收入	外出务工收入	非农经营收入
借贷渠道	-0.234	1.194***	0.035	0.080
	(0.253)	(0.356)	(0.121)	(0.309)
是否为搬迁户	-0.120	5.617**	0.133	3.956***
	(0.382)	(2.208)	(0.548)	(0.472)
家庭土地面积	0.004	-0.009	0.002	0.006
	(0.003)	(0.006)	(0.002)	(0.004)
家庭拥有资产项占比	2.685	-6.385***	4.230***	2.286
	(1.651)	(2.221)	(1.495)	(2.018)
家庭是否有存款	0.660	-0.452	0.470	-0.555
	(0.505)	(0.432)	(0.319)	(0.619)
亲戚中是否有公职人员	0.084	-1.049***	0.209	1.236**
	(0.400)	(0.371)	(0.462)	(0.483)

续表

变量	模型 22	模型 23	模型 24	模型 25
	农林种植收入	家畜养殖收入	外出务工收入	非农经营收入
户主年龄	0.000 (0.017)	-0.0464** (0.023)	0.006 (0.016)	0.009 (0.021)
劳动力占比	1.562 (1.096)	4.743** (1.913)	-0.698 (0.930)	-0.574 (1.342)
家庭最高受教育年限	-0.053 (0.065)	-0.079 (0.050)	-0.088 (0.102)	-0.156* (0.079)
地理因素	-0.232 (0.488)	5.519*** (1.857)	0.048 (0.421)	1.932*** (0.595)
IMR	4.490*** (0.368)	-31.69** (12.760)	-6.247 (11.660)	1.444*** (0.392)
常数项	3.730*** (1.337)	23.27*** (6.540)	11.22** (5.256)	6.949*** (1.679)
观测值	116	116	116	116
R^2	0.582	0.181	0.250	0.435

注：*** 表示 p<0.01，** 表示 p<0.05，* 表示 p<0.1；括号内为标准误。

表 5-31 为农户借贷规模对生计活动收入影响的 SUR 模型估计结果，从该表中可以发现：借款规模对家畜养殖收入具有显著的正向影响，说明借款总金额能够起到增加农户家畜养殖收入的作用。其可能原因有以下三点。第一，当农户的借贷金额累计达到一定规模时，将会在很大程度上缓解暂时的资金短缺问题，增强其资金基础和经济实力。此时，以家畜养殖为主业或副业的农户会考虑在原有基础上加大资金投入，以扩大养殖规模，实现规模化和科学化饲养，提高农产品产出效率，使农产品售卖得到更高的回报。第二，调查所在地为经济发展水平落后的农村地区，当地农民普遍缺乏科学理财观念和高水平金融素养。当实际获得高数额的借贷资金时，难免会面临资金分配和运用的问题，部分农户会将资金重点放在某个领域或者进行分散投资。然而，受个人专业技术和管理经验的限制，若将这笔钱用于创业活动则会出现资金回收周期长甚至收益为负的现象，而

从事家畜养殖活动会赋予农户足够的发挥空间，再加上养殖经验的加持，会有利于养殖活动的顺利开展，从而对该项活动收入的增加有一定的促进作用。

此外，从表 5-30 和表 5-31 中可得，就变量是否为搬迁户而言，第一，是否为搬迁户对家畜养殖收入有显著的正向影响。家畜养殖活动是传统农业活动的一种，尽管在搬迁后农户可能面临养殖面积的减少等问题，但在安置地政府优惠政策的指引下在有限的用地上家畜养殖活动仍有着巨大的发展潜力和空间，农户可以通过合伙等方式开展规模化经营，促进家畜养殖收入的提升。第二，是否为搬迁户对非农经营收入有着显著的正向影响。相比非搬迁户而言，搬迁户受到政府的引导和当地龙头企业的扶持，在创业期间遇到的阻力会更小，从而营收的可能性更高。

表 5-31　农户借贷规模对生计活动收入影响的 SUR 模型估计结果

变量	模型 26 农林种植收入	模型 27 家畜养殖收入	模型 28 外出务工收入	模型 29 非农经营收入
借贷规模	-0.042 (0.034)	0.137*** (0.043)	0.015 (-0.018)	0.020 (0.042)
是否为搬迁户	-0.104 (0.382)	5.708** (2.244)	0.107 (0.571)	3.946*** (0.474)
家庭土地面积	0.004 (0.003)	-0.009 (0.006)	0.002 (0.002)	0.006 (0.004)
家庭拥有资产项占比	2.661 (1.639)	-6.234*** (2.215)	4.179*** (1.473)	2.246 (2.010)
家庭是否有存款	0.609 (0.505)	-0.518 (0.441)	0.516* (0.309)	-0.508 (0.621)
亲戚中是否有公职人员	0.114 (0.399)	-1.068*** (0.376)	0.213 (0.495)	1.227** (0.484)
户主年龄	0.000 (0.017)	-0.050** (0.024)	0.007 (0.015)	0.009 (0.021)
劳动力占比	1.495 (1.090)	4.909** (1.909)	-0.723 (0.984)	-0.550 (1.336)
家庭最高受教育年限	-0.051 (0.064)	-0.086* (0.051)	-0.088 (0.102)	-0.155* (0.079)

续表

变量	模型 26	模型 27	模型 28	模型 29
	农林种植收入	家畜养殖收入	外出务工收入	非农经营收入
地理因素	-0.209	5.477***	0.014	1.912***
	(0.485)	(1.856)	(0.386)	(0.595)
IMR	4.497***	-32.10**	-6.385	1.424***
	(0.366)	(12.860)	(12.000)	(0.393)
常数项	3.834***	23.64***	11.26**	6.852***
	(1.342)	(6.697)	(5.506)	(1.692)
观测值	116	116	116	116
R^2	0.584	0.169	0.258	0.435

注：*** 表示 p<0.01，** 表示 p<0.05，* 表示 p<0.1；括号内为标准误。

（2）内生性检验

由于本部分将农户的生计策略划分为生计活动选择和生计收入创造两个方面，本节讨论的是农户借贷行为对生计活动收入的影响，而上一小部分已经做过内生性检验的相关讨论，因此，此处不再做过多陈述，直接将工具变量，即各村搬迁户占比代入模型进行两阶段回归。

在加入解释变量是否为搬迁户的工具变量后，农户借贷渠道对生计活动选择影响的工具变量回归的 DWH 检验的 p 值分别为 0.000、0.000、0.041 和 0.597，农户借贷规模对生计活动选择影响的工具变量回归的 DWH 检验的 p 值分别为 0.000、0.000、0.046 和 0.530，意味着当因变量为是否从事农林种植活动、是否从事家畜养殖活动和是否从事外出务工活动时，是否为搬迁户为内生变量。当因变量为是否从事非农经营活动时，该解释变量为外生变量。表 5-32 为当核心解释变量为借贷渠道时，加入工具变量后的似不相关回归结果。农户借贷渠道对生计活动选择影响的第一阶段工具变量的系数分别为 3.651、3.661、3.681 和 3.668，说明方程中所使用的工具变量不存在弱工具变量。当模型中核心解释变量为借贷渠道，因变量为是否从事农林种植活动、是否从事家畜养殖活动和是否从事外出务工活动时，应以加入内生变量的工具变量后的似不相关回归结果，即表 5-32中的回归结果为准。

表 5-32　农户借贷渠道对生计活动收入影响的工具变量回归结果

变量	模型 30	模型 31	模型 32	模型 33
	农林种植收入	家畜养殖收入	外出务工收入	非农经营收入
借贷渠道	-0.248	0.515**	0.021	0.244
	(0.252)	(0.211)	(0.120)	(0.357)
是否为搬迁户预测值	-1.014*	0.919	-0.744	3.661***
	(0.525)	(0.936)	(0.670)	(0.759)
家庭土地面积	0.003	0.002	0.002	0.003
	(0.003)	(0.003)	(0.002)	(0.005)
家庭拥有资产项占比	2.183	-2.212*	5.223***	1.346
	(1.640)	(1.318)	(1.239)	(2.326)
家庭是否有存款	0.654	0.184	0.688**	-0.111
	(0.506)	(0.368)	(0.281)	(0.718)
亲戚中是否有公职人员	0.129	-0.432	0.581	1.342**
	(0.400)	(0.292)	(0.356)	(0.563)
户主年龄	0.003	0.001	0.018	0.024
	(0.017)	(0.013)	(0.012)	(0.024)
劳动力占比	1.822*	0.802	-1.471*	-1.336
	(1.100)	(0.892)	(0.811)	(1.567)
家庭最高受教育年限	-0.065	-0.023	-0.186**	-0.115
	(0.065)	(0.047)	(0.089)	(0.092)
地理因素	-0.717	1.424*	0.270	1.806**
	(0.520)	(0.727)	(0.344)	(0.743)
IMR	4.451***	-2.844	-17.04*	1.311***
	(0.366)	(3.719)	(9.154)	(0.450)
常数项	4.252***	8.182***	16.55***	6.541***
	(1.384)	(1.920)	(4.500)	(2.006)
观测值	115	115	115	115
R^2	0.586	0.130	0.250	0.248

注：*** 表示 p<0.01，** 表示 p<0.05，* 表示 p<0.1；括号内为标准误。

表 5-33 是当核心解释变量为借贷规模时，加入工具变量后的似不相关回归结果。农户借贷规模对生计活动选择影响的第一阶段工具变量的系数分别为 3.665、3.674、3.695 和 3.683。这就意味着表 5-33 中所使用的工具变量不存在弱工具变量。因此，当模型中核心解释变量为借贷规模，因变量为是否从事农林种植活动、是否从事家畜养殖活动和是否从事外出务工时，

应以加入内生变量的工具变量后的似不相关回归结果（见表 5-33）为准。可以发现，在表 5-32 和表 5-33 中，借贷渠道和借贷规模对农户家畜养殖收入具有显著的正向影响，对农林种植收入和外出务工收入无显著影响，这与表 5-30 和表 5-31 中得出的结论基本保持一致，反映了原有回归结果是稳健的。当因变量为非农经营收入时，借贷渠道和借贷规模对非农经营收入的回归模型无内生性，应以表 5-30 和表 5-31 的回归结果为准。

表 5-33　农户借贷规模对生计活动收入影响的工具变量回归结果

变量	模型 34	模型 35	模型 36	模型 37
	农林种植收入	家畜养殖收入	外出务工收入	非农经营收入
借贷规模	-0.044 (0.034)	0.058** (0.029)	0.009 (0.017)	0.053 (0.048)
是否为搬迁户预测值	-1.006* (0.522)	0.891 (0.926)	-0.770 (0.669)	3.643*** (0.755)
家庭土地面积	0.003 (0.003)	0.002 (0.003)	0.002 (0.002)	0.002 (0.005)
家庭拥有资产项占比	2.152 (1.627)	-2.059 (1.318)	5.153*** (1.196)	1.332 (2.313)
家庭是否有存款	0.605 (0.505)	0.141 (0.372)	0.720*** (0.271)	-0.019 (0.718)
亲戚中是否有公职人员	0.160 (0.400)	-0.441 (0.295)	0.608* (0.368)	1.311** (0.564)
户主年龄	0.003 (0.017)	0.001 (0.013)	0.018 (0.011)	0.025 (0.024)
劳动力占比	1.754 (1.092)	0.966 (0.889)	-1.541* (0.828)	-1.247 (1.556)
家庭最高受教育年限	-0.063 (0.064)	-0.027 (0.047)	-0.186** (0.086)	-0.116 (0.092)
地理因素	-0.699 (0.516)	1.362* (0.715)	0.204 (0.316)	1.767** (0.738)
IMR	4.454*** (0.364)	-2.917 (3.676)	-17.39* (9.104)	1.269*** (0.449)
常数项	4.347*** (1.389)	8.147*** (1.939)	16.76*** (4.544)	6.309*** (2.018)
观测值	115	115	115	115
R^2	0.589	0.116	0.260	0.250

注：*** 表示 p<0.01，** 表示 p<0.05，* 表示 p<0.1；括号内为标准误。

（六）结论与政策建议

本节基于陕南和陕北易地扶贫搬迁地区的农户调查数据，研究了农户借贷行为的影响因素以及借贷行为对生计策略的影响。研究结论如下。第一，农户借贷行为三个方面的影响因素表现出较高程度的相似性。是否为搬迁户、劳动人口数量、急需大笔开支时可求助的户数以及风险偏好对农户是否借贷、借贷渠道和借贷规模有着显著的正向影响，户主年龄和家庭是否有存款则对农户借贷行为的三个方面表现出显著的负向影响。第二，获得借贷资金将会刺激农户进行生计结构的转型和升级，推动农户进行非农经营活动的尝试，同时抑制其从事传统家畜养殖活动的意愿。第三，借贷渠道和借贷规模对农户家畜养殖收入呈现显著的正向影响。

同时，本节针对不同对象提出了几点建议。第一，政府应切实提供创业帮扶，助力农户创业致富；加强金融知识的宣传培训，提高农户借贷资金使用效率；严格管理民间借贷，完善农村金融市场。第二，金融机构应挖掘农户信贷需求，丰富金融产品体系；加大金融机构网点布局力度，完善正规金融服务网络；建立合理的抵押担保机制，扩大抵押担保范围。第三，农户应结合自身实际情况，谨慎运用借贷资金，加强金融知识的学习，提升自身金融素养。

第三节　移民搬迁对家庭劳动力外出务工活动的影响机制

一　研究背景

作为我国开发式扶贫的重要内容之一，易地扶贫搬迁自 2001 年实施以来，已逐步扩展至全国 17 个省份，到 2015 年底，累计搬迁贫困群众 680 万余人，“十三五”期间，960 多万贫困人口通过易地扶贫搬迁实现脱贫，同步新建了约 3.5 万个安置社区。脱贫攻坚作为我国政府“十三五”期间的头等大事和第一民生工程，政策制定者不仅着眼于实现 2020 年全国农村贫困人口脱贫和解决区域性整体贫困的总目标，更强调对这些新脱贫人口可持续生计的关注，尤其是通过易地移民搬迁实现脱贫的人口，不仅规模庞大，而且“易地”带来生存环境差异以及搬迁过程中资金、土地等客观条件的约束，这都给移民搬迁家庭在安置地实现“稳得住，能致富”带来挑战。面临移民搬迁前后生态环境和社会环境的不同所带来的生计模式差异，许多搬迁农户并未在安置地实现就业，而是将家庭成员外出务工作为维持家庭生计的首要选择和唯一途径。站在长远发展的角度，拥有“移民”和“农民”双重身份的易地移民搬迁农户在面临二元体制和生存环境变化的风险时，为何要将外出务工作为避免家庭陷入次生贫困的生存理性选择？换句话说，移民搬迁工程究竟在多大程度上影响农户外出务工的决策和行为，其作用机制又是怎样的？

本研究在微观层面上探索实施易地移民搬迁对农户家庭成员外出务工的影响机制。从农户决策模型和新迁移经济学相关理论出发，对移民搬迁政策下农户的生计变化、面临的困境以及参与外出务工的决策机制进行深入分析，并以陕南移民搬迁工程为例，利用基线调查数据进行检验。

二　相关理论与实证

易地移民搬迁作为大型的发展类项目，往往与扶贫、生态保护等问题相联系，相关研究近年来也得到经济学、政治学、生态学、人类学和社会学等多个学科领域的关注。按照搬迁过程中农户是否有决策权可以分为非自愿型移民和自愿型移民两类。目前国内涉及非自愿型移民的相关研究主要集中在水利水电建设等工程移民问题上，如三峡移民。当前“十三五”扶贫规划所提到的易地扶贫搬迁则完全属于自愿型移民，强调以扶贫和生态保护为目的，陕南移民搬迁工程作为其策源地，始终坚持以政府引导、群众自愿为原则。自愿型移民作为一种有效的扶贫方式，学者的关注较多集中在扶贫干预的目标瞄准、资源渗漏、安置模式等问题上。

自愿型移民搬迁和非自愿型移民搬迁相比，虽然在内涵上有本质的区别，但在参与主体的表现形式及其弱势性特征方面有一定的相似性。非自愿型移民搬迁往往会作为一种外部的介入力量，给农户生计带来破坏性影响，造成参与主体陷入次生贫困的可能。陕南移民搬迁中，政府在其中更多起引导和扶持的作用，农户基于自身能力和外部环境综合考量后自愿选择，从而在一定程度上避免了陷入 Carnea 所描述的生存窘境。即便如此，搬迁农户依然面临离开原来所熟悉的生存环境，改变生产生活方式、社会关系和网络结构等问题。广义地说，他们也是“被迫”的，是迫于原居住地恶劣的生存环境，搬迁到条件相对“优越”的安置地。而在新的环境中，即使自身效用得到提高，但相较于周边群体，仍然有可能产生“相对剥夺感”，特别是聚焦于基本可行能力的变化，“剥夺”本身就是人的可行能力的失败。因此，即使是自愿选择，但由于生产方式的转变，也可能造成原有家庭人力资本和社会资本的“失灵”。搬迁前后生态环境和社会环境的不同所带来的生计模式差异，会给移民的生产生活方式和经济利益带来重大影响。有研究表明，在新的社会环境和生态环境中，农户面临新的困境，生产和发展能力受到考验，农户的自我发展能力受到限制，因此，搬迁过程中可持续发展能力的损失，在非自愿型移民群体中具有普遍性，即使对于自愿型移民群体来说也或多或少存在。

关于移民搬迁农户的能力受损，许多学者从可持续生计的角度进行了研究，认为工程类移民搬迁给农户的生计资本带来了不同程度的影响，尤其是导致了家庭生计策略的重构。在这一重构的过程中，研究者普遍认为自然资本的损失是首要的，土地是农户主要的生产资料，在现有土地政策和分配机制下，要在安置区进行土地调整难度较大，与“土著”相比，“移民”分到的土地往往质量差、距离远且分散，这一重大变化也构成了农户生计模式被迫转型的直接诱因；在这个过程中，人力资本的失灵常常成为资源配置的最大掣肘；同时，移民原有的社会组织瓦解，社区信任、规范和关系网络的变化，使社会资本受到不同程度的影响；最为突出的还有农户可以自主支配和筹措的资金，搬迁以后收入变得单一化，融资渠道变窄，生活支出增加，导致家庭金融资本的损失。但是，政府的支持和自身潜力的激发也可能为农户带来资本建设的机会并在一定程度上缓解资本的限制。

面对资本剥夺与能力受损带来的发展困境，新迁移经济学理论假设为学者从家庭层面研究搬迁农户的外出务工选择提供了理论支撑。在新迁移经济学理论（New Economics of Labor Migration，NELM）中，迁移行为被视为贫困家庭克服资本和风险约束，实现家庭收入多样化以对抗贫困的一种家庭策略。这一假设前提在被用来解释中国在社会转型期的劳动力外出务工现象时，不仅被用于验证农户家中劳动力外出务工的动因，也被用于分析外出务工对流出地家庭的影响。特别是在易地移民搬迁背景下，针对可行能力受限的贫困农户：一方面，外出务工是易地移民搬迁农户在面临安置地的资本和风险约束时，为避免陷入次生贫困而做出的应激反应和生存理性选择；另一方面，外出务工有利于个人和家庭利用市场交换获得外部发展资源，在提高资本可及性的同时，促进家庭生计资本的积累以增加参与其他非农生计活动的可能性，并最终实现生计多样化进而改善家庭生活。

通过对国内外理论和文献的梳理可以发现，易地移民搬迁农户生计资本的缺失会影响农户的外出务工决策，而农户决策的过程还需综合考察家庭和社区层面的诸多因素，并综合权衡其他可行的生计选择，要弄清其中的影响机制和路径，还需对农户的决策过程进行分析。

三　农户模型分析

农户模型已经成为农户家庭经济决策分析的主要方法，本节构建简单农户模型用以阐释易地移民搬迁对农户家庭劳动力外出务工的影响途径。

农户的效用函数如下：

$$U = U(y, l \mid z) \tag{5-16}$$

农户的效用是家庭收入 y、休闲时间 l 的拟凹函数，受家庭消费相关特征 z 的影响。约束条件为：

$$\begin{aligned} & y = y_f + y_m + y_n + y_b \\ & y_f = f_o(E - E_b, L_f, A) \\ & y_m = f_1(L_m, w) \\ & y_n = f_2(L_n, K) \mid \overline{K} \\ & L_f + L_m + L_n + l = L \\ & L_n \leqslant \overline{L}_n \\ & L_f, L_m, L_n, l, w, A, K, \overline{K}, E - E_b, E_b \geqslant 0 \end{aligned} \tag{5-17}$$

其中，农户家庭收入包含农林种植收入 y_f、外出务工的汇款收入 y_m、农户参与本地非农自营的收入 y_n 以及农户在搬迁过程中得到的补贴 y_b。农户的农林种植以粮食等实物收入为主，为家庭提供基本的生活保障，是其经营的土地面积 $E-E_b$、农业劳动力投入 L_f 和农业技术 A 的函数，其中，E

为农户的总土地面积，E_b 则为搬迁后农户减少的土地面积，由于搬迁，农户原先耕种的耕地和林地大多数要退为生态林，在新的社区，由于土地资源的短缺以及土地制度的约束，农户无法获得与原有面积等同的土地。西部山区农业生产率低下，所以许多农户家庭劳动力外出务工以寻求较高的工资回报 w，因此，有 $|\partial f_o/\partial E| \leqslant w$。此处假定搬迁后农户暂时不产生农业经济效益，但搬迁中，农户得到政府的搬迁补贴，农户参与本地非农的收入由农户的非农劳动时间投入 L_n、资本投入 K 和非农部门的技术进步参数 B 等因素决定，此外，非农自营需要突破资本投入的门槛限制 $\overline{K}$。

L_f、L_m、L_n 分别代表农户在农林种植、外出务工和非农自营上的投入时间，L 为农户总的时间禀赋。其中，农户的非农时间 L_n 小于或等于阈值 $\overline{L_n}$，如果二者相等，则意味着农户的非农时间投入受到约束，不能在决策过程中进行调整。更极端的情况，如果农户面临非农市场的约束使得 $\overline{L_n}=0$，则农户不能参与到非农活动中，也无法取得非农收入。

此处，我们假设非农自营中劳动力和资本的边际价值产品分别为：

$$P_K^n = \beta B\,(K/L_n)^{\beta-1} \tag{5-18}$$

$$P_L^n = (1-\beta)B\,(K/L_n)^{\beta} \tag{5-19}$$

其中，β 为弹性系数。两式结合得到：

$$K = L_n[\beta/(1-\beta)]P_L^n/P_K^n \tag{5-20}$$

令 TC_K 为非农自营活动资本的成本函数，它是社会关系资本参与 s 和借贷资金总额的函数，其中，$s>0$。

$$TC_K = \overline{\gamma}K + \overline{\gamma}(\overline{s}/s)(K-K^*) \tag{5-21}$$

$\overline{\gamma}$ 为平均利率。$\overline{s}$ 为社会关系资本的临界值，拥有相对较多社会关系资本的农户能降低融资成本。K^* 表示通过正常途径能够获得的金融资本，$K-K^*$ 则表示需要通过社会关系获得的金融资本。当农户参与搬迁时，参与搬迁的成本与获得的政府补贴同时发生，如果前者小于等于后者，则不会提高农户参与非农自营活动的成本，但通常情况下，作为自愿型参与，政府的补贴无法抵偿所有的成本，此时农户对金融资本的需求增加，并首先通过正常途径获得融资而导致用于非农自营活动的 K^* 减少，非农自营活动成本提高，在极端情况下，农户还需要通过社会关系获得金融资本来支付搬迁成本，在家庭可用社会关系网络规模一定的情况下，这一行为导致用于非农自营活动资本融资时的 $s \to 0$，则资本的成本 $TC_K \to \infty$，非农自营没有发生的可能。

设在农业生产中，劳动力和土地为互补品，即$\partial L_o / \partial E > 0$。

如果 $L_n > 0$，并且农户能够在农林种植、非农自营和外出务工等活动中自由支配时间，其效用最大化的必要条件为：

$$\partial U / \partial L_f = \partial U / \partial L_m = \partial U / \partial L_n,$$

或者

$$U'_{y_f} \partial f_0 / \partial L_f = U'_{y_m} \partial f_1 / \partial L_m = U'_{y_n} \partial f_2 / \partial L_n \tag{5-22}$$

其中，U'_{y_f}、U'_{y_m} 和 U'_{y_n} 分别代表农户对农业收入、汇款和非农收入的边际效用。则模型的均衡解由农户拥有的土地数量、农业技术和市场工资等条件决定，农户在外出务工活动上的时间为：

$$L_m^*(E_b = 0) = L - L_f^*(E - E_b, A) - L_n^*(K) - l^* \tag{5-23}$$

农户参与移民搬迁以后，重新分配家庭时间，外出务工活动的变化值为：

$$\Delta L_m^* = -\Delta L_f^*(E_b > 0) - \Delta L_n^*(K) - \Delta l^* \tag{5-24}$$

因为$\partial L_f / \partial E > 0$，所以 ΔL_f^* （$E_b > 0$） < 0，重新分配后的均衡解仍然服从上面方程。简单起见，设农户的休闲时间只由人口和其他外生因素决定，即$\partial l^* / \partial E_b = 0$。那么外出务工活动时间的变化将主要取决于非农自营时间供给的变化。

如果农户的非农自营活动受限制，$L_n = 0$ 且 $\Delta L_n = 0$，则效用最大化的必要条件为：

$$U'_{y_f} \frac{\partial f_o}{\partial L_o} = U'_{y_m} \frac{\partial f_m}{\partial L_m} \tag{5-25}$$

$$\Delta L_m^* = -\Delta L_f^*(E_b > 0) - \Delta l^*$$

因为ΔL_f^*（E_b>0）<0，如果$\Delta l^* \leqslant -\Delta L_f^*$，那么有$\Delta L_m^* \geqslant 0$。

故而有如下基本推论：第一，如果搬迁后因土地面积减少而解放出来的劳动力都能在非农自营活动中得到配置，那么农户参与外出务工活动的时间不变或者减少；第二，如果农户的非农自营活动受限制，那么移民搬迁并不会减少农户的外出务工活动。

四　方法与变量

（一）分析方法和计量设置

首先，通过对总样本、搬迁户和非搬迁户样本、集中安置户和分散安置户样本中的外出务工现状进行描述性统计和对比，初步判断移民搬迁和外出务工情况的总体趋势；之后，在总样本中构建 Logistic 模型，通过对家庭劳动力外出务工决策的影响因素分析，初步验证外出务工选择与移民搬迁的关系；在此基础上，为了深入识别移民搬迁对外出务工的净效应，采用倾向得分匹配法（Propensity Score Matching，PSM）以剔除其他因素的干扰，分析移民搬迁对外出务工的影响机制。下面就模型的计量设置进行介绍。

1. Logistic 模型

因变量是否外出务工是一个二元选择行为，本节采用 Logistic 模型解释因变量的选择行为。模型的函数形式如下：

$$P(M) = 1/(1 + e^{r}) \tag{5-26}$$

其中，P 是家庭劳动力外出的概率，如果外出，$M=1$，如果没有外出，$M=0$。解释变量是根据理论框架选取的。假设 M 与解释变量之间线性相关，即

$$M = \alpha_0 + \alpha_1 X_z + \alpha_2 X_c + u \tag{5-27}$$

其中，X_z 和 X_c 分别代表着家庭层面和社区层面的影响因素，u 表示随机误差项，α_0 表示常数项，其余为待估参数。

2. 倾向得分匹配法

由于受到横截面数据的制约，简单的概率估计无法推导出移民搬迁政策与外出务工之间的因果关系，只能表明两者之间的相关性。在衡量

移民搬迁政策在外出务工这一行为上的效果时，一个无法忽视的问题就是样本选择偏误（sample-selection bias）。也就是说，外出务工的家庭可能更倾向于选择参与搬迁，这使得我们即使观察到搬迁户外出务工的概率更大，也无法判断这种差异是否源于移民搬迁政策的实施。为此，本节采用倾向得分匹配法来控制样本的选择偏误。其基本思想在于，在评估移民搬迁政策的效果时，找到与搬迁家庭尽可能相似的样本组成控制组，那么样本选择的偏误就可以得到有效降低。然而，在寻找控制组过程中，仅通过一种特征往往无法达到满意的匹配效果，为此，PSM 通过一些特殊的方法将多个特征集合在一个指标中，即倾向得分（Propensity Score，PS），从而使多元匹配成为可能。

倾向得分定义为，在给定样本特征 X 的情况下，某个农户选择移民搬迁的条件概率：$P(R)=\Pr[D=1|R]=E[D|R]$

其中，D 是一个指标函数，若某个农户参与搬迁工程，则 $D=1$，否则 $D=0$。因此，对于第 i 个农户而言，假设其倾向得分 $P(R_i)$ 已知，则移民搬迁政策带来的平均处理效果为：

$$\begin{aligned} ATT &= E[Y_{1i}-Y_{0i}|D_i=1] \\ &= E\{E[Y_{1i}-Y_{0i}|D_i=1,P(R_i)]\} \\ &= E\{E[Y_{1i}|D_i=1,P(R_i)]-E[Y_{0i}|D_i=0,P(R_i)]|D_i=1\} \end{aligned} \tag{5-28}$$

其中，Y_{1i} 和 Y_{0i} 分别表示同一个家庭在参与移民搬迁和不参与移民搬迁两种情况下的生计状况。

在实证分析中，倾向得分往往是不可观测的，通常需要采用 Logit 或者 Probit 等概率模型进行估计。首先，估计 Logit 模型：

$$P(R_i)=\Pr[D_i=1|R_i]=\frac{\exp(\mu R_i)}{1+\exp(\mu R_i)} \tag{5-29}$$

其中，$\frac{\exp(\mu R_i)}{1+\exp(\mu R_i)}$ 表示逻辑分布的累计分布函数，R_i 是一系列可能影响农户选择参与移民搬迁的家庭特征变量构成的向量，μ 为相应的参数向量；获得模型的参数估计值后，可以进一步得到每个农户可能参与移民搬迁的概率值 $\hat{P}(R_i)$，这便是每个农户的倾向得分。

（二）变量设置

模型中涉及的变量设置与取值如表5-34所示。可以看出，在总样本中，移民搬迁户占比为29%，其中，采用集中方式安置的农户占比为63%。

家庭层面的特征：选取“本地自营可能性”来表示家中被释放的劳动力是否能够在非农自营活动中得到配置；选择“贷款困难程度”来表示农户通过正常途径获得金融资本的可能性；“亲朋借款”表示农户是否能够通过社会关系获得金融资本。此外，还有其他影响农户参与外出务工的生计资本因素：用“人均林地”和“人均耕地”来衡量农户的自然资本；用“房屋估价”和“自有资产”来衡量农户的物质资本；用“通信费用”和“村干部”来衡量家庭社会资本；此外还用“负担人口比”和“非农培训”等指标来衡量家庭的人力资本。

社区层面的特征：分别选取“是否为贫困村”表示社区整体的状况；“村人均收入”代表社区的经济发展水平；“搬迁户占比”代表社区的构成。

表5-34　自变量的设置与取值

变量	设置	均值	标准差
搬迁户	农户是否参与移民搬迁工程	0.29	0.45
集中安置户	搬迁户中采用集中方式安置的家庭(0,1)	0.63	0.48
本地自营可能性	近两年内是否有参与本地非农自营的可能(0,1)	0.04	0.21
贷款困难程度	是否有申请贷款或资助不成功经历(0,1)	0.20	0.40
亲朋借款	是否从亲朋处借过钱(0,1)	0.33	0.47
人均耕地	家庭人均耕地面积(亩)	1.44	2.32
人均林地	家庭人均林地面积(亩)	10.67	22.90
房屋估价	目前所居住房屋的价值估计(以10万元及以下为参照系)		
11万~20万元	房屋估价在11万~20万元(0,1)	0.29	0.45
21万~30万元	房屋估价在21万~30万元(0,1)	0.08	0.27
30万元以上	房屋估价在30万元以上(0,1)	0.03	0.17
自有资产	家中的生产工具、耐用品的数量(件)	2.81	1.72
通信费用	农户每月用于通信的手机、电话等费用(元)	112.33	117.57

续表

变量	设置	均值	标准差
村干部	亲戚中是否有人担任村干部、公务员等职务(0,1)	0.25	0.43
负担人口比	家庭消费人口的数量占家庭规模的比例(0~1)	0.25	0.27
非农培训	家中是否有成员接受过非农培训(0,1)	0.26	0.44
是否为贫困村	所在社区是否为贫困村(0,1)	0.55	0.55
村人均收入	2011 年村人均收入取对数(ln)	8.37	0.23
搬迁户占比	搬入社区的农户占总户数比例(0~1)	0.10	

五　结果与讨论

1. 现状分析

表 5-35 给出了不同类型农户参与外出务工的现状描述。从中可以看出当地农户的搬迁与外出务工的现状：首先，总样本中外出务工家庭的比例（57.2%）高于非外出务工比例（42.8%），可见外出务工已经成为陕南农户一种重要的家庭生计方式；其次，外出务工户在搬迁户中占63.7%，高于在非搬迁户中的比例（54.5%）；同时，集中安置户中外出务工家庭的比例（69.1%）也高于非集中安置户（54.6%），可见在搬迁户中，特别是采取集中安置的样本中，外出务工的家庭所占比重较高。

表 5-35　不同类型农户参与外出务工的现状描述

单位：户，%

	总体	非搬迁户	搬迁户	非集中安置户	集中安置户
非外出务工	601	453	148	69	79
占比	(42.8)	(45.5)	(36.3)	(45.4)	(30.9)
外出务工	803	543	260	83	177
占比	(57.2)	(54.5)	(63.7)	(54.6)	(69.1)
总户数	1404	996	408	152	256
占比	(100)	(100)	(100)	(100)	(100)

2. 外出务工影响因素分析

本节通过在总样本和搬迁户样本中构建 Logistic 概率模型（见表 5-36），对外出务工的影响因素进行初步分析，探索搬迁户中外出务工比例偏高的原因。

回归模型的构建是在农户模型分析的基础上，并分别在总样本和搬迁户样本中综合考虑可能影响外出务工的其他因素，这里仅就农户模型分析中涉及的构成农户外出务工决策的关键变量进行分析。

模型 1 为总样本中外出务工的回归结果，模型 2 为搬迁户样本中外出务工的回归结果。

表 5-36　Logistic 概率模型

外出务工	模型 1		模型 2	
	OR 值	$p>Z$	OR 值	$p>Z$
搬迁户	1.68	0.016	—	—
集中安置户	—	—	2.64	0.047
本地自营可能性	0.36	0.006	0.31	0.059
贷款困难程度	1.11	0.509	0.77	0.500
亲朋借款	1.39	0.032	0.86	0.695
人均耕地	0.87	0.005	0.79	0.104
人均林地	0.98	0.002	0.99	0.283
房屋估价				
11 万~20 万元	1.35	0.088	1.02	0.968
21 万~30 万元	0.54	0.038	0.54	0.284
30 万元以上	0.63	0.329	0.96	0.968
自有资产	1.07	0.158	0.72	0.022
通信费用	1.00	0.001	1.00	0.079
村干部	1.30	0.104	1.85	0.159
负担人口比	0.45	0.006	0.36	0.221
非农培训	1.60	0.008	1.58	0.359
是否为贫困村	1.50	0.014	1.57	0.376
村人均收入	0.68	0.303	1.50	0.698
搬迁户占比	1.36	0.562	0.61	0.515

模型 1 的回归结果初步验证了农户模型的结论。在控制其他因素之后，搬迁户外出务工的概率是非搬迁户的 1.68 倍；当农户家庭有参与本地非农

自营的可能性时，家庭参与外出务工的概率降低64%；虽然农户贷款困难程度并不能显著提高家庭外出务工的概率，但农户亲朋借款的发生对提高外出务工的可能性有着显著的影响，此外，人均林地和人均耕地面积越大，农户参与外出务工的概率越低。可见，搬迁后，农户家庭土地面积的减少会提高农户外出务工的比例，但如果家庭能够突破本地非农自营的资金门槛，则农户家庭因土地减少而释放的劳动力能在本地自营活动中得到配置，农户参与外出务工的可能性就会降低；在参与搬迁的前提下，农户通过社会关系所筹措的金融资本通常被优先投入搬迁中，并提高非农自营的成本而降低非农自营的可能性，最终导致非农自营受限而外出务工的概率增大。

从模型2可以看出，在搬迁户样本中控制其他变量后，相对于非集中安置，采取集中安置的农户外出务工的概率提高1.64倍，同时，农户有参与本地自营可能性时，家庭外出务工的概率降低69%。可见，采取集中安置的方式有利于提高农户外出务工的可能性。

3. 搬迁对外出务工的影响机制

概率模型的回归结果初步印证了农户模型假设下搬迁与外出务工之间的关系，考虑到样本选择偏误的可能，要识别搬迁对外出务工的真正贡献，还需要探索其中的机理。首先，基于农户参与易地移民搬迁的影响因素模型计算农户搬迁的倾向得分，模型结果可参考前期的相关研究。其次，根据各个样本搬迁的倾向得分进行匹配。常用的匹配方法包括最近邻匹配法（nearest neighbor matching）、半径匹配法（radius matching）、分层匹配法（stratification matching）以及核匹配（kernel matching）。考虑到篇幅限制，在经过结果比对后，仅在此呈现最邻近匹配法的结果。表5-37列出了移民搬迁政策对农户外出务工活动的平均处理效应，包括外出务工参与选择、收入（汇款与比重）、外出务工活动中的投入与产出（务工类型、务工人数和汇款）。

结果显示，在参与外出务工的决策上，移民搬迁政策的平均处理效应并不显著，这表明移民搬迁政策并未对农户选择参与外出务工有显著的影响；但移民搬迁政策对农户家庭打工汇款的数量和比重都有着积极的促进，移民搬迁政策使得打工户的汇款收入提高1337.78元，同时汇款所占家庭总收入的比重也提高了7%；在投入与产出上，移民搬迁政策提高本地（本县）外出务工的参与，同时降低了外地（外县）外出务工的参与；

在务工人数方面，移民搬迁政策也显著地提高了本地（本地打工户）的人数；此外，在务工家庭中，参与搬迁还显著提高了打工户的汇款（2195.96元）和人均汇款（1515.07元）。

PSM分析结果反映了搬迁对农户外出务工的影响路径：移民搬迁政策本身并未起到促进农户参与外出务工活动的作用，综合概率模型的分析，可以看出外出务工的行为先于搬迁工程，外出务工的家庭更多地选择参与搬迁；但移民搬迁政策的实施使得农户家庭汇款收入和占比都有显著的提升，一方面，可能由于搬迁的资金需求使得外出务工的家庭成员背负更多的责任，并改变自己的消费倾向，加大汇款数量；另一方面，搬迁后农户通过调整外出务工的策略来获得更多的汇款收入，包括将外地务工成员转移到本地打工的活动中，更多地参与由搬迁引致的本地就业机会，虽然本地打工的收入普遍少于外出务工，但相比之下本地务工的生活成本显著降低，这是构成汇款收入提高的另一个因素。

表5-37　移民搬迁政策对农户外出务工活动的影响（PSM）

外出务工选择	平均处理效应	t 值
参与选择		
外出务工	0.01	(0.25)
收入		
汇款(元)	1337.78	(1.83)*
比重(不算补贴)	0.07	(2.01)*
投入与产出(务工家庭)		
务工类型		
本地(本县)	0.08	(1.99)*
外地(外县)	-0.09	(-2.24)**
务工人数(打工户)	0.10	(1.34)
本地(本地打工户)	0.17	(1.82)*
外地(外地打工户)	0.08	(0.96)
汇款(打工户)	2195.96	(2.16)**
本地(本地打工户)	1226.66	(0.71)
外地(外地打工户)	758.51	(0.66)
人均汇款	1515.07	(1.96)*

注：**表示 $p<0.05$；*表示 $p<0.1$。

六　结论

本节基于农户模型和新迁移经济学的理论和实证结论表明，家中成员外出务工成为搬迁户生计活动的重要表征，但移民搬迁政策对农户外出务工的影响较为复杂，外出务工的生计活动对于农户的重要性贯穿于搬迁前后，两者之间存在相互作用。搬迁前，长期的外出务工在很大程度上起到了缓释流出地资本和流动性约束的作用，在经济层面上提高了农户参与搬迁工程的可能性；搬迁后，外出务工活动更加成为农户在“可行能力受损”时为避免陷入次生贫困而做出的一种生存理性选择，特别是在面临安置地“发展困境”且内在推力占据主导时的首要选择：一方面，政府旨在通过移民搬迁的发展项目开放非农部门，在城镇化背景下实现从农民到城镇人口的转变，但实际上，通过移民搬迁政策真正落户城镇的只占少数，对于大多数人来讲，“移民”和“农民”的双重身份使得他们在考虑生计的同时，仍然面临城乡二元体制和市场变化所带来的风险；另一方面，搬迁后，在新的生态环境和社会环境中，农户因生计资本配置与转换受到约束而直接降低了家庭自我发展能力和参与本地非农自营的可能性，在可持续发展能力再造面临新的困境时，外出务工这一受家庭内在资本和外部条件制约小，并能为家庭能力建设带来机会的生计方式成为搬迁农户的首选，特别是在转型时期外出务工已成为农户普遍的生计方式。

在移民搬迁政策下，农户外出务工决策的异质性并未在多重约束条件下产生不同的生计选择。如果农户能够在本地非农自营等领域充分配置家庭劳动力，则会降低外出务工的可能性，但这一生计活动的实现依赖于资本限制的突破和安置地市场约束的放开，否则农户会因搬迁而被排斥在外，只能较多参与外出务工的生计活动。固然在搬迁伊始，外出务工可能为农户带来更多的现金支持以平滑消费，但在当前二元结构下，外出务工仅应被定位成一种应对困境的权宜之计，过度依赖外出务工使得收入单一而加大了致贫的风险，要实现农户生计可持续还是要在当地创造更多的发展机会，从根本上转变生计模式，这一方面需要通过外出务工活动给安置地家庭带来更多的外部资源和能力建设的机会，另一方面也有赖于政府的外部干预和引导，为能力的发挥和本地非农自营的实现提供外部条件，只有这样才能帮助搬迁农户在安置地实现可持续发展。本节基于陕南地区的实证分析，探索农户移民搬迁对家庭成员外出务工的影响机制，既丰富了新迁移经济学的理论基础，也推动了农户模型研究的深入发展和在中国的应用拓展。

第四节　移民搬迁农户的生计后果测度

一　易地移民搬迁对农户贫困脆弱性的影响：来自陕南山区的证据

（一）引言

我国自 2001 年启动易地扶贫搬迁工作以来，截至 2015 年底已累计安排易地扶贫搬迁中央补助投资 363 亿元，搬迁贫困群众 680 万余人。作为“十三五”时期实施脱贫攻坚、精准扶贫“五个一批”的重要举措，政府将继续对居住在生态环境脆弱、自然灾害频发等生存条件恶劣地区的约 1000 万农村贫困人口实施易地移民搬迁，从根本上改善其生存和发展环境，实现脱贫致富。究竟易地移民搬迁能够在多大程度上实现政策初衷，对搬迁户减贫效果的评价是关键。当下识别贫困的通行标准则多以某一时点上的收入来衡量，然而低收入仅是贫困家庭的外部表征之一，农户在面对外部冲击和不确定性风险时的脆弱性才是陷入贫困的内因所在。因此，从动态发展的角度看，对易地移民搬迁农户贫困脆弱性进行有效评估，识别搬迁户中哪些家庭未来仍有可能陷入贫困，并厘清政策的传导路径以及影响其陷入次生贫困的因素就显得十分重要。

（二）相关理论与实证研究回顾

自 Chambers 最早将脆弱性的思想引入扶贫和发展领域的研究以后，经济学家们开始用“贫困脆弱性”（vulnerability to poverty）的概念描述家庭应对风险的能力与未来陷入贫困之间的关系，以规避贫困测度静态性和单一性的缺陷，这一概念的提出使得“脆弱性”成为研究贫困问题的重要视角。鉴于宽领域、多学科的研究特性，学界对贫困脆弱性概念的界定和测度方法一直存在不同的理解和应用。学者们认为，脆弱性取决于农户的风险抵御能力，从 Sen 的能力视角看，贫困的维度扩大了，既包括传统意义上的因收入低下而表现的低收入贫困维度，也包括因风险抵御能力不足而形成的脆弱性维度。前者是由于持久收入能力低，后者则是由于应对风险的能力不足。基于这两个维度的考虑，学者们倾向于用消费方面的福利指标，而非收入来识别贫困脆弱性，因此，脆弱性表现为家庭在收入波动下的消费反应，检验家庭的消费支出与各种可观察冲击之间的关系。在众多关于贫困脆弱性概念的定义和测度方法中，Chaudhuri 等（2002）所定义的“未来陷入贫困的概率”获得广泛接受。基于该定义本身，他们还提出了具有前瞻性的未来贫困概率法或预期贫困脆弱性法（Vulnerability as Expected Poverty，VEP），即通过未来消费的均值和方差来预测这一“概率”，并将脆弱性的成因归为消费的结构（低均值）和风险（高波动）两个方面，该测度方法被广泛应用于发展中国家的贫困研究。

世界银行的研究指出，移民迁移安置过程中存在风险，即陷入次生贫困的可能，针对该问题的复杂性，学者们从理论和实证方面给予了较多关注。总结国内外理论和文献发现以下几个特点。第一，学者们较多关注非自愿型移民的贫困问题，较少关注自愿型移民。自愿参与移民搬迁的农户并非必然陷入学者所描述的“介入型”生计困境，但搬迁过程中生计资本的损耗直接降低了家庭自我发展能力，农户极易因此陷入次生贫困以及短暂性脱贫后返贫的风险，较高的生计脆弱性构成了稳定搬迁贫困户的主要障碍，因此，研究自愿型易地移民搬迁农户的贫困脆弱性是对已有研究的有益补充。第二，从消费的角度来构建易地移民搬迁农户贫困脆弱性的指标，既是基于搬迁背景下家庭收入和消费的现实基础，也契合国际主流的贫困脆弱性的评价方法。在易地移民搬迁政策的影响下，微观参与主体的生计转型与实现恢复是一个循序渐进的过程，初期由于收入的提升效力不足并且波动较大，相关信息不易被捕捉到。而家庭的消费则是持续的，贯穿易地移民搬迁的整个过程，特别是谨慎的消费策略，往往基于收入的不确定性，并直接体现在家庭消费中。因此，在易地移民搬迁背景下，农户生计转型过程长，恢复缓慢，收入提升不足；同时家庭消费支出增加，收支不平衡，原有积蓄消耗过快，加上借贷增加，这些冲击出现时，家庭平滑消费的能力下降，导致消费水平降低。第三，已有研究较少考虑风险，对于非自愿型移民搬迁，更多强调的是致贫的原因，而针对自愿型移民搬迁则更多强调从收入角度来分析政策效果，虽然学者们也考虑了家庭的生计风险，但没有将其纳入贫困后果的考量，特别是与贫困脆弱性联系起来，充分考虑易地移民搬迁原生的结构性脆弱和外部性风险带来的冲击性脆弱。

已有研究为本书的分析提供了理论基础和方法借鉴，也为本书研究留下空间。本书基于易地移民搬迁的背景，通过消费的水平和波动变化测度贫困脆弱性，分析易地移民搬迁对农户贫困脆弱性的影响，以检验易地移民搬迁政策和措施的效果。

（三）方法与变量

1. 贫困脆弱性指标测度方法

本书对贫困脆弱性的测量借鉴了 Chaudhuri 等（2002）对印度尼西亚农户贫困脆弱性的研究，将贫困脆弱性定义为未来受风险冲击而陷入贫困的概率，并通过估计未来消费的均值和方差来预测这一概率。该方法同样采用横截面数据，符合本研究的数据特征。贫困脆弱性指标计算公式如下：

$$v = \Pr(\mathrm{Ln}c < \mathrm{Ln}z) = \Phi\left(\frac{\mathrm{Ln}z - \mathrm{Ln}\hat{c}}{\sqrt{\hat{\delta}^2}}\right) \tag{5-30}$$

其中，v 指家庭的脆弱性程度，z 指贫困线，Pr（i）指概率函数，Φ（i）指标准正态分布函数，$\hat{c}$ 和 $\hat{\delta}^2$ 分别指预期的消费均值和消费方差。本书对 $\hat{c}$ 和 $\hat{\delta}^2$ 的估计过程采用了 Chaudhuri 等（2002）提议的方法，用家庭人力资本、物质资本、土地、人口因素等影响持久收入的变量回归观察到的支出，其拟合值即持久性消费水平，回归残差则包含了家庭的暂时性消费特征，用残差的平方项估计家庭的消费方差。为消除横截面数据的异质性，在计量方法上采用了可行广义最小二乘法（FGLS）方法。

2. 分析方法

在测度贫困脆弱性的基础上进一步探究易地移民搬迁政策对农户贫困脆弱性的影响。考虑到变量的属性和特征，在此采用 OLS 模型进行回归分析：首先选取总体样本，将是否搬迁纳入家庭贫困脆弱性的影响因素模型，验证搬迁对农户贫困脆弱性影响的存在性；其次以搬迁户为样本，逐个纳入搬迁原因、安置方式和搬迁时间等变量，分析不同搬迁特征对农户贫困脆弱性的影响。

3. 变量设置

变量设置与取值如表 5-38 所示。因变量为测算出的农户贫困脆弱性指标值，是根据家庭人均消费构造的消费水平和消费波动，故在此汇报人均消费水平这一基础变量的取值情况。考虑到搬迁农户在建房和家具、电器等耐用品方面的支出异于非搬迁户，因此综合考察家庭人均消费的两种情况：人均总消费（以家庭总消费除以家庭人口规模来计算，即包含了建房、耐用品支出）和人均日常消费（从总消费中剔除建房和耐用品支出，即家庭日常消费除以家庭人口规模计算得出）。

自变量包括搬迁因素、风险管理能力、家庭人口特征和社区特征四个方面。其中，搬迁因素包括家庭是否参与易地移民搬迁工程（是否为搬迁户）、搬迁原因、安置方式和搬迁时间，这四个变量均为调查时点上农户的状态。

风险管理能力受家庭资产和收入的影响，从农户获得持久性收入、抵御风险以及遭遇风险时可变现的资产和能力方面进行考量，选取人均耕地和人均林地来表征自然资本；选取自有资产表示农户的物质资本；金融资本是农户在遭受外部风险时可以用以缓冲和对抗的能力，选取是否有存款和总收入（现金和实物）来表示；此外，考虑到农村社会中关系网络是家庭在遭受风险冲击时可以借助的外部力量，也是重要的消费平滑手段，在此选取家庭急需大笔开支时可以求助的户数来代表农户在遭受风险冲击时可以借助的外部支持（社会网络支持）。风险管理能力中，除总收入这一变量为调查所在时点之前一年的累计量，其余均为调查时点上的状态。

家庭人口特征包括户主特征、平均受教育年限、劳动力数量以及家庭人口结构等方面，户主通常是一个家庭的最高决策者，其年龄和性别都对家庭的收入和需求起着决定性的作用，也是家庭风险偏好类型的重要考量因素，通常女性决策者更倾向于风险规避，而男性决策者则有着较强的风险喜好。作为衡量家庭人力资本的重要指标，家庭成员的受教育程度、家庭劳动力数量都直接影响家庭的生计策略选择、收入创造和抗风险能力，通常家庭劳动力数量多、受教育程度高的农户对抗风险的能力强，从冲击中恢复得快。此外，考虑到农户的家庭人口构成，特别是人口负担程度也是农户消费决策的重要考量因素，本书选取有老人和有孩子两个变量来考察农户的人口构成情况。家庭人口特征所选取的变量均为调查时点上家庭的状态表征。

表 5-38　变量设置与取值

变量	变量设置	取值	
		均值	标准差
人均消费水平			
人均总消费	连续变量,家庭消费总额除以家庭人口数量(单位:元)	6205	10282.69
人均日常消费	连续变量,除建房、耐用品外,农户用于食物、教育、医疗、红白事等方面日常性支出的总额除以家庭人口数量(单位:元)	4169.34	3662.64
搬迁因素			
是否为搬迁户	虚拟变量,搬迁户取1,非搬迁户取0	0.28	0.45
搬迁原因			
扶贫移民	虚拟变量,因扶贫搬迁的家庭取1,否则取0	0.26	0.43
生态移民	虚拟变量,因生态保护移民的家庭取1,否则取0	0.13	0.34
工程移民	虚拟变量,因工程建设移民的家庭取1,否则取0	0.27	0.44
减灾移民	虚拟变量,因地质灾害移民的家庭取1,否则取0	0.26	0.44
安置方式	虚拟变量,采取集中安置的农户取1,分散安置的农户取0	0.62	0.49
搬迁时间	连续变量,从农户迁入安置地开始到调查时点发生时的年数	8.38	10.67
风险管理能力			
人均耕地	连续变量,家庭总耕地面积与总人口数的比值(单位:亩)	1.22	1.57
人均林地	连续变量,家庭总林地面积与总人口数的比值(单位:亩)	10.34	18.17
自有资产	连续变量,家庭拥有的生产工具、交通工具和耐用品的总数量	2.82	1.72
是否有存款	虚拟变量,家中有存款的农户取1,没有存款的农户取0	0.25	0.43
总收入	连续变量,家庭全年的现金和实物收入总和(单位:万元)	9.39	1.07
社会网络支持	连续变量,家庭急需大笔开支时可以求助的户数	4.36	4.03
家庭人口特征			
户主性别	虚拟变量,户主为男性的家庭取1,户主为女性的家庭取0	0.89	0.31
户主年龄	连续变量,户主的年龄	50.62	12.64

续表

变量	变量设置	取值	
		均值	标准差
平均受教育年限	连续变量，家庭成员受教育年数的总和除以家庭成员数	6.21	2.75
劳动力数量	连续变量，年龄在16岁以上、65岁以下的劳动人口的数量	2.74	1.39
有孩子	虚拟变量，有年龄在16岁以下的未成年人的家庭取1，否则取0	0.42	0.49
有老人	虚拟变量，有年龄在65岁以上的老年人的家庭取1，否则取0	0.35	0.48
社区特征			
到镇上的距离	连续变量，农户所在村距离乡镇的距离（单位：公里）	10.34	0.23
临近保护区	虚拟变量，农户所在村靠近或在保护区内取1，否则取0	0.35	0.48

综合考虑陕南地区地理状况和农户的实际情况，本书选取临近保护区和到镇上的距离来衡量家庭所处社区的地理位置。到镇上的距离远近不仅表示农户所在社区交通条件是否便利，也用于衡量农户接近市场的程度，是影响农户收入和消费渠道的重要因素；在保护区内或靠近自然保护区的农户，其生产和消费行为往往受到一定的限制，进而也会在一定程度上决定农户抵御风险的措施和手段。社区特征变量均为调查时点上家庭所在社区的状态表征。

（四）结果与讨论

搬迁特征对农户贫困脆弱性的影响如表5-39所示。模型1和模型2分别以不同贫困脆弱性指数为因变量，结果显示：是否为搬迁户对农户贫困脆弱性呈现显著的负向影响。可见，参与易地移民搬迁有助于降低农户贫困脆弱性，搬迁政策的实施在一定程度上降低了农户陷入贫困的概率。模型3至模型8分别是以搬迁户为样本，考察搬迁原因、安置方式和搬迁时间对贫困脆弱性指数1和指数2的影响，模型的回归结果显示，不同的搬迁因素

表 5-39　搬迁特征对农户贫困脆弱性的影响

自变量	模型 1（指数 1）	模型 2（指数 2）	模型 3（指数 1）	模型 4（指数 2）	模型 5（指数 1）	模型 6（指数 2）	模型 7（指数 1）	模型 8（指数 2）
搬迁因素								
是否为搬迁户	-0. 16 ***	-0. 11 ***						
搬迁原因								
扶贫移民			-0. 29 ***	-0. 21 ***				
生态移民			-0. 19 ***	0. 04				
工程移民			0. 09 ***	0. 16 ***				
减灾移民			-0. 3 ***	-0. 26 ***				
安置方式					-0. 23 ***	-0. 25 ***		
搬迁时间							0. 02 ***	0. 02 ***
风险管理能力								
人均耕地	-0. 01 ***	-0. 01 ***	0. 03 ***	0. 03 ***	0. 00	-0. 00	0. 03 ***	0. 04 ***
人均林地	-0. 00 *	0. 00	-0. 004 ***	-0. 00 ***	-0. 00 **	-0. 00 ***	-0. 00 ***	-0. 00 ***
自有资产	-0. 03 ***	-0. 04 ***	-0. 02 ***	-0. 05 ***	-0. 01 **	-0. 03 ***	-0. 02 ***	-0. 04 ***
是否有存款	0. 07 ***	0. 08 ***	-0. 09 ***	-0. 02	-0. 07 ***	0. 02	-0. 07 ***	0. 02
总收入（对数）	-0. 00 ***	-0. 00 ***	-0. 03 ***	-0. 01 *	-0. 05 ***	-0. 04 ***	-0. 02 ***	-0. 00
社会网络支持	-0. 00 **	-0. 00 ***	-0. 00	-0. 00	0. 00	-0. 00	-0. 00	-0. 00 ***

续表

自变量	模型 1（指数 1）	模型 2（指数 2）	模型 3（指数 1）	模型 4（指数 2）	模型 5（指数 1）	模型 6（指数 2）	模型 7（指数 1）	模型 8（指数 2）
家庭人口特征								
户主性别	0.05***	0.06***	0.1***	0.09**	0.1**	0.09*	0.07**	0.06*
户主年龄	-0.00***	-0.01***	-0.02***	-0.01***	-0.01**	-0.01**	-0.01*	-0.00
户主年龄平方	0.00***	0.00***	0.00***	0.00***	0.00***	0.00***	0.00***	0.00*
平均受教育年限	-0.01***	-0.02***	-0.01***	-0.02***	-0.01*	-0.02***	-0.02***	-0.03***
劳动力数量	0.04***	0.06***	0.04***	0.07***	0.03***	0.06***	0.04***	0.06***
有孩子	-0.02***	-0.01***	0.01	0.05***	-0.02	0.00	0.01	0.04***
有老人	0.03***	0.05***	0.01	0.04**	-0.02	0.01	0.03***	0.06***
社区特征								
到镇上的距离	0.00***	0.00***	0.00	0.00***	-0.00	-0.00	0.00**	0.00**
临近保护区	-0.14***	-0.17***	-0.08***	-0.29***	-0.05**	-0.17***	-0.03**	-0.16***
常数	0.51***	0.57***	0.98***	0.7***	1.11***	1.06***	0.34***	0.18
R^2	0.96***	0.98***	0.82***	0.82***	0.65***	0.71***	0.85***	0.85***

注：*** 表示 $p<0.01$，** 表示 $p<0.05$，* 表示 $p<0.1$。

对农户贫困脆弱性有着不同的影响。在搬迁原因中，扶贫移民和减灾移民对农户贫困脆弱性有显著的负向影响，工程移民对农户贫困脆弱性有显著的正向作用，生态移民对农户贫困脆弱性指数 1 表现出显著的负向影响，对指数 2 无显著作用。可见，因扶贫、生态和减灾等原因而搬迁的农户有着较低的贫困脆弱性，陷入贫困的概率更低，而因水电建设等工程原因搬迁的农户则有着较高的贫困脆弱性，未来更易陷入贫困，可见，采取自愿型搬迁的农户更愿意积极迎合和主动适应搬迁带来的变化，并在新的环境中迅速重构新的生计模式，更有利于提高农户抵御风险的能力，降低贫困脆弱性，而非自愿型的工程类搬迁在一定程度上起到相反的作用，被动的搬迁户更易于陷入贫困。

相较于分散安置，集中安置的方式对农户贫困脆弱性有显著的负效应，说明采取集中安置模式更有利于降低搬迁农户陷入贫困的概率。这种模式往往由政府主导，相关的基础设施建设、公共服务、就业培训、完善市场等支持性措施能够在人口聚集的条件下更好地发挥政策的集聚效应，有利于搬迁户的生计重构。此外，搬迁时间对农户贫困脆弱性有显著的正效应，说明搬迁时间长的农户比搬迁时间短的农户有更高的贫困脆弱性。在陕南移民搬迁工程实施之前，当地有许多“想搬又有能力搬”的群众自发地搬迁，这些零星式的搬迁活动依靠农户一己之力，较少获得外部支持，在脱离原有的社会网络以及生产体系后，他们在安置地的资源占有和机会获得方面无法跟进，往往因能力受损而处于低水平的生计维持状态。作为重要的民生项目，陕南移民搬迁工程的实施着力解决“想搬又没能力搬”的问题，因此，政府提供了全方位的资金和政策支持来促成群众实现“搬得出，稳得住”的目标。

（五）总结

本书对易地移民搬迁农户的贫困脆弱性进行深入分析，整体来看，参与易地移民搬迁的家庭陷入贫困的概率低于非搬迁家庭，易地移民搬迁基本上契合了政策的初衷，在一定程度上降低了农户贫困脆弱性，提高了对抗冲击和风险的能力，但这些积极的影响更多地体现在因灾搬迁、扶贫搬迁和生态保护等自愿型搬迁的家庭中，而在工程类的非自愿型搬迁中，农户陷入贫困的风险和可能性反而会增加。从安置方式来看，以政府为主导的集中安置方式对于降低农户贫困脆弱性的效果显著优于进城入镇、自主搬迁、插花等分散安置方式，在新型城镇化背景下，搬迁农户对外部资源的可及性得到不同程度的加强，从而促进了搬迁户对抗冲击、抵御风险能力的有效提升。此外，本研究的结果也表明，相较于早期零散自发的易地移民搬迁，新阶段的易地移民搬迁工程规模大、影响广，农户离开了原有的家庭社会网络以及生产体系，在收入能力和收益受损的情况下，政府给予的补贴和支持得以及时补位，从而有效降低了农户的贫困风险。

本书通过消费水平和波动构建农户的贫困脆弱性指标，充分考虑了易地移民搬迁家庭原生的结构性脆弱和外部性风险带来的冲击性脆弱，为动态识别和测度贫困提供了方法借鉴，也为分析与评价扶贫政策的效果提供了路径支持。应该认识到，“搬迁”只是“手段”，扶贫才是目的，本书在一定程度上印证了前期政策和措施，特别是政府所强调的自愿原则、集中安置、新型城镇化等在实现脱贫攻坚目标中所起到的积极作用，也为后续政策的调整和改进提供了依据。此外，考虑到搬迁后家庭消费的刚性需求，相关惠农政策也应充分关注搬迁后农户的消费需求，积极推动和引导相关生产企业和商家给予搬迁农户在大件商品上的专项补贴和优惠，同时也帮企业合理扩大销售规模，推动去库存和调产能；给予移民搬迁的老年群众更多关注，加快完善农村医疗保险制度，降低老年人家庭因病致困返贫风险；将贫困脆弱性的测度纳入对贫困群体的监测和甄别范畴，建立一个基于家庭调查数据的贫困监测及分析体系来估计农户家庭的贫困脆弱性，以达到预防和减少未来贫困并提供适当的反贫困干预政策的目的。

二 移民搬迁家庭收入恢复的效果评价及影响因素研究

居民收入是指一个国家物质生产部门的劳动者在一定时期内创造的价值总和。一定时期在研究中通常取一年或者一个季度，以此研究收入的增减变化。

恢复的定义一般是指变回从前的样子，就收入恢复而言，若单以“从前”为标准，其可以作为一个评价指标，然而近年来我国社会经济发展快速、社会变革迅猛，若单以“从前”水平为依据，收入达到从前水平在一定程度上意味着恢复收入水平的下降，所以较为科学的研究方法是，以一个相关联的收入变化为参考系，收入完成恢复就意味着在这个参考系中回到了原有的位置，这样对收入恢复的判定更加科学与严谨。所以对“收入恢复”更加严谨的定义为，居民的收入达到之前某一时点的收入水平，称为收入恢复，而不是收入量值。

本书所采用的收入恢复的定义为简单的收入恢复，即达到之前某一时点的收入量值，原因是所获得的数据为截面数据，且相关问题的设置为与之前某一时点收入的差值。

本节的研究思路如下：第一部分首先对调查问卷中相关问题获得的数据用图表等方式进行统计分析，然后着重对“收入”这一问题进行研究，以得出搬迁农户的收入恢复情况；第二部分以“收入恢复”为因变量，以“搬迁特征、家庭特征和政策因素”三大类别十余个因素作为自变量，建立有序分类 Logit 模型和多元回归模型，使用 Stata 15 计量软件对数据进行处理和分析，得出相关结论。

（一）收入恢复效果评价

1. 收入方面基本情况

本节的研究对象为搬迁户 459 户，共涉及人员 2071 人，其收入方面的基本情况如下。

首先，问卷中这一问题是“总-分”式，即先回答“总收入”在搬迁之后的变化，再回答“农业收入、林业收入、打工收入、养殖收入和非农经营收入”共计五类收入的变化。

由于共涉问题较多，且收入问题是一个比较敏感的问题，总收入变化与分类变化之和相等的问卷数只有约 350 份，约占总体的 76%，占比较低，先对数据进行处理，处理标准如下。

第一，收入变化若只有数字 1、2、3，则对应为增加、不变和减少处理。

第二，若总收入变化情况与五个分类收入之和不相等，则收入变化以总收入为准。

根据上述标准，将数据调整之后，得到的有效问卷数为 445 份，总收入变化情况如图 5-5 所示。总收入不变的住户所占比例为 43%，占比最大，有 191 户；总收入增加和减少的住户数目相差不大，比例都接近 30%。

2. 关键变量数据分析

（1）收入分析

上述主要针对总收入进行描述性统计，现在对总收入以及分类收入综合进行数据的描述性统计（在本小节的收入变化描述性统计中，将数值为 1 和 3 的剔除，将数值为 2 的记为 0）。

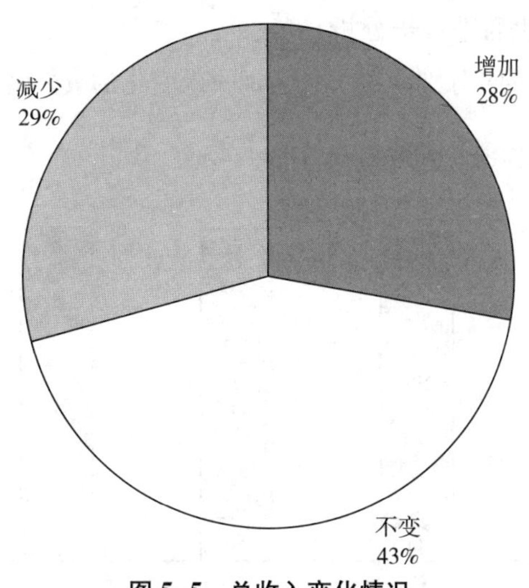

图 5-5　总收入变化情况

a. 收入变化描述性统计

由表 5-40 的均值和标准差可以看出，农林收入变化和养殖收入变化的均值都为负值，而打工收入变化和非农经营收入变化的均值都为正值，这说明非农业类生计方式对移民收入的恢复和增加更加具有正向作用，但同时需要注意的是，打工收入变化的标准差是最大的，这说明打工的收入水平差距比较大，不稳定性较大，高收益的同时也伴随着高风险；在最值方面，同样是外出打工能够获得的收益最多，同时养殖收入的盈利最大值是最小的，但是亏损的最大值是最大的，这一点应该引起注意。

表 5-40　收入变化描述性统计

单位：元

收入变化分类	分类描述	均值	标准差	最大值	最小值
农林收入变化	农业和林业收入变化总和	-949. 76	5185. 84	50000	-35000
养殖收入变化	养殖活动收入变化	-554. 05	5093. 93	25000	-80000
打工收入变化	家庭成员外出打工收入变化	1196. 13	14539. 47	100000	-78000
非农经营收入变化	农家乐、开商店、运输类、农产品加工类和汽修类工作	734. 77	5854. 24	50000	-45000
总收入变化	总收入与搬迁前相比较	479. 07	17649. 96	100000	-100000

b. 对收入变化的进一步分析

图 5-6 和表 5-41 分别介绍了各类别收入变化的具体情况和比例。

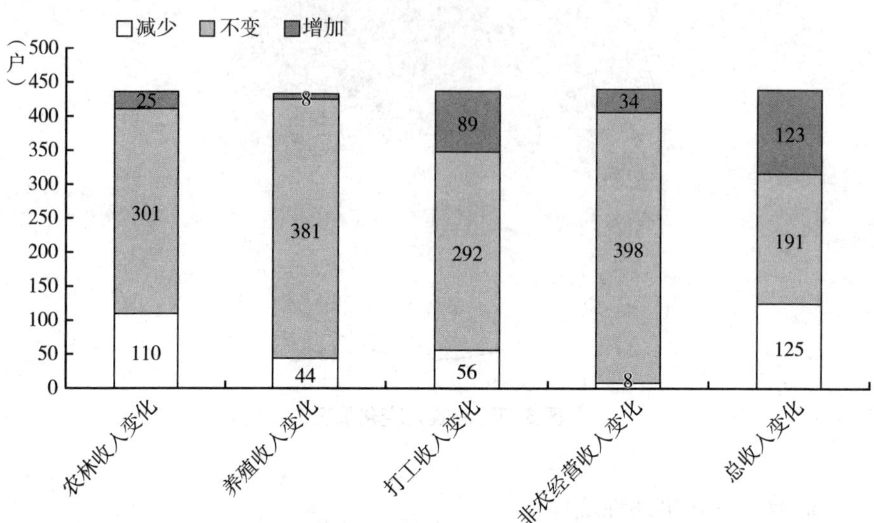

图 5-6　各类别收入变化情况

表 5-41　各类别收入变化比例

单位：%

收入变化分类	收入变化比例		
	减少	不变	增加
农林收入变化	25.23	69.04	5.73
养殖收入变化	10.16	87.99	1.85
打工收入变化	12.81	66.82	20.37
非农经营收入变化	1.82	90.45	7.73
总收入变化	28.47	43.51	28.02

通过对比可以比较清晰地看出：外出打工可能是一个比较好的恢复收入的手段，有 20.37%的家庭打工收入获得了增加；相比而言，农业和林业或许不是一个好的收入恢复手段，因为有 25.23%的家庭表示农林收入之和在搬迁之后减少了。

表 5-42 进一步对各类别收入中增加和减少的部分进行了描述性统计。

表 5-42　各类别收入中增加和减少部分描述性统计

单位：元

收入变化分类	收入增加均值	收入增加标准差	收入减少均值	收入减少标准差
农林收入变化	7606.00	18664.28	-5527.55	5433.86
养殖收入变化	8937.50	8861.79	-7127.50	13659.91
打工收入变化	17897.75	19135.56	-19046.43	15006.26
非农经营收入变化	13700.00	11644.06	-17812.50	16427.19
总收入变化	16849.19	18664.28	-14897.12	15910.03

通过表 5-42 可知，农林和养殖等传统生计方式的收入增加和减少的均值相差不多，且数额都在 5500~9000 元，同时，打工收入和非农经营收入增加和减少的均值都在 13000~20000 元。由此可见，农林收入和养殖收入变化较小，而打工收入和非农经营收入变化较大，但同时，在收入变化为负值的情况下，打工收入和非农经营收入的减少值也较大。

（2）关键自变量对比性分析

参考诸多有关移民搬迁的政策可知，国家在安置类型方面大力推广集中安置方式，并且在财政方面给予其更高补贴，因此这一因素被列入关键变量之一；同时，在生态移民、工程移民等迁移类型上，国家也采取因地制宜的方式，不同地区的移民政策有所不同。此外，本书将生计类型分为三类，分别是纯农户、非农户和多样化生计农户，在此也对其进行检验，以判别此分类是否可行。

a. 二分类变量检验

在研究迁移类型和安置方式时，为了突出研究重点，将其进行了相关调整，并将其分类设置为两类，故采用 t 检验，描述性统计及检验结果如表 5-43 所示。

表 5-43　部分关键变量的描述性统计及 t 检验

变量	类型与取值	均值	标准差	t 检验
迁移类型	非扶贫移民(工程移民、生态移民、减灾移民和旅游开发引起的移民) 扶贫移民(不考虑其他)	0.24	0.43	0.40
安置方式	分散安置 集中安置(不考虑其他)	0.77	0.42	0.00***

注：*** 表示 $p<0.01$。

由表 5-43 可知，在迁移类型方面，非扶贫移民和扶贫移民之间在收入变化均值上没有显著差异；在安置方式方面，分散安置和集中安置在收入变化均值上有十分显著的差异。

为更加直观地查看数据，将其表格化，结果如表 5-44 所示。

表 5-44　迁移类型和安置方式占收入恢复情况

单位：户，%

收入恢复	迁移类型			安置方式	
	非扶贫移民	扶贫移民		分散安置	集中安置
减少	96 (21.57)	33 (7.42)		19 (4.27)	110 (24.72)
不变	154 (34.61)	37 (8.31)		39 (8.76)	152 (34.16)
增加	87 (19.55)	38 (8.54)		41 (9.21)	84 (18.88)
总计	337 (75.73)	108 (24.27)	445 (100)	99 (22.25)	346 (77.75)

注：括号外数字为户数，括号内数字为占比。

b. 三分类变量检验

上文已述，生计类型在本书中分为三种类型，在显著性检验方面采用单因素方差分析（One-Way ANOVA），其分析结果如表 5-45 所示。

表 5-45　生计类型显著性检验

变量	类型与取值	均值	标准差	*F* 检验
生计类型	0=纯农户(只从事农业相关生产) 1=非农户(只从事非农业生产) 2=多样化生计农户(同时从事农业相关生产和非农业生产)	1.42	0.62	0.29

注：*** 表示 $p<0.01$，** 表示 $p<0.05$，* 表示 $p<0.1$。

由表 5-45 可知，生计类型的三种类型在收入变化的均值方面无显著差异。

为更加直观地查看数据，将其表格化，结果如表 5-46 所示。

表 5-46　不同生计类型的收入恢复情况

单位：户，%

收入恢复	生计类型			总计
	纯农户	非农户	多样化生计农户	
减少	5(1.22)	60(14.63)	51(12.44)	116(28.29)
不变	15(3.66)	77(18.78)	81(19.76)	173(42.20)
增加	7(1.71)	49(11.95)	65(15.85)	121(29.51)
总计	27(6.59)	186(45.37)	197(48.05)	410(100.00)

注：括号外数字为户数，括号内数字为占比。

由表 5-46 可知，纯农户收入恢复的比例最高，其次是多样化生计农户，最后是非农户，这说明搬迁对农业方面的收入影响最小，对非农业方面影响最大，政府需要采取相关措施对非农户给予扶持，使其尽快恢复收入。

3. 小结

本节首先对调查问卷进行了相关介绍，然后对重要变量进行相关描述，接着对收入变化进行了描述性统计，最后得出相关结论。

第一，总收入变化均值为正值，说明搬迁户总体向好发展，总体收入水平提高；第二，约七成的搬迁户收入已经恢复到搬迁前水平，更有约三成搬迁户收入相比搬迁前增加；第三，非农业类平均收入较高，并且通过非农业类生计方式使收入增加的可能性较大，但是发生亏损的风险和金额也较大，所以应谨慎选择，不可盲目从众；第四，技能培训对劳动力的技能掌握十分有利，政府应加大对劳动力技能培训的力度。

（二）收入恢复影响因素分析

1. 模型与变量

本节建立模型、数据研究、取得结果的思路为：首先将收入恢复程度分为五个等级（恢复很差、恢复较差、已经恢复、恢复较好、恢复很好），其次使用有序分类 Logit 模型分析对收入恢复影响显著的因素，然后把收入变化取对数，使用多元回归分析，得出对收入恢复水平产生影响的因素，最后分析结果。这两个模型的相关理论如下。

（1）有序分类 Logit 模型

在统计学中，如果个体面临的选择是多值且有序的，比如对不同交通工具的选择、职业的选择进行了等级划分等，即假设可供个体选择的方案

为 $y=1, 2, 3, \cdots, J$，其中 J 为正整数，即共有 J 种互斥且有序的选择。

使用随机效用法，个体 i 选择方案 j 所能带来的随机效用为：

$$U_{ij} = x'_i\beta_j + \varepsilon_{ij} \quad (i = 1,\cdots,n;\ j = i,\cdots,J) \tag{5-31}$$

其中，解释变量 x_i 只随个体 i 而变化，不随方案 j 而变。比如，个体的性别、年龄、收入等特征。这种解释变量被称为“只随个体而变”（case-specific）或者“不随方案而变”（alternative-invariant）。系数 β_j 表明，x_i 对随机效用 U_{ij} 的作用取决于方案 j。

显然，个体 i 选择方案 j，当且仅当方案 j 带来的效用高于所有其他方案，故个体 i 选择方案 j 的概率为：

$$\begin{aligned} P(y_i = j \mid x_i) &= P(U_{ij} > U_{ik}, \forall k \neq j) \\ &= P(U_{ij} > U_{ik}, \forall k \neq j) \\ &= P(\varepsilon_{ik} - \varepsilon_{ij} \leqslant x'_i\beta_j - x'_i\beta_k, \forall k \neq j) \end{aligned} \tag{5-32}$$

假设 $\{\varepsilon_{ij}\}$ 为独立同分布且服从 I 型极值分布（type I extreme value distribution），则可证明：

$$P(y_i = j \mid x_i) = \frac{\exp(x_i'\beta_j)}{\sum_{k=1}^{J} x_i'\beta_k} \tag{5-33}$$

显然，所有方案的概率之和为 1，即 $\sum_{k=1}^{J} P(y_i = j \mid x_i) = 1$。公式（5-33）是二值选择 Logit 模型向多值选择模型的自然推广。需要注意的是，无法同时识别所有的系数 β_k，$k=1, \cdots, J$。这是因为，如果将 β_k 变为 $\beta_k^* = \beta_k + \alpha$（$\alpha$ 为某常数向量），对模型的拟合度不会造成影响。为此，通常将某方案（比如，方案 1）作为“参考方案”（base category），然后令其相应系数 $\beta_1 = 0$。由此，个体 i 选择方案 j 的概率为：

$$P(y_i = j \mid x_i) = \begin{cases} \dfrac{1}{1 + \sum_{k=1}^{J} \exp(x_i'\beta_k)} (j = 1) \\ \dfrac{\exp(x_i'\beta_j)}{1 + \sum_{k=1}^{J} \exp(x_i'\beta_k)} (j = 2,\cdots,J) \end{cases} \tag{5-34}$$

其中，“$j=1$”所对应的方案为参照方案。此模型称为有序分类 Logit 模型。

（2）多元回归模型

总体回归模型为：

$$Y = \beta_0 + \beta_1 X_1 + \beta_2 X_2 + \cdots + \beta_k X_k + \varepsilon \qquad (5-35)$$

现对上式两边取期望，且考虑到观察样本对应的估计值后，式（5-35）应表示为：

$$\hat{Y} = \hat{\beta}_0 + \hat{\beta}_1 X_1 + \hat{\beta}_2 X_2 + \cdots + \hat{\beta}_k X_k \qquad (5-36)$$

此时被称为样本回归方程（函数），然后使用最小二乘估计来获得参数估计值 $\hat{\beta}_0$，$\hat{\beta}_1$，…，$\hat{\beta}_k$。

（3）变量设置

本节主要研究对象为搬迁户收入恢复情况，如上文所述，本书将收入恢复程度划分为五个梯度，分别为恢复很差、恢复较差、已经恢复、恢复较好和恢复很好，其中前两者属于“收入恢复减少”，后两者属于“收入恢复增加”，这五个“方案”相互独立，并且这五个独立方案间存在逐渐向好的趋势；在自变量方面，导致收入恢复变化的因素有很多，包括分类变量和连续变量，符合有序分类 Logit 模型的相关要求。同时，因为收入恢复的绝对值变化范围较大，而变量的变化范围较小，所以对总收入变化取对数之后可以进行多元回归分析。

在自变量方面，根据相关文献并结合问卷的相关问题，将自变量分为三个方面，分别是搬迁特征、家庭特征和政策因素。

在搬迁特征方面，其由三个变量组成，分别是迁移类型、安置方式和迁入时长，其中迁移类型分为扶贫移民和非扶贫移民两类，安置方式分为集中安置、分散安置两类，迁入时长需要通过简单计算获得，问卷上只有迁入年份这一问题。

在家庭特征方面，有劳动力平均健康水平、劳动力平均文化水平、劳动力平均掌握技能水平、是否外出打工、负担比、家庭人口规模、户主性别、户主教育、户主年龄和急需大笔开支可求助户数目共 10 个因素。其中关于劳动力的 5 个因素需要通过 Excel 软件计算求得。对于家庭特征变量的设置比较多，原因之一是劳动力是参与家庭收入恢复的主要动力，而对于劳动力的衡量评价指标很多，这里只选取了具有代表性的几个变量。

在政策因素方面，因为房屋是基础设施中较为重要的一部分，同时也是搬迁户安身立业之处，所以选取了“房屋补助”这个政策因素；同时农户收入的恢复需要依靠相关产业的带动，所以加入了“产业扶持”；最后，政府对于劳动力的技能培训和就业帮扶可以加快搬迁农户实现生计方式转型，所以“培训与就业”因素也被纳入其中。

以上是对因变量和自变量的简单概述，表 5-47 为相应的变量设置及描述性统计。

表 5-47　变量设置及描述性统计

变量	定义与取值	均值	标准差
因变量-收入恢复			
收入变化情况	与搬迁前相比农户收入变化量	496.01	17959.94
收入恢复程度	1=恢复很差,2=恢复较差,3=已经恢复,4=恢复较好,5=恢复很好	2.95	1.21
收入恢复水平	对总收入变化取对数	(0.01)	(7.04)
自变量			
搬迁特征			
迁移类型	0=非扶贫移民(工程移民、生态移民、减灾移民和旅游开发引起的移民),1=扶贫移民(不考虑其他)	0.24	0.43
安置方式	0=分散安置,1=集中安置(不考虑其他)	0.77	0.42
迁入时长	迁入时长=2015-迁入年份+1	6.82	7.57
家庭特征			
劳动力平均健康水平	劳动力平均健康水平=劳动力健康自评之和/劳动力个数(1=差,2=一般,3=健康)	1.37	0.52
劳动力平均文化水平	劳动力平均文化水平=劳动力文化水平之和/劳动力个数(1=文盲,2=小学,3=初中,4=高中及以上)	2.59	0.69
劳动力平均掌握技能水平	劳动力平均掌握技能水平=技能掌握人数/劳动力人数(0=不掌握技能,1=掌握某项技能)	0.33	0.42
是否外出打工	0=否,1=是	0.76	0.43
负担比	无劳动能力人口数目/劳动力数目	1.51	1.34
家庭人口规模	家庭人口数目总和	4.51	4.51
户主性别	0=女,1=男	0.92	0.27
户主教育	1=文盲,2=小学,3=初中,4=高中及以上	2.22	0.84
户主年龄	户主的年龄	50.51	12.21

续表

变量	定义与取值	均值	标准差
急需大笔开支可求助户数目	遇到困难可以求助的其他家庭的数量	3.81	4.94
生计类型	0=纯农户（只从事农业相关生产） 1=非农户（只从事非农业生产） 2=多样化生计农户（同时从事农业相关生产和非农业生产）	1.42	0.62
政策因素			
房屋补助	0=无政府建房、购房补助 1=有政府建房、购房补助	0.83	0.38
产业扶持	0=没有享受产业扶持政策 1=享受产业扶持政策	0.15	0.36
培训与就业	0=无家庭成员正在或参加过培训与享受就业扶持 1=有家庭成员正在或参加过培训或享受就业扶持	0.18	0.38

注：括号内数据表示对总收入变化取对数后得到的均值和标准差。劳动力划定标准根据人口学一般统计方式，年龄范围为16~64岁（共计1484人）。迁入时长变量，剔除时长在20年以上（包含20年）的相关数据；户主年龄变量，剔除年龄在16岁以下的相关数据；负担比的计算中劳动力采用“实际劳动力”，具体指目前有职业且年龄在16~64岁。

2. 回归分析

（1）收入恢复程度与水平的影响因素分析

建立有序分类Logit模型分析影响收入恢复程度的因素，以下四个模型将搬迁特征设为自变量，其他变量作为控制变量，依次将自变量放入有序分类Logit模型（模型1、模型2、模型3），分别检验其是否对收入恢复程度具有显著影响，然后再将三个变量同时加入模型（模型4）。模型结果如表5-48所示。

表5-48　收入恢复程度的有序分类Logit模型回归结果

变量	收入恢复程度			
	模型1	模型2	模型3	模型4
自变量				
搬迁特征				
迁移类型	0.142			0.196
安置方式		−0.607***		−0.525**
迁入时长			0.053**	0.049**

续表

变量	收入恢复程度			
	模型 1	模型 2	模型 3	模型 4
控制变量				
家庭特征				
劳动力平均健康水平	0.132	0.147	0.106	0.089
劳动力平均文化水平	0.531**	0.497*	0.632**	0.636**
劳动力平均掌握技能水平	0.011	-0.002	-0.036	-0.001
是否外出打工	0.090	0.073	0.063	0.035
负担比	-0.191***	-0.167**	-0.193***	-0.183***
家庭人口规模	0.051	0.046	0.042	0.050
户主性别	-0.333	-0.427	-0.514	-0.534
户主教育	-0.198	-0.177	-0.213	-0.218
户主年龄	0.001	0.000	0.003	0.002
急需大笔开支可求助户数目	0.024	0.021	0.019	0.018
生计类型				
非农户	0.363	0.384	0.402	0.424
多样化生计农户	0.488	0.459	0.458	0.436
政策因素				
房屋补助	-0.713***	-0.628**	-0.740***	-0.664**
产业扶持	0.348	0.329	0.162	0.216
培训与就业	0.055	0.072	0.067	0.081

注：* 表示 $p<0.1$，** 表示 $p<0.05$，*** 表示 $p<0.01$（本书把 * 描述为显著性一般，** 描述为显著性较强，*** 描述为显著性很强）。

通过回归结果可知，在重点研究的变量中，扶贫移民这一迁移类型对收入恢复程度没有显著作用；在安置方式方面，分散安置对收入恢复程度有非常显著的正向作用；迁入时长对收入恢复程度有比较显著的正向作用。

建立多元回归模型分析影响收入恢复水平的因素，其分析思路与上述方法基本一致，先分别检验自变量各自对其的影响（模型 5、模型 6、模型 7），然后同时加入三个自变量（模型 8），检验对因变量的影响水平，分析结果如表 5-49所示。

表 5-49　收入恢复水平的多元回归模型回归结果

变量	收入恢复水平			
	模型 5	模型 6	模型 7	模型 8
自变量				
搬迁特征				
迁移类型	0.846			1.081
安置方式		-2.379***		-2.169**
迁入时长			0.179**	0.157*
控制变量				
家庭特征				
劳动力平均健康水平	0.289	0.402	0.173	0.146
劳动力平均文化水平	2.125**	2.020**	2.445***	2.545***
劳动力平均掌握技能水平	-0.085	-0.229	-0.277	-0.176
是否外出打工	0.383	0.389	0.372	0.293
负担比	-0.762***	-0.623**	-0.745***	-0.693***
家庭人口规模	0.203	0.163	0.143	0.145
户主性别	-0.944	-1.142	-1.523	-1.479
户主教育	-0.724	-0.663	-0.795	-0.854
户主年龄	0.000	0.001	0.007	0.005
急需大笔开支可求助户数目	0.090	0.074	0.068	0.066
生计类型				
非农户	0.979	1.122	0.986	1.054
多样化生计农户	1.436	1.303	1.295	1.177
政策因素				
房屋补助	-2.661***	-2.308**	-2.735**	-2.356**
产业扶持	1.196	1.063	0.546	0.741
培训与就业	0.363	0.409	0.372	0.437

注：* 表示 p<0.1，** 表示 p<0.05，*** 表示 p<0.01。

由表 5-49 结果可知，迁移类型对收入恢复水平没有影响；安置方式中，集中安置对收入恢复水平有非常显著的负向影响，而且影响较大；迁入时长对收入恢复水平有比较显著的正向作用，但是从其系数判断，其影响较小。

（2）选择不同生计方式农户的收入恢复程度与水平的影响因素分析

此部分主要研究含有不同生计方式（农业、非农业和外出打工）家庭的收入恢复程度与收入恢复水平的影响因素。

表 5-50 为建立的有序分类 Logit 模型，研究对含有不同生计方式家庭收入恢复程度的影响因素（模型 9、模型 10、模型 11 分别表示从事农业、非农业和外出打工的家庭样本）。

表 5-50 含有不同生计方式家庭的有序分类 Logit 模型的收入恢复程度回归结果

变量	收入恢复程度		
	模型 9	模型 10	模型 11
自变量			
搬迁特征			
迁移类型	0.508	0.009	0.540*
安置方式	-0.393	-0.649	-0.406
迁入时长	0.070**	-0.023	0.050*
控制变量			
家庭特征			
劳动力平均健康水平	0.162	-1.229	0.014
劳动力平均文化水平	0.981**	1.367	0.670**
劳动力平均掌握技能水平	-0.125	-0.054	0.471
是否外出打工	-0.071	-0.410	-0.004
负担比	-0.112	0.137	-0.217***
家庭人口规模	0.090	-0.037	-0.002
户主性别	0.319	1.415*	0.174
户主教育	-0.125	0.068	-0.260
户主年龄	-0.002	-0.009	-0.007
急需大笔开支可求助户数目	-0.008	0.140	-0.030
政策因素			
房屋补助	-0.642*	0.253	-0.546**
产业扶持	0.479	-0.336	0.181
培训与就业	-0.027	0.092	0.108

注：* 表示 $p<0.1$，** 表示 $p<0.05$，*** 表示 $p<0.01$。

结果显示，在搬迁特征方面，对含有农业生计方式的家庭而言，迁入时长对其收入恢复程度而言是一个影响作用比较显著的因素；而对包含非农业生计方式的家庭而言，三个关键变量均不存在显著影响；对有外出打工生计方式的家庭而言，搬迁类型和迁入时长对其收入恢复程度有显著性一般的正向作用。

表 5-51 为使用多元回归模型，研究对包含不同生计方式家庭收入恢复水平的影响因素（模型 12、模型 13、模型 14 分别表示从事农业、非农业和外出打工的家庭样本），结果如表 5-51 所示。

表 5-51　含有不同生计方式家庭的收入恢复水平多元回归分析结果

变量	收入恢复水平		
	模型 12	模型 13	模型 14
自变量			
搬迁特征			
迁移类型	1.729	-0.218	2.380**
安置方式	-1.610	-2.133	-1.643*
迁入时长	0.206*	-0.143	0.171*
控制变量			
家庭特征			
劳动力平均健康水平	0.617	-2.448	-0.078
劳动力平均文化水平	3.652***	3.552	2.967***
劳动力平均掌握技能水平	-0.526	-0.171	1.510
是否外出打工	0.069	0.201	0.158
负担比	-0.413	0.398	-0.848***
家庭人口规模	0.277	-0.319	-0.056
户主性别	1.449	4.880	0.987
户主教育	-0.316	0.038	-1.008
户主年龄	-0.004	-0.044	-0.026
急需大笔开支可求助户数目	-0.008	0.222**	-0.087
政策因素			
房屋补助	-2.461*	0.992	-2.140**
产业扶持	1.636	-1.121	0.621
培训与就业	-0.103	0.695	0.577

注：* 表示 $p<0.1$，** 表示 $p<0.05$，*** 表示 $p<0.01$。

表 5-51 说明，对包含农业生计方式的家庭而言，迁入时长对收入恢复水平有显著性一般的正向作用；对包含非农业生计方式的家庭而言，没有关键变量对其收入恢复水平有显著影响；对于有外出打工生计方式的家庭而言，迁移类型对其收入恢复水平有比较显著的正向影响，且作用效果

很强，安置方式对其收入恢复水平有显著性一般的负向影响，且作用效果比较强，迁入时长对收入恢复水平影响的显著性一般，影响水平也一般。

然后又通过多元回归模型分别对收入恢复水平增加和减少的（总收入变化取对数大于 0 和小于 0）样本做回归分析，结果如表 5-52 所示。

表 5-52　收入恢复水平增加和减少影响因素多元回归分析

变量	收入恢复水平		
	模型 15	模型 16	模型 17
自变量			
搬迁特征			
迁移类型	-0.392	-0.455*	1.081
安置方式	0.082	-0.409	-2.169**
迁入时长	0.025	0.030	0.157*
控制变量			
家庭特征			
劳动力平均健康水平	0.135	0.171	0.146
劳动力平均文化水平	0.083	0.346	2.545***
劳动力平均掌握技能水平	-0.451	-0.101	-0.176
是否外出打工	0.379	0.253	0.293
负担比	0.043	-0.072	-0.693***
家庭人口规模	-0.037	0.253***	0.145
户主性别	-0.231	-0.621	-1.479
户主教育	0.079	-0.360*	-0.854
户主年龄	0.008	-0.024**	0.005
急需大笔开支可求助户数目	-0.044	0.016	0.066
生计类型			
非农户	0.342	0.479	1.054
多样化生计农户	0.357	-0.077	1.177
政策因素			
房屋补助	-0.857**	-0.027	-2.356**
产业扶持	-0.394	-0.106	0.741
培训与就业	0.204	0.198	0.437

注：* 表示 $p<0.1$，** 表示 $p<0.05$，*** 表示 $p<0.01$。

表 5-52 中模型 15、模型 16 分别表示收入恢复水平减少和增加的相关情况，模型 17 作为其对照组，其因变量的选取为收入（取对数）恢复水

平。表 5-52 结果显示，迁移类型对收入恢复水平的增加有显著性一般的负向影响，具体解释为搬迁之前贫困的家庭，其生计资本相对薄弱，这导致在收入恢复后，收入增加的后劲不足，或者理解为其原有的生活方式、思维习惯等因素阻碍了其进一步发展；家庭人口规模对于收入恢复后的进一步增加具有很显著的正向影响。

（3）小结

对上述分析结果总结可知，“外出打工”对迁移类型为“扶贫移民”的农户的收入恢复起到了较强的正向作用，这说明外出打工是较为贫困的农户收入恢复和增加的一种较好的方式；集中安置对收入恢复的负向作用主要体现在有外出打工生计方式的家庭中，对此解释为相对于分散安置而言，集中安置的居民因地域等限制其打工机会和条件较少，分散安置的居民可以直接享受当地较为完善的基础设施等资源，并且分散安置居民往往自身条件较好，其生计资本相对充裕；“迁入时长”主要对有“农业”和“外出打工”生计方式的农户有正向影响，其影响程度一般，但是对从事“非农业”农户而言，影响不显著。

在控制变量方面，劳动力平均文化水平对有农业生计方式的家庭和有外出打工生计方式的家庭都存在较强的正向影响，而对有非农业生产家庭的收入恢复产生的影响并不显著，可解释为：目前农业方面应用机械化水平越来越高，这需要一定的文化水平，同样外出打工也需要一定的文化水平来与人沟通和不断学习新的技能。还可解释为同时选择农业和外出打工的家庭较多（约 400 户至少从事其中之一，约 200 户从事两种生计方式），其解释样本之间出现重合，导致选择两种生计方式的家庭都出现收入恢复向好的局面。总之劳动力平均文化水平对包含“农业”和“外出打工”的家庭有很强的正向作用。负担比方面，主要对有外出打工的家庭呈现了负向影响，可解释为：由于外出打工其家庭成员无法照看没有劳动能力的家庭成员，由此对收入恢复产生了负向作用，而对有从事务农业和非农业的家庭没有显著性影响的原因可能为，其有足够的时间和精力来照看没有劳动能力的家庭成员。另外，“房屋补助”对收入恢复也有显著性一般的负向影响，但这不能否定购房、建房补助对其收入恢复的作用，也不能认定此变量设定有误（其已通过 t 检验），对此现象的解释与对集中安置的负向作用解释类似，生计资本较强的家庭其收入恢复能力一般较强，且不需要相关补助，而生计资本薄弱的家庭在取得房屋补助后，仍需要相对较长的时间才可恢复到搬迁前的收入水平。同时家庭人口规模对收入恢复水平的增加有很显著的正向作用，说明劳动力和非劳动力对家庭生活和家庭生计参与越多，则越有利于家庭在收入恢复以后经济水平的进一步增长。

此外，还有两个变量，“急需大笔开支可求助户数目”和“户主性别”对有非农业生计方式家庭（不足 80 户）有显著的正向影响，但是其结果分别出现在多元回归模型和有序分类 Logit 模型之中，故将其单独说明，对这两个变量的解释同样容易理解，非农业生计方式指开小卖部、汽修、农家乐等服务业，可求助户越多则意味着其人脉越广，越有利于其家庭产业的发展，而户主为男性对非农业生计方式家庭收入影响较大，可以理解为男性更具管理、组织、安排和领导的能力，所以对家庭非农业方面的收入有正向影响。另外，对非农业生计方式家庭影响的因素较少的原因，可解释为，参与非农业生计方式的家庭数目较少，而扶贫和移民搬迁政策一般倾向于对农业和外出打工方面的扶持，因而对非农业方面的扶持相对较少，而且非农业生计方式的发展往往需要一定的启动资金和技术设备，对搬迁户和贫困户而言，对这方面生产资料的获取有一定困难，所以非农业生计方式的发展较为缓慢，参与农户数量相对较少。

（三）结论与展望

本部分首先对主要结论进行总结，然后根据分析所得结果与结论，结合实际情况提出相关政策建议，指出本部分研究的不足之处，并对未来研究提出展望。

1. 主要结论

在搬迁户收入恢复方面，主要结论如下。

第一，搬迁户恢复情况总体向好。这一结论可从多方予以论证，例如，总收入变化的均值为正值，说明总的来看，搬迁户整体收入水平和生活水平提高；再如，已经有约七成的搬迁户收入恢复到搬迁前水平，更有约三成的搬迁户收入相比搬迁前增加，仅有不足三成搬迁户收入还未恢复，而其中又有刚刚搬迁的农户，所以真正难啃的“硬骨头”所占比例会更低一些。

第二，外出打工对收入恢复影响较大。分析可知，打工收入变化均值较高，收入增加的比例较大，但是外出打工也是收入变化减少中变化量均值和标准差最大的或较大的，这也就意味着其移民搬迁后相应的亏损的风险和金额也相对较大，所以在选择时不应盲目从众。

在影响搬迁户收入恢复因素方面，主要结论如下。

第一，迁入时长和劳动力平均文化水平对收入恢复有显著的正向影响。而且这两个因素对包含农业和外出打工生计方式家庭的收入恢复影响较为显著。

第二，家庭人口规模对收入的增加具有显著的正向影响，较弱的生计资本对收入恢复的增加具有显著的负向影响。较弱生计资本的农户是指搬迁前就处于贫困的农户，其搬迁后虽然收入恢复，但是距离小康还有差距，应该对其给予重视。

第三，负担比对收入恢复有显著的负向影响。这一因素主要是通过对参与外出打工的搬迁户显著的负向影响造成的，说明高的负担比对外出打工的人员来说，给其造成的生活压力相比从事农业和非农业人员的压力更大。

第四，对于集中安置和房屋补助这两个因素，从结果上看是对收入恢复产生负面影响，但是，对此不能单纯地说其对收入恢复有负向影响，因为通过分析可知，生计条件较好的农户其恢复能力一般较强，对政府的集中安置和房屋补贴的需求较低，这可以从侧面反映出精准扶贫的作用，其精确定位到了需要帮扶的搬迁户，帮助其恢复收入，因而不能单纯认为集中安置和房屋补助对其产生负面影响。

2. 政策建议

第一，适度鼓励外出打工。通过分析结果可以看出，对于扶贫移民农户而言，参与外出打工的农户收入恢复得更好，同时外出打工相比其他生计方式而言，收入更高，但是要适可而止，不能为了收入恢复增长而一味鼓励外出打工，因为近年来由于外出打工农村出现了很多留守儿童和孤寡老人，年轻劳动力为了追求高收入，远走他乡，造成了一些社会问题，如农村老人的养老问题、小孩的教育问题，所以要适度鼓励外出打工，同时想办法促进外出打工的劳动力同家人增进联系，如为其设立专项电话卡，减少其通话成本，再如为其设立专门火车票，降低其往来的成本，在实现收入恢复的同时，使社会更加和谐，从而减少金钱引发的冲突。

第二，大力发展教育，提高搬迁地区劳动力素质。通过分析可知，劳动力平均文化水平对其收入恢复有显著的正向影响，而未来又是科技的时代，要从根本上解决搬迁地区和农村地区的贫困问题，“人”是关键，但是对人的培养又是缓慢的，需要数十年的努力才能使劳动力素质有质的飞跃，但正因如此，才应该坚持不懈地发展教育产业，在教育方面将有关政策对区、县，特别是贫困区、县有所倾斜，比如年轻城市老师的转正需参考其是否参与支教和支教时长。

第三，继续推行技能培训和就业扶持相关工作。由分析可知，负担比对收入恢复有显著负向影响。在本书中，负担比来源于两个方面：一方面是没有工作的人，另一方面是有工作的适龄人口。所以降低负担比主要是使没有工作的适龄人口“有工可做、有工能做”，也就是减少摩擦性失业和结构性失业，所以政府应该继续对搬迁户进行技能培训和就业扶持，使其在生活环境改变后能够快速融入新的社区，掌握新的谋生技能，以加速其收入恢复。

第四，加快集中安置区基础设施建设。虽然集中安置和房屋补助从目前的结果看是负向作用，但是通过对比分析可知，在分散安置区域的搬迁户多恢复得较好，其中一个因素就是分散安置区域发展程度相对较高，所以农户收入恢复还会受到自身生计能力和环境发展水平的共同影响，而加快基础设施建设，有利于引进外部投资，从而加快收入的恢复。

第五，加大多种产业扶持力度。通过分析发现，现有的诸多政策对包含非农经营家庭的收入恢复没有显著影响，而非农经营的平均收入较高，所以，政府应该鼓励发展非农产业，以农家乐为例，政府可以增加相关培训，完善相关基础设施，在市区帮助其宣传做广告等，以促进农家乐产业的发展。

第六，增强政策灵活性。根据本书的研究结果，原有的扶贫移民农户，其搬迁时相关的政策，对那些收入恢复增加的农户来说，可能已经不再适用，所以政府应该适时根据不同农户的发展特点和发展情况制定更加有针对性的政策，像“精准扶贫”一样做到“政策精准”，这样才能进一步加速搬迁户收入的恢复和增长。

第七，打造建设和谐社区。由分析可知，可求助户越多越有利于非农产业的发展，所以构建一个和谐社区有利于农户间的交流与合作，从而促进收入恢复。可以举办戏曲下乡、民俗进城、民俗文化展等文化交流活动，丰富农户精神生活，从而构建美丽和谐社区。

三　陕西易地扶贫搬迁安置区多维贫困测度与致贫因素分析

（一）引言

贫困一直是国际社会普遍关心的问题，继联合国千年发展目标把消除贫困作为主要任务之后，2015 年达成的联合国可持续发展目标更是把消除贫困放在首要位置，号召到 2030 年在全球范围内消除一切形式的贫困。作为世界减贫事业的积极引领者和实际推动者，新中国成立特别是改革开放以来，中国经过大规模扶贫开发，让农村 7 亿多人摆脱了贫困，创造了人类减贫史上的奇迹。2015 年，党中央提出要确保到 2020 年农村贫困人口全部脱贫（现行标准）。伴随宏观经济形势的演进，尤其是收入不平等程度的加深，既有以区域开发为主的扶贫方式出现瞄准率降低和边际效果递减的问题。2014 年 5 月，国务院扶贫开发领导小组等七部门出台《建立精准扶贫工作机制实施方案》，标志着中国农村扶贫工作进入了“精准扶贫”新时期。基于 2015 年底全国有近 1000 万贫困人口仍居住在“一方水土养不起一方人”地区的现实，中央政府把“易地扶贫搬迁”作为新时期“五个一批”精准扶贫工程之一，计划用 5 年时间，把困难群众搬离恶劣的生存环境，以实现持续稳定脱贫。

精准扶贫的基本要义是扶贫政策和措施要对准真正的贫困家庭和个人，通过有针对性的帮扶，根除致贫的各种因素，实现持续脱贫的目的。精准识别出贫困家庭和人口是精准扶贫的前提，找出致贫因素则是精准帮扶的基础。目前，在中国农村，无论是在精准扶贫对象识别还是在最低生活保障对象的认定上，主要依据基本需求定义贫困，属于绝对贫困或收入贫困的范畴，然而，贫困还包括相对贫困和多维贫困。根据世界银行的定义，贫困是指福利的缺失，是多维的，不仅包括收入或消费贫困，还包括能力贫困。Sen（1983）从能力视角认为，贫困的实质是人们缺乏维持正常生活和参与社会活动的可行能力，是创造收入和机会的贫困。鉴于贫困的多维性，仅以收入为依据来划分农村贫困人口，并在此基础上提供现金转移支付，存在诸多问题：第一，农村居民的收入具有不稳定且难以测量的属性，一些农户可能会为获取救助而故意低报收入；第二，即使对于当期收入的测量准确无误，唯收入而论的做法，也将掩盖同为收入贫困的穷人所面临的多维剥夺（deprivation）的差异，一些穷人可能只是暂时的收入减少和中断，另一些则可能因多维剥夺的存在而长期陷入贫困。事实上，低于收入贫困线的对象不一定面临生活上的缺失，反而一些高于收入贫困线的家庭生活水平低于公认的可接受标准。

易地扶贫搬迁的本质是，通过空间的转移改变贫困户的外部发展环境，降低其生产生活中所面临的外部冲击风险，以降低脆弱性。然而，移民从一个区域搬迁到另一个区域本身就存在诸如产生贫困等各种风险，与传统因素导致的“旧贫困”不同，移民搬迁引致的贫困是因需要发展而产生的“新贫困”。虽然自愿型的扶贫搬迁降低了移民陷入“介入型”贫困的概率，但他们仍面临生计恢复的挑战。在易地搬迁背景下，移民从原住地搬到新社区，搬的不仅是房子，而且是人脉资源和人文环境，搬的不仅是硬件资源，而且是软环境。与原住地较为封闭的熟人社会相比，安置区是一个更为开放和市场化的半熟人社会或者陌生人社会。搬迁后，农户须适应新环境，实现身份、生计的双重转型，在此过程中，其生计是脆弱的，其需求是多层次、多样性的，除收入外，主观感知的教育、医疗卫生等公共设施更大程度地决定着他们能否“安身立命”。当移民在安置区的需求得不到满足或关注时，他们可能难以有效利用安置区的生计发展资源，贫困程度加深。此外，在收入定搬和定额搬迁的情况下，搬迁户之外的迁出地原住民和迁入地本地户也存在不同维度上的贫困，只重视搬迁户而忽视其周围的其他群体，可能产生新的不公平以致阻碍搬迁户的社会融入，甚至破坏安置区持续发展的政治根基和社会基础。故而，随着越来越多的移民进入安置区，易地扶贫搬迁的重点应该聚焦于移民群体的多维贫困，而中央和地方政府要想提高扶贫工作的精准性，必须从多个维度对农户的贫困状况加以监测，从不同层次对其致贫因素进行评估。

鉴于以上分析，本书参考联合国开发计划署（UNDP）开发的多维贫困指标，结合中国易地扶贫搬迁的具体情境，构建农户多维贫困的测度体系，使用微观一手调查数据，对移民安置区不同群体的多维贫困状况进行测度和分解，并从家庭、社区两个层面对致贫因素进行分析，尝试为补齐扶贫短板，促进搬迁户融入新社区、可持续发展，提供经验依据和政策建议。

（二）多维贫困的理论发展和研究现状

衡量贫困主要有两种方法，即直接法和间接法（或收入法）。直接法显示人们是否满足了一系列特定的基本需求、权利，或者 Sen 所谓的“可行能力”。收入法决定了人们的收入是否低于贫困线——满足某些特定基本需求的收入水平。直接法体现了多维贫困的思想，它最全面的逻辑起点是 Sen 的“可行能力”理论框架。根据这一框架，一个人最为重要的是选择其功能（function）的自由，为了发挥功能，他需要一组属性带来的最低水平的福祉。收入法背后的逻辑是，原则上一个处于收入贫困线以上的人被认为拥有潜在的购买力，可以获得一系列属性，产生足以发挥功能的福祉水平。

传统意义上的贫困主要指收入贫困，即个人或家庭所拥有的收入低于能够满足其最基本生存需要的收入水平。很多文献研究了宏观经济和微观经济政策在影响衡量贫困的货币尺度方面的作用。尽管衡量贫困的货币尺度在显示长期广泛的贫困动态方面是重要和有用的，但它们常常被认为过于简单，事实上，从一开始经济学家就已经意识到收入法的一些基本局限。第一，消费行为的模式可能不统一，因此达到贫困线的收入水平并不能保证一个人能够满足他的最低需求。第二，人们可能会面临不同的价格，从而降低贫困线的准确性。第三，将一定数量的收入转化为特定功能的能力因年龄、性别、健康、地点、气候和残疾等状况而异。人们的转换系数不同。第四，可支付的高质量的服务，如水、健康和教育并非通过市场来提供。第五，使用间接法无法核实家庭内部的收入分配。第六，参与性研究表明，经历贫困的人将他们的状态描述为除了低收入之外还包括其他方面的缺失。第七，从概念性的角度来看，收入仅仅是实现有价值目标的一种通用手段。

随着对贫困认识的不断加深，人们对贫困的关注也从单一的收入贫困向多维贫困转移，如今已普遍承认，贫困还有其他重要方面，比如健康等，需要从一开始就被考虑，而非简单地事后补充。Sen 的可行能力理论首先清楚地概述了人们的注意力从收入转移到实际自由，且这一观点得到了其他哲学家和经济学家的扩展利用。基于 Sen 的可行能力理论，Alkire 和 Foster（2007）提出了计算多维贫困指数（Multidimensional Poverty Index，MPI）的 AF 方法，通过教育、健康和生活质量三个维度对不同国家的贫困状况进行了评价。依据 Alkire 和 Foster 用 AF 方法测算的全球多维贫困结果，UNDP 从 2010 年开始，在每年的《人类发展报告》中对全球多维贫困状况进行公布。贫困是多方面的，货币匮乏是一个重要方面，但是，它没有准确地代表教育、健康、生活质量等其他贫困。研究业已表明，大量被多维剥夺权利的人并不缺钱，反之亦然。使用 MPI 的好处不仅在于它包含了比收入或支出更广泛的实际福祉衡量标准，还在于它除了考虑贫困人口的人数（贫困发生率）之外，还考虑了贫困的强度。

国内关于多维贫困的研究主要集中出现在近十年内，早期的研究处于对多维贫困测量指标探讨、开发、验证以及测量方法总结阶段。近年来，在中国扶贫攻坚战不断深入，精准扶贫、精准脱贫上升为国家战略的背景下，学者们以 AF 方法为基础，对于多维贫困的测度研究日益增多。高艳云（2012）对中国城乡多维贫困进行了测度和分解；郭熙保和周强（2016）从动态性视角研究了中国不同时期多维贫困的变化；王春超和叶琴（2014）分别对农民工、老人、流动妇女和儿童等特殊群体的多维贫困进行了分析；刘林（2016）对贫困地区、民族地区和自然保护区等特殊区域的多维贫困进行了考察。

纵览文献可知，目前国内关于多维贫困的研究，所用数据来源比较单一且存在空间覆盖上的泛化，由于所使用的样本不同，结论也有所差异，除了对家庭多维贫困测度外，从不同层面（个体、家庭、社区、地区等）来分析致贫因素的文献较为少见，结合易地扶贫搬迁的文献则少之又少。殷浩栋等（2017）虽从家庭禀赋、生态环境、基础设施与公共服务三个维度，构建了一个识别易地扶贫搬迁户的多维指标体系，并利用 8 省 16 个县的搬迁户样本，检验了该体系下扶贫搬迁户的识别准确率以及各指标对其的贡献度，但没有对多维贫困的产生原因进行分析。在前人研究的基础上，本研究的重点为：一是结合易地扶贫搬迁的背景，依据一手农户调查数据，对搬迁户的多维贫困进行了测度和分解，并与安置区本地户进行了对比；二是从家庭、社区等不同层面分析了农户多维贫困的致因及其机理。研究结果对于更全面地认识农户的贫困状况、确定后续扶贫工作的优先重点具有重要的理论和实践意义。

（三）多维贫困的测度方法

使用 Alkire 和 Foster（2007）开发的 AF 法测度易地搬迁安置区农户多维贫困，需遵循以下步骤。

①定义将在多维贫困测度中考虑的一组指标。同一个人或者同一个家

庭要有所有指标的数据；

②为每项指标设定剥夺临界，即确定每项指标不被剥夺的下限水平；

③根据临界值判断每个人在每个指标上是否被剥夺；

④选择每个指标的相应权重，保证这些权重之和为 1；

⑤计算每个人的加权剥夺比例，这被称为他的剥夺得分；

⑥确定贫困临界值，即一个人被判定为多维贫困需要达到的加权剥夺得分，并且根据所定贫困临界值判断每个个体是否为多维贫困；

⑦计算被定为多维贫困的人口占总人口的比例，即多维贫困人口比例 H，也叫作多维贫困发生率；

⑧计算贫困人口的加权平均剥夺分数，加总穷人的剥夺得分，并且除以贫困人口总数，即得穷人的平均贫困分数 A，也叫作多维贫困程度；

⑨计算前两部分指标的乘积即 M_0 指数：$M_0=H\times A$。

假设样本中有 n 个人，福利水平通过 d 个指标来评估。用 $x_{ij}\in R_+$（$i=1, \cdots, n$；$j=1, \cdots, d$）表示个体 i 在指标 j 上的得分。用 w_j 表示每个指标所对应的权重，$w_j>0$ 且 $\sum_{j=1}^{d}w_j=1$。用 $W_i>0$ 表示分配给每个个体 i 的权重，用以反映每个单位对有关人口的代表性。一个人被认定为贫困要经过两个步骤。第一，使用剥夺临界值 z_j 确定个体是否在指标 j 上贫困。每个人都被分配一个剥夺状态值 g_{ij}，如果个体 i 在指标 j 上被剥夺或 $x_{ij}<z_j$，则 $g_{ij}=1$，否则 $g_{ij}=0$。第二，计算每个个体的总体剥夺得分 $c_i\in[0, 1]$，$c_i=\sum_{j}^{d}w_jg_{ij}$。如果 $c_i\geqslant k$，则个体 i 被识别为穷人，其中 $k\in(0, 1]$；否则，个体 i 不是穷人。值得一提的是，一个人可能有正的剥夺分数，但如果剥夺分数低于临界值 k，则不会被认定为贫困。

我们用 q 表示样本中穷人的数量，那么多维贫困发生率（H）用以下公式表示：

$$H=\frac{\sum_{i=1}^{q}W_i}{\sum_{i=1}^{n}W_i} \tag{5-37}$$

穷人的平均贫困分数或贫困程度（A）用以下公式表示：

$$A=\frac{\sum_{i=1}^{q}W_ic_i}{\sum_{i=1}^{q}W_i} \tag{5-38}$$

调整后的人口比率 M_0 是贫困发生率和贫困程度的乘积：

$$M_0 = H \times A = \frac{\sum_{i=1}^{q} W_i c_i}{\sum_{i=1}^{n} W_i} = \frac{\sum_{i=1}^{n} W_i c_i I[c_i \geq k]}{\sum_{i=1}^{n} W_i} \qquad (5-39)$$

其中 I 是一个指示函数，如果 $c_i \geq k$，则 $I[c_i \geq k]=1$；否则，$I[c_i \geq k]=0$。

M_0 测量值具有某些有用的特性。首先，它是子群可分解的，这意味着 M_0 可以表示为互斥和集体穷举子群的 M_0 值的人口份额加权平均值。其次，M_0 也可以表示为指标的“资格审查合格”人数比率的相对加权总和。指标 j 的“资格审查合格”人数比率是多维贫困人口的比例，同时在该指标中被剥夺。有关 M_0 特性的详细讨论，请参见 Alkire 和 Seth（2015）。

根据世界银行的定义和 Sen 等的研究，贫困可概括为福利的缺失，包含多个维度和不同的层次，实质是人们缺乏维持正常生活和参与社会活动的可行能力，是创造收入和机会的贫困。遵循这一定义，结合研究对象的生活状况，本书构建了包含教育、技能、就业、健康、饮水、能源、住房和资产八个维度的多维贫困测度体系。这些维度从不同方面影响甚至决定着人们维持正常生活和参与社会活动的能力，不仅已被包含在 UNDP 每年发布的反映全球贫困状况的 MPI 指标里，也体现在联合国可持续发展目标中，并且已被不少学者作为测度多维贫困的指标用以研究相关主题，因此具有一定的理论和现实意义。由于每个维度对人们的生活和发展都具有不可替代的作用，在多维贫困的缺失值计算上我们赋予各维度相等的权重。需要指出的是，本书对多维贫困的测度是以户为单位的。表 5-53 报告了各维度的权重及其贫困临界值。

表 5-53　多维贫困各维度的权重及其贫困临界值

维度	权重	贫困临界值	SDG
教育	0.125	家中无一人文化程度超过小学的赋值为 1	SDG4
技能	0.125	家中无一人掌握任一门手艺或技术的赋值为 1	SDG9
就业	0.125	家中无一人就业的赋值为 1	SDG8
健康	0.125	家中至少有 2 人身体不好的赋值为 1	SDG3
饮水	0.125	家中不通自来水的赋值为 1	SDG6

续表

维度	权重	贫困临界值	SDG
能源	0.125	做饭燃料为薪柴或煤炭的赋值为1	SDG7
住房	0.125	人均住房面积小于 $12m^2$ 或者房屋为土木结构的赋值为1	SDG 11
资产	0.125	家中拥有以下耐用品或生产性工具总数不足一件的赋值为1：电脑、电视、洗衣机、冰箱/柜、挖掘机、摩托车、铲车、拖拉机、汽车、水泵、机动三轮车	
多维贫困临界值（k=30%），如果个体加权剥夺得分>30%，则为多维贫困人口			

注：SDG为联合国可持续发展目标，一共有17个目标，SDGs表示第s个目标。

资料来源："Take Action for the Sustainable Development Goals-United Nations Sustainable Development"，https：//www.un.org/sustainabledevelopment/sustainable-development-goals/。

（四）实证分析

1. 单维度贫困发生率

通过考察单维度贫困发生率可以获得的重要信息是：所调查农户在技能、能源、教育、饮水等维度的缺失较为明显。在全样本中，有54.6%的农户家中无一人掌握任一门手艺或技术，有32.5%的农户做饭燃料为薪柴或煤炭，有20.7%的农户家中无一人文化程度超过小学，还有20.5%的农户家中不通自来水。比较而言，搬迁户在教育、健康维度有较高的贫困发生率，本地户在饮水、能源、住房维度有较高的贫困发生率，其他维度无显著差异（见表5-54）。

表5-54　不同人群单维度贫困发生率比较

单位：%

维度	全样本	本地户	搬迁户	维度	全样本	本地户	搬迁户
1. 教育	20.7	17.1	23.3	5. 饮水	20.5	41.5	5.2
2. 技能	54.6	54.1	54.9	6. 能源	32.5	44.4	23.8
3. 就业	12.0	11.7	12.2	7. 住房	17.0	23.6	12.2
4. 健康	16.5	13.2	18.9	8. 资产	1.7	1.0	2.2

2. 多维贫困指数及其分解

对多维贫困指数进行分解有助于明确构成多维贫困的主要方面，确定扶贫工作的优先重点。表5-55报告了不同 k 值下各维度对多维贫困指数的贡献率。从中我们不仅发现随着 k 值的增加，多维贫困发生率和多维贫困指数都不断降低，还发现对多维贫困贡献率较大的维度依次为技能、能源、教育、饮水等，这一点并不随 k 值的变化而明显改变。

表 5-55　不同 k 值下各维度对多维贫困指数的贡献率

单位：%

k 值	多维贫困发生率(H)	多维贫困指数(M_0)	教育	技能	就业	健康	饮水	能源	住房	资产
0.1	82.3	21.9	11.8	31.1	6.8	9.5	11.7	18.8	9.6	0.8
0.2	52.6	18.2	12.7	28.6	7.5	9.1	11.8	19.4	9.9	1.0
0.3	26.2	11.6	14.2	25.5	8.4	9.0	12.4	18.4	10.5	1.5
0.4	11.1	5.9	15.1	22.7	9.5	9.5	12.4	18.5	10.4	2.0
0.5	11.1	5.9	15.1	22.7	9.5	9.5	12.4	18.5	10.4	2.0
0.6	2.7	1.7	14.1	18.8	11.7	10.9	13.3	18.0	10.2	3.1
0.7	0.3	0.2	11.1	16.7	16.7	5.6	11.1	16.7	16.7	5.6

表 5-56 报告了多维贫困指数按维度、农户类型分解的结果，如其所示，本地户的多维贫困发生率要明显高于搬迁户，本地户对总体多维贫困指数的贡献率达 59.5%，显著高于搬迁户的贡献率（40.5%）。就本地户而言，对多维贫困指数贡献率较大的五个维度依次为技能、能源、饮水、住房、教育，相应的贡献率为 24.3%、20.8%、18.7%、11.2%、10.8%。就搬迁户而言，对多维贫困指数贡献率最大的五个维度依次为技能、教育、能源、健康、就业，相应的贡献率为 27.4%、19.2%、15.0%、13.0%、9.9%。

以上结果说明，本地户应依次优先解决技能、能源、饮水、住房和教育等维度的贫困，搬迁户应依次优先解决技能、教育、能源、健康和就业等维度的贫困。这也启示我们，在易地扶贫搬迁安置区，本地户和搬迁户的多维贫困状况既有一些共同的特征，又存在显著的差异，在既定的资源约束下，要想提高扶贫工作的效果和效率，既要摸清不同群体的普遍性问题，又要摸清不同群体的特殊性问题，做到因类施策、有的放矢。

表 5-56　多维贫困指数按维度、农户类型分解的结果

单位：%

样本类型		全样本	本地户	搬迁户
k 值		30	30	30
多维贫困发生率(H)		26.2	35.9	19.2
多维贫困指数(M_0)		11.6	16.3	8.1
贡献率	1. 教育	14.2	10.8	19.2
	2. 技能	25.5	24.3	27.4
	3. 就业	8.4	7.3	9.9
	4. 健康	9.0	6.4	13.0
	5. 饮水	12.4	18.7	3.1
	6. 能源	18.4	20.8	15.0
	7. 住房	10.5	11.2	9.6
	8. 资产	1.5	0.6	2.8

3. 不同群体多维贫困的影响因素分析

通过单维贫困以及多维贫困的测度和分解，我们对“谁遭受了贫困，以及在哪些方面贫困”有了基本的认识，但是以上结果并没有告诉我们什么导致了一部分人陷入多维贫困而另一部分人没有陷入多维贫困，也没有说明哪些因素影响着是否会陷入某单一维度的贫困。进一步分析多维贫困的影响因素以及各维度贫困的影响因素，有助于明确不同群体多维贫困的致贫原因及其机理，从而提高扶贫工作的精准性。为此，建立了以下回归模型，在借鉴前人研究的基础上从“家庭”和“社区”两个不同的层面探索农户多维贫困的致因。

$$Y_i = \alpha + \beta X_i + \eta Z_i + \mu_i \quad (5-40)$$

上式中 Y_i 为被解释变量，X_i 和 Z_i 为解释变量集，α 为常数项，β 和 η 为回归系数，μ_i 为残差项，代表解释变量所不能解释的部分。其中，X_i 表示家庭层面的影响因素，包括人均收入、家庭规模、户主年龄、婚姻状况、抚养比、土地面积、外出务工、农林生产、非农经营等；Z_i 表示社会/社区层面的影响因素，包括社会关系、村务参与、低保户、是否搬迁、交通状况、信贷难易、培训机会等。各解释变量及其定义如表 5-57 所示。

表 5-57　解释变量及其定义

变量	定义	均值	标准差
家庭层面			
人均收入	家庭总收入除以总人口数(万元)	0.132	0.124
家庭规模	家庭成员总数	4.224	1.640
户主年龄	户主年龄大小(岁)	51.587	12.365
婚姻状况	户主婚姻状况,1=已婚,0=未婚或离异或丧偶	0.930	0.256
抚养比	家中14岁以下和65岁以上人口占总人口的比例	0.424	0.530
土地面积	家庭拥有耕地、林地面积之和(亩)	23.064	29.071
外出务工	去年,家中是否有成员外出务工,是赋值为1,否则为0	0.725	0.447
农林生产	去年,家中是否有农林业生产,是赋值为1,否则为0	0.648	0.478
非农经营	去年,家里是否从事了以下经营活动:住宿餐饮、商业(小商店、购销等)、交通运输(货运、客运等)、农产品加工与农业服务(如碾米、榨油、药材加工、灌溉、机器收割等)、汽车农机具等修理服务。是赋值为1,否则为0	0.175	0.391
社会/社区层面			
社会关系	家庭社会关系好坏,五值法刻度,1~5表示从很差到很好	3.229	0.959
村务参与	去年对本村集体事务,如村民代表会议的参与情况或程度,五值法刻度,1~5表示从很多到很少	3.753	1.459
低保户	家庭享受低保的赋值为1,否则为0	0.083	0.277
是否搬迁	哑变量,1=搬迁户,0=本地户	0.577	0.494
交通状况	家到村主要公路的距离,1表示一里之内,2表示二至五里,3表示五里以外	1.118	0.410
信贷难易	家庭获得贷款的可能性,五值法刻度,1~5表示从不可能到肯定能	2.420	1.312
培训机会	家庭成员接受以下培训的总次数:农林业培训、养殖培训、外出务工、其他	0.467	1.003

表5-58报告了不同群体多维贫困的影响因素分析结果。从中可见，人均收入对于所有农户的多维贫困均有显著的影响，随着人均收入的提高，农户多维贫困指数不断降低。从表中也能看出，除了收入之外的其他因素也影响着农户的多维贫困。家庭规模对本地户多维贫困有着显著的负向影响，对搬迁户的多维贫困没有显著影响。户主年龄与搬迁户多维贫困存在“U”形关系，说明户主年龄较小或者年龄偏高的家庭多维贫困程度

更深，户主年龄对本地户的多维贫困没有显著影响。婚姻状况对家庭多维贫困并无显著影响。抚养比与本地户多维贫困有着显著的正相关关系，表明孩子或老人越多的家庭多维贫困程度越深，抚养比对搬迁户多维贫困没有显著的影响。

外出务工与搬迁户的多维贫困存在显著的负相关关系，即与没有成员外出务工的家庭相比，有成员外出务工的家庭多维贫困指数更低，与此同时，外出务工对于本地户的多维贫困没有显著影响。可能的原因在于，搬迁户从原住地到安置区，不同程度地丧失了生产资料，面临从农业活动到非农经营的生计转型，与本地户相比，其生计更加依赖外出务工，本书调查数据显示，搬迁户中外出务工户比例高达 78.32%，而本地户中这一比例则为 64.52%。非农经营与农户多维贫困存在显著的负相关关系，无论是搬迁户还是本地户都是如此，表明与没有从事非农经营活动的家庭相比，从事非农经营活动的家庭多维贫困程度更低。农林生产与搬迁户多维贫困呈现显著正相关关系，说明与没有从事农林业生产的搬迁户相比，从事农林业生产的搬迁户多维贫困程度更高。

土地面积与农户多维贫困存在显著的正相关关系，这对于搬迁户和本地户都成立，说明拥有土地面积越多的农户，其多维贫困程度也越深。社会关系与搬迁户多维贫困存在显著的负相关关系，说明与社会关系较差的搬迁户相比，社会关系较好的搬迁户多维贫困程度更低。与此同时，社会关系对本地户的多维贫困没有显著影响，说明与本地户相比，社会关系对搬迁户更为重要，搞好社会关系更有助于缓解搬迁户的多维贫困，这与覃志敏（2006）的研究结果相一致。与本地户相比，搬迁户在安置区面临生计恢复和重建的挑战，移民生计恢复的过程中生计活动转向对他们来说较为陌生的产业，不仅存在道路基础设施不完善等硬件困难，还因缺乏经验积累而面临较大的市场风险，而社会关系作为“穷人的资本”在一定程度上有助于弥补这些不足，帮助移民应对挑战。

村务参与和搬迁户多维贫困存在显著的正相关关系，说明村集体事务参与度越高的农户，其多维贫困程度越低。与此同时，村务参与与本地户多维贫困不存在显著的相关关系，说明相对于本地户，积极参与村集体事务对搬迁户福利提高更为重要。低保户与农户多维贫困存在显著的正相关关系，这对于本地户和搬迁户都成立，表明与非低保户相比，低保户多维贫困程度更深，反映出实际享受低保的农户与低保政策期望帮扶的对象是基本吻合的。

表 5-58　不同群体多维贫困的影响因素分析结果

自变量	模型 1		模型 2		模型 3	
	全样本	标准误	搬迁户	标准误	本地户	标准误
人均收入	-0.155***	0.036	-0.081*	0.044	-0.189***	0.064
家庭规模	-0.016***	0.003	-0.006	0.004	-0.026***	0.005
户主年龄	-0.004**	0.002	-0.005**	0.002	0.000	0.003
年龄平方	0.000***	0.000	0.000***	0.000	0.000	0.000
婚姻状况	-0.020	0.023	-0.028	0.024	-0.049	0.048
抚养比	0.025***	0.009	0.016	0.010	0.054***	0.018
外出务工	-0.027**	0.011	-0.047***	0.014	0.001	0.017
非农经营	-0.073***	0.011	-0.061***	0.014	-0.104***	0.019
农林生产	0.034***	0.010	0.030***	0.011	-0.009	0.021
土地面积	0.001***	0.000	0.001***	0.000	0.000***	0.000
社会关系	-0.017***	0.005	-0.021***	0.006	-0.013	0.008
村务参与	0.010***	0.003	0.011***	0.004	0.006	0.006
低保户	0.054***	0.020	0.047*	0.028	0.049*	0.029
信贷难易	-0.010***	0.004	-0.010**	0.004	-0.013**	0.006
培训机会	-0.019***	0.005	-0.025***	0.007	-0.012*	0.006
交通状况	0.045***	0.011	0.025	0.030	0.035***	0.012
常数项	0.337***	0.046	0.354***	0.064	0.378***	0.084
R^2	0.322		0.282		0.378	

注：被解释变量为多维贫困指数；* 表示 p<0.1，** 表示 p<0.05，*** 表示 p<0.01；估计方法为 OLS 回归；由于部分变量存在缺失值，回归估计时样本有所损失。

表 5-58 结果显示，提高信贷的便利性以及提供更多的培训机会有助于缓解农户的多维贫困。信贷难易与农户多维贫困之间存在显著的负相关关系，越容易获得信贷的农户其多维贫困程度越低。类似地，培训机会与农户多维贫困也存在显著的负相关关系，以全样本为例，家庭每多参加一次培训，其多维贫困指数的边际减少量为 1.9%，比较而言，培训机会对搬迁户的影响更大，搬迁户培训机会的回归系数大约为本地户培训机会的回归系数的 2 倍。

交通状况与本地户的多维贫困存在显著的正相关关系，说明交通越便利的本地户其多维贫困程度越低。与此同时，交通状况对搬迁户的多维贫困没有显著影响，说明与搬迁户相比，当前改善交通条件对于本地户更为重要，更有助于缓解其多维贫困。一个可能的解释为，易地扶贫搬迁工程在移民安置区的选址上较注重靠近交通干道，因此，整体上搬迁户的交通可达性要比本地户高，我们的数据也显示搬迁户中 89.2%的家庭到村主要公路的距离为一里之内，而本地户这一比例则为 78.6%，其余 21.4%的家庭到村主要公路的距离为二至五里或五里以外。

4. 不同因素对各维度贫困的影响分析

表 5-59 报告了不同因素对各维度贫困的影响分析结果。从中可见，人均收入与教育、技能、就业、健康、住房等维度的贫困均存在显著的负相关关系，说明收入对于缓解教育、技能、就业、健康、住房等维度的贫困具有显著的作用，但是人均收入对于饮水、能源、资产等维度的贫困并无显著影响。进一步研究发现，全部样本中非贫困户的比例为 65.59%，仅为收入贫困（按 2011 年的物价家庭人均收入低于 2300 元）的农户比例为 8.92%，既是收入贫困又是多维贫困的农户比例为 7.97%，而非收入贫困的多维贫困农户比例为 19.2%。这再次证明了，收入虽然对于衡量人们的福利具有重要作用，但它并不意味着全部，一些收入贫困的家庭并不面临其他维度的缺失，而一些高于收入贫困线的家庭也可能会低于社会公认可接受的生活标准。

家庭规模与教育、技能、就业等维度的贫困存在显著的负相关关系，与健康贫困存在显著的正相关关系。户主年龄与教育贫困、技能贫困存在显著的负相关关系，而年龄平方与教育贫困、技能贫困存在显著的正相关关系，说明户主年龄与教育贫困、技能贫困均存在显著的“U”形关系，换言之，随着户主年龄的增加，农户的教育贫困、技能贫困均呈现先降低后上升的趋势。婚姻状况与健康贫困存在显著的正相关关系，与资产贫困存在显著的负相关关系，说明与户主婚姻状况为未婚或离异或丧偶的家庭相比，户主婚姻状况为已婚的家庭更容易陷入健康贫困，更不容易陷入资产贫困。抚养比与教育、技能、健康等维度的贫困均存在显著的正相关关系，说明家中小孩或老人越多的农户越容易陷入教育、技能、健康等维度的贫困。

外出务工与就业贫困存在显著的负相关关系，说明外出务工能显著降低农户陷入就业贫困的概率，也说明外出务工主要通过影响就业对农户多维贫困产生影响。非农经营与教育、技能、就业、健康、饮水和住房等维度的贫困均存在显著的负相关关系，说明从事非农经营活动能够显著降低农户陷入教育、技能、就业、健康、饮水和住房等维度贫困的概率。农林生产与就业贫困、健康贫困存在显著的负相关关系，与饮水贫困和能源贫困均存在显著的正相关关系，说明从事农林生产活动能够显著降低陷入就业、健康等维度贫困的概率，与此同时从事农林生产活动也将显著增加农户陷入饮水、能源等维度贫困的概率。土地面积与饮水、能源、住房等维度的贫困均存在显著的正相关关系，说明人均土地面积越多的农户陷入饮水、能源、住房等维度贫困的概率也越大。

社会关系与教育、技能、健康和住房等维度的贫困都存在显著的负相关关系，说明家庭社会关系越好的农户，陷入教育、技能、健康和住房等维度贫困的概率也越低，也说明社会关系好坏通过影响教育、技能、健康和住房对农户多维贫困产生影响。村务参与与能源、资产等维度的贫困存在显著正相关关系，说明参与村集体事务越少的农户其陷入能源贫困、资产贫困的概率也越低，换言之，提高农村居民对村集体事务的参与程度能够显著降低其陷入能源贫困、资产贫困的概率。低保户与就业贫困、住房贫困存在显著的正相关关系，说明与非低保户相比，低保户陷入就业贫困、住房贫困的概率更高，也说明仅以货币对低保户进行救助是不够的，其就业贫困、住房贫困同样值得关注。

表 5-59　不同因素对各维度贫困的影响分析结果

自变量	模型 1	模型 2	模型 3	模型 4	模型 5	模型 6	模型 7	模型 8
	教育	技能	就业	健康	饮水	能源	住房	资产
人均收入	-1.021**	-1.000**	-2.086***	-0.929*	0.497	0.223	-1.287**	0.909
	(0.439)	(0.405)	(0.682)	(0.513)	(0.512)	(0.422)	(0.517)	(1.050)
家庭规模	-0.300***	-0.120***	-0.119**	0.092**	-0.032	-0.054	0.065	-0.031
	(0.049)	(0.033)	(0.046)	(0.038)	(0.043)	(0.035)	(0.042)	(0.067)
户主年龄	-0.036*	-0.039*	0.017	-0.026	0.021	-0.022	0.001	0.003
	(0.021)	(0.020)	(0.019)	(0.022)	(0.027)	(0.019)	(0.021)	(0.027)
年龄平方	0.000*	0.000*	-0.000	0.000*	-0.000	0.000**	0.000	0.000
	(0.000)	(0.000)	(0.000)	(0.000)	(0.000)	(0.000)	(0.000)	(0.000)
婚姻状况	-0.302	-0.216	-0.281	0.818**	0.129	0.221	-0.321	-0.925***
	(0.213)	(0.208)	(0.218)	(0.324)	(0.268)	(0.202)	(0.232)	(0.286)
抚养比	0.247**	0.233**	-0.031	0.206**	-0.096	0.035	0.118	-0.060
	(0.109)	(0.100)	(0.105)	(0.098)	(0.137)	(0.093)	(0.097)	(0.142)

续表

自变量	模型 1	模型 2	模型 3	模型 4	模型 5	模型 6	模型 7	模型 8
	教育	技能	就业	健康	饮水	能源	住房	资产
外出务工	-0.179	-0.089	-0.504***	-0.189	0.148	-0.051	0.156	0.356
	(0.132)	(0.116)	(0.146)	(0.135)	(0.144)	(0.120)	(0.140)	(0.299)
非农经营	-0.625***	-0.370***	-0.579**	-0.301*	-0.454**	-0.196	-0.388**	—
	(0.192)	(0.138)	(0.251)	(0.164)	(0.185)	(0.135)	(0.179)	—
农林生产	0.067	0.043	-0.310**	-0.215*	0.496***	0.587***	0.103	0.023
	(0.129)	(0.101)	(0.139)	(0.122)	(0.147)	(0.113)	(0.124)	(0.261)
土地面积	0.001	-0.001	-0.003	0.000	0.007***	0.007***	0.008***	0.001
	(0.002)	(0.002)	(0.002)	(0.002)	(0.002)	(0.002)	(0.002)	(0.005)
社会关系	-0.130**	-0.151***	0.046	-0.102*	-0.005	-0.083	-0.103*	-0.046
	(0.060)	(0.049)	(0.059)	(0.062)	(0.060)	(0.053)	(0.056)	(0.144)
村务参与	0.045	0.042	0.026	-0.028	0.033	0.123***	-0.000	0.217*
	(0.043)	(0.032)	(0.044)	(0.037)	(0.043)	(0.035)	(0.038)	(0.120)
低保户	0.089	0.082	0.425**	0.109	-0.006	0.259	0.355*	-0.521
	(0.188)	(0.182)	(0.191)	(0.207)	(0.207)	(0.184)	(0.186)	(0.436)
信贷难易	-0.113**	0.020	0.013	-0.094**	-0.097**	-0.040	-0.052	-0.537***
	(0.047)	(0.036)	(0.055)	(0.043)	(0.048)	(0.039)	(0.044)	(0.183)
培训机会	-0.055	-0.370***	-0.074	-0.009	-0.129*	-0.108**	0.034	—
	(0.066)	(0.085)	(0.095)	(0.054)	(0.070)	(0.053)	(0.056)	—
交通状况	-0.016	-0.063	0.150	0.039	0.336***	0.199*	0.375***	0.455
	(0.135)	(0.111)	(0.156)	(0.139)	(0.122)	(0.109)	(0.118)	(0.342)
是否搬迁	0.545***	0.006	0.118	0.205	-1.250***	-0.288***	-0.371***	0.473
	(0.131)	(0.104)	(0.143)	(0.128)	(0.135)	(0.107)	(0.124)	(0.373)
常数项	1.623**	2.362***	-0.729	-1.121*	-1.768**	-1.161**	-1.026*	-2.860***
	(0.640)	(0.571)	(0.638)	(0.636)	(0.790)	(0.553)	(0.570)	(0.978)
N	875	875	875	875	867	875	875	566
pseudo R^2	0.212	0.126	0.159	0.095	0.273	0.139	0.113	0.230

注：被解释变量为“是否贫困”；括号内是稳健标准误；* 表示 p<0.1，** 表示 p<0.05，*** 表示 p<0.01；估计方法为 Probit 回归；由于部分变量存在缺失值，回归估计时样本有所损失。

信贷难易与教育、健康、饮水、资产等维度的贫困存在显著的负相关关系，说明越容易获得贷款的农户，陷入教育、健康、饮水、资产等维度贫困的概率也越低，提高农户的信贷便利性有助于降低其陷入教育、健康、饮水和资产等维度贫困的概率。培训机会与技能、饮水、能源等维度的贫困存在显著的负相关关系，说明培训机会越多的农户，其陷入技能、饮水、能源等维度贫困的概率也越低，增加农户获得培训的机会有助于降低农户陷入技能、饮水、能源等维度贫困的概率。交通状况与饮水、能源、住房等维度的贫困存在显著的正相关关系，说明交通可达性较低的农户，有较高的概率陷入饮水、能源、住房等维度的贫困，提高农户的交通可达性有助于降低农户陷入饮水、能源和住房等维度贫困的概率。是否搬迁与教育贫困存在显著的正相关关系，与饮水、能源、住房等维度的贫困存在显著的负相关关系，说明与非搬迁户相比，搬迁户处于教育贫困的概率较高，与此同时搬迁户陷入饮水、能源、住房等维度贫困的概率显著较低。值得一提的是，本书所说的教育是一种存量概念，通常受教育程度表征着人力资本高低，因此搬迁户处于教育贫困的概率较高不仅意味着搬迁户当前的人力资本偏低，还意味着整体上搬迁对象与搬迁政策想要帮扶的对象是吻合的。

（五）结论和启示

根据来自易地搬迁安置社区的微观调查数据，使用 AF 方法，本书对搬迁户和本地户的多维贫困进行了测度和分解，并从家庭、社区两个层面探究了农户多维贫困的影响因素及其机理。研究发现如下。

本地户和搬迁户存在不同程度、特征的多维贫困，本地户的多维贫困发生率明显高于搬迁户。本地户对总体多维贫困指数的贡献率达 59.5%，显著高于搬迁户的贡献率（40.5%）。对本地户多维贫困指数贡献较大的五个维度依次为技能、能源、饮水、住房、教育。对搬迁户多维贫困指数贡献最大的五个维度依次为技能、教育、能源、健康、就业。

影响两类农户多维贫困的因素，既有所重叠也有所区别。无论对于搬迁户还是本地户，人均收入、非农经营、信贷难易、培训机会对多维贫困均有负向影响，土地面积、低保户对多维贫困有正向影响。此外，家庭规模、抚养比和交通状况对本地户多维贫困有显著的影响，既定条件下，人口越多本地户的多维贫困指数越低，抚养比越高、交通状况越差本地户的多维贫困指数越高。户主年龄、外出务工、农林生产、社会关系、村务参与对搬迁户多维贫困有显著影响，户主年龄与移民多维贫困存在显著的“U”形关系；既定条件下，与非外出务工户相比，外出务工户多维贫困指数较低；社会关系越好的家庭其多维贫困指数越低；与没从事农林生产的家庭相比，从事农林生产的家庭其多维贫困指数较高；村务参与程度越高的搬迁户其多维贫困指数越低。

人均收入主要通过教育、技能、就业、健康、住房等影响多维贫困，人均收入越高的家庭陷入教育、技能、就业、健康、住房等维度贫困的概率越低。家庭规模对教育、技能、就业等维度的贫困有负向影响，对健康贫困有正向影响；户主年龄与教育贫困、技能贫困存在显著的“U”形关系。与户主未婚或离异或丧偶的家庭相比，户主已婚的家庭陷入健康贫困的概率较高，陷入资产贫困的概率较低；抚养比越大其处于教育、技能、健康等维度贫困的概率越高。外出务工能缓解就业贫困；非农经营能降低陷入教育、技能、就业、健康、饮水、住房等维度贫困的概率；农林生产对就业贫困、健康贫困有负向影响，对饮水贫困、能源贫困有正向影响。土地面积对饮水、能源、住房等维度的贫困有正向影响；家庭的社会关系越好其陷入教育、技能、健康、住房等维度贫困的概率越低；村务参与对能源贫困、资产贫困有正向作用；信贷难易与陷入教育、健康、饮水、资产等维度贫困的概率成反比；增加培训机会能降低农户陷入技能、饮水、能源等维度贫困的概率；交通状况越差的农户陷入饮水、能源、住房等维度贫困的概率越大。

本研究有一定的政策启示。首先，要坚持问题导向、因类施策消除不同形式的贫困，除了关注农户在收入方面的贫困之外，要综合考虑教育、技能、就业、健康、能源、饮水、住房等多个维度上的贫困。其次，应平衡好不同群体的利益，在着重解决搬迁户多维贫困的同时，也要重视本地户的多维贫困问题，还要注意家庭规模较大、老龄化、婚姻状况异常等特殊群体的多维贫困。本地户应依次优先解决技能、能源、饮水、住房和教育等维度的贫困。搬迁户应依次优先解决技能、教育、能源、健康和就业等维度的贫困。对于人口较多的家庭、户主年龄较大的家庭和户主未婚或离异或丧偶的家庭，应着重防止其陷入健康贫困。

具体来讲，可采取普惠性措施解决搬迁户和本地户所面临的共性问题：第一，建立完备的培训制度和体系，精准帮扶力求做到“授人以鱼，更授人以渔”，通过增加培训机会和提高培训质量，帮助穷人至少掌握一门技术或手艺，增强其维持生计和参与社会活动的能力；第二，以建立与本地或外地名校结对帮扶机制为抓手，以提高教师待遇、改善基础设施为重点，多措并举提高就学便利性和教学质量，提升农户子女的人力资本，阻遏贫困的代际传递；第三，通过增加电力等清洁能源的供给、优化能源价格方案，以及推进“炉灶革命”等措施，降低农户能源成本，缓解其能源贫困；第四，提高金融服务水平，提高农户的信贷便利性，优化营商环境，支持和鼓励农户向非农转型。

鉴于搬迁户与本地户多维贫困的差异，应采取有针对性的帮扶措施：对于本地户，要着重提高自来水开通率、改善其住房状况，还应重视改善道路基础设施等提高交通便利性措施在缓解多维贫困中的作用；对于搬迁户，不仅要注重鼓励移民外出务工、提供就业指导和信息等常规措施来缓解其多维贫困，还要特别注意构建和拓展移民家庭的社会关系网络，用好“穷人的资本”，以及增强广大群众的自组织能力、提高其社区治理参与度，唤醒穷人的内生动力。

四 易地扶贫搬迁、生计资本与农户收入不平等——基于夏普利值过程的回归分解

（一）引言

我国自2001年就启动了易地扶贫搬迁，并将其作为“十三五”时期实现脱贫攻坚、精准扶贫“五个一批”的重要举措。伴随着政策的持续深入推进，决策者也意识到单纯以收入为标准来评价扶贫效果的片面性，转而强调扶贫效果的持续性，以避免短期化扶贫导致的“假脱贫”，然而政策评价的关注点仍然停留在收入水平的提升上，对收入的分化和不平等现象有所忽视。尽管提升收入水平是消除绝对贫困的关键，但收入差距的扩大带来的相对贫困问题势必为后续的政策起效埋下隐患。一方面，后搬迁时代的工作重心逐步从“搬得出”转向“稳得住”，而收入差距的持续扩大将削弱农户收入的增长，强化相对贫困群体的“剥夺感”，并加速阶层分化，增加社会不稳定因素；另一方面，长期来看，随着经济的发展和贫困线的动态调整，未来这部分相对贫困群体演变为新的绝对贫困群体的风险较高，这也增加了后脱贫时代开展二次扶贫甚至多次扶贫的可能，令脱贫攻坚政策效率不及预期。因此，如何在提高收入水平、消除绝对贫困的同时，有效防范收入过度分化和相对贫困所引发的一系列社会问题，是学者和决策者共同面临的问题。

目前，学界关于造成收入不平等的原因尚无统一定论。从理论上看，

导致收入不平等的原因可分为个人特征差异和机会不均等，前者主要包括受教育水平、年龄和能力等的差异，后者则可归因于生计资本、家庭财富等的占有不均。针对易地扶贫搬迁带来的农户收入不平等，既有前期政策瞄准偏差造成的遗漏和渗漏，即“应搬未搬”以及“搬不应搬”引起参与主体与非参与主体的收入不平等，也有因搬迁户个体差异和家庭生计资本变化导致的搬迁群体内部的收入分化。已有研究表明，移民搬迁是一把双刃剑，政府的支持和自身潜力的激发在为农户带来资本积累的同时，也会给农户的能力带来不利影响，自然资本的损失、人力资本的失灵等因素都为农户生计的重构与恢复带来很大的不确定性。而究竟搬迁政策和参与主体的资产禀赋最终如何作用于家庭收入，这些因素又在多大程度上影响收入的分化，不但需要对政策作用下多种因素、多重力量进行系统分析和综合考量，而且需要对收入不平等进行分解分析，对不平等的成因进行量化。

（二）文献综述

伴随着中国经济的飞速发展和市场化转型，居民的收入差距不断扩大，这一问题引起学界的极大关注。已有研究表明，收入不平等在近些年越发严重，而农村群体收入不平等的程度更是高于城镇群体。自 20 世纪 70 年代末以来，中国农村收入不平等有不断恶化的趋势，这种趋势将对中国经济和社会发展产生严重后果，收入不平等会增大社会的不满，进而提高社会的不稳定程度，而收入不平等的持续恶化引致收入向少数人聚集，带来收入的两极甚至多极分化，造成严重阶层固化，容易产生阶层矛盾，从而影响社会安定、引起社会动荡。

缓解农户收入不平等首先需要厘清造成问题的原因，已有文献大量讨论了收入不平等的成因，并发展了收入不平等分解的一套分析范式。研究分别从政策、社会关系及社会网络和家庭资本等多个角度对造成收入不平等的原因进行分析。针对农村地区的收入不平等问题，不少学者从影响家庭生计活动及收入的因素入手展开分析：严登才（2011）、李聪等（2013）都认为在移民搬迁的背景下农户自然资本的损失是首要的，对后续参与不同生计活动并获得收入的行为产生重要的影响；许庆等（2008）发现家庭联产承包责任制所引起的土地细碎化是农户间收入差距扩大的一个原因。在金融资本方面，程名望等（2016）测算出金融资本对收入不平等的贡献率为 3.17%，认为金融资本和物质资本已经成为决定农户收入不平等的重要因素；张敬石和郭沛（2011）则认为虽然农村金融规模发展加剧了农村内部收入差距，但农村金融效率提高又能缓解农村收入不平等。在物质资本方面，Wan 和 Zhou（2005）的研究结果显示，物质资本对农村收入差距的影响正迅速增大，其贡献率高达 24%。在人力资本方面，Goh 等（2009）发现教育在城市居民和农村居民收入增长中起着非常重要的作用，人力资本差异是居民收入差距产生的重要原因。与此同时，孙敬水和于思源（2014）从物质资本、人力资本和政治资本等方面分析农村收入不平等的影响因素，发现人力资本在三大资本中对不平等的贡献率较大。社会资本作为近年来兴起的概念逐渐得到学界的关注和重视，赵剑治和陆铭（2009）的研究表明社会网络对收入不平等的贡献率达到 12.1%~13.4%；何金财和王文春（2016）研究发现关系对农村样本收入不平等的贡献率为 10.99%，随着财产水平的升高贡献率呈现正“U”形曲线特征。

此外，政策的冲击也是引致收入不平等的重要因素，相关的政策涉及扶贫、三农、生态补偿等不同的方面。如姚洪心和王喜意（2009）构建 MNL 模型分析表明，对于特贫农村家庭和低收入家庭，了解“三农”政策能显著提高他们向中等收入家庭发展的机会比。程名望等（2016）研究发现惠农、支农政策的出台和实施促进农户人均收入水平稳步提升，而目前中国农村收入差距较大，存在较严重的收入不均等问题。然而他们并未解释政策对农户收入不平等的贡献有多大，着眼的角度更多在于农户收入而非收入不平等。因此，政策影响农户收入不平等的研究有待深入开展。Li 等（2011）针对我国的退耕还林工程，对比参与主体与非参与主体的基尼系数，发现参与退耕还林的农户的基尼系数低于不参与的家庭，并通过收入结构的分解探索不同收入来源对收入不平等的贡献。

此外，不少研究将农户生计资本的变化作为政策评估的重要环节。在关于易地扶贫搬迁政策的相关研究中，学者们普遍得到移民搬迁有助于提升农户生计资本的结论。李聪等（2014b）以陕南山区 1400 个入户调查为样本，通过描述性对比和似不相关估计分析了农户生计资本的现状与影响因素，结果发现搬迁农户家庭的生计资本总体优于非搬迁家庭。陈胜东等（2016）以赣南原中央苏区农户为研究对象，分析移民搬迁行为对移民农户生计资本的影响，结果表明移民搬迁前后农户生计资本有较为显著的提高，然而他们并未检验生计资本提高与农户减贫是否存在内在联系。金梅、申云（2017）基于云南省怒江州贫困农户易地扶贫搬迁准实验数据，采用DID模型对不同易地扶贫搬迁模式实施前后的生计资本变动状况进行政策评估，发现易地扶贫搬迁总体上有利于提升农户生计资本。尽管这些研究皆通过实证分析揭示了易地扶贫搬迁与生计资本的关系，但是缺乏对二者综合影响农户收入的深入探讨，特别是将政策因素整合到生计资本影响收入的相关分析中，且尚未关注到易地扶贫搬迁政策和资本因素可能引起的农户收入不平等问题。

当然，学者们也注意到，由于收入与收入不平等是两个不同的概念，显著影响收入的因素对收入不平等的贡献率不一定高，因此要探究各个因素对收入不平等的影响，对不平等进行分解必不可少。关于收入不平等的分解方法，传统的分解方法包括不平等程度的分解和不平等变化的分解，之后学者们提出了以回归方程为基础的不平等分解框架，其中Shorrocks（2013）提出基于夏普利值过程的分析框架。在收入不平等的分解上，夏普利值分解和组群收入差距的分布分解方法是较为前沿的研究领域。目前使用较广的，仍是Wan提出的将回归方程与夏普利值分解原理有机结合的分解方法，该方法存在许多优势，对收入不平等指标和回归方程没有任何限制。

通过对以往研究和相关文献的梳理发现以下问题：第一，目前学界针对移民搬迁的关注多集中在基于农户生计分析的收入改善及贫困后果，并未深入研究移民搬迁可能带来的收入不平等问题；第二，在研究收入不平等问题时，对农户生计资本的整合和量化不够全面，少有文献将其嵌入可持续生计分析框架，系统研究五大生计资本对收入不平等的贡献情况。此外，将政策因素和生计资本同时纳入，系统考量它们对不同农户收入水平的影响以及对收入不平等的贡献差异，相关研究尚需完善。

已有研究为本书的分析提供了理论基础和方法借鉴，也为本书研究留下空间。本书基于基线调研数据，实证分析易地扶贫搬迁对农户收入不平等的影响，通过构建不同参与主体、不同收入水平家庭的收入模型，评估搬迁带来的收入水平提升，并进一步对收入不平等进行分解，量化政策和生计资本带来的收入不平等的影响程度，以评估易地扶贫搬迁政策的效果。

（三）变量说明

本部分研究易地扶贫搬迁背景下影响居民收入的主要因素，客观评价搬迁政策效果，并进一步研究搬迁政策、生计资本、安置方式对不同收入水平农户收入不平等的贡献程度，主要涉及的变量如下。

家庭总收入。本书充分考虑农户收入来源，将家庭总收入定义为农业收入、林业收入、养殖收入、打工收入、非农经营收入和转移性收入。其中，打工收入以外出打工的家庭成员实际汇入家庭的钱款计算，转移性收入包括政府各项补助和亲友馈赠的金额。为缓解因极端值的影响而得到的不可靠结果，本书在后续的回归分析中，以家庭总收入的对数值作为被解释变量。

搬迁政策。包含移民搬迁和安置方式，设置为虚拟变量。移民搬迁表示是否搬迁，搬迁户设置为1，非搬迁户则为0；安置方式讨论的是搬迁户的安置类型，选取搬迁户样本，集中安置设置为1，非集中安置则设置为0。

生计资本。根据生计资本相关理论，借鉴李聪等（2014b）的思路，将农户家庭所拥有的资源与禀赋分为五个维度：人力资本、自然资本、物质资本、社会资本和金融资本。人力资本选取人均受教育年限、人均健康状况、人均技能水平；自然资本选取人均林地面积、人均耕地面积；物质资本选取人均住房面积、人均固定资产；社会资本中社会网络的度量方法，采用可求助亲友数和社会关系作为代理变量；金融资本选取政府贷款比重、银行贷款比重用以度量农户家庭生产和消费可获得借贷。

其他解释变量。借鉴王瑜和汪三贵（2011）、何金财和王文春（2016）关于家庭特征因素的选取，结合本书研究的实际情况，选取家庭规模、户主年龄和非农劳动力作为农户家庭特征。此外，万广华（2004）的研究表明地理位置是影响农村收入不平等的突出因素，因此本书引入乡级哑变量，以衡量地理因素对农村收入的影响。本书的变量设置与取值如表5-60所示。

表5-60　变量设置与取值

变量分类	变量设置	均值	标准差
被解释变量			
家庭总收入	家庭总收入的对数值	10.3	1.43
搬迁政策			
移民搬迁	是否搬迁：搬迁户=1，非搬迁户=0	0.70	0.46
安置方式	安置方式：集中安置=1；非集中安置=0	0.77	0.42

续表

变量分类	变量设置	均值	标准差
家庭因素			
家庭规模	家庭总人口数(单位:人)	4.5	1.61
户主年龄	农户户主的年龄(单位:岁)	50.64	12.1
非农劳动力	劳动力从事非农经营的比例	0.79	0.35
人力资本			
人均受教育年限	家庭成员平均受教育年限(单位:年); 受教育年限=文盲×1+小学×6+初中×9+高中或中专×12+大专及以上×16	6.32	2.47
人均健康状况	健康程度加总除以家庭总人口数; 健康状况:健康=1,一般=0.5,不健康=0	0.72	0.25
人均技能水平	技能总数占家庭总人口数的比值	0.17	0.23
社会资本			
社会关系	社会关系处理的优劣程度; 社会关系质量自评:很好=5,较好=4,一般=3,较差=2,很差=1	3.15	0.83
可求助亲友数	急需大笔开支可求助亲友数(单位:人)	3.88	5.28
物质资本			
人均住房面积	住房面积与家庭总人口数比值(单位:平方米)	40.53	29.97
人均固定资产	生产性工具与家庭总人口数比值	1	0.54
金融资本			
政府贷款比重	政府贴息贷款占总消费比重	0.12	1.17
银行贷款比重	银行贷款占总消费比重	0.82	2.18
自然资本			
人均耕地面积	总耕地除以家庭总人口数(单位:亩)	1.07	2.72
人均林地面积	总林地除以家庭总人口数(单位:亩)	4.12	20.06

(四)农户收入模型和回归分析

1. 农户收入模型的构建

建立农户收入模型是运用夏普利值过程分析收入不平等的第一步，本书在 Mincer 收入模型的基础上进行拓展：沿用半对数模型形式，对家庭总收入取对数，并引入地理因素、家庭因素、人力资本、社会资本、物质资本、金融资本和自然资本等相关变量，构建模型如下：

$$\text{Ln}y = \beta_0 + \beta_1 Geo + \beta_2 Policy + \beta_3 FF + \beta_4 HC + \beta_5 SC + \beta_6 PC + \beta_7 FC + \beta_8 NC + \varepsilon \quad (5-41)$$

其中，Lny 表示农户家庭总收入的对数，解释变量为总体分类：*Geo* 表示地区虚拟变量，问卷调查涉及 7 个乡村，因此共包含 6 个虚拟变量；*Policy* 为本书考察的核心变量，包含移民搬迁与安置方式；*FF* 表示家庭因素组，*HC* 表示人力资本组，*SC* 表示社会资本组，*PC* 表示物质资本组，*FC* 表示金融资本组，*NC* 表示自然资本组，各组包含的具体变量如表 5-60 所示。

选择半对数模型形式主要有两方面考虑：第一，收入决定方程的半对数模型在以往的研究中被普遍运用，并且估计的结果优于其他模型或者拟合优度并无明显差异；第二，半对数模型常数项在后续分解中对收入不平等的贡献没有影响，避免了线性模型中常数项影响收入不平等的争议。

2. 均值回归分析

(1) 基于总样本的收入回归

在公式（5-41）的基础上，采用最小二乘法（OLS）估计模型系数，首先在总样本中逐步纳入各生计资本（模型 1 至模型 5），估计移民搬迁对农户收入的影响，并运用稳健标准误消除截面数据的异方差，之后，将所有生计资本同时纳入模型进行回归（模型 6），结果如表 5-61 所示。

表 5-61 农户收入的 OLS 回归（总样本）

变量名称	总样本 N=657					
	模型 1	模型 2	模型 3	模型 4	模型 5	模型 6
政策因素						
移民搬迁	0.596***	0.587***	0.635***	0.610***	0.586***	0.644***
家庭因素						
家庭规模	0.0473	0.0656*	0.154***	0.0509	0.0655*	0.105**
户主年龄	-0.012**	-0.014***	-0.015***	-0.015***	-0.015***	-0.012***
非农劳动力	0.412***	0.649***	0.607***	0.586***	0.585***	0.420***
人力资本						
人均受教育年限	0.072***					0.054**
人均健康状况	0.620**					0.506**
人均技能水平	0.594***					0.497**

续表

变量名称	总样本 $N=657$					
	模型 1	模型 2	模型 3	模型 4	模型 5	模型 6
自然资本						
人均耕地面积		0.039***				0.046***
人均林地面积		-0.004*				-0.006**
物质资本						
人均固定资产			0.483***			0.319**
人均住房面积			0.002			0.001
社会资本						
可求助亲友数				0.028***		0.023***
社会关系				0.210***		0.111*
金融资本						
政府贷款比重					0.083***	0.069***
银行贷款比重					0.000232***	0.000153
常数项	9.360***	10.06***	9.294***	9.497***	10.24***	8.426***
地理因素	限于篇幅，此处省略不做报告					
R^2	0.2289	0.1924	0.2107	0.2114	0.1918	0.2710
F	17.04	15.08	16.21	17.25	15.67	14.36

注：*** 表示 $p<0.01$，** 表示 $p<0.05$，* 表示 $p<0.1$。

需要指出的是，本书的农户收入决定模型未引入人均受教育年限的二次项，主要原因是人均受教育年限的二次项与一次项之间存在严重的多重共线性，导致人均受教育年限未通过10%的显著性水平检验。为保证核心变量的显著性，避免模型设置偏误，因此模型不纳入人均受教育年限的二次项。

结果显示，各类生计资本度单独纳入模型时，解释变量的系数与模型6相比差异不大，显著性也未发生明显变化，表明回归估计结果较为稳健。因此，本书基于模型6的结果进行具体分析。

a. 移民搬迁对农户收入的影响

移民搬迁变量通过1%的显著性水平检验，其系数显著为正，表明移民搬迁能够显著提升农户收入水平，在其他因素保持不变的情况下，搬迁户比非搬迁户的收入水平平均提高约90.4%，表明陕南易地扶贫搬迁政策取得了一定的成效，具有积极的意义。

b. 生计资本对农户收入的影响

人力资本方面，所有变量均通过5%显著性水平检验，在其他因素保持不变的情况下，人均健康状况提升一个等级，对收入影响程度为33%；其次为人均技能水平，当家庭成员每人多掌握一门技艺时，家庭总收入平均增加64.4%；而人均受教育年限对收入影响程度最低，当家庭成员人均受教育年限提高1年时，家庭总收入平均增加5.5%，这可能是因为样本农村家庭从事的行业对受教育年限要求较低，而对健康状况和技能水平要求较高，导致教育的边际报酬率较低。

自然资本方面，人均耕地面积系数显著为正，每增加1亩人均耕地面积，家庭总收入平均增加4.7%；而人均林地面积系数显著为负，但降低家庭总收入的幅度较小，人均林地面积每增加1亩，则家庭总收入平均降低0.6%。

物质资本方面，诸如生产性工具和出行工具等固定资产能够显著提升家庭总收入水平，人均固定资产每提升1单位，家庭总收入平均提高37.6%，因此相比现金补助，政府的实物补助对收入提升的效果可能更好；而人均住房面积对家庭总收入影响的程度微弱，且未通过显著性检验。

社会资本方面，可求助亲友数和社会关系变量系数显著为正，表明社会资本能有效提升家庭总收入。可求助亲友数增加一人，家庭总收入平均增加2.3%；而社会关系每提升一个级别，如从“较好”到“很好”，家庭总收入平均增加11.7%。

金融资本方面，政府贷款比重系数显著为正，表明政府的贴息贷款促进农户家庭总收入的提高，当政府贷款比重提高10%时，家庭总收入平均增加0.7%；银行贷款比重系数为正，但不显著，观察到其均值为0.82，表明农户家庭银行贷款占总消费的比重很高，但是银行贷款对农户收入提升的效果微乎其微，可能的原因是家庭对信贷资金的使用效率较低。

c. 地理因素、家庭因素对农户收入的影响

除政策因素和生计资本外，家庭因素和地理因素也是影响农户收入的重要原因，不同乡村由于自然资源、基础设施、经济条件等的差异导致收入水平不同，优越的发展条件、良好的地理环境能显著提升家庭总收入。

家庭因素方面，各变量均通过显著性检验，家庭规模对家庭总收入的影

响显著为正，家庭成员每增加一人，家庭总收入提升 11%，说明人口越多则潜在劳动力越多，能创造的家庭总收入越多；户主年龄每增加一岁，家庭总收入减少 1.2%；非农劳动力显著提高家庭总收入水平，当家庭劳动力中从事非农工作的比例提升 10%时，家庭总收入提升 5.2%，因此，政府增加对农村居民非农技能的培训，引导其从事非农经营具有十分重大的政策意义。

（2）基于搬迁样本的收入回归

为进一步考察安置方式对农户收入的影响，选取 459 户搬迁样本进行估计，回归结果如表 5-62 所示。

表 5-62 农户收入的 OLS 回归结果（搬迁样本）

变量名称	搬迁样本 $N=459$					
	模型 7	模型 8	模型 9	模型 10	模型 11	模型 12
政策因素						
安置方式	0.369**	0.303*	0.349**	0.297*	0.338**	0.301*
家庭因素						
家庭规模	0.068	0.086**	0.151***	0.072*	0.081**	0.109**
户主年龄	-0.009	-0.010*	-0.011**	-0.011**	-0.011**	-0.009*
非农劳动力	0.375*	0.574***	0.501**	0.494**	0.519**	0.413**
人力资本						
人均受教育年限	0.044*					0.026
人均健康状况	0.733**					0.593*
人均技能水平	0.309					0.229
自然资本						
人均耕地面积		0.039***				0.045***
人均林地面积		-0.004*				-0.006**
物质资本						
人均固定资产			0.350**			0.224
人均住房面积			0.001			0.001
社会资本						
可求助亲友数				0.029***		0.024***
社会关系				0.214***		0.140**
金融资本						
政府贷款比重					0.076**	0.064***
银行贷款比重					0.00381	0.00737
常数项	9.618***	10.25***	9.788***	9.720***	10.40***	8.824***

续表

变量名称	搬迁样本 N=459					
	模型 7	模型 8	模型 9	模型 10	模型 11	模型 12
地理因素	限于篇幅,此处省略不做报告					
R^2	0. 1777	0. 1593	0. 1604	0. 1784	0. 1510	0. 2231
F	6. 37	6. 31	6. 39	7. 95	5. 91	6. 18

注：*** 表示 p<0. 01，** 表示 p<0. 05，* 表示 p<0. 1。

模型 7 至模型 11 为分别纳入各生计资本的回归模型，模型 12 为同时纳入所有生计资本的回归模型。结果显示，安置方式对农户收入的影响显著为正，表明集中安置较分散安置能更有效地提高搬迁户的收入水平，平均提高程度为 35. 1%。而人力资本、物质资本在搬迁样本的收入决定模型中与总体样本存在较大差异。其中，人力资本方面，人均受教育年限、人均技能水平的系数不显著，此外，虽然人均健康状况系数在两个样本的回归中均显著为正，但其影响程度较总样本的模型高 6. 5%。物质资本方面，人均固定资产系数在搬迁样本中较低，且在统计意义上不显著，表明人均固定资产不是影响搬迁样本农户收入的主要原因，因此，实物补贴对于搬迁户而言效果可能较差。自然资本、社会资本、金融资本、家庭因素和地理因素差异总体不大，在此不做赘述。

3. 分位数回归分析

在均值回归的基础上，考虑到不同收入水平的家庭对各影响因素的敏感程度可能不同，因此进一步进行收入的分位数回归，分析政策因素和生计资本对不同收入水平家庭的影响差异。为使估计的结果更稳健，在此采用自助法估计模型的标准误。

（1）基于总样本的分位数回归

基于总样本的分位数回归结果，绘制系数的分布和趋势图，纵轴表示回归系数，横轴表示分位数水平，虚线为总样本 OLS 均值回归的系数水平线。考虑到社会关系、政府贷款比重和银行贷款比重这三个变量在不同分位数上的影响无显著变化，在此不做报告，其余变量的结果如图 5-7 所示。

结果显示：政策因素方面，移民搬迁对低收入水平家庭的影响程度更大，而随着分位数水平的提高，移民搬迁对收入较高家庭的提升效应逐步减弱，表明移民搬迁政策成效显著，较大幅度提高了低收入家庭的生活水

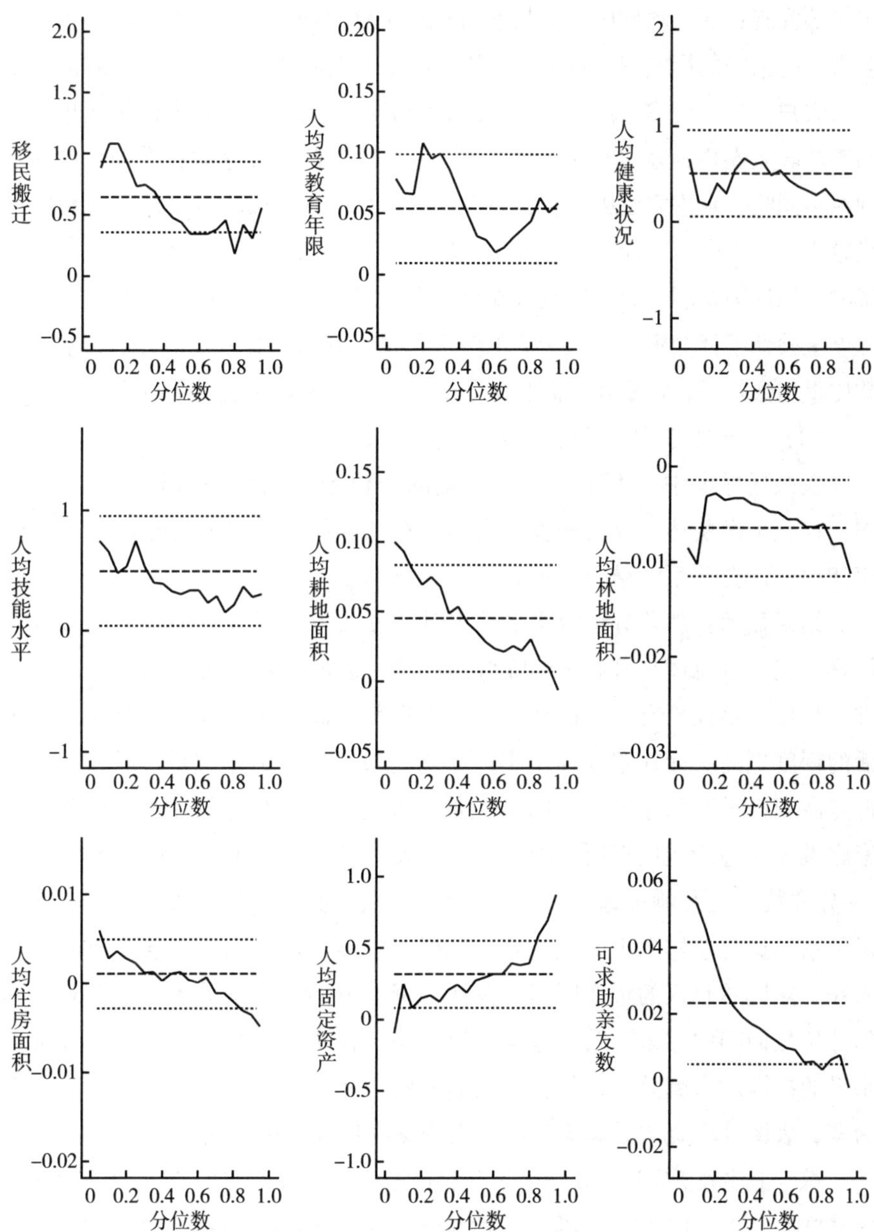

图 5-7　总样本的分位数回归结果

平。人力资本方面，人均受教育年限在不同收入水平家庭中存在正“U”形关系，人均受教育年限的提升对低收入水平和高收入水平家庭的影响程度高于中等家庭；而人均健康状况与不同水平家庭总收入呈倒“U”形关系，对收入中等家庭的影响程度较大；人均技能水平对高收入农户的影响略低于低收入农户。自然资本方面，人均耕地面积对低收入农户的收入促进效果显著高于高收入农户，表明耕地仍是低收入农户增收的重要来源；人均林地面积则在不同收入水平家庭中存在倒“U”形关系，其对收入水平的两端影响效果较小。社会资本方面，随着分位数的增大，可求助亲友数对农户收入水平影响效果逐渐减弱，表明低收入农户提升效果显著高于高收入农户，在一定程度上验证了社会资本是“穷人的资本”这一观点。金融资本方面，政府贷款比重与银行贷款比重在不同收入水平农户中均未表现出明显的差异。

（2）基于搬迁样本的分位数回归

在搬迁样本中，由于大部分变量的分位数回归结果与总样本基本相同，在此不做赘述，仅将安置方式和存在差异的人均受教育年限、人均健康状况、社会关系的结果列示如图 5-8 所示。

结果显示：随着分位数水平的提升，安置方式对农户的收入提升效应始终为正，且总体来看有不断降低的趋势，表明集中安置方式与分散安置方式相比，不仅更有助于提高农户收入水平，而且对于改善低收入农户生活的程度更高。而在搬迁样本中，人均受教育年限的正“U”形关系的最低点由 60%分位数上升到 70%分位数，表明对于 70%分位数水平以下农户家庭教育的边际效用有所增加。人均健康状况对极端低收入水平农户（0~5%分位数）的影响远远高于其余农户家庭，与分位数水平大致呈现“L”形关系，这与总样本中的倒“U”形存在差异，表明健康因素是影响低收入农户家庭总收入的重要原因。在社会资本方面，社会关系变量在总样本的分位数回归中并未有明显差异，但在搬迁样本中，社会关系随着分位数水平的提高对家庭总收入的影响逐渐减弱，其对高收入农户家庭影响几乎为零，表明社会资本是影响低收入农户家庭生计的重要因素。

综合上述分析发现，政策因素（移民搬迁和安置方式）、生计资本对农户家庭总收入具有不同程度的促进，然而分位数回归结果表明不同收入水平的农户对政策因素、生计资本敏感程度差异较大。搬迁政策、生计资本是否增大了农户收入不平等？对农户的收入不平等产生多大的影响？对于以上问题的回答，还需要对影响收入不平等的因素进行分解，以提出缓解农户收入不平等的政策建议。

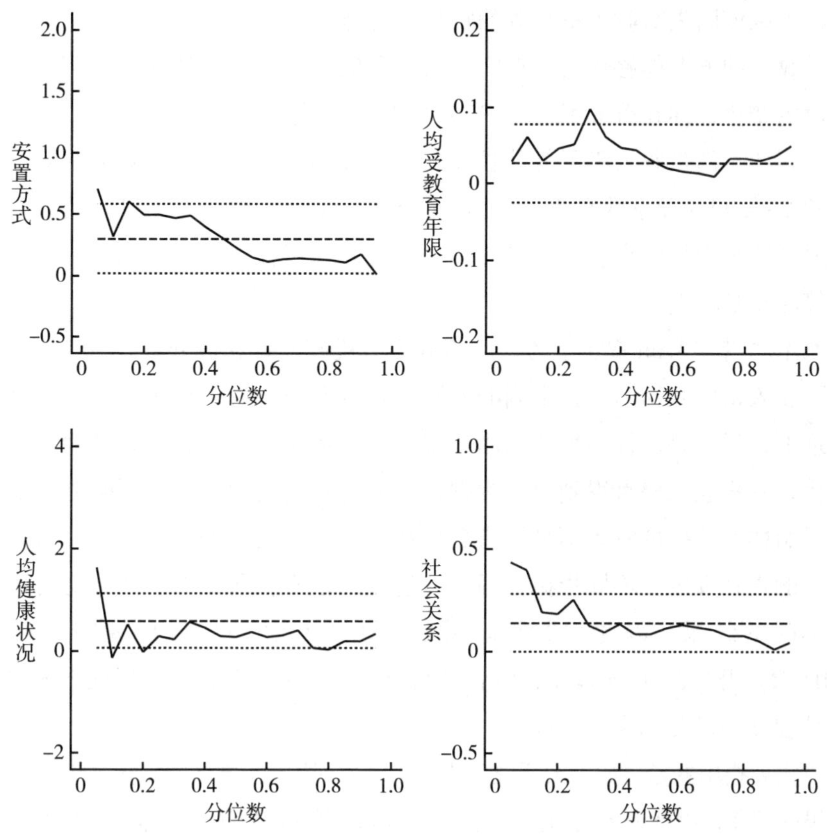

图 5-8　搬迁样本的分位数回归结果

（五）基于回归模型的不平等分解

1. 收入不平等分解方程

根据 Shorrocks 提出的收入不平等分解方法，假定 $Y=\sum_k Y^k$，Y^k 为影响收入的某一因素，以收入的方差表示收入不平等程度，得到如下公式：

$$\sigma^2(Y) = \sum_k \sigma^2(Y^k) + \sum_{j \neq k} \sum_k \rho_{jk} \sigma^2(Y^j) \sigma^2(Y^k) \qquad (5-42)$$

由公式（5-42）可得，一个因素影响收入不平等主要取决于两个方面：一是该因素自身的分布情况，在给定相关系数不变的情况下，分布越不均匀，则该因素对收入不平等的贡献程度越大；二是该因素与收入不平等的相关系数，即该因素对收入的偏效应，在给定分布不变的情况下，系数越大则该因素对收入不平等的贡献程度越大。

收入的方差能够代表农户间收入水平的差异程度，然而其并不能反映相对的变化，即在分布状态不变的情况下，收入量级越大，收入方差越大。因此，衡量收入不平等往往使用基尼系数（Gini）、泰尔-L 指数、泰尔-T 指数和变异系数平方（CV）等指标。本书选取已有文献使用较多的基尼系数来衡量农户收入不平等并进行分解，以探讨各影响因素对收入不平等的贡献程度。

本书借鉴 Wan 提出的方法，将收入方程与夏普利值分解有机结合，解决了收入指标和回归方程限制的问题。夏普利值分解的原理是基于合作博弈理论，思路是取样本均值以固定某一变量的影响，并将其余变量的实际值代入农户收入模型得到收入数据，据此计算此时收入的不平等指数，并与原始样本数据的收入不平等指数做比较，二者的差距即该变量对收入不平等的贡献程度。不同指标之间是否选取均值有多种组合关系，会导致得到不同的结果。因此，本书运用联合国世界经济发展研究院（UNU-WIDER）开发的 Java 程序，将各种组合下的均值作为该变量对收入不平等贡献程度的最终结果。

需要指出的是，如果按照农户收入决定方程用收入的对数进行分解会造成结果的扭曲，因此方程两边同取指数后对收入再进行分解，具体方程如下：

$$y = \exp(\beta_0) \times \exp(\beta_1 Geo + \beta_2 Policy + \beta_3 FF + \beta_4 HC + \beta_5 SC + \beta_6 PC + \beta_7 FC + \beta_8 NC) \times \exp(\varepsilon) \tag{5-43}$$

其中，常数项在分解过程中不会对结果产生任何影响，残差 ε 则表示方程的变量不能解释收入不平等的部分，理想状态下模型残差为零，收入不平等能被方程的影响变量 100%解释。然而，残差往往很少为零，用 1 减去残差对收入不平等的贡献率就得到模型解释的差距部分，反映全部解释变量对收入不平等的解释程度。

2. 收入不平等分解结果

表 5-63 为总样本和搬迁样本收入不平等被解释的程度，可以看出，总样本解释程度为 56.21%，搬迁样本解释程度为 63.32%，保证了分解的结论具有较强的可信度。此外，尽管搬迁样本中的基尼系数远低于总样本的基尼系数，但总样本与搬迁样本的基尼系数均超过 0.4，表明农户的收

入不平等程度依然较高，究竟政策因素在其中有多大程度的影响，还需要进一步对收入不平等进行分解。

表 5-63　收入不平等和解释程度

样本类型	样本数	指数	影响程度			解释程度（%）
			总系数	解释变量	残差项	
总样本	657	基尼系数	0.54	0.30	0.24	56.21
搬迁样本	459	基尼系数	0.47	0.30	0.17	63.32

由于当变量超过 10 个时，运算量将会成几何级数增长，经常无法得到分解结果，因此为简化计算，将相关性较高的各类变量进行合并分解：生计资本按照表 5-60 的变量体系，分别合并为人力资本、自然资本、物质资本、社会资本和金融资本五大类；家庭规模、户主年龄和非农劳动力合并为家庭因素；乡级哑变量合并为地理因素。

为考察解释变量在不同分位数农户家庭的不平等贡献程度差异，本书选取 10%、50%和 90%分位数依次作为低收入、中等收入和高收入家庭，根据分位数回归得到的收入决定方程进行分解，与最小二乘法（OLS）的估计结果进行比较，如表 5-64 所示。

表 5-64　农户收入不平等分解结果

单位：%

解释变量	总样本（N=657）				搬迁样本（N=459）			
	OLS	Q10	Q50	Q90	OLS	Q10	Q50	Q90
地理因素	22.20	11.90	40.13	26.40	26.04	13.37	47.90	30.42
政策因素	18.35	17.92	12.00	9.39	6.55	3.06	4.29	4.70
家庭因素	17.10	14.30	17.91	16.36	18.78	9.54	19.51	11.90
人力资本	17.01	12.40	10.59	12.98	15.00	18.44	9.77	16.44
自然资本	5.73	13.23	4.23	2.99	8.80	12.59	6.24	2.90
物质资本	7.81	6.69	5.44	27.03	5.39	5.28	3.23	21.81
社会资本	9.72	17.65	7.71	2.75	16.72	33.82	8.24	7.98
金融资本	2.09	5.90	1.99	2.08	2.70	3.90	0.81	3.84
总计	100	100	100	100	100	100	100	100

注：数字表示对收入不平等贡献程度的百分比，政策因素在总样本中为移民搬迁，在搬迁样本中则为安置方式。

与已有文献的研究相同，地理因素对农户收入不平等有很大的影响，主要是因为其包含大量模型未观测到的因素，不同地区自然资源禀赋、地理位置和地理环境的差异较大，在 OLS 估计的分解结果中，无论是总样本还是搬迁样本，地理因素对收入差距的贡献程度排在了所有因素的第一位，其对收入不平等的影响超过了 20%；而家庭因素的差异对农户收入不平等的形成也具有重要影响，其对收入不平等的贡献程度在两个样本中均排在前三位，在总样本中贡献程度为 17. 10%，在搬迁样本中贡献程度则为 18. 78%。

在总样本中，政策因素对收入不平等贡献程度为 18. 35%，在所有指标中高居第二位，仅次于地理因素，这与本书的预期相符，安置社区完善的基础设施和公共服务给搬迁户的生产生活带来极大便利，同时，政府的补贴和支持性措施也在一定程度上拉大了搬迁户与非搬迁户的收入差距，而从分位数回归结果来看，其不平等贡献程度在 10%分位数到 90%分位数逐步递减，这与图 5-7 移民搬迁随分位数增大对收入的影响程度不断降低的结论相符。

生计资本方面，人力资本对收入不平等的贡献达到 17. 01%，表明教育、医疗和培训的不平等是造成农户收入差距的重要原因，从分位数的分解来看，其对低收入和高收入家庭的贡献程度明显高于中等收入家庭；自然资本的贡献程度较低，排在倒数第二位，表明越来越多农村劳动力从事非农就业导致土地对收入差距的贡献很小，但其对 10%分位数农户贡献程度为 13. 23%，而在 90%分位数则降为 2. 99%，这表明自然资本的不平等是造成低收入农户收入不平等的重要因素，目前自然资本仍是低收入农户收入来源的主要途径；物质资本的贡献程度为 7. 81%，但其对高收入家庭的贡献程度高达 27. 03%，表明在高收入家庭中物质资本的不平等是收入差距的首要原因；社会资本的贡献程度为 9. 72%，对收入不平等具有一定的影响，排在五类资本的第二位，仅次于人力资本，但在低收入和高收入家庭中差距十分明显，对低收入家庭贡献程度达到 17. 65%，仅次于政策因素产生的影响，主要是因为在低收入家庭中亲友救济是其重要收入来源；金融资本对收入不平等的贡献程度最小，仅为 2. 09%，由表 5-60 的描述性统计可得政府贷款比重和银行贷款比重的标准差为 2 左右，分布较为平均，因此造成贡献程度低的原因可能是系数较小，农户家庭使用信贷资金的效率较低，且银行贷款比重不显著。

在搬迁样本中，安置方式对收入不平等的贡献程度为6.55%，在所有的影响因素中排名倒数第三，随着分位数水平的提高贡献程度略有升高，这表明集中安置方式不但能提高农户收入水平，而且不会带来农户严重的收入不平等现象。

生计资本方面，与总样本的分解结果相同，人力资本是造成收入不平等的重要因素，随着分位数的提高，贡献程度呈现倒“U”形关系，即对低收入农户和高收入农户的贡献程度相对较高；自然资本方面，相较于总样本，搬迁样本的贡献程度略有提高，从不同分位数的分解结果来看，其对低收入家庭收入不平等的贡献程度较高；物质资本对收入不平等的贡献程度为5.39%，与总样本相比略有降低，排在所有因素的倒数第二位，但是在高收入家庭中贡献程度为21.81%，成为影响收入不平等的第二因素；社会资本方面，本书发现了一个十分有趣的结论，与总样本不同，其在搬迁样本中对收入不平等的贡献程度达到16.72%，超过人力资本成为影响收入不平等的首要生计资本要素，本书衡量社会资本的代理变量为可求助亲友数和社会关系，注意到搬迁样本为跨区、跨县的搬迁家庭，与当地“土著”的农户不同，其所有的社会资本均较为缺乏，导致社会资本对收入的回报率较低，而其对10%分位数水平的贡献程度甚至达到了33.82%，表明低收入家庭对社会资本更加依赖，社会资本的不平等可能带来严重的农户收入差距问题；金融资本对搬迁样本和总样本的收入不平等贡献程度均为最低，在搬迁样本中达2.70%，表明当前金融资本不是影响搬迁样本收入不平等的主要原因，而未来随着农户信贷资金使用效率的提高，其可能成为影响收入不平等的重要因素之一。

综上可见，易地移民搬迁政策在很大程度上影响了农户的收入不平等，特别是对于收入水平较低的群体，其影响程度尤甚，且收入层级越高，对不平等的影响程度越低。造成这种收入分化的原因，一方面，可能是搬迁政策发挥了更积极的作用，带动部分贫困家庭实现了收入的快速大幅增长，这一点从图5-4的结果中得到了印证；另一方面，也有可能是由于部分贫困户的生计转型和重构的瓶颈使得收入提高较慢，可见政策对于贫困户起效更快，而对于相对富裕的群体起效较慢，因此也给后续政策带来一定的启示，即更加关注对搬迁对象的识别，提高瞄准的精度。同时，采取集中安置方式更有利于实现公共服务均等化，在很大程度上缩小了搬迁农户之间的收入差距，相较于相对富裕的农户，对贫困家庭采取集中安置方式更有利于提高其家庭收入，同时缓解收入差距扩大的趋势。

（六）结论与政策建议

本节基于陕南地区的入户调查数据，通过构建农户收入决定模型并运用均值回归考察了农户收入水平的影响因素，进一步采用分位数回归分析各因素对不同收入水平农户的影响差异，最后利用夏普利值框架下的回归分解，量化了各因素在不同分位数下对收入不平等的贡献程度。结论如下：第一，易地扶贫搬迁促进了贫困农户增收，在一定程度上解决了“一方水土养不起一方人”的困境，但在很大程度上也带来了农户的收入不平等，特别是扩大了低收入水平家庭的收入差距；第二，采取集中安置方式更有效地促进搬迁农户增收，特别是对于贫困家庭增收效果更明显，而且不会带来严重的农户收入不平等，尤其是扩大贫困家庭的收入差距；第三，五类生计资本对农户收入的促进程度各不相同，对收入不平等形成的机理和贡献程度也有所差异，人力资本是生计资本中影响收入差距的最主要因素；自然资本对低收入农户不平等贡献程度较高；物质资本则与自然资本相反，对高收入农户不平等贡献程度较高；社会资本在两个样本中表现出很大的差异，在搬迁样本中是导致收入不平等的首要生计资本要素；金融资本目前并未表现出明显增大农户收入不平等的现象。

本部分的研究发现了易地扶贫搬迁政策在影响不同群体的农户收入水平和收入不平等上的效果差异，为防止收入提高的同时加剧收入不平等，避免落入“政策陷阱”，本书提出以下建议。第一，在搬迁对象识别的过程中，进一步关注和提高建档立卡贫困户的瞄准精度，避免因参与主体的偏误带来资源错配，从而加剧搬迁后的收入不平等。第二，在加大对搬迁户后续发展的扶持力度的同时，因人因地精确施策，加快贫困搬迁户的生计转型，重构可持续生计。第三，在实施易地扶贫搬迁的过程中，在地理空间等外部条件允许的情况下，采取集中安置为主、分散安置为辅的方式，充分发挥集中安置下各类资源的集聚优势，提升农户生计资本和对外部资源的可及性。第四，降低教育、医疗门槛，提供政府免费技能培训缩小人力资本的差距，促进教育、医疗和培训公平，缓解区域收入不平等；同时应当注意解决搬迁户的社会资本缺乏问题，增加技能培训以降低低收入家庭对社会资本的依赖程度；自然资本是低收入农户重要收入来源，尤其是在安置社区无法配套相应耕地的情况下，在土地确权、三权分置的基础上，鼓励和加快迁出地耕地和林地的有效流转或作为资本要素投入规模化经营，以拓宽低收入农户的收入渠道；加大农用机械等物质资本的补贴力度，适度形成物质资本积累，提高生产率，提升农户收入水平；推进农户就业、创业指导工作，提高信贷资金使用效率，同时给予农户政府贴息贷款支持，防范未来可能出现的因金融资本不平等而造成的收入差距现象。第五，推动区域公共服务均等化，提高公共服务供给效率，实现资源在不同区域的有效配置，减少地理因素差异带来的收入不平等。

五　移民搬迁对农户消费的影响

（一）引言

收入和消费是衡量农户生活水平的两个重要指标，从长期来看，搬迁政策的实施，不仅影响到农户的消费，也会影响到农户的家庭实际收入。本部分选取消费而非收入作为评估农户生活水平的原因主要有以下三点。第一，搬迁政策的实施，对农户生活水平最直接的影响体现在家庭消费上，搬迁不仅引起消费水平的变化，还使得家庭的消费结构发生改变。一方面，在搬迁过程中，搬运家庭物资发生的人工费用、运输费用、食物支出等，直接引起农户家庭消费的增加；另一方面，农户在迁入新居住地后，建造房屋或支付房屋租金，购置家具、电器、生产工具等家庭生产和生活必需品，也会增加农户的家庭消费。第二，搬迁对农户家庭实际收入的影响具有一定的时滞性。农户搬迁后，随着生活环境的变化，其生产和生活方式发生相应的改变，然而，农户需要一定的时间寻找新的谋生方式并获得稳定收入，因此，搬迁对农户家庭实际收入的影响具有一定的时滞性。第三，由于取得调研数据时实施搬迁的时间较短，搬迁对农户生活水平在收入方面尚未产生稳定的影响，因此，对搬迁初期的农户而言，家庭消费比家庭收入更能反映出陕南移民搬迁政策对其生活水平的影响。

本部分从微观视角，基于调研数据，通过对比分析搬迁户和非搬迁户的消费水平、消费波动和消费结构，来反映搬迁政策对农户生活水平的影响，以此衡量陕南移民搬迁政策的微观效果，并针对搬迁政策的设计和实施提出有参考价值的建议。

（二）农户消费研究实证回顾

近年来，对于农户消费水平的研究，大致可以分为三类：第一类是在现有消费理论的基础上对中国农村居民的消费行为进行检验；第二类是针对农村居民消费的影响因素进行分析；第三类是分析某种因素对农户消费的具体影响。艾春荣、汪伟（2010）将持久收入假说推广到适于发展中国家农村的实际情况，研究发现，农户在面临流动性约束下，通过出售资产或非农就业来维持生命周期内的消费，并采用对山东农户家庭的调查数据对此进行了验证。高梦滔等（2008）采用中国8省农村的微观面板数据对农户消费行为进行了研究，研究结果表明，中国农户消费行为能够用PIH/LCH来很好地描述，但是受流动性约束的农户的消费存在过度敏感现象。尹音频、刘巍巍（2010）采用可变参数模型检验了我国农村居民消费的过度敏感性，并运用格兰杰因果检验分析了引起这种消费行为变化的原因，分析结果表明，我国农村居民的消费存在过度敏感性。郝爱民（2009）通过建立农户需求模型，分析了农户家庭经济状况、户主因素、农村保险体系和农村金融发展、农村消费环境等因素对农户消费的影响。刘静、朱立志（2011）对影响我国农户能源消费的因素进行了分析，研究结果表明，影响农户生活能源消费的主要因素有：家庭人均财富、能源价格、能源可获得性以及户主受教育程度。

学术界主要从以下几个方面对农户消费结构进行研究：一是对农户消费结构的现状及影响因素进行分析；二是研究农户的某种经济行为对消费结构变动情况的影响；三是从影响农户消费结构的外界因素出发，分析某一经济政策对农户消费结构的影响。在对农户消费结构的现状及影响因素的研究方面，李晓楠和李锐（2013）采用2003~2009年对中国东北、东部、中部和西部地区10个省份农户的调查数据，分析了农户的消费结构及其影响因素，研究发现，我国农户消费结构的优化程度依次为东部、东北、中部和西部地区，食品和居住支出占整个消费支出的40%以上，依然是生存型消费结构。李树茁等（2011）利用对陕西秦岭山区农户的实地调研数据，运用三阶段最小二乘法分析了外出务工汇款对农户支出的直接和间接影响，研究结果表明，在农户的支出系统中，教育和健康支出受到汇款的间接影响；生产性投资和食物消费同时受汇款的直接与间接影响，并且直接影响大于间接影响，且二者作用方向相反；汇款作为现金收入，主要用来购买食物，而不是进行生产投资，但随着收入的增多，农户用于消费的支出比例相对降低，而用于生产投资的支出比例逐渐上升。徐晓玲和余劲（2015）研究了移民搬迁政策对连片贫困山区农户消费结构变动的影响，在对陕南地区三市搬迁前后的消费结构变动进行描述性分析的基础上，运用扩展线性支出系统模型（ELES）对比分析了搬迁前后农户的边际消费倾向、基本消费需求和需求的收入弹性，研究结果表明，搬迁使得农户的消费结构发生重大调整，居住及家庭设备支出显著增加，对其他支出项造成压力，使得其他多项支出呈减少趋势；搬迁家庭的边际消费倾向和需求的收入弹性都过低，基本消费需求具有刚性，当前的消费常态仍是维持生存型消费。

对于农户消费波动，相关研究主要分为以下两种：一是研究收入波动与消费波动的问题，研究焦点集中在农户是否能够通过消费平滑机制保险其消费波动；二是将消费波动作为一种测量工具，用消费波动来衡量农户的贫困脆弱性或收入风险。邓曲恒（2012）通过消费波动来反映农户家庭的收入风险，对农村家庭是否能够完全保险其消费波动进行了检验，研究结果在总体上拒绝了完全保险假说。黎洁、邰秀军（2009）在研究西部山区农户的贫困脆弱性影响因素时，将贫困脆弱性分解成消费水平和消费波动两个方面，并用对消费均值回归后残差的平方来表示消费波动。邰秀军等（2009a）在研究中国农户谨慎性消费策略形成机制时另辟蹊径，对于传统意义上的收入不确定性因素，使用消费波动来代替。

（三）搬迁政策对农户消费水平和消费波动的影响

1. 分析框架

本部分将陕南移民搬迁政策下农户消费水平和消费波动的影响因素总结为以下几个方面：搬迁因素、持久性收入、风险因素、风险管理能力、社会网络支持以及与消费相关的家庭特征。分析框架如图 5-9 所示。

2. 方法与变量

（1）估计方法

本部分所用模型的估计方法来自 Chaudhuri 等（2002）对三阶段可行广义最小二乘法（FGLS）回归的应用。此方法的原理是假定对消费均值回归后的残差具有与农户特征相关的异质性。回归过程分为三个阶段：第一阶段，用 OLS 方法回归消费均值模型；第二阶段，以第一阶段回归后的残

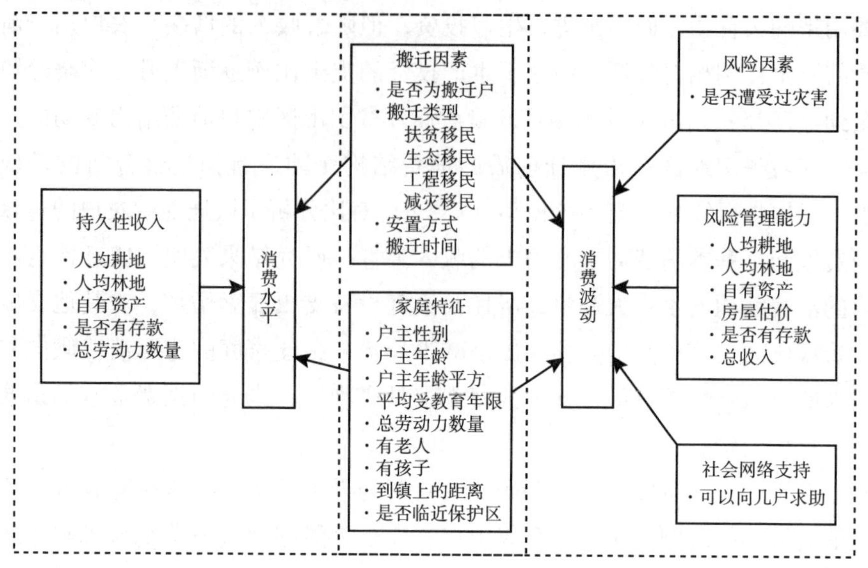

图 5-9　农户消费水平和消费波动影响因素分析框架

差平方表示消费波动，用 OLS 方法回归消费方差模型，取得异方差的结构；第三阶段，用取得的异方差结构加权回归（WLS）上述两个模型，以消除横截面数据对回归结果产生的异质性，取得所需估计的各项参数。

根据消费水平和消费波动的影响因素，分别建立如下回归方程：

$$\mathrm{Ln}(C_i) = \alpha_0 + \alpha_1 Z + \alpha_2 Y^P + \alpha_3 X + e \tag{5-44}$$

$$\mathrm{Var}[\mathrm{Ln}(C_i)] = \beta_0 + \beta_1 Z + \beta_2 Risk + \beta_3 Household + \beta_4 Supports + X + \varepsilon \tag{5-45}$$

Ln（C_i）表示样本家庭人均消费水平取对数，Z 表示搬迁因素，Y^P 表示样本家庭的持久性收入，X 表示与消费相关的家庭特征，α_i 表示待估参数，e 是残差项；Var[Ln（C_i）]是公式（5-44）估计后残差的平方值，表示家庭消费波动，Z 表示搬迁因素，*Risk* 表示家庭面临的风险因素，*Household* 表示家庭的风险管理能力，*Supports* 表示家庭在遭受风险时可以得到的社会网络支持，β_i 表示待估参数，ε 是残差项。

（2）变量设置

a. 人均消费水平

和非搬迁家庭相比，搬迁通常导致农户在建房和家具、电器等耐用品方面的支出增加，因此，本节将家庭的人均消费分为两种：一种是包含建房和耐用品支出的人均消费（总消费），另一种是不含建房和耐用品支出的人均消费。分别对两种人均消费取对数进行模型回归，来对比分析搬迁因素对农户消费水平和消费波动的影响。

人均消费水平用家庭总消费除以家庭常住人口来得到。家庭总消费指农户用于生活、生产和再分配的全部支出，包括一年中的食物支出、耐用品消费支出、子女上学支出、医疗费用、使用能源（煤炭、煤气、电）支出、通信费用、用于人情礼金的费用、办理婚丧嫁娶的费用、购买农业机械等生产工具的支出等；消费1是家庭总消费，消费2是家庭总消费减去建房和耐用品支出的消费；家庭常住人口是指每年在家居住6个月以上的人口。

b. 搬迁因素

在本部分的研究中，陕南移民搬迁政策是研究农户消费的背景，首先将搬迁家庭从总样本中甄别出来，对是否为搬迁户进行分析；在此基础上对搬迁家庭进行深入研究，就搬迁特征进行考察，包括搬迁类型、安置方式和搬迁时间三个方面。

根据调研信息，将总体（1306户）分为搬迁家庭（363户）和非搬迁家庭（943户），首先将是否为搬迁户纳入模型进行回归分析。在搬迁特征方面，搬迁类型主要包括：扶贫移民、生态移民、工程移民和减灾移民；安置方式包括：集中安置、进城入镇、分散入住闲置房、自助外迁和其他安置方式。在363户搬迁家庭中，集中安置的有224户，占所有搬迁家庭的61.71%，因此，在安置方式上只把集中安置纳入模型，考察其对消费的影响；搬迁时间为从搬迁到2011年的年数。

c. 持久性收入

持久性收入Y^P在研究中是直接观察不到的，根据持久性收入理论，家庭的持久性收入是由固定资产、金融资本和人力资本决定的，本部分选取如下影响持久性收入的指标：固定资产用人均耕地、人均林地和自有资产来表示；金融资本用是否有存款来表示；人力资本用总劳动力数量来表示。其中，人均耕地和人均林地由家庭总耕地或林地面积除以家庭总人口算出；自有资产是生产性工具、交通工具和耐用品的总数量；总劳动力数量是指家庭16岁以上、65岁以下的人口数。

d. 风险因素

不确定的风险冲击往往给农户带来收入或消费的波动，本部分用过去一年是否遭受过灾害来表示风险因素，遭受的灾害包括自然灾害、重大意外损失等。

e. 风险管理能力、社会网络支持

大量研究表明，家庭是追求消费平滑的，在遭受风险冲击后往往采取风险管理策略，通过对自身资源的调整以及利用社会网络的支持分担风险，来稳定消费波动。

家庭的风险管理能力受资产和收入的影响。资产包括物质性资产和金融性资产，物质性资产用人均耕地、人均林地、自有资产和房屋估价来代表；金融性资产指一个家庭的储蓄，用是否有存款来代表；收入用家庭总收入来表示，由于农户从事农业生产和经营有一部分是实物形态的收入，比如还未变现的粮食，因而，总收入是指现金和非现金收入。

社会网络支持是家庭在遭受风险冲击时可以借助的家庭外部力量，在对陕南移民搬迁农户的调查中发现，农户间有着较强的互助气氛，社会网络支持是一项重要的消费平滑手段。陈传波（2007）在对中国农户非正规风险分担的实证研究中使用家庭借贷网表示农户可动用的社会资本，本部分参考陈传波对社会资本的衡量指标，选取家庭在急需大笔开支时可以向多少户求助来代表农户在遭受风险冲击时可以借助的外部支持。

f. 家庭特征

家庭特征是研究家庭消费不可缺少的因素。户主通常是一个家庭的最高决策者，对家庭的收入和消费起着重要的作用，户主特征在一定程度上影响着家庭的消费；同时，消费也会受到家庭人口的平均受教育程度以及人口结构的影响；此外，家庭所在地理位置也会影响家庭的收入和消费。

户主特征主要包括户主性别和年龄；其他人口特征包括平均受教育年限、总劳动力数量、有孩子和有老人，其中，平均受教育年限用家庭所有人受教育的总年数除以家庭总人口数计算得出，老人指年龄在65岁以上的人，孩子指年龄在16岁以下的人；家庭所在地理位置包括是否临近保护区和到镇上的距离，到镇上的距离指农户所在村到镇上的距离。

3. 变量的描述性统计

本部分的数据来自西安交通大学生计与环境课题组于 2011 年 11 月在陕西安康地区进行的农户生计专项调查，变量的设置与取值同表 5-25。变量的描述性统计信息如表 5-65 所示。

从人均消费水平来看，分别将两种人均消费在两类家庭中对比可以看出，对于人均消费 1（包含建房和耐用品支出的人均消费），搬迁家庭显著高于非搬迁家庭；对于人均消费 2（不含建房和耐用品支出的人均消费），搬迁家庭也显著高于非搬迁家庭。分别在不同样本中比较两种人均消费可以看出，在总体样本中，包含建房和耐用品支出的人均消费比不含时高出 2035.66 元；在搬迁家庭样本中，人均消费 1 比人均消费 2 高出 5152.74 元，明显高于总体样本的差额；在非搬迁家庭样本中，人均消费 1 比人均消费 2 高出 774.65 元，明显低于总体样本的差额。

从风险因素来看，有 11%的农户遭受过自然灾害的冲击，且搬迁家庭遭受过风险冲击的比例显著高于非搬迁家庭。

从风险管理能力来看，人均耕地面积为 1.22 亩，非搬迁家庭的人均耕地面积显著高于搬迁家庭，高出 0.58 亩；人均林地面积为 10.34 亩，且非搬迁家庭显著高于搬迁家庭，高出 5.04 亩；自有资产平均为 2.82 件，且搬迁家庭显著高于非搬迁家庭；房屋估价平均为 9.97 万元，搬迁家庭显著高于非搬迁家庭；25%的家庭有存款，且非搬迁家庭拥有存款的比例显著高于搬迁家庭；总收入平均为 9.39 万元，且搬迁家庭显著高于非搬迁家庭。

表 5-65　变量的描述性统计信息

自变量	总体		搬迁家庭		非搬迁家庭		t 检验
	均值	标准差	均值	标准差	均值	标准差	
人均消费水平(元)							
人均消费 1	6205.00	10282.69	9935.66	16764.90	4695.77	5480.04	***
人均消费 2	4169.34	3662.64	4782.92	4473.05	3921.12	3248.58	***
风险因素							
是否遭受过灾害	0.11	0.31	0.13	0.33	0.10	0.30	*
风险管理能力							
人均耕地(亩)	1.22	1.57	0.80	0.92	1.38	1.74	***

续表

自变量	总体		搬迁家庭		非搬迁家庭		*t* 检验
	均值	标准差	均值	标准差	均值	标准差	
人均林地(亩)	10.34	18.17	6.69	13.27	11.73	19.56	***
自有资产(件)	2.82	1.72	3.20	1.81	2.67	1.67	***
房屋估价(万元)	9.97	7.07	13.04	7.54	8.77	6.42	***
是否有存款	0.25	0.43	0.20	0.40	0.27	0.44	***
总收入(万元)	9.39	1.07	9.66	1.09	9.29	1.04	***
社会网络支持							
可向几户求助(户)	4.36	4.03	4.46	3.91	4.31	4.08	NS
家庭特征							
户主性别	0.89	0.31	0.93	0.26	0.88	0.33	***
户主年龄(岁)	50.62	12.64	50.31	12.85	50.74	12.57	NS
平均受教育年限(年)	6.21	2.75	6.33	2.50	6.16	2.85	NS
总劳动力数量(人)	2.74	1.39	3.02	1.36	2.63	1.39	***
有孩子	0.42	0.49	0.50	0.50	0.38	0.49	***
有老人	0.35	0.48	0.45	0.50	0.32	0.47	***
到镇上的距离(公里)	10.34	0.23	9.49	0.38	10.65	0.28	**
是否临近保护区	0.35	0.48	0.38	0.49	0.34	0.47	NS
样本数	1306		363		943		—

注：t 检验用于检验均值；*** 表示 $p<0.01$，** 表示 $p<0.05$，* 表示 $p<0.1$，NS 表示 $p\geq 0.1$。

从社会网络支持来看，在家庭急需大笔开支时，平均可以向 4.36 户求助，搬迁家庭和非搬迁家庭并无显著差异。

从与消费相关的家庭特征来看，搬迁家庭中 93%的户主为男性，显著高于非搬迁家庭的比例，两类家庭有显著差异；户主年龄无显著差异；平均受教育年限无显著差异；总劳动力数量平均为 2.74 人，搬迁家庭显著高于非搬迁家庭；有老人的家庭中搬迁家庭显著高于非搬迁家庭；有孩子的家庭中搬迁家庭显著高于非搬迁家庭；农户所在村到镇上的距离平均为 10.34 公里，搬迁家庭到镇上的距离明显比非搬迁家庭近；有 35%的家庭临近保护区，两类家庭之间并无显著差异。

4. 搬迁对农户消费水平和消费波动的影响

（1）搬迁对农户消费水平和消费波动的影响分析

表 5-66 给出了搬迁对消费水平和消费波动影响的回归结果，c_1 表示人

表 5-66　搬迁对消费水平和消费波动影响的回归结果

变量	OLS 回归结果				FGLS 回归结果			
	模型 1 $Ln(c_1)$	模型 2 $Ln(c_2)$	模型 3 $Var[Ln(c_1)]$	模型 4 $Var[Ln(c_2)]$	模型 5 $Ln(c_1)$	模型 6 $Ln(c_2)$	模型 7 $Var[Ln(c_1)]$	模型 8 $Var[Ln(c_2)]$
搬迁因素								
是否为搬迁户	0.478***	0.199***	0.412***	0.024	0.531***	0.215***	0.382***	0.017
风险因素								
是否遭受灾害			0.173*	0.055			0.146	0.055
风险管理能力								
人均耕地	0.059***	0.068***	-0.025	0.005	0.063***	0.077***	-0.024	0.004
人均林地	0.001	0.001	0.001	0.001	0.001	0.001	0.001	0.001
自有资产	0.086***	0.078***	-0.014	0.002	0.097***	0.086***	-0.006	0.000
房屋估价			0.021***	-0.001			0.018***	-0.001
是否有存款	-0.111*	-0.106**	-0.046	-0.009	-0.113**	-0.112**	-0.056	-0.012
总收入			-0.099***	-0.056***			-0.074**	-0.047**
社会资本								
可向几户求助			-0.004	-0.009**			-0.007	-0.008**
家庭特征								
户主性别	-0.042	-0.059	0.150	0.061	-0.042	-0.094	0.125	0.055
户主年龄	0.016	0.016	-0.013	-0.007	0.008	0.017	-0.011	-0.007

续表

变量	OLS 回归结果				FGLS 回归结果			
	模型 1 $Ln(c_1)$	模型 2 $Ln(c_2)$	模型 3 $Var[Ln(c_1)]$	模型 4 $Var[Ln(c_2)]$	模型 5 $Ln(c_1)$	模型 6 $Ln(c_2)$	模型 7 $Var[Ln(c_1)]$	模型 8 $Var[Ln(c_2)]$
户主年龄平方	-0.000*	-0.000**	0.000	0.000	-0.000	-0.000**	0.000	0.000
平均受教育年限	0.026**	0.035***	0.002	0.008	0.029***	0.034***	0.002	0.008
总劳动人数	-0.090***	-0.107***	0.003	0.011	-0.093***	-0.109***	0.008	0.008
有孩子	0.021	-0.012	0.028	-0.023	0.006	-0.013	-0.014	-0.026
有老人	-0.053	-0.100**	0.074	-0.036	-0.116**	-0.125***	0.046	-0.035
到镇上的距离	-0.005	-0.005*	0.012**	0.004	-0.005	-0.004*	0.009**	0.003
是否临近保护区	0.229***	0.231***	-0.049	0.021	0.255***	0.236***	-0.034	0.004
常数项	7.868***	7.791***	1.321**	0.941***	8.021***	7.791***	1.130**	0.877***
R^2	0.160	0.181	0.075	0.024	0.172	0.189	0.066	0.021

注：*** 表示 $p<0.01$，** 表示 $p<0.05$，* 表示 $p<0.1$。

均消费 1，为包含建房、耐用品支出的人均消费；c_2 表示人均消费 2，为不包含建房、耐用品支出的人均消费。在表 5-66 中，模型 1 和模型 2 为搬迁对消费水平影响的 OLS 回归结果，模型 3 和模型 4 为搬迁对消费波动影响的 OLS 回归结果，模型 5 和模型 6 为搬迁对消费水平影响的 FGLS 回归结果，模型 7 和模型 8 为搬迁对消费波动影响的 FGLS 回归结果。

在消费水平模型中，除搬迁因素外的自变量分别是人均耕地、人均林地、是否有存款、自有资产、户主年龄、户主性别、平均受教育年限、总劳动力数量、有老人、有孩子、到镇上的距离、是否临近保护区，根据持久性收入理论和人力资本理论，这些因素决定了一个家庭的持久性收入和持久性消费能力。

模型 5 和模型 6 的回归结果显示，搬迁对消费水平有显著的正向影响，且人均消费 1 的回归系数大于人均消费 2；在影响持久性收入的指标中，人均耕地、自有资产对消费水平有显著的正向影响，是否有存款和总劳动力数量对消费水平都有显著的负向影响；在与消费相关的家庭特征中，平均受教育年限对消费水平有显著的正向影响，有老人对消费水平有显著的负向影响，是否临近保护区对消费水平有显著的正向影响。除搬迁因素外，其他对消费水平有显著影响的各指标，在模型 5 和模型 6 中的回归系数均无显著差异。

在消费波动模型中，模型 7 和模型 8 的回归结果显示，对于不含建房和耐用品支出的消费，总收入和可向几户求助对消费波动有显著负向影响。对于包含建房和耐用品支出的消费，是否为搬迁户对消费波动有显著的正向影响，房屋估价和到镇上的距离对消费波动有显著的正向影响，总收入对消费波动有显著的负向影响。

（2）搬迁特征对农户消费水平和消费波动的影响分析

为进一步研究不同搬迁特征对消费水平和消费波动的影响，本部分以搬迁家庭为样本，将搬迁类型、集中安置和搬迁时间作为搬迁特征，对模型进行回归，其中，搬迁类型包括扶贫移民、生态移民、工程移民和减灾移民。在全部搬迁家庭的样本中，缺失了个别样本的搬迁时间，在剔除缺失样本之后，最终进入回归模型的实际样本有 354 个。

表 5-67 给出了搬迁特征对消费水平和消费波动影响的回归结果。模型 1 和模型 2 为搬迁特征对消费水平的 OLS 回归结果，模型 3 和模型 4 为搬迁特征对消费波动的 OLS 回归结果，模型 5 和模型 6 为搬迁特征对消费水平的 FGLS 回归结果，模型 7 和模型 8 为搬迁特征对消费波动的 FGLS 回归结果。

表 5-67 搬迁特征对消费水平和消费波动影响的回归结果

自变量	OLS 回归结果				FGLS 回归结果			
	模型 1 $Ln(c_1)$	模型 2 $Ln(c_2)$	模型 3 $Var(Ln(c_1))$	模型 4 $Var(Ln(c_2))$	模型 5 $Ln(c_1)$	模型 6 $Ln(c_2)$	模型 7 $Var(Ln(c_1))$	模型 8 $Var(Ln(c_2))$
搬迁类型								
扶贫移民	0.616**	0.148	0.325	-0.062	0.697***	0.204	0.140	-0.058
生态移民	0.348	-0.112	-0.163	-0.178	0.348	-0.023	-0.110	-0.156
工程移民	0.587*	0.326	0.104	-0.131	0.540*	0.313	-0.002	-0.144
减灾移民	0.781***	0.177	0.339	-0.201	0.874***	0.246	0.135	-0.180
安置方式	0.063	0.139	-0.143	-0.039	0.005	0.126	-0.172	-0.065
搬迁时间	-0.044***	-0.030***	-0.023*	0.002	-0.039***	-0.027***	-0.023**	0.001
风险因素								
是否遭受灾害			0.043	0.018			0.232	0.051
风险管理能力								
人均耕地	-0.055	0.049	0.023	0.144***	-0.100	0.009	-0.021	0.080**
人均林地	0.006	0.008***	-0.009*	-0.004	0.011**	0.013***	-0.006*	-0.001
自有资产	0.075**	0.088***	-0.030	-0.026	0.059	0.071***	-0.038	-0.012
房屋估价			0.021**	0.003			0.020**	0.001
是否有存款	0.132	0.036	0.007	-0.067	0.136	0.036	-0.018	-0.060
总收入			-0.167**	0.007			-0.101*	-0.001

续表

自变量	OLS 回归结果				FGLS 回归结果			
	模型 1 $Ln(c_1)$	模型 2 $Ln(c_2)$	模型 3 $Var(Ln(c_1))$	模型 4 $Var(Ln(c_2))$	模型 5 $Ln(c_1)$	模型 6 $Ln(c_2)$	模型 7 $Var(Ln(c_1))$	模型 8 $Var(Ln(c_2))$
社会资本								
可向几户求助			-0.005	-0.012			-0.007	-0.008
家庭特征								
户主性别	0.108	-0.014	0.673**	-0.013	0.202	-0.012	0.547**	-0.023
户主年龄	0.044	0.001	0.029	0.004	0.019	-0.000	0.009	0.001
户主年龄平方	-0.001*	-0.000	-0.000	-0.000	-0.000	-0.000	-0.000	0.000
平均受教育年限	0.032	0.054***	-0.008	0.021	0.028	0.047***	0.006	0.015
总劳动人数	-0.119**	-0.116***	-0.088	-0.027	-0.086**	-0.101***	-0.074	-0.008
有孩子	-0.096	-0.124	-0.039	-0.048	-0.170	-0.172**	-0.031	-0.038
有老人	-0.097	-0.136*	-0.011	-0.115*	-0.041	-0.113	-0.026	-0.080
到镇上的距离	-0.006	-0.008	0.016	-0.002	-0.006	-0.007	0.018	-0.000
是否临近保护区	-0.108	0.217**	-0.208	-0.107	0.065	0.268**	-0.298*	-0.057
常数项	7.647***	8.253***	1.176	0.323	8.064***	8.286***	1.228	0.441
R^2	0.280	0.390	0.190	0.137	0.348	0.378	0.205	0.089

注：*** 表示 $p<0.01$，** 表示 $p<0.05$，* 表示 $p<0.1$。

对于消费水平，模型 5 和模型 6 的结果显示，在搬迁特征中，扶贫移民、工程移民和减灾移民对消费水平有显著的正效应，可见，这三种搬迁类型的家庭人均消费水平比较高，搬迁时间对消费水平有显著的负向影响；在影响持久性收入的指标中，人均林地对消费水平有显著的正向影响，自有资产对人均消费 2 有显著的正向影响，总劳动力数量对消费水平有显著的负向影响；在与消费相关的家庭特征中，有孩子对人均消费 2 有显著的负向影响，平均受教育年限和是否临近保护区对人均消费 2 有显著的正向影响。

通过上述分析可知，搬迁政策的实施对农户消费的影响，主要表现在增加了农户在建房和耐用品方面的支出从而引起消费波动上，并且随着搬迁时间的增加，农户逐渐安顿下来，搬迁对消费水平和消费波动的影响也在减弱。

（四）搬迁政策对农户消费结构的影响

1. 分析框架

本部分参考李树茁等（2011）在研究外出务工汇款对西部贫困山区农户家庭支出的影响时考虑的因素，从搬迁因素、家庭特征和社区特征三个方面进行考察消费结构的影响因素。具体分析框架如图 5–10 所示。

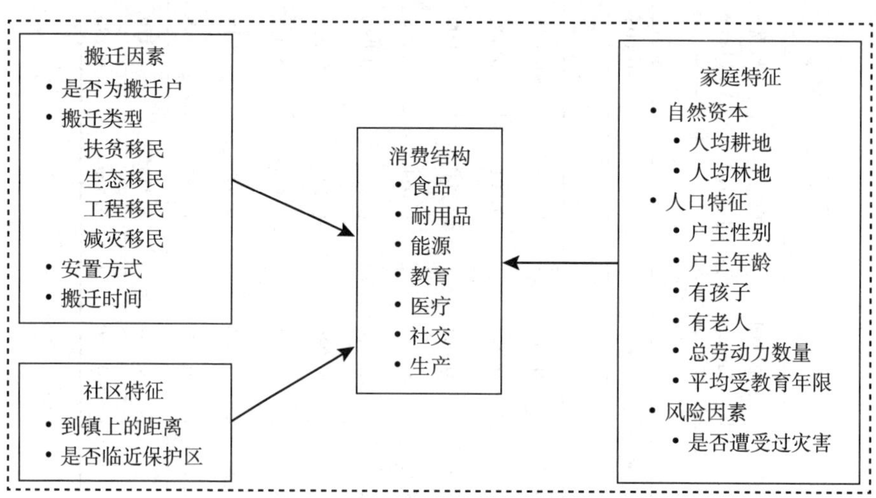

图 5–10　农户消费结构影响因素分析框架

2. 方法与和变量

（1）估计方法

农户的各项支出都在家庭总支出范围之内，并且各项支出之间是相互关联的，具有很强的系统性，本部分采用似不相关回归模型，对消费结构方程组进行回归。根据消费结构的影响因素，建立如下回归方程：

$$e_i = \gamma_0 + \gamma_1 Z + \gamma_2 F + \gamma_3 C + \mu \quad (5-46)$$

$$e_i/E = \gamma_0 + \gamma_1 Z + \gamma_2 F + \gamma_3 C + \mu \quad (5-47)$$

公式（5-46）为各分项支出数量的回归模型，e_i 为农户第 i 项支出的数量，Z 表示搬迁因素，F 表示农户的家庭特征，C 表示农户所在村的社区特征，γ_i 表示待估参数，μ 表示随机误差项；公式（5-47）为各分项支出占总支出的比例回归模型，其中，e_i/E 为农户的第 i 项支出占总支出的比重，Z 表示搬迁因素，F 表示农户的家庭特征，C 表示农户所在村的社区特征，γ_i 表示待估参数，μ 表示随机误差项。

（2）变量设置

根据消费结构的影响因素，表 5-68 给出了消费结构模型中各变量的设置与取值。

a. 消费结构

根据以往研究和相关理论，并结合实际调研数据，本部分围绕消费和投资两个方面，将农户所有家庭支出分为七项，其中，消费项包括食物、耐用品和能源三个方面；投资项包括教育、医疗、社交和生产。各项支出结构均为过去一年用于该项的现金支出与家庭总支出的比值。

食物支出是指过去一年在粮食、油、肉、菜等方面用于吃饭的现金支出，家庭自给自足的粮食不包含在内；耐用品支出是指用于盖房以及购买家具、电器等耐用品和购买农业机械等生产工具的支出；能源支出是指过去一年在煤炭、煤气和电上的支出；教育支出指子女上学的花费；医疗支出是指用于看病、保健的医疗费用；社交支出包括用于人情、礼金和办理婚丧嫁娶的费用；生产支出指农林生产中雇用工人和购买生产资料的支出，生产资料包括大棚、化肥和农药、种子等。

b. 搬迁因素

本部分主要研究陕南移民搬迁政策对农户消费的影响，搬迁因素是回归模型的主变量，前文对农户消费水平和消费波动进行研究时，分别从是否为搬迁户和搬迁特征两个方面对农户的消费情况进行分析，研究结果表明，搬迁政策的实施确实对农户的消费水平和消费波动产生了显著的影响，在前文研究的基础上，本部分仍然从是否为搬迁户和搬迁特征两个方面对农户的消费结构进行分析。

c. 家庭特征和社区特征

在其他控制变量中，家庭特征是影响农户支出决策的内部因素，农户所在社区特征是影响农户支出决策的外部因素。

表 5-68　变量设置与取值

变量	变量设置与取值
消费结构	
食物支出结构	过去一年购买粮食、油、肉、菜等支出与总支出的比值
耐用品支出结构	过去一年盖房、家具、电器、生产工具等支出与总支出的比值
能源支出结构	过去一年煤炭、煤气和电的支出与总支出的比值
教育支出结构	过去一年子女上学支出与总支出的比值
医疗支出结构	过去一年的医疗费用与总支出的比值
社交支出结构	过去一年用于人情、礼金、办理婚丧嫁娶的费用与总支出的比值
生产支出结构	过去一年购买生产资料和雇工的支出与总支出的比值
搬迁因素	
是否为搬迁户	虚拟变量,搬迁户取1,非搬迁户取0
搬迁类型	
扶贫移民	虚拟变量,扶贫移民取1,否则取0
生态移民	虚拟变量,生态移民取1,否则取0
工程移民	虚拟变量,工程移民取1,否则取0
减灾移民	虚拟变量,减灾移民取1,否则取0
安置方式	虚拟变量,集中安置取1,其他取0
搬迁时间	连续变量,从搬迁到2011年的年数
家庭特征	
人口特征	
户主性别	虚拟变量,男性取1,女性取0
户主年龄	连续变量,户主的年龄(单位:岁)
有孩子	虚拟变量,有年龄在16岁以下的人取1,否则取0
有老人	虚拟变量,有年龄在65岁以上的人取1,否则取0
常住人口数	连续变量,每年在家居住超过6个月的人口数

续表

变量	变量设置
总劳动力数量	连续变量,年龄在16岁以上、65岁以下的人口数
平均受教育年限	连续变量,家庭所有人受教育年数的总和与总人口数的比值
自然资本	
人均耕地	连续变量,家庭总耕地面积与总人口数的比值(单位:亩)
人均林地	连续变量,家庭总林地面积与总人口数的比值(单位:亩)
风险变量	
是否遭受过灾害	虚拟变量,过去一年遭受过灾害取1,否则取0
社区特征	
到镇上的距离	连续变量,农户所在村距离乡镇的距离(单位:公里)
是否临近保护区	虚拟变量,农户所在村靠近或在保护区内取1,否则取0

家庭特征包括人口特征、自然资本、风险变量。人口特征包括户主性别、户主年龄、有老人、有孩子、常住人口数、总劳动力数量和平均受教育年限。一般情况下，户主是一个家庭的最高决策者，户主的特征往往影响着一个家庭的收入和消费；老人和孩子是家中重要的消费群体，往往影响着家庭的支出结构，比如，有孩子的家庭教育支出占总支出的比重一般比较大，有老人的家庭往往在医疗方面花费比较多；总劳动力数量和平均受教育年限反映了一个家庭的人力资本。自然资本包括人均耕地和人均林地，这两个指标是衡量农户生产性资源的重要指标。人力资本和自然资本影响着一个家庭的收入和生产性支出。此外，西部山区是自然灾害发生比较频繁的地区，当遭受灾害后，农户的收入和消费都会受到很大的影响，因此，本部分用过去一年是否遭受过灾害来测度家庭的风险情况。

社区特征包括到镇上的距离和是否临近保护区。到镇上的距离反映了农户出售农林产品和购买日常生活用品的便利程度；是否临近保护区反映了农户所在村利用自然资源的特点，在一定程度上影响着农户的生产投入。

3. 农户消费结构的描述性统计

表5-69分别从各项支出的数量和占总支出的比例两个方面给出了消费结构的描述性统计信息。从总体样本来看，食物支出占总支出的比例最大，为35%；其次为社交和医疗，分别为23%和12%；耐用品、能源、教育和生产支出占总支出的比例都比较低，均在10%以下。通过对比搬迁家

庭和非搬迁家庭的总支出水平可以看出，搬迁家庭的总支出水平（39488.23 元）显著高于非搬迁家庭（17642.35 元），高出一倍多。

在食物支出上，搬迁家庭的支出数量显著高于非搬迁家庭，但在占总支出的比例方面，搬迁家庭显著低于非搬迁家庭。

在耐用品支出上，搬迁家庭（19397.56 元）的支出数量高出非搬迁家庭（2985.70 元）五倍多，占总支出的 18%，也显著高于非搬迁家庭（6%）。

在能源支出上，搬迁家庭和非搬迁家庭的支出数量无显著差异，在占总支出的比例方面，搬迁家庭显著低于非搬迁家庭。

在教育支出上，搬迁家庭的支出数量显著高于非搬迁家庭，二者在占总支出的比例方面无显著差异。

表 5-69　消费结构的描述性统计信息

支出项		总体		搬迁家庭		非搬迁家庭		t 检验
		均值	标准差	均值	标准差	均值	标准差	
食物	数量(元)	5735.47	145.55	6752.96	295.20	5343.79	164.84	***
	占比	0.35	0.01	0.31	0.01	0.37	0.01	***
耐用品	数量(元)	7564.88	803.89	19397.56	2463.49	2985.70	505.97	***
	占比	0.09	0.01	0.18	0.02	0.06	0.01	***
能源	数量(元)	976.43	28.80	957.02	51.94	983.90	34.53	NS
	占比	0.07	0.00	0.04	0.00	0.08	0.00	***
教育	数量(元)	2149.66	135.62	2533.66	265.09	2001.85	157.51	**
	占比	0.08	0.00	0.08	0.01	0.08	0.01	NS
医疗	数量(元)	2256.74	124.64	2985.71	331.06	1976.13	115.29	***
	占比	0.12	0.00	0.11	0.01	0.13	0.00	***
社交	数量(元)	4200.30	142.19	5655.63	314.46	3640.20	151.53	***
	占比	0.23	0.00	0.24	0.01	0.22	0.00	*
生产	数量(元)	655.97	26.82	618.52	45.76	671.09	32.81	NS
	占比	0.05	0.00	0.03	0.00	0.06	0.00	***
总支出(元)		23927.03	968.67	39488.23	2726.83	17642.35	694.79	***
样本数		1306		363		943		—

注：t 检验用于检验均值；*** 表示 $p<0.01$，** 表示 $p<0.05$，* 表示 $p<0.1$，NS 表示 $p\geq 0.1$。

在医疗支出上，搬迁家庭的支出数量显著高于非搬迁家庭，但非搬迁家庭占总支出的比例显著高于搬迁家庭。

在社交支出上，搬迁家庭在支出数量和支出比例上均显著高于非搬迁家庭。

在生产支出上，搬迁家庭和非搬迁家庭的支出数量无显著差异，但非搬迁家庭的支出比例则显著高于搬迁家庭。

综上所述，搬迁家庭除在耐用品和社交支出上占总支出的比例显著高于非搬迁家庭外，在食物、能源、医疗和生产上占总支出的比例均显著低于非搬迁家庭。此外，通过对比搬迁家庭和非搬迁家庭在各项支出上的数量发现，搬迁家庭在食物、耐用品、教育、医疗和社交上的支出均显著高于非搬迁家庭，尤其是在耐用品支出上，搬迁家庭高出非搬迁家庭五倍多。

4. 搬迁对农户消费结构的影响

本部分将分别从各项支出的数量和占总支出的比例两个方面，研究陕南移民搬迁政策对农户消费结构的影响。首先以总体样本为对象，研究搬迁对消费结构的影响；在此基础上，以搬迁家庭为样本，研究搬迁特征对消费结构的影响。

（1）搬迁对农户消费结构的影响分析

表 5-70 为搬迁对各项支出数量影响的回归结果，模型结果显示，搬迁对耐用品、教育、医疗、社交和生产支出数量有显著的正向影响，对食物和能源支出数量无显著影响。模型 1 的回归结果显示，在家庭特征中，户主年龄对食物支出数量有显著的负向影响；在社区特征中，到镇上的距离对食物支出数量有显著的负向影响，是否临近保护区对食物支出数量有显著的正向影响。模型 2 的回归结果显示，在家庭特征中，户主年龄对耐用品支出数量有显著的负向影响，有老人对耐用品支出数量有显著的正向影响；在社区特征中，到镇上的距离对耐用品支出数量有显著的正向影响，是否临近保护区对耐用品支出数量有显著的负向影响。模型 3 的回归结果显示，有孩子和人均林地对能源支出数量有显著的正向影响，人均耕地和是否遭受过灾害对能源支出数量有显著的负向影响；在社区特征中，是否临近保护区对能源支出数量有显著的负向影响。模型 4 的回归结果显示，平均受教育年限对教育支出数量有显著的正向影响。模型 5 的回归结果显示，有老人对医疗支出数量有显著的正向影响。模型 6 的回归结果显示，在家庭特征中，有孩子、平均受教育年限和人均林地对社交支出数量

有显著的正向影响；在社区特征中，是否临近保护区对社交支出数量有显著的正向影响。模型7的回归结果显示，在家庭特征中，有老人、总劳动力数量、人均耕地和人均林地对生产支出数量有显著的正向影响，是否遭受过灾害对生产支出数量有显著的负向影响；在社区特征中，是否临近保护区对生产支出数量有显著的负向影响。

表5-70　搬迁对各项支出数量影响的回归结果

自变量	模型1 食物	模型2 耐用品	模型3 能源	模型4 教育	模型5 医疗	模型6 社交	模型7 生产
搬迁因素							
是否为搬迁户	0.177	1.735***	0.192	0.383**	0.473**	0.558***	0.247**
家庭特征							
户主性别	0.375	0.188	0.108	-0.467	0.076	0.194	0.113
户主年龄	-0.093*	-0.231*	-0.076	-0.047	-0.065	-0.026	-0.046
户主年龄平方	2.083	5.288*	1.803	1.008	1.295	0.336	0.863
有孩子	0.306	0.285	0.326*	-0.233	-0.083	0.445**	0.200
有老人	0.039	0.807**	0.214	-0.043	0.421*	0.019	0.208*
常住人口数	0.057	—	—	—	—	—	—
总劳动力数量	—	-0.137	-0.001	0.094	0.169	0.106	0.207***
平均受教育年限	0.049	0.129	0.012	0.130***	-0.058	0.100***	0.021
人均耕地	-0.073	-0.115	-0.264***	0.045	0.155	-0.019	0.148**
人均林地	-0.004	0.009	0.013***	0.005	-0.005	0.007*	0.007**
是否遭受过灾害	0.062	0.176	-0.425*	0.153	-0.530	0.033	-0.516***
社区特征							
到镇上的距离	-0.020*	0.068***	-0.011	-0.002	0.011	-0.015	0.011
是否临近保护区	0.590***	-0.915***	-0.530***	-0.018	-0.045	0.318**	-0.292**
常数项	-4.136	-22.972	-3.507	1.826	-0.394	5.327	0.725
R^2	0.332	0.375	0.308	0.189	0.139	0.338	0.266

注：***表示p<0.01；**表示p<0.05；*表示p<0.1。

表5-71为搬迁对各项支出比例影响的回归结果，模型结果显示，搬迁对耐用品支出比例有显著的正向影响，对食物、能源、教育和生产支出比例有显著的负向影响；对医疗和社交支出比例无显著影响。模型1的回归结果显示，在家庭特征中，户主年龄对食物支出比例有显著的正向影响，有孩

子、有老人、平均受教育年限、人均耕地、人均林地和是否遭受过灾害均对食物支出比例有显著的负向影响；在社区特征中，是否临近保护区对食物支出比例有显著的正向影响。模型 2 的回归结果显示，在家庭特征中，是否遭受过灾害对耐用品支出比例有显著的正向影响；社区特征对耐用品支出比例无显著影响。模型 3 的回归结果显示，在家庭特征中，户主性别和平均受教育年限对能源支出比例有显著的负向影响，人均林地对能源支出比例有显著的正向影响；在社区特征中，是否临近保护区对能源支出比例有显著的负向影响。模型 4 的回归结果显示，在家庭特征中，户主年龄和人均林地对教育支出比例有显著的负向影响，有孩子、有老人和平均受教育年限对教育支出比例有显著的正向影响；在社区特征中，到镇上的距离对教育支出比例有显著的正向影响，是否临近保护区对教育支出比例有显著的负向影响。模型 5 的回归结果显示，在家庭特征中，户主性别、有孩子、总劳动力数量和平均受教育年限对医疗支出比例有显著的负向影响，人均林地对医疗支出比例有显著的正向影响；在社区特征中，是否临近保护区对医疗支出比例有显著的负向影响。模型 6 的回归结果显示，在家庭特征中，有孩子和有老人对社交支出比例有显著的负向影响，总劳动力数量、平均受教育年限和人均耕地对社交支出比例有显著的正向影响；农户所在社区特征对社交支出比例无显著影响。模型 7 的回归结果显示，在家庭特征中，户主性别、人均耕地、人均林地和是否遭受过灾害对生产支出比例有显著的正向影响，有孩子对生产支出比例有显著的负向影响；在社区特征中，到镇上的距离、是否临近保护区对生产支出比例有显著的负向影响。

表 5-71 搬迁对各项支出比例影响的回归结果

自变量	模型 1 食物	模型 2 耐用品	模型 3 能源	模型 4 教育	模型 5 医疗	模型 6 社交	模型 7 生产
搬迁因素							
是否为搬迁户	-0.053***	0.129***	-0.034***	-0.023**	-0.015	0.015	-0.020***
家庭特征							
户主性别	0.025	0.006	-0.015*	-0.016	-0.027*	0.014	0.013*
户主年龄	0.011***	-0.005	-0.000	-0.005**	0.001	-0.001	-0.001
户主年龄平方	-0.223***	0.102	0.010	0.096	0.002	-0.008	0.021
有孩子	-0.050***	0.017	-0.002	0.085***	-0.016*	-0.020**	-0.013***

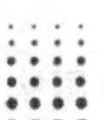

续表

自变量	模型 1 食物	模型 2 耐用品	模型 3 能源	模型 4 教育	模型 5 医疗	模型 6 社交	模型 7 生产
有老人	-0.045***	0.013	-0.002	0.038***	0.012	-0.018*	0.002
常住人口数	-0.000	—	—	—	—	—	—
总劳动力数量	—	0.003	-0.002	-0.004	-0.009**	0.010**	0.001
平均受教育年限	-0.010***	0.000	-0.005***	0.015***	-0.007***	0.008***	-0.001
人均耕地	-0.008**	-0.004	-0.002	-0.003	-0.003	0.008***	0.011***
人均林地	-0.001**	0.000	0.000**	-0.000*	0.000**	0.000	0.000***
是否遭受过灾害	-0.042**	0.039**	-0.006	-0.002	-0.015	0.014	0.012**
社区特征							
到镇上的距离	0.001	-0.000	-0.000	0.001**	-0.000	-0.001	-0.001**
是否临近保护区	0.102***	0.014	-0.037***	-0.030***	-0.032***	0.005	-0.023***
常数项	1.609***	-0.510	0.075	-0.512*	0.160	0.265	-0.085
R^2	0.121	0.098	0.149	0.180	0.094	0.087	0.176

注：*** 表示 p<0.01；** 表示 p<0.05；* 表示 p<0.1。

（2）搬迁特征对农户消费结构的影响分析

表 5-72 为搬迁特征对各项支出数量影响的回归结果，模型结果显示，扶贫移民的食物支出数量显著低于其他支出项；生态移民的食物和能源支出数量显著低于其他支出项；工程移民的耐用品支出数量显著高于其他支出项；减灾移民的各项支出数量均无显著差异；集中安置对食物支出数量有显著的正向影响，对教育和社交支出数量有显著的负向影响；搬迁时间对食物和社交支出数量有显著的负向影响。

表 5-72　搬迁特征对各项支出数量影响的回归结果

自变量	模型 1 食物	模型 2 耐用品	模型 3 能源	模型 4 教育	模型 5 医疗	模型 6 社交	模型 7 生产
搬迁类型							
扶贫移民	-0.834**	1.585	-0.159	0.157	-1.075	-0.259	-0.148
生态移民	-1.080**	1.769	-1.289***	1.126	-1.099	-0.598	-0.636
工程移民	-0.170	3.919**	-0.525	-0.332	-0.086	-0.516	-0.880
减灾移民	-0.189	1.634	0.170	0.218	-1.247	-0.618	-0.515
安置方式	1.047***	0.483	-0.021	-0.827*	0.583	-0.694**	0.115
搬迁时间	-0.044*	-0.103	0.028	0.012	-0.080	-0.107***	0.001

续表

自变量	模型 1 食物	模型 2 耐用品	模型 3 能源	模型 4 教育	模型 5 医疗	模型 6 社交	模型 7 生产
家庭特征							
户主性别	-0.212	2.581***	-0.561	-1.246**	0.359	-0.775*	-0.847**
户主年龄	-0.135*	-0.270	-0.038	0.092	-0.024	-0.075	0.053
户主年龄平方	2.993	6.445	1.203	-2.036	-0.249	1.466	-1.384
有孩子	-0.250	-1.252*	0.161	-0.814*	-0.266	0.893***	0.439
有老人	-0.552***	0.081	0.227	-0.181	0.482	0.178	0.388**
常住人口数	-0.104	—	—	—	—	—	—
总劳动力数量	—	-0.345	-0.020	-0.024	0.272	0.182*	0.341***
平均受教育年限	0.001	0.128	-0.011	0.240***	0.003	0.086*	0.025
人均耕地	-0.130	-0.326	-0.510***	-0.323	0.591*	0.165	0.071
人均林地	-0.002	-0.022	0.039***	-0.009	-0.029	0.039**	0.037***
是否遭受过灾害	0.022	-0.169	-0.515**	0.073	-0.751	0.387	-0.264
社区特征							
到镇上的距离	0.017	0.078**	-0.040***	0.024	0.007	-0.037**	0.034**
是否临近保护区	0.786***	-2.072***	-0.125	-0.689*	-0.123	1.009***	0.224
常数项	-7.207	-29.092	1.066	20.722	9.718	0.706	13.391
R^2	0.514	0.616	0.676	0.468	0.440	0.593	0.544

注：*** 表示 p<0.01；** 表示 p<0.05；* 表示 p<0.1。

从各项支出数量来看，扶贫移民和生态移民的食物支出数量显著较低，集中安置对食物支出数量有显著的正向影响，搬迁时间对食物支出数量有显著的负向影响；工程移民的耐用品支出数量显著较高；生态移民的能源支出数量显著较低；集中安置对教育支出数量有显著的负向影响；各搬迁特征对医疗支出数量均无显著影响；集中安置和搬迁时间对社交支出数量有显著的负向影响；各搬迁特征对生产支出数量均无显著影响。

表 5-73 为搬迁特征对各项支出比例影响的回归结果，模型结果显示，扶贫移民的耐用品支出比例显著高于其他项，能源和生产支出比例显著低于其他项；生态移民的耐用品支出比例显著高于其他项，能源、医疗和生产支出比例显著低于其他项；工程移民的食物支出比例显著高于其他项，能源、社交和生产支出比例显著低于其他项；减灾移民的耐用品支出比例显著高于其他项，能源和生产支出比例显著低于其他项；集中安置对各项

支出占总支出的比例均无显著影响；搬迁时间对社交支出比例有显著的正向影响，对其他支出项均无显著影响。

表 5-73　搬迁特征对各项支出比例影响的回归结果

自变量	模型 1 食物	模型 2 耐用品	模型 3 能源	模型 4 教育	模型 5 医疗	模型 6 社交	模型 7 生产
搬迁类型							
扶贫移民	0.001	0.157*	-0.045***	0.004	-0.019	-0.056	-0.042***
生态移民	-0.041	0.228**	-0.057***	0.042	-0.075*	-0.056	-0.040**
工程移民	0.217***	0.068	-0.062***	0.034	-0.055	-0.149**	-0.053***
减灾移民	0.022	0.196**	-0.042***	0.006	-0.053	-0.073	-0.056***
安置方式	0.065	-0.015	-0.008	-0.006	0.004	-0.036	-0.006
搬迁时间	-0.003	-0.004	0.000	-0.001	0.002	0.004**	0.001
家庭特征							
户主性别	0.013	0.040	-0.022	0.002	-0.055	0.015	0.007
户主年龄	0.004	-0.017*	0.000	0.004	0.004	0.005	0.000
户主年龄平方	-0.034	0.358*	-0.004	-0.101	-0.062	-0.157	-0.001
有孩子	-0.072**	0.020	-0.005	0.086**	0.019	-0.041**	-0.007
有老人	-0.034	0.017	0.006	0.032*	0.031**	-0.048**	-0.003
常住人口数	-0.000	—	—	—	—	—	—
总劳动力数量	—	-0.008	0.000	0.003	-0.004	0.008	0.002
平均受教育年限	-0.013**	0.002	-0.002*	0.011**	-0.003	0.007	-0.001
人均耕地	-0.017	-0.038*	-0.002	-0.002	0.044***	0.002	0.015***
人均林地	-0.000	-0.001	0.000	-0.001	0.000	0.001*	-0.000
是否遭受过灾害	-0.004	0.084	-0.015*	-0.016	-0.027	-0.021	-0.000
社区特征							
到镇上的距离	-0.001	0.003	-0.000	0.000	-0.002	-0.000	0.000
是否临近保护区	0.123***	-0.132**	-0.005	-0.044*	-0.010	0.071**	-0.002
常数项	0.431	-1.858	0.151	0.564	0.457	1.207*	0.053
R^2	0.139	0.127	0.166	0.137	0.211	0.184	0.203

注：*** 表示 p<0.01；** 表示 p<0.05；* 表示 p<0.1。

从各项支出比例来看，工程移民在食物支出比例上显著较高；扶贫移民、生态移民和减灾移民在耐用品支出比例上均显著较高；四种类型的移民在能源和生产支出比例上均显著较低。

（五）结论与建议

陕南移民搬迁政策的实施，不仅影响着陕南地区的社会和经济发展，对农户家庭的生活水平也产生着重要的影响。本部分通过对农户家庭消费进行实证分析，主要得出以下结论。第一，搬迁政策的实施，提高了农户的家庭消费水平，具体表现为：在建房和耐用品方面的支出数量大幅增加，而相应地减少了在食物、能源、教育和生产方面的支出比例。第二，搬迁政策的实施，在一定程度上引起了农户的消费波动，而这种消费波动主要是由农户在建房和耐用品方面的支出数量大幅增加引起的。第三，随着搬迁时间的增加，搬迁对农户消费水平和消费波动的影响逐渐减弱，农户的家庭消费趋向平滑。第四，在安置方式方面，集中安置对农户的消费水平、消费结构和消费波动均无显著影响。第五，不同的搬迁类型对消费波动无显著影响；除生态移民外，其他三种移民的消费水平均有增加，但在各项支出中的体现不同。

本书提出以下有针对性的政策建议：第一，在搬迁安置方面，通过直接为农户提供住房来解决安家问题，而不仅仅是给予一定的资金补贴，以更好地实现“搬得出”；第二，在购置家具等耐用品方面，给搬迁农户一定的专项补贴，或通过与商家合作使搬迁农户享受优惠价格；第三，在教育方面，与迁入地学校取得联系，为搬迁农户的孩子办理转学提供便利，并免除额外的借读费用；第四，在正规信贷方面，降低正规金融机构的放贷成本，提高农户信贷水平，满足农户的金融需求；第五，在农村医疗保险制度方面，加大对农村医疗保险的补偿力度。

第六章
易地扶贫搬迁与农户生计恢复力

第一节 恢复力相关理论

20世纪70年代初 Holling（1973）提出恢复力的概念，将恢复力定义为生态系统的一种固有属性，它拥有能够吸收变化或扰动并保持驱动系统的能力。随后，恢复力联盟（Resilience Alliance）成立，它主要致力于对社会-生态系统（SES）恢复力的研究，认为人类社会与自然生态系统是相互依存的，系统在空间和时间尺度上相互扰沌（panarchy）并得以发展。近年来，在探究人与自然相互作用的社会-生态系统以及如何应对环境、经济、社会变化等的社会科学研究中，恢复力越发成为一个重要的概念，并成为国际上区域性可持续性研究的前沿领域之一。

随着社会-生态系统的发展，恢复力被定义为系统受到干扰或处于逆境中，仍可保持其特有的结构、功能和控制力。布莱恩等（Brian et al.，2004）认为系统具有在承受干扰时保持原有的结构、功能、特性的能力，这种能力就是恢复力；马尔腾等（2012）则将恢复力定义为社会-生态系统在偶然的、强烈的干扰下仍可持续运行的一种能力。不同学者的看法不同，但核心思想是相同的：作为系统的固有属性的恢复力，即使面对内外部环境的变动，仍能保护系统以避免发生不利的变化，它代表系统恢复的能力，并不反映恢复时间的快慢。

作为社会-生态系统适应性循环的三种属性之一，恢复力与脆弱性紧密相关，早期人们将更多的精力放在脆弱性上，随着相关研究的日渐深入，恢复力渐渐与之脱离并成为相并列的术语。需要说明的是，恢复力绝不是没有限度的，一旦跨越这个限度（阈值），系统恶化的态势将在所难免，并且这种改变是不可逆的。严格来讲，系统具有恢复力并不意味着完全不会改变，即使是恢复力很强的社会-生态系统在遭受外界干扰后也会发生一系列改变，系统在遭受干扰后会释放、重组，并以新的结构形式存在。在这里，恢复力意味着社会-生态系统可能会以另一种结构状态或形式继续运行，而不会跨越阈值（临界值）而恶化，进而丧失原有功能并且无法自我调整恢复。因此学界普遍认为恢复力包含以下三种内涵：一是系统在原稳定状态中所能承载的扰动的限度（极端值或临界值）；二是系统受到扰动后自我组织的能力强弱；三是系统所拥有的适应能力，或者可以称为学习和调节能力。

目前以恢复力的视角探索微观个体通过生计策略影响社会结构或过程来维持或改善生计活动的研究较少，但恢复力的思想早在相关研究中已经有所体现，如 DFID 的可持续生计分析框架，该框架重点关注人们的生计能力、生计资本和生计活动以及提高收入、增加福祉和提高粮食安全水平的转型结构及过程。Adger（2000）则认为生计能力是社会恢复力的一个方面，但是对生计恢复力的评估和实践还需要进行深入研究。Marschke 和 Berkes（2006）认为，将生计框架与恢复力的思想联系起来可以加深对生计动态性的理解，以及了解家庭在面对变化（包括压力和冲击）时如何维持和增加生计。Obrist 等（2010）也注意到社会恢复力被忽视，特别是从个体或者实践角度。他将社会恢复力定义为个体获得生计资本以克服和适应不利环境，并且不断成长以应对威胁（积极的结果）的能力。

第二节　农户的生计恢复力测度及影响因素分析

一　研究背景

2015 年 11 月，《中共中央　国务院关于打赢脱贫攻坚战的决定》提出，对居住在生存条件恶劣、生态环境脆弱、自然灾害频发地区的农村贫困人口，加快实施易地扶贫搬迁工程。作为我国易地扶贫搬迁政策的重要策源地，陕南地区耕地少、质量差、产量低，自然灾害频发，生存环境恶劣，其移民搬迁工程于 2011 年 5 月 6 日正式启动，计划到 2020 年左右，从安康、商洛、汉中三市共 28 个县（区）搬迁 240 万人，搬迁总人口超过三地总人口的 1/4，投资总规模超过 1100 亿元，移民规模相当于三峡移民的两倍左右。目前学者和社会人士对于移民工程关注的焦点聚集在如何让移民“搬得出”，而对于搬迁后，农户生计恢复及发展问题的探讨则不够深入，如何使农户在搬迁后获得稳定的生活和发展进而实现“能致富”的目标，显然是更为重要的问题。

面对不确定的未来，许多学者认为恢复力思想可能是增加社区生计、推动可持续发展的最有效方式。源于生态学领域的恢复力理论旨在分析系统应对变化和冲击的能力，为理解周围世界和管理自然资源提供了一种新方式，近年来越来越多地被用于分析经济社会中的问题。作为社会-生态系统中适应性循环的三种属性之一，恢复力试图定义家庭对风险的不同反应并找出应对风险的策略的动因。作为社会-生态系统中保持其稳定运转状态的固有属性，生计恢复力是在外部生态环境、经济、社会和政治因素干扰下，使生计得以维持和发展的能力。换言之，恢复力是指农户在遭遇外界冲击后，为使现有生计水平不低于冲击前水平，而依托家庭资本条件做出资本配置的能力。

在易地搬迁背景下，农户从原居住地搬迁到安置区，搬的不仅是房子，而且是人脉资源和人文环境，搬的不仅是硬环境，而且是软环境，农户面临生计恢复的挑战，而生计恢复不仅是重构原来的生计状态，使之恢复到原有的生活水平和生存状态，更要考虑新环境的冲击和压力变化下农户生计的转型和转变。即使是自愿搬迁，与工程类的非自愿搬迁有着本质的不同，且外部支持性政策使得搬迁户陷入介入型贫困的可能性大大降低，然而在城乡二元体制下，拥有“农民”和“移民”双重身份的搬迁家庭，其生产生活仍面临挑战，这无疑也是对家庭生计的一种冲击。在这种冲击下，农户的生计恢复力反映了家庭如何适应新环境，维持并发展自己的生计水平，在某种意义上也是衡量家庭从压力和冲击中恢复的能力。回到政策的初衷，搬迁就是要改变生态与生计双重脆弱地区农户长期以来的低水平状态，构建高水平、可持续的生计，通过提高其生计恢复力以抵抗风险和冲击，从而降低陷入贫困陷阱的可能性。因此，从易地搬迁背景出发，考察影响生计恢复力的因素，并从中挖掘易地搬迁农户生计恢复的规律，对于搬迁后农户生计的稳定及发展无疑具有十分重要的现实意义。

故而，立足于中国陕南易地扶贫搬迁的具体情境，依据生计恢复力分析框架对易地搬迁农户的生计恢复力状况进行考察，本节试图解决以下两个问题：第一，构建一个契合中国西部地区实际状况的生计恢复力评价体系，进而评估陕南易地搬迁农户的生计恢复力；第二，探索影响农户生计恢复力的主要因素，比较搬迁群体内农户生计恢复力的差异及其主要原因。

二　相关理论与实证

19 世纪六七十年代，在生态学领域关于相互作用的人群及其功能性反应的研究中，最先出现了恢复力观点。霍林（Holling，1973）较早地指出恢复力是系统吸收状态变量、驱动变量及各种参数的变化且仍然存续的能力。生态学家所讲的恢复力概念强调非线性动力学、阈值、不确定性和意外事件（surprise），它激发了社会和环境学家去挑战居于主导地位的稳定均衡观。近年来，恢复力研究逐渐广泛涉及社会系统、社区以及企业层面。在社会科学导向的环境研究中，恢复力概念主要用于分析社会-生态系统中人与自然生态要素间的互动以及如何成功应对气候、经济、社会的变化。鉴于社会系统与生态系统存在较大差别，源于生态学的恢复力概念主要被作为一个隐喻来思考社会系统问题。

尽管生态系统和社会-生态系统的恢复力研究已经很多，但是从生计视角对恢复力进行研究的较为罕见。通过梳理现有文献可知，斯佩兰扎（Speranza）率先提出了生计恢复力的概念，并在此基础上构建了一个表征生计恢复力的分析框架。他指出恢复力思想是隐含在可持续生计方法中的一个部分，并认为恢复力意味着同时提高对外部不利环境的反应能力和发展集体行动的能力，旨在改变制约恢复力相关能力的外部社会结构部分，对于恢复力最为核心的问题是在受到压力或冲击的情况下生计是否可以维持以及如何维持。

钦韦提出的生计恢复力分析框架包含缓冲能力、自组织能力、学习能力三个维度。缓冲能力是指熨平变化和利用新机会获得更好生计产出（比如减少贫困）的能力，用资产所有权和获得资产（包括人力资本、自然资本、金融资本、社会资本、物质资本）的渠道来表征。自组织能力强调人类能动性、适应能力、权力和社会互动如何塑造社会恢复力，用制度习惯、合作网络、网络结构、自我组织的机会及对自有财力的依赖性来表征。学习能力是指获得知识和技能而且把其转化为行动的能力，用对机遇和威胁的了解、共同的信仰、对学习的承诺、知识识别能力、知识分享能力、知识转化能力、功能反馈能力来表征。

钦韦的分析框架为生计恢复力测度提供了一个工具，但由于不同时空下恢复力存在差异，对某一地域有适用性、积极性的策略或决定在更广阔的范围内未必成立，因此进一步结合某种情境具化生计恢复力的内涵及其动因是恢复力研究的题中之义。依据恢复力理论框架，李伯华等（2013）使用针对湘西土家族苗族 321 户农户的调查数据，构建了农户贫困恢复力评价体系，继而从农户家庭结构分类出发，研究了不同人口、生计结构下农户缓冲资本、贫困恢复力差异，实证结果显示：不同家庭结构农户经济类资本分布极其不均；物质资本、经济收入、文化教育、劳动力、交通条件、社会资源是影响贫困区农户个体恢复力的主要因素。针对移民搬迁对农户生计恢复力的影响，目前鲜有研究涉及。学者们普遍认为非自愿的工程类移民往往诱发介入型贫困而导致移民的生计恢复乏力，而相较于非自愿型移民，自愿型移民的生计恢复往往表现出以下特征。第一，自愿型移民本身对于搬迁的期望较高，也更愿意积极迎合和主动适应移民搬迁带来的变化，并通过生计策略的调整来实现生计恢复，这一经济行为背后充分体现了农户生计恢复过程中决策的自主、理性，这与许多非自愿型移民搬迁过程中农户被动的“等、靠、要”有着根本的不同，也造成生计恢复力和恢复程度有着本质的差异。第二，该类搬迁往往以生态、扶贫等大型发展类项目为依托，注重搬迁对象的可持续发展能力构建，过程中也注重对于搬迁户的直接支持和后续发展所需外部条件的创造。这些主观与客观因素最终落脚在移民家庭缓冲、自组织和学习能力的构建上，形成不同的生计恢复力：在移民生计恢复的过程中，往往依托生计资本水平及转换实现对外部冲击的缓冲，在一定程度上，农户通过搬迁获得的外部资源既是农户生计转换的可行能力，也是农户应对冲击的缓冲能力；伴随着这种空间结构的改变，以农户对家庭外部资源的占有能力和机会为表征的自组织能力发生变化，在相对优越的安置环境中，农户更易于获得和使用各种外部资源，这种对资本可及性的改变不但有助于农户快速地积累各类生计资本，也会促使移民对不同类型的资本加以组合以增强家庭生计的适应性并实现生计恢复；此外，作为民生工程，易地移民搬迁注重通过改善当地基础设施来提高农户对家庭外部资源的可获得性，其支持性措施包括提供公共服务、培训项目、就业支持以及培育市场环境等，成为激发农户潜在学习能力提升的关键环节；然而，作为双刃剑，也会给农户的能力带来不利影响，如自然资本损失导致的缓冲能力下降，社会网络重构和融入过程中移民家庭自组织能力降低以及人力资本失灵带来学习能力的提升受阻。此外，在搬迁初期，安置地经济基础薄弱，产业项目偏少，吸纳就业能力低，也在一定程度上阻碍了生计恢复力的提升。

和已有研究相比，本章试图做以下拓展：首先，将生计恢复力的研究置于易地搬迁的背景之下，构建一个反映中西部地区农户生计恢复力的测度体系；其次，本节使用多元方法分析发现，不仅搬迁户与非搬迁户的生计恢复力有显著差异，而且搬迁户群体内农户之间恢复力也存在显著差异。其中，教育投入、政府投资、社会网络紧密度、社会网络质量、家庭负担比、家庭规模是影响农户生计恢复力的主要因素，而负担比、食物安全支持度对农户生计恢复力有显著负向作用，据此为易地搬迁工程后续工作提出政策建议。

三 农户生计恢复力测度及影响因素分析

（一）农户生计恢复力测度

1. 农户生计恢复力指标选取

本章在借鉴钦韦生计恢复力分析框架基础上，将外部扰动因子量化为恢复力影响因子，从缓冲能力、自组织能力及学习能力三个维度构建生计恢复力评价指标体系。

缓冲能力反映系统承受外部冲击、保持系统结构和功能并对结构和功能做出反馈的属性。在农户生计角度上，缓冲能力代表了农户利用自身生计资本及资源禀赋对抗外在冲击的能力。本书选用人均收入、人力资本、房屋资本、人均受教育程度、生产生活资料、自然资本、社会资本等指标表征缓冲能力。人均收入是决定家庭经济情况及生计持续能力的最关键因素，人均收入越高，反映这个家庭的购买能力和储蓄能力越强，较强的购买能力保证了家庭现阶段的生活质量，较强的储蓄能力为以后的生计持续和发展奠定基础。房屋资本考虑到了住房类型和住房面积两个因素，砖混的房屋结构相比土木和砖木结构更加坚固，也更容易对抗自然灾害对房屋的破坏。人均受教育程度也在很大程度上反映了家庭的缓冲能力，人均受教育程度越高的家庭，越容易在现在和将来获得较高的收入。生产生活资料代表家庭的生产工具及耐用品个数，生产工具会促进生产活动的高效完成，耐用品数量反映家庭的生活质量。作为农户，自然资本规模决定了农业产出的数量，并进一步影响到农户的收入及生计资本积累，考虑到当地农林结合的生产情况，自然资本指标同时考虑耕地和林地两个因素。对于社会资本，当家庭遭遇风险时可求助的亲友越多，得到救助的可能性越大，家庭就越容易度过风险，维持生计。

自组织能力主要反映了人类制度、权力及社会网络对恢复力的影响，结合当地实际，本节在量化自组织能力时主要考虑交通便利性和社会参与等因素。土地到家距离、土地到公路距离分别反映了农户在居住地务农和农产品外销的便利程度，距离越近的家庭其组织生产能力越强。交通可达性反映了家庭对外交流的便利程度，家庭距离公路越近出行越便利，越容易参加社会活动并建立范围大的社会组织网络。社会组织参与度反映了家庭对村中集体事务的参与，参与度越高的家庭，社会网络会越坚实，范围也越大，农户对村中事务的决定权越强，农户的自组织能力也因此变强。退耕巩固项目参与度反映了家庭对政府政策的响应程度，积极响应的家庭更容易获得政策的利好，从而增强自己的自组织能力。

学习能力反映社会系统的适应性能力，它不仅在于获得知识和技能，更强调在社会成员中相互交流，进而转化为实际生计能力。在选取学习能力指标时，主要从技能培训和外出务工两方面考虑。农户接受技能培训的机会越多、在培训项目上的花费越多，越利于学习掌握各项技能并增强自己的生计能力，此外，对于接受技能培训的情况，如果农户在接受技能培训后能胜任与该技能相匹配的工作，说明农户获得了较高质量的培训，也反映了农户学习能力的增强。在农户家庭中，户主受教育程度在一定意义上反映了家庭对于学习的重视程度，受教育程度越高的人在学习过程中的接受能力越强，同时，较高受教育程度的户主对于下一代教育质量往往也更加重视。农户在当前生活环境下，善于把握机遇并承担机遇带来的风险，反映了农户较强的学习能力。外出务工机会也反映了农户的学习能力，外出务工会给农户家庭带来较高的收入，同时在外务工的农户更容易接触到新技术，从而进一步提高自己的学习能力。

综上分析，本节构建了如表 6-1 所示的农户生计恢复力指标体系。

表 6-1　农户生计恢复力指标体系

维度	变量名	设置描述	均值	标准差
缓冲能力	人均收入	家庭年度总收入与总人数之比	9148.43	10150.48
	人力资本	劳动能力×0.5+劳动数量×0.5(劳动能力:1=儿童和残病,2=工作的儿童,3=老人,4=成年助手,5=成年人。按照年龄分类,其中1~12岁为儿童,13~15岁为工作的儿童,16~18岁为成年助手,19~65岁为成年人,65岁以上为老年人)	11.40	4.07
	房屋资本	住房类型×0.5+住房面积×0.5;住房类型:1=土木结构,2=砖木结构,3=砖混结构	83.62	49.15
	人均受教育程度	家庭人均受教育程度,1=小学以下,2=小学,3=初中,4=高中及中专技校,5=大专及以上	2.21	0.72
	生产生活资料	拥有的生产工具和生活耐用品总数	4.07	1.91
	自然资本	拥有的耕地面积×0.5+林地面积×0.5	8.41	19.76
	社会资本	遭遇风险时获得贷款及向亲友求助的可能性,五值化,数值越大可能性越高	1.45	0.74
自组织能力	土地到家距离	土地到家的距离	8.18	15.26
	土地到公路距离	土地到主要公路的距离	7.17	15.17
	社会组织参与度	上一年度对于本村集体事务,如村民代表会议的参与情况或程度,五值化	3.72	1.45
	交通可达性	用到村里主要公路的距离表示	1.07	0.35
	退耕巩固项目参与度	参加退耕巩固项目的个数	1.49	0.92
学习能力	技能培训机会	家庭成员接受技能培训的花费×0.5+参加培训的时间×0.5	161.91	1032.29
	学习培训质量	是否从事与所接受培训内容相关的工作或培训后实现就业:1=是,0=否	0.21	0.54
	户主受教育程度	户主个人受教育程度,1=小学以下,2=小学,3=初中,4=高中及中专技校,5=大专及以上	2.33	0.94
	年均外出务工时长	表征获取认知能力的机遇,以每年在外务工天数算	341.30	321.03
	机遇风险认知	当前环境下对风险的容忍度及对机遇的把握程度,五值化,数值越大表示越易接受风险	2.70	0.79
	外出务工年数	家庭成员外出务工多少年	11.16	11.96
	外出务工收入	平均每天务工收入	168.52	1172.45

2. *农户生计恢复力测度方法*

基于以上指标体系，本书通过主成分分析法进一步提取决定生计恢复力的主要因子。在进行主成分分析之前，由于选取的变量数据具有不同的量纲、数量级及变化幅度，先采用极差标准化的方法对数据进行处理，处理后的数据是无量纲的变量，这样不同单位的数据就可以进行比较。而且经过处理所有指标的值都在 0 到 1 之间，数值越接近 1 说明这一类型的资产水平越高，数值越接近 0 说明该项资产水平越低。

初步检验结果显示，KMO 值为 0.612，说明数据具有较高抽样充足性，适合进行因子分析。Bartlctt's 球形检验的统计量为 3011.832，在 1%的显著性水平上显著，强烈拒绝指标项没有相关性的原假设，表明相关系数矩阵与单位矩阵有显著差异，数据适合进行主成分分析。共有 19 个变量进行了主成分分析，从中提取出 9 个主成分，这些主成分的累计方差贡献率为 73.195%，说明这 9 个主成分解释了总体方差的 73.195%（见表 6-2①）。主成分分析中因子载荷矩阵反映了进行主成分分析的变量与提取出的主成分的相关系数，为使主成分分析结果更加直观，本节仅列出了与提取出的 9 个主成分相关系数大于 0.5 的变量。由表 6-2 可知，影响陕南地区农户生计恢复力的主要因素包括物质资本、劳动力素质及社会资本三个方面。其中，物质资本及人力资本是农户生计恢复力的基础，务工培训主导的学习能力以及社会网络和交通便利性主导的自组织能力对生计恢复力建设具有重要的支持作用。调查数据显示，陕南农村人均受教育程度为 2.21（为小学文化水平），交通方面土地到农户家庭的平均距离为 8.18 里，土地到公路的平均距离为 7.17 里（见表 6-1）。

根据主成分分析的结果，以各主成分的方差贡献率为权重，以主成分得分值为自变量，可以构建出农户生计恢复力指数计算公式：

$$R = W_1F_1 + W_2F_2 + \cdots + W_iF_i \tag{6-1}$$

式（6-1）中 R 代表不同家庭的生计恢复力的得分，F_i 为第 i 个主成分的得分，W_i 为第 i 个主成分的权重，即此主成分对总体方差的贡献率，主成分得分系数矩阵以及各指标原始标准化值可计算（i=1，2，…，9）的值。

本节中所构建的农户生计恢复力指标体系中农户生计恢复力的具体计

① 包括 A、B 两表，下文统称表 6-2。

算公式为：

$$R = 15.053 \times F_1 + 11.466 \times F_2 + 9.616 \times F_3 + 7.489 \times F_4 + 6.479 \times F_5 + 6.298 \times F_6 + 5.828 \times F_7 + 5.626 \times F_8 + 5.340 \times F_9 \quad (6-2)$$

表 6-2（A）　主成分分析结果

主成分	F_1	F_2	F_3	F_4	F_5	F_6	F_7	F_8	F_9
因子载荷及系数	人均受教育程度	外出务工年数	土地到家距离	人力资本	技能培训机会	自然资本	机遇风险认知	交通可达性	房屋资本
	0.568	0.686	0.755	0.509	0.616	0.698	0.505	0.781	0.449
	生产生活资料	外出务工收入	土地到公路距离	人均收入		社会组织参与度			
	0.612	0.634	0.756	0.612		0.646			
	社会资本	年均外出务工时长							
	0.544	0.743							
特征值	2.860	2.178	1.827	1.423	1.231	1.197	1.107	1.069	1.015
方差贡献率（%）	15.053	11.466	9.616	7.489	6.479	6.298	5.828	5.626	5.340
累计方差贡献率（%）	15.053	26.518	36.143	43.623	50.103	56.401	62.229	67.856	73.195

表 6-2（B）　主成分分析结果

主成分	相关系数	特征值	方差贡献率	累计方差贡献率
F_1				
人均受教育程度	0.568	2.860	15.053	15.053
生产生活资料	0.612			
社会资本	0.544			
F_2				
外出务工年数	0.686	2.178	11.466	26.518
外出务工收入	0.634			
年均外出务工时长	0.743			

续表

主成分	相关系数	特征值	方差贡献率	累计方差贡献率
F_3				
土地到家距离	0.755	1.827	9.616	36.143
土地到公路距离	0.756			
F_4				
人力资本	0.509	1.423	7.489	43.623
人均收入	0.612			
F_5				
技能培训机会	0.616	1.231	6.479	50.103
F_6				
自然资本	0.698	1.197	6.298	56.401
社会组织参与度	0.646			
F_7				
机遇风险认知	0.505	1.107	5.828	62.229
F_8				
交通可达性	0.781	1.069	5.626	67.856
F_9				
房屋资本	0.449	1.015	5.340	73.195

3. 农户生计恢复力测度结果

图 6-1 显示了农户生计恢复力各指标得分。从中可见，陕南地区农户在人力资本、人均受教育程度、社会资本、社会组织参与度、退耕巩固项目参与度、户主受教育程度、机遇风险认知、外出务工收入方面有较高的得分，在人均收入、房屋资本、生产生活资料、自然资本、土地到家距离和土地到公路距离、交通可达性、技能培训机会、学习培训质量、年均外出务工时长及外出务工年数方面得分较低。

从生计恢复力的三个维度来看，缓冲能力的得分最高（为 0.2359），学习能力得分次之（为 0.2243），自组织能力的得分最低（为 0.2162），整体来讲各维度的得分普遍较低。总而言之，在陕南地区的农户生计系统中缓冲能力相对较强，而自组织能力较为脆弱，在后续的生计恢复中，农户应更多地致力于自组织能力的提升，同时还要进一步强化缓冲能力和学习能力，最终达到提高整体生计恢复力的目的。

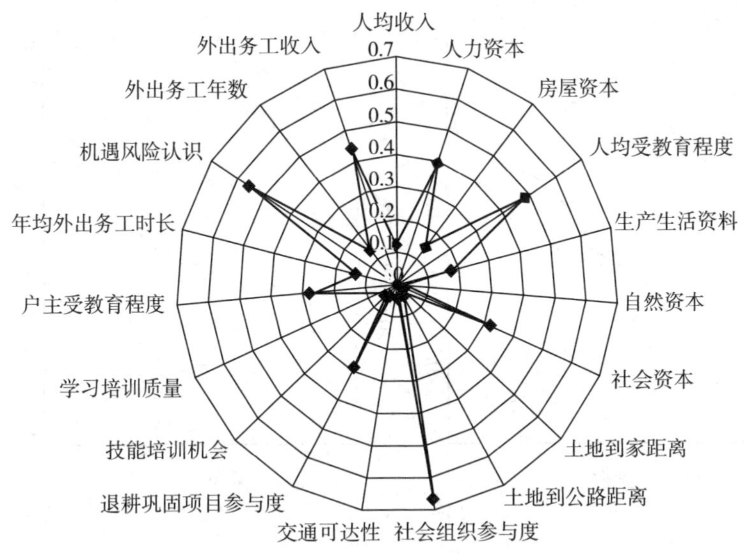

图 6-1　农户生计恢复力各指标得分

为了直观地对比搬迁户与非搬迁户及搬迁户中因搬迁政策不同造成的生计恢复力差异，本书以核密度图的方式对农户生计恢复力做了组间对比（见图 6-2）。从搬迁户和非搬迁户的对比看，搬迁户、非搬迁户及全体农户的生计恢复力密度分布差异较小，且曲线都十分陡峭，说明这三个群体的生计恢复力波动都很小，集中于均值处。从农户选择生计策略的角度，纯农户在恢复力为 0. 28 附近达到峰值，曲线较平缓，该群体内生计恢复力波动较剧烈。非农户核密度曲线最尖锐，在恢复力为 0. 35 附近达到峰值，多样化生计农户分布也较集中，在恢复力为 0. 4 附近达到峰值，非农户和多样化生计农户的生计恢复力波动较小，分布集中于均值。

在搬迁户安置方式对比中，集中安置的农户生计恢复力波动小，在生计恢复力 0. 37 附近达到峰值。比较而言，分散安置的核密度曲线较平缓，在生计恢复力为 0. 3 附近达到峰值，生计恢复力波动剧烈；自主搬迁样本较少，生计恢复力波动较大，在 0. 4 附近为曲线峰值。从原住地的对比可见，核密度图中，邻近村山区搬迁来的农户生计恢复力数值大于本村山区搬入的农户。从搬迁类型角度来看，自愿移民和非自愿移民的密度分布曲线形状相似，自愿移民的曲线更加平缓，生计恢复力波动较剧烈，非自愿

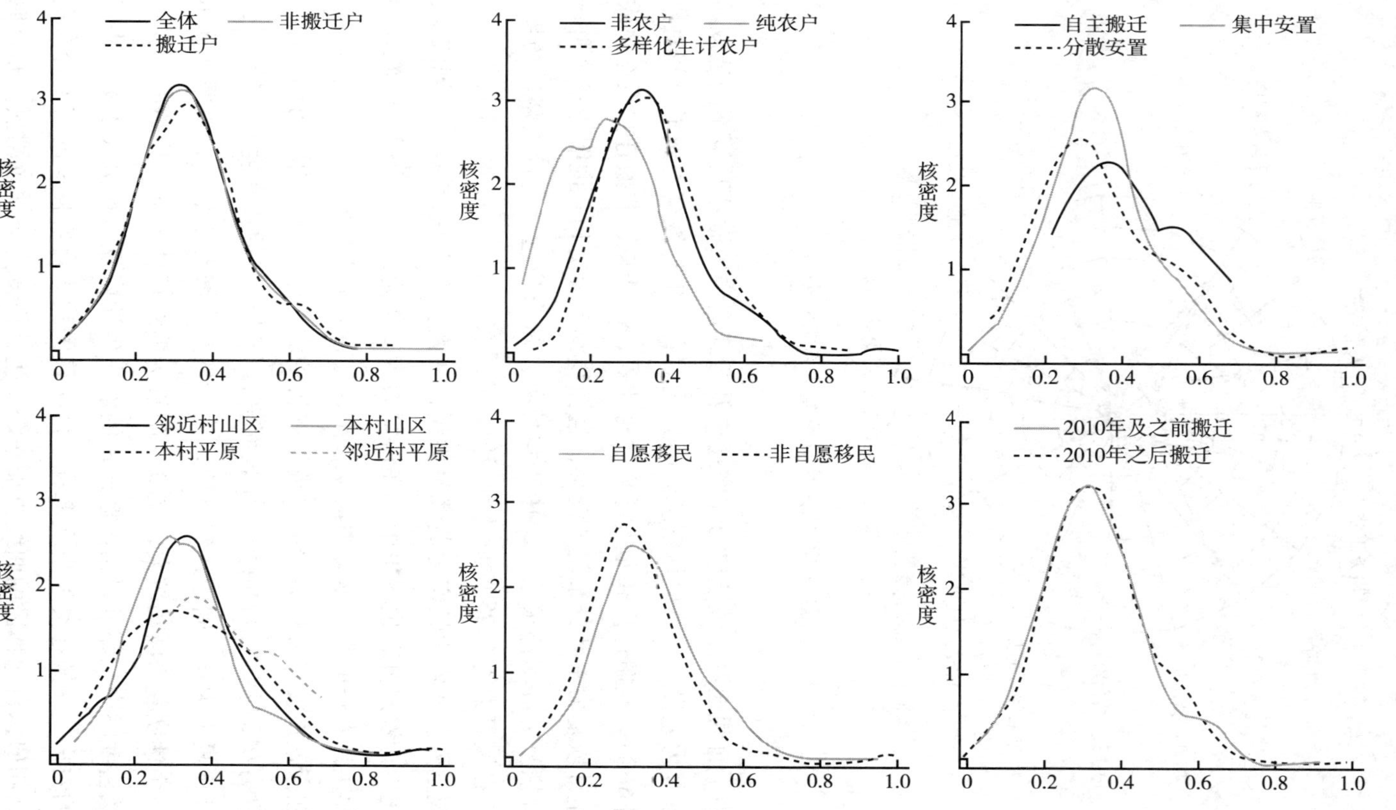

图 6-2 农户生计恢复力组间对比

移民在生计恢复力为 0.28 附近达到峰值，自愿移民在生计恢复力为 0.3 附近达到峰值。两类移民生计恢复力略有差异但差异不大。从搬迁时间分类来看，在 2010 年陕南移民搬迁工程之前搬迁的农户和 2010 年之后搬迁的农户在生计恢复力上差异并不明显，核密度曲线均在恢复力 0.3 附近达到峰值。

（二）农户生计恢复力的影响因素分析

1. 研究变量选择

本节在参考已有文献并结合实际情况的基础上，选取涵盖家庭、社会两个层面的变量作为自变量，以农户生计恢复力为因变量，运用多元回归方法，分析影响农户（包括搬迁户和非搬迁户）生计恢复力的主要因素。进一步地，针对搬迁户样本，运用方差分析技术，考察不同搬迁因素（包括安置方式、搬迁类型、原住地类型、搬迁时间等）下农户生计恢复力的差异，以此判定影响搬迁户生计恢复力的主要因素。主要变量及其定义如表 6-3 所示。

表 6-3　主要变量及其定义

变量	定义	均值	标准差
搬迁因素			
是否为搬迁户	农户是否属于从其他地区搬迁来的搬迁户，是为 1，否为 0	1.70	0.46
安置方式	1=集中安置；2=分散安置；3=自主搬迁	1.60	0.89
搬迁类型	0=自愿移民（扶贫移民、生态移民、减灾移民）；1=非自愿移民（工程移民、因旅游开发引起的移民）	0.25	0.50
原住地类型	1=本村山区；2=本村平原；3=邻近村山区（本镇）；4=邻近村平原（本镇）	2.08	0.90
政策响应度	搬迁后政府各政策对搬迁户经济条件的有利程度评价，五值化	0.04	0.31
搬迁时间	2010 年及之前搬迁的农户赋值为 0，2010 年以后搬迁的农户赋值为 1	0.48	0.50
家庭/社会因素			
食物安全支持度	家庭年度食物支出在总支出中的占比	0.28	0.22
家庭负担比	家庭总人口中非劳动年龄人口数与劳动年龄人口数之比［家庭负担比=（14 岁及以下人口数+65 岁及以上人口数）/（15~64 岁人口数）×100%］	0.45	0.50

续表

变量	定义	均值	标准差
社会网络紧密度	家庭成员上个月通信费用	228.12	357.36
社会网络质量	来往亲戚中属于村干部或国家公务员的人数	0.50	1.45
政府资助总额	政府各方面补助总数	13915.75	18064.96
家庭教育投入	家庭过去一年的教育投入金额	4211.24	7996.38
家庭规模	家庭总人数	4.50	1.61
生计策略	0=纯农户,1=多样化生计农户,2=非农户	1.34	0.68

2. 研究模型设置

为了探索生计恢复力的影响因素，本书设定如下线性回归模型：

$$R = \alpha + \beta_i X_i + \mu_i \tag{6-3}$$

其中 R 为生计恢复力，α 为常数项，β_i 为第 i 个变量的系数，X_i（$i=1, 2, \cdots$）表示生计恢复力 R 所有可能的影响因素，包括家庭规模、家庭负担比、食物安全支持度、政府资助总额、社会网络质量、社会网络紧密度、家庭教育投入、政策响应度等变量。家庭人数越多，可能的劳动力人数也越多，家庭收入可能就越多，意味着家庭有更多的资源以备不时之需，即家庭人数越多越有利于增强家庭的缓冲能力，因此预期家庭规模变量的系数为正。家庭负担比越高，说明家庭中消费的人越多，创收的人越少，家庭难以有足够的储蓄以备不时之需，即家庭负担比较高的农户倾向于有更低的缓冲能力，因此预期家庭负担比的系数为负。食物安全支持度越高，说明家庭用于食物支出的比例越高，在收入既定的情况下可用于其他途径的资源就越少，家庭缓冲能力就越低，因此预期食物安全支持度的系数为负。政府资助有利于增加家庭的物质资本，提高其缓冲能力，因此预期政府资助总额的系数为正。社会网络质量、社会网络紧密度越高，意味着家庭在遭遇意外变故时越有可能得到外部周济，继而能更好地维持生计，因此预期社会网络质量、社会网络紧密度的系数都为正。家庭教育投入有利于增加家庭人力资本，提高其学习能力，从而提高生计恢复力，因此预期家庭教育投入的系数为正。政策响应度表示对搬迁政策有利程度的评价，评价越高的农户越倾向于认为搬迁有利于改善其生活境况，即较高的评价对应着较高的生计恢复力，因此预期政策响应度变量的系数为正。搬迁既可能提高农户生计恢复力，也可能降低农户生计恢复力，因此是否为搬迁户变量的系数由回归结果确定。

3. 研究结果分析

（1）回归结果分析

表6-4汇总了农户生计恢复力与其可能的影响因素的回归结果。模型1是全样本农户生计恢复力对各变量的回归分析，结果显示，各个变量对农户生计恢复力的作用都至少在5%显著性水平上显著。其中，家庭教育投入、政府资助总额及社会网络紧密度对生计恢复力有正向影响，说明农户增加在这三个方面的投入会提高其生计恢复力。社会网络质量对生计恢复力也有正向影响，农户认识的村干部或国家公务员越多，农户的生计恢复力越容易提高。可能的原因是频繁地与村干部或国家公务员交往，在一定意义上说明农户有更稳定的关系网和较高的社交质量，这有利于保证农户在受到意外冲击后得到及时援助。家庭负担比对农户生计恢复力有负向影响，家庭负担比越高，说明家庭中劳动力相比非劳动力越少，在劳动收入既定的情况下，家庭成员的人均收入就越低，相应地受到意外冲击后所能动用的资源越少，其生计恢复力也越低。家庭规模对农户生计恢复力影响为正，可能是因为人数越多的家庭，相应地劳动力人数也越多，从而越有可能获得较高的收入，这有利于增加家庭的物质资本，提高其应对意外冲击的能力。食物安全支持度对农户生计恢复力有负向影响，食物安全支持度越高，说明家庭购买食物的支出比重越大，食物作为人生存的必需品，当一个家庭大部分收入用来购买食物时，一旦遭遇某些外部风险致使家庭收入降低，家庭购买食物的支出也会随之降低，这会直接影响家庭成员的基本生存情况。在生计策略与生计恢复力的分析中，与纯农户相比，多样化生计及非农生计都对生计恢复力有显著的正向影响。原因可能在于，纯农户生计策略单一，在遭遇天灾、减产等意外冲击时缺少其他途径加以周济，同样条件下，多样化生计农户和非农户则可以从别的途径获取生计资本以维持生计。

模型2结果显示，在控制家庭因素及社会因素后，加入是否为搬迁户因素对生计恢复力进行回归后，发现是否为搬迁户与生计恢复力存在显著的负相关关系，说明与非搬迁户相比，搬迁户的生计恢复力较低。可能的解释是：尽管搬迁户通过易地扶贫搬迁政策从原住地搬迁至现住地，其生活环境有所改善，但是与一直生活在现住地的本地农户相比，搬迁户的各类资源禀赋仍比较低，另外搬迁也可能对农户人脉资源形成冲击，导致其社会网络质量降低，二者共同作用使得搬迁户的生计恢复力低于本地农户的生计恢复力。

模型 3 结果显示，搬迁户群体内家庭因素及社会因素对生计恢复力的影响与全样本分析的结果基本相同。家庭教育投入、政府资助总额、社会网络紧密度、社会网络质量、家庭规模对农户生计恢复力均有显著的正向影响。同时，家庭负担比、食物安全支持度对搬迁户生计恢复力有显著的负向影响。在生计策略的分析中，与纯农户相比，多样化生计与生计恢复力之间存在正相关关系，但不显著，而非农生计对搬迁户生计恢复力有着显著的正向影响。

在搬迁户样本中，控制家庭因素和社会因素，进一步分析搬迁类型、原住地类型、政策响应度、搬迁时间及安置方式的不同对搬迁户生计恢复力的影响。

模型 4 是使用搬迁户样本，控制了家庭教育投入、政府资助总额等家庭因素和社会因素后，政策响应度对农户生计恢复力的回归分析结果。政策响应度反映了搬迁户对政策的接受程度，结果显示政策响应度与搬迁户生计恢复力存在显著的正相关关系，可见搬迁户对搬迁政策的感知与其搬迁后生计恢复力的高低有很大关系，搬迁户对搬迁政策的有利程度评价越高，搬迁后其生计恢复力越有可能得到提高。

表 6-4　农户生计恢复力与其可能的影响因素的回归结果

变量	模型 1	模型 2	模型 3	模型 4
是否为搬迁户		-0.027**		
政策响应度				0.100**
家庭教育投入	0.000**	0.000**	0.000**	0.000**
政府资助总额	0.000***	0.000***	0.000***	0.000***
社会网络质量	0.013***	0.012***	0.014**	0.014**
社会网络紧密度	0.000***	0.000***	0.000***	0.000***
家庭负担比	-0.063***	-0.064***	-0.062***	-0.061***

续表

变量	模型 1	模型 2	模型 3	模型 4
家庭规模	0.011***	0.012***	0.011***	0.011***
食物安全支持度	-0.060**	-0.055**	-0.056*	-0.052*
常数	0.229***	0.267***	0.234***	0.226***
样本量	563	563	391	391
R^2	0.252	0.258	0.247	0.258

注：*** 表示 $p<0.01$，** 表示 $p<0.05$，* 表示 $p<0.1$。

（2）方差分析结果

如前所述，本部分使用方差分析技术考察搬迁户群体内农户生计恢复力的差异及其主要原因。表 6-5 汇报了不同搬迁因素下农户生计恢复力的比较结果，从中可见，不同安置方式、不同搬迁类型及不同原住地类型搬迁农户生计恢复力都有显著的差异。从安置方式来看，自主搬迁的搬迁户生计恢复力高于集中安置和分散安置搬迁户，而集中安置搬迁户生计恢复力高于分散安置搬迁户。从搬迁类型来看，自愿移民的搬迁户生计恢复力显著高于非自愿移民。从原住地类型来看，从邻近村平原搬迁来的农户生计恢复力最高，本村平原搬迁户次之，之后为从邻近村山区搬迁来的农户，从本村山区搬迁来的农户生计恢复力最低。搬迁时间对农户生计恢复力的影响并不显著。

表 6-5　搬迁户生计恢复力方差分析

变量	均值	方差	显著性
安置方式			***
集中安置	0.341	0.140	
分散安置	0.340	0.177	
自主搬迁	0.420	0.157	
搬迁类型			**
自愿移民	0.344	0.140	
非自愿移民	0.311	0.144	
原住地类型			***
本村山区	0.328	0.127	
本村平原	0.362	0.182	
邻近村山区	0.347	0.149	

续表

变量	均值	方差	显著性
邻近村平原	0.420	0.157	
搬迁时间			NS
2010年及之前	0.339	0.141	
2010年之后	0.347	0.143	

注：*** 表示 p<0.01，** 表示 p<0.05，NS 表示不显著。

四　主要结论和政策建议

（一）主要结论

本节依据可持续生计分析框架和恢复力理论，构建了适合中国中西部地区的农户生计恢复力指标体系，并结合陕南地区易地扶贫搬迁的背景，评价了当地农户生计恢复力，在此基础上，运用多元统计方法分析了影响农户生计恢复力的主要因素，本节主要结论如下。

第一，陕南地区农户生计恢复力整体较低。从生计恢复力的三大维度来看，缓冲能力得分相对较高，学习能力得分次之，自组织能力得分最低。从生计恢复力具体指标来看，人力资本、人均受教育程度、社会资本、社会组织参与度、退耕巩固项目参与度、户主受教育程度、机遇风险认知、外出务工收入等指标得分较高，外出务工年数、年均外出务工时长、学习培训质量、技能培训机会、交通可达性、土地到公路距离、土地到家距离、自然资本、生产生活资料、房屋资本、人均收入等指标得分较低。

第二，搬迁户与非搬迁户的生计恢复力有显著差异。对所有农户而言，家庭教育投入、政府投资总额、社会网络紧密度、社会网络质量、家庭负担比、家庭规模、食物安全支持度都是影响其生计恢复力的重要因素，其中家庭教育投入、政府资助总额、社会网络质量、社会网络紧密度、家庭规模对农户生计恢复力有显著正向作用，家庭负担比、食物安全支持度对农户生计恢复力有显著负向作用。控制以上影响生计恢复力的因素，我们发现，与非搬迁户相比，搬迁户生计恢复力更低，搬迁户的生计恢复力平均得分比非搬迁户低2.7%。

第三，搬迁户群体内，因搬迁类型或安置方式或原住地类型不同其生计恢复力也有显著差异。首先，从搬迁类型来讲，与自愿移民相比，非自愿移民生计恢复力更低且更不稳定。其次，从安置方式来讲，自主搬迁农户的生计恢复力最高，集中安置农户的生计恢复力次之，分散安置农户的生计恢复力最低。最后，从原住地类型来讲，原住地在本村山区和邻近村山区的农户生计恢复力较低，原住地在本村平原和邻近村平原的农户生计恢复力较高。

（二）政策建议

以上结论为提高农户生计恢复力、改进后续的易地扶贫搬迁工作提供了重要启示。

第一，充分做好宣传动员工作，让搬迁户对易地搬迁工程真正认可。首先，做好搬迁户实物补偿工作，落实“从优、从厚、从宽”的原则，切实做到“公平、公正、透明”，保证搬迁后农户财产只增不减。其次，安置点的选址、规划要与工业化和城市化的背景相结合。在选址上，要尽量选择临近城市、市场、工厂、农田、交通干线的平原作为安置点，还要兼顾迁安两地地缘、语言、风俗习惯的相近性和生产技能的互补性。在规划上，要考虑到集中安置的集聚效应，注重各安置点之间的互联互通。

另外，在安置点选址、规划，房屋设计、建设过程中要提高农户的参与度，充分征求他们的意见，及时解决他们提出的问题，消除他们的疑虑。

第二，不仅注重搬迁，更要重视搬迁后的发展。当代移民搬迁是一项以人为本的新的民生工程，不是一蹴而就的事情，而是一项长期的、复杂的系统工程。它不是要单纯地解决“搬得出”的问题，而是要实现“能致富”的终极目的，移民搬迁要正确处理好短期稳定和长期发展之间的关系。短期内，要特别优先解决好移民就业及其子女就学的问题，保证移民生产生活的持续性和稳定性。长远来看，要引导移民发展多样生计，要发展教育、医疗事业提高人力资本，同时重视移民群体的社会融入问题。

首先，政府应做好就业帮扶，组织开展生产技能培训，及时发布就业信息，鼓励迁入地厂商多招聘移民工人。其次，政府加强对移民的生产指导，在农业生产技能、选种育种、产品销售等方面提供帮助，同时改善交通、农田水利等基础设施，降低农户生产成本。最后，完善社区基层自治组织，提高移民群体的社会参与度，完善学校、医院、娱乐中心等社区配套设施，健全社区医疗、养老等社会保障体系，进而提高移民生计恢复力。

第三节　城镇化对农户生计恢复力的影响

一　引言

“一方水土养不起一方人”既体现了广大集中连片贫困地区生态脆弱与生计脆弱双重叠加的典型特征，也反映了农户在面对冲击和风险时靠自身能力进行应对的瓶颈。易地扶贫搬迁旨在通过人口布局的调整来破解这一生存和发展难题，提高贫困家庭在遭遇逆境时的应对和快速恢复能力。虽然不少实证研究表明这种政府引导下的、农民自愿参与的移民搬迁工程总体上使搬迁农户受益，搬迁农户在很大程度上能够免于遭受所谓的生存窘境而陷入介入型贫困，但不可否认，外部环境的改变特别是生计资本的获取与转换受限导致的所谓“生计障碍”，仍给移民的可持续生计能力构建带来挑战。在众多的扶贫开发政策支持体系中，新型城镇化战略在打破城乡二元结构的同时，更强调增强“贫困地区”的造血功能和“贫困农户”的可持续生计能力。尤其在后搬迁时代，降低移民生计转型风险，促进其生计重构和实现可持续发展的核心也在于提升移民应对变化以及从逆境中恢复的能力。因此，在西部集中连片贫困地区，易地扶贫搬迁与新型城镇化的“双轮驱动”究竟能否释放更多的制度红利以实现政策初衷？具体而言，新型城镇化能否消减搬迁带来的“副作用”，帮助移民家庭实现生计的重构和可持续发展，对新型城镇化背景下搬迁户生计恢复能力的考察至关重要。

为了描述农户生计系统应对变化（压力、冲击）以及在逆境中恢复的能力，本节引入了生计恢复力（livelihood resilience）的概念，用以描述农户基于生计资本在与外界干扰或冲击的相互作用中形成的一种内禀能力，这一能力使得农户在遭遇未来不确定的环境条件时，能够在有限的资源禀赋基础上做出最优行动策略的选择，使其生计水平达到新的稳定状态（优于或等同于初始状态），进而在新的环境条件下生计得到可持续发展。这一概念的提出为观测贫困地区社会-生态系统发展能力，甄别致贫原因以及农户生计的可持续性提供了新的思路。当外界干扰强度超过生计恢复力所能承受的阈值时，系统恶化的态势将在所难免，甚至陷入崩溃的状态；而对一些生计恢复力低的农户而言，恢复到干扰或冲击之前的水平可能意味着他们重新回到了高度脆弱性或者贫困的状态，这亦并非政策的初衷。也就是说，提升生计恢复力的阈值不仅有利于农户生计的迅速恢复，更有利于从根本上提高其抵御风险的能力。因此，测度生计恢复力以探究其规律，并在不同情境下寻找建设与提升的路径至关重要。

本节通过构建评价指标体系，以陕西为例对中国西部山区的农户生计恢复力进行系统的以定量为主的研究，并探讨新型城镇化对搬迁农户生计恢复力的影响，希望其研究方法和结论能够为我国的扶贫实践提供借鉴和理论依据。

二　相关理论与研究回顾

恢复力的英文“resilience”由拉丁文 resilio 演化而来，描述跳回的动作，被我国学者译为“恢复力”“弹性”“韧性”等，本节采用大多数学者的观点，将其译为恢复力。自 Holling（1973）将其引入生态领域，恢复力的概念在多个学科得到运用，并衍生出人口恢复力、经济系统恢复力、空间恢复力、社会恢复力等多个概念。随着社会-生态系统的发展，恢复力被定义为系统受到干扰或处于逆境中仍可维持其特有的结构、功能和控制的能力。不同于机械恢复力，该系统的恢复力是多稳态的：即使是恢复力很强的社会-生态系统在遭受外界干扰后也通过释放、重组，以新的结构形式存在。对于什么是恢复力以及恢复力在政策干预中增加最贫困人口的福利方面应该发挥什么样的作用存在持续不断的争论。目前，多数学者认为恢复力应该包含三个方面的含义：一是系统在原稳定状态域中所能够承载的外界干扰的限度，即缓冲能力；二是系统在受到外界干扰后的自我组织能力；三是系统本身所具有的适应能力。

恢复力的引入为观察生计系统的动态变化过程与机理提供了新视角。以往关于农户生计的研究多是基于可持续生计分析框架，以欠发达地区的农户为研究对象，探讨农户的生计资本状况及相应的生计策略选择，却忽视了农户自身发展能力对生计系统的转换以及动态变化的影响。随着国家扶贫事业进入攻坚阶段以及新型城镇化的深入发展，分析和监测农户生计系统的动态发展过程，有助于进一步评估扶贫项目的科学性以及考量政策执行效果。最新的研究开始从社会-生态系统的恢复力视角对贫困地区农户的生计进行分析。农户生计系统本质上属于社会-生态系统的一种类型，将生计分析框架与恢复力的思想联系起来可以加深对生计动态性的理解以及追踪家庭在面对变化（压力、冲击）时如何维持和改善生计。国内外学者对恢复力的相关研究主要集中在系统吸收外界干扰并维持自身稳定的静态弹性以及灾害情形下迅速恢复系统功能的动态弹性。如王俊等（2009）对半干旱区域农业社会-生态系统恢复力的分析，陈佳等（2016）对脆弱性环境下的贫困恢复力的测算与影响因素分析，以及刘永茂、李树茁（2017）对农户生计多样性特定弹性、普遍弹性以及可转换性的研究。主要的分析方法包括案例分析法、测量分析法与评价分析法，其中，评价分析法结合现实情境构建多指标评价体系对某系统的恢复力进行评价，本节采用的就是这种测度方法。

易地扶贫搬迁作为我国开发式扶贫的重要举措，引发了学界对于搬迁农户可持续生计的关注。相关研究以政策分析与评价为主，内容涉及搬迁的全过程：从前期的对象瞄准到后期的退出识别，从搬迁类型到安置方式等多种措施，从可持续生计到贫困脆弱性等多个视角。随着政策的深入和后搬迁时代的到来，移民的生计恢复和重构逐渐受到学者关注。研究发现，当搬迁农户在面对心理文化的巨大冲击和生活环境的急剧变化时，其经济收入与自我发展能力会受到严重影响。在后期的经济恢复与重建过程中，人力资本与社会资本失灵的现象恐难以避免。因此，有关生计恢复的理论在移民搬迁中的指导作用就变得非常重要。国际著名移民专家 Cernea（2000）提出了经典的 IRR 模型，强调通过合理的重建计划并配置相应的资源，实现贫困风险防范、生计水平恢复以及移民福祉的提升。除了通过改善当地基础设施提升农户家庭对外部资源的占有能力外，通过政策性引导激发移民群体内生动力也是解决其生存与发展问题的关键。有研究表明，移民导致本地非农就业机会被挤占的同时，外出务工或成为农户在面临安置地资本与风险约束时的重要生存理性选择（李聪等，2014a）。搬迁农户在安置地通过生计策略的适应性调整，实现原有的农业主导型生计模式向多元化的转变，有利于增强家庭、社区的可持续发展能力。而从生计恢复力视角审视易地扶贫搬迁对象的可持续生计问题，相关研究仍不多见。

新型城镇化的减贫效用获得了学者和实践者的肯定。“新型城镇化”并不是新概念，是相对于传统城镇化而言的具有中国特色的城镇化道路。由于我国过去的城镇化实践造成了城乡差距、区域差异、资源浪费、经济粗放式发展等问题，《国家新型城镇化规划（2014—2020 年）》明确提出推进“以人为本、四化同步、优化布局、生态文明、文化传承”的新型城镇化。它强调以人为核心，以可持续发展为内涵，以城乡、工农间的良性互动为特征，以实现城乡基础设施一体化和公共服务均等化为内容，从而破除城乡二元结构、推动区域经济发展，实现经济、社会、环境的协调发展。虽然传统城镇化在减少农民、转化农民、富裕农民与提升农民方面发挥着重要作用，但人口的迁移与流动可能是把“双刃剑”：减少农村贫困的同时又会造成新的贫困问题，贫困户和老年人等弱势群体存在被边缘化的风险。以人为本的新型城镇化与强调贫困人口的可持续生计的扶贫开发具有价值目标的一致性，并且新型城镇化为贫困地区扶贫开发提供了全新的发展空间和要素组织平台。易地移民搬迁作为我国当前扶贫事业的重要组成部分，传统的农业化安置弊端凸显，新型城镇化作为解决移民问题、实现其可持续生计的重要路径，其有效性仍然需要在具体的情境下进行实证检验。

通过对国内外相关理论与研究的回顾可以发现：首先，恢复力的引入为观察生计系统的动态变化过程与机理提供了新视角，相关的测度和评价方法为研究移民的生计恢复力提供了一定的技术支持，而移民问题的复杂性和动态性使得搬迁政策作用下家庭内外部环境变化过程中的生计恢复力具有一定的特殊性，其指标构建过程中还需要进行适应性的改进；其次，当前关于区域性贫困治理的理论研究落后于政策实践，对于移民群体“稳得住、能致富”的探讨还不深入，缺乏新型城镇化与易地扶贫搬迁相结合的系统性研究，尤其是微观层面。已有的研究为本节的分析提供了理论基础和方法借鉴，也为本节研究留下空间。因此，本节将恢复力的思想引入农户生计的相关研究，构建生计恢复力的评价指标体系并进行测算，然后从就业、居住、公共服务、思想意识等维度分析新型城镇化对搬迁农户生计恢复力的影响（见图 6-3），从而实证检验新型城镇化对移民群体的减贫效果。

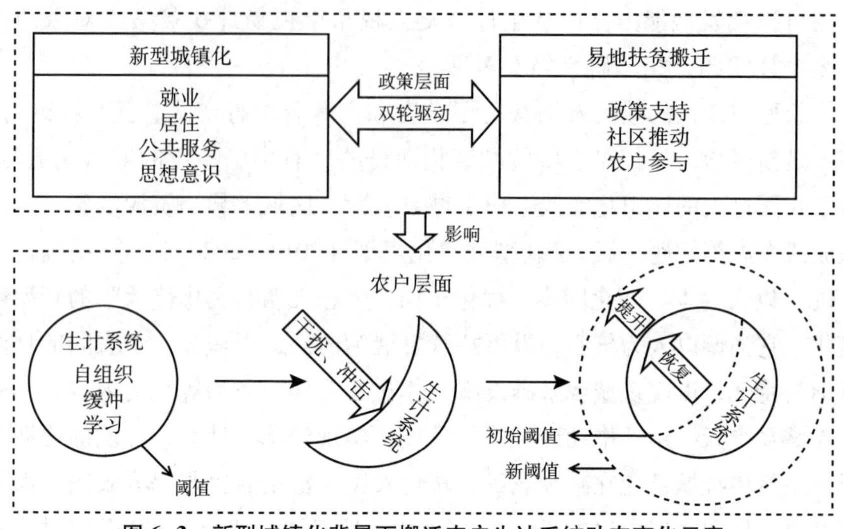

图 6-3　新型城镇化背景下搬迁农户生计系统动态变化示意

三　方法与变量

（一）分析方法

本节的分析分为生计恢复力的测算与影响因素分析两部分：首先通过构建生计恢复力评价指标体系，采用主成分分析对农户生计恢复力进行测算，之后通过多元线性回归模型分析新型城镇化对生计恢复力的影响。

1. 主成分分析

主成分分析采用数学降维的思想，计算出数量较少、彼此不相关的综合变量从而将原有的众多变量进行替换，并要求尽可能多地反映原有变量携带消息。计算生计恢复力时各主成分权重由方差贡献率来计算，不受主观判断的影响，表达式为：

$$R = \Sigma_{i=1}^{n} F_i \frac{\lambda_i}{\Sigma \lambda} \qquad (6-4)$$

其中，R 为生计恢复力，F_i 为提取的主成分，λ_i 是根据标准化后的指标矩阵计算出的特征值，n 为提取的主成分的个数，一般按照特征值大于 1 的原则选取。

2. 多元线性回归模型

考虑到变量的属性和特征，在此采用 OLS 模型进行回归分析，模型设置如下：

$$R = \beta_0 + \beta_1 x_{urban} + \beta_2 x_{household} + \beta_3 x_{region} + \varepsilon \quad (6-5)$$

其中，R 为生计恢复力，x_{urban} 为新型城镇化指标，$x_{household}$、x_{region} 为控制变量——家庭特征与区域特征，ε 为随机变量，并通常假定 $\varepsilon \sim N(0, \sigma^2)$。

（二）指标构建及影响因素选择

1. 生计恢复力评价指标体系的构建

依据 Chinwe 提出的生计恢复力分析框架，本节从缓冲能力、自组织能力以及学习能力三个维度构建生计恢复力评价指标体系，并基于中国西部山区的实际情况进行指标选取，具体的指标描述如表 6-6 所示。

缓冲能力是系统维持其结构、功能及反馈所能承受的改变或干扰的程度。在农户生计系统中，缓冲能力是农户利用已有的以及可获取的资产应对冲击并捕捉到机会以获得更好的生计成果，比如减轻贫困的能力。结合可持续生计分析框架，选取反映农户缓冲能力的指标，包括金融资本（人均收入）、人力资本（劳动力、受教育程度等）、自然资本（耕地面积、林地面积）、物质资本（房屋资本、生产生活资料等）、社会资本（社会网络）。

自组织能力主要描述了制度、权利和社会组织结构对生计恢复力的影响，例如，制度体系、社会组织与团体、社会网络，不受系统外部的控制和限制。基于西部山区农户生存现状，选取了土地离家距离、土地离公路距离、交通可达性、房屋海拔以及社会组织参与度（对本村集体事务等的参与程度）表征农户的自组织能力。

学习能力强调系统的适应性管理，通过记忆将以往的经验用到当前的实践，将知识转化为生产力，进而影响到家庭的生计恢复力。本节选取户主受教育程度以及外出务工时间与每天收入等表征农户家庭的学习能力。

对于指标中个别定性指标，采用赋值的方法将其量化。参考陈佳等（2016）以及杨云彦、赵锋（2009）关于类似指标的赋值方法，结合对调查地区的经济发展水平、教育水平等实际情况进行的定性判断，对农户家庭的人力资本、成员受教育情况进行量化（见表 6-6）。由于各指标原始数据的量纲、数量级及变化幅度不同，本节采取极差标准化进行处理。处理后所有的测量指标值介于 0 和 1 之间，越接近 1 说明该指标在样本中的相对水平越高。

表 6-6　农户生计恢复力评价指标体系

目标层	指标层	指标定义与取值	均值	标准差
缓冲能力	人均收入	家庭年度纯收入与总人数之比(元)	5409.71	8458.27
	人力资本	劳动能力×0.5+劳动数量×0.5。劳动能力:1=儿童和残病,2=工作的儿童,3=老人,4=成年助手,5=成年人;其中1~12岁为儿童,13~15岁为工作的儿童,16~18岁为成年助手,19~65岁为成年人,65岁以上为老年人	10.79	4.16
	房屋资本	住房类型×0.5+住房面积等级×0.5;住房类型:1=土木结构,2=砖木结构,3=砖混结构;住房面积等级:1. ≤80m^2,2. 81~140m^2,3. >140m^2	2.39	0.52
	人均受教育程度	家庭人均受教育程度:1=小学以下,2=小学,3=初中,4=高中及中专技校,5=大专及以上	2.48	0.72
	生产生活资料	拥有的生产工具和生活耐用品总数	4.05	1.94
	自然资本	拥有的耕地面积×0.5+林地面积×0.5	12.24	19.72
	社会资本	遭遇风险时获得贷款及向亲友求助的可能性,五值化	1.43	0.80
自组织能力	社会组织参与度	上一年度对本村集体事务,如村民代表会议的参与情况或程度,五值化	2.25	1.46
	土地离家距离	所有土地距离家的平均距离(公里)	10.31	20.60
	土地离公路距离	土地距离主要公路的平均距离(公里)	6.92	15.01
	交通可达性	用离村主要公路的距离表示:1=一里以内,2=二至五里,3=五里以外	1.12	0.49
	房屋海拔	居住房屋海拔高度:1. ≤500米,2. 501~1000米,3. 1001~1500米,4. >1500米	1.84	0.92
学习能力	户主受教育程度	户主个人受教育程度:1=小学以下,2=小学,3=初中,4=高中及中专技校,5=大专及以上	2.34	0.91
	外出务工时间	表征获取认知能力的机遇,以家庭成员每年务工天数之和计算(天)	312.42	314.97
	外出务工年数	家庭成员已经外出务工时间之和(年)	10.93	12.28
	外出务工每天收入	家庭成员平均每天务工收入之和(元)	115.88	123.88

注:①家庭年度纯收入包括农林养殖净收入、务工纯收入,以及包括粮食补贴、退耕还林补贴、生态公益林补贴、残疾人补贴等在内的各项政府补助之和,但不包括移民搬迁补助、后续产业发展补助等一次性补贴,其中,务工纯收入按照给家里的钱计算。

②生产生活资料包括挖掘机、铲车、机动三轮车、拖拉机、摩托车、汽车、水泵、电视、冰箱、洗衣机、电脑等生产、交通工具以及耐用品。

之后，本节通过 KMO 检验和 Bartlett's 球形检验判断指标变量间的相关性，进而判定主成分分析的合理性。其中，KMO 值为 0.629，显示出本研究所选样本具有较高的抽样充足性；Bartlett's 球形检验的近似卡方值为 3342.051，p 值为 0.000，即拒绝指标间没有相关性的原假设，表明相关系数矩阵与单位矩阵有显著差异。因此采用主成分分析法对变量进行处理具有统计意义上的可行性。

2. 影响因素选择

根据文献和调查地的实际情况，本研究以生计恢复力的测算值为因变量，自变量归为三类，即新型城镇化、家庭特征和区域特征，相关变量的设置及描述如表 6-7 所示。

在参考以往研究的基础上，本节从就业、居住、公共服务以及思想意识四个维度考察新型城镇化水平，并结合调查所在地移民搬迁社区的实际情况，选取相应的变量进行表征。第一，就业城镇化。选取非农化程度、新型农民、技术工人、三产服务型四个变量来表示就业城镇化水平。非农化程度反映农户收入来源结构，是对农户实现非农化就业所取得的生计成果的度量；新型农民、技术工人以及三产服务型是农户脱离传统农业耕作，从事农业现代化生产以及第二、第三产业的情况的定量测度。第二，居住城镇化。选取安置方式和能源利用方式表示居住城镇化水平。相对于分散安置，集中安置社区基础设施配套以及社区治理机制更为完善，同时，集中安置社区又可分为靠产业园区、靠集镇以及靠县城三种类型；集中安置与鼓励上楼安置的措施，带来了移民以能源利用方式为代表的生活习惯的转变。第三，公共服务城镇化。选取社区环境、教育条件和医疗卫生条件表示公共服务城镇化水平。社区环境直接反映了移民安置社区基础设施建设与公共服务水平，为实现移民群体“两不愁三保障”提供了外部环境支持；人力资本积累和能力重构对移民在安置地真正实现“稳得住、能致富”至关重要，而教育条件和医疗卫生条件在很大程度上影响到移民的人力资本建设。第四，思想意识变革。选取风险偏好和政策了解度表示思想意识变革。风险偏好反映了农户对投资风险的接受程度，政策了解度则反映了农户对于改善自身生计状况的主观能动性，在一定程度上体现了农户思想观念上的转变。

家庭特征包括家庭规模、劳动力负担、户主年龄、社会影响力及搬迁时间。家庭规模决定了家庭分工和生计策略选择；劳动力负担是家庭抵御风险与适应性调整的重要影响因素；户主通常是一个家庭的最高决策者，选取户主年龄表征家庭所处的发展阶段，处于家庭发展周期上不同阶段的家庭的目标、需求等都会有所差异；社会影响力也是家庭生计恢复与重建的重要考量。

区域特征包括社区收入变化和地区。农户可以通过社区间的网络互助、制度支持提升家庭的福利水平；地区间自然资源状况、经济发展水平以及政策差异将对移民后续发展产生重要的影响。

表 6-7 变量的设置与描述

变量	定义与取值	均值	标准差
因变量			
生计恢复力	主成分分析法测算的生计恢复力值	0.45	0.08
自变量			
就业城镇化			
非农化程度	打工收入与非农经营收入占家庭纯收入的比重	0.86	0.30
新型农民	家庭成员是否接受过农林养殖、务工等方面的培训以及参加合作社情况。等于家庭接受培训次数的标准化值+参加合作社的个数标准化值	0.25	0.55
技术工人	家庭成员是否掌握某些手艺或技术，0=未掌握，1=掌握	0.17	0.24
三产服务型	家庭成员参加工作情况，0=无工作、农业养殖业，1=专业技术、工人、商业或服务业，2=行政管理、业主或企业家，计算家庭平均水平	0.38	0.28
居住城镇化			
能源利用方式	家庭可使用的清洁能源（太阳能、太阳灶、电、天然气等）的种类	3.21	0.73
安置方式	分类变量，包括分散安置以及靠产业园区、靠集镇、靠县城安置，其中，分散安置为参照	1.36	0.93
公共服务城镇化			
社区环境	农户愿意花多少钱入住安置房屋（单位：十万元）	1.77	16.42
教育条件	该县（区）中小学校教师数/中小学生数×100	6.65	0.82
医疗卫生条件	该县（区）医疗床位数/人口数量×100	0.34	0.09

续表

变量	定义与取值	均值	标准差
思想意识变革			
风险偏好	对于赚钱的事,即使亏损也愿意借钱投资,1=完全不同意,2=不同意,3=无所谓,4=同意,5=完全同意	2.66	1.31
政策了解度	1=非常不了解,2=不了解,3=一般,4=比较了解,5=非常了解	2.46	1.14
控制变量			
家庭特征			
家庭规模	家庭人口总数	4.39	1.62
户主年龄	搬迁农户户主年龄(单位:岁)	50.91	12.75
劳动力负担	非劳动力数量/劳动力数量,非劳动力指 18 岁以下的未成年人和 65 岁以上的老人	0.47	0.56
社会影响力	对个人在收入、职业、社会声望、社会关系上的评价之和,1=很差,2=有点差,3=差不多,4=好一些,5=好得多	10.88	2.82
搬迁时间	调研年份-迁入年份+1	6.62	7.41
区域特征			
社区收入变化	集中安置社区内家庭收入变化量均值(单位:元)	306.21	2967.76
地区	0=陕北,1=陕南	0.83	0.37

四　结果与讨论

（一）生计恢复力的测算

主成分分析结果如表 6-8 所示，本节共提取出 7 个特征值大于 1 的主成分，累计方差贡献率达 70.491%，并且多数变量的方差被主成分解释程度超过 60%，主成分因子载荷系数体现了主要变量与主成分的相关性。结果显示，影响农户生计恢复力的因素主要有：人力资本（包括劳动力素质）、交通状况、物质资本以及社会资本。第一主成分在人力资本、外出务工每天收入、外出务工时间和平均受教育程度上有较大的负荷，也就是说，农户家庭成员包括劳动力素质在内的人力资本是提升农户生计恢复力的关键，其学习能力对生计恢复力的建设至关重要。此外，包括社会网络以及交通状况在内的自组织能力对生计恢复力的建设具有积极的作用，物质经济基础对提升生计恢复力影响很大。

表 6-8　主成分分析结果

主成分	F_1	F_2	F_3	F_4	F_5	F_6	F_7
因子载荷及系数	人力资本（0.663）	户主受教育程度（0.512）	土地离家距离（0.770）	房屋海拔（0.636）	自然资本（0.620）	人均收入（0.764）	交通可达性（0.670）
	外出务工每天收入（0.660）		土地离公路距离（0.725）		社会组织参与度（0.509）		
	外出务工时间（0.647）						
	平均受教育程度（0.533）						
特征值	2.755	2.107	1.644	1.526	1.189	1.052	1.005
方差贡献率（%）	17.277	13.171	10.274	9.537	7.433	6.576	6.279
累计贡献率（%）	17.221	30.392	40.666	50.203	57.635	64.212	70.491

（二）不同特征家庭的生计恢复力比较

基于对生计恢复力的测度，表 6-9 提供了不同特征家庭的生计恢复力描述性统计。结果显示：非农依赖型家庭的生计恢复力显著高于农业依赖型家庭，可见，非农化程度较高的家庭通常具有较强的抵御风险能力；分散安置农户的生计恢复力显著高于集中安置农户，此外，采取靠集镇安置的农户，其生计恢复力显著高于靠产业园区以及靠县城安置的农户；享有更优社区基础设施和外部环境的搬迁农户，其生计恢复力显著高于其他农户；风险偏好型农户的生计恢复力显著高于风险规避型农户。从地区差异来看，陕南地区农户的生计恢复力显著高于陕北地区农户，这在很大程度上可能是两地经济发展水平以及政策引起的差异。

表 6-9　生计恢复力描述性统计

变量	类型	生计恢复力 R				
		最小值	最大值	均值	标准差	t 检验/ANOVA
生计策略	农业依赖型	0	0. 622	0. 414	0. 085	***
	非农依赖型	0. 099	0. 760	0. 461	0. 068	
安置方式	集中安置	0. 099	0. 642	0. 444	0. 070	***
	分散安置	0	0. 760	0. 464	0. 093	
社区位置	靠产业园区	0. 099	0. 630	0. 443	0. 068	***
	靠集镇	0. 172	0. 642	0. 461	0. 061	
	靠县城	0. 235	0. 560	0. 376	0. 073	
社区环境	≥10 万元	0. 099	0. 654	0. 463	0. 080	***
	<10 万元	0	0. 760	0. 424	0. 072	
风险偏好程度	风险偏好型	0	0. 655	0. 456	0. 079	*
	风险规避型	0. 099	0. 760	0. 445	0. 075	
地区	陕南	0. 099	0. 760	0. 461	0. 068	***
	陕北	0	0. 598	0. 386	0. 083	

注：①＊表示 p<0. 1，＊＊表示 p<0. 05，＊＊＊表示 p<0. 01。
②农户的生计策略按照非农收入占比是否大于 0. 5 分为农业依赖型和非农依赖型。

（三）新型城镇化对生计恢复力的影响

基于描述性统计比较，选取量化的生计恢复力为因变量，对其影响因素进行回归，结果如表 6-10 所示。模型 1 至模型 4 分别为纳入就业城镇化、居住城镇化、公共服务城镇化以及思想意识变革等自变量的回归结果，模型 5 是将新型城镇化四个维度的变量同时纳入模型进行回归，相关结果在此作为辅助分析。

模型 1 的结果显示：非农化程度、三产服务型等变量对生计恢复力具有显著的正向作用，而新型农民、技术工人等变量对生计恢复力影响不显著。可见，搬迁户的非农化程度的提高能够有效提升其生计恢复力，而受制于外部环境，短期的培训项目、农户的专业技能的积极作用还未在生计转型过程中得以有效发挥。因此，要在就业城镇化的背景下提高搬迁户的生计恢复力，除了增加搬迁家庭外出务工和本地经营等非农创收的机会之外，也需要为移民的就地转型以及在当地从事现代化农业提供外部支持条件。

模型 2 的结果显示：相较于分散安置，靠产业园区安置与靠县城安置对搬迁户的生计恢复力有显著的负向影响，靠集镇安置对生计恢复力的影响不显著。此外，以家庭使用新能源情况表征的能源利用方式对生计恢复力的影响亦不显著。可以看出，尽管政府大力提倡和推动集中安置，然而，现阶段选择分散安置相比集中安置更有助于提升移民生计恢复力。一方面，分散安置（插花）的选择往往以较强的亲缘或友缘关系网为前提，而这一前提也决定了搬迁户在安置后实现就业与生计转型过程中亦能获得较大的帮助与支持；另一方面，分散安置自由度较高，且移民本身家庭的经济状况也相对较好，搬迁户往往会选择有利于后续生计发展的迁入地，生计恢复力的提升较快。而由于靠产业园区安置、靠县城安置等方式需要较为完备的配套措施作为支撑，在搬迁初期对劳动力的吸附以及公共资源的可获得性未能有效弥补搬迁造成的移民生计资源、可行能力等的损失。

模型 3 的结果显示：社区环境对移民的生计恢复力有显著的正向作用，而教育条件、医疗卫生条件对其的影响不显著。可见，社区基础设施条件对于提升移民的生计恢复力有着积极的作用，基础设施越完备，为农户生计提供的支持越多，越有利于搬迁户生计恢复力的提升。而由于搬迁时间较短，教育条件、医疗卫生条件给家庭生计恢复力带来的提升作用不如通信、交通、市场等基础设施改善的作用直接和明显。

模型 4 的结果显示：搬迁后，移民的思想意识变革对生计恢复力有显著的正向作用，包括风险偏好和政策了解度，这两个指标均对生计恢复力提升有显著的促进作用。可见，在移民当中，那些思想意识开放、勇于尝试的家庭，以及熟悉搬迁和相关支持政策的农户，其生计转型的速度和重构的效果要优于其他农户。这一方面体现了搬迁相关政策的起效前提取决于农户的参与和响应程度，另一方面则反映了生计的转型和重构效果有赖于家庭自身的思想意识转变，特别是开拓与创新的精神。随着移民搬迁与新型城镇化的推进，农户思想意识从保守逐渐趋于开放，对提升生计恢复力具有积极的作用。

此外，家庭规模、搬迁时间、社会影响力、社区收入变化对生计恢复力有显著的正向影响，户主年龄和劳动力负担对生计恢复力有显著的负向影响，陕南调研地的生计恢复力要高于陕北调研地。规模大的家庭有利于内部分工合理化，更好地安排农户自身资源与生计活动；搬迁时间越长，搬迁户越能适应新环境，从而优化家庭经济结构；户主年龄方面，较为年长的户主在决策时往往更加趋于保守，并且对于家庭的控制能力偏弱，因此对生计恢复力产生了负向的影响；家庭中需要赡养的老年人和需要抚养照料的孩子削弱了家庭整体的抵御风险的能力；社会影响力越大，家庭在面对随机干扰时依靠已有资产及可获得的帮助来抵御风险的可能性越大；社区层面的经济水平为农户生计恢复力提供了一定的支持。此外，陕南与陕北两个地区的经济发展水平与移民安置社区城镇化建设存在一定的差异，陕南调研地的搬迁户大多来自邻近的村，搬迁前后自然资本、社会资本等损失较少，而陕北调研地的搬迁户大多来自距离较远的乡镇甚至县，其原有的耕地、林地不再适宜耕作，社会网络也受到一定的影响，因而陕北调研地搬迁农户的生计恢复力水平整体低于陕南调研地。

表 6-10　新型城镇化对搬迁农户生计恢复力的影响

变量	生计恢复力				
	模型 1	模型 2	模型 3	模型 4	模型 5
自变量					
就业城镇化					
非农化程度	0.017***				0.019***
新型农民	0.008				0.003
技术工人	0.005				0.032**
三产服务型	0.028**				0.025*
居住城镇化					
安置方式					
靠产业园区安置		-0.028**			-0.040
靠集镇安置		-0.011			-0.021
靠县城安置		-0.085***			-0.084***
能源利用方式		0.003			-0.001
公共服务城镇化					
社区环境			0.000**		0.000**
教育条件			0.007		0.001
医疗卫生条件			0.010		—
思想意识变革					
风险偏好				0.005**	0.007**
政策了解度				0.005*	0.001

续表

变量	生计恢复力				
	模型 1	模型 2	模型 3	模型 4	模型 5
控制变量					
家庭特征					
家庭规模	0.012***	0.012***	0.011***	0.012***	0.010***
户主年龄	-0.000	-0.006**	-0.001**	-0.001**	-0.000*
劳动力负担	-0.017***	-0.020***	-0.020***	-0.021***	-0.014**
搬迁时间	0.001***	0.001	0.002***	0.001***	0.001*
社会影响力	0.004***	0.005***	0.004***	0.004***	0.003**
区域特征					
社区收入变化	0.000	0.000*	0.000	0.000***	0.000
地区	0.068***	—	0.064***	0.068***	—
截距项	0.290***	0.400***	0.266***	0.295***	0.374***
样本数	457	487	427	480	398
R^2	0.319	0.301	0.275	0.299	0.343

注：* 表示 $p<0.1$，** 表示 $p<0.05$，*** 表示 $p<0.01$。

五　结论与启示

本节借助可持续生计分析框架，引入恢复力理论，以陕西为例构建了西部山区农户生计恢复力评价指标体系，并分析了新型城镇化对其的影响，主要结论如下：从生计恢复力的构成来看，影响西部山区农户生计恢复力的主要因素包含了家庭人力资本、交通状况、物质资本以及社会资本，其中，包括劳动力素质在内的人力资本对整个家庭的生计恢复力至关重要；基于不同特征家庭的比较来看，非农化程度较高、分散安置、社区基础设施条件好、风险偏好型家庭的生计恢复力显著高于同类对比组，陕南地区的生计恢复力显著高于陕北地区；从回归结果来看，推进新型城镇化对提升移民生计恢复力是把双刃剑，就业城镇化、公共服务城镇化、思想意识变革对移民生计恢复力的提升具有较为显著的促进作用，但是居住城镇化在当前阶段未能实现政策制定者的初衷，特别是采取靠产业园区、靠县城的集中安置方式的起效仍需完备的配套措施作为支撑。

总的来看，新型城镇化的推进在一定程度上促进了移民生计恢复与重建，并进一步巩固了脱贫减贫成果，这种“移民搬迁+新型城镇化”的双轮驱动模式有助于提升移民群体的生计恢复力进而实现贫困家庭、社区的可持续生计，但在实践过程中还存在需要改进的地方。新型城镇化建设与贫困地区的减贫和发展关乎全面建成小康社会的大局，生计恢复力理论从农户生计系统动态变化的视角为解决区域性贫困问题提供了新的视角。本节对新型城镇化与移民搬迁地区发展的定量关系测度，为有效评估扶贫开发政策效果与政策制定和完善提供了路径支持。

本节的研究结论也为政策的制定与执行带来一定的启示。第一，注重城镇化质量，加强统筹规划。应结合贫困地区经济发展水平以及资源现状，制定切实可行的搬迁政策与移民安置社区建设方案。第二，推进西部山区农户的人力资本建设，提升劳动力素质。培养农户家庭的学习能力、创新能力和创业能力，帮助离开土地的搬迁户获得适应新的生活环境所需技能。第三，强化产业支撑，优化空间布局。应将易地扶贫搬迁工程纳入新型城镇化“三个一亿人”的政策体系，以乡村振兴战略为契机，引导搬迁户实现就近就业，增强产业园区、工业园区对农业转移人口的吸纳能力；同时，完善基础设施，尤其是加强区域交通基础设施建设，优化公共服务。第四，加强宣传教育，激发农户主动性。拓宽信息来源渠道，增强搬迁农户内生动力以促进家庭、社区生计恢复力的提升。

第七章
性别视角下西部贫困山区的农户生计研究

第一节　女性劳动力外出务工的影响因素分析

一　研究背景

农村人口向城市进行大规模的季节性迁移成为中国转型时期重要的人口特征，也是贫困地区农民增收的主要出路。同男性劳动力相比，女性劳动力外出的比例和规模远远低于男性。然而研究表明：女性外出有利于其个人利用市场交换获得家庭之外的发展资源，并带来生计多样化进而改善家庭生活和提升个人地位，尤其在已婚妇女中，外出使得妻子的家庭决策权逐步增长，而女性地位高的家庭倾向于有更多的多样化生计机会以维持家庭食物安全性。因此，农村女性外出务工不仅对其自身经济水平和社会地位的提升具有重要影响，而且对农户家庭生计多样化，以及收入的提高和扶贫目标的实现具有重要的意义。

在中国西部偏远山区，女性所拥有的资源和外出务工的机会都显著地少于男性。首先，脆弱的生态系统和落后的基础设施使农户自身生计资本匮乏，资产配置和转换受限，加之制度的缺失和根深蒂固的社会性别意识，女性在家庭中失去对教育及其他资源的获得，更失去了在社会竞争中通过外出打工等途径获得更强的自立能力和权利的机会。这一发展性资源的丧失，使得原本在家庭和社会中处于弱势地位的农村女性的处境更加恶化。其次，在“确保家庭食物提供”这一最基本生计目标的实现过程中，两性的角色定位和风险倾向不同，从而表现出不同的责任和义务。由于女性被预期收入低于男性，家庭不倾向于女性外出，而是更多选择让其留守从事低风险的家庭食物和营养保障工作以及一些费时的家务工作。因此，在这些偏远落后的地区，女性在做出流动决策时面临比男性更大的挑战。

总之，研究西部贫困山区女性劳动力外出务工，找出制约其外出的原因，对于缓解农村妇女贫困、提高其经济社会地位具有重要意义。本节从迁移经济学和农户经济学的相关理论出发，将家庭和个人因素相结合提出假设，并基于2008年西安交通大学人口与发展研究所在陕西省周至县山区的调查数据，从个人和家庭两个层面对影响西部贫困山区农村女性劳动力外出务工的因素进行实证分析：首先，本节对所调查样本总体中外出务工的现状进行描述；其次，提取所有女性劳动力的个人样本和家庭样本，对比分析外出务工与未外出务工的女性在个人和家庭特征上的差异；最后，对影响贫困地区女性劳动力外出务工的因素进行回归分析。

二　文献述评

（一）相关理论研究

关于劳动力外出的决策主体，在经典人口迁移理论和新迁移经济学理论中一直存在不同的观点。经典人口迁移理论认为个人是外出的决策主体，外出被视为基于预期收益最大化的个人决策。而在新迁移经济学理论中，迁移行为则被视为贫困家庭应对流出地风险、脆弱性和资本可及性限制，实现家庭收入多样化以对抗贫困的一种家庭策略。

新迁移经济学理论对研究中国农户成员外出务工有着很好的适用性，国内外对劳动力外出决策的微观研究都强调外出决策主体是家庭，家庭作为一个利益共同体，某些个人特征仅仅是服从家庭决策的次要因素。从家庭决策的角度出发，农户经济学的相关理论和假设为更好地描述和深入解释贫困山区女性劳动力外出务工决策提供了依据。首先，传统的单一效用模型作为分析农户决策的基本理论框架符合新迁移经济学理论关于家庭作为决策主体的基本假设，家庭成员在家庭内部以纯粹的利他主义作为行为准则的假设也在某种程度上契合中国传统的家庭观念和成员之间的特殊关系。其次，西部贫困山区以农林业为主的经济形式极为单一和落后，经济发展依靠的完全是自身的劳动力，但劳动投入不以工资的形式表现，更无法计算成本，而投入与产出常常又是不可分割的整体，所以追求利益最大化的农户选择了满足自家消费需求和劳动辛苦程度之间的平衡，而不是利润和成本之间的平衡。因此，西部偏远山区女性外出决策是一个需要综合考虑相关条件并与男女劳动分工密切相关的主题，这些条件包括家庭中的社会关系，以及在决定家庭目标时两性权力的不平等。而且这些限制性的条件，如家庭分工的刚性以及男女之间在许多劳动与工作上的不完全替代性在西部贫困山区显得尤为突出。农户经济学的相关思想也为更好地理解和分析中国西部地区女性劳动力外出这一家庭内决策机制提供了帮助：家庭的存在是为了降低人们实现特定目标的交易成本，这些目标包括生存保障，生产、抚养儿童，照顾老人等，这些目标无法在市场上有效地实现。

同时，女性劳动力外出这一家庭策略的形成也是家庭成员之间关系互动的结果，这一结果取决于各成员在家庭内的议价能力，而这种议价能力是根据劳动力个人的特征来判断的，尤其是外出女性的个体特征。外出这一家庭策略的形成将动员农户面对这一新的机会做出选择，也是包括女性在内的劳动力个人获得家庭之外的发展资源的过程，由于家庭成员是从各自的位置上参与这一过程的，所以外出对于不同性别和特征的个人来说意义也不尽相同。个人作为外出的实践主体承载家庭的希望，家庭在做出该成员外出的决策时也要充分考虑其个人素质是否达到家庭的基本要求。因此，外出被视为在家庭的相关特征背景下，充分考虑了外出者个人的素质差异之后的决策。

综上所述，新迁移经济学理论和农户经济学理论为研究女性劳动力外出务工的影响因素提供了理论基础和分析依据。西部贫困山区女性劳动力外出务工是基于农户传统家庭观念和以农林业为主导的经济模式下的家庭决策，在利他主义动机和刚性分工的作用下，从家庭利益最大化出发，综合考虑其家庭因素和个人因素做出的决策，个人因素虽然处于从属地位，却体现了农户在家庭特征和观念下对个人的要求。此外，当地独特的人文与经济背景以及区域性政策等因素也必然会对这一家庭决策发挥作用，具体的影响路径和机制需要实证探索。

（二）女性劳动力外出的影响因素相关研究

1. 个人特征

国内外关于影响女性外出务工决策的实证研究中，都将人力资本差异作为影响女性外出决策的主要个人因素。农村女性劳动力的年龄、婚姻状况、受教育程度、技能培训情况等个人特征都不同程度地影响着其外出务工的状况：农村女性劳动力外出务工的可能性随年龄的增加而递减；绝大多数学者认为婚姻状况对劳动力流动有很强的负向作用，已婚妇女的流动可能性低于未婚妇女；受教育程度对农村女性劳动力外出有正向影响，其从事第二、第三产业的比重随受教育程度提高而提升，但教育与外出并非简单的线性关系，不同层次的教育水平对外出务工的影响差异很大，有学者认为，初中受教育程度是最为关键的，低于初中受教育程度的农村妇女的流动性明显偏低，而初中以上受教育程度的妇女流动性增加不明显；此外，在农村女性非农就业过程中，专业技能培训在很大程度上可以弥补正规教育的不足，接受专业技能培训对于促进劳动力流动有着显著的积极影响，而且，个人从事非农就业的经历也会在某种程度上对其外出务工产生影响。

基于以上实证研究的总结，结合中国西部贫困山区的特征和调查地的实际情况，本节在个人层面提出以下可以具体验证的操作性假设。

H1：女性劳动力年龄与外出务工的可能性呈负相关。

H2：受教育程度越高，女性劳动力外出务工的可能性越大。

H3：未婚的女性劳动力比已婚的女性劳动力外出务工的可能性大。

H4：受过技能培训的女性劳动力比没有受过技能培训的女性劳动力外出的可能性大。

2. 家庭特征

在西部偏远的山区，女性劳动力外出不但受到家庭禀赋的影响，更受到传统家庭观念和性别意识的影响，这些观念和意识会透过家庭层面作用于外出决策。此外，地区性的政策、基础建设等因素则通过作用于家庭特征来影响女性的外出决策。

在有关家庭因素对农村女性劳动力外出务工影响的实证研究中，劳动力数量、耕地面积、社会关系网络、是否有需要赡养的老人与未成年子女等经常被纳入分析研究中：大部分学者认为家庭劳动力数量对于劳动力外出务工有着正向影响，但也有研究认为家庭中有劳动力外出的可能性增加并不意味着单个劳动力外出的可能性也增加；耕地面积与外出务工呈现反向关系，但也有学者认为家庭耕地面积对外出务工的影响具有显著的正效应、“U”形的非线性关系；绝大多数学者肯定地认为家庭发达的社会关系网络对女性劳动力外出务工有促进作用，中国外出务工者获得信息主要是通过家庭成员、亲戚和同乡这种社会关系网络，尤其在西部偏远地区劳动力市场发育不完善的情况下，以直系血缘关系为基础的社会网络是农村外出务工者获得城市就业信息和就业机会的重要途径；在中国的传统家庭观念和分工模式下，学龄前儿童和家庭中赡养老人的数目也对女性劳动力外出务工有影响，大多数研究认为这之间存在反向关系，而盛来运（2007）的回归分析发现截然相反的结果，李旻等（2007）的研究发现在校学生的数量较多会促使农村女性劳动力从事非农就业；此外，户主作为农户家庭的决策者，其个人素质对整个家庭的行为选择有着重要的影响，户主的一些特征，如年龄和性别，一方面可以反映家庭结构，另一方面作为家庭人力资本的代理变量，都会影响家庭成员的外出；另外，西部偏远山区经济发展尤其落后，资金市场发育迟缓，尤其是信贷和保险市场缺乏，农民收入来源单一，农业利润率低且缺乏借贷抵押，商业资本不愿流向农村，资助的可获得性直接影响了劳动力外出的决策，获得资助的农户更倾向于在当地从事非农产业，降低了外出的概率。

基于以上实证研究的总结，本节在家庭层面提出以下可以具体验证的操作性假设。

H5：户主年龄与女性劳动力外出务工呈正相关。

H6：男性户主家庭的女性劳动力比女性户主家庭的女性劳动力外出的可能性小。

H7：家庭中在打工者所在地有亲友的比没有的女性劳动力外出务工的可能性大。

H8：家庭劳动力数量越多，女性劳动力外出务工的可能性越大。

H9：家庭中有未成年子女的较没有未成年子女的女性劳动力外出务工的可能性要小。

H10：家庭中有65岁以上老人的较没有的女性劳动力外出务工的可能性要小。

H11：家庭经营的耕地面积越大，女性劳动力外出务工的可能性越小。

H12：家庭经营的林地面积越大，女性劳动力外出务工的可能性越小。

H13：家庭有过资助经历的较没有资助经历的女性劳动力外出务工的可能性要小。

三　研究方法与变量设置

本节的研究对象为年龄在 14~65 岁的农村女性人口。以下首先通过描述性统计对总样本中涉及外出务工的家庭特征和个人特征进行分析，以此对当地的外出务工现状进行整体上的把握；之后选取所有女性劳动力为研究对象，在剔除样本的缺失和奇异值之后，从总样本中提取来自 935 户家庭中的 1413 个女性劳动力样本，将所提取的样本按照是否外出务工划分为两类，采用 LR 检验和 t 检验等描述性统计方法对比分析女性劳动力的个人特征和家庭特征之间的差异；在此基础上，将所有女性劳动力作为分析对象，同时将个人特征和家庭特征纳入女性劳动力外出务工的影响因素分析模型。

在影响因素分析中，因变量是否外出务工是一个二元选择行为，可以用 Logistic 模型解释二元选择因变量的行为。Logistic 模型的函数形式是：

$$P(Y) = 1/(1+e) \tag{7-1}$$

在公式（7-1）中，P 是女性劳动力外出的概率，如果外出，$Y=1$，如果没有外出，$Y=0$。解释变量是根据理论框架选取的。假设 Y 与解释变量之间线性相关，即

$$Y = \beta_0 + \beta_{1i}X_{1i} + \beta_{2i}X_{2i} + u \tag{7-2}$$

在公式（7-2）中，X_{1i}和 X_{2i}分别代表着个人层面和家庭层面的特征，u 表示随机误差项，β_0表示常数项，其余为待估参数。个人特征包括：年龄、年龄平方、受教育程度、婚姻状况、培训；家庭特征包括：户主年龄、户主性别、劳动力数量、耕地面积、林地面积、未成年子女、老人、外地亲友以及资助经历。变量定义与赋值如表 7-1 所示。

表 7-1　变量定义与赋值

变量	定义与赋值
因变量	
外出务工	农村女性劳动力是否外出务工，其中 0=否，1=是

续表

变量	定义与赋值
自变量	
个人特征	
年龄	农村女性劳动力的年龄
年龄平方	农村女性劳动力年龄的平方
受教育程度	农村女性劳动力的受教育程度,其中0=文盲,1=小学,2=初中,3=高中及以上
婚姻状况	农村女性劳动力的婚姻状况,其中0=未婚,1=已婚
培训	农村女性劳动力是否接受过农业或非农培训,其中0=否,1=是
家庭特征	
户主年龄	户主年龄
户主性别	户主性别,其中1=男性,0=女性
劳动力数量	家庭劳动力数量
耕地面积	家庭人均耕地面积
林地面积	家庭人均林地面积
未成年子女	家中是否有年龄在16岁以下的人,其中0=否,1=是
老人	家中是否有年龄在65岁以上的人,其中0=否,1=是
外地亲友	家庭在打工者所在地是否有亲友,其中0=否,1=是
资助经历	家庭是否有被资助或贷款经历,其中0=否,1=是

四 分析结果与讨论

（一）外出务工现状分析

1. 外出户与非外出户的家庭特征

表7-2提供了外出户与非外出户家庭特征的描述性统计信息。

表7-2 外出户与非外出户家庭特征的描述性统计信息

家庭特征	总体	非外出户	外出户	t检验
总户数(占比)	1074(100%)	459(42.7%)	615(57.3%)	—
家庭规模	4.0	3.8	4.1	***
家庭平均劳动力	3.1	2.7	3.3	***
家庭男性劳动力	1.6	1.4	1.8	***
家庭女性劳动力	1.4	1.3	1.5	***

注：t检验用于检验均值；*** 表示 p<0.001；** 表示 p<0.01；* 表示 p<0.05；+表示 p<0.1；NS表示p≥0.1。以下同。

资料来源：2008年陕西周至农户调查数据，以下同。

可以看出，外出户占总体的57.3%，外出务工已成为当地农户一种重要的家庭生计方式。外出户和非外出户的家庭规模和家庭平均劳动力都有显著差异，外出户的家庭平均劳动力明显高于非外出户。此外，农户家中男性劳动力数量总体高于女性劳动力数量，外出户的家庭男性劳动力和家庭女性劳动力显著高于非外出户，外出户的家庭男性劳动力显著高于家庭女性劳动力，非外出户的两性劳动力数量差异不大。

2. 外出务工劳动力与非外出务工劳动力个人特征

表7-3提供了外出劳动力与非外出劳动力的个人特征。

表7-3　外出务工劳动力与非外出务工劳动力的个人特征

单位：人，%

个人特征	总体	非外出务工	外出务工	LR/t检验
总数(占比)	3208(100)	2394(74.6)	814(25.4)	—
性别				***
男性	55.3	36.0	19.4	
女性	44.6	38.6	6.0	
婚姻状况				
未婚	30.1	18.8	11.3	***
已婚	69.9	55.8	14.1	
年龄				***
16~29岁	34.9	22.6	12.3	
30~39岁	25.9	11.7	8.2	
40~49岁	20.2	16.2	3.9	
50~59岁	14.1	13.2	0.9	
60+岁	4.9	4.9	0.1	
平均年龄(岁)	36.0	37.7	30.9	
受教育程度				***
文盲	20.2	18.4	1.8	
小学	36.6	27.9	8.7	
初中	32.1	20.5	11.6	
高中及以上	11	7.8	3.3	
手艺或技能				***
无	91.7	70.3	21.4	
有	8.4	4.3	4.0	
培训				***
未接受过	91.8	70.7	21.1	
接受过	8.2	3.9	4.3	

注：LR检验用于检验分布。以下同。

根据表 7-3，外出务工劳动力占总劳动力的比例超过 1/4，男性外出的数量超过女性的 3 倍，男性劳动力选择外出的比例超出男性劳动力的1/3，而女性外出务工的比例不足 1/7，可见虽然外出务工成为当地重要生计方式，但女性外出务工的比例依然很低。此外，从婚姻状况的统计看出，已婚的劳动力居多，在未婚人群中，超过一半的人会外出务工，这一比例在已婚劳动力中只有约 1/4。从年龄分布来看，无论是外出的数量还是所占同年龄段的比例都随着年龄的增长而下降，外出人群以 40 岁以下的青壮年为主，平均年龄为 30.9 岁，与非外出者相比差异显著。从受教育程度的分布来看，当地劳动力的受教育程度主要集中在小学和初中，外出务工者占同受教育程度人群的比例随着受教育程度的提高而上升；此外，从手艺或技能和培训的分布可以看出，当地人力资本的水平很低，90%以上的劳动力没有手艺或技能，也未接受过培训，但在不足 1/10 的拥有手艺或技能和接受过培训的人群中，一半左右的劳动力选择了外出务工。

（二）女性劳动力外出务工的影响因素分析

1. 描述性统计分析

表 7-4 提供了农村女性劳动力外出务工影响因素的解释变量的描述性统计信息。

表 7-4　解释变量的描述性统计信息

解释变量	总体		外出务工		非外出务工		LR/t 检验
	均值	标准差	均值	标准差	均值	标准差	
个人特征							
年龄	36.73	13.11	27.45	9.15	38.21	13.04	***
受教育程度							
小学	0.36	0.48	0.29	0.45	0.37	0.48	*
初中	0.24	0.43	0.46	0.50	0.20	0.40	***
高中及以上	0.09	0.28	0.17	0.38	0.08	0.26	***
婚姻状况	0.80	0.40	0.46	0.50	0.85	0.36	***
培训	0.06	0.23	0.20	0.40	0.04	0.19	***

续表

解释变量	总体		外出务工		非外出务工		LR/t检验
	均值	标准差	均值	标准差	均值	标准差	
家庭特征							
户主年龄	46.06	11.51	47.90	10.98	45.76	11.56	*
户主性别	0.03	0.17	0.03	0.17	0.03	0.17	NS
外地亲友	0.15	0.35	0.28	0.45	0.12	0.33	***
劳动力数量	3.55	1.17	3.89	1.12	3.49	1.17	***
未成年子女	0.25	0.43	0.26	0.44	0.24	0.43	NS
老人	0.52	0.50	0.40	0.49	0.54	0.50	***
耕地面积	13.05	11.76	12.19	12.37	13.18	11.66	NS
林地面积	31.82	50.13	29.63	29.62	32.17	52.66	NS
资助经历	0.16	0.37	0.21	0.41	0.15	0.36	*

本研究共从总样本中提取了1413个女性劳动力，其中外出务工者193个，非外出务工者1220个，分别占到总样本的13.7%和86.3%。从表7-4可以发现，女性外出务工者相比非外出务工者，年龄偏低、受教育程度较高、未婚比例高、有较高比例的人接受过培训。在家庭特征方面，有女性外出务工的家庭相比非女性外出务工的家庭，其户主年龄较大、劳动力数量较多、有65岁以上老人的比例较低，且在外地亲友和资助经历两方面，有女性外出务工的家庭明显比非女性外出务工的家庭占据优势，而在家庭特征的其他方面两者并无显著差别。

2. 外出务工影响因素分析

农村女性劳动力外出务工影响因素的回归结果如表7-5所示。其中，原假设H3（婚姻状况）、H4（培训）、H5（户主年龄）、H7（外地亲友）、H10（老人）和H13（资助经历）得到了验证；原假设H1（年龄）和H2（受教育程度）得到部分验证；而原假设H6（户主性别）、H8（劳动力数量）、H9（未成年子女）、H11（耕地面积）和H12（林地面积）未能得到验证。

表 7-5　农村女性劳动力外出务工影响因素的回归分析结果（因变量：是否外出务工）

解释变量	发生比	显著性	解释变量	发生比	显著性
个人特征			户主年龄	1.026	0.004
年龄	1.382	0.000	户主性别(男性)		
年龄平方	0.995	0.000	女性	1.526	0.407
受教育程度(文盲)			外地亲友		
小学	1.903	0.040	有	3.047	0.000
初中	3.175	0.001	劳动力数量	1.029	0.737
高中及以上	1.348	0.461	未成年子女		
婚姻状况(未婚)			有	1.192	0.398
已婚	0.188	0.000	老人		
培训			有	0.713	0.092
有	4.010	0.000	耕地面积	1.007	0.382
常数	0.001	0.000	林地面积	0.998	0.461
家庭特征			资助经历		
			有	0.661	0.068
−2Log likelihood = 857.476***					

从个人特征来看，年龄对于农村女性劳动力外出务工有着显著影响，随着年龄的增大，女性外出的可能性增大，年龄每增加 1 岁，其外出务工的可能性就提高 38.2%。年龄平方的发生比小于 1，表明随着女性劳动力年龄的增加，其外出务工可能性的提高速度减缓甚至为负增长。可见女性年龄与其外出的可能性存在非线性关系，呈倒“U”形分布。描述统计数据显示外出女性的平均年龄为 27.45 岁，而年幼和年长者外出的可能性都较小，这可能与偏远山区女性将生育作为首要职责有很大的关系，她们会在完成生育的“任务”之后才选择外出。同时，当地未婚女性更倾向于外出务工。对于已婚或中年女性来说，沉重的家庭负担使得单纯依靠丈夫或务农很难抚养子女和赡养老人，为了摆脱贫困和经济落后状况，她们会选择外出务工。

受教育程度对农村女性劳动力外出务工的影响不同。一般说来，女性的受教育程度越高，其外出的可能性越大。表 7-5 的数据显示，相比文盲的女性劳动力，具有小学和初中文化水平的女性外出的可能性分别是非小学和非初中文化水平的约 2 倍和 3 倍，可见初中教育对于农村女性劳动力外出务工影响的显著水平更高，而高中及以上受教育程度对于外出务工的影响不显著，这一结论与多数研究相符。一方面，具有高中及以上受教育程度的女性劳动力很少，仅有9%的女性劳动力接受了高中及以上教育；另一方面，接受过高等教育的女性劳动力在当地就具有相对好的发展机会，因而其外出务工的可能性也会降低。可见，加大初等教育的投入力度对于西部贫困山区女性劳动力在当地的非农转移和外出务工都具有重要的意义。

婚姻状况和培训两个变量的回归结果在0.001的水平上显著，婚姻状况对外出务工的发生比小于1，表明未婚女性更倾向于外出务工，这也体现了当地传统“男主外，女主内”的家庭分工模式的主导地位。对于已婚女性而言，赡养老人、抚养教育幼子和日常生活操持占据其大部分时间和精力，进而降低了其外出务工的可能性。培训对外出务工的发生比大于1，表明接受技能培训对于女性劳动力外出务工具有促进作用，数据显示受过培训的女性外出务工的可能性是未受过培训的4倍，可见，除了接受正规教育之外，通过各种形式的非正规教育和培训来提高女性劳动力的技能水平同样有利于其外出务工。

家庭特征中，户主年龄、外地亲友、老人和资助经历对于女性劳动力外出务工与否有着显著影响，而其他影响因素未通过显著性检验。首先，户主年龄对女性外出务工有着显著正向影响。户主的阅历随其年龄增加而丰富，年长者视野更开阔，对于家庭女性劳动力的外出务工有一定的促进作用。此外，户主性别对女性外出务工的选择没有影响。在男性作为户主的主流群体中，户主的外出经历并不能增加女性外出务工的概率，因为传统的家庭分工需要有一个“贤内助”留守在家。另外，当地的女性户主比例较低，而这为数不多的成为户主的女性本身就是家中留守的成员，其外出务工的可能性不大，更多的是留守在家料理生活和生产而非外出务工以求个人层次的发展。

其次，外地亲友也对女性劳动力外出务工有着显著正向影响，家中在外地有亲戚或朋友的女性劳动力外出务工的可能性是没有外地亲友的女性的3倍。当地女性的外出选择首先会考虑是否在外地有亲友，这不仅是她们外出的心理保障，也是主要的信息渠道。

与影响家庭劳动力外出务工的因素不同，家中劳动力的数量多并不会影响女性的外出务工决策，可见在这些偏远落后的地区，女性的外出务工并不是由家中劳动力“剩余”引起。家庭中有65岁以上老人对女性劳动力外出务工有显著的负向影响，回归结果显示家中有65岁以上的老人，女性外出的可能性降低71.3%。基于传统家庭内部分工理论，女性会因更多地承担起照顾老人的职责而降低其外出务工的可能性，但女性劳动力外出务工与未成年子女数量之间的关系在本节的研究中并未得到验证。调查发现当地中小学并校以后，很多未成年子女转到山下平原乡镇上的小学和中学就读，这些山区的孩子都选择住校，他们每个月末或月初会回家一次，每次3~4天。因此，未成年子女数量基本不构成家中女性外出务工的障碍。

再次，无论是耕地面积还是林地面积，其回归分析结果都未通过验证。由于当地是周边地市的水源地，退耕还林和水源地保护等生态政策的实施使得农户原有的粗放式农业经营模式发生了质的变化，耕地被退还成林地并种上山茱萸、核桃、板栗、花椒等林产品，而这些经济生态林需要5年以上的育林期之后才会产生收益，在这期间林地上也不需要投入过多的劳动力，同时农户还收到国家每亩地140元的经济补偿，这些都无形中降低了家中女性外出务工的积极性和必要性，女性是否外出务工与农户耕地面积和林地面积无显著联系。

最后，资助经历对女性外出务工有着显著负向影响，回归结果显示家庭获得资助的女性外出务工的可能性相比未获得资助的降低了66.1%。从家庭的资金支持情况来看，一般认为在家庭面临风险时可以通过借贷或接受资助来规避风险，也可以采取外出务工、出售资产、减少消费等方式进行应对，因此有借贷或接受资助经历的家庭其外出务工的可能性会降低，回归分析结果也恰恰显示了家庭的资助情况与女性劳动力外出务工的可能性显著负相关。

五　总结

本节在对新迁移经济学和农户经济学的理论和相关假设进行评述的基础上提出理论假设，认为西部贫困山区女性劳动力外出务工是基于农户传统家庭观念和单一的农林业经济模式下的家庭决策，在利他主义动机和刚性分工的作用下，从家庭利益最大化出发，综合考虑其家庭因素和个人因素而做出的决策。从个人特征和家庭特征两方面选取西部山区女性劳动力外出务工的影响因素，并提出了相关假设。在实证研究中，本节利用了2008年4月西安交通大学人口与发展研究所在陕西省周至县山区调查的数据，对抽样的935个家庭中1413个女性劳动力样本进行描述性统计和回归分析，通过统计分析可以得出以下结论。

首先，家庭层面，户主、家庭网络、资金可及性和家庭抚养人口等特征对于女性劳动力外出务工与否有着显著影响。这些家庭因素的影响一方面体现了中国农户传统的家庭观念和西部贫困地区农户经济体系的独特性，另一方面也反映了在家庭利他主义行为准则和刚性任务分工模式的共同作用下，家庭因素对女性劳动力的外出务工决策有着重要影响。

其次，个人层面，女性劳动力的受教育程度、培训经历、年龄和婚姻状况等特征对于女性劳动力外出务工与否有着显著影响；这些个人素质的差异虽然处于从属地位，却体现着家庭对个人的要求，与家庭特征同时发挥作用，外出务工被视为在家庭的相关特征背景下，充分考虑了外出务工者个人素质差异之后的决策。

综合理论研究和回归分析结果，西部贫困山区女性劳动力外出务工是在当地独特的人文和自然背景下，个人和家庭因素综合作用的结果，单纯的某一个角度都不足以说明其外出务工的动机，这也为完善相关政策提供了一定的参考。随着贫困地区的农村女性劳动力人力资本的提升，其参与外出务工的可能性、社会化程度得到提高，因此，需要提高当地农村女性的受教育程度和增加培训机会。同时，在鼓励农村女性劳动力外出务工的过程中也要考虑到家庭因素的制约。当然，由于地域和社会经济状况的复杂性，同一解释变量产生的影响可能有很大的差异，本节所提出的研究假设和影响因素也需要在不同的地域和背景下进行验证。

第二节 社会性别视角下的西部贫困山区农户家庭消费结构分析

一 引言

当“扩大内需，刺激消费”再次成为现阶段摆脱世界经济负面影响的现实政策选择时，学者和政策制定者将目光投向拥有全国60%以上人口的农村地区，农村消费市场的增长成为关键。然而，由于我国经济发展不平衡，东部和西部地区经济差距巨大，启动农村消费市场的难点落在了西部地区。西部落后地区居民消费水平的提高和消费结构的合理化对于扩大内需、促进国民经济运行的良性循环有着重要影响。研究西部落后地区居民的消费结构和水平，分析他们的消费决策和偏好至关重要。

随着经济发展，家庭成员外出务工成为西部贫困农户的重要生计活动，农户的消费状况也随之改变。一方面，外出务工带来的汇款对农户的支出产生了直接和间接的影响；另一方面，外出务工使得家庭消费决策主体发生了改变，在此基础上农户的消费方式、内容与结构都有了很大不同。近年来，农业呈现女性化的趋势，在这期间女性的家庭地位逐渐得到提高，儒家文化影响下一直占据主导地位的父权制度和家庭中男性的权威开始受到冲击。农户开始出现分化，形成了不同性别偏好特征的家庭。夫妻双方的家庭权力差异导致家庭决策主体的不一致，这就使得具有不同社会性别特征家庭的消费结构出现差异。从社会性别的视角来看，决定家庭消费结构的因素是什么？不同社会性别特征的家庭，其消费结构又会呈现什么样的差异？

带着这些问题，本节将从社会性别视角出发，首先分析西部贫困农户消费结构的影响因素，然后针对不同性别特征的家庭消费结构利用扩展线性支出系统模型（ELES）进行估计。本节的结构安排如下：第二部分为相关理论和研究回顾，第三部分介绍方法与变量，第四部分为结果与讨论，第五部分给出总结和建议。

二　相关理论和研究回顾

“社会性别”（gender）是指社会文化形成的对男女差异的理解，以及社会文化中形成的属于女性或男性的群体特征和行为方式。随着“社会性别”概念的提出与发展，它逐渐成为一种分析方法，将造成男性和女性在角色、行为及地位方面差异的主要原因归为制度和文化，而非生物差异。在此基础上，从性别的角度出发，用社会性别理念去观察和认识社会现象，便形成了社会性别视角。

社会性别视角下的家庭特征是根据测度家庭女性权力的指标来划分不同家庭，以体现其社会性别特征。在这一视角下，学者通过对已婚女性与家庭内其他成员特别是丈夫之间相对权力的衡量比较来反映女性在家庭中所处的权力位置，但如何衡量她们的家庭权力，指标的选取一直是学者们探讨的热点。根据 Blood 和 Wolfe（1960）的资源理论，丈夫和妻子的相对资源决定了他们的相对权力，配偶中具有教育、职业和金钱收入等主要资源优势的一方将拥有更多的决策权。女性所拥有的资源（如文化资本、经济收入等）比男性少，在家庭交换关系中就容易处于不利的地位，农户中夫妻双方的文化资本主要体现为受教育程度。因此夫妻双方的受教育程度、经济收入以及对家庭收入的支配程度就成为影响夫妻双方家庭权力的重要指标。有学者认为，测量家庭决策权应主要包括家庭重大事务决策权、子女事务决定权、家庭收入支配与消费决定权等。其中，重大事务决策权是家庭实权的象征和真正体现，拥有这种权力就意味着对家庭资源的控制和在家庭中的权威地位。

目前国外对于农村消费结构的专门研究不多，而国内对于农村消费结构的研究大多数集中在区域比较研究或某个特定区域研究及对消费结构的部分支出项目的研究等。但无论是对农村消费结构整体性的研究，还是对其单个支出项目的研究，都较少从社会性别角度进行分析，相关研究主要集中在农户消费结构的性别差异上，特别是子女教育支出上的性别差异。大多数研究发现，父母的受教育程度对其子女的受教育程度都有显著的正向影响，即使是在贫困和教育发展落后的地区也是如此。Glick 和 Sahn（2000）发现，父亲受教育程度的提高会明显提高儿子和女儿的受教育程度，而母亲的受教育程度只对女儿的教育有着显著的影响。此外，还有相关文献研究得出母亲家庭决策权和受教育程度的共同作用对于家庭中子女教育支出有着显著影响，与父亲相比，母亲倾向于投资教育。而对于消费结构的其他支出项目，如食品、耐用品、健康以及人情等支出，从社会性别角度进行研究的很少。

综上所述，在农村居民消费结构研究中明显缺乏社会性别视角，而具有不同社会性别特征的家庭，其决策存在差异，从而会导致不同的消费行为，并表现为不同的消费结构。本节基于社会性别视角探讨农户消费结构，正是在现有家庭消费的研究中，引入社会性别视角下农户的家庭特征。结合西部贫困山区的实际情况，本节从农户中夫妻双方家庭权力角度入手，将体现夫妻双方家庭权力差异的社会性别特征衡量指标界定为：夫妻双方的受教育程度；夫妻双方的家庭重大事务决策权；夫妻双方对于收入的支配权；夫妻双方的经济收入。这些家庭社会性别特征是否构成影响贫困农户消费行为的因素，又会对消费结构产生怎样的影响，还需要实证检验。

三　方法与变量

（一）分析方法和计量设置

（1）分析方法

本节首先使用方差分析对西部贫困山区农户的家庭社会性别特征与消费结构进行描述；在此基础上，使用逐步回归分析研究贫困农户消费结构的影响因素；最后，基于选定的相关社会性别特征进行 ELES 模型估计，分析不同社会性别特征农户的消费结构差异，包括边际消费倾向、基本消费支出和相应需求收入弹性。

（2）扩展线性支出系统（ELES）模型

ELES 模型是目前国内外比较常用的分析居民消费结构的计量模型，是由经济学家 Lluch 在线性支出系统的基础上提出的，其基本表达式为：

$$P_iX_i = P_iX_i^0 + b_i^*\left[Y - \sum_{j=1}^{n} P_jX_j^0\right] \qquad i = 1,2,\cdots,n \tag{7-3}$$

其中，Y 为各类家庭的人均收入，b_i^* 为第 i 种商品的边际消费倾向。该模型将对某类商品的消费需求分为基本需求 $P_iX_i^0$ 和超过基本需求之外的需求 $b_i^*\ [Y-\sum_{j=1}^{n}P_jX_j^0]$ 两部分，在既定收入和价格条件下，消费者首先满足基本需求，然后对剩下的收入按不同的比例在各种商品、劳务和储蓄之间分配。

由于 ELES 模型是一个联立方程系统，不能直接用 OLS 进行估计，但如果采用截面数据为样本，由于可以假设在同一截面上，相对于不同的收入水平，商品的价格是相同的。这就使得 ELES 模型的参数估计更为简便。对公式（7-3）整理可得：

$$P_iX_i = \left[P_iX_i^0 - b_i^*\sum_{j=1}^{n} P_jX_j^0\right] + b_i^*Y \qquad i = 1,2,\cdots,n \tag{7-4}$$

在公式（7-4）中，因价格 P 在同一截面上是不变的已知数，因此

$\left[P_iX_i^0-b_i^*\sum_{j=1}^{n}P_jX_j^0\right]$ 是一个常数。

由于这个常数只与 i 有关，同时为了和 b_i^* 对应，设其为 a_i^*，即

$$a_i^* = \left[P_iX_i^0 - b_i^*\sum_{j=1}^{n}P_jX_j^0\right] \tag{7-5}$$

把公式（7-5）代入公式（7-4）可得计量形式：

$$P_iX_i = a_i^* + b_i^*Y + E_i \tag{7-6}$$

其中，E_i 为随机误差项。由于对第 i 种商品的消费支出 P_iX_i 和消费者的收入水平 Y 是已知的外生变量，因而模型已具有良好的可估性，可直接对公式（7-6）采用 OLS 进行估计，得到参数估计值 a_i^* 和 b_i^*（$i=1$，2，…，n）。然后，对公式（7-5）两边求和，整理可得：

$$\sum_{i=1}^{n}a_i^* = \left[1-\sum_{i=1}^{n}b_i^*\right]\sum_{j=1}^{n}P_jX_i^0 \tag{7-7}$$

对公式（7-7）进一步转换可得基本消费总支出，即

$$\sum_{i=1}^{n}P_iX_i^0 = \sum_{i=1}^{n}a_i^* / \left[1-\sum_{i=1}^{n}b_i^*\right] \tag{7-8}$$

把公式（7-8）代入公式（7-5），就可以得到第 i 项商品的基本消费支出，即

$$P_iX_i^0 = a_i^* + b_i^*\sum_{i=1}^{n}a_i^* / \left[1-\sum_{i=1}^{n}b_i^*\right] \tag{7-9}$$

公式（7-9）再由参数 a_i^* 和 b_i^*（$i=1$，2，…，n），就可以算出居民的基本消费总支出和第 i 项商品的基本消费支出的具体情况。

此外，根据人均可支配收入和第 i 项商品需求价值量的均值来计算需求收入弹性，即当前价格不变时，收入变动百分之一，需求量的变动情况：

$$\eta_i = b_i^* \times Y/V_i \tag{7-10}$$

其中，Y 为人均可支配收入，V_i 为第 i 项商品需求价值量的均值。

（二）主要变量

在以往研究的基础上，本节选取人均收入、家庭规模和家庭结构等特

征作为家庭消费的影响因素。在分析家庭教育投入的文献中，丈夫的受教育程度对于家庭教育消费的支出具有显著影响；根据生命周期理论，家庭中儿童与老人的数量对于消费水平和消费结构有着重要影响，因此本节纳入抚养比这一变量；此外，家庭规模和家庭收入水平对消费结构有着重要影响，家庭规模越大其消费支出相应越多，家庭收入水平越高其消费支出越多。变量的描述性统计信息如表 7-6 所示。因变量选取农户的各类消费支出，即食物、教育、耐用品、健康、人情支出水平，以及各类消费支出在总消费支出中所占的比例。

表 7-6　变量的描述性统计信息

变量		变量解释与定义	均值
自变量	人均收入	2007 年农户的人均收入(单位:元)	2200.97
	家庭规模	家庭人口总数(单位:人)	4.21
	抚养比	非劳动力人口(老龄与未成年人口)与劳动力人口的比率	0.44
	丈夫受教育程度	文盲=1,其他=0 小学=1,其他=0 初中=1,其他=0 高中及以上=1,其他=0	0.17 0.46 0.31 0.06
	收入贡献者	是指家庭收入中丈夫、妻子二者的经济收入居多者,其中, 丈夫=1(是指家庭中丈夫收入为家庭主要收入来源),其他=0 共同贡献=1(是指夫妻二人收入差不多),其他=0 妻子=1(是指家庭中妻子收入为家庭主要收入来源),其他=0	 0.65 0.21 0.15
	现金支配者	是指家庭现金的支配者,其中 丈夫=1,其他=0 共同支配=1,其他=0 妻子=1,其他=0	 0.49 0.37 0.14
	家庭决策者	是指家庭决策者,其中 丈夫=1,其他=0 共同决策=1,其他=0 妻子=1,其他=0	 0.64 0.24 0.12
因变量	各类消费支出水平	分别指食物、教育、耐用品、健康、人情支出水平	—
	各类消费支出比例	是指食物、教育、耐用品、健康、人情支出分别占总消费支出的比例	—

四　结果与讨论

（一）方差分析

依据丈夫受教育程度、现金支配者、家庭决策者、收入贡献者四个方面将农户进行分类，不同类别家庭消费结构方差分析结果如表 7-7 所示。

表 7-7　西部农户的社会性别特征与其消费结构的方差分析

家庭类型	人均收入	人均消费	食物	教育	耐用品	健康	人情
丈夫受教育程度为							
文盲	2039.8**	2460.1**	1053.51***	364.9***	292.8	206.4	245.0
小学	1971.0**	2636.0**	968.79***	612.3***	517.1	159.9	256.7
初中	2444.4**	3017.7**	1218.23***	775.1***	440.2	188.4	286.3
高中及以上	3120.3**	3945.0**	1299.45***	1401.3***	306.5	159.6	336.9
现金支配者为							
丈夫	2211.5	2564.8*	1090.44	664.0	349.5	183.7	229.8
共同支配	2282.8	3096.2*	1042.69	665.5	603.8	172.7	304.9
妻子	1935.1	2883.7*	1151.95	711.1	328.9	161.1	310.7
家庭决策者为							
丈夫	2243.3	2793.4	1076.47	648.6	478.2	183.8	262.2
共同决策	2079.3	2825.9	1085.50	790.1	339.7	161.1	286.2
妻子	2212.8	2844.4	1095.58	560.1	448.9	168.1	271.1
收入贡献者为							
丈夫	2017.1**	2645.4*	1109.5**	665.3	382.4	177.2	285.4
共同贡献	2476.2**	2965.1*	927.0**	593.5	577.0	193.7	207.8
妻子	2636.5**	3302.6*	1169.7**	803.9	516.4	149.4	281.7

注：*** 表示 $p<0.001$；** 表示 $p<0.01$；* 表示 $p<0.05$。

可以发现，丈夫受教育程度不同的家庭人均收入、人均消费、食物和教育支出有着显著差异，且基本呈现随着丈夫受教育程度的提高而提高的趋势；双方共同支配现金的家庭的人均消费显然高于其他类型家庭；而不同决策主体的家庭中各项指标并无显著差异；此外，妻子作为收入贡献者的家庭的人均收入、人均消费和食物支出也显著高于其他类型家庭。

（二）逐步回归

在回归时，考虑到家庭收入与家庭规模及劳动力数量相关，夫妻双方的家庭决策权、现金支配权与两者对于家庭收入的贡献密切相关，因此，在做回归分析之前本节对自变量进行了多重共线性检验，结果显示，在以支出水平作为因变量的 VIF 检验中，丈夫作为收入贡献者、家庭决策者、现金支配者以及丈夫的受教育程度为小学等变量之间存在多重共线性；在以支出比例作为因变量的 VIF 检验中，丈夫作为收入贡献者和现金支配者、丈夫的受教育程度为小学、夫妻共同作为家庭决策者之间存在多重共线性，因而本节在剔除了这些变量后进行了逐步回归分析，结果如表 7-8 所示。

各类消费支出水平和比例的影响因素回归分析结果显示，丈夫受教育程度的不同对农户的食物支出和教育支出的水平和比例有着不同的影响；收入贡献者的不同对食物支出和健康支出的水平和比例有着不同的作用；家庭决策者对农户教育支出的比例有着显著影响；而现金支配者的不同对农户各类消费支出的水平和比例都没有作用。

综上，从社会性别视角研究其影响因素主要集中在丈夫受教育程度和收入贡献者两方面。丈夫受教育程度的不同和夫妻对家庭收入贡献的不同，使得农村居民的消费结构存在一定差异。

（三）ELES 估计

根据丈夫受教育程度对农户进行分类，并进行 ELES 模型参数估计，结果如表 7-9 所示。从边际消费倾向分析结果可以看出，四类农户总的边际消费倾向由高到低依次是初中、高中及以上、小学、文盲的家庭。这在一定程度上表明丈夫受教育程度越高的家庭其边际消费倾向越大。从各类家庭在各类消费支出的边际消费倾向来看，丈夫受教育程度低的农户家庭的食物消费倾向高于其他项，在中等受教育程度家庭中耐用品消费倾向高于其他项，在较高受教育程度家庭中，教育消费倾向高于其他项。可见，随着丈夫受教育程度的提高，其消费的优先顺序得到改善，丈夫受教育程度越高的家庭消费结构越合理，且根据丈夫受教育程度由高到低的变化，家庭消费的类型也由“生存”向“享受（发展）”过渡。

从基本消费支出分析结果看出，除耐用品和健康外，丈夫为高中及以上受教育程度家庭的食物、教育与人情的基本消费支出数额高于其他家庭，分别为 1366. 9 元、1640. 6 元和 329. 8 元；丈夫为初中受教育程度家

表 7-8　各类消费支出水平和比例的影响因素回归分析结果

变量	食物		教育		耐用品		健康		人情	
	水平	比例	水平	比例	水平	比例	水平	比例	水平	比例
人均收入对数	—	—	—	—	—	—	—	—	—	—
家庭规模	-0.27***	0.16***	—	0.10**	—	—	—	0.07*	—	—
抚养比	—	-0.14***	-0.12***	—	-0.08*	—	—	—	-0.09**	—
丈夫受教育程度										
文盲	—	0.08*	0.16**	-0.12***	—	—	—	—	—	—
初中	0.09**	—	—	—	—	—	—	—	—	—
高中及以上	0.09**	—	-0.10***	0.07*	—	—	—	—	—	—
收入贡献者										
共同贡献	-0.08**	-0.09**	—	—	—	—	—	—	—	—
妻子	—	-0.10**	—	—	—	—	—	-0.09**	—	—
现金支配者										
共同支配	—		—		—		—	—	—	—
妻子	—	—	—	—	—	—	—	—	—	—
家庭决策者										
丈夫	—	—	—	-0.13***	—	—	—	—	—	—
妻子	—	—	—	-0.08*	—	—	—	—	—	—
R^2	0.094	0.049	0.053	0.044	0.007	—	—	0.014	0.008	—
F 值	22.571	9.939	16.227	8.045	6.204	—	—	6.070	7.019	—

注：*** 表示 $p<0.001$；** 表示 $p<0.01$；* 表示 $p<0.05$。

庭的耐用品和健康的基本消费支出数额最大，分别为566.1元和317.1元。丈夫为文盲家庭的各类消费的基本消费支出数额都较小，除个别值外，数据显示出随着丈夫受教育程度的提高各类消费的基本消费支出逐渐增大。丈夫为文盲家庭中各类消费支出在总消费支出中所占的比例由大到小依次为食物、教育、耐用品、人情、健康；丈夫为小学受教育程度家庭中各类消费支出所占总消费支出的比例由大到小依次为食物、教育、耐用品、人情、健康；丈夫为初中受教育程度家庭中各类消费支出占总消费支出的比例由大到小依次为食物、教育、耐用品、人情、健康；丈夫为高中及以上受教育程度家庭中各类消费支出占总消费支出的比例由大到小依次为教育、食物、耐用品、人情、健康。从这些排序中可以发现，食物消费在农村居民家庭的日常生活消费中还占据很重要的地位，随着丈夫受教育程度的提高，基本上食物消费占总消费支出的比例在下降，教育、耐用品消费占总消费支出的比例在上升，健康消费占总消费支出的比例上下波动，人情消费占总消费支出的比例基本保持较低同一水平。

表 7-9 丈夫受教育程度不同的家庭支出结构的ELES估计结果

丈夫受教育程度		食物	教育	耐用品	健康	人情	总消费
文盲	b_i^*	0.037	0.004	0.011	0.002	0.009	0.063
	基本支出	1047.2	348.6	256.6	198.1	242.9	2093.3
	支出结构	0.50	0.17	0.12	0.10	0.12	1
	η	0.07	0.02	0.08	0.02	0.07	—
小学	b_i^*	0.032	0.038	0.057	0.008	0.017	0.152
	基本支出	994.4	784.9	563.3	165.0	262.7	2770.5
	支出结构	0.36	0.28	0.20	0.06	0.10	1
	η	0.07	0.12	0.22	0.10	0.13	—
初中	b_i^*	0.035	0.081	0.135	0.023	0.034	0.308
	基本支出	1256.3	840.3	566.1	317.1	321.7	3301.7
	支出结构	0.38	0.26	0.17	0.10	0.10	1
	η	0.07	0.26	0.75	0.30	0.29	—
高中及以上	b_i^*	0.059	0.154	0.061	0.007	0.001	0.282
	基本支出	1366.9	1640.6	346.4	188.9	329.8	3872.8
	支出结构	0.35	0.42	0.09	0.05	0.09	1
	η	0.14	0.34	0.61	0.13	0.01	—

从需求收入弹性分析结果发现：四种类型家庭的各类消费的需求收入弹性均小于1，说明缺乏弹性，即随着收入的增加，各类消费的需求量变化不大，需求的增长比不上收入的增长；食物消费和教育消费的需求收入弹性都很小，这可能是因为在西部农村地区食物和教育为生活必需品，收入的变动对其没有大的影响。丈夫受教育程度为初中及以上家庭其耐用品的需求收入弹性大于0.5，而丈夫受教育程度在初中以下的家庭耐用品的需求收入弹性小于0.5，说明后两类家庭对于耐用品的消费能力较低，提高丈夫的受教育程度则有可能增加家庭的耐用品消费。在人情和健康方面，四类家庭的需求收入弹性都很小，说明四类家庭在收入增加时均没有提高人情消费与健康消费的欲望。

根据收入贡献者对农户进行划分，并进行 ELES 模型参数估计，结果如表 7-10 所示。

表 7-10　收入贡献者不同的家庭支出结构的 ELES 估计结果

收入贡献者		食物	教育	耐用品	健康	人情	总消费
丈夫	b_i^*	0.042	0.051	0.065	0.010	0.011	0.179
	基本支出	1146.1	705.7	420.5	222.8	293.1	2788.5
	支出结构	0.41	0.25	0.15	0.08	0.11	1
	η	0.08	0.15	0.34	0.11	0.08	—
共同贡献	b_i^*	0.035	0.036	0.124	0.001	0.041	0.237
	基本支出	967.1	667.3	714.3	186.3	217.5	2752.6
	支出结构	0.35	0.24	0.26	0.07	0.08	1
	η	0.09	0.15	0.54	0.01	0.49	—
妻子	b_i^*	0.036	0.064	0.053	0.018	0.016	0.187
	基本支出	1303.5	864.9	562.2	278.2	302.6	3311.6
	支出结构	0.39	0.26	0.17	0.08	0.09	1
	η	0.08	0.21	0.27	0.32	0.15	—

从边际消费倾向的结果来看，三类家庭的边际消费倾向都很低，其中丈夫为收入贡献者的家庭的边际消费倾向为0.179，妻子为收入贡献者的家庭的边际消费倾向为0.187，夫妻共同为收入贡献者的家庭的边际消费倾向为0.237，这在某种程度上显示，当农户中两性之间越是趋于平等时，

其边际消费倾向就越大。在丈夫为收入贡献者家庭中，各类消费的边际消费倾向由大到小排序依次为耐用品、教育、食物、人情、健康；在妻子为收入贡献者的家庭中，各类消费的边际消费倾向由大到小排序依次为教育、耐用品、食物、健康、人情；在夫妻共同为收入贡献者的家庭中，各类消费的边际消费倾向由大到小排序依次为耐用品、教育、食物、人情、健康。从排序中可以看出妻子的收入作为家庭收入来源时，其家庭消费倾向于教育投资，消费结构较为合理。

从基本消费支出的结果看出，在妻子为收入贡献者的家庭中，其总消费、食物消费、教育消费、健康消费、人情消费的基本消费支出均为三类家庭中最大的；在夫妻共同为收入贡献者的家庭中，耐用品的基本消费支出为三类家庭中最大的，即 714.3 元。这在一定程度上表明了当家庭倾向于性别平等或家庭中女性权力较大时，其消费支出较多，消费水平较高。在家庭基本消费支出结构方面，丈夫为收入贡献者的家庭各类消费占总消费的比例由大到小排序依次为食物、教育、耐用品、人情和健康，其他两类家庭的排序与此基本一致，且各个支出比例之间差异不大，说明三类家庭在家庭基本消费支出结构方面不存在显著性差异。

从需求收入弹性的结果可以发现：三种类型家庭各类消费的需求收入弹性都很小，表明这三类家庭在收入增加时，对于各类消费的需求量不会有明显改变。从三类家庭对于各类消费的需求收入弹性系数的大小来看，在丈夫为收入贡献者的家庭中，当基本需求满足时，随着收入的增加其消费将首先倾向于耐用品与教育；在夫妻共同为收入贡献者的家庭中，当基本需求满足时，随着收入的增加其消费将首先倾向于耐用品与人情；在妻子为收入贡献者的家庭中，当基本需求满足时，随着收入的增加其消费将首先倾向于健康与耐用品。三类家庭对于耐用品的消费都比较迫切。

五　结论

本节基于社会性别视角对西部贫困山区农户消费结构进行了分析。首先，探讨了社会性别视角下影响西部地区农户消费结构的因素；在此基础上，运用 ELES 模型分析具有不同社会性别特征家庭的消费结构差异。

本节研究有以下发现：根据不同社会性别特征的描述性统计信息发现，丈夫受教育程度高的家庭和女性地位高的家庭经济条件相对较好，消费水平也较高；通过对影响农户消费结构的影响因素进行分析发现，丈夫受教育程度、收入贡献者是显著影响农村家庭消费的因素；从社会性别角度看，丈夫的受教育程度越高，家庭的消费倾向越大，其家庭中食物消费占总消费支出的比重在降低，因此，丈夫受教育程度的提高有利于家庭消费倾向的改善和消费结构的合理化；当农户中两性之间越是趋于平等时，家庭的边际消费倾向就越大。此外，妻子贡献家庭主要收入时，其家庭消费倾向于教育投资，消费结构较为合理。当家庭倾向于性别平等或家庭中女性权力较大时，其消费支出较多，消费水平较高。

总之，从社会性别视角来看，两性均衡发展有利于提高农户家庭消费水平，而女性地位的提高更有利于改善家庭的消费结构。为促进西部地区农户消费结构的优化升级和消费水平的提高，不妨从女性地位的提高入手，在努力增加农民收入的基础上，采取各种措施鼓励农村女性就业，如加大教育投入的同时关注两性公平受教育的机会，减少受教育阶段青少年群体中女性的辍学概率，通过针对性的项目培训和支持计划，提高女性家庭妇女社会劳动参与率，以此促进贫困地区性别平等与公平。

本节的研究也存在以下不足：首先，由于本研究是基于课题组的社会调查数据，对于一些消费支出项目概括得过于笼统，不能进行有关消费支出项目的详细分析，同时由于数据限制对于妻子的受教育程度与家庭消费结构的关系未能进行分析，而这些分析有可能会产生不同的结论和观点；其次，本节在研究影响农户消费结构的因素中选取了一些主要影响因素进行定量分析，而对于影响因素中的其他因素如职业结构、年龄结构、社会文化因素等本节未进行分析；最后，本节的数据来源于对陕西省周至县的实地调查，由于该地区经济发展水平很低，大部分农村居民的消费水平很低，因此，社会性别视角下的消费结构之间差异不是很明显，数据没能充分有效地验证差异。上述问题是在探索性研究中发现的不足，希望能够在以后的研究中加以解决，以便更好地了解西部地区农户的社会性别特征与消费结构现状，探寻出改善西部地区农户消费结构的更好的途径。

第三节　易地扶贫搬迁对农户贫困脆弱性影响的性别差异分析

一　引言

易地扶贫搬迁是实现2020年全国农村贫困人口脱贫和区域性整体脱贫这一总体目标的重要举措之一，力图通过挪穷窝、斩穷根的方式从根本上改善贫困家庭的生存和发展环境，减少风险对他们的冲击，提升其持续发展的能力。搬迁改变了农户传统“靠山吃山”式的生计模式，在分工分业的过程中，外出务工成为搬迁户基于生存理性的第一选择，甚至是维持生计的唯一途径。以男性为主要外出成员的分工模式不仅重构了家庭生计活动的空间布局，也带来了家庭权力的调整。从个人角度来看，这种分工选择本身就凸显男女在市场准入上的差异，也势必会加重贫困地区的妇女在经济状况、就业、教育、健康以及社会经济地位等方面的贫困程度。站在家庭层面上，这些留守女性由于丈夫外出务工而获得了一种“缺席领导权”，直接对家庭的决策产生决定性影响，这些“事实上的女户”经常面临各种经济和社会层面的不利因素，并伴随贫困问题的困扰和脆弱性的冲击。尽管女户家庭在现实中可能会遭受更多的贫困风险，但家庭权力是否与贫困有关仍然是一个有争议的问题。站在政策制定者的角度往往更多关注政策的作用效果：究竟搬迁引起的这种家庭分工和权力模式变化会带来怎样的贫困后果？易地扶贫搬迁作为重要的扶贫手段能否减轻女户家庭的贫困？换句话说，女性占据领导权是否有利于政策起效？要回答这些问题，有必要从性别差异视角出发来审视搬迁在不同家庭权力模式下的减贫效果，厘清政策因素的影响程度和作用机理，对于有效引导后续政策改进，实现精准施策，促进搬迁家庭构建可持续生计能力具有重要意义。

“贫困脆弱性”（vulnerability to poverty）这一概念为移民贫困问题的系统评价和识别提供了新的思路，而在家庭消费基础之上建立的贫困脆弱性测度与评价方法也使得从性别差异的视角审视这一问题成为可能。一方面，移民贫困问题具有复杂性，单纯用收入衡量其脱贫效果有失偏颇，

“贫困脆弱性”的概念则在很大程度上规避了传统测度贫困方式的静态性与单一性缺陷；另一方面，在对同一个家庭内男女福祉的差异进行研究时，由于存在家庭公共物品，很难对男性和女性的不平等进行估计，因此，通过家庭权力的差异来评估女性贫困及福祉逐渐成为学者们的共识。众多的研究已经从性别视角对家庭权力进行了界定和操作化，即不同家庭事务中男女两性所具有的决策能力。既有研究也多聚焦于夫妻权力测量与评价、权力分布及影响因素分析，较少从权力差异的角度来审视贫困后果及影响因素差异。基于社会交换理论，这类因男性外出务工形成的事实女户既体现性别分工模式，也是夫妻之间进行资源交换而呈现的一套报酬和代价的结果，女性所获得的权力和地位往往具有较强的内生性、不可控性以及政策相关性，要实现性别差异下家庭权力与移民贫困脆弱性的关联还需要将其置于特定政策情境下，以一定的技术作为支撑。而在一定程度上，性别视角下的家庭权力及福利的差异往往在消费决策中体现，这也正契合了 Chaudhuri 等提出并被广泛应用于发展中国家、用消费相关的指标来识别贫困脆弱性的方法。因此，将贫困脆弱性的测量及分解作为桥梁，纳入不同家庭权力模式下移民贫困问题的分析中，对于丰富移民贫困复杂性问题研究、拓展女性贫困问题研究的路径和方法具有积极的意义。

二　相关理论与研究回顾

对于家庭脆弱性的研究源于经济学家对贫困与福祉的研究。起初经济学家根据经济发展水平和居民平均收入或消费水平建立特定的贫困指标来对个人或家庭福利水平进行测度。而这种测度方法只能判断某个家庭或个人现时的生计状况，却忽视了在外部因素干扰下，生计会因潜在风险的发生而变得不可持续。因此，一个家庭的福利状况会受到当前收入和消费水平以及未来面临的风险两方面的影响。20 世纪 90 年代，一些经济学家提出“贫困脆弱性”概念后，许多学者开始使用这一概念来描述家庭应对风险的能力与未来陷入贫困可能性之间的关系，而这一概念的提出使得对家庭未来福利状况的预测成为可能，并有效避免了以往贫困测度指标缺乏前瞻性的问题，从而为贫困研究开辟了全新视角。认为贫困脆弱性的实质其实是“未来陷入贫困的概率”，并提出了预期贫困脆弱性法（Vulnerability as Expected Poverty，VEP）来度量这一概率。这一方法主要是以消费为出发点，从消费均值和消费波动两个方面入手来对贫困脆弱性进行测度，其中贫困脆弱性高表现为较低的消费均值和较高的消费波动。由于这种方法仅通过截面数据就能很好地对贫困脆弱性实现测量，解决了发展中国家在实际操作中缺少面板数据的难题，因此在发展中国家得到广泛应用，同时也为深入剖析在移民搬迁等外力作用下消费型贫困导致的脆弱性提供了思路和方法。

针对移民贫困问题的复杂性，许多国内外研究者的视角不仅关注理论层面，同时也关注实践层面，大部分学者的研究集中于移民贫困风险来源、评价及防范等方面。国外的相关研究主要集中在总结和提出移民贫困风险评价模型以及防范策略等方面，如 Cernea（2000）和 Downing（1996）分别总结并提出了用于评价移民贫困风险的模型，用以分析可能造成移民贫困风险的因素。Pearce 等（2006）从移民的成本入手来计算相应的补偿，通过将移民外溢成本内在化并纳入工程成本之中来为移民贫困风险的防范策略提供支持。Koenig 等（1999）提出将关注移民的政治权利作为防范移民贫困风险的首要任务。Li 等（2015）分析了移民安置项目实施过程中农户、政府、下游和全球受益者等不同利益相关群体的成本效益和时间动态，指出了在制定搬迁户的补偿政策时要将生态系统服务与多个尺度利益相关者的福祉有机联系起来。国内关于移民安置后的贫困风险研究则主要涉及了贫困风险调查、移民贫困风险的认知与评价、移民贫困风险产生的原因以及移民贫困风险的应对与防范。虽然学者们也考虑了移民生计转型与适应过程中的生计风险，但没有将这种生计风险与贫困后果联系在一起。另外，在对脆弱性进行有效测度时对移民群体本身具有的特殊性也考虑不够，他们除了面临自身由于生存环境限制而带来的结构脆弱性外，还要面临搬迁过程所带来的风险脆弱性，同时也鲜有研究从性别差异的视角审视移民搬迁群体的贫困风险与脆弱性。

20 世纪 90 年代，广大发展中国家普遍开始经历经济转型和腾飞，与此同时，社会结构也迎来巨大变革，在这些变革之中女户家庭的数量与过去相比也在不断增多，且其中一些家庭由于受到脆弱性的冲击而陷入贫困之中，因此许多研究者逐渐对女户家庭的贫困问题给予更多关注。学者们多通过评估与比较女户家庭和男户家庭的贫困状态来反映女户家庭所处的社会经济劣势及脆弱性，相关研究涉及遭受不良事件影响的概率和程度，贫困地区妇女在经济状况、就业、教育、健康以及社会经济地位等方面的贫困程度。此外，研究者还分别从女性个体和家庭两个层面来分析处于劣势的女户家庭贫困的原因。但也有学者指出，尚无直接经验证据表明家庭权力与贫困之间有关，通常情况下与男户家庭相比，女户家庭并不一定更容易遭受贫困问题的干扰，特别是随着一些发展中国家出现大量由于丈夫外出务工而妻子留守在家所形成的事实上的女户家庭，这类女户家庭虽然女性不是户主，但由于承担起家庭生产和生活双重责任，极大地增强了她们的家庭决策权。同时，事实上的女户家庭由于丈夫外出务工所增加的收入能够防止其陷入贫困的境地，尽管这种家庭分工选择也给留守女性的生活与发展带来一些不利影响，但不同权力模式下的贫困问题仍需在不同政策情境下进一步验证。

通过对国内外相关理论与研究的回顾，可以发现：第一，移民搬迁带来了家庭生计从传统向市场化的转变，并产生了明显的性别分工和家庭权力模式，而这种由移民搬迁引起的家庭分工变化及家庭决策权的转移又会在多大程度上影响政策的效果，表现出怎样的差异，相关研究较少被关注；第二，国内外学者对于女户家庭贫困问题的研究主要关注原因层面，并且对于男户家庭与女户家庭的贫困状态的比较与评估存在静态性和一定的局限性，特别是缺少从家庭消费决策的角度审视女户家庭贫困问题的根源。因此从脆弱性的角度出发为解决这一问题提供了全新的思路，通过消费水平和波动的变化来测量农户家庭的贫困脆弱性也为动态识别和测度不同性别主导家庭的贫困提供了方法借鉴。本节根据前人的方法，从消费水平和消费波动两方面来测度农户家庭的贫困脆弱性，并基于家庭权力的性别差异，考察移民搬迁与家庭贫困脆弱性之间的关系，以分析和检验易地移民搬迁在不同家庭权力模式下作用的效果和差异。

三　计量模型和变量设置

（一）计量模型

本节对脆弱性的测度参考 Chaudhuri 等（2002）提出的方法，即通过估计农户未来消费的均值和方差来实现对贫困脆弱性的测度。考虑到横截面数据本身具有一定的异质性，本节选择可行广义最小二乘法（FGLS）来消除这一影响。

$$\mathrm{Ln}(c_i) = a_0 + a_1 Y_i^P + a_2 X_i + e_i \tag{7-11}$$

公式（7-11）是对消费均值的估计，其中 Ln（c_i）是对家庭人均消费取自然对数。Y_i^P 是对家庭持久性收入的估计，X_i表示家庭人口特征和影响家庭未来消费预期的其他因素等，a_i是回归系数，e_i则代表随机项。

$$V[\mathrm{Ln}(c_i)] = \beta_0 + \beta_1 Y_i^T + \beta_2 B_i + \beta_3 Z_i + \varepsilon_i \tag{7-12}$$

公式（7-12）是对消费方差的估计，其中，V［Ln（c_i）］是对公式（7-7）中估计后的残差进行平方后的取值，Y_i^T 是对家庭暂时收入的估计，B_i表示其他影响消费平滑的因素，Z_i表示控制变量，β_1是回归系数，ε_i则代表随机项。

本节采用 Chaudhuri 等（2002）的方法来对 Ln（c_i）与 V［Ln（c_i）］进行估计，对于家庭持久性收入的估计选取学者们常用的家庭人力资本、物质资本等变量进行拟合，以回归观察到的支出，用回归残差的平方项来对家庭消费的方差进行估计。在此基础上本节进一步采用 OLS 模型的方法纳入搬迁因素进行回归，以探索易地搬迁政策在不同性别主导模式下对贫困脆弱性的影响。

$$\mathrm{Ln}(c_i) = a_0 + a_1 x_1 + a_2 x_2 + \cdots + a_n x_n + e_i \tag{7-13}$$

$$V[\mathrm{Ln}(c_i)] = \beta_0 + \beta_1 x_1 + \beta_2 x_2 + \cdots + \beta_n x_n + u_i \tag{7-14}$$

公式（7-13）与公式（7-14）中 x_i为解释变量，分别代表搬迁因素和其他控制变量。a_0与β_0表示常数项，a_i与β_i表示回归系数。e_i与 u_i代表随机项。

本节从性别差异视角考察在不同家庭权力模式下易地扶贫搬迁对农户贫困脆弱性的影响，基于家庭决策权力的性别差异划分为“家庭决策以男性为主导”（以下简称为男户）和“家庭决策以女性为主导”（以下简称为女户）两类家庭。在实际操作中，首先按照户主性别对所有样本家庭进行分类，将女性户主的家庭和事实女户家庭认定为家庭决策以女性为主导，除此之外的家庭认定为家庭决策以男性为主导。参考以往相关研究，对贫困脆弱性的判定以家庭人均消费的均值和波动为依据，低贫困脆弱性表现形式为高均值和低波动，高贫困脆弱性表现为低均值和高波动。

具体分析策略为：首先，采用描述性统计对比不同家庭权力模式下的人均消费水平、影响消费水平与波动的各类指标的差异；之后，验证搬迁在不同家庭权力模式下对家庭贫困脆弱性影响的存在性，将总样本分为男户样本和女户样本，并在两类样本中分别建立人均总消费和人均日常消费水平与波动的影响因素模型，将是否搬迁作为自变量纳入模型进行回归分析；在此基础上，为了深入分析不同搬迁特征在不同家庭权力模式下对搬迁户贫困脆弱性的影响，而安置方式和搬迁时间等特征仅在搬迁户样本中得以体现，因此，在搬迁户样本中选取男户样本和女户样本，并在两类样本中分别建立人均总消费和人均日常消费水平与波动的影响因素模型，之后逐项纳入安置方式、搬迁时间进行回归分析，考察搬迁特征在不同家庭权力模式下对贫困脆弱性的影响。

（二）变量设置

表 7-11 报告了本研究中具体的变量设置与总样本取值情况。其中因变量分别包含了人均总消费和人均日常消费以及在此基础上构造的以方差形式代表的消费波动程度，均取对数后纳入回归模型。之所以考察两类消费的水平与波动，是考虑到搬迁初期因建房、耐用品等临时性支出变化导致的贫困脆弱性多为短期的、暂时性的，而当冲击影响到日常消费均值和波动的时候，这种贫困脆弱性则多为长期的、持久性的。

自变量为搬迁因素，主要考虑参与搬迁（是否为搬迁户）、安置方式（是否为集中安置）和搬迁时间（是否为新移民）三个因素。安置方式的类型主要分为集中安置和分散安置，集中安置是指政府将移民搬迁群众集中安置于统一规划和建设的安置社区，并按照相关标准配备统一的基础设施，提供统一的公共服务。而分散安置则是由搬迁户综合考虑自身因素，在获取政府补贴后选择各种灵活方式在已有的相对成熟的村落或社区自行实现安置。搬迁时间主要是考察搬迁农户是否为参与新阶段陕南移民搬迁工程的家庭，在 2011 年该工程启动之前，当地已经有许多群众自发地从原有的居住环境中搬迁出来，但这些零星的搬迁往往规模较小且主要依靠搬迁农户的一己之力，而此后开展的移民搬迁工程规模巨大，在这一过程中政府不仅给予了大量的财政支持，相关的配套政策也比较完善。

控制变量包括风险管理能力、家庭特征、地理特征三个方面。其中风险因素主要通过是否遭受过灾害来衡量。而风险管理能力主要受家庭资产和收入的影响，因此对其的考量主要从这两方面进行，结合陕南地区农户的实际情况选择自然资本、物质资本、金融资本三个指标来表征家庭资产，其中对于自然资本的测量选取人均耕地和人均林地两个指标；对于农户物质资本的测量选取自有资产和房屋估价两个指标；对于金融资本的测量选取是否有存款和总收入（现金和实物）两个指标；此外，考虑到农村家庭在遭遇风险冲击时的社会网络支持是其减少风险对家庭影响的重要手段，因此对风险管理能力的测量，选择使用家庭在急需大笔开支时能够求助的农户数量来测量其可获得的社会网络支持。

家庭特征包括户主年龄、平均受教育年限、总劳动力数量以及家庭人口结构四个方面。其中户主在广大中国农村家庭中具有特殊的家庭地位，因此其个人的人口特征及风险偏好会对整个家庭的生计活动以及消费决策产生决定性影响；另外家庭人力资本作为影响家庭生计策略选择的重要指标对家庭抵御风险能力也有重要影响，本节选择平均受教育年限、总劳动力数量来代表家庭人力资本，通常情况下总劳动力数量越多、平均受教育年限越高的农户越能够较好地应对外部风险的冲击；此外，考虑到农户的家庭人口构成，特别是家庭人口负担程度也会对农户消费决策和消费结构产生重要影响，因此本节选择有老人和有孩子两个虚拟变量来对农户家庭的人口构成进行测度。

对于地理特征的衡量本节选取到镇上的距离和是否临近保护区两个指标。之所以选择这两个指标主要是考虑到陕南地区特殊的地理特征和农户所处地区的实际情况。到镇上的距离的远近一方面反映了农户所处位置的交通便利程度，另一方面也反映了农户对于市场的可及性，这两者都会对农户的收入和消费产生影响；而是否临近保护区同样也会对农户的生产和消费行为产生影响，因为处于保护区内或者临近保护区的农户会在一定程度上受到各种政策的限制。

表 7-11　变量设置与总样本取值情况

变量	变量定义	变量类型	总样本	
			均值	标准差
人均消费水平				
人均总消费	家庭消费总额除以家庭人口数量(千元)	连续变量	8.22	0.94
人均日常消费	除建房、耐用品外农户用于食物、教育、医疗等方面日常性支出总额除以家庭人口数量(千元)	连续变量	8.05	0.78
搬迁因素				
是否为搬迁户	搬迁户取 1,非搬迁户取 0	虚拟变量	0.28	0.45
是否为集中安置	集中安置取 1,分散安置取 0	虚拟变量	0.62	0.49
是否为新移民	2011 年后移民取 1,否则取 0	虚拟变量	0.64	0.48
风险因素				
是否遭受过灾害	遭受过灾害取 1,没有则取 0	虚拟变量	0.11	0.31
风险管理能力				
人均耕地	家庭总耕地面积与总人口数的比值(亩)	连续变量	1.22	1.57
人均林地	家庭总林地面积与总人口数的比值(亩)	连续变量	10.34	18.17
自有资产	家庭拥有生产工具、交通工具和耐用品的总数量	连续变量	2.82	1.72
房屋估价	家庭所居住房屋的市场价值评估(万元)	连续变量	9.97	7.01
是否有存款	有存款的农户取 1,没有则取 0	虚拟变量	0.25	0.43
总收入	上一年家庭全年现金和实物收入总和(万元)	连续变量	9.39	1.07
社会网络支持				
可向几户求助	家庭急需大笔开支时可以向多少户求助	连续变量	4.36	4.03
家庭特征				
户主年龄	户主的年龄(岁)	连续变量	50.62	12.64
平均受教育年限	家庭成员受教育年数的总和除以家庭成员数	连续变量	6.21	2.75
总劳动力数量	家庭中 16~65 岁的劳动人口的数量	连续变量	2.74	1.39
有孩子	有 16 岁以下未成年人的家庭取 1,否则取 0	虚拟变量	0.42	0.49
有老人	有 65 岁以上老年人的家庭取 1,否则取 0	虚拟变量	0.35	0.48
地理特征				
到镇上的距离	所在村距乡镇的距离(公里)	连续变量	10.34	7.96
是否临近保护区	所在村靠近或在保护区取 1,否则取 0	虚拟变量	0.35	0.48
样本数	1306			

四 结果与讨论

（一）描述性统计分析

表 7-12 提供了不同性别主导模式下变量的描述性统计结果。通过对比发现，两类家庭的人均总消费无显著差异，但女户家庭的人均日常消费显著高于男户家庭。从搬迁因素看，男户家庭参与移民搬迁的比例显著高于女户家庭，而在搬迁户样本中，女户家庭中采取集中安置方式的比例显著高于男户家庭，两类家庭中早期参与搬迁的比例均超过 60%，但无显著差异。从风险因素来看，女户家庭遭受过灾害的比例显著低于男户家庭。从风险管理能力来看，女户家庭的人均耕地、人均林地、自有资产都显著低于男户家庭，但前者中拥有存款的比例显著高于后者，此外，两类样本在房屋估价、总收入等方面无显著差异。从家庭特征来看，女户家庭的户主年龄、总劳动力数量显著低于男户家庭，而平均受教育年限以及有孩子的家庭所占的比例显著高于男户家庭。从地理特征来看，女户家庭到镇上的距离普遍比男户家庭近，临近保护区的程度也显著高于男户家庭。

表 7-12 不同性别主导模式下变量的描述性统计结果

自变量	女性主导（女户）		男性主导（男户）		t 检验
	均值	标准差	均值	标准差	
人均消费水平					
人均总消费	8.26	0.81	8.21	0.98	NS
人均日常消费	8.16	0.72	8.02	0.80	***
搬迁因素					
是否为搬迁户	0.23	0.42	0.29	0.46	**
是否为集中安置	0.83	0.38	0.56	0.50	***
是否为新移民	0.63	0.49	0.64	0.48	NS
风险因素					
是否遭受过灾害	0.07	0.26	0.12	0.33	***
风险管理能力					
人均耕地	1.01	1.24	1.28	1.66	***
人均林地	7.62	12.27	11.20	19.61	***
自有资产	2.71	1.40	2.85	1.81	*
房屋估价	9.90	6.96	9.98	7.04	NS

续表

自变量	女性主导(女户)		男性主导(男户)		t 检验
	均值	标准差	均值	标准差	
是否有存款	0.29	0.46	0.24	0.43	**
总收入	9.45	1.08	9.38	1.07	NS
社会网络支持					
可向几户求助	4.27	4.02	4.38	4.04	NS
家庭特征					
户主年龄	48.34	13.57	51.34	12.25	***
平均受教育年限	6.72	2.67	6.05	2.76	***
总劳动力数量	2.63	1.36	2.77	1.40	*
有孩子	0.46	0.50	0.40	0.49	**
有老人	0.36	0.48	0.35	0.48	NS
地理特征					
到镇上的距离	9.68	8.18	10.54	7.89	**
是否临近保护区	0.43	0.50	0.33	0.47	***
样本数	316		990		—

注：t检验用于检验均值；*** 表示 $p<0.01$，** 表示 $p<0.05$，* 表示 $p<0.1$，NS 表示$p\geqslant0.1$。

（二）参与移民搬迁对农户消费水平与波动影响的性别差异

表7-13展示了不同家庭权力模式下参与移民搬迁对农户消费水平、消费波动影响的回归结果。结果显示：是否为搬迁户在两类样本中对家庭的人均总消费水平和人均日常消费水平均有显著的正向影响，且在女户样本中的回归系数均大于男户样本；但在人均总消费波动和人均日常消费波动方面，是否为搬迁户在女户样本中的影响均不显著，但在男户样本中，对人均总消费波动有显著的正向作用。这表明参与移民搬迁使得家庭人均消费水平提高，而且对女性主导的家庭影响更大。同时，以男性为主导的家庭更倾向于在建房、耐用品等方面进行投入，造成了家庭总消费项上产生了较大波动，但并未造成在日常消费项上的波动。因此，参与移民搬迁项目虽然提高了女性家庭的消费水平，但并未造成该类家庭的消费波动，在一定程度上降低了女户家庭陷入贫困的概率，而参与移民搬迁在提高男户家庭消费水平的同时，也加剧了该类家庭在总消费上的波动，这种因搬迁而增加的建房及耐用品支出增加了男户家庭未来陷入贫困的概率。

表 7-13　参与移民搬迁影响农户消费水平、消费波动的性别差异

自变量	人均总消费水平		人均日常消费水平		人均总消费波动		人均日常消费波动	
	女户	男户	女户	男户	女户	男户	女户	男户
搬迁因素								
是否为搬迁户	0.636***	0.593***	0.436***	0.237***	0.083	0.424***	-0.076	-0.017
风险因素								
是否遭受过灾害					0.114	0.335**	0.151	0.123
持久性收入								
人均耕地	0.003	0.026	-0.005	0.036*	-0.038	0.020	-0.044*	0.051**
人均林地	0.006	0.000	0.006	0.000	0.004	0.003	0.004	0.002
自有资产	0.021	0.110***	0.000	0.107***	0.041	-0.021	0.025	-0.004
是否有存款	-0.128	-0.150*	-0.091	-0.179***	-0.142	-0.001	-0.071	0.049
总劳动力数量	-0.113**	-0.105***	-0.100**	-0.130***	-0.070	0.035	-0.038	0.022
风险管理能力								
房屋估价					0.009	0.022***	0.002	-0.002
总收入					0.009	-0.078*	-0.031	-0.030
可向几户求助					0.008	-0.012	0.006	-0.012*
家庭特征								
户主年龄	0.029	-0.021	0.023	0.000	0.023	-0.006	0.007	-0.001

续表

自变量	人均总消费水平		人均日常消费水平		人均总消费波动		人均日常消费波动	
	女户	男户	女户	男户	女户	男户	女户	男户
户主年龄平方	0.000	0.000	0.000	0.000	0.000	0.000	0.000	0.000
平均受教育年限	0.094***	0.011	0.095***	0.018	-0.015	0.013	-0.006	0.020
有孩子	0.102	0.031	0.145	-0.012	-0.115	-0.021	0.003	-0.085
有老人	-0.077	-0.184**	-0.101	-0.193***	0.047	0.072	-0.028	-0.054
地理特征								
到镇上的距离	-0.014**	-0.001	-0.013**	-0.001	0.004	0.007	0.005	-0.001
是否临近保护区	0.305***	0.329***	0.255***	0.304***	0.033	-0.167*	0.052	-0.104
常数项	6.989***	8.806***	7.068***	8.193***	-0.009	1.118	0.567	0.669
R^2	0.270	0.164	0.262	0.170	0.069	0.054	0.075	0.037

注：*** 表示 $p<0.01$；** 表示 $p<0.05$；* 表示 $p<0.1$。

（三）搬迁特征影响搬迁家庭消费水平与波动的性别差异

为了进一步对不同家庭权力模式下不同搬迁特征对农户消费水平和消费波动进行分析，在此选取搬迁户样本，分别考察安置方式和搬迁时间在男户和女户样本中的影响，回归结果如表 7-14 和表 7-15 所示。

表 7-14 展示了安置方式对农户消费水平和消费波动的影响。结果显示，相较于分散安置，集中安置对搬迁家庭人均总消费及人均日常消费的提高具有显著正向作用，且在女户样本中的回归系数都大于男户样本，表明集中安置也显著提高了搬迁家庭，特别是女户家庭的消费水平。此外，集中安置对搬迁家庭的人均总消费波动并未产生显著影响，但对女户家庭的人均日常消费波动有显著的负向作用，因此，对女户家庭来讲，采取集中安置能有效降低家庭因日常消费变化而导致的贫困脆弱性。可见，集中安置社区统一配套的基础设施、公共服务等支持性措施相对完善，在人口聚集过程中的溢出效应在女户家庭中起效更为明显，特别是公共服务均等化程度的提高可在一定程度上弥补女户家庭外部资源短缺的先天不足，更容易实现“稳得住”的安置目标。

表 7-15 为搬迁时间对农户消费水平和消费波动影响的回归结果。结果显示，相较于早期移民，参与新时期移民搬迁对各类家庭的人均消费水平有显著的正向作用，同时，在男户样本中，新时期移民对人均总消费波动有显著正向作用，而在女户家庭中，其对人均日常消费波动有显著的负向作用。可见，新时期的移民搬迁能有效降低女户移民家庭日常消费导致的贫困脆弱性，但加大了男户移民家庭因总消费波动而陷入贫困的可能。搬迁时间越长，家庭平滑家庭总消费的能力越强，这一点在男户家庭中表现更为明显，而在搬迁时间较短的情况下，女户家庭平滑日常消费的能力反而更强。这也与不同性别主导下的消费偏好有较强的关联，通常男性主导的家庭多为风险偏好型，在搬迁初始阶段往往比女性主导的家庭更多地增加建房、购买耐用品的支出，从而提高了家庭的贫困脆弱性，而女户家庭多为谨慎型偏好，多健康、食物、教育方面的支出，并为该类支出做好预防性的应对措施，因此在日常消费的变化上所表现出的贫困脆弱性较低。

表 7-14　安置方式对农户消费水平和消费波动的影响

自变量	人均总消费水平		人均日常消费水平		人均总消费波动		人均日常消费波动	
	女户	男户	女户	男户	女户	男户	女户	男户
搬迁因素								
是否为集中安置	0.721**	0.605***	0.488**	0.423***	-0.244	0.139	-0.344**	-0.072
风险因素								
是否遭受过灾害					-0.527	0.273	0.693*	0.040
持久性收入								
人均耕地	-0.064	0.084	-0.132	0.077	0.125	0.205*	0.128*	0.112*
人均林地	0.050	0.005	0.058**	0.010**	0.022	-0.007*	-0.024	-0.002
自有资产	0.079	0.012	0.053	0.065**	-0.077	-0.043	0.032	-0.018
是否有存款	0.320	0.032	0.226	-0.104	0.303	-0.245	-0.174	-0.080
总劳动力数量	-0.075	-0.022	0.006	-0.097**	-0.114	0.011	-0.011	-0.004
风险管理能力								
房屋估价					0.024	0.017	-0.011	-0.001
总收入					0.092	-0.108	0.069	0.003
可向几户求助					0.015	0.010	0.007	-0.001
家庭特征								
户主年龄	0.067	0.003	-0.002	-0.017	0.056	0.015	-0.043	0.002

续表

自变量	人均总消费水平		人均日常消费水平		人均总消费波动		人均日常消费波动	
	女户	男户	女户	男户	女户	男户	女户	男户
户主年龄平方	-0.001	0.000	0.000	0.000	-0.001	0.000	0.000	0.000
平均受教育年限	0.005	-0.013	0.022	0.032	-0.087	0.014	0.017	0.025
有孩子	-0.323	0.143	-0.062	-0.038	-0.202	0.321*	0.038	-0.015
有老人	0.240	0.034	0.097	-0.102	0.094	0.232	-0.013	-0.129
地理特征								
到镇上的距离	-0.017	0.015	-0.009	0.003	-0.017	0.026	-0.018*	-0.004
是否临近保护区	0.234	0.206	0.263	0.352***	-0.428	-0.283	-0.017	-0.147
常数项	6.398***	8.124***	7.743***	8.206***	-0.793	0.653	1.063	0.307
R^2	0.388	0.149	0.445	0.253	0.308	0.127	0.372	0.062

注：*** 表示 $p<0.01$；** 表示 $p<0.05$；* 表示 $p<0.1$。

表 7-15　搬迁时间对农户消费水平和消费波动的影响

自变量	人均总消费水平		人均日常消费水平		人均总消费波动		人均日常消费波动	
	女户	男户	女户	男户	女户	男户	女户	男户
搬迁因素								
是否为新移民	0.553*	1.167***	0.387*	0.602***	-0.285	0.520***	-0.294**	-0.094
风险因素								
是否遭受过灾害					0.306	-0.454**	-0.761*	-0.049
持久性收入								
人均耕地	0.151	-0.099	0.161	-0.098*	-0.120	-0.127	-0.128*	0.005*
人均林地	-0.034	-0.012**	-0.048*	-0.013***	-0.014	-0.001	0.019	0.005
自有资产	-0.105	-0.017	-0.082	-0.061*	0.092	0.032	-0.017	0.005
是否有存款	-0.570*	-0.326*	-0.417*	-0.043	-0.128	0.164	0.300**	0.005
总劳动力数量	0.098	0.063	0.023	0.105***	0.067	0.001	0.004	0.004
风险管理能力								
房屋估价					-0.023	-0.016	0.008	0.005
总收入					-0.024	0.105	-0.031	0.005
可向几户求助					-0.015	-0.001	-0.008	0.005
家庭特征								
户主年龄	-0.045	-0.027	0.019	0.004	-0.043	-0.034	0.041	-0.001

续表

自变量	人均总消费水平		人均日常消费水平		人均总消费波动		人均日常消费波动	
	女户	男户	女户	男户	女户	男户	女户	男户
户主年龄平方	0.001	-0.000	-0.000	-0.000	-0.000	-0.000	-0.000	-0.000
平均受教育年限	0.013	-0.011	-0.011	-0.032	0.066	0.012	-0.024	-0.019
有孩子	0.525	0.033	0.168	0.148	0.047	-0.089	-0.156	0.080
有老人	-0.151	-0.060	-0.043	0.067	-0.128	-0.015	-0.061	0.115
地理特征								
到镇上的距离	0.032	0.018	0.021	0.015*	0.010	-0.006	0.012	0.001
是否临近保护区	-0.491*	-0.238	-0.439**	-0.387***	0.526*	0.218	0.172	0.185**
常数项	8.243***	9.050***	8.999***	8.763***	-0.398	1.169	0.759	0.156
R^2	0.354	0.282	0.424	0.287	0.258	0.173	0.380	0.084

注：*** 表示 $p<0.01$；** 表示 $p<0.05$；* 表示 $p<0.1$。

五　总结与建议

本研究利用陕南安康地区农户入户调研数据，从性别差异的视角分析了易地移民搬迁对不同家庭权力模式下家庭贫困脆弱性的影响。总体看来，易地扶贫搬迁政策在女性为主导的家庭中表现出更为积极的减贫效果，一方面，参与搬迁在一定程度上降低了女性主导的家庭陷入短期贫困脆弱的概率；另一方面，集中安置、搬迁时间等也都有效降低了女户的长期贫困脆弱性。而在以男性为决策主体的家庭中，易地扶贫搬迁政策在提高家庭消费水平的同时，参与搬迁、搬迁时间等也导致了该类群体在总消费方面的波动，并提高了男户家庭的短期贫困脆弱性。这一结论也表明，移民搬迁后，以男性为外出主体、女性留守的家庭分工和权力模式更多地体现了夫妻间进行资源交换，共同应对新环境下不确定性，这种事后的风险管理策略对降低家庭的长期贫困脆弱性起到了积极作用。同时，女性所获得的缺席领导权也决定了家庭所采取的谨慎型消费策略，有效降低了搬迁后陷入长期性贫困的概率，因此在一定程度上有利于扶贫政策的起效。

本节的研究在丰富和拓展女性贫困、移民复杂性等问题方面提供了路径和方法借鉴，同时也为后续精准施策带来一定的政策启示：本节在一定程度上印证了陕南地区前期的政策和当前易地扶贫搬迁相关措施在实现脱贫攻坚，特别是女性及其他弱势群体的安置和发展方面起到的积极作用，也为后续有效引导并实现精准施策和精细管理提供了依据；一方面，在新型城镇化与移民搬迁深度融合的同时，要大力提高安置社区的公共服务均等化水平，加快完善农村医疗保险制度、农村养老保险制度，完善农村社会保障体系，预防和降低弱势群体及家庭因病致贫、因事返贫的风险；有效引导男户家庭在搬迁过程中理性消费和预防储蓄，防止因炫耀、攀比、冲动等非理性支出而导致的消费波动和贫困脆弱性，真正提高搬迁家庭的获得感和幸福感；要特别关注搬迁后所形成的男性外出务工、女性留守的女户家庭，积极拓宽留守女性在安置地的增收渠道，以应对外部经济波动和风险下的不确定性，并减少因男性劳动力外流而给家庭带来的不利影响。

生态篇

第八章
易地扶贫搬迁下生计与生态系统服务的耦合

第一节 生态系统服务的理论综述

一 国外研究综述

国外关于生态系统服务的研究由于起步较早，目前已经取得了相当瞩目的成果。本章主要从如何评估生态系统服务和生态系统服务与人类福利水平关系方面进行阐述。

（一）生态系统服务评估研究

Banzhaf 和 Boyd（2012）论述了生态系统服务指数（ESI）的创建以及在努力创建过程中生态学和经济学各自的作用，并延伸了 ESI 的概念，包括生态系统的价格或价值指数和净 ESI 在生态系统存量和服务流的交互作用中的占比，主要是想从经济和生态防御方面对生态系统服务进行解释。

Bagstad 等（2013）描述了 17 种量化和评估生态系统服务的决策支持工具，并在 8 种评价标准下衡量它们在公共决策和私营部门决策中的广泛应用，提供了这些工具在公共决策和私营部门决策过程中广泛应用的成熟结论，最后为降低运行生态系统服务模型的资源需求提出了潜在途径。

Larondelle 和 Haase（2013）提出了一种在城市背景下、分别从本地和区域尺度上评估生态系统服务的方法，利用代表城市生态系统商品和服务的指数（当地的气候调节、空气冷却和再生等）等空间数据进行城乡梯度测试，发现核心城市不一定比它周边的区域提供更少的生态系统服务，而且如果一个城市有一定数量的支持碳储存和生物多样性的成熟树木，高度的不通透性并不一定意味着低的生态系统服务供应。该研究有利于加深理解不同城市之间的生态系统服务的权衡，有利于为保护环境资源、生态系统服务和生物多样性目标设定提供参考价值。

Broekx 等（2013）提出基于 Web 应用程序的量化评估生态系统服务的工具，该程序可以评估土地利用变化和土地覆盖变化对生态系统调节服务和文化服务的影响，这里以比利时弗兰德斯为例进行研究，主要讨论了用户的需求、工具的主要特点、潜在的政策应用和未来的改进，并进一步利用三个案例研究说明了该工具在日常决策中的应用。

Inge 等（2013）主要研究了比利时的土地利用变化影响，提出一个评价土地利用变化（除农田外）相关的公共效益的通用货币价值函数。在 3000 户选择性样本中，发现公众对不同的自然类型赋予了显著不同的价值，其中森林的价值最高，此外还发现显著的距离衰减效应，即自然区距离居住地越远，公众的支付意愿也越低，而且还发现了远远超过预期的区域大小的显著差异。

Martín-López 等（2014）在包含生物物理、社会文化价值和货币价值等多元价值的基础上采用方法论的途径对生态系统服务进行评估，评估了 Doñana 社会生态系统（西班牙）的 11 种生态系统服务，发现在对生态系统服务价值进行多元评估时，需要考虑如何选择并协调不同的生态系统服务关系的问题，并对生态系统服务的多元评估方法框架提出了新的研究方向。

Rall 等（2015）通过探究生态系统服务在纽约和柏林的城市规划中的应用，发现人们在理论概念上，对生态系统服务在城市规划中的应用有着很高的认知，但是在操作实践中其应用程度非常低，另外，还确认了生态系统服务在跨部门多尺度的协调、教育公民参与环境管理、沟通保护环境战略目标和评估规划决策的影响方面的挑战，最后总结了城市地区的生态系统服务的研究和相关政策。

（二）生态系统服务与人类福祉的关系研究

Wegner 和 Pascual（2011）评判了评估生态系统服务政策的成本效益分析工具，提出应该用不同结构的价值阐述工具组成的多元框架代替当前一元论的功利主义的生态系统服务政策评估方法，在这一多元框架内，成本效益分析是一项适当的工具，可以用来分析生态系统及其服务影响有限的地方政策可能的权衡取舍。

Busch 等（2011）通过对德国石勒苏益格-荷尔斯泰因西海岸的近海环境和沿海人类福祉之间的联系的案例研究，将有形和无形的生态系统效益与构成人类福祉的一系列物质和非物质的因素联系起来，基于经济分析和问卷调查，发现海上风力发电养殖影响了生态系统服务并改变了人类福祉。该研究结果可以作为一种分析框架和收集经验数据的前提。

Smith 等（2013）认为人类是依赖于自然的，为了将生态系统与人类的关系概念化，在现有的福利水平指数所用的指数和衡量标准的基础上，创建了一个综合衡量福利水平的方法，即提出了一套核心的福祉域。通过人类与环境、社会和经济的关系，可以把生态系统服务和其福利水平联系起来。确定的福利水平域将作为创建美国福祉指数的基础，该指数将会在预测建模框架下，被用来评估预测生态系统的供给、经济和社会服务与人类的关系。

Yang 等（2013a）针对人类对生态系统服务依赖度缺乏充分理解的问题，提出了一种对生态系统服务依赖的指数体系（IDES 指数体系）来量化人类对生态系统服务的依赖。研究认为穷人更依赖生态系统服务，且整体的 IDES 值或者子指数的价值越大，代表着对相应的生态系统服务依赖度越高，因此，相应的生态系统服务退化或减少的脆弱性越高。该方法有助于理解人类对生态系统服务的依赖，并为缓解贫穷、处理生态系统服务的改变带来的风险和机遇提供了见解。

Yang 等（2013b）认为要想持续从生态系统服务获得福祉，就要理解生态系统服务（ES）与人类福祉（HWB）之间的联系，因此，提出了一个建立在 MA 框架基础上来量化 HWB 的指数体系，并评估了外部驱动力——2008 年的汶川地震对 HWB 的影响。研究证明量化 HWB 的指数体系对于更好地理解 ES 与 HWB 之间的联系非常有用，并发现在研究示范点，地震显著影响家庭福祉。这种影响在不同的空间和子指数的五个维度（五个维度即对生活、安全、健康、良好的社会关系以及选择和行动自由的基本物质需求）上是存在差异的。

Daw 等（2015）在探究生态系统服务与人类福祉之间的关系时，提出了“禁忌”权衡的概念，即有些权衡在道德上是不可同单位度量的。“禁忌”权衡以前从未被确认为管理问题，但研究发现，心理偏差和社会敏感性可能导致决策时排除了关键问题，这可能会制定出难以执行的政策。因此，他们提出了增强这种权衡的意识、提出可以接受的讨论，并有可能为管理合规性查明和减少障碍的建模和场景方法。

为了科学地管理人与自然的相互作用，Yang 等（2015）提出了定量化分析生态系统服务（ES）、人类福祉（HWB）之间的关系和生态系统结构以及影响 HWB 的因素的方法，通过整合人类对 ES 依赖指数、HWB 指数以及两个指数的直接和间接影响因素，并利用中国卧龙自然保护区的家庭调查数据，研究了人类对 ES 的依赖、HWB 如何被直接因素（如自然灾害）影响，以及人类对 ES 的依赖、直接和间接影响因素如何影响 HWB。研究发现直接驱动因素（汶川地震）显著影响了家庭对 ES 的依赖和他们的福祉，而且这种影响在 ES 和福祉的不同方面（供给服务、调节服务和文化服务等）是不同的。其中，拥有较少形式资产的弱势家庭财产损失更多，或者收入减少更多，同时 HWB 也受到了更大的损失。该定量方法加深了对 ES 与 HWB 之间联系的认识。

二　国内文献综述

相比国外，国内在生态学领域的研究虽然起步较晚，但是截至目前，有关该领域的研究也已经存在很多文献，而且目前的研究主要在生态系统服务功能的管理、权衡、供需动态平衡以及定性分析生态系统服务价值等方面，关于生态系统服务和人类福利水平的研究虽然也有，但相对少一些。本节主要从如何度量生态系统服务价值以及生态系统服务和人类福利水平的关系两个方面进行文献综述。

在生态系统服务度量方面，赵永华等（2011）在土地利用变更背景下，研究了陕西省生态系统服务的价值从 2001 年到 2006 年的变化，把政府主导的退耕还林项目和因占用耕地提供的补贴作为主要因素，探究其对生态系统提供的服务价值的变化的作用。

刘旭等（2012）在静态、动态评估和 GIS 技术应用等方面归纳分析的基础上，提出了未来研究生态系统服务的方向，包括跨越时间和空间的对比研究，制定统一的、具有可比性的指数体系和方法，以及综合管理并合理利用生态系统等。

肖玉等（2016）认为分布式空间模拟是未来生态系统服务空间流动发展的重要方向，并研究了跨越空间的生态系统服务，发现生态系统服务的供需呈反馈关系，该项研究的发现有利于帮助政府在管理生态系统服务功能时制定合理政策，但其所用方法还存在一定的限制，主要体现在数据可获得性和专业知识等方面。

在生态系统服务和人类福祉关系的研究方面，李惠梅和张安录（2011）认为目前很多研究和决策没有考虑到生态系统退化带来的负效益，也没有正视大规模的人类活动给生态环境造成的压力，因此提出要重视生态系统服务和人类福祉的关系，尤其要重视研究生态脆弱区的生态系统对减灾、扶贫的作用。

Daily 等（2013）首先总结了生态学研究的四个方面面临的挑战，其中包括认识人们福利水平的高低是否和生态系统服务存在内在联系，然后就上述四个挑战讨论了研究生态系统服务在改善人类与自然的关系方面的应用前景。

郑华等（2013）发现近年来生态系统服务领域的热点研究主要集中在度量方法、与人类福利水平的关系、权衡多种生态系统服务功能要考虑的因素、生态系统服务功能保护规划以及以生态系统服务功能为基础建立的生态补偿机制等领域；在文章结尾提出了生态系统服务领域未来的研究方向，对如何加大生态系统保护力度，从而促进人类福利水平最大化做出了一定贡献。

冯伟林等（2013）在回顾和评价生态系统服务与人类福利水平领域的文献的基础上，探讨了如何管理生态系统服务才能更大化提升人类福利水平，并围绕着生态系统服务、公共政策和人类福利水平三者的相互关系提出了一种新的分析框架。

王大尚等（2014）基于土地利用数据和社会经济数据，在乡镇尺度上定量评估了密云水库上游的生态系统服务为当地居民家庭提供的福利水平，在描述了密云水库上游的地理特征后，把该水库上游的生态系统服务与人们福利水平的关系分为三类，分别是：生态系统服务水平低，相应地为当地家庭提供的福利水平也低；生态系统服务水平高，相应地为当地家庭提供的福利水平也高；处于上述两种水平之间。

第二节　易地扶贫搬迁对农户生态系统服务依赖度的影响

一　引言

易地扶贫搬迁是我国“十三五”时期实施脱贫攻坚、精准扶贫“五个一批”的重要举措，旨在通过对生存环境恶劣地区的农村贫困人口实施易地搬迁安置，从根本上破解“一方水土养不起一方人”的发展困境，实现生态保护与脱贫致富的双赢。对易地扶贫搬迁的生态效益进行考量，有赖于对生态系统服务（Ecosystem Service，ES）价值以及由政策选择或人类活动导致的人类福祉变化的有效评估，而均衡（trade-off）生态系统和人类福祉的关系，测度和评估人类从生态系统中获得的收益是提供科学、有效决策的关键。基于现有的评估模型和工具，许多学者实现了在全球广泛的决策背景和多个尺度下评估和测度生态系统服务给整个人类和区域人口带来的福祉。但较少研究关注到二者在微观尺度上的结合，特别是从家庭视角切入，审视个体决策单位对生态系统服务的使用和依赖。然而，生态系统服务功能的发挥离不开微观个体的决策及行为给其带来的影响。因此，审视微观视角下农户对生态系统服务的依赖程度至关重要。

本节从微观农户视角分析易地移民搬迁对生态系统服务依赖度的影响。首先，借鉴以往研究，将农户从生态系统服务获取的各种收益进行整合和量化，构建生态系统服务依赖度指数（Index of Dependence on Ecosystem Services，IDES）。其次，在易地移民搬迁背景下分析农户生态系统服务依赖度的现状及影响因素，并深入探索搬迁因素对农户生态系统服务依赖度的影响机制。

二　相关理论与实证研究

全面认识生态系统服务与居民福祉的关系是协调人地关系，解决“公共池塘”和外部性难题的基础，但自联合国千年生态系统评估以来对二者关系的研究仍以概念框架和大尺度描述为主，而要让决策者明确贫困和弱势人群将如何受到资源和发展的影响，需要精确阐明生态系统服务与人类福祉的相互作用关系，尤其是在微观尺度上精确刻画和表征人类福祉对生态系统服务功能的依赖性，否则，在追求经济增长和人类发展中，将存在加剧贫困人口困境的风险。而在这方面缺乏系统的方法，相关研究仍然有待深化。

首先，生态系统服务的量化更多地关注自然资本对人类福利的整体贡献，缺乏系统的研究方法和工具开发，以实现在动态和不确定条件下对生态系统服务价值的量化。近10年来，对生态系统服务的认识和评估已经有了质的提高，生态学家呼吁将生态系统服务的理念主流化，并利用经济政策等手段推动理论转变为行动，而科学的决策有赖于对生态系统服务价值的有效评估。许多学者对生态系统服务价值的评估往往针对自然本身的价值，而并不关注价值的分布和路径，Daily（1997）提出生态系统服务概念及评价方法以后，人们逐渐意识到要真正实现对自然的定价，充分理解并证明生态系统服务的改变及跨越群体、时间、空间尺度的影响是核心，但在实践中，将生态系统服务作为“自然资本”整合到项目和资源利用决策中还处于发展的早期阶段，虽然现有基于生态系统服务类型与单价的众多评估工作使人们意识到其重要性，但是这些方法本身都存在各自的缺陷，容易造成生态系统服务被低估或无从定价。

其次，农户作为连接生态系统服务与居民福祉的关键环节，对其进行深入分析可为解析生态系统服务与居民福祉的关系、评估区域可持续性提供新的视角，然而现有研究对于刻画和表征微观视角下的人类福祉对生态系统服务功能的依赖性还有待深化。自然资本项目开发了一套整合评估生态系统服务与权衡的工具InVEST（Integrated Valuation of Ecosystem Services and Tradeoffs），其被认为是将生态系统服务功能研究纳入不同尺度管理的高效工具，在未来具有广阔的应用空间，但该模型更侧重对大尺度空间分布与变化的生态系统服务进行测度，在微观尺度的测度和研究方面仍有待深化。

此外，国内外学者对量化生态系统服务和人类福祉的关系进行了实践与创新，提出了许多系统的指标和方法，为定量分析两者的关系提供了有益的借鉴。Malte Busch等（2011）通过对近海环境和沿海人类福祉之间联系的案例研究，将有形和无形的生态系统效益与构成人类福祉的一系列物质和非物质的因素联系起来，基于经济分析和问卷调查，发现海上风力发电养殖影响了生态系统服务并改变了人类福祉。这一发现为探究 ES 和 HWB 的关系提供了新的视角。之后，探究 ES 和 HWB 关系的量化方法得到不断发展，学者们从成本效益分析工具、土地利用变化、基于 Web 应用程序、基于 MA 框架等不同角度进行研究，对量化评估 ES 以及探讨 ES 和 HWB 之间的关系进行改造和创新。Yang 等（2013a）提出了一种量化人类对 ES 依赖程度的方法，并实证分析了当地农户对中国卧龙自然保护区的依赖程度，该方法的提出为定量分析 ES 和 HWB 的关系提供了思路。

易地移民搬迁这一创新政策的持续有效实施，需要将生态与减贫的效果一起纳入项目整体进行系统考量，而目前微观视角下相关的研究尚不多见。一方面，国内针对易地移民搬迁的生态效益评估多针对生态移民，相关的研究成果虽然较多，但生态效应分析多集中在宏观的生态功效，如宏观生态指标体系、地区水土保持、生态修复等方面；另一方面，随着农户生计研究越来越受到关注，许多学者把农户生计的相关研究从经济活动转到了生态方面，探讨人类生计与生态环境的相互关系已成为当前人地系统科学的研究热点。易地移民搬迁农户的土地利用、覆被变化、能源利用被认为是农户生计策略影响生态环境的重要中介。易地移民搬迁这一地理空间变换过程由于地理位置和生计资本的显著变化，通常需要农户花费很长的时间来适应。为了应对生计压力和实现生计目标，农户所采取的生计策略通过影响农户的生产和消费而对生态环境产生显著的影响。作为生态脆弱地区农户生计转型的强大引擎，城镇化背景下的易地移民搬迁农户的生计方式逐渐由传统的农业开始向兼业、非农化转变，相应地引起农户的消费行为、对自然资源的依赖程度、利用方式与利用效率、农村聚落的变化，使农户对生态环境的依赖程度也发生变化。

已有研究为本节的分析提供了理论基础和方法借鉴，也为本研究留下空间：目前针对易地移民搬迁项目，从生态系统服务的价值提供角度进行评估的研究极少，缺少一个系统的评价体系和分析路径，能够将生态系统服务与微观农户的福祉有机联系起来，揭示农户获得福利的过程中生态系统的作用路径和机制，并在整合生态效益和经济效益的同时实现系统评价。因此，本节基于易地移民搬迁的背景，通过构建生态系统服务依赖度指数，分析易地移民搬迁对农户生态系统服务依赖度的影响，以检验微观层面的政策效果。

三　指标构建

本节对生态系统服务依赖度指数（IDES）的构建参考了 Yang 等（2013a）的相关研究和方法。该指数体系包括：IDES 总指数和三项子指数。其中，IDES 总指数为家庭从生态系统中获得的净收益与从生态系统及其他社会经济活动中获得的总净收益的绝对值的比值（其中，其他社会经济活动包括外出打工及与生态系统服务不相关的小生意等，详见表 8-1）；三项子指数分别为：供给服务（provisioning services）、调节服务（regulating services）、文化服务（cultural services）指数。

根据生态系统服务依赖度指数的定义，IDES 总指数及各子指数的值越大，表明人类对相应的生态系统服务的依赖程度越高，反之则表明人类对生态系统服务的依赖程度越低。IDES 总指数和三项子指数的计算方法如下：

$$IDES_i = \frac{ENB_i}{\left| \sum_{i=1}^{S} ENB_i + SNB \right|} \tag{8-1}$$

$$IDES = \sum_{i=1}^{3} IDES_i \tag{8-2}$$

其中，i 表示生态系统服务的种类，$IDES$ 是衡量人类对生态系统服务依赖的总指数，$IDES_i$是人类对第 i 类生态系统服务依赖的子指数，ENB_i是人类从第 i 类生态系统服务中获得的总净收益，SNB 是人类从社会经济活动中获得的总净收益。

根据农户家庭净收益的种类，本节在指数体系构建中将生态系统服务相关条目进行了分类，如表 8-1 所示。

其中，P、R、C 和 NA 代表分别供给服务、调节服务、文化服务和与生态系统服务不相关的收益。P、R 和 C 之后的数字“0”和“1”分别表示从生态系统服务中获得的直接和间接收益。本节将退耕还林补贴、生态公益林补贴和农业补贴划归为调节服务。

表 8-1　生态系统服务依赖度的指数体系

分类	子类	条目	生态系统服务类型
经营收入	农作物收入	卷心菜	P_0
		萝卜	P_0
		土豆	P_0
		玉米	P_0
		其他作物	P_0
	畜牧业收入	熏肉	P_1
		猪	P_0
		黄牛	P_0
		牦牛	P_0
		马	P_0
		家禽和蛋类	P_0
		蜜蜂	P_0
		其他农事	P_0
	NTFPs 收入	非木材森林产品	P_0
	其他农业经营收入	其他农业经营收入	P_0
工资收入	非农经营收入	饭店和旅馆	C_1 or NA†
		生态旅游	C_1 or NA†
		交通运输	C_1 or NA†
		合同工作	NA
		其他小生意	C_1 or NA†
		工资收入工资和奖金	NA
		当地劳动力收入	NA
		移民劳务收入	NA
财产收入	出租土地和房屋	出租土地和房屋	C_1 or NA†
	其他财产收入	利息收入	NA
		征地补偿	NA
		其他出租	NA
转让所得	从亲戚朋友收到的礼金收入	礼金收入	NA
	生态系统服务支付收入	退耕还林补贴	R_0
		生态公益林补贴	R_0
		农业补贴	R_0
	社会保障收益	最低收入补贴	NA
		养老金	NA
		其他补贴	NA
其他收入		剩余其他社会经济收入	NA
避免成本		薪材收集	R_1

注：† 表示如果该项收益与生态旅游有关，即作为文化服务相关收益；否则，作为与生态系统服务无关收益。

四　方法与变量

（一）影响因素的选择

根据文献和调查地实际情况，将影响 IDES 的因素归为四类：搬迁因素、生计资本、家庭人口特征和地理特征，具体的变量设置与取值如表 8-2 所示。

搬迁因素包括家庭是否参与易地移民搬迁（搬迁户）、搬迁类型、安置方式和迁入时间。在本节的研究框架中，首先将搬迁户纳入模型进行回归，分析参与易地移民搬迁是否对家庭的生态系统服务依赖度有影响；在此基础上进一步对搬迁类型、安置方式和迁入时间等特征进行考察。其中，搬迁类型主要包括自愿搬迁和非自愿搬迁，在 355 户搬迁家庭中，自愿搬迁的有 261 户，占 73.52%；按照安置方式将搬迁家庭划分为集中安置和非集中安置两种，搬迁户家庭中采取集中安置的农户有 224 户，占 63.10%；考虑到陕南移民搬迁工程实施的时间点为 2011 年，虽然在此之前也有许多移民搬迁活动零星实施，但其规模、补贴、支持的力度都远不如前者，因此，本节将 2011 年陕南移民搬迁政策实施后参与搬迁的家庭称为新阶段移民搬迁户，将此前的搬迁家庭称为早期的移民搬迁户，通过前后对比来审视不同政策力度的影响，同时检验农户与生态相关行为的变化。

农户的生计资本包括自然资本、物质资本和社会资本三项，其中，选取人均耕地和人均林地来表征自然资本；选取农户的自有资产和房屋估价两个指标表示农户的物质资本；选取社会支持网来代表家庭的社会资本。一般情况下，农户所拥有的耕地和林地等自然资本数量越多，其具备从生态系统获得越多供给服务的条件；以农户在遇到紧急情况时可求助的户数所表征的社会支持网的大小来度量社会资本，社会支持网在农户遇到风险和冲击时可以起到一定的缓冲作用，从而在一定程度上避免农户对生态的掠夺性使用。

家庭人口特征包括户主特征、平均受教育年限、总劳动力数量以及家庭结构等方面，户主通常是一个家庭的最高决策者，其年龄和性别都对家庭的收入和需求起着决定性的作用，通常户主的年龄越大，其对生态系统服务的依赖度可能越高；户主为女性的家庭对生态系统服务的依赖度往往更高。本节从名义和实际两个方面来考察户主性别，其中名义户主为家庭在户口本登记的户主，样本中89%的农户家中的名义户主为男性，考虑到劳动力的城乡流动，本节还考虑了另一种实际户主的情况，即家庭名义户主外出后将实际决策权让渡给另一半。此外，考虑到农户的家庭人口构成也是农户决策的重要考量因素，结合前期的研究，本节将农户家庭结构区分为四种类型：家中有老人和成年劳动力、家中有成年劳动力、家中有成年劳动力和孩子以及家中有老人、孩子和成年劳动力。

表 8-2　变量设置与取值

变量	变量设置	取值	
		均值	标准差
搬迁因素			
搬迁户	虚拟变量，参与易地移民搬迁的农户取1，否则取0	0.2779	0.4482
搬迁特征			
搬迁类型	虚拟变量，按搬迁类型划分为两类，将工程、灾害搬迁的非自愿搬迁农户取1，生态、扶贫等自愿搬迁农户取0	0.7328	0.4431
安置方式	虚拟变量，按照安置的方式划分，采取集中安置的农户取1，采取分散安置、自主外迁、进城入镇等安置的农户取0	0.6171	0.4868
迁入时间	虚拟变量，按照搬迁的时间划分，新阶段（2011年）移民搬迁户取1，早期的移民搬迁户取0	0.3526	0.4784
生计资本			
人均耕地	连续变量，家庭总耕地面积与总人数的比值（单位：亩）	1.2186	1.5747
人均林地	连续变量，家庭总林地面积与总人数的比值（单位：亩）	10.336	18.1731
自有资产	连续变量，家庭拥有的生产工具、交通工具和耐用品的总数量	2.819	1.7223
房屋估价	连续变量，家庭住房的估计价值（单位：万元）	9.9653	7.0149
社会支持网	连续变量，家庭急需大笔开支时可以求助的户数	4.356	4.0341

续表

变量	变量设置	取值	
		均值	标准差
家庭人口特征			
户主特征			
户主性别(名义)	虚拟变量,农户户口本登记的户主为女性取1,否则取0	0.108	0.3105
户主性别(实际)	虚拟变量,男性户主外出务工超过半年,实际家庭决策权让渡给女性农户取1,否则取0	0.134	0.3408
户主年龄	连续变量,户主的年龄	50.617	12.6417
平均受教育年限	连续变量,家庭成员受教育年数总和与家庭规模的比值	6.2098	2.7548
总劳动力数量	连续变量,家中年龄在16岁以上、65岁以下的成员数	2.7374	1.3899
家庭结构			
老人+成年人	虚拟变量,由老年人(65岁以上)和成年劳动力构成的农户取1,否则取0	0.1700	0.3758
成年人	虚拟变量,由成年劳动力构成的农户取1,否则取0	0.3637	0.4812
成年人+孩子	虚拟变量,由成年劳动力和孩子构成的农户取1,否则取0	0.2841	0.4511
老人+成年人+孩子	虚拟变量,由老年人、成年劳动力和孩子构成的农户取1,否则取0	0.1302	0.3366
地理特征			
到镇上的距离	连续变量,农户所在村距离乡镇的距离(单位:公里)	10.3355	7.9632
临近保护区	虚拟变量,农户所在村靠近或在保护区内取1,否则取0	0.3496	0.4770

综合考虑陕南地区地理状况和农户的实际情况，本节选取临近保护区和到镇上的距离来衡量家庭所处地理位置。到镇上的距离远近不仅表示农户所在社区交通条件是否便利，也用于衡量农户接近市场的程度，是影响农户拓展非资源性收入渠道的重要因素；在保护区内或临近自然保护区的农户，其生产行为往往受到一定的限制，也会在一定程度上影响农户对自然资源的获取。

（二）分析方法

在构建生态系统服务依赖度指数的基础上，本节进一步探究易地移民搬迁政策对农户生态系统服务依赖度的影响。考虑到变量的属性和特征，在此采用 OLS 模型进行回归分析：

$$IDES = \beta_0 + \beta_1 x_1 + \beta_2 x_2 + \beta_3 x_3 + \cdots + \beta_n x_n + \mu \quad (8-3)$$

其中，x_1，x_2，x_3，…，x_n 为解释变量，即影响农户对生态系统服务依赖度的搬迁因素、生计资本、家庭人口特征和地理特征；β_0 为常数项，β_1，β_2，…，β_n 为解释变量的系数；μ 为随机项。

回归的策略如下：首先，在总体样本中进行 IDES 影响因素分析，验证搬迁对 IDES 影响的存在性；其次，以搬迁户为样本，分别纳入搬迁类型、安置方式和迁入时间，分析不同的搬迁特征对农户 IDES 的影响。

五　结果与讨论

（一）农户生态系统服务收益的比较

表 8-3 提供了搬迁户、非搬迁户和总体样本的净收益。可以看出，搬迁户比非搬迁户获得了更多的生态系统总净收益，搬迁户从生态系统服务中获得的总净收益超出非搬迁户 1499 元；从各项分指标可以看出，搬迁户从供给服务、调节服务和文化服务中获得的净收益也都高于非搬迁户的平均水平；此外，搬迁户在社会经济活动上的净收益也高于非搬迁户平均水平 6755 元。

表 8-3　搬迁户、非搬迁户和总体样本的净收益

单位：元

净收益	搬迁户		非搬迁户		总体	
	均值（标准差）	最小值：最大值	均值（标准差）	最小值：最大值	均值（标准差）	最小值：最大值
社会经济活动	12244（14335）	0：94000	5489（8342）	0：70000	7475（10904）	0：94000
供给服务	10463（19716）	-1027：192501	9747（17195）	-362：201805	9948（17934）	-1027：201805
调节服务	980（977）	0：7625	819（892）	0：7080	864（919）	0：7625

续表

净收益	搬迁户		非搬迁户		总体	
	均值（标准差）	最小值：最大值	均值（标准差）	最小值：最大值	均值（标准差）	最小值：最大值
文化服务	3642（16159）	-50000：150000	2875（16653）	0：250300	3099（16507）	-50000：250300
生态系统总净收益	15145（26330）	-50000：193281	13646（23709）	0：252725	14084（24502）	-50000：252725

注：指数的负值意味着在相应的生态系统服务中，从生态系统服务获得的总收益比因生态系统缺陷产生的成本的总和低。

（二）农户对生态系统服务依赖度的差异比较

表 8-4 提供了按不同搬迁因素划分的各类农户 IDES 和各项子指标的比较。从 IDES 总指数来看，不同搬迁因素和特征下农户的生态系统服务依赖度表现出显著的差异。首先，搬迁户的 IDES 显著低于非搬迁户，造成这一差异的原因主要集中在两个群体的供给服务指数，可以看出，搬迁户的供给服务指数显著低于非搬迁户，而两个样本在调节服务指数和文化服务指数上并未表现出显著的差异；其次，自愿搬迁户的 IDES 显著低于非自愿搬迁户，这一差异则源自两组的调节服务指数，自愿搬迁户的调节服务指数显著低于非自愿搬迁户，虽然自愿搬迁户在供给服务指数和文化服务指数上均高于非自愿搬迁户，但两者的差异并不显著；此外，集中安置户的 IDES 显著低于非集中安置户，从各项子指标来看，集中安置户的供给服务指数和调节服务指数均显著低于非集中安置户，两者在文化服务上并未表现出显著的差异；最后，新阶段搬迁户的 IDES 显著低于早期搬迁户，同时，前者的调节服务指数也显著低于后者，而两者在供给服务指数和文化服务指数上则未表现出显著差异。

表 8-4　农户对生态系统服务依赖度的差异比较

指数	搬迁因素		t 检验	搬迁类型		t 检验
	搬迁	非搬迁		自愿	非自愿	
IDES 总指数	0. 5100	0. 6716	7. 305***	0. 5050	0. 9239	4. 361***
供给服务指数	0. 3678	0. 5195	7. 442***	0. 3732	0. 3527	-0. 544
调节服务指数	0. 0789	0. 0885	1. 179	0. 0573	0. 1391	6. 222***
文化服务指数	0. 0632	0. 0558	-0. 498	0. 0745	0. 0320	-1. 138

续表

指数	安置方式		t 检验	迁入时间		t 检验
	集中	非集中		新阶段	早期	
IDES 总指数	0.4543	0.6019	3.1482 ***	0.4205	0.5629	2.9458 ***
供给服务指数	0.3364	0.4197	2.4506 **	0.3282	0.3953	1.9174
调节服务指数	0.0589	0.1121	4.3369 ***	0.0440	0.0992	4.3665 ***
文化服务指数	0.0591	0.0700	0.3213	0.0483	0.0683	0.5669

注：* 表示 $p<0.1$，** 表示 $p<0.05$，*** 表示 $p<0.01$。

（三）IDES 的影响因素分析

基于描述性统计比较，选取量化后的生态系统服务依赖度作为因变量，对农户 IDES 的影响因素进行回归分析，结果如表 8-5 所示。其中，模型 1 为农户 IDES 影响因素模型，在总体样本中检验农户参与易地移民搬迁对 IDES 的影响，经过缺失值和奇异值处理，最终进入模型的总样本量为 1306；在此基础上，为进一步分析不同搬迁特征对 IDES 的影响，在搬迁户样本中分别纳入了搬迁类型（模型 2）、安置方式（模型 3）、迁入时间（模型 4）等搬迁特征，样本量为 355。

基于总体样本的回归（模型 1）的结果显示，参与易地移民搬迁对农户的 IDES 有显著的负向影响；在生计资本中，人均耕地和房屋估价对 IDES 有显著的正向影响，而农户的自有资产对 IDES 有显著的负向影响；在家庭人口特征中，户主性别对 IDES 有显著的负向影响，无论是名义户主还是实际户主，女性户主对 IDES 有显著的负向作用。从搬迁户样本的回归模型（模型 2 至模型 4）可以看出，非自愿搬迁对 IDES 有显著的正向作用，集中安置对 IDES 有显著的负向作用，新阶段移民对 IDES 有显著的负向作用；家庭的人均耕地、自有资产均对 IDES 有显著的正向作用，而房屋估价对 IDES 有显著的负向作用；此外，女性作为家庭实际户主则对 IDES 有显著的负向作用，户主年龄和户主年龄平方表现出相反的作用方向，可见户主年龄与 IDES 之间呈倒“U”形关系。

可以看出，易地移民搬迁有效降低了农户对生态系统服务的依赖度，相较于非搬迁户，搬迁户对生态系统服务的依赖度更低。同时，自愿搬迁更有利于降低农户对生态系统服务的依赖度，相较于工程、避灾等非自愿

表 8-5　IDES 影响因素分析

	变量	模型 1	模型 2	模型 3	模型 4
搬迁因素	搬迁户	-0.0933***	—	—	—
搬迁特征	搬迁类型	—	0.1856***	—	—
	安置方式	—	—	-0.1779***	—
	迁入时间	—	—	—	-0.2080***
生计资本	人均耕地	0.0371***	0.0763***	0.0669***	0.0501**
	人均林地	-0.00004	-0.0002	-0.0004	-0.0011
	自有资产	-0.0069***	0.0589***	0.0582***	0.0532***
	房屋估价	0.0274***	-0.0097***	-0.0092***	-0.0085***
	社会支持网	0.0003	-0.0003	0.0011	0.0029
家庭人口特征	平均受教育年限	-0.0019	0.0027	0.0047	0.0069
	总劳动力数量	-0.0132	-0.0175	-0.0178	-0.0208
户主特征	户主性别(名义)	-0.0758**	-0.0239	0.0145	-0.015
	户主性别(实际)	-0.2253***	-0.2218***	-0.2117***	-0.2308***
	户主年龄	0.0056	0.0254**	0.0245**	0.0236**
	户主年龄平方	-0.00006	-0.0003**	-0.0003**	-0.0003**
家庭结构	老人+成年人	0.0234	-0.005	-0.0907	-0.0374
	成年人	-0.0262	-0.0759	-0.1204	-0.0785
	成年人+孩子	-0.0372	-0.1813	-0.2505	-0.1836
	老人+成年人+孩子	-0.0534	-0.0930	-0.1671	-0.0886
地理特征	到镇上的距离	0.0039***	0.0011	0.0003	0.0076**
	临近保护区	0.0466**	0.1869***	0.1958***	0.1394***
R^2		0.1882***	0.2793***	0.3018***	0.3122***

注：* 表示 p<0.1，** 表示 p<0.05，*** 表示 p<0.01。

移民，自愿移民本身对搬迁的期望较高，也更愿意积极迎合和主动适应搬迁带来的变化并构建新的非资源依赖型生计模式，这一经济行为背后充分地体现了农户的自主、理性决策，与非自愿搬迁的“等、靠、要”有着本质的差异。采取集中安置的方式能有效降低农户生态系统服务依赖度，相较于进城入镇、插花等分散安置的方式，采取集中安置的农户对生态系统服务的依赖程度更低。一方面，集中安置社区相应的配套设施建设通常较为完善，市场的可及性高，就业和商业信息资源获得途径广，从而有助于农户充分利用市场，拓宽收入渠道；另一方面，集中安置更有利于政府集中安排培训项目、就业指导等措施，增加农户外出务工、发展非农经营活动的概率，从而在一定程度上有助于降低对生态系统服务的依赖度。另外，新阶段的移民搬迁工程有效降低了农户对生态系统服务依赖度，相较于早期自发和小规模的移民搬迁户，参与陕南移民搬迁工程更加突出政府主导、系统推进，以及配套的产业支持和政策扶持措施，从而有利于实现农户向非资源依赖型生计转变。

六　总结与建议

本研究利用在陕南山区农户调研的数据，分析了微观视角下易地移民搬迁对农户生态系统服务依赖度的影响。结果表明，第一，易地移民搬迁工程的实施有助于破解我国集中连片贫困地区“一方水土养不起一方人”的发展困境，在实现生计转变过程中有效地降低农户对生态系统服务的依赖程度，达到生态保护与经济发展的双赢；第二，参与易地移民搬迁有利于优化农户的收入结构，在减少从生态系统获取供给服务的同时，也提高了社会经济收入所占比重；第三，在自愿搬迁的基本原则下，农户往往会主动应对外界的变化和机遇，更快完成向非资源依赖型生计模式的转变；第四，集中安置的方式能够产生一定的规模效应和政策溢出，农户有机会获得更多配套和后续支持，从而提高对外部机会和资源的占有能力，拓宽非资源型收入的途径；第五，新阶段易地移民搬迁工程的惠民措施和补贴力度都较以往有较大提高，同时强调搬迁农户非农转变过程中的自我发展能力的建设和引导，也有效地降低了农户对生态资源的依赖程度。

从政策制定的角度看，对易地移民搬迁农户生态系统服务依赖度的有效测量及分解，也有助于厘清政策传导的路径和机制，提高相关帮扶措施的针对性和有效性，实现搬迁农户在安置地的可持续生计构建和恢复。陕南作为国家“十三五”时期易地扶贫搬迁政策的策源地，本节的研究结论也将为相关政策的制定和下一步工作开展带来启示：第一，破解“一方水土养不起一方人”的发展困境，搬迁只是手段，扶贫才是目的，本研究在一定程度上印证了前期政策和措施，特别是政府所强调的自愿原则、集中安置、城镇化模式等在实现“生态保护”目标中所起到的积极作用，也为后续政策的调整和改进提供了依据；第二，农户“脱贫”是实现“生态保护”目标的前提和基础，否则，搬迁户会延续原有高生态依赖的生计模式，这就需要政府管理部门不断提升扶贫政策的精准性和管理过程的精细化；第三，本节的研究虽然在一定意义上证实了易地搬迁在破解“一方水土养不起一方人”的发展困境中起到的积极作用，但也应该看到，搬迁农户对生态系统服务的依赖度下降在很大程度上是安置地的土地资源稀缺的客观原因所致，农户在安置地不具备进一步从生态系统中获取供给服务的客观条件，在这一前提下，政府的非农引导和后续支持便显得尤为关键；第四，政府在强调迁出地生态修复，降低农户对生态和资源依赖的同时，尤为关键的是合理引导和有序调整搬迁户从生态系统服务中获得的收益结构，一方面要鼓励搬迁农户从生态系统中获得更多的文化服务，如生态旅游、农家乐等，以及提高供给服务中的养殖、非木材森林产品等方面的收入占比，另一方面要在积极鼓励迁出地土地流转的基础上，进一步有序引导和大力发展新型农业，在搬迁农户的“转身就业”上下功夫，真正实现人口与生态可持续发展的“双赢”。

第三节　易地扶贫搬迁农户的“福祉-生态”耦合模式分析

一　引言

我国改革开放四十多年来的经济高速增长对消除贫困起到决定性的作用，六千多万贫困人口稳定脱贫，贫困发生率从10.2%降至4%以下。然而，剩余贫困人口多分布在普惠政策不能全面覆盖的“集中、连片、偏远”山区。这些地区的贫困与生态脆弱性在地理特征上往往表现为非良性的耦合关系，加之其向市场化与现代化发展过程中的先天劣势，以及系统内经济资源流向农林生产的单一性和低效率，造成这些区域的发展被高速的经济增长排除在外，脱贫难度大。考虑到这些地区存在的贫困陷阱的内生性及其资源型经济系统的封闭性，学者和政策实践者普遍认为，打破该地区低水平均衡、破解贫困陷阱的关键是进行必要的干预，特别是人口流动与布局调整对打破贫困均衡的影响应该引起关注，同时由于生态环境资源的公共性与农户追求个体经济利益之间存在冲突，政府在这一过程中应主动作为，且脱贫的本质是可持续生计的现代转型，因而政府的支持在脱贫与可持续生计中往往能起到关键的支撑作用。基于此，“十三五”期间将易地扶贫搬迁作为破解“一方水土养不起一方人”的发展困境、斩断穷根的重要途径。

站在精准扶贫的角度审视易地扶贫搬迁政策的成效，不仅要从微观农户视角出发评估政策作用下的减贫效果，还要关注移民搬迁家庭的可持续生计的现代转型，特别是落脚福祉与生态相关的耦合模式。一方面，政府希望在城镇化背景下提高农户的自身发展能力以达到增收脱贫；另一方面，由于生态环境资源的公共属性与农户追求个体经济利益之间存在冲突，政府通过搬迁和劳动力非农转移来降低对生态系统服务的依赖程度，实现对当地生态的修复和保护。在政策的实施过程中，由于外部性内化于微观参与者的行为实践，农户既是参与者主体和重要的利益相关群体，也是社会生产和消费决策的最基本单位，因此，搬迁农户生计行为既体现了微观经济行为主体利用自然资源和生态系统服务（包括供给服务、调节服务和文化服务）的过程、途径和方式，也直接决定了生态保护与经济发展关系的可持续性。综上，作为重要的生态与发展类项目，易地移民搬迁政策能够在多大程度上破解“一方水土养不起一方人”的发展困境，实现双重目标的政策初衷，对微观视角下的农户可持续生计的分析，特别是厘清政策对其福祉及生态的耦合模式的影响是关键。

考量易地移民搬迁家庭“福祉水平-生态依赖”（简称“福祉-生态”）耦合模式，需要有效评估生态系统服务价值和人类福祉水平的变化。20世纪90年代以来，生态系统服务供给和消费、生态系统服务功能以及价值评估成为国内外生态经济学者的研究热点。随着“自然资本”理论的兴起，学者们开始关注生态系统向人类提供的各项效益，并将关注的焦点逐渐转向生态系统服务价值与人类活动的相互作用，学者们对不同区域、时间、尺度以及类型的生态系统服务进行了大量探索评估工作，研究结论提高了人们对生态系统服务资源的正确认识和保护生态的意识。随着“千年生态系统评估”项目的启动，研究者开始认识到生态系统服务与人类福祉之间的密切关系。有学者将生态系统服务理解为人类从生态系统中获得的惠益，人类福祉取决于生态系统服务，同时福祉水平也会改变人类对自然资源的消费强度，从而影响生态系统服务功能和供给。因此，当前关于生态系统服务的研究方向之一就是如何均衡生态系统和人类福祉的关系，其中，有效测度生态系统向人类提供的各项效益是进行科学决策的重点内容。虽然国内外现有研究已实现多种决策背景和研究尺度下的生态系统服务功能的度量和评估，但从微观尺度探讨生态系统服务和人类活动关系的研究仍较少。近年来，学者也开始关注二者在微观尺度上的结合，从家庭视角切入，通过整合和量化家庭从生态系统服务中获取的各项收益来审视个体决策单位对生态系统服务的使用，从而判定家庭对生态系统服务的依赖程度。然而，生态系统服务依赖度的改变不能反映家庭福祉水平的变化，也无法比较不同生计模式的优劣以及提出改进的方向和措施。因此，审视微观视角下农户的“福祉-生态”耦合的模式至关重要。

本节基于陕西地区的实证调查，从微观视角分析易地扶贫搬迁政策对农户“福祉-生态”耦合模式的影响，以期为易地扶贫搬迁下一步的工作开展提供理论依据和政策建议。首先，结合扶贫搬迁背景改造可持续生计分析框架，构建农户的“福祉-生态”耦合模式的分析框架；其次，根据农户收入和其对生态系统服务依赖度，将易地扶贫搬迁背景下农户的“福祉-生态”耦合划分为四种模式；再次，对比分析不同模式下农户生计策略、收入构成、生态系统服务依赖度的差异；最后，采用 Multinomial Logistic 模型深入探索移民搬迁及不同的搬迁特征对农户“福祉-生态”耦合模式的影响。

二　分析框架

易地扶贫搬迁政策的有效实施，需要同时考量其带来的减贫和生态双重效果。当前关于易地扶贫搬迁的研究仍主要集中在安置模式、从政策角度提出改革和创新点、农户生计资产、生计策略等方面。侧重易地扶贫搬迁生态效益探讨的研究虽然数量也较多，但基本以生态移民为研究对象，通过构建宏观生态指标体系或案例分析对生态功效进行评估。关于生态系统服务与人类福祉关系的研究，当前有少数学者聚焦微观尺度并且利用定量方法测度人类对生态系统服务的使用和依赖。特别地，Wang（2017）开创性地提出农户福祉和生态依赖关系模式，并利用回归模型分析了地理特征、自然资本、家庭人口、劳动力质量和生态保护政策五类影响因素对关系模式的影响。回顾以往研究，暂未发现探讨搬迁因素对生态系统服务与居民福祉关系影响的研究，而针对生态系统服务与人类福祉关系的研究仍有以下不足：第一，以宏观层面和大尺度描述为主，忽视个体决策对生态系统服务的使用和依赖情况，缺乏基于微观视角对人类福祉和生态系统服务关系的探讨，但农户具有直接参与者和利益相关者的双重身份，直接决定了易地扶贫搬迁的脱贫致富和生态保护双重目标的可持续性，故需从微观层面探讨人类福祉和生态系统的关系，从而更好地评估易地扶贫搬迁政策的实施效果；第二，目前基于微观尺度的研究并未反映影响因素对农户福祉和生态系统服务的影响机制，而福祉水平和生态系统服务价值的变化均与农户生计的变化紧密相关，同时可持续生计分析框架可体现包括脆弱性背景、生计资本和生计策略等在内的生计全貌，以及面对外界环境变化时农户在理性决策下调整生计策略的动态性，故利用可持续生计分析框架探讨农户福祉和生态系统服务的影响因素，可以揭示隐藏在其中的影响机制。

基于生计脆弱性理解贫困性质与成因，可以看出，可持续生计是脱贫分析的内核。在资源依赖型经济系统内，贫困与环境退化往往交互影响，共同成为该封闭系统的典型特征。在这样的系统内，贫困人口的持久脱贫，不应是弱势群体被动寻求救济，而是落后经济主体取得可持续生计的必要资产与能力。可持续生计分析框架展现了农户生计要素及各要素之间的联系，揭示了遭遇外界环境变化后，农户重新形成生计结果的发展路径，为探讨搬迁因素对“福祉-生态”耦合模式的影响机制提供了有力的分析方法。本节借鉴可持续生计分析框架，将“福祉-生态”耦合模式视为扶贫搬迁农户调整生计策略后重新形成的生计结果，同时结合易地扶贫搬迁背景对框架内各要素进行改造，构建分析框架如图 8-1 所示。

外部环境在扶贫搬迁背景下归结为两类：脆弱性背景和帮扶性政策。工程实施地区的脆弱性背景主要表现为生态环境承载能力、自然灾害发生频率、资源要素限制条件等。其中，迁入地相比迁出地所面临的环境较为优越，遭受的风险也较小。帮扶性政策主要表现为工程所带来的补贴和支持政策，如安置补贴、就业支持、思想引导、技能培训、社区建设等。外部环境的变化，改变着农户可利用的资产及其经营活动的选择。

生计资本即搬迁农户在面临外部冲击时，主动应对风险及适应环境的能力。参考以往文献，将生计资本划归为五类：自然资本、物质资本、人力资本、社会资本和金融资本。参与易地扶贫搬迁的农户迁入环境较为优

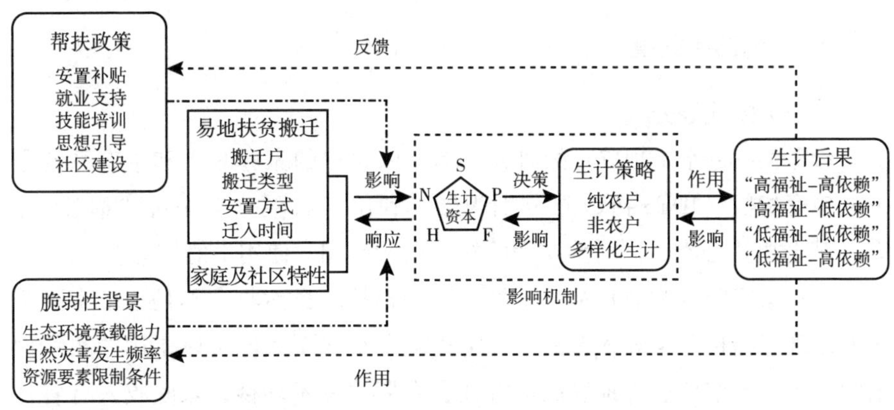

图 8-1　扶贫搬迁背景下农户“福祉-生态”耦合模式分析框架

越的安置区，有更多机会获得和利用外部资源进行生计资本的积累，从而重新发展适应当地环境的生计模式，以及实现收入来源的多样化。易地扶贫搬迁工程在为搬迁农户送来机遇的同时，也带来了风险：一方面，搬迁农户转让原迁出地土地的使用权，造成了“自然资本”的损失；另一方面，在当前经济结构转型的背景下，搬迁农户职业技能和素质不高，面临的生计重构压力和挑战更加艰巨。易地扶贫搬迁为农户带来了生计模式转变的契机，也带来了陷入生计困境的可能。

为避免落入生计陷阱，搬迁农户生计策略的选择尤为关键。生计策略是指人们为实现生计目标而根据可利用的生计资本形成的生计活动。扶贫搬迁农户由于迁出地土地的损失，在新的环境更有动力选择非农类型的生计活动。农户采取多种类型的生计策略不仅能够获得多元化的收入，降低在面对外部环境变化时收入急剧减少的风险，而且能够有效降低对生态环境的依赖，避免资源的过度开发和使用，有助于农户与生态良性循环的产生。

图 8-1 为扶贫搬迁背景下农户“福祉-生态”耦合模式分析框架，展现了农户在面对易地扶贫搬迁工程引起的外部环境变化时，重新配置生计资本来构建新的生计策略，进而对其自身收入和当地生态环境产生影响的作用路径。为厘清易地扶贫搬迁工程对农户“福祉-生态”耦合模式的具体影响和发展路径，本节接下来利用实地调研数据，通过数理统计和模型构建的方法进一步进行分析。

三　方法与变量

（一）模式划分

参考 Wang 等（2017）的研究，本节以农户的家庭收入和生态系统服务依赖度指数（IDES 指数）分别为轴，利用四象限分类法对“福祉-生态”耦合模式分类，同时为了消除极端值的影响，使用中值作为参考。

农户家庭收入为农户福祉水平的代理指标。虽然收入不是福祉水平刻画的最理想指标，但收入差距在一定程度上反映了人们可以享用的实际价值的差距。本节所研究地区的经济社会发展水平不均衡，家庭收入有着显著的差异，同时鉴于数据的可获得性，选择农户家庭经济收入对农户福祉水平进行定量刻度。农户家庭收入越高，表示农户福祉水平越高。

IDES 指数为反映当地生态保护情况的代理指标。鉴于开发成本不同会影响生态系统服务依赖度的准确量化，选取 IDES 指数表示农户家庭对生态系统服务的依赖程度，以提高不同家庭间的可对比性。参考 Yang 等（2013a）的研究方法，IDES 为从生态系统服务获得的净收益与总收益的比值，指数越高表示农户对生态系统依赖度越高。其中，从生态系统获得的净收益包括三个收入来源：一是农业收入，即农户从农耕、经营果园、养殖以及生产中草药和野生蘑菇中获得的收入；二是农家乐收入，即农户从生态旅游、招待和娱乐中获得的收入；三是生态补偿收入，即农户参与到粮食绿色计划、天然林保护计划和稻田旱地计划等生态补偿项目获得的收入。农户除了从生态系统获得收入外，还从社会经济活动中获得收入，主要包括汇款收入（外出务工收入）、非农收入（商业活动收入、服务业收入和其他来源收入）和政府补助。

“福祉-生态”耦合模式分为以下四种模式（见图 8-2）。模式Ⅰ：高福祉-高依赖（H-H），家庭总收入>12428.5 元且 IDES 值>0.7183；模式Ⅱ：低福祉-低依赖（L-L），家庭总收入<12428.5 元且 IDES 值<0.7183；模式Ⅲ：高福祉-低依赖（H-L），家庭总收入>12428.5 元且 IDES 值<0.7183；模式Ⅳ：低福祉-高依赖（L-H），家庭总收入<12428.5 元且 IDES 值>0.7183。在这四种模式中，H-L 模式（高福祉-低依赖模式）是最优模式；H-H 模式（高福祉-高依赖模式）和 L-L 模式（低福祉-低依赖模式）是次优模式，L-H 模式（低福祉-高依赖模式）是最差模式。

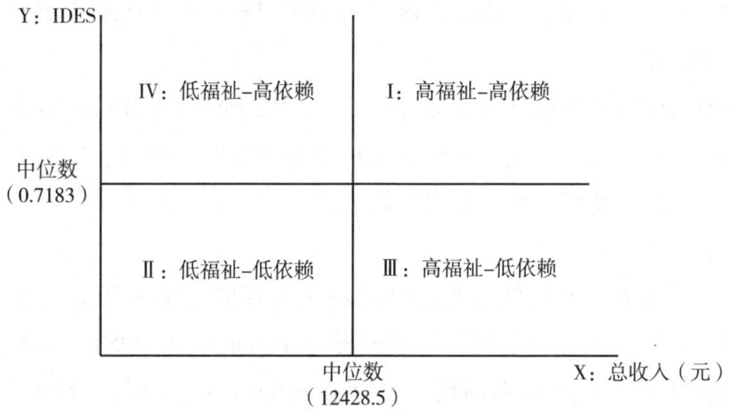

图 8-2　"福祉-生态"耦合模式划分

（二）分析方法

1. 不同模式的比较分析

首先从农户生计策略角度对"福祉-生态"四种耦合模式进行对比，再进一步比较各模式下生计策略背后的农户收入构成和生态系统服务依赖度情况，分析总结扶贫搬迁背景下不同耦合模式的农户生计活动的现状。由于"福祉-生态"耦合模式的产生实质上是基于农户对不同生计策略的选择，所以本部分为制定更准确有效的易地扶贫搬迁政策的帮扶措施，引导农户向"高福祉-低依赖"耦合模式的转换提供科学的依据。

2. 易地扶贫搬迁对不同"福祉-生态"耦合模式的影响

（1）模型构建

在对比分析不同耦合模式特征的基础上，本节构建 Multinomial Logistic 模型，以验证易地扶贫搬迁对农户的"福祉-生态"耦合模式的影响。计算公式如下：

$$\text{Prob}(Y_i = j) = \frac{\text{EXP}(x_i^j B_{ij})}{1 + \sum_{k=0}^{4} \text{EXP}(x_i^j B_{ij})} = F_j(X_i, B) \tag{8-4}$$

$$j = 1,2,3,4; i = 1,2,3,\ldots,n; B_0 = 0$$

其中，Prob（$Y_i=j$）表示家庭 i 选择 j 模式的概率；B_{ij}表示要估计的模型的相应参数；x_i^j 表示影响耦合模式的搬迁因素、生计资本、家庭人口特征和地理特征。

模型的回归分析包括两个部分：首先，基于总样本分析是否参与搬迁对耦合模式的影响；其次，基于搬迁户样本分析搬迁类型、安置方式和迁入时间三类搬迁特征对耦合模式的影响。

（2）内生性问题处理

由于无法判定易地扶贫搬迁和四种耦合模式之间的因果关系，模型估计前需要对内生性问题进行处理。参考 Taylor 等（2005），本节使用工具变量法来消除搬迁和不同模式之间存在的内生性问题。具体方法为，将“是否为搬迁户”作为被解释变量，用该变量的工具变量和其他控制变量作为解释变量进行 Probit 回归，并求出内生变量的预测值。回归方程如下：

$$\mathrm{Re}\ l_h = \alpha_0 + \alpha_1 H_h + \alpha_2 S_h + \alpha_3 C_h + \alpha_4 G_h + \mu_h \qquad (8-5)$$

其中，α_0 表示常数项，α_i（$i=1$，2，3，4）表示各变量系数矩阵。H_h 为家庭特征变量组，包括家庭总人口、户主最高受教育年限、有老人的家庭、有孩子的家庭；S_h 为社会关系变量组，包括是否从银行借过钱、亲戚中是否有干部或公务员；C_h 为社区特征变量组，包括是否参加专业合作协会、是否参加过打工非农培训、是否退耕还林；G_h 为地理特征变量组，包括近处海拔。

（三）影响因素的选择

参考相关文献并结合调研情况，本节将影响“福祉-生态”耦合模式的因素分为四类：搬迁因素、生计资本、家庭人口特征、地理特征。变量设置与描述如表 8-6 所示。

搬迁因素包括搬迁户以及搬迁特征。家庭是否为搬迁户，即家庭是否参与了易地扶贫搬迁工程；搬迁特征，即搬迁类型（自愿搬迁和非自愿搬迁）、安置方式（集中安置和非集中安置）和迁入时间（早期移民搬迁户和新阶段移民搬迁户）三项。其中，对于迁入时间中早期和新阶段的划分，本节以陕南移民搬迁工程实施时间 2011 年为节点，在此节点之前称为早期移民搬迁户，之后为新阶段移民搬迁户。相比早期移民，新阶段移民搬迁活动更为系统成熟，具有规模大、补贴和支持力度大的特点。

生计资本包括自然资本、物质资本和社会资本。自然资本包括人均耕地和人均林地，物质资本包括农户的自有资产和房屋估价，社会资本包括农户的社会支持网。其中，农户的社会支持网规模是指农户在遇到紧急情况时可求助的家庭数量，数量越多表示社会支持网规模越大，抵御风险和冲击的能力越强。

家庭人口特征包括户主特征、平均受教育年限、家庭结构和总劳动力数量，均为影响农户决策的重要因素。户主特征包括户主性别和户主年龄，户主为女性，以及户主年龄越大的农户，通常对生态系统服务依赖度越高；同时，考虑到劳动力在城乡间的流动，本节将户主性别分为名义和实际两方面进行考察，其中名义户主为家庭户口本登记的户主，实际户主为名义户主外出后家庭中具有实际决策权的农户。此外，家庭结构指家庭人口结构，包括家中有老人和成年劳动力、家中有成年劳动力、家中有成年劳动力和孩子以及家中有老人、孩子和成年劳动力四种类型。

地理特征包括到镇上的距离和临近保护区。鉴于调研地实际情况，到镇上的距离反映了农户与市场的距离以及家庭所在地的交通条件，度量了农户发展非农经营的可行性。临近自然保护区反映了农户生产行为选择范围；远离自然保护区的农户通常对自然资源的获取程度更高，生产行为选择范围也会更大。

表 8-6　变量设置与描述

变量	变量设置	均值	标准差
搬迁因素			
搬迁户	虚拟变量，参与易地扶贫搬迁的农户取 1，否则取 0	0. 278	0. 448
搬迁特征			
搬迁类型	虚拟变量，按搬迁类型划分为两类，将生态、扶贫等自愿搬迁农户取 1，工程、灾害搬迁的非自愿搬迁农户取 0	0. 733	0. 443
安置方式	虚拟变量，按照安置方式划分，采取集中安置的农户取 1，采取分散安置、自主外迁、进城入镇等安置的农户取 0	0. 617	0. 487
迁入时间	虚拟变量，按照搬迁的时间划分，新阶段（2011 年）移民搬迁户取 1，早期移民搬迁户取 0	0. 353	0. 478

续表

变量	变量设置	均值	标准差
生计资本			
人均耕地	连续变量,家庭总耕地面积与总人数的比值(单位:亩)	1. 219	1. 575
人均林地	连续变量,家庭总林地面积与总人数的比值(单位:亩)	10. 336	18. 173
自有资产	连续变量,家庭拥有的生产工具、交通工具和耐用品的总数量	2. 819	1. 722
房屋估价	连续变量,家庭住房的估计价值(单位:万元)	9. 965	7. 015
社会支持网	连续变量,家庭急需大笔开支时可以求助的户数	4. 356	4. 034
家庭人口特征			
户主特征			
户主性别(名义)	虚拟变量,农户户口本登记的户主为女性取 1,否则取 0	0. 108	0. 311
户主性别(实际)	虚拟变量,男性户主外出务工超过半年,实际家庭决策权让渡给女性的农户取 1,否则取 0	0. 134	0. 341
户主年龄	连续变量,户主的年龄	50. 617	12. 642
平均受教育年限	连续变量,家庭成员受教育年数总和与家庭规模的比值	6. 220	2. 755
总劳动力数量	连续变量,家中年龄在 16 岁以上、65 岁以下的成员数	2. 737	1. 39
家庭结构			
老人+成年人	虚拟变量,由老年人(65 岁以上)和成年劳动力构成的农户	0. 170	0. 376
成年人	虚拟变量,由成年劳动力构成的农户取 1,否则取 0	0. 364	0. 481
成年人+孩子	虚拟变量,由成年劳动力和孩子构成的农户取 1,否则取 0	0. 284	0. 451
老人+成年人+孩子	虚拟变量,由老年人、成年劳动力和孩子构成的农户取 1,否则取 0	0. 13	0. 337
地理特征			
到镇上的距离	连续变量,农户所在村距离乡镇的距离(单位:公里)	10. 336	7. 963
临近保护区	虚拟变量,农户所在村靠近或在保护区内取 1,否则取 0	0. 350	0. 477

四　结果与讨论

（一）农户“福祉-生态”耦合模式的比较

1. 不同耦合模式下农户生计策略的比较

统计不同耦合模式下农户生计策略情况，得到表8-7。可以看出，从总体来看，采用纯农户与多样化生计的农户占比较大，完全依靠非农收入的非农户占比最少，且不足10%；从各生计策略来看，在所有纯农户中，L-H模式占比最大；在所有非农户和多样化生计的农户中，H-L模式占比均较大；从各耦合模式来看，H-L模式和L-H模式具有明显差异。在H-L模式中，采取多样化生计策略的农户占比最大，非农户和纯农户占比均较小，且非农户多于纯农户；在L-H模式中，纯农户占比最大，采取多样化生计的农户占比较小，且不存在非农户。

表8-7　不同“福祉-生态”耦合模式下农户的生计策略比较

单位：户，%

生计策略	Ⅰ. H-H	Ⅱ. L-L	Ⅲ. H-L	Ⅳ. L-H	总体合计
纯农户	135	77	27	276	515
	(12)	(7)	(2)	(24)	(45)
非农户	19	37	31	0	87
	(2)	(3)	(3)	(0)	(8)
多样化生计	118	126	276	31	551
	(10)	(11)	(24)	(2)	(47)
总体合计	272	240	334	307	1153
	(24)	(21)	(29)	(26)	(100)
Pearson $chi^2(6) = 473.3932$　Pr = 0.000					

注：括号里的数字表示该种生计策略在某种模式下的占比；H-H表示高福祉-高依赖，L-L表示低福祉-低依赖，H-L表示高福祉-低依赖，L-H表示低福祉-高依赖。

由此可以看出，当地农户依赖纯农业作为生计策略的情况有所改善，但非农经营仍占比较小；生计策略和不同模式之间存在相关关系，处于“H-L”耦合模式的农户采取更加多样化的生计策略，而处于“L-H”耦合模式的农户则较多采取纯农业生计策略。

2. 不同耦合模式下农户收入构成的比较

统计不同耦合模式下农户收入构成情况，得到表8-8。可以看出，总体而言，农业收入最多，生态补偿收入最少，汇款收入、非农经营收入、政府补贴收入较多但均远少于农业收入；从各类型收入来看，农业收入、非农经营收入和生态补偿收入中收入最高的为 H-H 模式，汇款收入和政府补贴收入中收入最高的为 H-L 模式；从各耦合模式来看，H-L 模式和 L-H 模式具有显著差异。与 H-L 模式的收入主要来自汇款收入不同，L-H 模式的收入主要来自农业收入，且其农业收入、汇款收入和政府补贴收入均显著低于 H-L 模式，尤其汇款收入相较于 H-L 模式具有更高水平的显著差异。

表 8-8　不同“福祉-生态”耦合模式下农户家庭收入构成

单位：元

收入构成	Ⅰ. H-H	Ⅱ. L-L	Ⅲ. H-L	Ⅳ. L-H	均值
	(n=272)	(n=278)	(n=340)	(n=317)	(n=1207)
农业收入	25877. 38$^{(2,3,4)}$	1367. 12$^{(1,3)}$	7428. 22$^{(1,2,4)}$	3700. 41$^{(1,3)}$	9210. 71
非农经营收入	11922. 79$^{(2,3,4)}$	-156. 12$^{(1)}$	1107. 06$^{(1)}$	113. 56$^{(1)}$	2992. 54
生态补偿收入	942. 83$^{(2,3,4)}$	433. 16$^{(1,3,4)}$	668. 26$^{(1,2)}$	613. 97$^{(1,2)}$	661. 73
汇款收入	1673. 16$^{(3,4)}$	2895. 50$^{(3,4)}$	13039. 14$^{(1,2,4)}$	103. 47$^{(1,2,3)}$	4744. 13
政府补贴收入	1998. 55$^{(3,4)}$	1229. 92$^{(3)}$	4932. 87$^{(1,2,4)}$	998. 68$^{(1,3)}$	2385. 49

注：括号里的上角标数字表示该模式和其他模式在 5%的水平上存在显著差异；H-H 表示高福祉-高依赖，L-L 表示低福祉-低依赖，H-L 表示高福祉-低依赖，L-H 表示低福祉-高依赖。

由此可知，农业收入仍是农户最主要的收入来源；虽然同一福祉类型的农户收入构成存在差异，但收入主要来自农业活动更容易导致其呈现对生态系统服务的高度依赖性；从收入的角度来看，“H-L”耦合模式与“L-H”耦合模式的显著差异来源于汇款收入的差异。

3. 不同耦合模式下农户对生态系统服务依赖的比较

统计不同耦合模式下农户对生态系统服务依赖情况，得到表 8-9。可以看出，总的来说，IDES 指数中供给服务指数远高于文化服务指数和调节服务指数。从各服务指数来看，在供给服务指数和调节服务指数中，L-H 模式均最高；在文化服务指数中，H-H 模式最高。从各耦合模式来看，H-L 模式与 L-H 模式的不同体现在：相较于 L-H 模式，H-L 模式的三类指数之间差异较小，且 H-L 模式的供给服务指数和调节服务指数均显著小于 L-H 模式，而文化服务指数无太大差异。

表 8-9 不同“福祉-生态”耦合模式下农户对生态系统服务的依赖指数

农户对生态系统服务依赖的各指数	Ⅰ. H-H	Ⅱ. L-L	Ⅲ. H-L	Ⅳ. L-H	均值
	(n=272)	(n=278)	(n=340)	(n=317)	(n=1207)
IDES 总指数	0.9173$^{(2,3)}$	0.3675$^{(1,4)}$	0.3231$^{(1,4)}$	0.9203$^{(2,3)}$	0.6241
供给服务指数	0.6807$^{(2,3)}$	0.2721$^{(1,4)}$	0.2563$^{(1,4)}$	0.7285$^{(2,3)}$	0.4796
文化服务指数	0.1963$^{(2,3,4)}$	-0.0045$^{(1)}$	0.0287$^{(1)}$	0.0233$^{(1)}$	0.0574
调节服务指数	0.0403$^{(2,4)}$	0.0998$^{(1,3,4)}$	0.0381$^{(2,4)}$	0.1685$^{(1,2,3)}$	0.0871

注：括号里的上角标数字表示该模式和其他模式在5%的水平上存在显著差异；H-H表示高福祉-高依赖，L-L表示低福祉-低依赖，H-L表示高福祉-低依赖，L-H表示低福祉-高依赖。

综上可得，农户对生态系统的供给服务依赖程度仍较高；高依赖模式的农户三种服务指数均较高；不依赖生态系统的供给服务，农户通过其他生计渠道（如外出务工、增强自身技能实现就业等）仍可取得高收入的H-L模式；而只较多地依赖生态系统的供给服务，不仅增加了生态系统的负担，而且无法使农户达到高福祉水平，容易形成L-H模式。

（二）易地扶贫搬迁对不同“福祉-生态”耦合模式的影响

将“福祉-生态”四种耦合模式的实现概率作为因变量，对其影响因素进行回归，回归结果如表8-10所示。其中，模型1为检验总样本中农户参与易地扶贫搬迁对四种模式实现概率的影响，有效的样本量为1306。模型2至模型4为分别引入搬迁类型、安置方式、迁入时间，进一步探究不同搬迁特征对耦合模式实现概率的影响，样本量为355。

模型1回归结果显示，与L-H模式相比，搬迁对H-L模式的实现有显著的正向影响。较多的人均耕地、较多的自有资产、较广泛的社会支持网、高质多量的劳动力、年轻的户主、到镇上的距离较近以及临近保护区有助于H-H模式的实现；人均耕地、人均林地和自有资产较少，户主外出务工超过半年的农户较多有助于L-L模式的实现；房屋估价较高、高质多量的劳动力较多以及临近保护区有助于H-L模式的实现。

表 8-10　易地扶贫搬迁政策对不同“福祉-生态”耦合模式的影响

解释变量	模型 1			模型 2			模型 3			模型 4		
	Ⅰ. H-H	Ⅱ. L-L	Ⅲ. H-L	Ⅰ. H-H	Ⅱ. L-L	Ⅲ. H-L	Ⅰ. H-H	Ⅱ. L-L	Ⅲ. H-L	Ⅰ. H-H	Ⅱ. L-L	Ⅲ. H-L
搬迁户(预测)	0.77	0.14	2.10***	—	—	—	—	—	—	—	—	—
自愿搬迁	—	—	—	0.34	0.05	1.28**	—	—	—	—	—	—
集中安置	—	—	—	—	—	—	0.03	0.71	1.51***	—	—	—
迁入时间	—	—	—	—	—	—	—	—	—	-0.38	-0.09	1.41***
生计资本												
人均耕地	0.27***	-0.48***	-0.06	0.24	-0.49	-0.22	0.32	-0.59*	-0.18	0.30	-0.44	-0.06
人均林地	-0.01	-0.02**	0.01	-0.01	-0.05	0.02	-0.01	-0.05	0.01	-0.01	-0.06	0.02
自有资产	0.16**	-0.23***	-0.08	0.16	-0.26	-0.38**	0.17	-0.25	-0.39**	0.16	-0.23	-0.36**
房屋估价	0.01	0.02	0.05***	0.08**	0.16***	0.11***	0.08**	0.09**	0.10***	0.09**	0.10**	0.11***
社会支持网	0.06**	0.03	0.04	0.05	0.02	0.03	0.05	0.01	0.01	0.06	0.01	0.00
家庭人口特征												
平均受教育年限	0.10**	-0.01	0.09	0.03	-0.12	0.03	0.01	-0.11	0.02	0.01	-0.12	0.01
总劳动力数量	0.27***	-0.11	0.34***	0.17	-0.44*	0.39*	0.17	-0.47*	0.38*	0.18	-0.45*	0.45**
户主性别(名义)	-0.24	0.23	0.17	-1.39	-1.19	0.29	-1.40	-1.03	-0.07	-1.30	-1.85	0.27
户主性别(实际)	0.28	1.38***	2.02***	0.08	1.58	1.98**	0.05	1.48	1.90**	0.04	1.54	2.16**

续表

解释变量	模型 1			模型 2			模型 3			模型 4		
	Ⅰ. H-H	Ⅱ. L-L	Ⅲ. H-L	Ⅰ. H-H	Ⅱ. L-L	Ⅲ. H-L	Ⅰ. H-H	Ⅱ. L-L	Ⅲ. H-L	Ⅰ. H-H	Ⅱ. L-L	Ⅲ. H-L
户主年龄	-0.02*	-0.01	0.00	-0.01	0.04*	0.01	0.00	0.05*	0.02	0.00	0.04*	0.01
老人+成年人	-0.37	-0.71	0.14	1.76	3.14*	0.40	1.89	3.30**	1.02	1.95	3.09*	0.51
成年人	-1.08	-0.49	-0.13	0.49	3.01*	0.01	0.53	3.31*	0.40	0.42	2.93*	-0.07
成年人+孩子	-0.93	-0.64	0.29	1.06	4.26**	1.27	1.16	4.55***	1.92	1.19	4.15**	1.23
老人+成年人+孩子	-0.02	-0.73	0.70	1.54	2.82	0.68	1.64	2.86*	1.21	1.69	2.88*	0.59
地理特征												
到镇上的距离	0.05***	-0.01	0.01	0.08**	0.00	0.07*	0.08*	0.01	0.08**	0.10**	0.00	0.03
临近保护区	0.93***	-0.27	0.46**	1.15**	-1.17*	0.04	1.19**	-1.31*	-0.14	1.32**	-1.18	0.33

注：①Pseudo R^2=0.148。②H-H 表示高福祉-高依赖，L-L 表示低福祉-低依赖，H-L 表示高福祉-低依赖，L-H 表示低福祉-高依赖，L-H 模式为参考组。③ *** 表示 $p<0.01$，** 表示 $p<0.05$，* 表示 $p<0.1$。

模型2至模型4回归结果显示，与L-H模式相比，自愿搬迁、集中安置、新阶段迁入对H-L模式的实现有显著的正向影响，而其他三类自变量的表现略有差异。在模型2和模型3的回归结果中，房屋估价较高、到镇上的距离较近以及临近保护区是产生H-H模式的主要影响因素；房屋估价较高但总劳动力数量较少、户主年龄较大、家中老人和孩子较多以及远离保护区是产生L-L模式的主要影响因素；自有资产较少但房屋估价较高、总劳动力数量较多、外出务工时间较长以及到镇上的距离较近是产生H-L模式的主要影响因素。而模型4显示，房屋估价较高、到镇上的距离较近以及临近保护区是产生H-H模式的主要影响因素；虽然房屋估价较高但总劳动力数量较少、户主年龄较大以及家中老人和孩子较多是产生L-L模式的主要影响因素；自有资产较少但房屋估价较高、总劳动力数量较多以及外出务工时间较长是产生H-L模式的主要影响因素。

可以看出：第一，搬迁可以显著提高农户实现H-L模式的概率，即相较于非搬迁户，搬迁户更容易实现H-L模式；第二，就搬迁特征来说，也存在以下特点。

其一，自愿搬迁农户更容易实现H-L模式。相较于工程、避灾等非自愿移民的“等、靠、要”，自愿移民对移民结果期望较高，往往更加积极主动地适应外部环境的变化，完成生计模式向非资源依赖型的转变。

其二，集中安置能够有效提高农户实现H-L模式的概率。产生这一结果的可能原因有：相比插花、投靠亲友等分散安置方式，集中安置基础设施和公共服务较为完善，方便政府集中提供就业培训和引进扶贫项目，有助于农户享受更多配套措施和帮扶政策，获得更多就业机会和市场信息，增加其外出务工和进行非农经营的可能。

其三，新阶段迁入可以显著提高农户实现H-L模式的概率。相较于早期移民搬迁，新阶段的搬迁工作和后续治理工作均更为系统成熟，更好地发挥政府主导作用，通过提供保姆式优质服务，促进农户向非资源依赖型生计策略转变。

五 总结与建议

本节基于微观视角分析了易地扶贫搬迁对农户“福祉-生态”耦合模式的影响。研究发现如下。

第一，“高福祉-低依赖”为最优耦合模式，“低福祉-高依赖”为最差耦合模式；“高福祉-低依赖”家庭主要收入来源为外出务工汇款，其生计多样化水平较高，生态系统服务依赖度显著低于其他三类家庭，而“低福祉-高依赖”家庭收入来源以低效农林种植为主，其非农化程度和生计多样化水平均显著低于其他三类家庭，生态系统服务依赖度显著高于其他三类家庭。

第二，易地扶贫搬迁工程的实施有助于破解“一方水土养不起一方人”的发展困境，促进农户采取多样化生计方式，既保证了农户获取较高的家庭收入，又降低了农户对生态系统服务的依赖程度，实现了生态保护与脱贫致富的双重目标。

第三，参与易地扶贫搬迁促进农户收入结构优化，提高了汇款等非农收入在农户总收入中的比重，同时降低了其对生态系统服务的依赖程度，促使农户向“高福祉-低依赖”模式发展。

第四，自愿搬迁农户在应对外界环境变化时更为主动积极，从而更容易构建非资源依赖型生计模式，实现“高福祉-低依赖”模式。

第五，集中安置方式能够产生政策溢出和学习效应，有助于农户享受更多帮扶政策和配套资源，增加农户获得非资源依赖型收入途径，帮助其向“高福祉-低依赖”模式发展。

第六，新阶段易地扶贫搬迁工程更加强调政府的主导性，给予农户更多的帮扶措施和资金支持来保证其家庭收入的可持续性，同时在农户向非农生计转变过程中提供及时的引导和培训来增强其自我发展能力，对农户形成“高福祉-低依赖”模式起到了明显的促进作用。

分析易地扶贫搬迁背景下农户的“福祉-生态”耦合模式，可以为改善家庭福祉、减少环境影响以及促进家庭生计的可持续提供科学依据。结合研究结论，针对易地扶贫搬迁后续工作开展，本节提出以下建议。

1. 加强宣传动员，加快项目建设，有力推进自愿性、集中性和系统性搬迁安置工作

各地政府应注重综合利用多种手段宣传易地扶贫搬迁相关政策，让贫困户能够详细准确地了解政策内容，及时享受政策优惠及福利，提高参与易地扶贫搬迁工程的热情，同时加快安置地项目建设，落实集中安置方式群众的居住保障，多措并举有力推进易地扶贫搬迁工作，有效发挥易地扶

贫搬迁政策强调的自愿原则、集中安置方式以及新阶段搬迁对破解“一方水土养不起一方人”发展困境的积极作用。

2. 注重非农引导，有序调整农户的收入结构并减少生态依赖

虽然易地扶贫搬迁政策对农户的可持续生计转换具有促进作用，但整体来看，扶贫搬迁背景下的农户生计现状仍为非农经营者比例较低，且收入较多来自农业收入，对生态系统的供给服务依赖程度仍较高。因而，政府需加强就业指导和技能培训，提升农户非农就业的技能，或在安置区内引进和发展劳动密集型的企业以及第三产业，为移民创造更多的非农就业机会。同时，政府需要意识到农户的非农转变并非一蹴而就的，应在保障农户福祉的前提下，有计划有秩序地帮助农户实现非资源依赖型生计策略。

3. 注重精准施策，提升帮扶政策的实效

由于不同耦合模式的农户在生计策略、收入构成和生态系统服务依赖度方面具有明显的差异，政府应结合各耦合模式下农户的不同表现，精准识别问题，细化措施到位，做到精准发力，助推农户“高福祉-低依赖”模式的实现。

第九章 易地扶贫搬迁的生态效益分析

第一节 陕南移民搬迁工程的生态效果分析与评价

陕南避灾移民搬迁和“十三五”时期易地扶贫搬迁的重心都在将山区农户从生态脆弱、难以生存的地方搬出迁至宜居地，重点为以人为本，改善农户居住和生产环境，远离自然灾害、脱离因资源环境引致的贫困，政策支持也都集中在实现“搬得出、稳得住、能致富”的目标上；在基本实现了脱灾、脱贫的基础上，接下来的生态移民的工作重心应向生态目标转移，以下以陕南移民搬迁工程为例，分别从家庭、社区和区域层面，探讨其在实现生态目标方面的成效和面临的问题。以生态目标为切入点，陕南地区总生态目标以及不同层面生态目标的分解如图 9-1 所示。

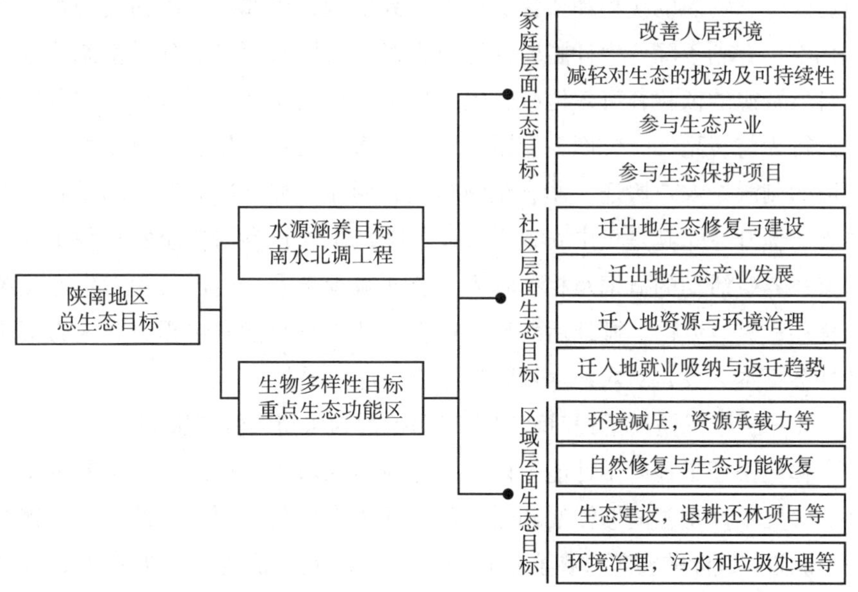

图 9-1 陕南地区总生态目标以及不同层面生态目标的分解

一 家庭层面

（一）移民搬迁工程对人居环境的影响

移民搬迁工程以生计资本重建与提升，改善了移民人居和生产环境。作为改善民生的重要举措，陕南移民搬迁工程更是以防灾减灾为出发点，旨在使生态脆弱区的居民摆脱因资源匮乏和自然灾害等引发的贫困。在调研访谈和数据分析中，多数移民表示搬迁后交通、居住、教育等环境有大幅改善，提高了自身的物质资本；尤其是集中安置模式较分散安置在提升农户生计资本方面表现出更多的优势。如汉中市城固县安置社区建设尤其重视移民现在的居住环境，对社区环境绿化、楼房密度设计等均有周密考虑。但在改善生产生活环境的同时，移民也普遍面临高搬迁成本、高生活成本以及失地带来的生计风险等问题。对生态移民来说，土地承担着农业生产和自身生存保障的双重职能，搬迁之后自然资本的减少弱化了土地的保障功能。

（二）移民搬迁工程对生态系统人为扰动的影响

移民搬迁工程以生计结构优化与转型，减少了移民对生态系统的人为扰动和依赖。搬迁后农户的生计行为与生计转型客观地反映了农户对生态脆弱区生态资源的扰动和依赖。许多研究发现，以非农活动为主的生计多样化不仅有利于降低生计脆弱性、减少饥荒威胁，而且能降低生态足迹及对自然资源的依赖，有效地减轻生态压力。移民搬迁工程直接影响着农户生计行为与转型。一方面，受搬迁政策的直接支持作用、内部动力和外部环境的刺激，农户搬迁后非农化倾向比较明显，如外出务工活动及收入有显著的提升，尤其是集中安置方式显著降低了农户参与传统农林种植活动和家畜养殖活动的概率及相关收入，从而减少了农户生产行为对生态系统的扰动；另一方面，搬迁后新环境也会导致农户自然资本损失、人力资本和社会资本失灵，对农户生计转型形成一定的限制。

（三）移民搬迁工程对移民生态保护行为可持续性的影响

移民搬迁工程以生计能力恢复与适应，保障生态修复与保护的可持续性。移民生计是否能够恢复和适应新的环境直接关系到移民的留居意愿和“稳得住”目标的实现，在实地调查中，生计问题成为移民群众返迁的决定性因素，从而难以保障生态修复和保护的可持续性。而生态移民的生计恢复策略的关键在于生计资本：短期内，社会资本对移民生计恢复和社会适应有重要作用；长期来看，人力资本则发挥着更为重要的作用。集中安置、城镇化安置方式对移民的微观社会网络重构发挥了积极的作用，更有利于移民生计恢复和搬迁后生计风险的应对。

调查中，外出务工是移民应对生计风险的常用策略，尤其是搬迁初期为农户带来更多的现金支持以平滑消费，但长期来看存在隐患。目前，安置地就业吸纳能力不足，外出务工仍是移民维持生计的主要趋势，“能致富”目标更多地依赖于外出务工活动来实现，由政府牵头实施的就业指导及培训项目也在这一过程中发挥着积极的作用。但打工并不能解决长远的生计发展问题，过度依赖反而使得收入单一，加大了致贫的风险。

（四）移民搬迁工程对移民参与后续生态建设项目意愿的影响

移民搬迁工程以移民参与生态保护的意愿，推进搬迁后续生态修复与建设项目，有助于推进生态文明建设。尤其是生态移民，将农户从生态脆弱区迁移到宜居区只是实现生态目标的第一步，除了自然修复之外，搬迁后原居住地宜耕地宜林地等参与退耕还林、生态公益林等生态建设项目相结合或衔接或更有利于提高生态效益。一方面，搬迁增加了移民参与退耕还林等生态建设项目的意愿和行为，有助于保障生态成果的可持续性。在调研访谈中，大部分移民有较强的意愿参与生态保护项目，但限于没有政策引导和支持。另一方面，搬迁农户能产生更高的生态系统总净收益，供给服务、调节服务、文化服务净收益，以及社会经济净收益，且对生态系统服务的依赖程度降低。生态移民作为“移民”和“生态保护者”双重身份，地方政府尤其是迁出地应积极引导参与生态修复和建设项目，并基于其生态保护行为给予一定的生态补偿。否则，返迁或对土地的粗放利用反而会阻碍自然资源和生态环境的修复。

（五）移民搬迁工程对移民参与生态产业发展的影响

移民搬迁工程以本地生态产业的建设与发展，助力移民劳动力就业与转型。移民搬迁工程加快了山林、耕地的流转速度，为建设现代农业园区，发展生态农林、养殖、旅游等绿色产业创造了条件。许多安置社区以此为动力吸纳搬迁户实现本地就业，在保障自然资源合理利用、生态环境修复与保护的同时，能够在一定程度上解决移民后续生计发展问题。但在调查中了解到，许多安置社区的产业带动力不强，劳动力吸纳能力有限，外出务工仍是移民的主要生计模式。山区农林业、养殖业等规模经营有诸多限制，依托自然优势的生态旅游产业季节性强，且存在收益分配不公等问题，农户受益渠道和受益程度有限。

（六）移民搬迁工程对移民中弱势群体的影响

移民搬迁工程以精准的政策设计与配套，突破弱势群体搬不出的难题和稳不住的隐患。弱势群体，如老年人和贫困户是搬迁过程中最具挑战性的两个群体；同时，搬迁后老年人和贫困户也往往面临更为严峻的生计问题和返迁趋势。老年人和贫困户同时对“搬得出”、“稳得住”和“能致富”目标提出了挑战，且他们福祉的改善与受损直接关系到生态目标的实现和生态成果的可持续性。搬迁对贫困户生计恢复和老年人心理健康的冲击更为强烈。由于自身人力资本薄弱，受年龄、行动能力、经济地位等的制约，外出务工等非农活动会受到阻碍，原本作为农业劳动力的老年人和贫困户搬迁后丧失了生产发展的机会，往往会选择返回山上重新耕种。社会支持网络或可为老年人的心理健康提供保障，如迁入地社会、文化融合较好有助于缓解他们的心理压力。自愿搬迁和集中安置方式有助于搬迁老年人的心理健康修复，摆脱持久性贫困和生计困境，但仍需要时间去缓冲移民搬迁这一巨大的外部冲击。

二　社区层面

移民搬迁工程不仅是人口的流动，人类活动对环境的影响也会随之转移。因此，要在社区层面实现移民搬迁工程生态目标，就要兼顾迁出地土地资源利用及生态建设与修复，和迁入地社区新的资源压力与环境综合整治两个方面。以下主要是基于陕南汉中、商洛、安康三市的调研访谈就移民搬迁政策对自然资源和生态环境的影响进行分析。

（一）移民搬迁工程对迁出地生态修复与保护的影响

移民搬迁工程迁出地旨在通过土地资源整合与利用助力实现生态保护与可持续发展目标。迁出地土地资源的整合方式主要包括移民旧宅基地的腾退复垦和种养业土地资源的流转。用于发展生态的土地流向主要涉及生态修复与建设、农林业生态产业的发展、生态旅游产业的发展三个方面。

第一，搬迁后原生态脆弱区土地资源用于生态修复与建设项目是移民搬迁工程实现生态目标的最有效方式，但即使是生态移民，搬迁后续生态建设规划与措施也非常少。移民搬迁提供了生态修复和建设的空间。据调查研究，陕南移民搬迁工程开展以来，实现宅基地腾退面积达 3.4 万亩，其中复垦 2.1 万亩，还林 1.3 万亩。[①]

在调研访谈中也发现了两个主要问题。首先，地方政府及农户对移民搬迁类型界定和认知不明。如移民搬迁类型划分依据不一致，扶贫搬迁类型是依据经济条件，避灾和生态类型是依据生存环境及地理条件，划分类型必有重合，不利于日后与生态移民有关的生态补偿机制的落实。其次，生态移民被赋予的内涵不够丰满，仅体现在移民划定、补偿方案和安置措施等方面，搬迁后多是自然修复，缺乏与人工修复相结合和开展生态移民后原居住地生态修复与后续生态建设土地利用规划和措施、生态效益监测与评估等工作。地方政府有意识地将移民搬迁工程与退耕还林及生态公益林、天然公益林保护等生态建设项目相结合的不多。移民宅基地腾退工作在实施过程中也面临诸多问题，如不少移民虽然不再依赖土地产出维持生计，但并未脱离土地生产，未腾退的宅基地可供搬迁户暂时、适时地返迁耕种，或更为粗放地经营，以供日常所需、节省生活成本，在一定程度上会对生态修复的效果打折扣。即使不再耕种的土地也没有明确的处理方式或者政策性的引导与整合，一味强调原有土地产权还是属于搬迁户，于农户、于生态却无实质效用。

第二，移民搬迁工程与农林业生态产业发展相结合也是探索生态保护与经济发展的路径之一。一方面，迁出地通过集中流转移民分散的土地资源发展适度规模经营，发展生态农林业、绿色养殖等，提高土地利用和生产效率，惠及那些虽然远离了土地但又不愿放弃土地收益的移民，如商洛市镇安县永乐镇以移民搬迁为契机促进搬迁户土地的聚集，颇为有效地结合了移民搬迁与林业产业发展。另一方面，移民离开原居住地后对退耕林地、生态公益林等的经营管护程度参差不齐，反而不利于生态系统的修复和保护，而由集体、企业或农民代表统一管护和经营更有实效。山阳县林业部门也表示，搬迁后一些惠民平台和惠民措施的实施确实遇到一些问题，如生态公益林的管护职责无法履行，建议将土地留给当地集体组织，

① 资料来自相关新闻报道，https：//www.sohu.com/a/120642388_ 114731。

由集体组织统筹森林生态效益基金共同管护。

第三，依托天然生态优势的生态旅游是社区发展的重要驱动力和主流趋势之一。结合生态移民的特殊性，迁出地社区往往处于生态脆弱区、生态修复区、自然保护区、风景名胜区等，有相当一部分已经具备发展生态旅游的条件。结合国家公园体制整合重要生态功能区的生境破碎化，在合理的规划与统筹多元渠道的资金支持下，适度发展生态旅游产业、开展科学研究和环境教育等，一方面可以改变生态保护区内原有的生产方式，带动第一、第二、第三产业融合，另一方面可以增强公众参与生态保护的意愿。但生态旅游产业的发展需要建立在科学规划和环境影响评估的基础上，减少旅游经济过程中产生新的环境问题。

（二）移民搬迁工程对迁入地资源保护与环境治理的影响

移民搬迁工程迁入地旨在通过资源保护与环境治理谨防生态环境问题随人口转移。迁入地的土地整合方式主要有开发、复垦和整理三种形式，主要来源于原居民的建筑用地、生产用地、荒地或滩涂等。移民搬迁工程不仅是人口的迁移，人类活动及其引致的生态环境影响也会随之转移，尤其是迁入地选址通常选择有相对较高人口容量和生产发展空间和潜力的地区，如靠城镇、靠园区、靠景区等。因此，为避免迁入地社区陷入同样的生态环境困境，需要重视环境综合治理、新的资源承载力、就业吸纳与生态产业发展三个方面的因素。

1. 安置社区环境综合治理是社区建设的工作重点和重要内容，但有些地区相关的基础设施建设相对滞后

移民搬迁工程旨在改善农民生活生产环境，因此，搬迁工程对安置社区环境综合整治颇为重视，主要体现在生活垃圾和污水处理等方面。集中安置是主要的搬迁安置模式，人口由分散到聚集，势必给迁入地的环境治理带来不小挑战。在这方面发展较为成熟的高土坝安置社区和胜利新村形成了较为良好的示范，体现在人工湿地系统、楼房密度设计、社区绿化等方面。而多数安置社区仍处在规划和建设中，现有的基础设施配套并不能满足已搬迁入住的居民的需求，呈现一定的滞后性。对于城镇安置来说，移民的到来给原有垃圾和污水处理系统带来了压力，而对新建的安置社区而言，污水处理厂、垃圾无害化处理等基础设施建设相对滞后，由于诸多因素影响有些仅停留在规划设计层面，引起移民和原居民对社区资源不足、卫生环境等配套服务不完善的不满，如山阳县李家湾社区配套垃圾处理和污水处理设施等的不完善势必会加大该地区水资源保护的压力。

2. 随着人口的流入，资源环境压力的转移，迁入地面临新的资源管理挑战

移民搬迁缓解了原居住地资源环境压力的同时，随着人群的聚集给迁入地带来了新的资源与环境治理压力。有土安置对移民来说是最为理想的安置方式，但移民安置社区的建设和移民对土地资源的需求加剧了迁入地土地资源的压力，有些移民表示安置社区水资源供给不足，经常出现停水的情况，甚至有些迁入地原居民因失地而陷入生计困难，由此产生的不满情绪增加了社区矛盾，不利于移民融合。以景区开发和生态旅游带动移民发展的社区，或存在资源开发过度、生物多样性锐减、生态系统退化等隐患。因此，迁入地安置社区在建设和开发的同时要充分考虑迁入人口规模、资源需求、当地资源环境容量等方面，提前做好规划。

3. 基于生态产业的就地转产容量和能力建设是当前迁入地社区建设的重中之重，但普遍对移民劳动力的吸纳相当有限

搬迁后移民的生计问题直接决定了其返迁意愿，安置社区应对的主要模式有以下四种。

第一，社区周边配套建设产业园区、厂房、市场、基地等，如高坝店安置社区的食用菌园区、高土坝社区的茶园基地等，是目前社区发展较为主流的模式，但普遍就业吸纳能力有限，且受产品市场价格波动影响大。

第二，依托当地资源，发展乡村旅游带动农户从事三大产业，该模式发展潜力与新的生态隐患并存，季节性强，门槛高，不适用于上楼安置和弱势群体。

第三，商住两用安置房助力移民在社区发展非农经营，但由打工热潮引起的安置社区空心化使得整体经营情况不佳。

第四，辅助性渠道，如技能培训等，助力移民自我发展能力提升，需重视实际需求和应用性，避免流于形式。

三　区域层面

（一）移民搬迁工程对陕南资源和环境压力的影响

通过对陕南山区区域环境容量和生态承载力的估算发现，移民搬迁工

程提高了陕南资源环境容量，但加大了环境污染防治压力。

1. 基于土地生产力和国民生产总值的陕南山区环境容量估算

选取粮食生产潜力、耕地面积、人均粮食消费量、二/三产业产值等变量对陕南山区环境容量的“可能度”进行计算。从表 9-1 可以看出，一方面，2010 年和 2014 年，陕南山区人口环境容量均处于超载状态，这与陕南土地贫瘠和经济水平相对落后有较大关系；另一方面，陕南山区 2014 年的人口容量大于 2010 年，可见，2011 年实施移民搬迁之后，农村剩余劳动人口得到有效吸纳，贫困农民从原住地迁出，推动了陕南山区城市化、现代化进程，增强了人口和产业的集聚效应，同时，降低了地质灾害发生率、减轻了农业面源污染，促进了迁出区的生态修复和山地森林生态建设，在一定程度上促进了陕南山区人口环境容量的提高。

表 9-1　基于土地生产力和国民生产总值的陕南山区环境容量估算

单位：人/km

项目	2010 年	2014 年
自然人口环境容量	217	261
社会经济人口容量	71	79
综合人口环境容量	79	86
现实人口容量	120	121

资料来源：《陕西省统计年鉴（2016）》、《陕西省统计年鉴（2011）》、《商洛市统计年鉴（2011）》、《汉中市统计年鉴（2011）》、《安康市统计年鉴（2011）》、《2015 年汉中国民经济和社会发展统计公报》、《2015 年安康国民经济和社会发展统计公报》和《2015 年商洛国民经济和社会发展统计公报》。

2. 以环境污染为主要影响因子的陕南山区环境承载状况估算

选取 GDP 增速、人均耕地面积、万元 GDP 能耗、工业废水处理量、城镇化水平、人口自然增长率、工业废弃物排放、万元 GDP 废水排放量、工业用水总量等 9 项以环境污染和治理为主导因子的指标，采用状态空间法进行陕南山区环境容量“合理度”估算，得到相关结果如表 9-2 所示。可以得出以下结论。

第一，2010 年和 2015 年，陕南山区的环境系统均处于超载状态；且与 2010 年相比，2015 年陕南山区环境压力略微增大。表明经济增长的同时，陕南也在加大资源、生态和环境保护的力度。

第二，工业用水总量、工业废弃物排放、万元 GDP 废水排放量、工业废水处理量这 4 项指标占了总指标的 77.92%，可见，工业的发展对陕南地区的环境状况影响巨大，尤其是工业用水总量、工业废弃物排放和万元 GDP 废水排放量是导致陕南山区环境承载力超载的主要限制因素。

第三，从 2010 年到 2015 年，陕南三市的 GDP 总和翻了一倍还多；城镇化水平从不到 20%增长至 40%以上，而工业用水总量增长了 30%以上，应该引起注意的是这种高速的增长模式，一般会以资源过度消耗、生态破坏和环境污染加重为代价。同时，随着人口的聚集，移民搬迁工程给区域资源环境承载、垃圾和污水集中处理等带来新的压力和挑战。

表 9-2 陕南山区 2010 年和 2015 年的环境承载状况

环境承载指标	2010 年	2015 年
区域承载力（EC）	2.7323	2.9185
现实的区域承载状况矢量与理想区域承载力矢量之间的夹角（cos θ）	1.0033	1.0032
现实的区域承载状况（REC）	2.7413	2.9278

资料来源：《陕西省统计年鉴（2016）》、《陕西省统计年鉴（2011）》、《商洛市统计年鉴（2011）》、《汉中市统计年鉴（2011）》、《安康市统计年鉴（2011）》、《2015 年汉中国民经济和社会发展统计公报》、《2015 年安康国民经济和社会发展统计公报》、《2015 年商洛国民经济和社会发展统计公报》、第六次全国人口普查陕西数据。

（二）移民搬迁工程对陕南地区生态系统修复和功能服务的影响

移民搬迁工程提高了陕南地区森林覆盖率，带来重要的生态系统服务价值。

1. 搬迁改变土地利用与土地覆盖，有利于增加森林覆盖面积

根据课题组在安康的研究分析，2015 年底，有 9.3%的山区坡耕地被转为森林，3.5%的草地以及 16.9%的裸地被转为城市用地；2020 年底，累计 16.9%的山区坡耕地被转为森林，12.7%的草地以及 16.9%的裸地将转为城市用地。相关数据如图 9-2 所示。

2. 移民搬迁带来重要的生态系统服务价值，为陕南地区和南水北调中线供水带来利好

以安康的移民搬迁为例，随着森林覆盖面积的增加，安康地区的生物多样性提高，并带来水源涵养、水土保持、氮磷保持及固碳等多种生态系统服务功

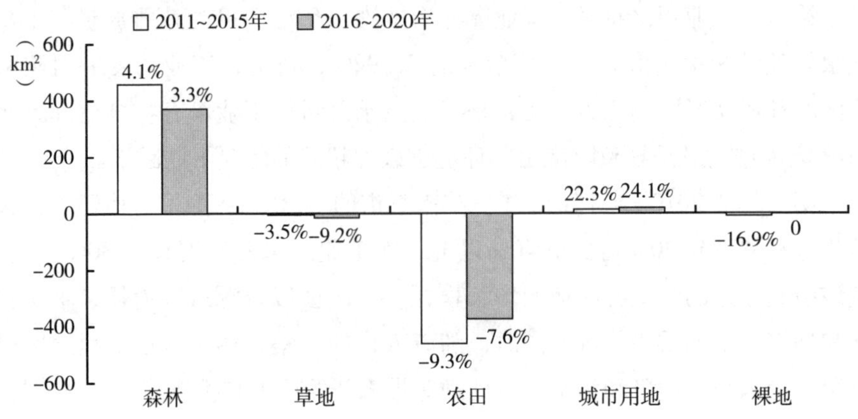

图 9-2 安康地区土地利用与土地覆盖变化

资料来源：安康市土地利用图。

能，同时，山区坡耕地面积的减少又直接减轻了水土流失和汉江流域氮、磷等化学沉积。据估计，移民搬迁工程的实施将为安康以及下游提供氮保持总量为122吨（2011~2015年）和200吨（2011~2020年），磷保持总量约为19吨（2011~2015年）和30吨（2011~2020年）。同时，共计减少水土流失约为30万吨（2011~2015年）和90万吨（2011~2020年），固碳总量为21万吨（2011~2015年）和38万吨（2011~2020年）。此外，移民土地流转集中建设生态农业或林业园区，发展绿色农业，增加了生态服务中的供给服务。从2010年到2020年，安康生态系统的农业生产功能下降、土壤侵蚀调节功能提高、固氮与固磷功能提高、固碳功能提高。相关数据如图9-3所示。

3. 陕南移民搬迁工程的实施将给南水北调中线下游用水区域带来净水成本的节约，并带来全球尺度上的固碳收益

预计从陕南移民搬迁开始实施至2020年的十年间，安康的移民搬迁工程为南水北调中线工程下游共计节约4200万元的净水成本，2020年以后，预计每年节约净水成本1300万美元，为后续计算跨区域生态补偿提供了依据。在固碳收益方面，2011~2020年，共计有2.45亿元的固碳收益产生，项目期之后，对于全球带来的固碳收益预计每年达到6300万元。

（三）移民搬迁工程对陕南地区生态建设的影响

移民搬迁工程与生态建设结合，推进生态文明建设与生态目标的实现。如迁出地移民宅基地和山地纳入退耕还林、天然林保护、生态公益

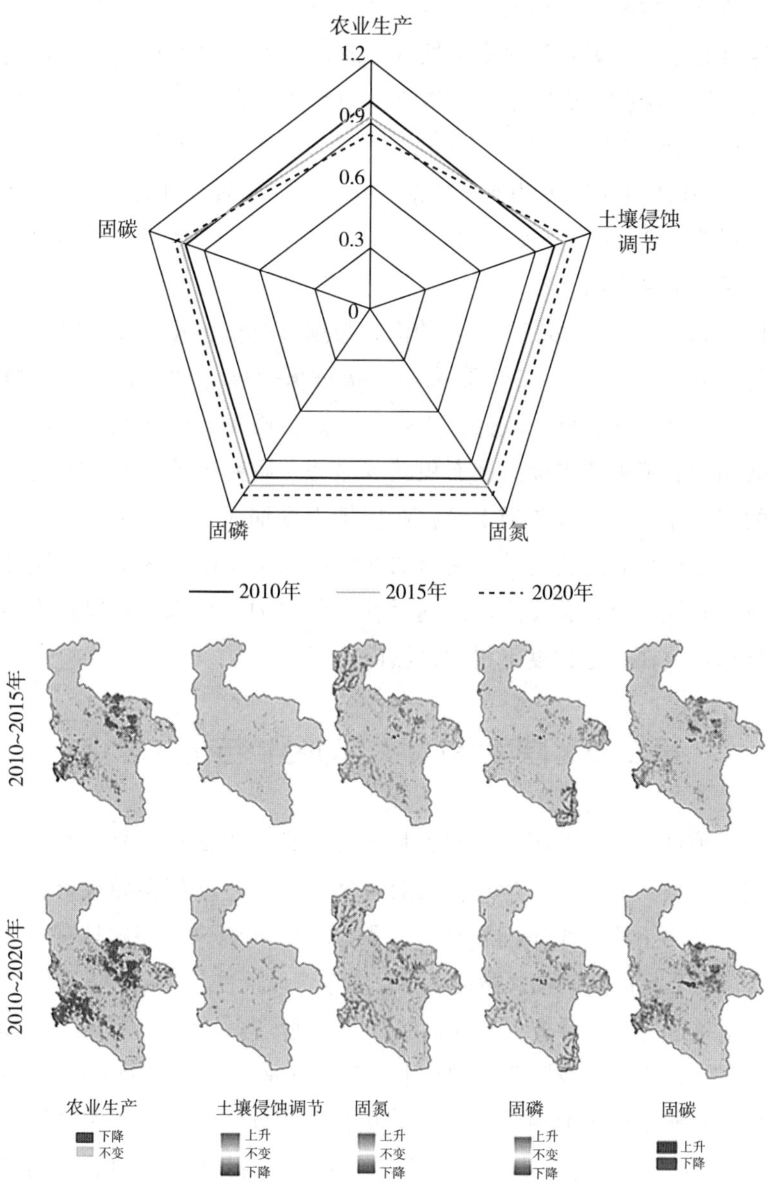

图 9-3　安康地区分类型的生态功能变化

资料来源：安康市土地利用图。

林、小流域治理等生态建设项目等；“十二五”期间，陕西省移民搬迁工程始终把生态环境保护摆在重要位置，通过移民搬迁，实现了陡坡地退耕还林、还草，缓解了人口和资源的矛盾，有效减少对自然环境的人为侵扰；通过对生活垃圾和污水集中处理，改善了农村水源污染不易控制的局面，为天然林保护、山区生态功能恢复奠定了基础。五年来，全省累计腾退宅基地 0.26 万公顷（4.03 万亩），其中复垦 0.16 万公顷（2.47 万亩），还林 0.10 万公顷（1.56 万亩），陕南地区年均治理水土流失 2400 平方公里、植树造林 8.44 万公顷（126.7 万亩），保护了生物多样性和生态主体功能，保障了国家南水北调中线工程的水源安全。

根据 MODIS 月合成的 NDVI 的像元数据进行植被覆盖度计算，可以发现，与 2010 年相比，2015 年陕南山区植被覆盖度增加，表现为高植被覆盖区面积显著增加，低、较低、中度和较高植被覆盖度区域面积减少，尤其是低和较低植被覆盖度区域面积减少显著。研究区植被覆盖度受到人为因素的积极作用。一是陕南山区林业保护力度加大，包括封山管护、封山育林、人工造林和退耕还林等措施的加强；二是陕南山区贫困移民和退耕还林政策有机结合，移民迁出的同时林业保护力度加大，移民迁出后，原住地林草植被在一定程度上得到自然恢复。

第二节　陕南移民搬迁的经验与模式总结

由于地理及历史原因，陕南大量人口长期依山而居、靠山吃山，该地自然灾害频发，并且传统生产方式对自然资源的过度依赖导致资源承载与生态修复能力下降，生态问题日益严重。2011 年以来，兼顾扶贫、生态和发展等多维目标的陕南移民搬迁工程，依靠“政府主导、农户自愿、市场参与、体次推进”的引导方式，探索出“山上建园区，山下建社区”的搬迁模式以及以“离土不离乡”为主的集中安置与就业方式。从被动式治理到预防式治理，从劈荒毁林到顺应自然，尊重自然规律，陕南移民搬迁试图打破“贫困—环境恶化—进一步贫困”的恶性循环。与此同时，陕南坚持移民搬迁、农业现代化、城镇化三位一体，所形成的对城镇化的“倒逼”效应，既是对已有城镇化推进模式的丰富与发展，也是带动农村发展的重要体现。

本节从家庭层面、社区层面以及区域层面三个角度出发，对陕南移民搬迁的经验进行总结，分别提出微观作用模式、社区推动模式、区域协调模式，并在此基础上提出易地移民搬迁的生态与人类福祉连接模式。

一　微观作用模式

微观作用模式主要针对参与移民搬迁的微观主体——农户，在易地移民搬迁政策的实施过程中，农户既是参与者主体和重要的利益相关群体，也是社会生产和消费决策的最基本单位，搬迁农户生计行为既体现了微观经济行为主体利用自然资源和生态系统服务的过程、途径和方式，也直接决定了生态保护与经济发展关系的可持续性。因此，作为重要的生态与发展类项目，易地移民搬迁政策能够在多大程度上破解“一方水土养不起一方人”的发展困境，实现双重目标的政策初衷，对微观视角下的农户生计的分析，特别是厘清政策对生态相关的农户收入行为的影响及过程是关键。其中，政府的支持性政策起到了十分重要的作用，农户通过构建可持续的生计能力，发展相关的替代生计，并完成从传统农业生产向多元化生计转型，不再将土地视为唯一经济来源。向土地“予取予求”的农民，改变了过去靠山吃山、靠水吃水的生存状况，开始向新型农民、技术工人、三产服务型转变。实现了社会-生态系统的良性发展，提升了生态的恢复力和可持续性。相关的作用机制如图 9-4 所示。

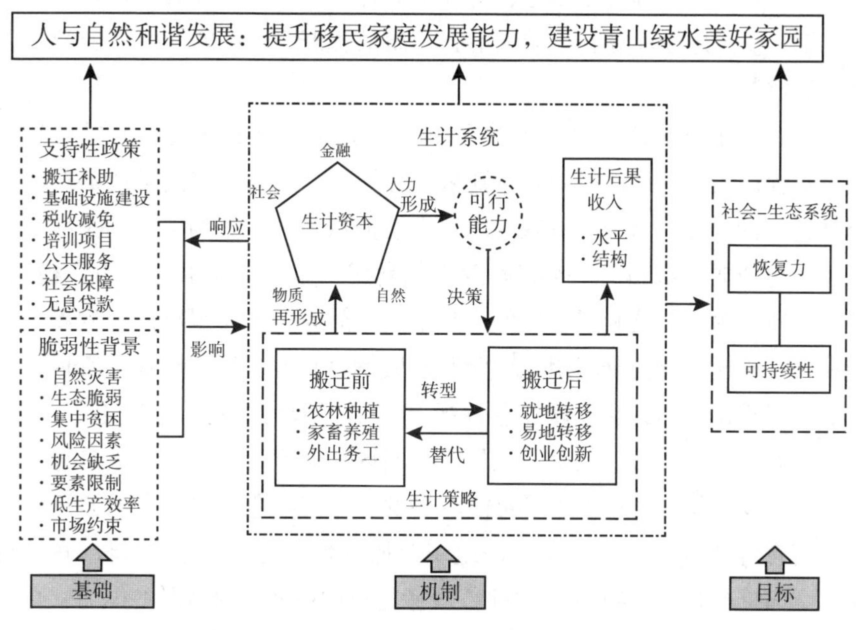

图 9-4　微观作用模式

二 社区推动模式

在社区层面，政府在搬迁安置过程中发挥积极的主导和引导作用，在就业创业中提供相关的配套与扶持，从而帮助移民搬迁户实现“搬得出、稳得住、能致富”。安置点建设避免削山斩岩、填河改江、损坏植被，严防破坏生态环境。通过实施移民搬迁工程，有效改变过度依赖资源的旧有生产方式，减少人类对大自然过度的干扰，尊重自然、顺应自然、保护自然，筑牢生态安全屏障，实现社会效益、生态效益相统一。陕南地区探索出的“靠城靠镇靠社区”和“进城入镇住社区”的搬迁安置模式，催生出一大批公共服务均等化的新型社区。公共设施、公共服务的配套以及社区化治理方式对农户生活发挥着潜移默化的作用。集中安置与鼓励上楼安置的措施，降低了农户对薪材的依赖，转向使用更加清洁的能源。社区统一的垃圾处理，增强了搬迁群众的垃圾分类以及环保意识，从源头上减少农村垃圾污染。将“四化”（硬化、绿化、美化、亮化）、“五通”（通水、通电、通路、通电话、通有线电视）、“四改”（改房、改厕、改圈、改灶）、“四清”（清理污水、粪堆、柴堆、垃圾堆）等措施落到实处，提升城镇化、公共服务均等化水平，使搬迁群众从山沟到城镇，从土屋变洋房，生活水平有了质的飞跃，“垃圾围村”的问题得到有效控制。

同时，在迁出地，通过占补平衡，稳步推进旧宅基地腾退置换和复垦，对腾退的宅基地，坚持宜耕则耕、宜林则林。通过移民搬迁实现“人退林进”的局面，有效促进陕南的生态功能恢复。对集约下来的土地，推行“绿色产业土地利用、生态旅游土地利用、循环工业土地利用”模式，促进土地资源可持续利用。另外，利用集聚效应，加快绿色产业发展。引导和扶持搬迁群众充分利用当地资源发展特色产业、绿色产业，实现特色产业的规模化、集约化。陕南移民搬迁盘活了农村土地、宅基地等资源，加速了农村土地流转，催生了现代农业园区、家庭农场、农业大户等经营模式，为发展循环农业提供了可能。将发展区域特色主导产业与搬迁户增收致富有机结合起来。引导经济组织与搬迁农户建立紧密的利益联结机制，全面推行企业+合作社（基地）+搬迁户的模式。对有脱贫能力、自主发展能力的贫困户以工业园区务工等方式帮助就业；对无力自主经营的贫困户，以土地资源租赁或入股形式，统一流转给农业龙头企业、家庭农场经营管理，贫困户直接收租或参与分红，有效地解决搬出群众就业问题。如紫阳县双安社区，借助“工商业主资本+土地流转入股”形式，让搬迁群众有安全的住房、有稳定的工作岗位和收入来源，免除群众后顾之忧。紫阳县投资 1.3 亿元的双安镇闹热村富硒油茶综合开发项目，由业主集中修建农民公寓，对高山农户进行整体搬迁，集中流转土地开发种植油茶 2 万亩，同时农户与业主签订土地流转、置换房屋合同，再通过房产、林权、土地等形式入股，参与企业分配。社区推动模式的具体作用机制如图 9-5所示。

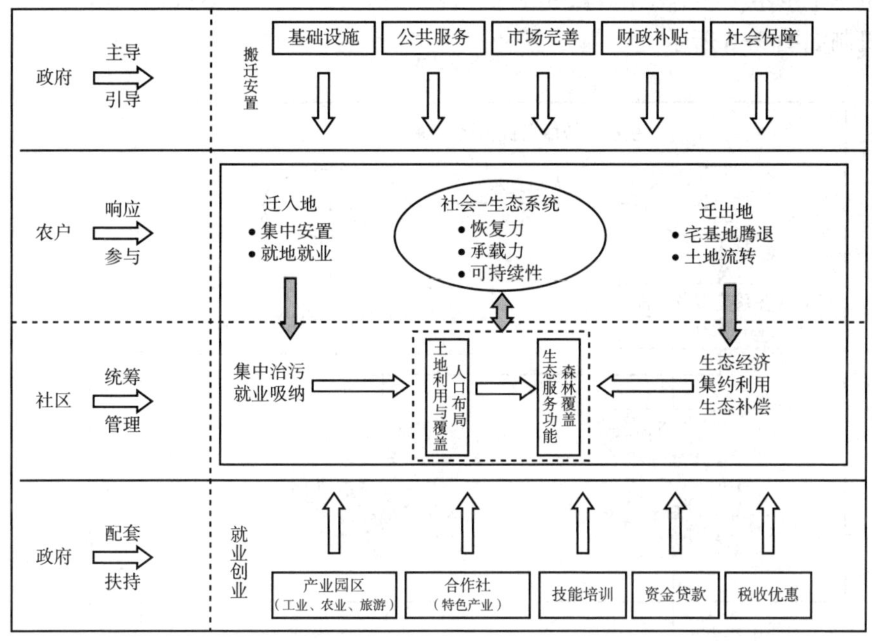

图 9-5　社区推动模式

三　区域协调模式

陕南是我国南水北调中线工程最重要的水源地，也是《全国主体功能区规划》确定的生态功能保护区，陕南实施的大规模移民搬迁为在区域层面上提供生态系统服务创造了条件。陕南移民搬迁带来生态系统服务功能提升，特别是随着迁出地人口的搬离，原有的粗放型农业经营模式不复存在，生态脆弱地区的农户搬迁将带来土地利用方式的改变，原先用于农业种植的土地将转变用途。

随着移民搬迁工程的推进，脆弱地区的生态逐渐得以恢复，陕南地区生态系统服务功能也逐渐提高，包括固氮、固磷、固碳以及土壤侵蚀调节等，并间接对汉江、丹江流域的水资源保护起到了积极作用。此外，搬迁后农户生计的非农转型也降低了对农林种植业的依赖，随着农林生产的减少，原有农业生产过程中大量地使用化肥、农药等对环境造成的污染大幅减少。因此，生态系统服务的溢出效应明显，为南水北调中线下游 13 个用水城市带来了水质净化成本和泥沙处理费用的节余。区域协调模式的作用机制如图 9-6 所示。

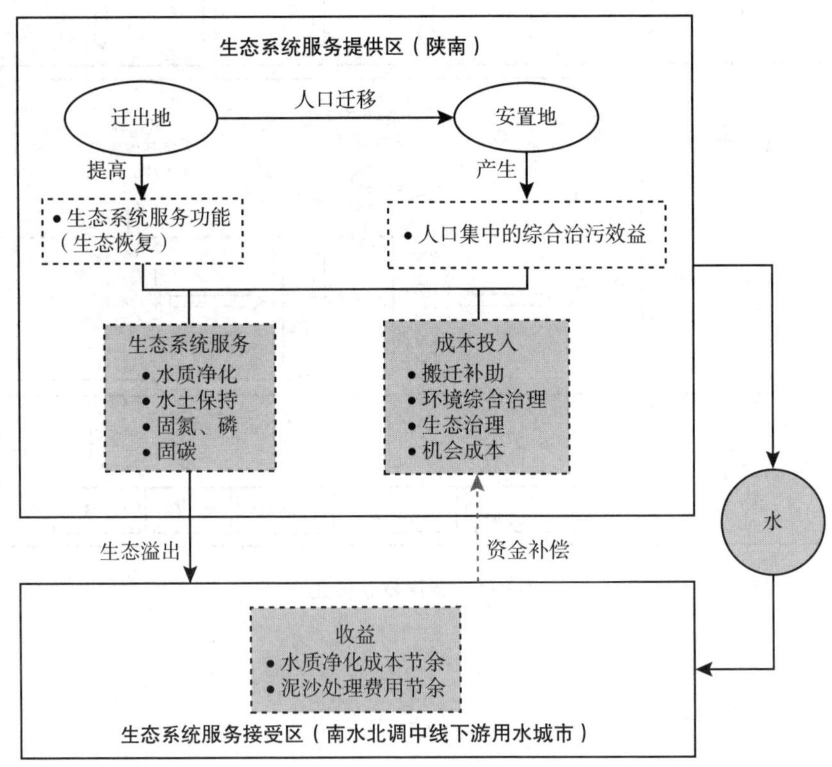

图 9-6 区域协调模式

四　易地移民搬迁的生态与人类福祉连接模式

基于以上三个不同层面所总结的模式，在此提出易地移民搬迁下连接生态与人类福祉的总体模式。该模式的特点在于，通过对农户、社区和区域等不同尺度利益相关者的分析，来评估政策在不同层面、不同主旨、不同时期产生的不同程度影响，并探索易地移民搬迁政策实现生态保护和人类福祉双重目标的机制和路径。具体的连接模式如图 9-7 所示。

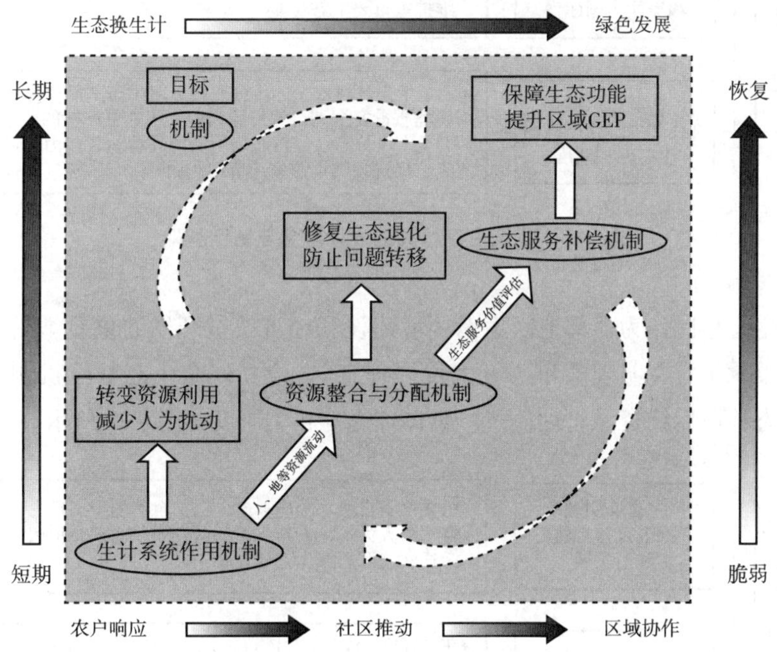

图 9-7　易地移民搬迁政策下生态与人类福祉连接模式

第三节　生态移民政策的设计理念与理论基础

一　生态移民的设计理念与理论支撑

（一）我国生态移民的设计理念与制度基础

生态移民政策的设计应秉承人与资源环境相协调的理念，以主体功能区、重点生态功能区、国家生态保护红线等空间规划作为生态建设、人口迁移和产业布局的制度基础（见图 9-8）。

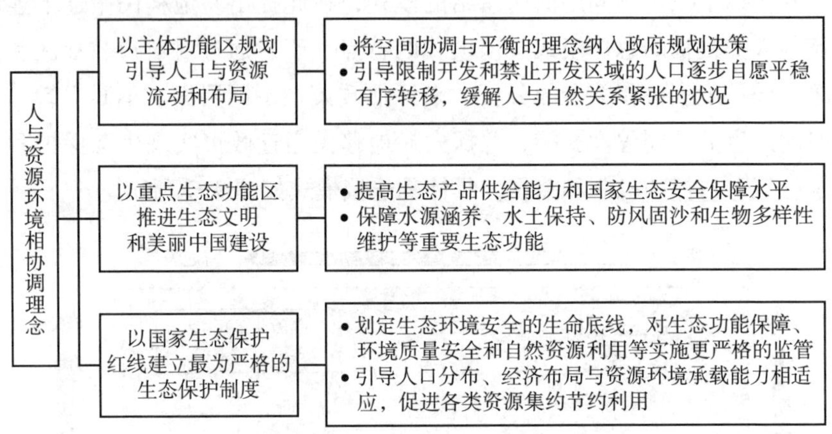

图 9-8　我国生态移民的设计理念与制度基础

生态移民作为西部地区生态环境建设和经济扶贫开发的重要举措，应时刻秉承生态文明理念和“五大发展理念”，建立健全生态补偿机制，创新生态移民后续资源管理模式。具体理念与相关制度如图 9-9 所示。

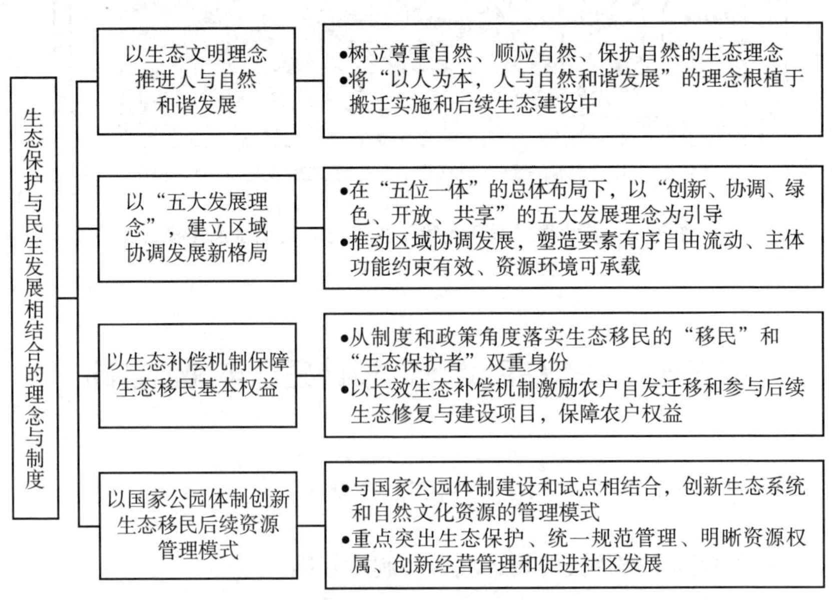

图 9-9　生态保护与民生发展相结合的理念与制度

（二）国内外生态移民的理论前沿与支撑

生态移民工程是一项系统工程，是构建人与自然和谐共处的社会-生态系统，其具体的理念与理论支撑如图 9-10 所示。因此，不仅需要分别从资源、人、人与资源关系三个方面设计相应的制度基础，如以国家公园体制创新生态移民后续资源管理模式，以主体功能区规划引导生态移民与资源的流动和布局，以生态补偿机制保障生态移民基本权益，还需要将三个层面的理论支撑纳入政府决策与工作中。如以自然资本理论、生态恢复理论、生态经济理论、外部性理论等支撑生态系统服务功能价值评估、资源环境压力转移研究等；以人口迁移理论、贫困风险识别与生计重建理论、公平理论、交易成本理论等支撑生态移民动因、过程及影响规律探索，以及生态移民贫困风险与政策公平性评估等；以社会-生态系统理论、可持续发展理论等支撑人与资源、环境关系的探索研究。以下基于“该理论是什么”和“该理论怎样支撑生态移民可持续发展”两个问题分别对三个方面相关理论进行分析。

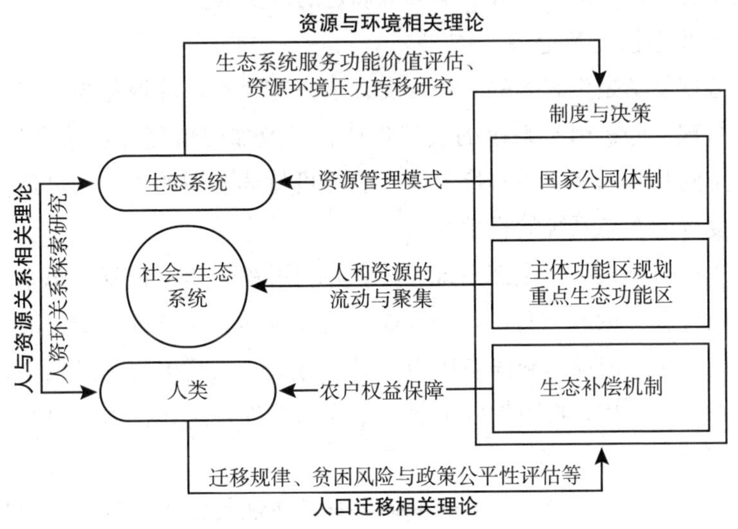

图 9-10　生态移民决策和工作的理念与理论支撑

1. 资源与环境相关理论

（1）自然资本理论

传统的资源价值观认为自然资源没有凝结人类劳动，不能作为商品进行市场交换，因此不具有价值。传统的 GDP 指标中也无自然资源的损耗与折旧。自然资本理论强调了自然资源的稀缺性和人对自然资源的需求；一方面自然资源作为生产要素投入经济生产活动，另一方面为人类发展提供了生态服务。

自然资本理论是将生态系统作为重要资本纳入各政府社区、企业、政府机构等的架构与决策中。斯坦福大学、明尼苏达大学、TNC 和世界自然基金会合作开展的自然资本项目，通过开发相应工具及方法，将自然资本更为容易地纳入决策体系，在全球生物多样性保护重要地区展示这些工具的力量，将经济因素与保护有机结合。如开发的整合评估生态系统服务与权衡的工具（InVEST）已应用于全球广泛的决策背景和多种尺度中，如我国的全国生态系统评估展示了涉及其他国家开展类似评估所用的最先进技术，建立新的生态功能保护区网络，通过补偿机制保障生态系统服务和人类福祉。生态移民为生态保护与环境建设做出牺牲，如失去土地生产机会等，应当以自然资本的价值计算来给予补偿，因此，准确进行自然资本价值评估是补偿方法的选择和补偿标准确定的重要依据。

（2）生态恢复理论

生态恢复学是生态学的一个分支，是研究生态环境退化与生态修复的过程和机理，分析生态系统的演替规律，以及如何恢复并创造高生产力，在一定空间和时间尺度内有稳定性并能够可持续利用的人工、自然及人工与自然复合的生态系统的科学。

该理论强调人类“生态系统破坏者和利用者”和“恢复生态系统的缔造者和设计者”的双重身份。一方面，人口流动、人口过度增长等会对环境或生态系统造成动态和静态压力；另一方面，恢复生态的过程中，人类通过减少人为干扰，再附加以生态、生物和工程方法与技术手段对生态系统做出贡献。

生态系统退化在消除压力的基础上有自然恢复和人为恢复两种恢复模式。生态移民工程即将人为干扰因素从生态系统中减缓消除的过程，后续生态修复与建设即通过生态系统自身的反馈机制对环境的变化进行调节，同时以人为修复的技术和手段增强生态系统的适应能力。

（3）生态经济理论

生态经济学是经济学与生态学融合形成的交叉学科，研究对象包括环境保护与经济发展的关系，资源浪费、生态退化、环境污染等产生的原因与控制方法，经济活动的环境效益，环境治理的经济评价等。现代生态经济学将经济和生态看作不可分割的有机整体，解释生态经济运动和发展的规律，为解决资源与环境问题和制定正确的经济政策和发展战略提供科学依据，因此对研究和建立可持续发展的生态-经济-社会系统，调节生态移民中环境、经济、人口再生产，提高生态环境效益、经济效益和社会效益等提供了科学理论基础。

（4）外部性理论

外部性是经济学概念，是指个人或团体的某项决策或行为产生了某种溢出效应，而没有为这一效应获得补偿或进行支付，从而导致外部人群或团体收益或利益受损。生态移民作为生态修复与保护的重要方式之一，移民为此放弃了部分生存与发展机会，是一种正向的外部性行为，如增加了生态服务功能价值等，使得边际社会收益大于移民边际私人收益，边际私人成本大于边际社会成本，如果不据此对生态移民进行补偿，会造成生态移民制度运行阻碍。同时，随着人口的迁移，移民对资源环境的外部性影响也会转移，迁入地区需综合考虑资源环境承载制定资源管理与环境整治规划，谨防环境负外部性的转移。

2. 人口迁移相关理论

（1）人口迁移理论

我国人口学家沈益民和童乘珠（1992）对人口迁移理论进行了系统梳理，他们指出人口迁移理论最早是由英国人口学家雷文斯坦提出的，在此基础上，Lee 提出了更为详细的模式，将人口迁移行动的影响因素归为四个方面：与迁移目的地有关的因素、与迁移的原住地有关的因素、介于迁移目的地和原住地之间的因素、与迁移者个人有关的因素。他进一步总结了人口迁移的一般规律，如推拉理论，人口迁移是迁出区域的推动力或排斥力和迁入区域的拉动力或吸引力共同作用的结果，用于探究人口迁移或返迁的动因及影响因素等。再如刘易斯的二元经济结构模型，认为人口向城市流动的关键因素是农业剩余向城市工业部门流动。托达罗的预期收入理论则从个体决策的角度出发认为人口城市转移的动因在于城市的期望收入高于农村收入，迁移个体对迁移实际成本、机会成本与迁移后长期和短期收益的权衡等。

生态移民是人口迁移的一种类型，人口社会学对人口迁移的迁移者的分析、移民文化分析、迁移动因/规律和过程分析、人口迁移与社会变迁等对生态移民相关问题的分析具有重要的借鉴和参考价值。

（2）贫困风险识别与生计重建理论

移民安置中的贫困风险识别与重建理论由风险（risk）、贫困（impoverishment）和重建（reconstruction）三个核心概念组成，主要目的就是对大规模移民工程中可能会发生的生计贫困风险以及防范风险、生计重建进行系统设计，通过对相关政策、规划和项目实践在理论上科学指导和在实践中合理设计，消除移民带来的负面影响。在实践中，生态移民自身和政策推动者对其未来风险估计不足、农户生计恢复与重建方案被忽略、应对风险的机制与策略不力等因素都会导致移民返贫返迁风险较大。因此，采用贫困风险识别与生计重建理论对生态移民的风险进行估计，对移民的生计重建进行设计，以提高区域生态移民效率。

（3）公平理论

公平理论，即社会比较理论，是由美国心理学家 John Stacy Adams 于 1965 年提出的，用于研究人的动机和行为关系。人的公平感取决于横向比较和纵向比较。横向比较即社会比较，强调自己与他人的投入报酬比的比较，纵向比较即历史比较，强调自己目前与历史某时期的比较。实践中大多数政策在实施过程中需坚持公平公正原则，评判政策的公平性在很大程度上取决于政策主体的公平性感知。在生态移民工程的实施过程中，移民对自己的生活不仅会进行纵向比较，即搬迁前后的对比，还会进行横向比较，如与安置社区或原社区村民的比较。这些比较会形成农户对生态移民政策的公平性感知，进而影响其心理变化及后续行动，乃至政策实施及成果的可持续性。

（4）交易成本理论

交易成本属于新制度经济学中的基础概念，其思想可追溯到古典经济学时期的斯密和休谟，1937 年科斯的《企业的本质》真正将交易成本思想用于经济学研究，认为市场交易是有成本的，企业能够存在原因在于企业内部交易的成本在某些情况下会低于市场交易的成本。新制度经济学将移民过程中地区变化、产业转移、劳动力流动的过程看作一种经济活动和交易行为。在移民搬迁过程中交易成本是指政府和移民在迁移过程中发生的成本和搬迁后在迁入地产生的相关显性交易成本，如建房、基础设施配套、生活成本等；隐性交易成本，如移民心理成本、社会资本重建成本等。

3. 人与资源关系相关理论

（1）社会-生态系统理论

社会-生态系统理论认为人与自然是紧密联系的、动态的、复杂适应系统，恢复力、适应力和转化力是评价其动态性和可持续性的重要属性。适应性是指系统主体影响恢复力或调整自身保持当前运行状态的能力和潜力，是系统应对压力或变化的能力以及针对压力或变化的影响做出的调整与响应。社会-生态系统理论为研究搬迁对移民生计的冲击以及生态移民的可持续发展等提供了新的视角。我国学者提出的“人地关系地域系统”、“社会-经济-自然复合生态系统”和“有序人类适应”等学术思想也都在强调人类社会经济系统与自然生态系统的整合。

（2）可持续发展理论

可持续发展理论是因环境问题而产生的，最早于 1972 年在斯德哥尔摩世界环境大会上提出。1987 年世界环境与发展委员会在《我们共同的未来》报告中将可持续发展定义为既满足当代人的需要，又不对后代人满足他们需要的能力构成危害的发展。《中国 21 世纪议程》指出国家可持续发展能力很大程度上取决于政府和人民能力及其经济资源、生态和环境条件。

可持续发展理论强调在不损害后代人利益的前提下合理利用自然资源，满足当代人的发展需求，它将资源环境与贫困发展问题融合，既强调了生态环境的可持续发展，如环境系统的生产和更新能力、生态系统服务供给等，又强调了人类生存发展的可持续性，如生活、经济、文化等方面的改善，更强调了人与自然协调发展的关系。

作为西部发展战略的重要内容之一，生态移民的实施与开展需基于可持续发展理论的支持和指导，如迁出地、迁入地的选择，搬迁后续土地利用和资源开发等。

二　国内外生态移民模式与启示

（一）我国生态移民模式与启示

我国较大规模的生态移民可追溯到 20 世纪 80 年代，为阻止生态脆弱区环境的进一步恶化，缓解人口、资源与环境的矛盾，在宁夏、甘肃、新疆、云南、贵州、内蒙古、广西、青海和陕西等地开展了一系列生态移民工程，之后作为西部大开发战略和农村扶贫开发的重要内容和举措。以下从生态移民的原因及方式、迁出地类型及资源利用方式、迁入地移民安置类型、安置地用地方式、生计安置模式以及生态移民特殊对象及特殊问题、政策配套、保障机制等方面总结了我国生态移民开展的模式。模式总结如表 9-3 所示。

表 9-3　我国生态移民模式总结

生态移民过程	模式总结
生态移民原因	①生态修复与保护　②生态脆弱引起的灾害　③资源环境引起的贫困
生态移民方式	①政府主导型:自愿、非自愿　②农民自发
迁出地类型	①牧区移民　②景区移民　③自然保护区移民　④其他山区移民
迁出地资源利用方式	①生态修复与保护,退耕、自然保护区、国家公园等　②生态种养,农林业生态产业基地　③生态旅游,景区　④耕种或粗放经营(未流转)　⑤撂荒(未流转)
迁入地移民安置类型	①城镇化模式　②景区安置模式　③园区安置模式　④中心村安置或平原安置
安置地用地方式	①开发:荒草地(杨河镇)、滩涂　②复垦:土地复垦(居民点及工矿,杨河镇);毁水田复垦(镇巴县);占用耕地复垦(镇巴县)　③整理
生计安置模式	①农业安置(就地,有土安置)　②二、三产业安置:工业、手工业、旅游等(就地,无土劳务安置)　③自谋职业安置　④劳务输出安置　⑤辅助性,技能培训安置　⑥外部持续资金支持
生态移民特殊对象及特殊问题	①贫困户与搬迁能力和后续生计能力　②少数民族文化积累与留存、社会冲突等　③老年人与搬迁意愿、公正及合法性等
政策配套	①生态保护与补偿政策　②土地政策　③财政金融政策　④产业就业政策　⑤权益保障政策等
保障机制	①组织领导机制　②工作推进机制　③资金管理机制　④监督考核机制　⑤宣传动员机制等

依据生态移民的原因可将我国生态移民的案例大致分为以下五种类型。

1. 生态维护型生态移民

如三江源地区、新疆三工河流域生态移民等，是出于对自然保护区、生态功能区、水源涵养区等的保护，该类型移民注重生态修复与建设，如退耕还林、退牧还草等，以及与生态补偿机制相结合，难点在于移民后续生态建设的跟进与衔接，如三江源地区生态移民对“生态建设产业化，产业发展生态化”的后续发展模式的探索。

2. 资源限制型生态移民

如宁夏南部山区、云南永善县马楠乡生态移民等，是指由于当地资源和环境已不足以支撑当地居民生计发展而使其陷入贫困，如干旱缺水区、荒漠地区等。该类移民对改善迁后生计环境更为重视，强调引导并充分发挥农户自主性迁移；难点在于避免资源环境问题随人口向迁入地转移，对移民安置地资源环境承载提出了较高的要求。

3. 自然灾害型生态移民

如云南怒江傈僳族、陕南山区避灾移民搬迁等，是指由于受到自然灾害的影响威胁到生命财产安全而不得不迁移。此类移民面临的困境是区域立地条件差，安置环境容量有限，就近搬迁往往不能解决根本问题，反而造成生态退化和灾害的转移；但因危及生存，农户的搬迁意愿较强，迁移需求较为迫切，应作为优先迁移的生态移民类型；难点在于迁出地土地资源整合用于生态修复与建设，改善立地条件。

4. 景区开发型生态移民

如武陵源风景名胜区、荔波、神农架、庐山、新疆喀纳斯景区等世界遗产地的生态移民，是指为促进自然遗产保护和旅游发展而引发的移民。该类移民工程比较注重自然保护、资源管理与旅游开发相协调，促进旅游业的转型与升级，维护旅游区生态环境；难点在于解决旅游地人地矛盾、寻求资源保护与旅游开发的平衡点。

5. 生态建设型生态移民

如鄱阳湖退田还湖移民、内蒙古阿拉善退牧还草移民等，是指由于实施生态建设项目而引起的移民搬迁，往往同时具有生态维护型和自然灾害型等移民的性质。该类移民最大的特点在于生态建设项目与生态移民结合实施，对移民生产方式造成的影响较大；难点在于移民生计恢复与适应以保障生态成果可持续性，以及如何建立长效的生态补偿机制助力生态保护者生计过渡和发展替代生计等问题。

（二）国外生态移民模式与启示

国外生态移民案例中颇为常见的大规模生态移民是生态维护型与国家公园建设相结合的模式，尤其是非洲地区的国家公园基本涉及非自愿型的生态移民，如喀麦隆的克鲁普国家公园、刚果的诺娃贝尔-多基国家公园、莫桑比克的班海尼国家公园等，此外还有加拿大落基山班夫国家公园、印度 Bhadra 野生动物自然保护区等。

带有扶贫性质的资源限制型生态移民，多属于自愿型移民，主要集中在东南亚和非洲地区，如泰国的国王扶贫计划/山民经济发展计划、柬埔寨、尼泊尔、巴基斯坦国际移民、老挝、埃塞俄比亚、苏丹等。该类移民所面临的困境是资源压力和生态环境问题的转移，启示是安置社区组织建设对土地、森林等资源产权和使用的清晰界定与规范；同时还强调了迁出地土地可持续利用和开发、生态修复和建设的重要性，生态移民中由于资源环境压力和生计问题而外迁的，可以通过迁出地生态修复后，容纳部分人类活动，减轻外迁压力。

此外，还有自然灾害型生态移民，如格鲁吉亚；后果危害较为严重的环境污染引起的环境移民，如俄罗斯；全球气候变暖引起的气候移民，如图鲁瓦、墨西哥等。

与我国生态移民案例中所表现的问题相似，国外生态移民案例对迁出地后续生态修复与生态建设，迁入地选址和综合评估、后续资源管理与环境治理，移民安置模式助力生计过渡，移民前传统文化的保留以及移民后文化冲突与融合等方面问题有诸多关注。除此之外，国外生态移民案例也呈现一些比较鲜明的特点，尤其是在以下几个方面。

1. 借助非政府组织与国际组织的力量

在国外生态移民案例中，有很多是在政府的主导和协调下，引入国际组织和非政府组织的力量。涉及的国际组织主要有联合国环境规划署（UNEP）、世界银行、国际移民组织（IOM）等，非政府组织主要有全球绿色资助基金会、世界自然基金会（WWF）、保护国际基金会（CI）等。反观我国，生态移民工程主要由政府主导，借助政府的力量，移民对政府支持有较强的依赖，而这种较为单一的支撑结构带来的力量是非常有限的。

2. 对生态移民工程合法性的反思是国外生态移民研究的重要内容之一

生态移民的目的在于保护生态环境、维护生态系统的多样性，如自然保护区屏障的设立等，认为生态多样性能够增进人类福祉。但移民因为生态保护放弃家园背井离乡引发了一系列冲突与争议，以牺牲移民生活质量和当地文化为代价进行生态保护的合法性受到了挑战，尤其是生态移民往往是弱势群体。因此，许多案例强调了保护移民村落传统文化和引入生态补偿机制的重要性。

3. 生态移民过程中注重保障移民参与搬迁安置决策的自主权

引导移民主动参与安置决策，吸纳移民和迁入区原居民的意愿和需求，如土地、生产、房屋、能源等，这一方面可以增强移民对新环境的适应能力，缩短其生计过渡时间，另一方面也可以减少融入时的冲突等。在对安置地的选择方面除了生态环境容量、经济适应性、社会适应性、基础设施建设情况等客观的评估之外，还比较重视主观因素，如移民意愿、迁入地原住民意愿评估、入住后的适应感知评估等。

4. 国际移民和城镇移民是国外生态移民的主要形式

国外环境移民中有许多国际迁移的例子，我国是否可行？于内，我国生态移民多源自生态脆弱的贫困山区，在受教育程度、管理和自我发展能力、资金等方面存在劣势，国际迁移会带来更多社会适应和后续生计问题；于外，我国周边的发展中国家也都面临严峻的生态环境形势，向外迁移的趋势明显，不具备吸纳移民的空间和条件。迁入城镇也是许多案例的主流方式，是否可行？城镇有着较为完备的基础设施和良好的生产生活环境，可以吸纳一部分移民，但大规模人口的聚集，会给迁入地带来新的资源环境问题，如水资源、能源供应不足等。

（三）国内外生态移民案例对未来生态移民的启示

国内外生态移民模式及代表案例对未来生态移民政策的设计及实施有诸多重要启示，突出了迁出地接续生态修复与建设和迁入地资源环境压力转移与治理的重要性，在生态建设与产业发展相结合，生态补偿机制和筹融资机制建立，移民意愿、切实需求和自主参与权，移民文化存留与保护等方面提出了许多有价值、可借鉴的路径。

整体来看，生态移民可根据迁移的原因进一步细分为生态维护型、资源限制型、自然灾害型、景区开发型、生态建设型、环境污染型、气候变化型等不同类型。该划分或存在交叉重合，但不同类型的生态移民的搬迁目标侧重、后续发展关注的重点及效果、面临的关键问题等均有所不同，且不同类型生态移民的模式在一定程度上可为其他类型问题的解决提供可借鉴的路径。因此，未来生态移民政策设计可以考虑从生态移民的原因出发，将生态移民的类型进一步细分，吸纳融合以往各类生态移民案例的模式与经验措施，建档立卡、精确瞄准，在统一的、整体的规划下设计有针对性的搬迁安置方案和配套政策，从而提高生态移民搬迁的整体效率和生态的规模效益，有效解决各类生态移民所面临的关键问题。

第四节　接续实施生态移民的工作框架

为了能将陕西接续实施生态移民搬迁的工作和相关问题做得更加深入，真正促进并实现生态主导、改善民生、转型发展等方面的多重目标，同时，也考虑到接续实施生态移民搬迁工作的复杂性，以及该项工作所兼具的先行先试、探索创新、示范带动、服务全国的定位和作用，基于课题组在陕南地区的基线调查与政策分析，以及国内外生态移民的相关理论与实践分析，针对陕西省接续实施生态移民搬迁提出适当的工作框架、措施和策略，为“十四五”时期在全国范围内开展新一轮生态移民搬迁提供实践基础和决策参考。

一　工作框架与策略

（一）工作目标

1. 巩固扶贫成果，防范次生贫困风险

在巩固“十三五”易地扶贫搬迁成果的同时，防范因“十二五”避灾移民搬迁、“十三五”易地扶贫搬迁形成的空心村衰落所导致的次生贫困风险，全面实现搬迁对象“搬得出、稳得住、能致富”。

2. 生态治理与修复，增强生态系统服务功能

因地制宜在迁出地实施生态修复和生态建设，使迁出区生态环境明显改善，生态修复效果显著提升，生态系统服务功能显著增强，地质环境保护和地质灾害防治水平显著提升，生物多样性得到有效保护，城乡人居环境优美，生态文化繁荣，全社会生态文明意识明显增强。

3. 先行先试，探索创新，总结模式，示范带动

积极申请生态移民搬迁的国家试点，探索综合治理模式与协同工作机制的创新，将陕西建设成为全国生态文明建设的示范区，总结试点在人口、扶贫与环保相结合的综合治理模式和路径，制定相关的政策措施和实施方案，建立健全党政主导、部门联动、社会协同的工作机制，创造并总

结操作性强的经验，以利示范与推广，为陕西全省以及后续为国家统筹解决人口、生态环境与扶贫问题提供决策服务和技术支持。

4. 树立国家形象

在国际社会树立中国政府“生态文明建设”的良好形象。

（二）总体策略

陕西省在“十二五”避灾移民搬迁、“十三五”国家易地扶贫搬迁的基础上，接续实施生态移民搬迁的总体策略建立在对前期易地移民搬迁政策评估、经验总结和理论研究的基础上，可以概括为：在中央政府和陕西省政府的支持下，由陕西省移民（脱贫）搬迁工作办公室直接领导，联合各省级相关职能部门，采取平台式工作形式，在陕西省内选取试点，将生态移民搬迁项目作为接续易地扶贫移民搬迁的主要工作，利用移民办系统的网络资源、人力资源，联合市属的相关职能机构和组织，在智库和研究机构的合作下，按照接续实施生态移民项目工作框架开展各项活动。

（三）工作框架

根据前期相关的研究调查与政策分析，针对陕西省接续实施生态移民搬迁所需的基本要素，并结合陕西实施易地移民搬迁工作的经验制定工作框架。

1. 坚持四化同步，把生态移民搬迁工作同新农村建设相结合

社区是搬迁群众生活、生产的最基层场域，也是政策落实的着力点和突破点。

2. 联络各个职能部门，形成大联合的工作局面

生态移民搬迁是一个系统工程，工作涉及多部门，需要各个职能部门积极配合，因此，试点地市（县）的工作之一就是建立一种各部门协同配合开展工作的机制，移民办（自然资源厅）与环保、林业、扶贫、住建、人社、卫健、民政等部门工作紧密结合，实现经常化、制度化，广泛地发掘整合当地的资源。

3. 宏观层面的政策规划与微观层面的干预相结合

围绕搬迁安置、生态修复、绿色发展等开展一系列项目规划，以及在项目的不同阶段贯穿以宣传倡导、政策利导、鼓励动员、困难帮扶等措施，并各有侧重地进行微观干预。

（四）工作策略

工作策略是整个项目执行的主要思路和原则，对于项目的成效有着重要的影响。具体的工作策略是：资源共享，联合各类非政府组织和机构、医疗、教育、企业等社会资源，着重整合扶贫、环保、水利和林业各个系统的资源；与当前阶段移民办所推进的易地扶贫搬迁相关工作相结合，形成生态移民试点地区（省内）可持续发展的条件；分阶段实施，边实践、边总结、边推广；创造可以向全国推广的可操作经验。

（五）工作路线

陕西省接续实施生态移民搬迁工作路线如图 9-11 所示。图中表示试点工作的实施和推进过程是采用反馈控制的循环方法，对所设计的政策都经过政策分析—方案制定—社区实践—跟踪评估—反馈改进的过程，达到了总结经验、改进工作的目的，以实现预期目标。

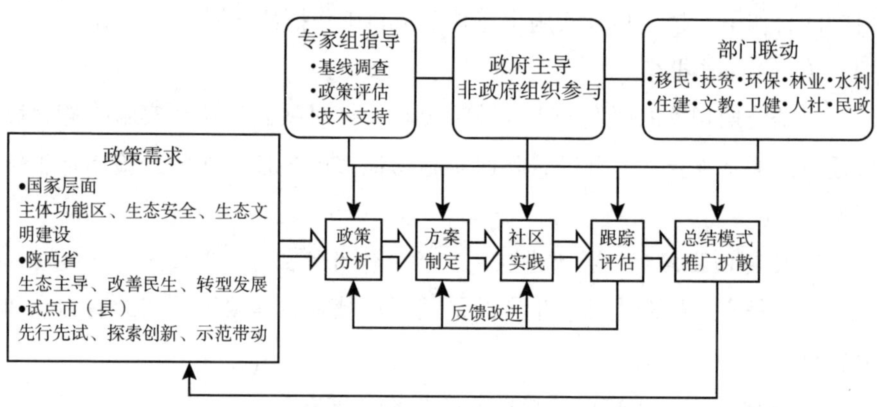

图 9-11　陕西省接续实施生态移民搬迁工作路线

在整个工作过程中始终贯穿以下原则：协同创新，综合治理；逐步推进，逐层拓展；交流反馈，调整改进；政策引导，机制长效；政府主导，社会参与；系统谋划，四化同步。

（六）工作模式

1. “平台式”联合工作模式

由于生态移民搬迁工作较之前阶段的避灾移民搬迁和易地扶贫搬迁更为复杂，不但兼顾农村扶贫与发展、人口与民生保障，更包括生态建设与环境保护方面的目的和作用，因此，需要完善相应的组织机构，建议在试点地区成立“联合工作委员会”来直接领导试点地区的各项工作开展，该委员会由陕西省政府直接领导，形成“平台式”的工作模式——联合移民办（自然资源厅）、环保、林业、扶贫、住建、人社、卫健、民政等部门，将试点地区的生态移民工作作为各部门日常工作的一部分。

2. 资源统筹与利用模式

统筹利用各部门、各系统内的网络资源、人力资源，联合相关非政府机构和组织，制定定期联席会议制度，按照试点工作框架开展活动，统筹陕西生态移民搬迁和生态建设的各项工作，以推动陕西生态移民搬迁工作的顺利开展。同智库和研究机构开展合作，开展第三方评估，建立政策实施与学术研究实质性互动机制，对生态移民的生态、经济、社会效益进行评估，探索实现生态系统的产品和服务经济价值市场化的路径和机制。

（七）推广扩散

推广扩散包括两个阶段和两个层面的工作：首先，在省内试点的基础上，深化总结模式和经验，为省内全面推进提供思路和借鉴；其次，省内的工作经验总结，为全国的推广、模式复制做准备。

（八）试点组织

试点的主体是陕西省移民办（自然资源厅）及环保、扶贫、林业、住建等部门。由试点地市（县）政府负责组织和协调各部门和县区开展工作，主要是利用移民办和环保、林业系统的人力资源，由其负责项目的具体实施，同时联系其他各个部门的力量为试点地区工作的开展提供必要的支持，各职能部门在各级政府的协调和核心部门的联络下，成为一个有机整体，群策群力，为实现项目目标共同努力。试点工作的设计和实施过程中，由西安交通大学社会治理与社会政策协同创新研究中心负责提供技术支持，适时组织专业人员对试点各项工作进行分析、评估和总结，及时发现工作中的问题和难点，提出改进的建议，并帮助总结经验和模式在全省推广。

（九）预期成效

未来的 3 年内，陕西生态移民试点工作得以持续、有序、高效地推进；在省内试点的基础上，在 2020 年易地扶贫搬迁完成的同时，全省范围内正式推进。与此同时，积极申请国家级试点省，获得中央高层的关注和重视，争取更多部委的资金和政策支持；同时，对试点的工作经验进行总结，推出“陕西模式”，并扩大国内外宣传，树立中国当代易地移民搬迁在国内外的良好形象。

二　困难与挑战

尽管前一阶段陕西的易地移民搬迁取得了一定的生态效应，但易地移民搬迁实施中出现的一些问题与困难也为接续实施生态移民搬迁工作带来挑战。

（一）接续生态移民的搬迁安置成本增加，地方政府财力有限

从搬迁对象来看，经济条件相对较好的群众通过省、市、县三级政府补助和自身努力搬迁了一部分，贫困程度最深的建档立卡户通过中央易地扶贫搬迁政策也得到解决，还剩下一部分“夹心层”，这部分群众有一定经济条件，且居住房屋资产状况相对较好，搬迁后进行宅基地腾退和生态修复的代价较大。

（二）搬迁带来福利，也带来高生活成本和生计转型压力

通过调查发现，尽管搬迁后生活的便利性、舒适性都有翻天覆地的改观，但许多搬迁户对安置地生活成本的提高仍感到有压力，特别是对于生态移民来说，土地承担着农业生产和自身生存保障的双重职能，搬迁之后自然资本的减少弱化了土地的保障功能，一旦农户的生计转型遇到问题，或无法发展适合的替代生计，势必会增加返迁原迁出地的可能。

（三）安置地就业吸纳能力有待提高，农村内源型的发展尚未出现

在接续实施的生态移民搬迁中，基于生态产业的就地转产容量和能力建设应当是迁入地社区建设的重中之重，但从目前的调研来看，迁入地社区对移民劳动力的吸纳相当有限。完全依靠社区系统力量，农村内源型的发展仍难以出现。搬迁后农业现代化或转移就业均无法给移民提供足够的就业就会，产业园区和景区就业岗位有限，农民城镇经商、创业的机会少、市场小，农村空心化经移民搬迁转化为安置社区空心化，没有从根本上解决问题。而农村社区的适当增权或社区能人经营的带动，可以打破原来固化的模式，通过自身资源、组织、文化等的重新组合以及创新活动，诱发内源型的发展。

（四）收入来源主要依靠外出务工，加大了致贫风险

外出务工仍是移民生计的主要活动，虽然短期内可以提高移民收入，但长期来看存在隐患。目前，安置地就业吸纳能力不足，外出务工仍是移民维持生计的主要趋势，“能致富”目标更多地依赖于外出务工活动来实现，由政府牵头实施的就业指导及培训项目也在这一过程中发挥着积极的作用。但打工并不能解决长远的生计发展问题。搬迁初期，外出务工为农户带来更多的现金支持以平滑消费，但在当前二元结构下，外出务工仅是一种应对困境的权宜之计，过度依赖反而使得收入单一，加大了致贫的风险。

（五）搬迁户参与生态建设的意愿强烈，但缺乏政策引导与项目支持

通过调研发现，群众有一定的生态保护意识，并且有意愿将旧宅基地和所拥有的土地进行退耕还林，但缺少相关的项目进行衔接，也很少有地方政府有意识地将移民搬迁工程与退耕还林、生态公益林和天然公益林保护等生态建设项目相结合，亦无具体的措施和行动，多是采取自然修复方式。

（六）前期搬迁赋予生态移民的内涵颇为单薄，影响生态修复的效果

“十二五”“十三五”期间的生态移民与易地扶贫移民、避灾移民的不同仅停留在移民划定、补偿方案和安置措施等初级层面上，并没有赋予丰满的生态内涵，而生态移民应当具有“移民”和“生态保护者”双重身份，特别是后者，在接续实施的生态移民搬迁中更应该得以凸显。在访谈过程中发现，生态移民的宅基地腾退工作实施方面也面临诸多问题，本镇以内的搬迁户仅是生计重心不再依赖土地生产，但并没有脱离土地生产，未腾退的宅基地可供搬迁户暂时、适时地返迁耕种，或采取更为粗放的经营方式，这在一定程度上会使生态修复的效果打折扣。

（七）安置社区的环境规划不当可能使生态负外部性转移的风险加大

为带动搬迁户就业和发展，一些选址靠景区的安置社区有可能带来生态负外部性转移，尤其是以旅游发展带动社区发展和移民生计转型的安置社区，存在资源开发过度、生物多样性锐减、生态系统退化等隐患。因此，迁入地安置社区在建设和开发的同时要充分考虑迁入人口规模、资源需求、当地资源环境容量等方面，提前做好规划。

（八）原住地的退耕还林、生态公益林的管护程度下降

移民离开原住地后对退耕还林、生态公益林等的经营管护程度参差不齐，反而不利于生态系统的修复和保护。对于已经参与退耕还林、生态公益林等项目，并获得国家生态补偿收益的搬迁农户，搬迁后由于距离原因对于家庭所属林地的经营管护缺位。

（九）弱势群体，特别是老年人和贫困户有一定的返迁可能性

这部分人是实现搬迁过程中最具挑战性的两个群体，搬迁后老年人和贫困户也可能会因为生计问题而增加返迁的可能。

三　政策支持体系

（一）积极申请生态移民搬迁的国家试点，加大对后续生态移民的补助力度

在国家政策支持的基础上，加大财政转移支付力度。由中央政府、陕西省政府与各地级市政府、企业和社会共同筹集并建立生态移民补偿基金，包括搬迁补贴、后期生活过渡补贴和生态补偿，同时增加对迁出区生态环境整治资金。

（二）生态保护与补偿政策

完善生态转移支付政策：加大专项转移支付资金整合力度，完善生态转移支付资金使用分配方法，建立健全生态转移支付评价机制。加大区域对口支持的力度，将生态移民重点区域提升为对口支援的主要受援对象，扩大支援主体，将帮助发展经济和帮助发展公共服务事业有机结合。地方政府尤其是迁出地应积极引导移民参与生态修复和建设项目，并基于其生态保护行为给予一定的生态补偿，防止返迁或对土地的粗放利用阻碍对自然资源和生态环境的修复。此外，依据生态移民的损失，如牧畜机会成本、草场机会成本或地区发展差异等确定生态补偿标准、期限和方式，向全体生态移民发放补偿；对自然保护区核心区的农民，以转变身份为生态管护员的方式给予生态管护费或补偿；开展生态保护国家实验区研究，推动陕南建立国家公园管理体系。

（三）生态修复与生态建设

制定生态环境整治规划、增加迁出区环境整治资金；结合退耕还林、退牧还草工程，保障生态移民稳定的经济补贴和林木的经济与生态效益；

鼓励并引导移民将土地流转整合后统一管护，用于生态建设，纳入生态效益补偿，对发展生态林的按照国家生态林建设补偿标准，发展经济林和果林的按照产业化扶贫政策扶持；在生态极度脆弱区，通过整体搬迁结合“禁耕、禁牧”等工程，逐步恢复生态系统功能；采取小流域综合治理、淤地坝建设、坡耕地整治等生态修复措施，防止迁出地水土流失。

（四）土地政策

移民对耕地和林地资源的依赖度逐步降低，必然需要新的就业和产业。因此，在产业发展过程中时刻注意不能以牺牲城镇周边的耕地、林地、园地等土地资源来满足其发展需求，这将加速生态环境的恶化。若是原来处于自然或半自然状态下的耕地、林地、水域等自然生态系统转化为人工的城市生态系统，更多的土地类型向城镇交通、住宅、工业园、经济区等方面流转，形成城镇建设用地和生态用地之争的局面，这种局面会导致陕南山区生态系统压力增大，各类资源需求量和消耗量增加。因此，在移民社区建设、移民就业提供的过程中，需要时刻关注城镇建设用地扩张和土地集约利用，才能保障陕南山区生态承载力不会快速下降。

（五）财政金融政策

建立健全生态产业的金融和税收扶持政策：推进扶持重点和优势产业的金融税收政策，探索和完善税收优惠政策，增加治理生态环境的投入。根据本课题研究的预测，如环保投资占 GDP 的 1.5%时，就可控制大部分污染，环境质量明显提升；当上述比重稳定达到 2.5%～3%时，环境状况就可得到根本好转。因此，为了在大规模移民工作进行的同时不破坏迁入地的生态环境，需加大环境治理的投入。此外，还要综合运用生物、工程、耕作等多种措施，加大治理迁出区的水土流失等生态问题的力度。

（六）产业就业政策

将生态建设与产业发展相结合，探索生态建设产业化、产业发展生态化的发展模式。关于生计适应策略的选择，应引导移民家庭选择均衡、稳定、多样化生计收入方式；提供生计恢复和发展的物质基础和外部政策支持，加快民生基础设施和公共服务的建设；突破资本限制和市场约束，营造良好的外部环境，依托本地资源优势，合理开发和有效利用安置地的资源，培育和发展移民产业，增强移民安置地就业吸纳能力。另外，产业发展要以农业产业化为主，以发展清洁能源为主，一方面，陕南移民人口众多，急需就业，需要大量的就业岗位，需发展劳动密集型产业；另一方面，移民表现为文化程度低、中老年人口多等特征，这部分人只能从事简单的以体力劳动为主的工作。此外，陕南山区肩负着国家南水北调工程水源涵养区的重任，因此，在提供移民就业又尽可能地减少环境污染的情况下，明确陕南山区产业发展以发展清洁能源和农业产业化为主导。提高人口素质，在普及九年制义务教育的基础上，加强扫除青壮年移民中的文盲；大力发展职业技术教育，形成职前培训、职后再教育体系；以普及科技为重点，为农民开办农民文化技术学校。推进生态移民搬迁地区飞地工业园区支持政策。

（七）权益保障政策

建立健全社会保障制度，落实对后移民时代搬迁家庭的后续支持。要为移民提供系统的社会保障覆盖体系，除了基本的养老社会保险、医疗社会保险和最低生活保障之外，还需构建移民社会救助体系，提供专项救助、临时救助和社会帮扶，这些可以解决自然资本损失带来的保障功能弱化的问题。加强宣传引导，激发广大干部群众内生动力，引导其靠辛勤劳动改变贫困面貌、过上幸福的生活；加大培训力度，在政府开办各种培训项目的同时，还可引入社会力量免费来社区进行科技宣讲、科技培训。在移民获得工作能力之前，政府还需继续开展奖励和补助项目，尤其是针对老年、残疾等移民。

四　保证措施

（一）加强组织领导

将生态移民搬迁提升到与易地扶贫搬迁同等的政治高度来抓，全面落实各级党委、政府和各部门一把手的职责机制，巩固和深化省、市、县、镇、村五级书记抓搬迁的良好机制。制定切实可行的工作方案，落实相关责任人，全面做好搬迁建设、生态修复建设、搬迁群众后期扶持等各项工作。

（二）创新政策制度

在认真贯彻落实国家、陕西省有关生态保护、生态建设的一系列法律法规的基础上，根据陕西省生态移民搬迁工作的需要与区域特点，创新生态移民搬迁工作的制度，完善束缚机制，在制度上保障规划的实施。制定国土分类使用管制办法，在法制上保证生态用地和生态红线的落地以及生态保护措施的落实，制定严格的安置地建设项目生态环境准入标准，在对生态环境的影响程度、污染物排放、资源开发方式、单位产值能耗、土地产出效益等方面制定明确的准入门槛，从源头上预防经济建设对生态环境的损害。

（三）拓展融资渠道

进一步整合各方面资源，把不同渠道的政府性资金直接、间接投入生态移民搬迁当中，吸引更多社会资金参与生态移民搬迁，扩大政府资金的引导效应。建立多元化的融资方式，建立对陕西生态补偿的财政投融资制度。生态建设具有投资大、投资周期长、回收周期长等特点，且具有很强的收益外溢性，构建长效的移民后的生态建设投资机制，增强政府投资的“引致效应”，提高资金使用效率；中央政府应设立“陕南生态补偿专项基金”，并向其拨付一定的财政资金作为基础资金，再通过宣传、鼓励、引导等形式扩大基金来源，如把南水北调中线下游地区对上游的付费纳入基金范畴，由中央政府统一规范管理专项基金。

（四）建立规划体系

生态移民搬迁涉及搬迁、环保、住建等多个部门的协调，需要各个职能部门有针对性地规划设计，包括生态保护与建设规划、民生改善与安置发展规划、生态文化发展规划、生态用地和生态红线规划等专项规划。

（五）系统推进规划

积极争取国家对陕西生态移民搬迁的支持，努力实行国家发改委将陕西列为“十四五”生态移民搬迁与生态文明建设先行示范区的计划。发挥“十三五”易地扶贫搬迁工程项目的系统引领和示范作用，以点带面，系统推进生态移民搬迁工作。

（六）完善衔接机制

在“十二五”避灾移民和“十三五”易地扶贫移民的推进中，都涉及了统筹推进生态移民，政策涉及上要充分考虑前后政策的对接和有序进行。

（七）第三方评估

对生态移民搬迁工程实施产生的生态效益进行评估，实现让生态系统服务的提供者受益。在实现了对生态系统的产品和服务进行量化和评估的基础上，探索实现生态系统的产品和服务经济价值市场化的路径和机制。

（八）监督考核机制

严格执行污染物排放的总量控制，加大环境治理力度。根据陕南山区的实际情况，可分别制定不同行业、不同区县的污染物排放限定标准，并落实到各排污单位，实行排污申报和总量控制，尤其对集中安置社区的污水和垃圾处理制定严格的排放标准。同时，逐步将资源环境纳入国民经济核算体系，建立一套充分反映单位 GDP 的资源消耗和生态破坏与环境污染的国民经济核算体系，国外目前采用的净 GDP 和绿色 GDP 可作为参考。在移民安置社区的建设中，务必把供水设施和污水处理设施作为移民社区建设的重点检查项目；移民入住后，社区管理过程中，移民社区卫生打扫、垃圾收集要有专人来做，并随时接受居民监督；移民社区规划阶段，应在详细调查安置区的生态承载力可持续发展条件下合理确定移民人数，避免安置社区人口超载致使安置区的生态环境受到破坏。

第十章 易地扶贫搬迁对多尺度利益相关者的影响评估

理想情况下，生态保护与人类发展政策都应通过保护提供有价值服务的生态系统来改善人类的福祉。然而，政策实施所涉及的不同利益相关者的成本与收益，以及它们如何随着时间而变化，却较少被关注。本研究聚焦中国最新实施的一项生态系统保护和人类发展政策——陕南移民搬迁安置工程，该项工程的实施旨在通过为自愿从偏远深山地区搬出来的家庭提供一定的补助，达到减少灾害风险、恢复重要的生态系统服务，改善人类福祉的目的。本研究主要采用大样本入户调研和生物物理监测数据，对涉及的多个尺度的利益相关者进行综合的经济成本-效益分析。研究对政策的实施效果进行了预测：该项目的实施将为当地政府、跨区域及全球受益者带来环境改善的净收益，包括改善水质、减少土壤侵蚀控制和固碳等诸多方面。然而，对于搬迁家庭来讲，短期的搬迁成本较高，因此，一些贫困家庭由于无法负担较高的初始费用而难以参与其中。从长期来看，搬迁后仍需要给予大量补贴和后续扶持才能缩短搬迁户的投资回收期。下游受益者在因水质改善和固碳而受益的同时，如果能够获得一定的生态补偿，将极大地分担搬迁项目的实施成本，也能在一定程度上减轻贫困家庭的负担。与此同时，早期阶段着手对人力资本进行投资并创造更多环境友好型的就业机会，也是一种长期保障机制，可大大增强方案的效力。这些挑战和潜在的解决方案遍及全球的生态系统服务工作中。

了解多尺度利益相关者的成本和收益及其时间动态对设计有效的生态保护和人类发展政策至关重要。然而，利益在哪里传递、什么时候传递、传递给哪些人等相关问题却较少被探讨。本章聚焦中国的一项生态保护与人类发展政策——“陕南移民搬迁安置工程”，以洞见一系列相关的问题。

虽然该工程的实施给当地政府、下游水资源使用者以及全球碳汇受益者都带来了好处，但是当地搬迁户和政府的短期成本远高于他们的收益。此外，较高的初始资金投入也让很多贫困家庭望而却步。该项目的设计能够在有效缓解当地的生态压力的同时，改善民生和促进发展，但要增强政策的实施效果，在一些关键路径和措施方面还有待改进和加强。

第一节 引言

中国正处于一个激烈的政策创新时期，通过调整经济发展和自然的关系，转变为“二十一世纪的生态文明”，从而实现可持续发展。最新的一项大的举措是以保护和恢复最重要的自然资本为目的，涉及全国28%的土地面积，通过进行生态功能区规划强化这些地区在减缓洪水、沙尘暴控制、水资源、土壤肥力、气候稳定和生物多样性等方面的重要作用。在中国，关键的问题在于谁是潜在的赢家和输家，以及能否设计出增进自然资本和不同利益相关者不同时期人类福祉的政策?

生态系统服务是在一系列生态和体制范围内产生并提供给受益者的。利益相关者对于生态系统服务的价值以及政策的影响可能有千差万别的观点。这些差异来自利益相关者在系统中的角色性质，例如，他们是供应者还是受益者，或两者兼而有之；他们的创收和生计活动如何影响不同服务的提供；是否存在受益者补偿供应者服务的机制；利益相关者的具体生计机会和变革能力；系统的快速变化，如资源利用、产权、移民，以及全球行为者的地方影响力。

理想的情况下，应用严格的生物物理和社会经济方法，分析生态环境和它们的服务，以及不同利益相关者的生计和福祉的影响，能够使生态保护和人类发展政策在被设计、评估并自适应地改进中实现连接。在实践中，这是极具挑战性的，并且很少被做成。然而，随着知识和方法的发展，采用综合方法进行这样的分析在如今已成为可能。

为了应对破坏性的环境危机，增进人类福祉，中国正在实施多项区域和国家保护政策，改善生态系统服务条款。一个这样的政策，即陕南移民搬迁项目（RSP 项目），让人们自愿从生态脆弱、险峻偏远的山区迁移到城镇或平原，以恢复生态系统关键的生态系统服务（例如，水质净化、防洪、景观稳定)，减轻贫困，加强民生保障。与世界其他生态系统服务投资项目类似，包括当地家庭、政府和生态系统服务的区域受益者在内的多个利益相关者参与了 RSP。最大的挑战之一是如何解决不同利益相关者的利益和生计以实现可持续发展目标。

本章使用安康市的 RSP 作为一个探索多尺度利益相关者成本和收益的案例，安康是世界上最大的输水项目——南水北调工程（SNWTP）的主要水源保护区，我们首先确定 RSP 对土地利用（LULC）的预期影响。其次，使用 RSP 参与者和非参与者的家庭调查数据去更好地理解该项目对家庭福祉和生计活动的直接影响及其对环境的潜在影响。最后，通过分析成本和收益的变化，揭示 RSP 在短期和长期内将如何影响不同利益相关者。

第二节　研究背景

一　安康市

安康市位于陕西省南部秦岭山区腹地，长江的主要支流——汉江的上游，辖 1 区 9 县，总面积达 2.35 万平方公里。该市常住人口约 263 万人，其中 1/3 人口生活在贫困线以下（2011 年标准为人均年收入 2300 元），城市和农村居民人均年收入及其在我国城市和农村居民人均年收入中占比分别为 17368 元（80%）和 5005 元（72%）。

安康市是南水北调工程重要的水源涵养区，汉江在该市的段域年平均径流量达 $1.07\times10m^3$，水资源总量占到陕西全省的 60%。

二　移民搬迁工程

安康市与邻近的商洛、汉中都面临降低灾害风险与提升人类福祉的严峻挑战。安康市 92.5% 的土地是中高山区，极易发生洪涝、山体滑坡、泥石流等自然灾害，每年都造成重大的经济损失。从省政府的角度出发，将生活在脆弱山区、基础设施薄弱的农村人口搬迁出来，是改善其生计最有效的途径。因此，为了避免自然灾害，恢复侵蚀防治、防洪减排、下游饮用水净化、灌溉、发电、固碳以及改善人类福祉等关键的生态系统服务，陕西省在 2011 年启动了新中国历史上最大的移民搬迁工程。

陕西省政府通过提供直接财政援助和其他奖励措施，以自愿搬迁为基础，旨在用 10 年时间将陕南三市 28 个县共计 240 万人搬迁出去，搬迁人数占三市人口总数的 1/4。符合条件的农户将得到财政援助，从偏远山区搬迁到更安全、更容易获得公共服务的地方。在安康市，该工程涉及 22.6 万个农村家庭，其中，2011～2015 年搬迁 45 万人，2016～2020 年搬迁 42.7 万人。

该工程与南水北调中线工程相结合，旨在通过减轻汉江流域的土壤侵蚀和富营养化向华北地区提供优质的淡水资源。与过去的搬迁工程类似，尤其是三峡移民，该工程也引发了人们的争议。与三峡工程不同，这一移民搬迁工程将采取自愿搬迁的方式，致力于改善人类福祉以及当地、区域、全球重要的生态系统服务（Li et al.，2015）。

三 基于不同利益相关者和尺度的政策分析框架

为降低安康社会-生态系统的脆弱性，增强恢复力和增进福祉，移民搬迁工程将对迁出地以及安置地的土地利用和覆被变化产生重要的影响。这些将进一步影响多样化的生态系统服务的生产和传送及不同尺度（当地、区域、全球）下的利益相关者。与此同时，移民生计也将随移民搬迁工程的实施而改变。此外，所有这些影响将随时间而变化。为了对政府政策提供指导以及改进思路，评估移民搬迁工程对不同群体利益与成本分配的影响就显得至关重要（见图 10-1）。

第三节 结果

一 搬迁工程对土地利用的影响

移民搬迁工程导致土地利用显著变化的原因主要可归结为两种转换。面积最大的是退耕还林，另一个是从平缓的草地和裸地（岩石/沙地）到城市用地。根据工程计划，到 2015 年 9.3%的耕地将被转换为森林，而 3.5%的草地和 16.9%的裸地将被转换成城市用地（见图 10-2）。到 2020 年，

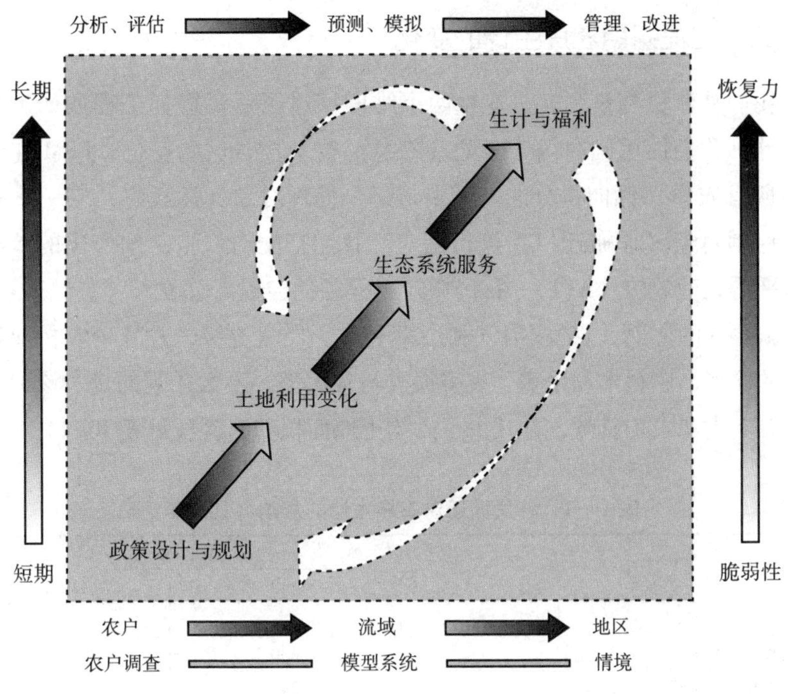

图 10-1　移民搬迁工程的评估框架

共有 16.9%的耕地将被转换为森林，而 12.7%的草地和 16.9%的裸地将被转换为城市用地（见图 10-2）。

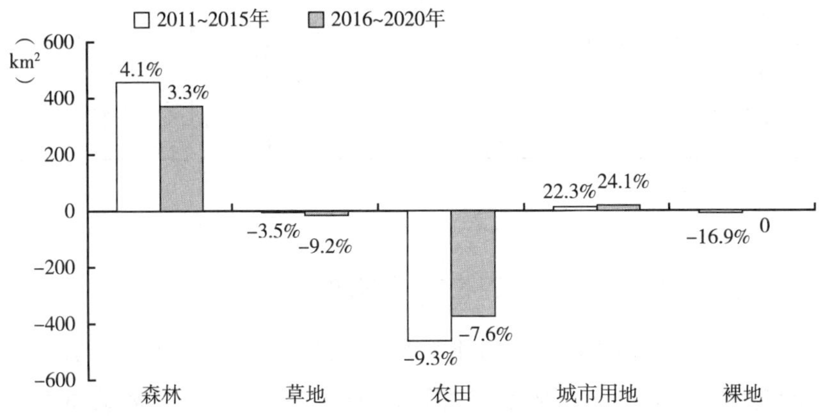

图 10-2　移民搬迁项目规划情境下，2011~2015 年和 2016~2020 年土地利用变化

说明：百分数指相较于每期期初既定土地利用面积的变化。

二 工程初期农户生计的变化

我们从流量变量和存量变量两个维度探讨了移民搬迁工程如何影响农户生计。我们使用倾向得分匹配（PSM）技术报告这些变化，PSM 在计算出（所有农户）倾向得分的基础上将每个处理对象（搬迁户）与一个相类似的控制对象（非搬迁户）进行配对。我们把配对农户之间产出的差异解释为平均处理效应（ATT）。移民搬迁工程预期会提高总收入、农村-城市移民汇款收入的比例、煤气/沼气利用率和房子质量等级，并减少农林业种植收入的比例、燃料木利用率、灾害损失与贫困率。不太乐观的是，该项目增加了总支出和人均贷款，并减少了人均土地面积和储蓄（见表 10-1）。

表 10-1 移民搬迁对农户生计的影响（初始年）

生计	PSM	
	ATT	t
流量变量(每年)		
总收入(不包括补贴,美元)	290	(2.17)**
总支出(不包括房屋支出,美元)	233	(1.67)*
农林业种植收入的比例(0~1)	-0.07	(-2.35)**
农村-城市移民汇款收入的比例(0~1)	0.15	(2.9)*
燃料木利用率(0,1)	-0.08	(-1.68)*
煤气、沼气利用率(0,1)	0.09	(2.39)**
灾害损失(灾害损失样本,美元)	-1497	(-2.77)***
贫困率(0~1)	-0.06	(-1.71)*
存量变量		
人均土地面积(人均公顷数)	-0.27	(-3.02)***
储蓄(0,1)	-0.07	(-1.83)*
人均贷款(美元)	320	(3.48)***
房子质量等级(1~3)	0.56	(8.24)***

注：*** 表示 $p<0.01$，** 表示 $p<0.05$，* 表示 $p<0.1$。

三 多尺度利益相关者的收益成本动态

家庭调查对评估该项目长期社会影响的作用有限，因为它只提供了项目实施初期的家庭信息。因此，我们也估计了多重利益相关者的净收益及其时间动态。对于参加搬迁项目的家庭来说，搬迁的前期费用要远远高于政府一次性补贴。因此，搬迁可能不会给农户带来短期的净收益［见图

10-3（A）］。此外，贫困家庭可能难以参与搬迁项目，因为他们缺乏支付前期费用的资源（对不同情境的详细分析）。然而，从长远来看，道路、交通、教育、通信和市场的便捷将使得家庭经济状况好转。我们估算了补贴或收入的增加如何才能使家庭在未来更富裕，产生正的净收益现值。特别是，我们预计付清移民搬迁项目相关的家庭总费用需要增加 13000 美元的补贴或者农户实现 1500 美元的年收入增幅。

地方政府也明显增加了成本，2020 年底将面临现值 9.42 亿美元的缺口。未来的收益将最终使净收益的现值为正，但地方政府的投资回收期预计在项目结束 15 年后发生［见图 10-3（B）］。

搬迁项目也将极大地惠及南水北调工程的下游受水区；估计 2011～2020 年每年有高达 600 万美元的水质净化成本将因此而节省，而 2020 年后每年将有 185 万美元的成本得以节省。同时，移民搬迁工程也将贡献 2011～2020 年总计 3500 万美元及随后每年 900 万美元的固碳服务使全球受益［见图 10-3（C）（D）］。

这一分析中的许多变量有相当大的不确定性，包括生态系统服务生物物理评估的参数和经济估值的价格。为了理解不确定性是如何影响结果的，我们考虑了关键变量的取值范围。我们发现，净收益的结果对住房成本和社会贴现率的变化很敏感。如果能够降低搬迁户住房的成本，便可以实现家庭在短期和长期都能从搬迁中获得正的净收益。此外，与较高的贴现率相比，较低的贴现率也缩短了回收期。然而，水质净化、土壤保持和固碳的变化对结果只有轻微的影响。

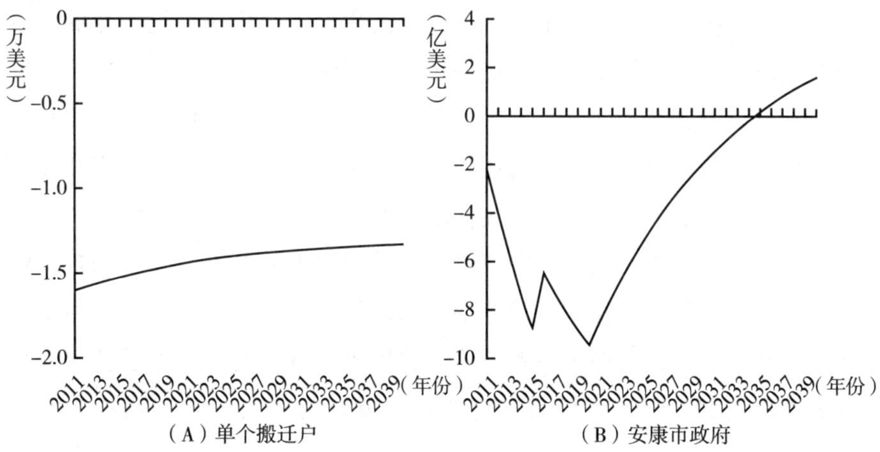

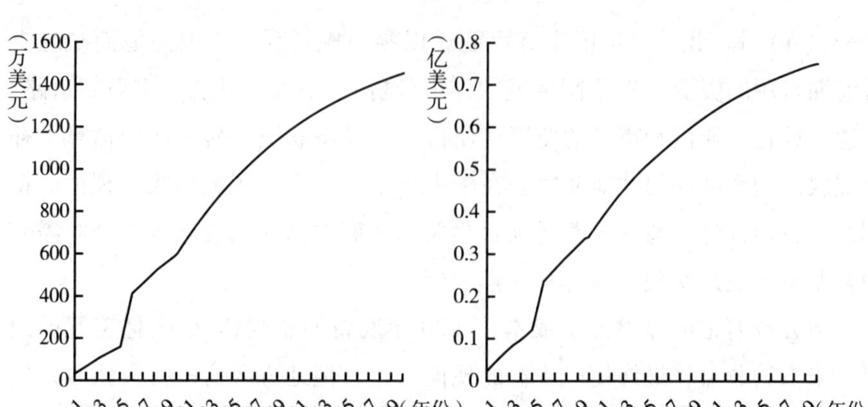

图 10-3　多尺度利益相关者不同时期的净收益贴现曲线

第四节　讨论

在对工程实施进行评价与监测时，人们对生态系统服务带来的效益及其在受益者中的分布依然理解得不够充分，而想要量化效益的具体分配则需要深入理解社会生态系统。通过使用社会生态系统的分析方法，我们确定了一系列相互作用的服务（如水质净化、灾害风险减少、固碳等）所带来的效益，并调查了这些效益是如何流向不同的利益相关者群体（当地不同的家庭、当地市政府、下游水资源使用者以及其他全球受益者）的（见图 10-3），这些利益相关者主要包括资金的提供者、生态系统服务的提供者以及生态系统服务的受益者。对生态系统的保护措施想要获得成功不仅需要微观农户的支持，来自本地区、跨区域、全国乃至全球尺度利益相关者的支持也至关重要，因为政府往往着眼于宏观尺度进行资源利用和保护的决策，而微观农户的行为则直接作用于生态系统。

通过丰富从生态系统服务中获益的利益相关者的类型以及增加自然资本保护和恢复的投资，在政策设计中融入多尺度利益相关者，也有助于实现多维的政策目标，诸如生态系统服务的恢复、贫困的减少以及获得安全的保障等。例如，生态系统服务付费项目就是为了增加对自然资本的投资，这一计划可以在安康市以及陕南移民搬迁工程的获益者之间实施，这些受益者包括下游水资源使用者以及碳固定的全球受益者（见图 10-3）。

对政策的评价经常要通过对成本-收益的评估来实现，这种评价方式使得对生态系统服务的研究更具操作性。对于所有相关的决策制定者而言，当收益大于成本时生态系统才更可能得到有效的保护，而理解成本的构成（包括土地价格、政府投资以及机会成本等）能够帮助我们更有效率地分配稀缺的资源；弄清楚诸如防洪、水质净化以及通过森林来固定碳排放之类的生态系统服务所带来的效益，能够帮助我们评估受到保护的土地的经济价值，同时可以确定谁可能愿意为这些服务付费。

我们的研究不仅能够反映不同利益相关群体的净收益，还能反映他们的净收益随时间变化的情况。对于当地家庭而言，成本最开始是大于收益的，在短期内家庭想要达到收支平衡点的关键在于在重新安置后通过增加生计机会或提高政府补贴的方式来使收入增加［见图 10-3（A）］。而且如果当地家庭靠近公路，拥有良好的交通条件、受教育水平、对外交流能力以及靠近市场，那么从长期看其经济状况会变得更好。对于当地政府而言，总成本最初也是大于收益的，同时在移民搬迁工程实施后还存在 15 年的投资回报期［见图 10-3（B）］。对于下游的水资源使用者以及全球其他受益者而言，净收益一开始就为正并且随着时间推移还会不断增加。这些结果说明，通过把生态系统服务的价值和其他不同利益相关者的长期及短期的成本和收益融入决策制定之中，不仅能够帮助我们度量生态系统服务保护项目的实施效果，而且能够帮助我们度量多种政策目标的实现效果，

政策评价的一个重要方面是理解人类福祉的变化怎样影响管理、政策以及生态系统和服务的供给。在研究中我们发现，陕南移民搬迁工程对当地家庭的福祉有着多重影响。尽管这一工程提高了收入、改善了生活状况以及安全状况，但我们也发现这一工程的参与者所拥有的土地资源和存款出现损失，并且贷款数额也出现增多（见表 10-1）。此外，从短期来看，拥有更多房屋投资的贫困家庭的预付成本（差额）太高会导致他们很难参与到移民搬迁工程之中。人类福祉的变化还可能会对目的地的生态系统（例如，毁林造田）、对工程参与者是否自愿、对移民搬迁工程的效率（例如，移民搬迁工程的参与者又迁回最初的地区或者重新陷入贫困）产生新

的不可预测的影响。从长期来看，人类福祉的提高主要依赖于自愿参与到生计活动的成功转变之中。我们的研究着重强调了将人类福祉变化融入移民工程的评估之中非常重要。

我们的研究也存在一些不足之处。第一，我们本次家庭调查是在2011年安康市实施移民搬迁工程仅几个月后进行的，在这么短的时间内其对家庭生计的长期影响，尤其是临近公路、交通、教育、交流和市场等带来的潜在经济效益还没有显现，因此我们可能低估了移民搬迁家庭获得的效益从而低估了这些家庭获得的净效益。为了监测家庭生计在长时期的动态变化我们正在组织一次后续调查。第二，我们对家庭净收益估计较为简单且保守，一方面是因为我们在量化时从移民搬迁户生活状况的改善中排除了便利设施所带来的效益；另一方面是由于我们早期的调查没有得到可信的数据，导致我们只能选择使用成本收益模型来进行分析。在未来的研究中我们将会在之前的基础上进一步改进CBA模型。第三，我们在研究中把所有的家庭都视为完全相同的（普通家庭），但是调查的数据表明这些家庭有着极大的不同。这些不同可能会产生重要的影响，尤其是在谁选择参与上。还有一些没有观察到的家庭特征也可能在影响到参与的同时对项目影响的评估产生偏见。

为了达到多方共赢的结果，实现多层次的可持续发展，我们提出以下建议。

第一，后续的支持项目应该继续推进。搬迁只是整个移民搬迁工程的第一步，而不是其最终的目标。我们应该更多地关注迁出以后的后续支持项目的实施，例如，对能力培养以及环境友好型工作机会的投资。在中国，城市地区的生态移民及移民搬迁户在提供新的住房和创造生计机会方面面临巨大挑战。我们的研究结果表明，尽管在移民搬迁后基于收入的贫困率立即下降，但是这些家庭的贷款负担开始加重（见表10-1），存款数额也出现下降。为了缩短投资回报的期限，同时为了避免一些潜在的问题导致移民搬迁户回迁到原来的地区或重新陷入贫困，能力培养（例如，知识和技能的培养、技术训练、公共服务的供给、制度建设等）以及创造有利于环境的工作机会（例如，民族手工艺品制作、生态旅游业、生态农业等）非常重要。

第二，移民搬迁工程应该建立起生态系统服务受益者向生态系统服务提供者给予直接经济补偿的制度。作为重要的水源保护地区，安康市在水资源供给、净化以及河流侵蚀控制方面扮演着重要角色。然而在安康市和下游地区没有直接的生态系统服务付费项目，这导致了生态环境退化的风险增加而由安康市提供的生态系统服务却减少。因此给予固定碳排放等生态系统服务相应的经济补偿可以扩大安康市移民搬迁工程在减少贫困以及改善生计方面的影响。每一个家庭都对搬迁安置的价值有其特定的观点，而这些对搬迁安置带来的净收益的认识将会直接影响移民搬迁工程的实施效果以及整个社会生态系统的稳定性，特别是在一次性的政府补贴发放结束之后。通过补偿，当地政府可以为移民搬迁户建立经济援助机制以确保整个工程长期目标的实现。

本章着重分析了政策设计和评估的几个重要方面。首先，在设计生态系统服务保护和人类发展的相关政策时，将多个利益相关者融入评估之中非常重要。其次，对多个利益相关者的成本收益进行动态分析可以帮助决策者清楚生态系统服务何时应该交付给何人，以及怎么设计政策来确保所有利益相关者的净收益为正。最后，将家庭福祉融入保护政策之中可以提高政策的可持续性，同时避免发生难以预料或不期望发生的后果。

第五节　方法

一　土地利用变化

2010 年的土地利用数据来自中国科学院遥感与数字地球研究所 TM（Thematic Mapper）影像（30m×30m 分辨率）。我们把土地利用分为七种类型：森林、灌丛、草地、湿地、农田、城市用地、裸地（石/沙）。基于 2010 年土地利用实际状况，我们根据移民搬迁工程规划方案预测了 2015 年和 2020 年的土地利用状况。

二　生态系统服务评价

我们基于 2010 年土地利用实际状况和 2015 年及 2020 年移民搬迁工程规划方案评估了水质净化和土壤保持的生态系统服务，采用生态系统服务与权衡的综合评估模型 InVEST。InVEST 量化了现有景观或未来方案提供的生态系统服务并绘制了相应的地图。我们也评估了每种土地利用类型的固碳服务。

三　农户生计调查

2011 年 11 月和 12 月，我们在安康市实施了一项有关农户生计和环境的专项调查。调查包括农村家庭和社区的问卷调查，以及一些半结构化的个人访谈和焦点小组讨论，具体如下。首先，我们根据 2010 年的 GDP 选择了安康市九个重点县（区）中的五个县（区）：经济排名靠前的汉滨区（排名第一），排名居中的紫阳县、石泉县和平利县（分别排在第四、五、六位），处于末位的宁陕县（排名第九）。其次，在每个接受调查的重点县中，我们抽取 3 个乡镇详细研究。每个被抽取的乡镇都有搬迁安置社区和自然保护区，并实施了生态补偿政策。再次，在各样本乡镇进行行政村抽样，共选取了 25 个行政村进入样本框：15 个是随机抽取的；10 个是移民搬迁安置新村。最后，我们对样本村组中的所有农户进行了入户调查，户主或者 18 岁以上的家庭成员被邀请完成问卷。

我们共发出 1570 份问卷，有 1410 份（89.8%）被收回，其中 1404 份（99.6%）是有效的。问卷调查主要集中在家庭层面：社会人口学特征；生计资本（自然资本、社会资本、金融资本、物质资本、人力资本）；生计活动（例如，农作物生产、林业、本地非农经营、外出务工等）；劳动时间；消费和支出。

四　生计变化的估计方法

为了评估搬迁项目对农户生计的影响，我们使用了倾向得分匹配（PSM）技术。形式上，平均处理效应（ATT）估计如下：

$$ATT = E\{E[Y_{1i} \mid D_i, p(X_i)]\} \tag{10-1}$$

Y_{1i}、Y_{0i}是处理（搬迁）和控制（非搬迁）这两反事实情况下的潜在后果。D_i表示农户参与（$i=1$）与否（$i=0$）。$p(X_i)$是给定预处理家庭特征的条件下农户参与移民搬迁工程的概率。使用自举法获得了标准误差。

五　多尺度利益相关者的成本收益分析

我们通过估计移民搬迁工程系统所涉及的每个尺度利益相关者的成本和收益，分析了移民搬迁工程的成本收益，包括当地安置户、地方政府、下游水资源的用户、全球受益者，以及整个工程。第一，对于当地安置户，总成本（$C_{households}$）包括新住宅建设成本和增加的生活费用（日常消费）。总收益（$B_{households}$）包括单个家庭搬迁获得的政府补贴、搬迁后的收入变化，灾害风险降低所导致的灾害的减少。第二，对于安康市政府，总成本（$C_{government}$）是对三类安置方式的总投资之和，即灾害搬迁、搬迁扶贫和生态移民。总收益（$B_{government}$）是移民搬迁工程导致的在减灾、扶贫、水质净化和土壤保持方面节省的费用之和。第三，对于下游水资源的用户，总收益（$B_{downstream}$）是搬迁项目的实施使其能获得非富营养化和泥沙的净水所节省的水质净化费用。第四，对于全球受益者，总收益（B_{global}）是实施搬迁项目所增加的固碳服务的价值。

六　成本效益变化的估计方法

使用生物物理数据和农户调查数据，我们按照8%的社会贴现率研究了移民搬迁工程对不同利益相关者的净现值和在不同的时期的净现值（2011~2020年，2020年后）。

实践篇

第十一章 乡村振兴视域下稳定脱贫模式研究总结

第一节 社区工厂精准扶贫模式概述

一 引言

作为全球最早实现千年发展目标中减贫目标的发展中国家，中国始终致力于消除贫困和改善人民福祉。特别是2012年党的十八大召开以来，以习近平同志为核心的党中央把扶贫开发摆到治国理政的重要位置，提升到关乎全面建成小康社会、实现第一个百年奋斗目标的新高度，按照精准扶贫、精准脱贫的基本方略，做出一系列重大部署和安排，全面打响脱贫攻坚战。2015年，《中共中央 国务院关于打赢脱贫攻坚战的决定》的颁布标志着我国扶贫开发事业进入了啃硬骨头、攻坚拔寨的新阶段，同时“易地搬迁脱贫一批”成为“十三五”时期脱贫攻坚“五个一批”精准扶贫工程的重要组成部分。从最早的“三西吊庄移民”到内蒙古、贵州、云南、宁夏4个省（自治区）的易地扶贫搬迁试点，再到全国范围内的推广，易地扶贫搬迁被证明是行之有效的扶贫措施之一。作为中国开发式扶贫的重要举措，脱贫攻坚的“头号工程”和标志性工程，“十三五”期间易地扶贫搬迁计划用5年时间，将生存和发展环境恶劣地区的约1000万农村贫困人口进行搬迁安置，以彻底破解“一方水土养不起一方人”的发展困境，涉及全国22个省（自治区、直辖市）约1400个县（市、区）。据统计，2016年、2017年两年，全国已搬迁人口约589万人，2018年计划搬迁人口280万，搬迁人数接近总搬迁任务的90%。随着“搬得出”目标的实现，“稳得住、能致富”的脱贫任务转而成为后续工作的重心。

陕西省的移民搬迁启动于2011年，兼顾避灾、扶贫、生态和发展多维的目标，计划用10年时间对陕南240万人口、陕北39.2万人口进行搬迁安置，是当时我国最大规模的移民搬迁工程。陕南地处秦巴山区腹地，地形地貌复杂、生态环境脆弱，滑坡、泥石流等地质灾害、洪涝灾害频发，给当地居民的生命财产安全造成严重威胁，而陕北白于山区是陕西三大贫困地区之一，干旱缺水，自然条件恶劣，贫困问题突出。恶劣的自然环境和经济、社会发展面临重重掣肘的现实使得陕西省移民搬迁成为一项不得不为的民生工程。这项工程也被视为山区摆脱贫困的“治本之策”，标志着政府减灾治贫从被动式治理向预防式治理转变，为我国城镇化提供了一条移民搬迁式就近城镇化的发展道路，也为我国脱贫攻坚“五个一批”中的“易地搬迁脱贫一批”政策的制定提供了实践基础与陕西样本。“十三五”期间，基于中央打赢脱贫攻坚战的总体部署，陕西的移民搬迁再次起航，在全省范围内继续推进涉及28.7万户96.3万人的易地扶贫搬迁。截至2018年6月底，陕西省易地扶贫搬迁安置房已开工28.45万套，符合标准入住14.95万户共50.88万人。

然而“搬得出”只是易地扶贫搬迁这项复杂的系统性工程的第一步，移民从原住地进入陌生的安置地之后，会面临一个复杂的生计恢复与重新适应的过程。在迁入地有限的资源禀赋条件下，如何巩固搬迁成效，实现搬迁群体的顺利转型与可持续发展，是打赢这场扶贫攻坚战亟须解决的重要课题。陕西省在扶持移民“换穷业、拔穷根”从而促进其持续稳定脱贫的实践过程中，探索出一条以社区工厂为代表的“就业式”精准扶贫的道路。社区工厂是在易地扶贫搬迁导致大量农村剩余劳动力集聚而安置地资源相对有限的情境下，地方政府通过政策优惠吸引企业入驻或者鼓励创业能人返乡创业，依托移民安置社区开办的工厂或生产车间，重在发展劳动密集型产业，以吸纳当地移民尤其是贫困户就近就业进而实现稳定脱贫和可持续发展。基于安康白河、平利创办社区工厂的有益尝试，该做法逐渐向全省扩展，“社区工厂+农户”就业扶贫模式也被国务院扶贫办（现国家乡村振兴局）列为经典扶贫案例。作为陕西省带动搬迁群众就业和产业发展的创新性举措，本课题将通过对社区工厂模式的理论探讨和国内外移民、农村经济发展的案例梳理，总结陕西社区工厂精准扶贫模式、社区与妇女发展模式以及后续推广模式，为陕西省乃至全国的脱贫攻坚和乡村振兴提供理论支撑和政策参考。

二　发展概况及基本运行模式

（一）社区工厂的概念及发展情况

社区工厂是在易地扶贫搬迁导致大量农村剩余劳动力集聚而安置地资源相对有限的情境下，地方政府通过政策优惠吸引企业入驻或者鼓励创业能人返乡创业，依托移民安置社区开办的工厂或生产车间，重在以发展劳动密集型产业的方式，达到吸纳移民尤其是贫困户就业进而促进稳定脱贫和可持续发展的目的。

以最先发展社区工厂的安康市为例，截止到 2018 年 5 月，全市共发展各类新社区工厂 182 家，涵盖毛绒玩具、服装鞋帽、电子产品、农产品加工等多个行业，吸纳就业 8363 人，其中贫困劳动力 2876 人。

（二）社区工厂的优势与特色

第一，社区工厂以移民安置社区为依托。社区工厂是在移民安置社区的基础上为了实现社区移民就地就业从而持久脱贫而进行的一种有益尝试。社区工厂依托于安置社区而建，正是社区人口的集聚效应给工厂带来廉价的劳动力，也给工厂提供了相应的基础设施和公共服务。因此社区工厂与移民安置社区密不可分。

第二，社区工厂以搬迁农户为中心。社区工厂的目的在于通过给搬迁户提供就业岗位实现就业脱贫，社区工厂的生产、管理等各方面都要考虑到搬迁户的特殊性。社区工厂的出现使搬迁户在一个地点实现“安居”与“乐业”的结合。

第三，社区工厂形式具有多样性。社区工厂主要形式有三种。一是以“苏陕合作”为代表的东部地区的成熟企业自主转移型。这种形式通常要通过政府招商引资来吸引比较成熟的企业在县城注册并在安置社区内建设车间或工厂，一般规模较大，有正式的管理制度和成熟的运作方式，订单和销路也比较稳定，因此发展前景较好。二是创业型，即由当地农民企业家、返乡创业人群或乡村能人自己创办的小型企业直接在社区内建立加工车间或工厂。这种形式的社区工厂一般规模较小，管理制度不健全，管理方式比较松散，对政府补贴的依赖也更大，订单和销路不太稳定，因此其发展还处于成长期。三是合作社型，即由当地政府统筹协调各种农业合作社在社区内建立的加工车间或手工作坊等。这种形式的社区工厂以农产品加工、手工艺品加工为主，在运行过程中往往与电商相结合，销路比较稳定，也是未来发展的主要形式之一。

第四，社区工厂的管理和运作具有灵活性。首先，由于社区工厂的经营包括品牌代工、手工制品加工等多种形式，因此根据不同的工作要求，对工人的管理也比较灵活多样，例如，工人可以选择统一上班或者按照统一的标准在家工作，按件计费。其次，由于社区工厂内部规模较小，现代化的企业管理制度有待建设，工厂的运作和管理完全根据订单的变化而变化。

第五，社区工厂实现了生产要素集聚和产业集聚的统一。移民安置社区将原本分散的农户集中在一起，形成了人口集聚效应，带来稳定且廉价的劳动力，同时政府统一提供的公共服务和配套设施也使各种生产要素集聚在一起，社区工厂充分利用人口和生产要素的集聚优势，逐渐在企业集聚的基础上形成完整的产业集聚。

（三）社区工厂的成效

第一，创造就业，促进移民搬迁对象生计转型和稳定脱贫目标的实现。社区工厂模式通过为移民搬迁对象提供就业岗位，能够为移民搬迁农户创造更多收入渠道，促进其生计方式向非农化方向转变，从而实现持久而稳定的脱贫。

第二，激发贫困人口内生动力，形成社会多方共同参与扶贫的局面。社区工厂模式通过教育和培训真正实现“扶志”与“扶智”的结合，让贫困人口通过劳动获得工资报酬，有利于激发其内生动力，树立正确的劳动观和脱贫观。

第三，实现移民搬迁家庭中特定类型劳动力的全面发展。社区工厂通过为妇女和老人提供培训和工作岗位，使这部分人群的技能和素质得到提升，满足了其强烈的就业意愿，促进其全面发展。

第四，实现移民搬迁群众生产与生活的统一，促进其乐业与安居。社区工厂使移民搬迁群众在同一空间实现生产和生活。社区工厂不仅能带来稳定的收入，还能让留守妇女兼顾家庭，从而让其实现乐业与安居的统一，促进家庭甚至整个社区的和谐稳定。

第五，充分利用新型人口红利，减缓我国劳动力成本过快上升的趋势。移民搬迁引发一部分人口回流带来新型人口红利，社区工厂充分利用这种新型人口红利带来的优势，有利于降低企业用人成本，提高人力资源利用效率。

第六，有效促进产业转移，带动贫困地区经济发展，促进区域发展平衡。社区工厂是西部贫困地区承接东部地区产业转移的典范，有利于促进贫困地区从第一产业向第二产业升级，打破区域之间发展的不平衡。

第七，有利于实现生态保护和绿色减贫。对迁出地来说，社区工厂带来移民搬迁农户生计转型，有利于迁出地生态系统服务逐渐恢复；对于迁入地来说，社区工厂的产业以劳动密集型企业为主，属于环境友好型产业，有利于绿色减贫的实现。

（四）社区工厂的运行模式

在这一模式中（见图 11-1），“政府”帮扶，通过一系列具体的帮扶措施，增进各利益相关者的福利，最终帮助贫困农户实现脱贫致富。“企业”牵引，在享受政府优惠政策的同时，积极探索可行的经营管理及盈利发展模式，增强自身竞争力，从而实现可持续发展，并保障贫困户的就业机会，带动贫困户持续稳定脱贫。“社区”承载，为企业提供集中生产场所，通过专业化供应商队伍的形成、劳动力市场的共享和知识外溢来促进企业效率的提升，加大企业助推脱贫的牵引力度。“农户”脱贫，在政府帮扶和龙头企业牵引的外力推动下，积极响应配合，形成吃苦耐劳、积极进取的精神，增强脱贫的内在动力，进而从根本上摆脱贫困。

三　社区工厂模式的理论分析

社区工厂精准扶贫模式是在全国扶贫攻坚持续推进、不断深入的大背景下，在易地扶贫搬迁安置地资源禀赋相对贫乏的具体情境中，地方政府为了解决当地移民尤其是贫困户就业进而促进其持续稳定脱贫而采取的一项“偶然而被迫”的尝试，这在国内外尚无先例可循。那么，诱发这种实践的动因何在，在当地社区建工厂包含哪些合理的成分？其后续发展又会产生什么样的影响？这些问题不仅关系到社区工厂模式本身的走向和能否持续，也关系到国家层面 2020 年贫困人口能否全部脱贫。由此，从理论上分析这种模式产生的逻辑和趋势，有助于回应人们的关切，加深人们的认识，以及发现可能存在的问题，进而助推相关政策的完善和落地。下面从兴办社区工厂的动因、可行性及意义三个方面进行详细的分析。

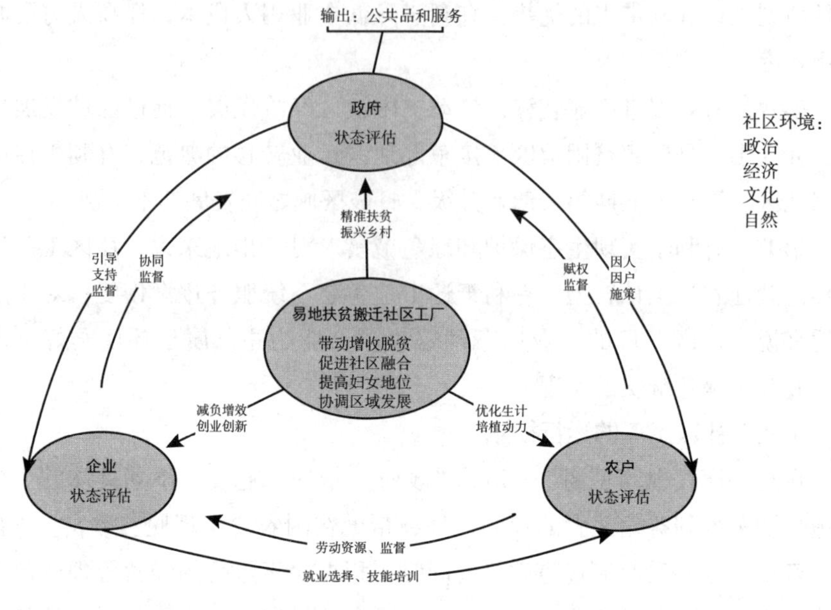

图 11-1　社区工厂运行模式

（一）兴办社区工厂的动因分析

兴办社区工厂的具体动因主要包含两个层次：一是个体层次，促进贫困移民就业，实现持续脱贫；二是区域层次，培育经济增长极，带动区域经济发展。

从个体层次来讲，在当前易地搬迁情境下，给移民尤其是贫困移民提供良好的就业岗位以稳定他们的预期、抑制返迁无疑是当务之急。一方面，易地搬迁虽然使得贫困户的住房、交通等生活环境有了明显改善，但并不能让他们马上脱贫，他们面临生计转型、环境适应等新的问题；另一方面，虽然移民个体已经搬进新社区，但是他们的果树林田等生产资料和资产仍留在原居住地，甚至连户籍也仍保持着原居住单位的隶属关系，这导致移民一旦从原住地搬到安置地也就随之进入了更加开放的市场化环境中。根据制度经济学理论，移民在新社区的产权（如生产生活资料等资产）缺失的情况下，面临生活成本增加的压力，他们很难产生稳定的预期，由此后续时期产生“新房旧房两头跑”“安置房盖得漂漂亮亮，却大量空置”的现象也就不足为奇。

在社区兴办工厂，让移民在新社区能够获得一份稳定的工作，不仅有利于增加他们的收入，而且有利于他们通过社区工厂这一组织形式构建新的社会联系，从这一点来看它还是对既有制度环境（如户籍保持原居住单位隶属关系）的某种改进。如此，从短期来看，社区办工厂的确有利于稳定移民的预期，是一种通过“乐业”实现“安居”、“安居与乐业，生活与生产相互促进、互为条件”的有益尝试。

从长远来看，让贫困户走出“贫困陷阱”“斩断穷根”需要激发他们的内生动力，增加他们的人力资本。根据诺贝尔经济学奖得主阿马蒂亚·森的可行能力理论，贫困不仅是收入的贫困，更本质的原因在于就业、医疗、教育机会等缺失所导致的人力资本的贫乏。因此，在社区兴办工厂的目的不单单是促进贫困户增加收入，更在于通过兴办社区工厂引入现代化的生产方式，帮助贫困户实现市民化的生活方式，让他们学会一技之长、积累工作经验、搞好人际关系进而提高人力资本，最终达到“授人以鱼，并授人以渔”“社区与工厂互动双赢”的多重效果。

从区域层次来讲，当地贫困农户的永续脱贫，离不开良好的外部环境，如果整个区域的经济发展落后、停滞，贫困户长期脱贫也就无从谈起，由此在当前全国扶贫攻坚的背景下，借助政策优惠搞好区域经济是扶贫工作的应有之义。根据发展经济学中的增长极理论，一地的经济增长极对于整个区域经济发展具有重要的辐射带动作用，而增长极是否存在取决于有无发动型工业。由此，在社区兴办工厂的一个最主要目标是利用移民集中安置形成的人口集聚实现产业集聚进而实现要素集聚，并通过极化和扩散过程形成增长极，以获得最高的经济效益和快速的经济发展。

（二）兴办社区工厂的可行性分析

把工厂办到社区里作为易地搬迁具体情境下，为克服贫困移民就业脱贫和区域经济发展难题的一项有益尝试，尽管为解决全国易地扶贫工作尤其是后易地搬迁时期移民生计转型和可持续发展问题提供了新的思路，但是也引起了或多或少的关切和质疑。在 20 世纪 90 年代乡镇企业逐渐式微的历史经验背景下，在偏远西部地区社区兴办工厂是否可行、能否持续是绕不开的问题。根据经济学理论，尽管西部地区偏远的地理位置造成兴办社区工厂有着种种劣势，但是这些劣势也并非绝对的，总的来说，在西部地区兴办社区工厂包含可能成功的因子、有一定的可行性，具体表现在其比较优势、后发优势和集聚经济优势三个方面，以下对此展开详细分析。

1. 西部地区兴办社区工厂的比较优势

比较优势理论认为，国际贸易的基础是各国生产成本的相对差异。一国/地区在两种商品生产上较另一国/地区均处于绝对劣势，但处于劣势的国家/地区在两种商品生产上劣势的程度不同，那么处于劣势的国家/地区在劣势较小的商品生产方面具有比较优势，处于优势的国家/地区则在优势较大的商品生产方面具有比较优势。比较优势理论主张如果每个国家/地区根据“两利相权取其重，两弊相权取其轻”的原则，专业化生产并出口其具有“比较优势”的产品，进口其具有“比较劣势”的产品，那么每个国家/地区都可以提升福利水平。

我国东部地区劳动力成本不断上升，人口红利已基本消退。社区工厂处于移民搬迁集中安置所形成的社区，聚集了相当数量需要照顾家庭而留在社区的妇女和中老年人。这部分人是农村走不出去的剩余劳动力，人工成本低廉，为从事劳动密集型的手工制造业提供了新的劳动力资源。虽然社区工厂地处内陆，不具有地理位置优势，但相较于东部地区，具有人力资源丰富且成本低廉的比较优势。社区工厂通过充分利用这部分劳动力资源，可以有效降低企业的各项交易费用，使企业能够无后顾之忧地雇用更多的劳动力。

除了与我国东部地区相比的劳动力成本优势外，移民安置地区与同样劳动力成本较低的东南亚国家相比也具有其他的比较优势。一方面，东南亚国家由于与我国国情不同，劳动密集型企业走出去存在一定的政治风险；另一方面，东南亚地区与我国存在风俗习惯和文化上的差异，而且部分东南亚地区人民对我国态度并不友好，因此企业走出去还面临一定的文化冲突风险。相比之下，在移民安置社区建立社区工厂有地方政府的大力支持和助推而无须考虑政治风险，另外也避免了不同文化之间交流上的不便。

2. 西部地区兴办社区工厂的后发优势

后发优势理论是指相对于先发展起来的国家/地区，后起国家/地区在推动工业化方面的特殊有利条件，具体来说就是，发展越晚，发展速度越快，因为与其他国家/地区存在距离，距离意味着存在技术、制度、管理等各方面的差距，因此可以借鉴、购买已有的先进技术，消化并吸收制度方面的经验教训，而且存在外资，不需要完全靠自身进行积累。

根据后发优势理论，区域差异产生空间，空间可以提供一些特殊的机会。差异的存在使“后发优势”具有梯次性，从来自国际差距的“后发优势”到来自区域差距的“后发优势”。中国作为一个大国经济体，地区之间的差异性比我国与其他国家之间的差异性还要大。因此对我国发展较慢的地区来说，依然存在足够的空间，存在双重“后发优势”：一是与国际的差距；二是与国内发达地区的差距。

社区工厂处于我国西部地区，并且与乡镇企业类型相似。因此，根据后发优势理论，一方面，当我国西部地区与东部地区存在差距时，可以引进大量的技术、资金、管理和制度，更重要的是从东部地区引进大量劳动密集型产业，为西部地区利用“后发优势”提供机会；另一方面，我国乡镇企业的兴起和衰落，为现今社区工厂的发展提供了借鉴。乡镇企业的兴起具有特殊的时代背景，其衰落的原因则主要在于失去了市场竞争力，同时诸如苏南模式等发展成功的乡镇企业模式更是为社区工厂提供了有效的管理制度和可行的发展道路。对乡镇企业成功与失败原因的思考，有利于社区工厂有效回避成长初期的不确定性和风险，同时结合实际为自身发展创造条件，摆正发展路线，实现追赶式高速增长。

3. 西部地区兴办社区工厂的集聚经济优势

产业集聚理论认为，产业在空间上的集聚可以促进劳动力组织的专业化，有利于劳动力市场的共享；促进个人知识与构想的非正式扩散，有助于知识外溢；有利于规避中间商，节省交易成本。在产业集聚过程中，同时需要考虑集聚区的基础设施承载力。由于各行为主体是分散的独立个体，每个个体都以自己的利益为核心进行决策。当该区位的基础设施承载力不足以容纳产业集聚的程度时，就会造成规模不经济。

社区工厂的建设以打造产业集聚群为目标，将彼此间存在内外联系的企业引入工厂，形成外部规模经济。产业在社区工厂内形成集聚，一方面，能够集中使用运输、通信等基础服务设施，从而节省原材料和产品的运费与能源消耗；另一方面，通过高效率的资金周转、商品流通、劳动力市场共享，促进企业技术创新与升级，从而增强工厂内企业的竞争力，实现自身和地区的经济发展。然而，政府需注重配套基础设施的建设，为社区工厂发展提供良好的外部环境，才能达到外部规模经济的效果。

（三）兴办社区工厂的现实意义

在西部社区兴办工厂除了主观上的一些预期之外，其后续发展和推进将可能形成客观上的一些社会经济效应，具体来说，发展社区工厂具有“实现资源重组，优化资源利用”“促进乡村繁荣，加速生计转型”“激发贫困者内生动力，形成涟漪效应”“形成国内版的雁阵模型，促进区域发展平衡”等现实意义。

1. 实现资源重组，优化资源利用

易地扶贫搬迁集中安置社区将西部农村广大的贫困群众聚合在一起，形成了廉价而且稳定的劳动力，社区工厂通过承接东部产业转移的途径为众多的特殊劳动群体（如家庭主妇、留守老人等）创造了就业机会，进而为将过去的剩余劳动力转化成劳动力资源提供了可能。另外，社区工厂充分利用易地扶贫搬迁安置社区的空置房源，促进了土地资源的集约利用，同时为实现产业化、专业化、规模化创造了条件。

2. 促进乡村繁荣，加速生计转型

随着社区工厂精准扶贫模式的推广蔓延，众多社区将形成相辅相成、良性竞争、共同繁荣的局面。这不仅有助于促进农村分化和农民分化，也有助于促进广大移民的生产方式从农业生产方式向工业生产方式转变，进而实现家庭的生计转型，最终促进移民完成从农民向工人的转变。除此之外，社区工厂精准扶贫模式为解决“留守儿童、留守妇女、留守老人”问题提供了一个有效途径，对于人的全面发展有着十分重要的意义。

3. 激发贫困者内生动力，形成涟漪效应

社区工厂为当地贫困户提供了一个稳定就业的机会，贫困人口依托工作岗位通过自己的辛勤努力，获取稳定的收入，走上脱贫致富的路子，不仅体现了外部帮扶的温暖，也是贫困户自身的价值实现，这本身就是对贫困户的一种激励。一个贫困户通过社区工厂实现了脱贫致富，这有助于消除其他人的“等、靠、要”思想，激励其他贫困户通过参与社区工厂生产，依靠自身努力实现脱贫，如此形成的“涟漪效应”对于区域经济发展以及国家全面建成小康社会目标的实现均具有重要意义。

4. 形成国内版的雁阵模型，促进区域发展平衡

雁阵模型最早由日本经济学家赤松要[①]提出，主要目的是解释日本如何赶超发达国家，认为随着不同国家和地区之间比较优势的相对变化，产业会在国家和地区之间转移。美国经济学家雷蒙德·弗农[②]指出，雁阵式产业转移可以与产品生命周期相关的特征相联系。产品生命周期不断变化，产业结构相应发生变化，相应的产业可以在各个国家之间进行转移，从而隐含着与比较优势动态变化的相关性。小岛清[③]将解释范围扩大到外商直接投资模式，把产业转移与外商直接投资相结合，过剩的资本伴随产业转移可以进行转移。国家和地区之间在发展阶段、资源禀赋以及历史遗产等方面的巨大差异，被认为是具有产业发展的飞雁式相互继起关系的关键。也就是说，差异产生雁阵模型。中国是大国，区域差异性是大国的特征，因此，中国可以有国内版的雁阵模型。之所以需要国内版雁阵模型，有以下几个原因。

第一，刘易斯拐点[④]到来（2004 年）之后，普通劳动者工资水平大幅上涨，改变了我国收入分配状况，提高了劳动者的收入水平，但任何变化都具有一定的节奏，超过这个节奏，则没有时间进行调整，进而会出现经济失衡，因此，普通劳动者工资的上涨应该更加稳定、平滑和理性。特别是在我国还没有形成统一劳动力市场的情况下，东部沿海地区工资水平大幅上涨，而中西部地区还存在剩余劳动力，通过产业转移使中西部地区获得发展，使东部沿海地区工资水平上涨速度慢一些，中西部地区的就业就会更充分一些，结果表现为劳动者工资的平均上涨，这样结果更加均等。

---

① 赤松要（Kaname Akamatsu，あかまつかなめ，1896 年 8 月 7 日~1974 年 12 月 20 日），日本经济学家，根据产品生命周期理论，提出产业发展的雁阵模型。他在考察日本出口产品发展的生命周期时发现，净出口在时间轴上表现为一种类似大雁飞行的状态，即表现为出口产品从低到高，再从高到低的过程。

② 雷蒙德·弗农（Raymond Vernon），1913 年出生，美国经济学家，二战以后美国国际经济关系研究方面最多产的经济学家之一，1966 年于《产品周期中的国际投资与国际贸易》中提出产品生命周期理论。

③ 小岛清（Kiyoshi Kojima，1920 年 5 月 22 日~），日本经济学家，一桥大学教授。

④ 刘易斯拐点（Lewis Turning Point，又称路易斯拐点），即劳动力从过剩走向短缺的转折点，指在工业化过程中，随着农村富余劳动力向非农产业的逐步转移，农村富余劳动力逐渐减少，最终枯竭。由威廉·阿瑟·刘易斯（1987 年诺贝尔经济学奖获得者）在 1968 年提出。

第二，可以缓解严峻的劳动力短缺现象，即劳动力市场更加完善，可以挖掘劳动力供给的制度潜力。在这个阶段，总是会出现劳动力短缺，但有时不是真实的，并不是全国统一的现象，因此，发展雁阵模型，进行产业转移，可以避免出现过于激烈的劳动力大量短缺现象。

第三，缓冲制度安排对刘易斯拐点的不适应。刘易斯拐点是一个好趋势，但这并不意味着需要人为促成拐点的出现。当劳动力处于无限供给的情况下，人为地提高劳动者工资，反而会阻碍转折点的出现。因此，应该使刘易斯拐点的出现更加理性和真实，更加接近经济总体形势。

虽然中国经济实现了30多年的高速增长，但是中国故事只讲了一半，因为这种高速增长主要来自沿海地区，中国还有相当多的地区没有实现完全发展。未来中国经济的增长依赖于中西部地区，而中西部地区依赖于产业转移。在社区引进工厂的做法顺应了中国经济发展的趋势，有利于调动西部地区的资源，发掘经济增长的潜力，支持中国经济今后中长期的增长。此外，在社会主义新时期，我国的主要矛盾已转变为“人民日益增长的美好生活需要和不平衡不充分的发展之间的矛盾”，我国区域经济发展不平衡是当前社会主要矛盾的重要表现之一，通过发展社区工厂培育西部经济增长极，有利于带动西部地区经济的发展，缩小与东部之间的差距，进而缓解区域经济发展不平衡的矛盾。

第二节　陕西社区工厂模式实践总结

一　陕西社区工厂模式的实践经验

（一）陕西社区工厂脱贫模式总结

社区工厂脱贫模式作为一个复杂的生存体系，其各个组成部分的功能、互动、协同程度决定着整体的状态、效应和可持续性。当各组成部分功能齐全、相辅相成、协同良好时，整个模式才能步入良性的发展轨道，产生显著的经济社会效应，进而实现可持续的发展。由此，分析社区工厂脱贫模式各组成主体，明确各主体的角色定位及其相互作用机制，是全面总结社区工厂脱贫模式的一般规律，更好地推广、实施社区工厂脱贫模式的关键所在。

社区工厂的运营主体是企业，其在政府帮扶下得以落地发展，依托社区带来的集聚效应发展壮大，通过提供更多的工作岗位等方式激发贫困户脱贫的内在动力，实现贫困户稳定持续的脱贫致富。因此，将社区工厂脱贫模式所涵盖的主体主要归结为“政府、企业、社区、农户”四个不同的层面。这四个层面的主体各自发挥着不同的功能，相互作用，共同支撑着社区工厂脱贫模式的成功运行。“政府”帮扶，通过一系列具体的帮扶措施，增进各利益相关者的福利，最终帮助贫困农户实现脱贫致富。“企业”牵引，在享受政府优惠政策的同时，积极探索可行的经营管理及盈利发展模式，增强自身竞争力，从而实现可持续发展，并保障贫困户的就业机会，带动贫困户持续稳定脱贫。“社区”承载，为企业提供集中生产场所，通过专业化供应商队伍的形成、劳动力市场的共享和知识外溢来促进企业效率的提升，加大企业助推脱贫的牵引力度。“农户”脱贫，在政府帮扶和龙头企业牵引的外力推动下，积极响应配合，形成吃苦耐劳、积极进取的精神，增强脱贫的内在动力，进而从根本上摆脱贫困。鉴于“社区”承载作用更体现在为其他主体提供了具体的情境，而非独立的实体，故从“政府、企业、农户”三个层面对社区工厂脱贫模式下各主体的功能、互动机制展开论述和分析。

1. 政府帮扶

政府的目标是增进各利益相关者的福利，重点是帮助贫困群体脱贫致富，为此政府主要从三个方面着力。一是营造良好的营商环境，政府营造尊商、重商的社会环境，营造积极进取、吃苦耐劳、勤奋努力的社会风气，搭建良好的营商平台，规范精简工商、税务登记流程，出台税费、场地租金等优惠措施，完善信贷、保险等金融市场基础设施，缓解企业融资约束和经营压力，完善交通基础设施，降低物流成本。二是做好产业规划，在项目引进时，注意结合当地的资源禀赋和发展实际，因地制宜，选择那些利于发挥当地比较优势的企业，限制高污染企业，防止引进企业对生态环境造成的次生灾害；在产业布局上，注意不同企业间的协同和互补关系，既要力争发挥集聚经济和规模经济的优势，又要防止产业雷同和产品同质导致过度竞争。三是对企业参与扶贫的状况进行监督，根据产业扶贫过程中政府、企业双方的进化博弈分析可知，如果政府仅仅给企业提供支持措施而不对企业参与扶贫的行为加以监督，企业的占优策略必然是消极扶贫，这与产业扶贫的初衷相悖离。由此，政府在支持社区工厂发展的同时对其参与扶贫状况的监督亦必不可少，政策干预要能降低企业积极扶贫的成本、增加企业积极扶贫的收益，或者抬高企业消极扶贫的成本、降低企业消极扶贫的收益。总之，政府的作用在于增加社区工厂良性发展所产生的正外部性，同时减少市场失灵所导致的负外部性。

在我们调查的陕西省安康地区，当地政府在主动招商引资方面做出了积极的努力。自 2017 年初开始，为了解决搬迁移民的就业问题，当地政府确定了社区工厂扶贫的基本方针，成立了由市长牵头的社区工厂领导指挥工作组［见图 11-2（A）］。工作组走访东部沿海地区，深入企业洽谈建立社区工厂的相关事宜。为鼓励东部地区劳动密集型产业向西部地区转移以及本地外出能人返乡创业，政府制定了在吸纳一定比例的贫困户条件下免除社区工厂场地租金、水电费三年的优惠政策，并且在员工培训的第一个月内，按照每位参与培训员工 2000 元的标准给予补助资金，发放到企业然后由企业自由裁量发放给参与培训的员工个体。一些地方还通过发放创业贴息贷款，建立社区工厂发展专项资金和担保基金，缓解融资难问题，以及借助县电视台、网络和标语、展板［见图 11-2（B）（C）（D）］等方式，在社会上营造能人创业、百姓就业的浓厚氛围，为社区工厂的创办和发展营造了良好的外部环境。

为了推动社区工厂落地生根，政府从企业选址、登记注册到员工招聘、市场开拓提供了保姆式服务。选址方面，政府统筹安排空间资源，为社区工厂提供了设施保障。登记注册方面，相关部门精简流程，尽量为企业提供一站式服务。员工招聘方面，政府广泛动员当地富余劳动力到社区工厂就业。市场开拓方面，政府依托各类资源，尽力帮助社区工厂找技术、寻客户、拉订单，帮其顺利度过孵化阶段。据官方统计，在近一两年里当地已引进社区工厂 189 家，初步形成以毛绒玩具为特色的劳动密集型产业集群，创造了 8200 多个就业岗位，吸纳了 3000 多名贫困居民，有力地促进了当地经济发展，有效地带动了贫困户脱贫致富。

为了促进社区工厂的持续发展，确保贫困户从中获得实惠，当地政府采取了一系列措施。通过建立大数据平台，政府逐步探索出数字化管理模式，掌握企业发展和参与扶贫状况的动态，为纾解工厂发展中的困难、精准帮扶贫困户提供了便利。通过定期排查厂内可能存在的安全漏洞，及时消除安全隐患，确

图 11-2（A）　安康新社区工厂发展工作领导小组会议

图 11-2（B）　平利大贵镇社区工厂宣传展板

保了安全生产。另外，通过对企业参与扶贫行为常态化督查，并根据督查结果，对扶贫效果显著的企业进行奖励，对消极扶贫的企业采取减少甚至取消补贴等惩罚性措施，增加了企业积极扶贫的收益，提高了企业消极扶贫的成本

图 11-2（C） 平利药妇沟镇宣传展板

图 11-2（D） 平利药妇沟镇宣传展板

（见图 11-3）。

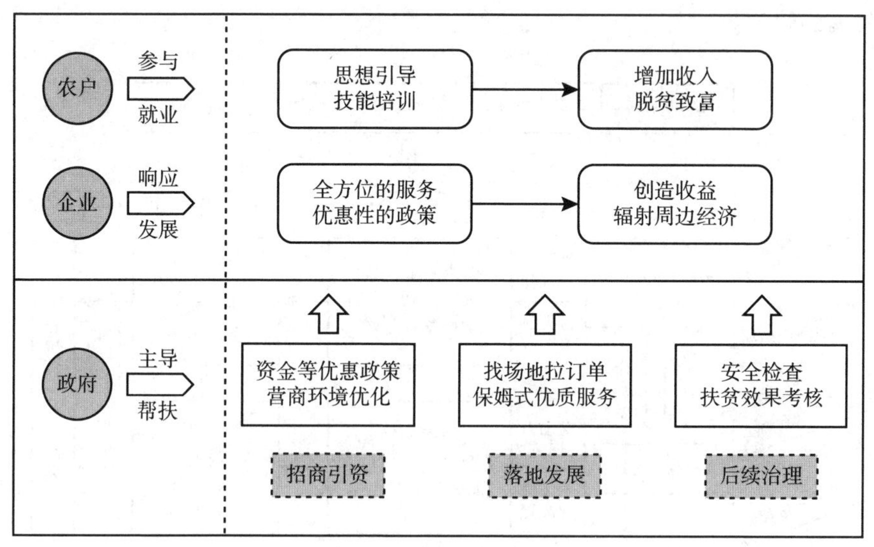

图 11-3　政府帮扶模式

2. 企业牵引

企业参与社区工厂精准扶贫模式，通过自身的经营成果，为当地创造更多的利税，增加更多的就业岗位，从而带动贫困户脱贫，就是企业发挥牵引作用的最好方式（见图 11-4）。陕西在易地扶贫搬迁后续发展的政策实践中，在各级政府的大力帮扶下，探索出了“龙头企业+X+农户”等基本扶贫模式，并以此为基础不断衍生出“社区工厂+贫困户”“社区工厂+合作社+家庭作坊”等形式多样的企业带动移民生计重建、促进贫困户稳定发展的帮扶模式。

社区工厂一方面为“离土不离乡”的移民提供了就业岗位，进而为移民在新环境下重建生计、融入社区、脱贫致富提供了有力支持；另一方面在当前农村大量青壮年劳动力外流的情况下，吸纳当地妇女就近就业有助于解决农村“留守儿童、留守老人、留守妇女”问题。此外，依托当地特色工艺、自然文化景观创办的企业、开发出的旅游产品对于传承当地传统文化也具有重要意义。从更深的层次上讲，社区工厂模式通过打造依托移民安置地的“社区经济”，让移民从“农民”转变为“产业工人”，参与更加现代化的生产方式，有助于培养他们的竞争意识、合作意识和进取精神，进而激发出当地居民的内生动力，最终摆脱“贫困陷阱”，进入良性发展的轨道。

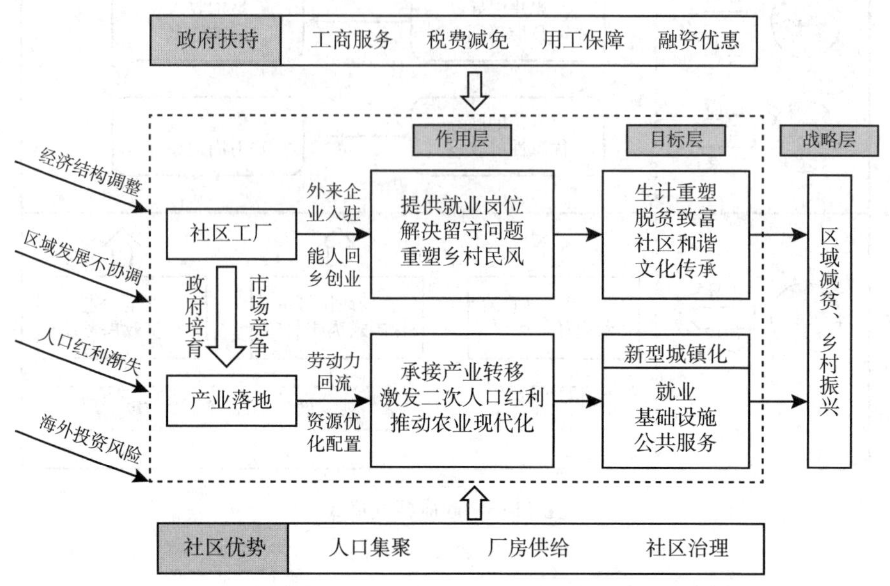

图 11-4　企业牵引模式

社区工厂持续发展的关键是提高企业的竞争力，同时要理顺企业与当地居民尤其是与贫困户的利益关系。一方面，企业只有做大做强自身，才有动力和能力带动贫困户脱贫；企业只有形成、保持和增强自身的竞争力，才能持续带动贫困户稳定脱贫致富。由此，社区工厂精准扶贫模式下的企业，必须遵循市场经济基本规律、企业经营管理规律，走现代化企业经营管理的路子。另一方面，企业不是与世隔绝的孤体，其生存和发展离不开外部的支持，理当承担起应有的社会责任。社区工厂的建立得益于众多优惠政策的支持，以及廉价的劳动力，其发展更是要依托当地的人口、资源与环境，从某种程度上说，社区工厂的产生本身就肩负带动区域经济发展、帮助贫困户脱贫的期许，所以从企业的角度来讲，照顾当地居民尤其是贫困户的关切，保证他们能从企业的发展中获得实惠是尤为必要的。

调查发现，当地的一些企业多为劳动密集型企业，它们之所以在西部移民社区落地扎根，既有东部地区劳动力成本上升、员工流动性大等推力因素，也有西部地区劳动力成本低等拉力因素。这些企业主要包括玩具加工厂、电子装配厂、制衣厂、制鞋厂等，大的企业可以吸收200多人，小的企业也能吸收20多人。在谈到为什么要在移民社区办工厂的问题时，当地一位孙姓的老板说，这些劳动密集型企业在东部地区已经饱和，因此受到当地政府的限制。另外，随着东部地区经济发展水平的提高，当地工资水平也水涨船高，而且随着90后一代日益成为劳动的主力军，他们更加倾向于从事物流、服务等第三产业而不愿意成为按部就班的产业工人，导致这些劳动密集型产业越来越难以招到合适的工人。另外，在问到有没有考虑在东南亚等其他地方设厂的问题时，一位来自江西的老板表示，一方面，因为一些地区有仇华情绪，当地政府也未能提供相应的支持政策；另一方面，这些地区与国内的文化、社会环境存在一定的差异，所以在海外投资建厂虽然劳动力成本比我国东部沿海地区低，但存在较大的风险。

社区工厂将工厂建在居民聚居的社区里，既方便了居民上班就业，又解决了劳动力成本高、工厂招工难、员工流动率高的问题，还有助于解决日益凸显的农村“留守儿童、留守老人、留守妇女”等问题。从调研的实际情况看，一些社区工厂已经有现代经营管理的意识，在工厂内部普遍对工人展开生产培训，一些企业还制定了作息纪律、生产标准，为了调动员工的积极性，引入了计件工资制等科学管理机制，另一些企业尝试利用“互联网+”等商业模式，来扩大产品销售市场、提高自身的竞争力，还有的在企业间形成了一些妇女党支部、女子企业家协会等生产互助组织。

3. 农户脱贫

外力只有通过内力才能起作用。在社区工厂脱贫模式下，政府帮扶和企业牵引为贫困户脱贫注入了不可或缺的外力，为贫困户走出贫困陷阱创造了良好的必要条件，但是如果仅仅是换个地方，给些物资，而贫困户的内在动力没有增强，后续发展仍是问题。因此，要真正让贫困户实现持续脱贫稳定致富，根本上要激发贫困户的内生动力（见图11-5）。另外，在易地扶贫搬迁这项系统工程背景下，让搬迁户稳定有序地融入安置地新社区是让他们脱贫致富的重要前提。然而，让移民融入当地社区的关键是要让包含移民在内的社区居民有平等的经济基础、共同的生活习惯、相近的品位志趣。由此，防止收入差距过大导致的贫富差距进而保证平等的经济地位，保障平等的就业、教育、医疗进而保证共同的社会品位都是重要的。总而言之，长远来看坚持“扶贫、扶志与扶智”相结合的方针应是扶贫工作最终胜利的根本之计，短期来讲确保移民稳定有序地融入当地社会、实现“搬得出、稳得住”的目标仍是当务之急。

古语有云“人无恒产，则无恒心”，在某种程度上只有让移民有更好的工作（“乐业”），才能解除他们的后顾之忧、稳定他们的预期，最终实现“安居”。陕西安康在社区建工厂的做法，一方面为当地的贫困户增加了一项可靠的营生，另一方面也为当地居民开辟了一个良好的交流互动的场地。社区居民通过在社区工厂上班，挣得一份稳定的收入（每月1500~3500元），这为移民在新社区落地生根、与当地居民融合创造了必要的经济前提，同时计件工资制的实行又避免了平均主义导致的缺乏激励问题，对于调动当地居民的生产积极性进而形成吃苦耐劳、积极进取的精神具有更为重要的现实意义。

此外，社区工厂建在社区内，两者的地理位置十分接近，这为同在社区工厂上班的居民提供了一个经常见面、交流互动的机会。居民做着相似或者互补的工作，有着共同的工作氛围，这不仅有利于培育他们团结互助的精神，对于他们交流情感，培养共同的价值观念、品位志趣也大有裨益。在日常的工作交流过程中，员工逐渐建立了情感、经济上的联系，彼此之间增长了互信，从而对工作的场所、居住的社区潜移默化地增进了认同。我们采访的时间正值社区工厂兴办的初期，尽管如此，我们发现原本迁出自各地、互不相识的社区居民，通过在社区工厂内的短期接触，彼此对各自的名字、家庭住址等其他家庭状况都较为熟悉了。

（二）社区工厂社区发展模式

通过政府帮扶、企业牵引，社区工厂不仅有效帮助农户实现了“搬得出、稳得住、能致富”的目标，同时，脱贫致富的实现还促进了和谐社区的建设和整个搬迁社区的发展和融合。一方面，社区工厂通过为大量留守妇女提供就业岗位增加其发展资源和能力，进而促进留守妇女实现经济和人文层面的全面发展；另一方面，社区工厂为移民搬迁家庭提供了参与经济发展与变革的机会，通过增强搬迁家庭在社区的归属感来促进其经济、行为、文化和心理等方面的融合。因此分析社区工厂模式下的妇女发展与社区融合模式有利于我们明确不同主体的责任与定位，厘清贫困地区妇女发展和搬迁社区实现融合的路径与机制，帮助我们更好地总结经验并向同类型地区推广社区工厂模式。

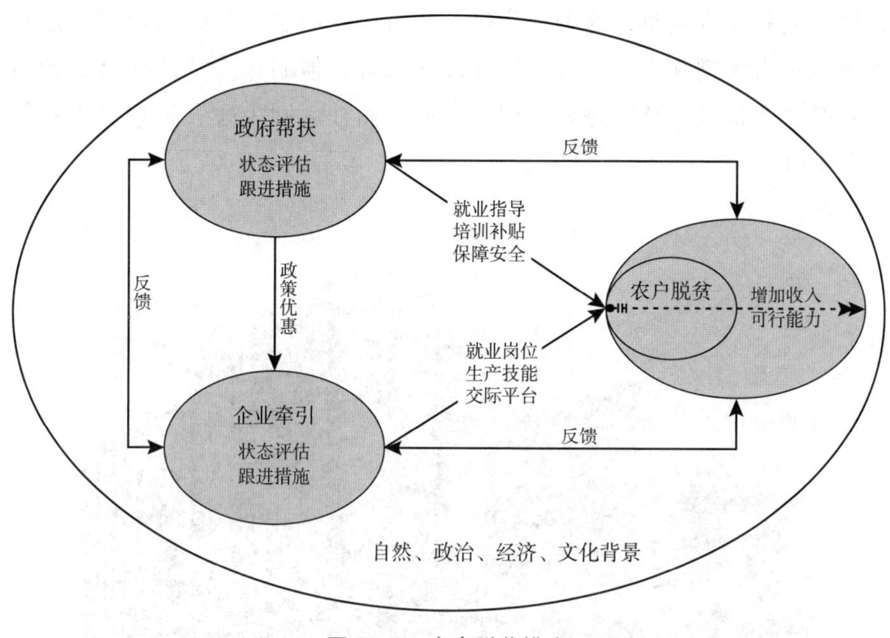

图 11-5　农户脱贫模式

1. 社区融合模式

移民搬迁群众从自己原来熟悉的地方搬迁到距离城镇更近、更加宜业宜居的安置社区之中，这一过程不仅对他们原有的生计资本和生计活动造成根本性冲击，还对他们的生活方式、价值观念等方面产生更大影响。对于移民搬迁群众来说告别“传统”，融入“现代”是一个十分复杂却又必须经历的过程，在这一过程中，深受“乡村”这一传统熏陶的他们必须与过去的社会关系、文化特征和身份认同等告别，在参与现代化的进程中重新接受新的文化熏陶，形成或接受新的价值观念、文化特征等，从而真正融入经济发展和社会变革之中，实现“稳得住”的重要目标。

在移民搬迁群众的融合过程中，社区工厂与政府一起成为移民搬迁群众实现社区融合的重要推动力量。其中，政府作为决策的制定者和公共服务的提供者，通过其制定的一系列政策影响着人们的生活，协调着融合过程中出现的各种冲突，推动着社区融合进程。社区工厂作为就业岗位的提供者，不仅直接促进移民搬迁家庭生计活动的转型和可持续，更为社区带来现代化的工业文明，让移民搬迁群众直接感受到经济社会的快速发展和深刻变革，这种现代化的冲击比政府制定的政策对融合过程的影响更为深刻和直接。对于搬迁群众而言，他们作为社区融合的参与者和受益者是整个社区融合过程的主体，而社区则为融合过程提供载体（见图 11-6）。

图 11-6（A） 移民群众丰富的社区生活

对于社区融合过程而言，经济融合、行为适应、文化融合、心理融合不仅是移民搬迁群众社区融合的四个维度，也是其实现融合的四种方式

图 11-6（B）　移民群众丰富的社区生活

（见图 11-7）。第一，经济融合主要表现为农业生计到工业生计、“乡村经济”向“社区经济”的转变。通过搬迁改变了群众传统的“靠山吃山”的农业生计模式，使外出务工、就近就业等行为成为其主要生计方式，对搬迁群众来说，加快其融入经济发展和产业升级的大环境之中。搬迁所带来的集聚效应随着人口的增加和产业的逐步形成越来越被不断放大，以商贸物流、餐饮文娱等行业为主的经济活动将日益活跃，通过进一步优化资源配置，社区经济正成为一种新的经济生产方式并逐步发展壮大。第二，行为适应主要表现为“乡村生活”向“社区生活”的转变。在搬迁之前搬迁群众在农村过的主要是自给自足的小农生活，基本的生产资料靠自己劳动创造，较少参与到市场交换之中，生活成本和生活水平都很低。搬迁后搬迁群众由于失去土地基本的生产生活无法实现自给自足，必须更多地参与到市场交换之中，社区工厂、创业合作社等新兴经济体的出现使搬迁群众参与经济的行为越来越多样化，收入的稳定也使他们融入社区的物质基础不断增强。除此之外，安置小区这种现代化的居住方式与搬迁群众所习惯的独户独院式的居住方式有很大不同，对他们来说，加快“乡村生活”向“社区生活”的转变，有利于增强其内心的归属感。第三，文化融合主要表现为“乡村文化”向“社区文化”的转变。乡村文化以保守性、传统性为特征，社区文化则以开放性、多元化为特征，更具有现代性。搬迁前由于受到基础设施不足等条件的限制搬迁群众的文化生活单一，由于较少参与到市场活动之中，价值观念比较传统。搬迁后由于基础设施和公共服务的完善，再加上政府和企业大力推动教育和培训，移民搬迁群众的文化生活较以前更加丰富，社区工厂等带来的经济活动的参与使他们的就业观、家庭观、生育观等价值观念在较短时间内受到较大冲击，逐渐加快向现代化的理念转变。第四，心理融合主要表现为“村民”向“社区居民”身份认同的转变。身份认同的变化是心理融合的重要表现。对于移民搬迁群众来说，身份认同从“村民”向“社区居民”的转变不仅是其生活习惯、生活方式的改变，也是社会经济参与的改变，最重要的是对其归属的认同。社区工厂通过为移民搬迁家庭提供就业岗位以保障其拥有可持续的稳定收入，再加上政府提供的配套服务有助于搬迁群众在社区实现“安居”和“乐业”两大民生目标。这两大民生目标的实现对搬迁群众的归属感和身份认同有重要作用，也是其实现社区融合的关键。

社区融合的根本目的是构建和谐的移民搬迁安置小区，其关键是让社区居民拥有归属感。在社区工厂模式下政府通过引进工厂和鼓励创业就业，不断增强社区经济活力，让移民搬迁群众广泛参与到社区经济发展和社会变革之中，在搬迁群众中树立劳动致富的观念，促进家庭和谐、社区和谐和整个区域的和谐。

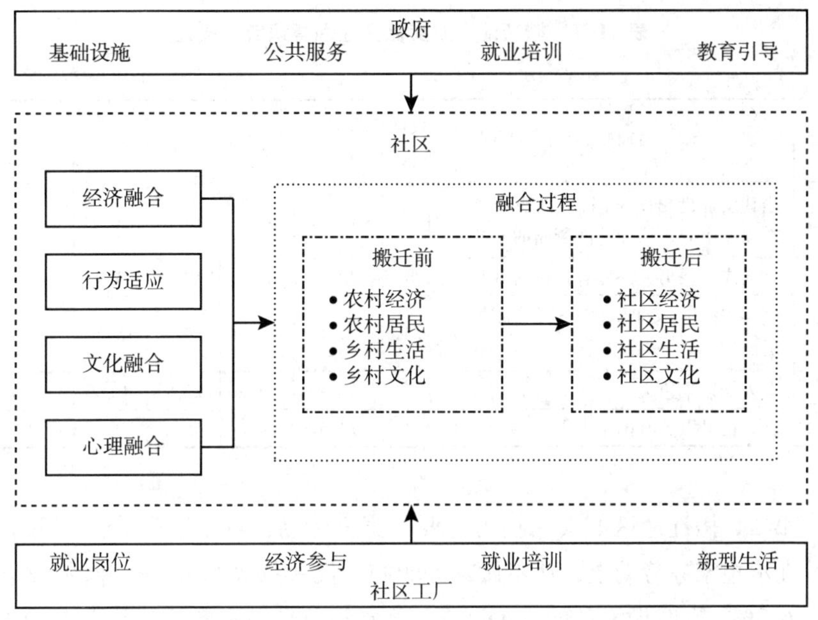

图 11-7　社区融合模式

2. *妇女发展模式*

为深入了解移民搬迁地区妇女当前的思想、就业、政治及社会参与等问题，更好地在乡村振兴战略中发挥妇女力量，2019 年 11 月，作者所在课题组前往陕西渭南及安康的易地搬迁社区开展妇女发展专项调查，调查共收集有效问卷 186 份。通过分析实地调查数据有如下发现。

第一，搬迁地区妇女的思想观念总体不足。采用涉及家庭、就业及社会三个方面的性别意识问题以李克特五级量表法对女性的思想观念进行评价，分析数据显示：在家庭层面的社会性别意识中，有 72.7%的妇女不同意或非常不同意“当代女性走出了家门，男性更应该在家庭中分担诸如洗洗涮涮的家务”；在就业层面，有 83.1%的妇女不认同“女人应该像男人一样有自己的事业”，50.6%的妇女不认同“同一岗位上，女性的奖金可以高于男性”，27.1%的妇女对此持中立态度；在社会层面，66.6%及 78.1%的妇女不认同“女人能顶半边天”“女人也可以关心国家大事”（见表 11-1）。这反映了在家庭、就业及社会问题中，搬迁地区女性均存在社会性别意识不足的情况，这不仅影响妇女在家庭中的地位，也会阻碍其在工作与乡村建设中发挥自己力量。

表 11-1　搬迁地区妇女社会性别意识统计描述

单位：人，%

	项目	有效样本量	非常不同意	不同意	一般	同意	非常同意
家庭	当代女性走出了家门，男性更应该在家庭中分担诸如洗洗涮涮的家务	179	14.0	58.7	14.0	10.6	2.8
就业	女人应该像男人一样有自己的事业	178	20.2	62.9	12.4	3.9	0.6
	同一岗位上，女性的奖金可以高于男性	170	4.1	46.5	27.1	16.5	5.9
社会	女人能顶半边天	177	12.4	54.2	22.0	10.2	1.1
	女人也可以关心国家大事	178	13.5	64.6	15.2	6.2	0.6

第二，搬迁地区妇女承担了主要的家务劳动，对于家庭的经济贡献较小。在承担家务劳动上，从不做家务的妇女仅占总数的 1.7%，偶尔做家务的占 6.8%，有时做家务的占 11.9%，经常和总是做家务的分别占 43.2%和 36.4%，可见做家务劳动的妇女占绝大多数。而在对家庭的经济贡献方面，对家庭从没有经济贡献的占 35.3%，偶尔有贡献的为 32.4%，有时有经济贡献的为 16.8%，经常和总是有经济贡献的仅有 15.6%（见表 11-2）。

表 11-2　搬迁地区留守妇女在家庭中的责任与贡献

单位：人，%

	承担家务劳动		对家庭的经济贡献	
	频数	频率	频数	频率
从不	3	1.7	61	35.3
偶尔	12	6.8	56	32.4
有时	21	11.9	29	16.8
经常	76	43.2	15	8.7
总是	64	36.4	12	6.9

第三，搬迁地区妇女个人平均收入相对较低、就业地点以社区及社区周边产业园区为主，妇女对政府就业政策的了解程度仍有不足。在 172 名搬迁妇女中，有 70 人当前处于就业状态，11 人正在寻找工作，91 人为全职家庭妇女或退出劳动力市场。经调查 2018 年就业妇女的平均个人年收入

为 10550 元，即月收入不足 1000 元，个人收入较低。妇女的工作地点在社区内的人数占总样本的 36.2%，在社区周边产业园区工作的为 46.4%，在离家较远工作的比较少，在外省工作的仅为 2.9%，这与妇女需要照顾家庭可能有较大关联（见图 11-8）。

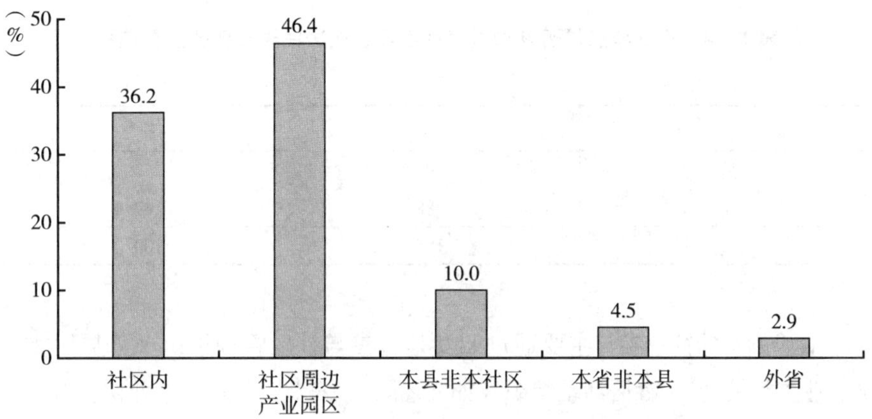

图 11-8　就业妇女的工作地点

在社区的搬迁工作中，对于搬迁农户的就业扶持也是搬迁社区工作的一部分，妇女对政府就业扶持政策的了解在一定程度上可以反映一个社区就业扶持政策的实施效率。在我们调研的社区中，搬迁妇女对政府针对搬迁农户的就业扶持政策非常了解和了解的分别占总样本的 3.2%和 24.5%，非常不了解政策的为 21.3%，不了解的为 25.8%，总的来说，搬迁妇女对政府的就业扶持政策了解度并不高（见表 11-3）。

表 11-3　政府就业扶持政策了解情况

单位：人，%

类别	频数	有效占比
非常不了解	33	21.3
不了解	40	25.8
一般	39	25.2
了解	38	24.5
非常了解	5	3.2
总计	155	100.0

第四，妇女政治与社会参与程度不高。在被调查的样本妇女中，清楚自己是否参与过投票选举的有 185 人。其中参与过村民委员会或居民委员会选举的妇女有 97 人，所占比例为 52.4%，而明确没有参加过的为 88 人，占 47.6%（见表 11-4）。

表 11-4　近 5 年您是否参加过村民委员会或居民委员会的投票选举

单位：人，%

	频数	频率
是	97	52.4
否	88	47.6
总计	185	100.0

对于妇女的社会参与主要通过妇女是否参与社区管理组织（如居民委员会、业主委员会）、社区活动组织（如文艺队）、农业合作社、专业协会等。经过调查，无论是哪种参与方式，搬迁妇女的参与程度都很低，参与社区管理组织的仅为 1.6%，参与社区活动组织的为 9.2%，参与农业合作社、专业协会的为 2.8%，可见，搬迁妇女的社会参与程度很低（见表 11-5）。

表 11-5　妇女的社会参与情况

单位：%

	是	否
参与社区管理组织	1.6	98.4
参与社区活动组织	9.2	90.8
参与农业合作社、专业协会	2.8	97.2

妇女发展的实现离不开发展资源的拥有，发展资源是指主体所拥有的得以超越生存层次的使自身获得发展的要素。发展资源的容量决定了妇女的发展空间与发展潜力。政府的支持与妇女组织的建立和完善为社区工厂模式下的妇女发展提供重要的政策支持和组织支持。这些支持不仅对妇女的发展资源产生直接影响，还通过社区工厂对妇女发展资源产生间接影响。第一，获取从事非农产业工作的机会，提高妇女的经济收入。社区工厂所入驻企业以劳动密集型企业为主，这类企业有利于女性充分发挥其自

身优势，因而能够为女性劳动力创造大量就业机会和发展机会，使她们更加灵活地参与到经济活动之中，并直接促进妇女经济收入的增加，为妇女实现发展提供重要的经济基础和物质保障。另外，随着妇女对家庭贡献的提高，家庭决策权越来越趋于平等甚至向女性倾斜。社区工厂模式出现后，男性出门挣大钱，女性在家挣小钱越来越成为一种普遍现象，留守妇女除了承担照顾家庭的重任外也对家庭收入有所贡献，而妇女所取得的收入主要被用于家庭的日常消费开支，这将有利于妇女在家庭决策中权力地位的提高。第二，获得培训和教育的机会，提高妇女的综合素质和劳动技能。为了使搬迁安置社区内妇女的劳动技能和劳动素质与企业的用工需求相匹配，政府、妇女组织和企业联合起来为妇女提供了大量的培训和教育机会。在这一过程中妇女不仅获得了谋生的本领，更增长了见识，提升了自身的综合素质。第三，获得参与组织与管理的机会，提高妇女的组织与管理能力。社区工厂不仅为妇女带来更多的经济参与机会和培训教育机会，随之而产生的还有更多诸如平利县女子创业协会之类的新型妇女组织。这些新型妇女组织与传统的妇女组织一起，相互交叉，互为补充，为妇女发展提供了越来越广阔的空间，锻炼了她们参与组织和管理的能力。第四，获得基本的公共服务，改变妇女的生产生活方式。集中搬迁所带来的集聚效应大大提高了搬迁家庭所享受的公共服务水平，而男性成员常年外出务工使女性成为公共服务的最大受益群体。社区工厂模式的出现也丰富了妇女参与经济活动的方式，使她们参与到现代化的进程之中。

妇女发展的内涵本身就是一个多元的概念，从发展的目标来看，除了就业、收入等经济层面的发展目标外，还包括价值观念、主体意识等深层次的人文层面的发展目标。从发展的不同尺度来看，社区工厂模式下的妇女发展实现路径主要分为个人、家庭和社区三个层面。从妇女个人层面来说，社区工厂模式为她们个人提供了稳定的就业和职业发展机会，帮助她们提升了自身的素质和技能，促进妇女生活方式和价值观念朝向现代化的方向转变。通过给予妇女更多参与经济发展和社会管理的机会，促进她们主体意识的增强。从家庭层面来说，妇女通过自身努力为家庭获得新的经济收入来源，不仅改变了移民搬迁家庭的性别分工模式，增加了妇女对家庭的贡献，还促进了家庭决策权向女性倾斜。从社区层面来说，作为移民安置社区主体的留守妇女整体实现发展有利于在整个社区提升女性地位，为妇女发展塑造更加公平和合理的外部环境，也有利于促进和谐社区的建设（见图 11-9）。

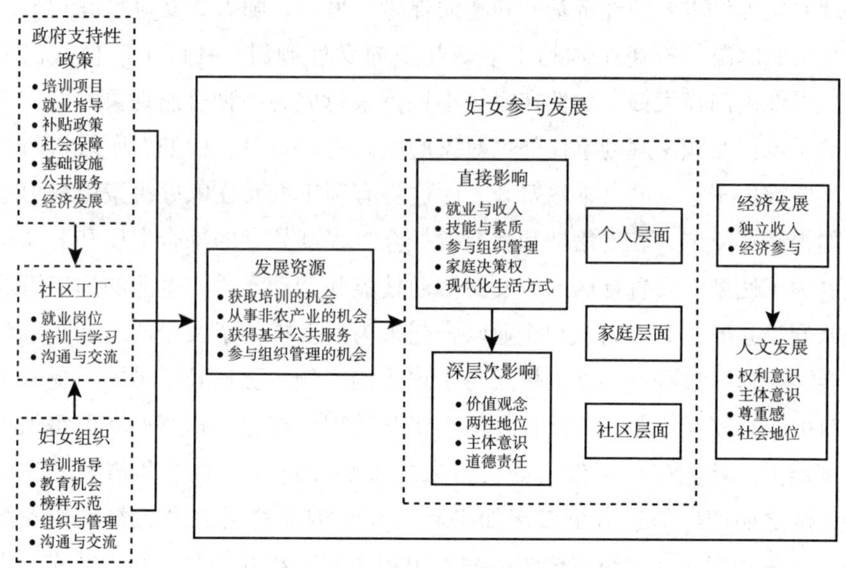

图 11-9　妇女发展模式

整体而言，社区工厂模式下的妇女发展模式是“妇女参与发展”路线的一个典例。让妇女在就业、教育培训、经济、社会管理和其他领域更加平等地参与，辅之以政府相关政策支持与保障，使妇女更多更好地参与经济活动和社会活动，使她们融入区域经济和社会发展变革的大环境之中，最终实现妇女经济发展与人文发展的双重目标。社区工厂为妇女直接提供就业岗位，使其拥有参与经济活动的机会，并因此有了独立的收入。经济独立使妇女从“依赖者”的角色转变为“贡献者”，并对妇女人文发展产生以下影响。首先，妇女主体意识和权利意识得到增强。社区工厂带来的独立收入和更广泛更深入的经济参与，不仅可以充分调动起广大妇女参与发展、建设社区的热情和积极性，促进妇女认识到自身的价值，并且以主人翁的意识更加主动地加入社区建设之中，同时还能促进妇女主动追求自身合法权利，积极参与社区政治生活、经济生活、文化生活和社会管理。其次，妇女更容易感到被尊重和理解。社区工厂为女性带来的独立收入和广泛经济参与一方面能够让妇女在家庭中获得更大决策权，增加其对家庭的贡献，有利于让妇女得到家庭中尤其是丈夫的理解和尊重，构建和谐的家庭关系；另一方面促进妇女在社区建设和社会发展中发挥更大作用，有利于在全社会形成尊重女性的氛围。最后，促进女性社会地位的提高。妇女更积极地参与到社区建设和社会发展的进程之中，能够真正实现妇女社会角色的平等参与，改变妇女以往依附型的社会地位，让妇女参与社会发展，为社会发展贡献更大力量。

在我们调研的安康地区白河县、平利县的社区工厂中可以发现，在工厂中参与劳动的工人90%以上是女性。这些社区工厂的类型以电子厂、手套厂等劳动密集型企业为主，对劳动力素质要求较低，而且一些工厂工作方式灵活多样，与留守妇女的就业能力和就业意愿非常匹配。根据2018年5月的一篇新闻报道，安康市各县区的扶贫安置社区拥有社区工厂143家，带动就业3万余人，这些就业者大都是无法外出就业的老弱病残和留守妇女。在座谈时当地政府官员也介绍“社区工厂”主要解决搬迁安置社区留守妇女尤其是贫困留守妇女的就地就近就业问题。通过检索相关资料和报道我们发现，在汉中市勉县新街子镇立集村移民搬迁安置点的社区工厂，总共吸纳200余名留守妇女，其中贫困妇女40余名，这里已经成为陕南地区社区工厂通过为留守妇女提供就业岗位带动其参与经济活动，提高其收入水平的一个缩影。

经济活动的参与也势必带来妇女参与妇女组织和社会管理的热潮。在我们调研的地区伴随社区工厂的出现涌现出一批新型妇女组织，涵盖女子创业、培训、党建等多个方面。与传统妇女组织相比，这些新型妇女组织更具有专业性也更具有活力，其不仅发挥支持作用，为妇女发展创造便利的条件，同时还能发挥榜样带动作用，帮助和指导参与其中的妇女实现全面发展，平利县女子创业协会就是其中的典型（见图11-10）。据我们调研了解，平利县女子创业协会于2016年8月由全县120余名女企业家和创业者联合成立。该协会除了发挥加强政府与企业之间的沟通、促进企业之间的交流与合作、为企业提供法律和政策咨询、拓展企业发展空间等传统职能外，在促进妇女发展方面发挥的作用主要包括：第一，创新贫困妇女脱贫模式，建立“协会+贫困户”的扶贫模式，带动更多的妇女发展产业，增加就业渠道，促进妇女实现可持续的生计优化转型；第二，将党建、协会建设、企业文化建设相结合，通过加强组织领导，发挥党员尤其是妇女党员在自身企业经营、管理中的作用；第三，注重宣传和引导工作，不仅充分体现中央关于“扶贫必先扶志”的要求，帮助改变留守妇女安于现状的思想观念，树立劳动致富的价值观，激发她们脱贫的内生动力，而且能够充当政府与妇女之间沟通的桥梁，把政府的相关优惠政策以更直接、更便捷的方式传达给妇女，也能集合妇女的力量向政府反映她们的困难与诉求。

图 11-10　平利县女子创业协会

（三）陕西社区工厂扶贫经验推广模式总结

如前文所述社区工厂精准扶贫模式对于解决移民的就业问题，促进移民社区的融合，进而实现移民尤其是贫困户稳定脱贫乃至区域经济的可持续发展具有重要的现实意义。这种良好的经验已经显现出初步的成效，受到国家层面的认可和表彰，也引起陕西省政府的高度重视。考虑到陕西省不少市、县与试点地区的自然人文环境以及发展阶段十分相似，社区工厂精准扶贫模式对这些地区也具有典型的借鉴意义。因此，为了进一步将这种良好的经验推广扩散到其他地区，帮助更多的贫困群体更快地脱贫、实现生计的可持续，陕西省政府采取了一系列富有成效的推广措施。社区工厂的推广模式可分为三个阶段：探索期，从平利县推广到安康市其他地区；培育期，陕西省将“平利社区工厂”就业新模式作为全省就业扶贫工作经验进行推广示范；发展期，国家发改委向全国推广平利社区工厂就业优先、综合施策、将搬迁群众有序变为产业工人的经验和做法。探索期为自下而上的推广模式，培育期及发展期为自上而下的推广模式。下面，从“提炼试点经验”“成立指导部门”“制定推广策略”“确定推广地区”四个方面对推广模式进行论述（见图 11-11）。

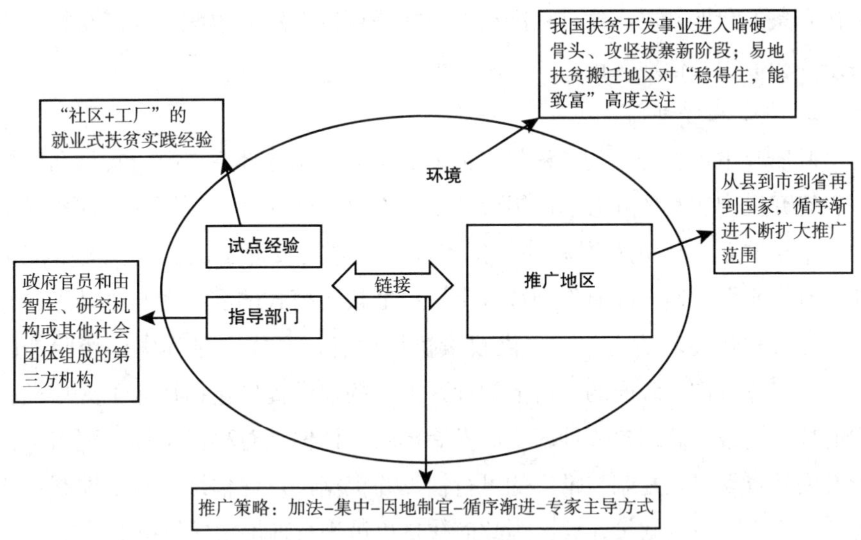

图 11-11　社区工厂扶贫经验推广模式

1. 提炼试点经验

地方政府实践创新既为其他地区提供了参考和学习的样本，也为中央决策者提供了对各种政策工具在全国推广的可行性进行检验的决策依据，并降低在地区自然、资源、社会环境差异巨大的情境下决策的机会成本。

易地扶贫搬迁通过对贫困人口进行搬迁安置以期改善他们的生产生活条件，从而破解“一方水土养不起一方人”的发展难题。然而，在迁入地有限的资源禀赋条件下，如何对搬迁产生的大量农业转移人口进行就业安置以实现持续稳定脱贫呢？肇始于平利县的社区工厂就是当地政府在探索实现移民“稳得住、能致富”的发展道路上一次“偶然而被迫”的尝试。当地政府一方面通过资金扶持、费用减免、用工保障等政策优惠招商引资或吸引外出务工能人返乡创业，依托移民安置社区开办社区工厂，另一方面对社区居民进行技术培训等鼓励其在工厂就业，形成了“社区+工厂”的就业式扶贫模式。这种“移民搬迁建社区、依托社区办工厂”的做法，为搬迁户提供了新的工作岗位，解决了搬迁之后移民后续的生产与发展难题，同时为促进社区融合与妇女发展提供了新的思路。在社区工厂的建设过程中，高校智库、研究基地的参与也为相关政策制定与实践、社区与贫困户发展提供了理论支撑。社区工厂始于平利，却不止于平利，在安康市乃至其周边地区社区工厂的建设也在有条不紊地开展。这种精准扶贫模式是可以在资源禀赋、经济与社会发展条件相似的其他地区推广、复制与创新。

2. 成立指导部门

政府政策创新经验的扩散推广需要有健全的指导体系。政府官员和由智库、研究机构或其他社会团体组成的第三方机构建立社区工厂推广的指导部门，指导试点工作的发展和评估试点经验，并且致力于试点经验的推广创新。具体而言，地方政府作为社区工厂精准扶贫模式的实践者与推动者，与第三方机构开展对话协作，提供政策执行信息以及实践过程中的经验与问题。第三方机构在政府的支持下为社区工厂的建设提供包括社区工人培训在内的技术支援，总结提炼社区工厂发展模式，评估其对移民生计转型与可持续发展的效果以及复制与推广的可行性，并根据试点评估结果与反馈制定相应的推广方案以及政策建议，为政府扶贫决策进行理论指导与技术支撑。

3. 制定推广策略

经验推广策略包括两个方面，即推广方式和组织策略。推广方式是指经验推广的具体形式，常见的有：试点经验自发传播，项目复制形式推广，增加新项目活动的形式，政治、政策或法律推动的形式。组织策略是指整合各部分之间相互联系的策略，基本分为以下几类：根据经验推广阶段的不同，分为加法式和乘法式；根据经验推广主体的区别，分为集中式和自主式；根据推广地区利用经验方式的差异，分为因地制宜的策略和实施标准化的项目活动；根据经验推广速度的快慢，分为循序渐进式和速战速决式；根据经验推广中参与主体的差别，分为专家或管理人员主导式和参与式。

前期利用社会媒体扩大社区工厂的影响力。2016 年 8 月 6 日，《光明日报》头版头条以《小社区何以成就大产业》为题进行了深度报道，西北大学、西北政法大学先后就平利模式进行了调研和课题立项。而后利用政策在全省推广社区工厂精准扶贫模式。2017 年 4 月，陕西省就业扶贫现场会在平利召开，在全省人社系统推广平利社区工厂就业扶贫经验，省人社厅围绕社区工厂培育扶持出台了专门就业补贴政策，提出全省每个贫困县至少建成 1 个社区工厂，要求以点带面、辐射带动、全面铺开、遍地开花，“社区工厂”就业扶贫项目已成燎原之势。2017 年 12 月，安康社区工厂被国务院扶贫办列为经典案例，开展全国学习社区工厂建设经验。

平利社区工厂作为精准扶贫模式创新典范，通过政府相应政策的制定与实施的推广方式，在全市、全省乃至全国范围内进行推广应用。在组织策略上，政府采取加法—集中—因地制宜—循序渐进—专家主导方式（培育期及发展期为乘法）。探索期，由平利到安康市其他地区；在培育及发展期，由陕西省及全国实行自上而下的推广。在这三个时期，政府推广社区工厂经验，同时给予了地方政府主动权和自主权。在地方政府的主导下，不断学习已有社区工厂的建设经验，同时结合当地经济社会自然的实际条件，采取灵活的因地制宜策略，循序渐进，逐步建立和完善工厂运营机制。

4. 确定推广地区

在推广地区的选择上，社区工厂有着从县到市到省再到国家，循序渐进不断扩大推广范围的发展路径。社区工厂最早在平利开展，后岚皋、白河、汉滨等县复制平利社区工厂经验兴办社区工厂，现安康、渭南、商洛、汉中等地均在移民安置社区建立社区工厂。此外，甘肃省扶贫部门分管领导与业务骨干 50 多人，于 2018 年 5 月 8 日至 10 日赴陕西省安康市平利县进行了学习考察"取经"。

推广地区的选择需要考虑以下几个方面：是否有改进的需求；是否存在改进的预期收益；是否具备一定的能力、价值观与开放性；时间与环境；领导的认识与内部倡导情况；相近性和类似性。易地扶贫搬迁工程经过"搬得出"阶段后，均面临实现"稳得住、能致富"的难题。解决这一难题最关键的是要解决搬迁人口的就业问题，实现生存资源接续、社会关系重构和生计能力提升。因此，结合搬迁后农村剩余劳动力大量聚集和搬迁安置社区空置房屋的情况，易地扶贫搬迁工程实施区域均可以通过大力培育和发展社区工厂的形式促进移民脱贫。虽然易地扶贫搬迁工程实施区域都面临建设社区工厂的需求，在资源环境等方面也具有相似性，但实际上社区工厂并非在全省每个地区均开展，现建立社区工厂的地区和其他地区相比有以下特点。第一，由于社区工厂是典型的由政府部门主导，自上而下进行的脱贫项目，领导的认识和态度对该地区是否开展社区工厂至关重要。推广地区的领导认识到社区工厂对该地区脱贫的重要牵引作用，在内部积极倡导和推广社区工厂脱贫模式，从而得以率先将社区工厂建设付诸实践。第二，政府在社区工厂的培育和发展中发挥着关键作用，需要考虑到社区工厂实际建设中营商环境优化、基础设施建设、资金扶持等问题。这些问题能否解决意味着该地区是否有能力开展社区工厂。已有开展社区工厂的地区相对于其他未开展地区经济发展相对较好，能为本地区发展争取更多优势资源，具备解决以上问题的能力，能够支持社区工厂的可持续发展，获得预期收益。

二　社区工厂模式面临的挑战和问题

社区工厂精准扶贫模式是地方政府在习近平总书记“精准扶贫”思想尤其是“五个一批工程”相关论述的指导下，结合本地实际进行的积极探索，是一种政策组合，它为解决易地扶贫搬迁后贫困户的社会融入、就业致富等问题提供了一种新的思路。随着社区工厂精准扶贫模式在各地逐渐铺展开来，实践中已经积累许多可供借鉴的良好经验。但不可否认，社区工厂正处于转型发展关键期，实践中也暴露出多多少少的问题。只有正视这些问题，解决好这些问题，社区工厂精准扶贫模式才能行稳致远，其成果才能经得起历史的检验。这些问题有的在发展中可以自我消耗并解决，有的则需要随着时间的推移逐步得到解决。承接上文，以下同样从政府、企业、农户三个层面归纳总结社区工厂精准扶贫模式实践中需要外部推动才能解决的问题，同时提出妇女发展中的问题，为制定相应的对策提供依据。

（一）政府帮扶中的问题

1. 政府部门协同不到位

社区工厂模式的良好运行离不开政府的支持和推动，这需要政府各部门加强协同，使政策优惠能够及时高效地落地。此外，政府政策不仅要处理好眼下的问题，还要照顾到各相关者的长期关切，只有这样才能引导企业走进来，并且有稳定的预期进而更好地持续经营下去。根据我们的调查，不少企业反映政府政策仍存在“口惠而实不至”或者“优惠不能及时落实”的问题，至于优惠怎么落实、后续有哪些跟进仍不清晰，无疑增添了企业的顾虑。另外，企业还普遍反映在一些安置社区建厂面临工商审批程序烦琐、原料和产品运输成本高昂、当地劳动力道德素质低下的问题。这些或者增加了企业的交易成本，进而增加了企业参与扶贫的成本，或者增大了企业的经营压力，降低了企业参与扶贫的收益，都不利于社区工厂精准扶贫模式的持续发展，需要政府提供更有针对性的措施。

2. 前期规划不完善

社区工厂现以毛绒玩具、服装及电子元件初级加工为主，引进的企业属于原材料和销售市场“两头在外”型企业，产业链条很短、生命力比较脆弱。

3. 扶贫监测重视不足

在调研地点，虽然社区工厂吸纳的贫困户数目较多（1/3 到1/2的比例），但政府或社区对于用于贫困户的补贴资金的使用情况并未进行跟踪调查，无法确保扶贫资金使用是否合理。此外，政府在社区工厂建设前期给予工厂内企业保姆式的优质服务，实施一系列优惠政策，促使企业落地发展。资金、场地、技术、管理、培训等方面的帮扶措施，是企业安全度过孵化期的关键。然而，对于度过孵化阶段，进入成长及成熟阶段的企业，政府大力度的帮扶措施则会造成企业的过度依赖，使其运营效率低下，不具有可持续性。

4. 社区融合重视不足

对于安置社区的建设政府更加关心经济层面的发展，注重解决社区居民的就业和收入问题，较少关心社区融合层面的建设。对于社区融合缺少专门的政策支持和资金支持。

（二）企业发展中的问题

1. 缺乏规范的经营管理制度

从调研的情况来看，当地企业老板主要为当地的一些能人，虽然有一定的管理经验但是普遍文化素质不高，缺乏现代经营管理理念和法律知识。由此带来的问题是，企业多为一些代工企业，没有属于自己的产品，产业处于微笑曲线的最低端，而且产业链较短，没有长远的发展规划，只能赚取微薄的利润，不利于今后规模的扩大和利润的增加。企业最大限度地利用当地的劳动力，比如，多数工厂工作时间都超过 8 个小时，但是只给予较低的工资，这在一定程度上有侵犯劳动者利益的嫌疑，同时减少了工人们陪伴孩子和照顾老人的时间，无疑与政策初衷相背离，也为后续的发展问题埋下了伏笔。

2. 工人生产效率不高

新开设的社区工厂招收的多是无相关工作经验的留守妇女和老人，他们工作效率偏低。虽然企业为他们提供了岗前培训，但是他们的工作熟练程度、产品质量较沿海地区的工厂在短期内仍有不小差距。此外，由于这些女性通常要负担照顾家人、处理家务的责任，加之工厂尚未配套托管中心，家有幼小孩子的员工因要照顾孩子，或因其他家庭事务导致无法继续从事工厂内劳动，造成社区工厂内员工流动性大，熟练工不足；孩子放学后到工厂内找家长，使其难以专心工作，以及务工期间存在的工作散漫、纪律性差等诸如此类问题，都是致使产品质量不高的原因。

3. 市场距离远导致物流成本较高

如果说劳动力成本较低是吸引企业在移民社区开设工厂的主要原因，那么较高的物流成本则是迁入企业所需面对的最大难题。东部沿海地区与国际国内市场比较接近，交通便利，这是西部地区所缺乏的优势。根据企业反馈，相当一部分工厂的人力成本降低所带来的收益尚不足以抵补增加的物流成本。在实地调研中，一位江西老板表示，目前的状况是，倘若单件商品销售收入是100元，江西的工厂通常能获利50元，而社区这边的工厂非但不获利，反而会赔本，他们也在想办法解决物流成本高的问题。

4. 订单生产模式下的企业效益不稳定

所调研的几家社区工厂，均出现了只有部分员工上班的情况。这并非由于员工刻意旷工，而是由于订单少，不需要那么多的劳力，因此采用了一部分人上班，另一部分人休息的“轮班”制度。在情况严重的工厂里，开工率常常不足规划的正常开工量的1/4。社区工厂在市场上还未形成有规模的组织，接单不足，且盈利模式主要为来料加工赚取劳务费，导致盈利少、成效低。员工工资在培训期结束后采取计件形式，但“轮班休息”的工作机制使得工厂员工的工资很低，严重制约了社区工厂带动农户脱贫这一功能的发挥。

（三）农户发展中的问题

1. 参与积极性不强

社区工厂兴办的初衷是希望通过在社区发展企业来解决当地居民尤其是移民的就业问题，进而促进移民尽快融入当地社区，带动贫困户致富脱贫。在这个过程中无论是政府还是企业都仅仅是外在的动力，如果没有居民的积极参与，或者不能唤起他们的自觉意识和内生动力，最初的目标是很难实现的。现实中的难点也在于如何唤醒他们的内生动力，调研发现，作为社区工厂精准扶贫模式的重要主体，当地移民还仅仅是被动地参与企业生产，更多的是一种权宜之计，没有看到企业长期的发展对自身有多大利益，甚至对企业能否经营下去持一种怀疑和观望态度，更别提积极投入生产，遵守纪律、集结智慧为企业的发展自觉努力。

2. 社区融入度不高

在调研过程中我们发现，基层自治组织不健全及社区文化建设不足是造成农户对社区融入度不高的重要原因。首先，针对社区层面的管理体系不够清晰，由于缺少基层自治组织，政府实际上充当起大管家的角色，这样造成社区治理不够精细，社区居民参与基层民主的状况不如从前，不利于社区居民身份的转变和社区融合的实现。其次，社区文化建设对社区居民的归属感和融入感有非常重要的影响，但从调研的情况来看，安置社区的文化建设存在明显不足，没有发挥出应有的作用。

（四）妇女发展中的问题

1. 缺乏思想观念上的教育和引导

在调研中我们发现，目前对留守妇女以针对性的劳动技能培训为主。由于缺乏知识素养和思想意识方面的教育和引导，留守妇女参加工作的热情不高，没有认识到自己工作的价值，因此认同感、融入感、参与感都不高。一位当地返乡创业的老板在调研时告诉我们，需要对妇女们的普通话、道德素质、思想意识等方面进行培训，让她们感受到自己工作的价值。

2. 来自工作和家庭的双重压力增加管理难度

由于丈夫外出务工，家庭的重担主要由留守妇女来承担。如果孩子比较小或者老人给予的家庭照料支持有限，她们往往很难在其中做到平衡，这样既不利于留守妇女自身工作和发展，也不利于社区工厂统一管理。在调研地点之一双丰镇，我们发现留守妇女上班都要带着孩子，而且工人上班请假十分普遍，这非常不利于社区工厂的生产和管理。

3. 妇女组织在社区中发挥的作用有限

尽管随着社区工厂的出现妇女组织在促进妇女发展和社区融合方面发挥了一定作用，但在调研中我们发现传统妇女组织并没有发挥出原本的优势，而新型组织从类型和地区来看比较分散，难以形成合力。而且留守妇女往往都是被动式地参与其中，并没有充分调动其主观能动性。

三　可能的对策建议

（一）针对政府的建议

1. 加快完善政府激励考核机制

要让政府在阳光下行使权力，提高公共服务质量和效率，保证“一诺千金”“口惠而实至”，树立政府的威信。可以尝试争取贯通本地的高铁建设，降低运输成本。要协调好金融机构贷款，精简工商注册、审批程序，了解企业需求，制定长远规划，及时公布相关政策信息。在给予企业优惠政策的同时，必须对企业参与扶贫的行为进行监督，对积极参与扶贫的企业适当地加以奖励，对于借扶贫之名饱一己之私、骗取政府补贴、消极扶贫的企业要给予严厉惩罚，确保贫困户能在社区工厂精准扶贫模式中得到实惠。

2. 加快落实优惠性政策

政府为社区工厂建设制定了一揽子优惠性政策，在政策落实方面，社区工厂领导班子应与企业业主多交流，切实领会到企业业主办理工厂的难处，从而有效调整工作方式，及时将优惠性政策落实，满足业主需求。

3. 加快健全物流基础设施

政府在物流基础设施方面，应着力于为企业搭建物流信息化平台，确保各种物流作业或业务处理能准确、迅速地进行；修缮进山公路，改造盘山道路，方便运输车辆通行。

4. 坚持对企业员工的思想引导

社区工厂就业主体主要面向留守妇女和中老年劳动力。针对这部分群体，一方面要继续引导使其摒弃“小钱看不上，大钱挣不来”的错误思想，另一方面则是让他们意识到自己所从事工作对于自身发展和社会发展的价值。此外，综合运用多种方式进行思想引导，对于年轻群体注重运用手机、电脑等新媒体的作用，对于年长群体则注重小规模多沟通的面对面交流方式。

5. 加大对企业营销环节的帮扶力度

一方面，动用各种资源，为入驻企业拉订单，帮助企业打开销售渠道，使其能够落地发展；另一方面，依托工业园区、创业孵化基地，千方百计引进一些大型公司入驻，拓宽产业链，不仅引进充足的订单，而且带来技术、品控、销售渠道，激活社区工厂生命力，助推社区工厂走得更远。

6. 重视对企业效益的评估和后续治理

只有利用有实力的企业，以强带弱，才能完成扶贫目标。因此，在引进企业前，对企业增加就业、创造收益、环境影响各方面进行综合评估，不为了完成任务而盲目引进。在企业落地发展后，对企业成效尤其是扶贫效果方面进行考察评价，形成常态化考察机制。当社区工厂进入成长期及成熟期后，政府政策扶持就要适度，逐步削减扶持力度，使其在市场中磨炼壮大自身。在此之前，释放扶持力度变动的信号，注重对企业进行引导，使其做好准备，平稳度过过渡期。

7. 加快健全社区基层自治组织

搬迁使原有的村民自治组织断裂破坏，社区居民失去了原有参与基层民主的机会。因此政府应该加快健全社区基层自治组织，完善居民自治制度，拓宽社区居民的民主参与渠道，提高民主参与意识和水平。

（二）针对企业的建议

1. 企业要规范经营管理

政府对管理者进行多元化培训，提高他们的经营管理水平和法制意识。企业要完善各项制度和公司治理机制。要制定贫困户受益保障方针。

2. 企业要完善规章制度，建立奖惩机制

企业可根据工人的出勤次数、生产效率以及生产的产品质量采取奖惩措施，调动社区工人生产积极性，对纪律性差、无故旷工的工人要及时加以引导，逐步转变其观念，从而提高企业的生产效率。

3. 企业要注重对工人进行精神扶贫，激发贫困群众内生动力

移民在离开原来的环境进入陌生的迁入地后，在政治、经济、社会和文化等方面都面临复杂的生计恢复与重新适应的过程。除了物质扶贫，精神扶贫也至关重要。在脱贫攻坚过程中，注重扶贫先扶志、扶智、治愚，加强宣传教育与价值观引导，发挥贫困群众主观能动性，避免出现贫困户“等、靠、要”的现象，以解决贫困群众脱贫的内生动力不足的问题。

4. 企业要主动参与市场竞争

在社区工厂建立的初级阶段，政府通过“保姆式”服务为企业提供良好的经营环境，随着社区工厂的进一步发展，“断奶”的企业必须参与到市场竞争中。企业只有先形成、增强和保持自身的竞争优势才能有效带动贫困户脱贫致富，进而为区域减贫与可持续发展提供新动力。因此，社区工厂精准扶贫模式下的企业，一方面，要认清自身的优势和劣势，明确所处环境的风险和机遇，制定适合企业的发展规划；另一方面，由于生产的主要是劳动密集型产品，产品附加值较低，要规范生产流程，严格控制产品质量。此外，要积极学习东部地区企业先进的管理经验，因地制宜探索出适合西部地区企业的发展道路。

（三）针对农户的建议

1. 积极参加培训，提升劳动技能

社区工厂为农户提供了就业机会，但农户也要意识到，只有具备相应的劳动技能，生产出符合市场要求的产品，才能保证社区工厂的长久发展，从而保障自己的收入。因此，在政府帮扶和龙头企业牵引的外力推动下，农户要摒弃“等、靠、要”的思想观念，积极响应配合，增强脱贫的内在动力，进而从根本上摆脱贫困。

2. 主动参与社区文化建设，促进社区融入

农户是社区融合过程的参与者及受益者。社区融合的实现离不开农户的积极参与。在参与社区工厂的过程中，农户获得了稳定的收入，得到了物质条件的改善。但农户身份的转变仍需要重新接受新的文化熏陶，形成或接受新的价值观念、文化特征等。因此，在政府推动社区融合的过程中，农户要发挥主观能动性积极参与，共同推进社区建设。

（四）促进妇女发展的建议

1. 加强对留守妇女思想观念的教育和引导

通过对留守妇女道德素质、思想观念方面的教育和引导，帮助她们树立积极的就业观、家庭观、价值观，让她们能够真正热爱自己的工作，体会到劳动的价值。技能性培训可以以政府为主导，但思想观念的引导应该由妇女组织牵头。可以通过整合多方面妇女组织力量，采取榜样示范、一对一帮扶、在社区集中开设班级授课等多种形式促进留守妇女思想观念方面的积极转变，提升她们的内生动力。

2. 创新对留守妇女培训的方式和渠道

我们通过调研发现，传统的培训方式已经不能满足妇女获得培训的需求，政府和企业应该创新培训方式，采用直播等更加先进的方式让妇女不受时间和空间的限制，通过手机、互联网也能得到培训，提高培训效率。

3. 建立健全社区儿童日间照料体系

考虑到留守妇女面临照顾孩子的重任，政府应该在社区建立公益性的儿童照料中心，不仅可以提供一部分公益性的岗位，还可以让留守妇女能够在安心上班的同时没有后顾之忧。已有的儿童日间照料中心应该了解妇女真正之所需，提高使用效率，防止资源浪费。

4. 积极拓展留守妇女增收渠道

一方面，要通过提高企业效益来提高留守妇女的工资水平；另一方面，社区工厂不应该成为留守妇女增加收入的唯一渠道。相反，政府应该把社区工厂的建立看作一个跳板，积极探索“社区工厂+”“合作社+”的模式，通过创新增收渠道来提高留守妇女的收入，增加她们参与经济活动的机会。

5. 制定关于妇女发展的公共政策

政府在进行有关安置社区的相关政策制定时要考虑到其对妇女发展的影响，同时政府还应该制定促进妇女发展的针对性政策和规划，建立健全基层自治组织，鼓励留守妇女参与到社区治理之中，拓宽留守妇女民主参与渠道，提高民主参与水平。

6. 加强对留守妇女心理健康的关注

留守妇女不仅面临工作和家庭的双重压力，而且其工作内容比较单调，长期从事这样的工作容易产生消极厌烦心理，因此必须加强对留守妇女心理健康的关注。政府可以以社区为单位集中举办心理健康讲座或进行心理咨询，企业也可以以建设企业文化为契机举办丰富多彩的活动，丰富女职工的文化生活。

第三节　本土化渐进型易地扶贫搬迁脱贫模式总结

一　引言

易地扶贫搬迁是精准扶贫工程的重要组成部分，旨在通过人口流动与布局调整，将缺乏生存条件地区的贫困人口搬迁到条件较好的安置区，破解“一方水土养不起一方人”的发展困境。截至 2020 年 3 月，全国已基本完成“十三五”规划的搬迁建设任务，930 万建档立卡贫困人口乔迁新居，920 万人通过搬迁实现脱贫。虽然脱贫攻坚已进入全面收官阶段，但当前精准脱贫的基础还并不十分牢固，仍然需要进一步巩固和提高，实现贫困人口长期稳定脱贫。习近平总书记在解决“两不愁三保障”突出问题座谈会上，提出“后 2020”扶贫时代需建立一个“让脱贫具有可持续的内生动力”的“稳定脱贫长效机制”。易地扶贫搬迁从根本上改变了搬迁对象长久赖以生存的环境。一方面，安置地凭借较为优越的地理位置、交通条件、基础设施、公共服务和支持性政策，提高搬迁家庭对外部资源的占有能力，为其生计发展和生活质量提升创造了机会；另一方面，新环境给搬迁对象的生产和生活带来了冲击和压力，搬迁对象面临生活成本的上升、环境的不适应等问题，存在难以维系生计和持续发展的风险。因此，随着搬迁任务的完成，如何通过后续扶持工作实现搬迁群众稳定脱贫成为易地扶贫搬迁工作的重要内容。在一些搬迁任务完成较早的地区，关于搬迁群众的稳定脱贫问题已展开了诸多探索：通过易地扶贫搬迁与区域发展规划相结合的方式，在既有脱贫目标的约束下更加关注搬迁对象的脱贫质量和脱贫的可持续性，形成了促进贫困人口稳定脱贫的脱贫模式。考虑到稳定脱贫也是“后 2020”扶贫阶段的重要问题，总结典型的易地扶贫搬迁的稳定脱贫模式，对进一步推进易地扶贫搬迁帮扶工作以及我国后续精准扶贫的发展都十分必要。

搬迁对象的稳定脱贫与区域经济发展有密切联系。按安置区域划分，易地扶贫搬迁可大致分为城镇化安置和村内安置两种方式。其中，实行村内安置的易地扶贫搬迁将发展方向定位在农村安置社区，通过推进社区内公共服务、基础设施、产业培育、社区管理等各项工作，促进搬迁群众生计重构和生活融入，实现搬迁群众的稳定脱贫。这些后续扶持工作与乡村振兴的内容相一致，村内安置下的易地扶贫搬迁直接关系着乡村振兴的实现。党的十九大报告中首次提出乡村振兴，以农民为主体，坚持农业农村优先发展，按照“产业兴旺、生态宜居、乡风文明、治理有效、生活富裕”的要求，破解农村发展不平衡、不充分的问题，实现农业农村的现代化以及城乡融合发展。乡村振兴战略是解决新时代我国社会主要矛盾、实现全面建成小康社会和中华民族伟大复兴中国梦的必然要求，具有重大现实意义和深远历史意义。这也意味着乡村振兴是贫困户稳定脱贫的保障，推进乡村振兴的实现是确保贫困户稳定脱贫的重要举措。因此，稳定脱贫与乡村振兴并不是简单的单向线性作用关系，两者内容相容，整体联动，相互支撑，互为促进。易地扶贫搬迁的后续扶持工作应与乡村振兴战略有机衔接，不仅为乡村振兴战略夯实基础，而且巩固脱贫成果，保障搬迁群众不再返贫。自 2018 年起，乡村振兴与脱贫攻坚进入叠加推进时期，国务院多次发文要求做好乡村振兴与脱贫攻坚的衔接工作。由此可见，提炼实践中与乡村振兴相结合的易地扶贫搬迁脱贫模式，对易地扶贫搬迁对象的稳定脱贫以及推进乡村振兴的实现具有重要意义。

在全国鼓励搬迁对象城镇化、集中化安置的背景下，四川以本土化小规模安置为基础形成的易地扶贫搬迁脱贫模式尤为特殊。这一脱贫模式将脱贫攻坚与实施乡村振兴战略有机结合起来，在稳定促进脱贫的同时强力推动乡村振兴。本节基于2018年11月在四川广元的走访调研，结合相关文献资料，将四川本土化分散安置为主的易地扶贫搬迁脱贫模式总结为乡村振兴视域下本土化渐进型易地扶贫搬迁脱贫模式（本土化模式）。接下来，本节将在厘清易地扶贫搬迁对象贫困、脱贫及乡村振兴关系的基础上，以四川省旺苍县为例介绍本土化模式的内涵、成效及建议，以期为我国易地扶贫搬迁对象及其他精准扶贫对象的稳定脱贫提供可推广的经验借鉴。

二　贫困、脱贫及乡村振兴的关系

贫困定义经历了从单维到多维的演变。早期对贫困的认识主要停留在满足基本需求方面，一些学者认为贫困指的是收入或者消费达不到一定标准或者数量的状态。随着人们对贫困问题认识的深入，依据收入或消费界定贫困的方式也受到学者广泛的质疑，他们认为仅以基本生存需求来界定贫困有失偏颇，因为人的需求绝不仅限于此。20世纪90年代，阿马蒂亚·森提出从经济资源角度看待贫困，提出权利贫困的概念。部分社会成员由于缺乏必要的资源而在一定程度上被剥夺了正常获得生活资料以及参与经济和社会活动的权利，陷入了权利贫困，这一理论将贫困界定从单一的收入或消费角度扩展到多维视角。阿马蒂亚·森曾在其著作《以自由看待发展》中提出了“可行能力”的概念：“一个人有可能实现的、各种可能的功能性活动组合。”联合国开发计划署在此基础上进一步指出，贫困的实质在于人类发展所必需的最基本的机会和选择权被排斥。只有获得发展的权利和机会，才有可能提高可行能力，实现可持续发展。易地扶贫搬迁对象原居住在生存条件恶劣、政策福利难以惠及的“集中、连片、偏远”山区，收入水平低下无法保障基本的温饱生活，交通不便更难以获取教育、医疗等基本社会保障，被高速发展的经济增长排除在外。由于贫困的内生性和经济系统的封闭性，深陷其中的个体缺乏向上发展的资源和机会，更不具备自我发展的能力。基于此，并考虑贫困的层次性，本节将搬迁对象的贫困划分为：收入贫困、资源/机会贫困和可持续发展能力贫困。

通过对贫困定义的回顾，多维贫困视角下搬迁对象的脱贫不仅要实现收入上的脱贫，还要实现资源和能力等方面的脱贫。习近平总书记曾强调，易地扶贫搬迁不仅要改善人居条件，更要实现可持续发展。① 搬迁对象的可持续发展与其稳定脱贫是同一目标的两种不同表述，均要求贫困户能够不断增强自我发展能力、获得稳定的收入来源以及抵御各类冲击等。又考虑到与搬迁对象的贫困界定相对应，本节认为搬迁对象的稳定脱贫应包括收入的提高、资源/机会的获得及可持续发展能力的获得。这三层脱贫目标的实现依赖易地扶贫搬迁工程的有序推进，落实到具体易地扶贫搬迁的实施目标上，即搬迁对象的稳定脱贫有赖于“搬得出”“能增收”“可融合”“能发展”“可持续”五大目标的落实。② 其中，“搬得出”和“能增收”围绕搬迁、安置和增收等工作，主要解决收入贫困问题，帮助搬迁对象达到国家贫困标准，解决第一层次的收入贫困；“可融合”和“能发展”属于稳定脱贫的第二层次，围绕搬迁对象社区治理体系建设、乡风引导、公共服务完善等工作，主要解决资源/机会贫困问题，通过重塑或拓展搬迁对象的社会网络，营造文明有序的人文环境，帮助搬迁对象获得发展资源与机会；第三层次是“可持续”，围绕搬迁对象知识技能培训、引导思想观念转变和培养多元增收渠道等工作，结合所获得的发展资源与机会，逐步实现可持续发展的目标。

本土化模式将易地扶贫搬迁与乡村振兴相结合，推进稳定脱贫和乡村振兴的协同发展。对应于搬迁对象稳定脱贫的界定，乡村振兴的总要求也可大致分为三个层次：首先是“生态宜居”和“产业兴旺”硬环境的建设；其次是“治理有效”和“乡风文明”软环境的营造；最后是“生活富裕”这一最终民生目标的实现。产业兴旺、生态宜居、乡风文明、治理有效、生活富裕这五个方面是相互联系、有机统一的整体，统一于乡村振兴的整个过程中。相较于稳定脱贫的三个层次，乡村振兴各层次间递进关

① 《习近平考察青海：易地扶贫搬迁要实现可持续发展》，人民网，2016 年 8 月 24 日。

② 结合易地扶贫搬迁工作实践中的经验以及国家层面对易地扶贫搬迁所提出的目标要求，本节将“搬得出、稳得住、能致富”常用说法细化具体为“搬得出、能增收、可融合、能发展、可持续”五大目标。

系较弱，相互作用则更强。实质上，乡村振兴的 20 字总要求是一个有机整体，本节将其分割为三个层次，是为了体现稳定脱贫分目标与乡村振兴总要求间的联系。从稳定脱贫对乡村振兴的促进方向来看：通过“搬得出”和“能增收”为乡村振兴进行生态修复和产业奠基，推动“生态宜居”及“产业兴旺”的实现；通过“可融合”和“能发展”为乡村振兴提供优良的文化氛围和坚实的组织保障，推动“乡风文明”及“治理有效”的实现；通过“可持续”阶段为乡村振兴提供优质的劳动要素，推动“生活富裕”的实现。

综上，本土化模式中易地扶贫搬迁对象贫困、脱贫与乡村振兴的关系如图 11-12 所示。

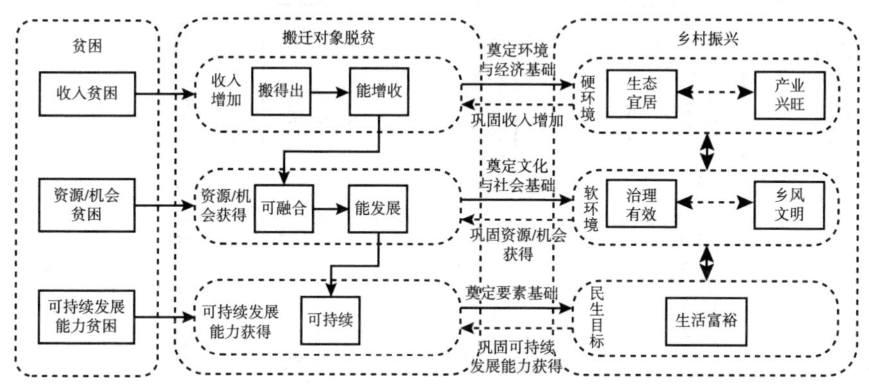

图 11-12　本土化模式中易地扶贫搬迁对象贫困、脱贫与乡村振兴的关系

三　本土化模式的核心内涵及主要内容

旺苍县隶属四川省广元市，坐落在川陕革命老区、国家重点生态功能区、秦巴片区连片扶贫开发区三区叠加地带，面临革命精神传承、生态保护和经济建设的三重压力。自 2015 年起，旺苍启动实施“十三五”易地扶贫搬迁工程，集中安置点均建立在原辖区内部条件较为优越地域，在推进扶贫工作中突出“特色搬迁、增效搬迁、素质搬迁、功能搬迁、奔康搬迁”五大主题，建立搬迁户稳定脱贫机制，推进乡村振兴战略的实现，形成了与乡村振兴相结合的本土化脱贫模式。本土化模式的主要内容和各部分关系如图 11-13 所示。

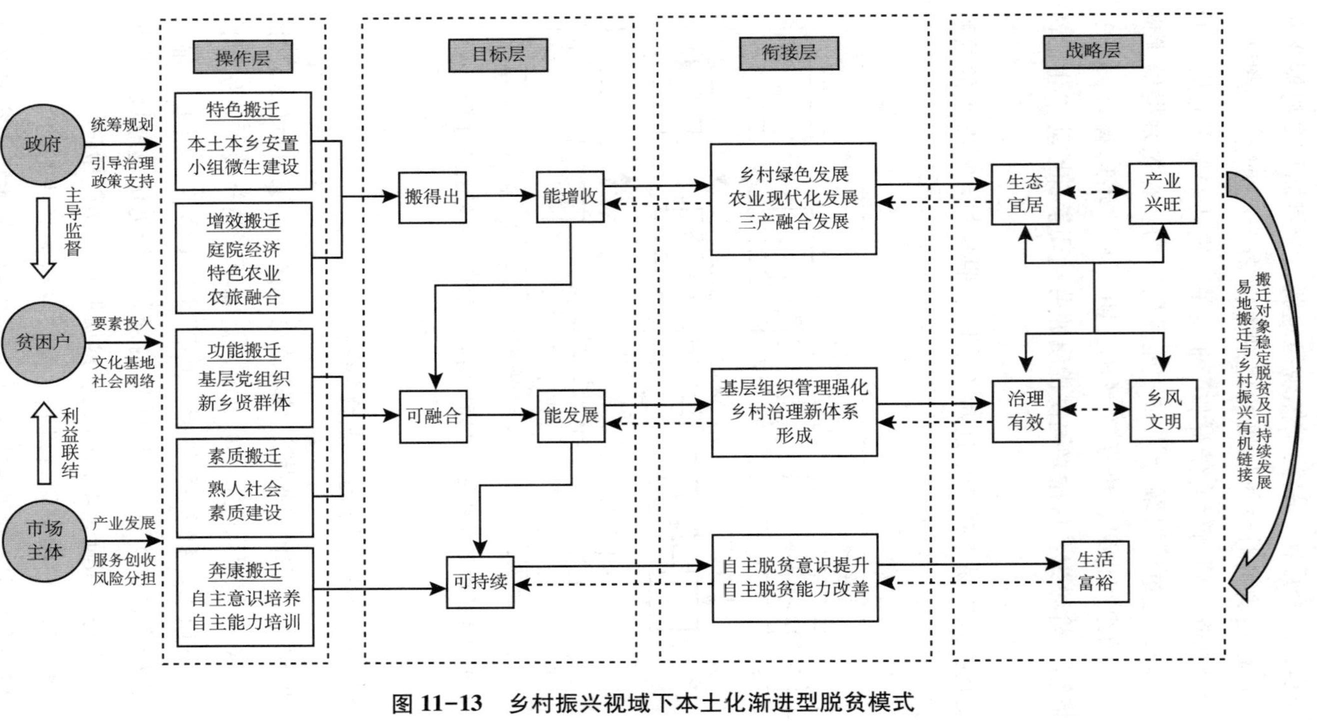

图 11-13　乡村振兴视域下本土化渐进型脱贫模式

（一）核心内涵

本土化模式是从易地扶贫搬迁的安置、后续产业发展到社区治理等过程中帮助搬迁对象获得可行能力进而实现稳定脱贫的各项经验做法的概括总结。简单来说，本土化模式在本辖区内打造美丽田园风貌、三产融合发展、三治管理合一、功能配套完善的农村新型安置社区，带动就近搬迁的贫困户就业增收、社区融入及可持续发展，为实施乡村振兴战略夯实基础。具体而言，这一脱贫模式的内涵体现在四个关键词及其相互关系上：乡村振兴、稳定脱贫、本土化、渐进型。

稳定脱贫是本土化模式的运行目标，乡村振兴是本土化模式的战略规划。乡村振兴具有渐进性、持久性、整体性等特点，而稳定脱贫也具有稳健性、长期性、综合性的特点。稳定脱贫以绝对贫困的消除为基础，农村绝对贫困的消除又是乡村振兴的首要内容。因此，在尚未脱贫的地区首要任务仍是脱贫攻坚，但为保障脱贫攻坚成果的质量，自脱贫攻坚伊始就应探索建立稳定脱贫机制。旺苍将脱贫攻坚与乡村振兴相结合，通过易地扶贫搬迁与乡村振兴的衔接，建立稳定脱贫的长效机制，推进乡村振兴战略的深入实施。在项目规划时，旺苍将易地扶贫搬迁纳入新村建设总体规划，统筹安排配套建设资金，推动易地扶贫搬迁与基础配套、新村建设、乡村旅游、电商冷链、农安监管、农村改革的深度融合。① 在实施过程中，践行安居与乐业并重，物质和精神帮扶并行的理念，逐步破解农村发展中的不充分问题，在解决脱贫攻坚的基础上向乡村振兴目标迈进。

本土化是本土化模式的安置方式，是实现易地扶贫搬迁与乡村振兴相衔接的关键举措。对于经济发展水平落后的地区来说，城镇化安置也许并不是理想的安置方式。搬迁进城的农户缺乏就业技能，县城又难以提供充足的低门槛进入的就业岗位，如此进城就失业的状态，不仅不利于脱贫目标的实现，而且为社会不稳定埋下了隐患。旺苍位于秦巴山区，地貌复杂，平整土地稀少。境内在 2014 年有 97 个贫困村 17198 户 50883 名贫困人口，贫困程度深，贫困面大。② 因此，基于环境条件和社会经济发展水

---

① 内容来源于光明网报道《四川旺苍县实施易地扶贫搬迁推动乡村全面振兴》，2018 年 4 月 2 日。

② 数据来源于广元日报报道《易地扶贫搬迁的“旺苍样本”》，2017 年 5 月 31 日。

平的考量，旺苍易地扶贫搬迁在集中安置搬迁群众时采取了本土化搬迁小聚居的方式。与城镇化安置相比，旺苍以将发展的视角转向农业农村，消除了以往重城轻乡的惯性思维，通过将集中安置点与新村建设相融合，实现脱贫攻坚与乡村振兴的有机衔接，为农村的可持续减贫和农民的长效增收提供了坚实的支撑。

渐进型是本土化模式的发展基调，是易地扶贫搬迁与乡村振兴稳步融合的重要保障。城镇化安置的脱贫模式通过搬迁一步到位地完成了搬迁户村民身份向市民身份的转变，但同时埋下了诸多隐患，搬迁户的就业转型和生计可持续性面临困难，社区认同感和参与度均较低，一步到位的脱贫做法仍需后续措施的长期纠正。与此相比，本土化模式虽然在短期内无法实现物质上的大幅跨越，但渐进型的脱贫特点使其脱贫成效更具稳定性。旺苍易地扶贫搬迁按照“小组微生”的建设要求①，建设的安置新村既保留农村的田园风貌，利用乡土优势吸纳搬迁户融入安置区生活，又尽可能配备和城镇安置社区一样完备的基础设施，满足搬迁户生产生活所需。搬迁户不仅能够利用原有生产资料从事生产活动，极大降低了环境改变给其生计带来的冲击，而且通过在此基础上逐步提升职业技能，推动了农村产业的现代化建设及长效脱贫的实现。

（二）主要内容

1. 特色搬迁：小组微生安置格局保障农户“搬得出”，推动“生态宜居”

在充分评估环境安全的基础上，旺苍顺应地形地貌特征，合理考虑农民生产生活半径，以原有村落格局为基础，建设小规模聚居、组团式布局、微田园配套及生态化发展（小组微生）的安置新村。每个安置新村一般坐落 50~300 家农户，内部由大小不等的组团构成，每个组团基本为 20~30 户，搬迁户占比在一半以上。组团间距离依据生态环境条件和农民生产生活半径来确定，既方便农民生产活动的开展，又避免对当地生态系统造成过大压力。特别地，每家农户房前屋后配套特色微田园，园内种有瓜果和蔬菜，保持农村乡土味道，照顾搬迁群众的乡土情感。安置房顺应川北民俗和文化习惯，整体体现“小青瓦、斜屋顶、白墙面、踢脚线、院

① 内容来自四川县域经济网报道《拓展易地扶贫搬迁　夯实乡村振兴基础》，2018 年 7 月 17 日。

落式川北民居特色”，并设计了客厅式堂屋，保障基本的生活功能。安置新村立足农户的角度，打造使他们生活舒适的居住环境，同时注重生态环境的保护，推动新村生态宜居的实现。

2. 增效搬迁：农业多类业态发展保障农户“能增收”，推动“产业兴旺”

由于境内土地零碎，适合规模化经营的土地不多，小农生产是旺苍农业生产经营的主要组织形式。为使小农生产组织进入大市场竞争，旺苍政府通过引进龙头企业，成立专业合作社，培育专业大户，扶持家庭经营等市场经营主体，与搬迁户形成稳定的利益联结关系，为搬迁户的农业生产提供便捷化的社会服务，增强他们抵御风险的能力。现已培育出精品果蔬、有机茶叶、生态养殖等特色农业及加工产业，及乡村酒店、星级农家、QQ 农场等农旅融合的乡村旅游新业态。为避免农产品腐败滞销，旺苍配套建设了农村电商和冷链仓储项目，并推行电商服务站与搬迁户签订代销合同的形式，形成一店带多户的销售模式。针对农户财产性收入很少的问题，旺苍利用集体闲置资源资产和集体资金，推行资产收益扶贫模式，使村集体经济组织和农户形成稳定利益联结，通过集体经济发展产业给搬迁户分红。多形式的增收方式不仅实现了搬迁户物质上的脱贫，还为新村产业兴旺的形成奠定了基础。

3. 功能搬迁：基层组织强化管理保障农户“可融合”，推动治理有效

安置新村内的搬迁群众基本为同村村民，背景和生活习惯等方面十分相似，因此其对新村服务的需求不同于其他跨境、跨村搬迁社区那么复杂。但由于环境的改变，搬迁群众的组织关系和生产关系或多或少地被打破了，一定程度上呈现碎片化的形态，需要一定的组织平台发挥引导作用，通过管理功能的强化带动搬迁群众适应新村的生产生活环境。旺苍创新党建引领机制，将适度规模搬迁聚居点全面纳入新型农村社区管理范畴，并大力选拔“四好四强”党组织书记，配优配强村党支部委员会和村民委员会班子，加强组织平台的计划、组织、引领、控制管理职能，帮助搬迁群众重构组织关系和生产关系；充分发挥纽带功能，把搬迁群众、迁入地原住民等不同类型的群体，联系聚合起来成为新的命运共同体，帮助搬迁农户逐渐融入新村，加快新村治理有效的实现。

4. 素质搬迁：熟人社会素质建设保障农户“能发展”，推动“乡风文明”

本土化安置途径和小规模聚居的方式使得搬迁村民在迁出区也大多为

邻居，因而安置新村形成了熟人社会治理的环境。在这种环境中，大家彼此间相熟或相知，道德约束容易发挥作用。旺苍创新推行“道德积分与集体经济收入分配挂钩”的激励机制，广泛开展十星文明户、好公婆、好儿媳等一系列评选活动，通过邻里之间比长比短形成的舆论压力，规范搬迁群众的日常行为，不断提升自身文明素质。同时，建立健全农村红白喜事理事会、新乡贤劝导中心等自治组织体系，更好发挥搬迁群众内部自治功能，并在集中安置区设立法律顾问，为搬迁户提供法律咨询服务，提升搬迁群众的法律素质。搬迁群众综合素质的提升，促进了德治、法治和自治有机结合，进一步推动了新村文明乡风的形成。

5. 奔康搬迁：农户自力更生脱贫保障农户“可持续”，推动生活富裕

具备可行能力是保证贫困户不再返贫的关键，其要求搬迁群众有积极向上的生活态度，并有自力更生的职业，从而积累起稳定的财产，以“恒产”促“恒心”，实现安居乐业，向“生活富裕”这一更高层次的目标奋进。旺苍建立农民夜校，并利用远程教育，引导搬迁群众改变封闭自足、安于现状等思想观念，树立自强奋进、文明向上的思想意识。针对搬迁贫困群众的不同群体，旺苍有针对性地实施就业帮扶措施，利用“互联网+就业服务站”、旺苍异地商会和在外发展成功人士等平台，精准就业信息对接，确保有劳动能力的搬迁户至少有 1 人稳定就业。同时，通过培训提高一批、结对帮带一批、实践锻炼一批、典型示范一批“四个一批”的办法，着力将搬迁群众培养成为新型职业农民。旺苍赋予搬迁群众从事一定工作所需生产资料的同时，也帮助其获得必备的生产技能，提高了搬迁群众的可持续发展能力，推动新村生活富裕的实现。

四　本土化模式的运行成效

在易地扶贫搬迁的引领下，旺苍贫困发生率由 2014 年的 14.7%降至 2018 年的 2.2%以下。[①] 旺苍五红村在 2017 年获得全省易地扶贫搬迁专项考核第一名。2018 年，全省易地扶贫搬迁现场推进会在旺苍县召开。其与乡村振兴相结合的易地扶贫搬迁脱贫模式也多次得到国务院督查组、国家省际交叉考核组等考核组织的高度评价。本土化模式取得的初步成效主要有以下几个方面。

① 数据来源于四川新闻网报道《旺苍县贫困发生率降至 2.2%以下》，2018 年 12 月 11 日。

（一）生态稳定：维护农户乡土情感，打造乡村振兴优良的生活环境

本土化模式因循自然法则的灵活规划，顺应自然地形地貌，与林盘、山体等生态要素有机融合，避免城市化、人工化景观，呈现“田在院中、院田相连”的田园风光。村落是中国农耕文明传承和乡愁记忆的重要载体，农村形态的保护对于农民情感的慰藉和农村文化传承至关重要。安置新村特色田园化的建设承载了农户的乡土情感，有助于避免移民由于难以适应安置区环境而重返迁出地的现象，也有利于适应和乡土文化的传承。此外，其弱化了本地安置给生态环境带来的压力，维持原生态系统的稳定性，构建人与自然和谐发展的格局，推动安置新村的生态宜居性。凤阳村旦家垭聚居点杜绝大挖大填，房屋依山就势而建，每一户门前都配有小庭院，种着应季果蔬、花卉，一派田园风光，既绿化美化，又保持了农村味道，充分体现了生态宜居，确保搬迁群众搬得好。

（二）产业兴起：拓宽农户增收渠道，形成乡村振兴坚实的产业支撑

安置新村配备有较为完善的基础设施及公共服务，利用传统农业优势发展庭院经济、特色农业，并在此基础上发展农产品加工以及农旅融合产业，培育壮大农村经济，促进新村三产的发展融合。庭院经济的微果园、微菜园、微茶园等特色庭院充分利用家庭院落及周边闲置空间，既美化庭院环境，又增加搬迁户经营性收入。安置新村在龙头企业、专业合作社、专业大户及家庭作坊的带动下，发展特色农业及其加工业，推行农旅融合模式，以多种途径促进搬迁户增收，从搬迁前仅仅依靠传统农业种植增收转变为现在的土地流转租金、住房租赁收入、自营民宿收入、集体经济入股分红等多元化增收。截至2019年初，旺苍全县已建成万亩亿元现代农业产业融合示范园18个，“一村一品”产业示范园70个，特色微庭园2.11万个，以三园联动引领搬迁群众脱贫增收，助力乡村振兴战略的实现。[①]

（三）治理提升：促进农户社区融入，奠定乡村振兴牢固的组织保障

易地扶贫搬迁集中安置社区是一个新型社区，需要强有力的基层组织引领使社区有序运转。基层党组织坚强有力，才能把党员干部和群众凝聚到一起，形成强大的工作力量，来带动搬迁户融入安置社区新生活，推动他们走向脱贫致富。本土化模式中依靠原有居民、退休党员等有声望、有

① 数据来源于人民网报道《广元旺苍：“绣花功”治“穷根”》，2019年1月24日。

服务能力的团体，开展新村安置社区活动和文化建设，增强社区居民的归属感与安全感。乡贤在精神激励、促进和谐、助推发展等方面的作用同样不可或缺。本土化模式保留了乡土文化基底，有利于乡贤充分发挥纽带作用，通过参与村居公共事务，协助加强基层党组织与群众的联系，更好地服务群众的需求，促进搬迁农户在安置新村开始新生活，推动治理有效的实现。在社区组织的带动下，嘉川五红、白水勇敢、普济秀海等搬迁安置点，举办文娱活动的场次逐渐多起来，闲暇时去“农村书屋”的人越来越多，傍晚时分供大家散步、跳舞的广场也变得热闹起来。①

（四）乡风改善：提升农户综合素质，营造乡村振兴良好的文化氛围

由于本土化安置，安置新村内的搬迁户都属于本乡居民，在搬迁前均彼此相熟，有着在生产或生活上互助合作的习惯。这种相互熟知的邻里关系形成了熟人社会的治理环境，在这样的环境中，邻里间有深厚的感情联系，相互信任程度高，能够为面临困境的邻里提供及时帮助，而且彼此间具有较强的道德制约。在熟人社会的环境下，安置新村利用声誉机制约束居民行为、激励居民学习赶超的方式十分有效。本土化模式具有运用熟人社会机制进行安置新村居民素质提升的天然环境，能够在乡风文明培育上有较快的成效。黄洋镇易地扶贫搬迁安置点采取深入创建文明家庭、星级文明户、典型示范户，建立村民议事会、道德评议会、禁毒禁赌会、红白理事会等方法，提升搬迁群众的综合素质，营造社会主义新农村风气，推进乡风文明建设。②

（五）奔康致富：推进农户自主脱贫，提供乡村振兴必要的劳动要素

搬迁户是本土化模式的核心，利用政府和市场经营主体多方力量，提升自主生产、自力更生的能力。政府依然在脱贫模式中居于主导地位，但以搬迁户的需求为导向，根据其特点制定脱贫措施，引导搬迁户尽己所能参与到脱贫工作中，提升搬迁户脱贫的自主性和积极性。由于搬迁户普遍缺乏脱贫所需的必要技能和信息渠道，即使有强烈的脱贫愿望也无法实现脱贫致富。市场经营主体在识别商机和市场竞争上具有敏锐的感知，但其

---

① 内容来源于广元市人民政府网报道《旺苍县易地扶贫搬迁：搬得出　稳得住　能致富》，2017 年 5 月 31 日。

② 内容来源于旺苍县人民政府报道《黄洋镇多措并举确保易地搬迁搬出幸福》，2018 年 6 月 5 日。

逐利性往往也会带来损害公共利益的行为。本土化模式注重发挥市场经营主体对搬迁户的引领作用，通过与搬迁户形成稳定利益关系，为他们提供增收致富的门路，同时在政府的规制和引导下，以不损害公共利益为前提追求商业利益最大化，发挥正面带动作用。在旺苍县政府的斡旋下，旺苍籍成功人士吴先生回乡创业，创办的山西树林劳务开发公司，解决搬迁群众就业 207 人，年收入最低 4.2 万元，最高达到 12 万元。

五　完善本土化模式的问题及对策建议

在调研中发现，本土化模式的实践也存在一些问题，制约着稳定脱贫及乡村振兴的实现。本节从资金、土地和人才这三大生产要素的角度总结存在的问题，并提出相应的完善建议。

（一）存在的问题

1. 资金问题：项目实施成本高，后续帮扶措施或难以为继

易地扶贫搬迁脱贫工程需要强大的资金支持，为安置区配备良好的生产和生活条件，提高搬迁户的生活质量。本土化安置新村中的安置房基本为独栋建造，楼层低矮，配有院落。相比城镇化安置社区，安置新村综合占地面积比较大，节余建设用地指标较少，换得的资金比较有限。安置点组团式发展、小规模聚居使得整体布局分散，需要耗费大量资金配套每个安置点的基础设施和公共服务。搬迁地区后续帮扶措施，尤其是产业落地与规模化发展均对资金有巨大的需求。倘若扶贫资源较多地消耗在搬迁及安置环节，则会导致产业扶贫投入不足，产业发展难以为继。在易地扶贫搬迁工作中，政府是主要买单者，面临巨大的资金压力，安置点建设耗费的巨额资金会增加地方财务风险。

2. 土地问题：土地规模化经营差，难以满足农业现代化要求

产业化和规模化是新型农业现代化最突出的特点。由于搬迁工程的实施，迁出地区出现了大量的闲置农用地和宅基地，搬迁农户的土地流转和宅基地腾退是搬迁地区农业产业发展的关键。受地理环境制约，旺苍搬迁地区耕地较为破碎、耕地质量很难满足集约化经营管理的要求，土地流转不出去从而导致撂荒。此外，由于信息沟通不畅、政策不完善等原因，部分农民拒绝拆除旧宅基地，迁出区旧宅腾退进程缓慢。土地流转和宅基地腾退效率低下造成旺苍土地规模经营条件较差。虽然易地扶贫搬迁地区农

地流转政策有利于乡村旅游、特色农业以及农业现代化的发展，但信息沟通补偿、政策不完善以及自然因素等制约了土地流转和宅基地腾退，不利于搬迁地区乡村旅游、特色农业的发展。

3. 人才问题：人才资源短缺，可持续发展的内生动力不足

人才是乡村振兴的第一资源，是实现乡村振兴最基本的要素保障。由于本土化模式分散化的布局，安置新村难以像城镇化安置社区一样，配套有完备的基础设施和公共服务，尤其是配套建设高质量的教育资源。搬迁户子女仍要前往较远的原来的学校上学，教育资源可及性低。贫困人口的代际传递有着比贫困本身更大的危害，代际传递使得贫困人口失去向上流动的物质基础和精神动力，导致社会阶层固化，从而加剧社会不公。代际贫困的传递不仅影响子代劳动能力和素质发展，而且极大削弱了对当代年轻人回乡的吸引力。旺苍主要劳动力仍为外出务工，将子女托付给父母，自己外出打工，导致花费巨大人力物力财力建成的安置区依然是“空心村”。而长期居住着的留守妇女和老人，文化程度低、观念更新慢、致富意识弱、劳动技能差，无法成为安置新村产业发展的主力。倘若无法破解教育资源的短缺问题以及吸引劳动力回流，安置新村发展则面临内生动力不足、发展难以为继的局面，严重制约乡村振兴战略的推进。

（二）对策建议

1. 多途径增加资金来源

在推进脱贫工作时保障资金精准使用十分必要，但也应从开源入手增加资金投入。与之前的易地搬迁工程相比，虽然“十三五”时期易地扶贫搬迁的资金从主要依赖中央财政资金转变为中央财政资金、地方债务资金、低息贷款等结合的多渠道资金来源，但金融、工商资本支持扶贫工作的重要作用仍未充分显现。安置地应利用政府财政扶持资金撬动作用，大力引入金融、工商资本提升金融支持力度，助力产业链条延伸。再者，应把握安置地金融实际需求，根据当地产业和环境发展的特点，推进金融创新，增加可行的融资模式：利用财政性贷款为贫困户贷款进行担保，切实解决贫困农户贷款缺乏担保的问题；建立金融对口援助扶贫机制，提高扶贫贷款贴息率，延长补贴时间；建立扶贫风险机制，把扶贫产业纳入商业保险，并对保费进行补贴。

2. 推进土地政策制度保障

从农村发展来看，土地确权有助于提高地权稳定性并带来农业投入激励增强和农业生产效率提高的作用，也有助于促进农村金融等事业的发展。从农户角度，土地确权可以促进农民增收，提高农民生活质量，赋予土地抵押担保权能，推动农地入市，统筹城乡土地市场，促进土地流转，实现规模经营。但搬迁地区由于资源环境地理条件，整体上土地流转尤其是传统农区的土地流转达不到预期效果，因此，需要推进有关土地的政策制度保障。一是加快推进农村土地、宅基地确权颁证，为土地流转、宅基地腾退、农业产业发展等提供基础性依据；二是逐步建立搬迁地区土地流转交易信息化平台，形成规范统一的土地价值评估体系，解决土地流转供需双方间的信息不对称问题，为农业规模经营、现代农业发展和搬迁户土地权益提供基础和保障；三是增加优惠支持政策引进农业龙头企业，增强农村生产要素的流动，提升搬迁地区农业土集约利用效率。

3. 破解教育和人才回流问题

一方面，解决教育短缺问题。本土化模式通过多种方式提升搬迁户内生动力，希冀能够通过家庭影响阻断贫困在代与代之间不断遗传和持续连接，但这一过程需要较长的时期才能实现。在这个过渡阶段，搬迁户子女这一特定群体的发展应得到充分的重视。为解决搬迁户子女的教育问题并帮助他们健康成长，需要促进教育扶贫与易地扶贫搬迁深度融合，通过解决迁入地就学问题及成立服务团体进行学业和心理的辅导等，将学校教育、社会教育和家庭教育有机结合起来。另一方面，加大力度引进人才。人们都倾向于用脚投票，流向提供更加优越环境的区域进行生产生活。本土化模式改善了农村的居住环境和发展条件，这一发展方向是正确的，但还要完善返乡农民工创业以及科技人员创新创业激励等支持政策，吸引最富有生产力的青年人才回乡建设，以及利用起退休科技、教育、文化人员这一宝贵的闲置资源，通过给予优惠补贴鼓励他们到乡村再立新功。

六　本土化模式对稳定脱贫的启示

本节通过旺苍易地扶贫搬迁脱贫经验的案例，介绍了乡村振兴视域下本土化模式，分析了其运行成效，并提出了完善建议。本土化模式是精准扶贫思想落实的具体体现，因地制宜、长短结合地开展扶贫工作，将扶贫工作与乡村振兴进行有机衔接，实现搬迁对象的稳定脱贫。参考本土化模式脱贫经验，稳定脱贫帮扶工作中应注意以下几点。

1. 转变思维稳中求进，有序推进贫困户稳定发展不再返贫

脱贫攻坚以三年为期限，是一项政治性较强的短期任务。由于时间的紧促性和任务完成的迫切性，易地扶贫搬迁或是其他精准扶贫工程中均容易出现一些比较短视的行为。这些“短平快”的脱贫工作无疑为未来埋下了诸多隐患。贫困具有长期和动态的特征，三年脱贫攻坚的结束并不代表贫困的终结，反而脱贫成效随着时间的流逝越发受到考验。因此，在推进脱贫工作时需既有短期的考虑，也有长远的考虑，在实现“两不愁三保障”的同时，注意建立健全稳定脱贫的长效机制。通过创新观念、激活动力、稳定收入来源、完善基础设施、提升公共服务等方式，降低脱贫群体的脆弱性，确保贫困群众有稳定的基本经济收入，有不断增强的自我发展和各类风险冲击的能力，实现自身的可持续发展。针对稳定脱贫的探索不仅影响打赢脱贫攻坚战的进程与质量，对于2020年后促进贫困地区经济社会可持续发展、减缓相对贫困，为实现第二个百年奋斗目标奠定基础，也具有重要的意义。

2. 因地制宜精准扶贫，扬长避短施展脱贫模式最大效益

对于幅员辽阔、民族众多的中国而言，不同区域、不同民族的自然环境、历史文化、社会条件、资源禀赋千差万别。这就决定了一地最优的脱贫模式在另一地可能并非最优或者根本无法实现，不存在普遍适用的脱贫模式。本土化模式的形成是基于环境承载力、社会发展能力和个体适应能力等综合考量的结果。对于同样具有复杂地貌、低水平经济条件的地区，本土化模式将农民培养成职业农民，以农户脱贫推进乡村振兴的脱贫经验具有十分重要的参考价值，但这种脱贫模式并不能完全复制到其他搬迁地区。每个地区应注意挖掘和用好本地的特色资源，立足现有的经济基础和风俗习惯，选择最能脱贫、最有助于激发贫困群众内生动力的方式，形成最适合本地区发展的脱贫模式。脱贫模式应各具特点，但这些特点对于脱贫攻坚可能是把“双刃剑”。本土化模式的本土化安置使得发展重点从城市转向乡村，但这种安置方式也带来了实施成本高、分散化强等风险。精准扶贫治理中并不存在十全十美的脱贫模式，在实践中需制定灵活的体制机制，及时化解出现的问题，准确防范潜在的风险，保障脱贫模式的可持

续运行。

3. 着眼长远力拔穷根，统筹推进稳定脱贫与区域经济社会发展

本土化模式将易地扶贫搬迁与乡村振兴相联系，以稳定脱贫促乡村振兴，以乡村振兴支撑稳定脱贫，为稳定脱贫与区域经济社会发展相结合提供了模本。稳定脱贫的实现与区域经济社会发展的发展都需要依靠产业支撑、环境整治以及管理有效，都需要动员社会广泛力量服务广大人民群众的利益。二者之间的内在联系决定了彼此互为动力与保障，如果忽略区域经济的发展，片面地救济贫困群体，不仅引起社会矛盾，而且最终会因为不可持续而使得以往脱贫的努力付诸东流。因此，要想更好地实现贫困人口长效稳定脱贫，就必须把脱贫与区域经济社会发展有机结合起来。这要求脱贫规划与区域发展项目统筹机制的落实。一方面，建立稳定脱贫与区域发展相互支撑、整体联动、协调推进的系统性体制机制，加强组织保障和督查考核来防范二者在衔接度、同步度上出现断链；另一方面，立足当地实际情况，制定稳定脱贫与区域发展的衔接细则及实施方案，解决其中的冲突和重复性操作的问题，做好政策之间的衔接。

第十二章
飞地经济对安康生态与环境的影响

“飞地经济”发展模式，原指经济相对发达的城市整批输出项目，而另一些偏远的不发达的城市提供土地交由前者管理，利税则两者共享。“飞地经济”发展模式是区域之间进行产业梯度转移的结果，其优势在于可以绕过行政区划壁垒，充分发挥区域经济的比较优势，同时有效避免环境与发展的矛盾。

2013 年 10 月 10 日，安康市委“为认真实施国家和陕西省主体功能区规划，贯彻落实市委《关于走民生为本的循环发展之路，建设美丽富裕新安康的意见》”，提出了旨在“加强区域统筹协调，不断优化发展布局，创新区域生态功能管理机制，促进生产要素向月河川道集聚，加快新型工业化、城镇化进程”的《中共安康市委关于发展“飞地经济”的指导意见》（安发〔2013〕9 号）（以下简称《指导意见》）。《指导意见》指出发展“飞地经济”具有重大意义，是贯彻中、省主体功能区规划的必然选择，是加快建设美丽富裕新安康的现实需要，是实现统筹区域协调发展的重要突破。

根据《指导意见》，安康“飞地经济”规划中，“飞出地”主要包括月河川道以外的发展空间受到限制的白河、岚皋、镇坪、宁陕、紫阳五县；“飞入地”主要指月河川道的安康高新区、恒口示范区，以及汉阴县涧池镇、蒲溪镇、双乳镇。

为了加快安康市新型工业化、城镇化进程，促进经济增长，安康市委决定展开“飞地经济”建设，对于认真实施国家和陕西省主体功能区规划，优化发展布局，创新区域生态功能管理机制，促进生产要素向月河川道聚集，推动循环发展、促进生态文明建设意义重大。

第一节　安康飞地经济的实施现状

安康市是国家重点限制开发的重点生态功能区，按照国家以及陕西省主体功能区规划方案，安康市属于国家重点生态功能区的地区有汉阴县、石泉县、宁陕县、紫阳县、岚皋县、平利县、旬阳县、镇坪县、白河县，该区的主体功能是维护生物多样性、水源涵养、水土保持，提供生态产品。省级层面重点生态功能区包括安康市汉滨区的秦巴山区，要减少林木采伐，恢复山地植被，减少水土流失和地质灾害，保护生物多样性。省级层面重点开发区域中的安康区块仅指汉滨区，面积为 1915 平方公里，扣除基本农田后面积为 1456 平方公里，是关天、成渝、江汉三大经济区域的几何中心和重要联结点。

为了贯彻国家方针政策，安康市反其道而行之，把限制开发区域列为“飞出地”，包括白河、岚皋、镇坪、宁陕、紫阳等县，正在引进以及现有的不符合生态要求的企业搬迁至重点开发区域的“飞入地”，包括月河川道重点开发区域安康高新区、恒口示范区和汉阴县涧池镇、蒲西镇、双乳镇等中、省主体功能区规划划定的“点状开发的城镇”，能有效促进产业聚集，实现规模经济。

2013 年 10 月 10 日，《指导意见》出台，“飞地经济”工作紧锣密鼓地展开。10 月 14 日，《白河县人民政府高新区管委会“飞地经济”合作框架协议》正式签订，拉开了高新区作为“飞入地”，白河县作为全市发展“飞出地”首个试点县的“飞地经济”合作序幕。在此之前，白河县硫金砂制备项目已与高新区金属镍循环产业园组建产业链条关系，该合作将进一步借力高新区的区域发展优势和高新技术产业集群，充分利用白河优势资源，破解土地“瓶颈”，实现优势互补，打造全市核心增长板块。此外，白河县神达和俊达汽车制造项目也被纳入首批合作项目，“飞地经济”合作各项事宜正紧锣密鼓推进中。

2013 年 10 月 30 日，安康市飞地经济发展工作领导小组正式成立。截至目前，白河、岚皋县、镇坪县与高新区，宁陕县、紫阳县与恒口示范区相继签订了“飞地经济”合作框架协议，标志着安康市“飞地经济”发展进入实质性启动阶段，为下一步“飞地经济”规划建设和项目落地奠定了基础。根据协议，高新区飞地经济产业园区位于傅家河西岸产业发展核心地带，规划面积为10平方公里，其中一期规划4平方公里，二期规划6平方公里。重点发展符合国家产业政策、高新区总体规划和园区功能定位的富硒食品、生物医药、新型材料制造装备等节能环保产业。该区域已经规划给白河县土地1492亩，镇坪1092亩，岚皋1231亩。恒口示范区的紫阳县、宁陕县飞地经济园区规划用地2650亩。“飞地经济”将成为安康经济发展的“新引擎”。

这样一来，必然会对安康的经济产生重大的影响，特别是对“飞入地”。因此，“飞入地”在接受产业转移后所带来的经济影响是一个不得不考虑的现实问题。

安康高新区园区规划面积为28平方公里，2012年已开发8平方公里（上年6.5平方公里），年末企业个数245个，年末从业人员数7756人（上年4580人），其中大专以上学历人数4654人（上年2977人），工业企业从业人员4318人（上年2547人），规模以上企业从业人员2000人（上年1741人），研究与实验发展人员29人（上年29人）；固定资产投资242801万元（上年128323万元），其中基础设施投资额72400万元（上年45000万元），工业完成投资额142500万元（上年38011万元），规模以上工业企业总产值271300万元（上年154000万元），生产总值为12.177亿元，其中第一产业0.878亿元，第二产业9.913亿元（工业8.137亿元，建筑业1.776亿元），第三产业1.386亿元。

高新区在飞地经济园区招商引资过程中对项目的规模、质量和效益提出了具体要求：投资强度不低于150万元/亩，利税不低于15万元/亩，企业规模不低于5000万元。按此要求计算，飞地经济园区一期建成，将至少需要新增投资58亿元，利税至少增加5.8亿元。这还不包括征地费用20亿元以及基础设施建设的15亿元。

恒口示范区的人口总数在2010年已达到9.6万人。恒口示范区预期到2020年，区域内GDP突破100亿元，力争达到140亿元，占汉滨区经济总量的30%，占全市经济总量的1/10，人均GDP在3万元以上，工业集中度为90%，城镇化率为80%，城乡居民收入分别达到4万元、2.5万元，城乡居民收入比缩小到1.6：1，统筹城乡科学发展的体制机制基本完善，“三个集中”达到较高水平，城乡差距显著缩小，“三农”问题得到基本解决，经济社会实现跨越发展。在全市率先建立完善城乡统一的新型户籍、就业、社保、土地管理制度，实现城乡义务教育、卫生、文化、社保、环保等公共服务均等化，形成现代城镇和现代农村和谐交融的新型城乡形态，成为体制机制灵活、统筹水平较高、带动作用较强的省级统筹城乡发展示范区。

其中按照《安康市恒口镇省级统筹城乡综合配套改革试验总体方案》的发展目标——力争到2015年，区域内GDP达到35亿元，力争达到40亿元，占汉滨区经济总量的15%，人均GDP达到2.33万元，工业集中度达到70%，城镇化率达到65%核算，到2015年，恒口镇将会聚集15万~17万人，是现有人口5.8万（2010年全国人口普查数据）的3倍左右。其中城镇人口将达到9.75万~11.05万人。

恒口示范区在飞地经济园区招商引资过程中对项目的规模、质量和效益也提出了具体要求：投资强度不低于100万元/亩，直接投资不低于1000万元。按此要求计算，飞地经济园区建成，将至少需要新增投资26.5亿元。根据给企业土地综合成本不低于20万元/亩测算，还需征地费用及基础设施建设费用5.7亿元。

第二节　安康生态与环境的现状分析

一　安康土地类型现状

土地利用变化是生态系统服务价值变化的直接原因。如图12-1所示，从目前安康市海拔图可以看出，安康的土地类型有以下特征：土地垂直差异明显，山地多，平地少；林地多，耕地少。安康市地貌以山地为主，山、丘、川共同存在。全市山地与丘陵占土地总面积的97.93%，河谷盆地仅占土地总面积的2.07%。受地貌条件的制约，安康市各种土地利用类型中，林地面积占土地总面积的70%以上，耕地面积在16%~18%，建设用地面积比例不高，不到2.5%。耕地中，自然坡面大于25°耕地面积占耕地总面积的58.81%，自然坡面小于25°耕地面积占耕地总面积的41.19%，并且小块地分布多而广，10亩以下的小块地占耕地总面积的60%以上。这种山地多、平地少的地形不利于耕作，也不利于工业化与城镇化发展。

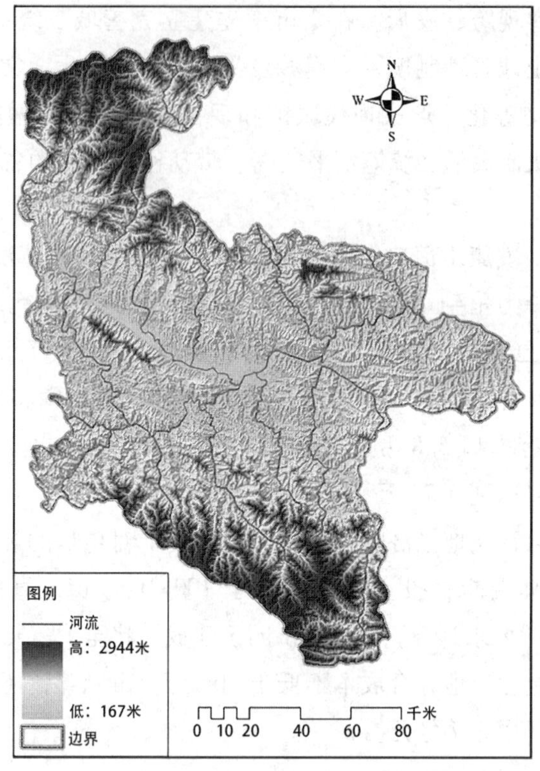

图 12-1　安康市海拔

二　当前影响安康生态与环境的大的举措与目标

（一）主体生态功能区建设

安康地区所处秦巴山区，生态重要性较高，在国家主体生态功能区建设规划中，大部分县区被列入国家层面的限制开发区域（重点生态功能区），同时对自然灾害承受力较弱，全市人均可利用土地资源较缺乏，只有少量平原地带（8.1%）被列入省级层面重点开发区，人口集聚度偏低，经济发展水平较低。这一掣肘的存在表明要实现可持续发展，必须发挥地区内部的优势，在全市范围内协调并优化资源配置，综合开发，提高效率。

（二）南水北调中线工程水源地

南水北调中线工程70%的调水量来自陕西，安康市作为南水北调中线工程的重要水源地，担负着重要的水源涵养和水质保护的任务，以确保“一江清水送北京”。

（三）陕南移民搬迁工程

2011 年启动的陕南移民搬迁工程涉及安康地区 22.6 万户（87.7 万人）移民搬迁户的生计与发展，是一项保障当地群众生存安全、改善生活生产条件、促进经济社会发展的重要民生与发展工程。

（四）城镇化

目前我国正处于城镇化水平快速推进的阶段，未来将有大量农村人口转移、转化为城镇居民，安康市政府将面临优化城乡空间结构，增强城镇综合承载能力，实现农民向工人转型的问题。

（五）工业化

工业化的快速推进带来对工业建设用地的需求进一步加大，同时也必须考虑如何进一步优化生产力布局，提高生产空间集约化水平和效率的问题。

三　生态环境角度对飞地经济的定位

总的来讲，飞地发展模式的提出是安康市委、市政府基于当前发展形势和不同层面的发展需求，探索的一条创新发展之路。通过“飞地经济”承接产业转移并突破安康经济发展的土地资源瓶颈，既满足了国家层面上对于生态功能区划的定位和要求，又在城镇化和工业化的背景下确保区域层面上陕南移民搬迁的民生工程的实施和推进，将安康的生态、人口和经济发展的问题科学规划，统筹解决。

第三节　飞地对安康的环境与生态影响

一　相关理论与模型

这里以共生理论为基础，分析飞地对系统内（安康地区内）以及系统外（跨区域）生态环境的影响。

共生（symbiosis）是生物界的普遍现象。1879 年，德国真菌学家德贝里（Anton de Bary）首次提出“共生”的概念，并将“共生”定义为不同种属生活在一起。范明特（Famintsim）、科勒瑞（Caullery）和斯科特（Scott）等生物学家发展了德贝里的共生思想，并形成了系统的共生理论。“共生是在较大的社会、经济和生态收支背景下，共生单元寻求自己定位的一种途径，进化是共生系统发展的总趋势和总方向。”（刘荣增，2006）共生理论认为，共生本质特征之一是合作，但它不排除竞争。共生单元具有充分的独立性和自主性，并强调相互理解，进而在竞争中产生新的、创造性的利于共同发展的合作关系，并利用这种合作关系的作用，实现内部结构和功能的创新和竞争力的提升，它为共生单元提供了理想的进化路径，单元间在相互激励中共同适应、共同激活、共同发展，以实现共生系统中任何一方单个都不可能达到的状态和水平。

（一）从系统内部看共生理论在区域内合作中的适用性

安康飞地经济建设是一个复杂的系统工程，各利益相关者共生于这一系统内部。飞地战略的实施涉及的利益相关者众多，各自的利益存在一定的冲突和矛盾，需要进行协调和交易，同时飞出地、飞入地彼此又相互依赖。飞地的实施实质上是系统内部资源最优化的过程，共生系统的进化是共生理论研究的核心问题之一。对称性互惠共生是共生系统进化的一致方向，是生物界和人类社会进化的根本法则。所有系统中对称性互惠共生系统是最有效率也是最稳定的系统。

实现安康人与自然和谐发展需要对生态与经济的共生系统进行人为的合理设计，着眼于产业布局与生态保护共生系统的共生单元创新、共生环境创新、共生界面创新以及共生能量创新，以实现飞地共生系统的对称性互惠共生。因此，就安康飞地系统内合作的内容、目标和机理而言，共生理论具有很强的一致性和适用性。

（二）从系统外部看共生理论在区域间合作中的适用性

从宏观角度来看，安康的飞地战略又有很强的外部性，不仅造福本地，同时也能惠及南水北调中线工程沿线20多座大中城市，为其提供生活和生产用水，并兼顾沿线地区的生态环境和农业用水。从这个角度来看，安康以飞地为代表的相关生态环境保护与建设项目的实施，既服务于国家宏观层面的战略规划，也共生于南水北调中线这一复杂的系统工程中，从宏观视角看，主要涉及三大类共生关系，即区域性共生关系、人与自然的共生关系和自然与自然的共生关系。

在所有三类共生关系及其所形成的共生结构与状态中，相关利益主体是最关键的决定性因素，不仅将跨区域的利益主体进行远程耦合关联，也是构建区域间生态补偿的基础。

二　分析框架

基于远程耦合模型，构建安康飞地战略中生态与环境效应的分析框架。该框架将飞入地、飞出地以及安康之外区域层面的利益相关者纳入一个整体框架进行分析，本框架中，我们将安康飞地实施的生态与环境效应分为两个部分进行考量：第一，产业转移过程中的环境效应；第二，人口转移过程中的生态效应，即移民搬迁背景下考量飞地经济所吸纳的劳动力，以及劳动力转移带来的生态效应（见图 12-2）。

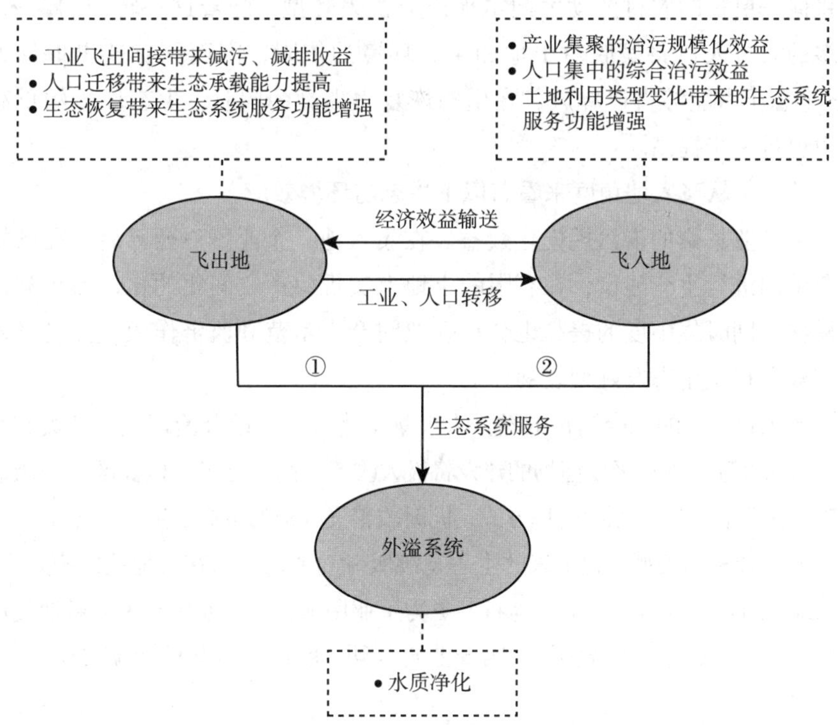

图 12-2　飞地经济的生态与环境效应分析框架

（一）从飞出地角度来看有以下生态与环境效应

• 工业飞出间接带来减污、减排收益。飞地经济的实施旨在统筹解决土地制约工业发展的问题，随着部分工业从飞出地迁出，飞出地原有的工业化程度也将降低，这将在一定程度上减少对飞出地污染的排放，飞出地工业发展带来的化学需氧量的排放将逐步减少。

• 生态恢复带来生态系统服务功能增强。随着工业的迁出和传统发展模式企业的升级，地区产业发展将向着环境友好型转变，随着人口的迁出，原有的粗放型农业经营模式也不复存在，特别是在生态脆弱地区的农户搬迁将带来土地利用方式的改变，更多地用于农业种植的土地将转变用途，退耕为林。随着移民搬迁工程的实施和飞地经济的推进，脆弱地区的生态逐渐得以恢复，安康地区生态系统服务功能也增强，包括固氮、固磷、固碳以及土壤侵蚀调节等，并间接对汉江流域的水资源保护起到了积极作用。

• 人口迁移带来生态承载能力提高。移民搬迁背景下，飞地经济的实施将促进更多的农村劳动力向本地产业工人转型，随着这一转变的深入，更多的农村人口将摆脱对土地和生态环境的依附，因而原有迁出地的人口-生态压力能够得以释放，在生态恢复力提高的同时，生态环境的承载能力也进一步提高。

（二）从飞入地角度来看有以下生态与环境效应

• 产业集聚的治污规模化效益。在飞入地，企业落户园区后，在已规划范围内进行生产建设，在有限的土地上实现生产空间集约化，治污减排规模化，同时集中度的提高也会在企业间产生示范和监督作用，促进飞入地产业向环境生态友好型发展。

• 人口集中的综合治污效益。人口集中将有利于综合治理生活垃圾和废水，污水处理厂和垃圾填埋场的建设将极大改善当前部分飞入地社区“垃圾靠风吹，污水靠蒸发”原始处理方式，同时改善飞入地的生产、生活环境。

• 土地利用类型变化带来的生态系统服务功能增强。在飞地经济模式下，飞入地原有用于农业生产的土地将变更为工业用地，而农业生产中大量地使用化肥、农药等对环境造成污染，随着土地类型的变更，该部分污染减少。

第四节　人口转移过程中环境效益的量化分析

如前文所述，在分析框架下，我们从两个方面分析飞地战略的生态与环境效应：第一，产业转移过程中的环境效应；第二，人口转移过程中的生态效应，即移民搬迁背景下考量飞地经济所吸纳的劳动力，以及劳动力转移带来的生态效应。

在安康飞地战略的实施中，工业转移与人口转移同时进行，密不可分。因此，在考量生态与环境效应时，我们需要知道一些关键的工业与人口数据信息：现有飞入地与飞出地所有产业类型、规模，飞入地工业所吸纳的劳动力数量，以及其中移民搬迁工程中所转移的劳动力所占比重。但由于目前处在政策实施初期，尚无法获得以上数据，我们根据课题组过去三年在安康所做的调研以及相关统计数据，采用以下策略对这一问题进行分析：首先，根据安康移民搬迁规划，对整体工程实施所带来的生态效应进行情境设计与核算，后续飞入地相关人口数据获得后，再进行等比例套算；对于工业转移过程所带来的环境效应，在无法获得确切数据的情况下，设计可操作化的计算思路，后续数据获得后（或者详细规划出台后）可进行直接套算。

下面给出移民搬迁工程对安康生态的总效应的量化结果。

我们按照安康移民搬迁总体规划，将移民搬迁工程的推进分为两个阶段（2011~2015 年、2016~2020 年），对基期（2010 年）以及各个阶段的生态变化进行计算和比对。首先，根据安康的土地类型、移民搬迁的标准（涵盖坡度、离公路距离、离自然保护区距离等）计算土地适用性，并据此设计移民安置情景。其次，根据安康移民搬迁总体规划，对不同阶段的搬迁人数以及土地利用变化进行模拟与测算。之后，基于不同类型土地面积所提供的生态系统服务参数对土地类型变化带来的生态系统服务功能的变化进行测算，结果如图 12-3 所示，我们在此列出了不同阶段（2010 年、2015 年、2020 年）五种生态系统服务功能的变化情况：2010~2020 年，安康生态系统的农业生产功能下降、土壤侵蚀调节功能提高、总氮固定量与总磷固定量功能提高、碳封存功能提高。图 12-4 为在安康地区图的基础上给出的分类型的生态功能变化对比，其结果与图 12-3 一致，但表现更为直观，从移民搬迁工程中间和结束的两个时点来考察生态系统服务功能的变化。

在此需要说明的是：第一，该结果为安康移民搬迁总体工程带来的生态系统服务功能变化，飞地经济所涉及的移民搬迁户中的劳动力转移只是安康整体移民搬迁工程的一部分，未来还需要根据确切数据进行估测；第二，该计算结果为不同种类生态系统服务功能的变化，考虑到安

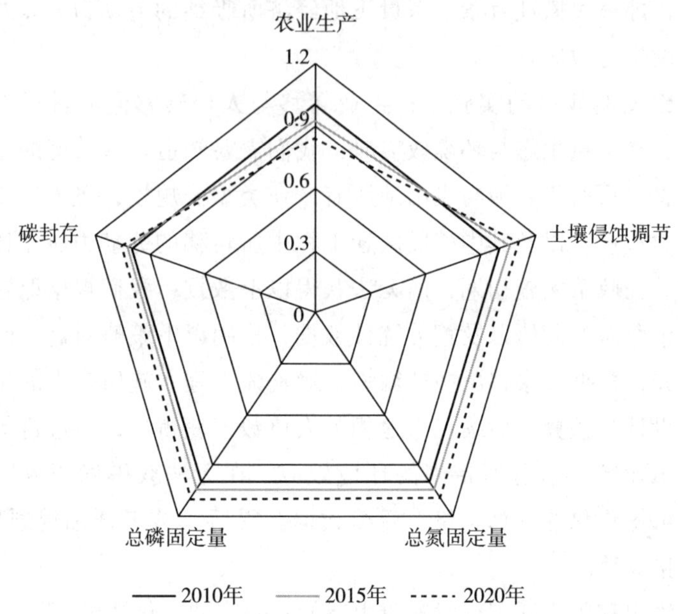

图 12-3 移民搬迁不同阶段安康生态系统服务功能变化雷达图

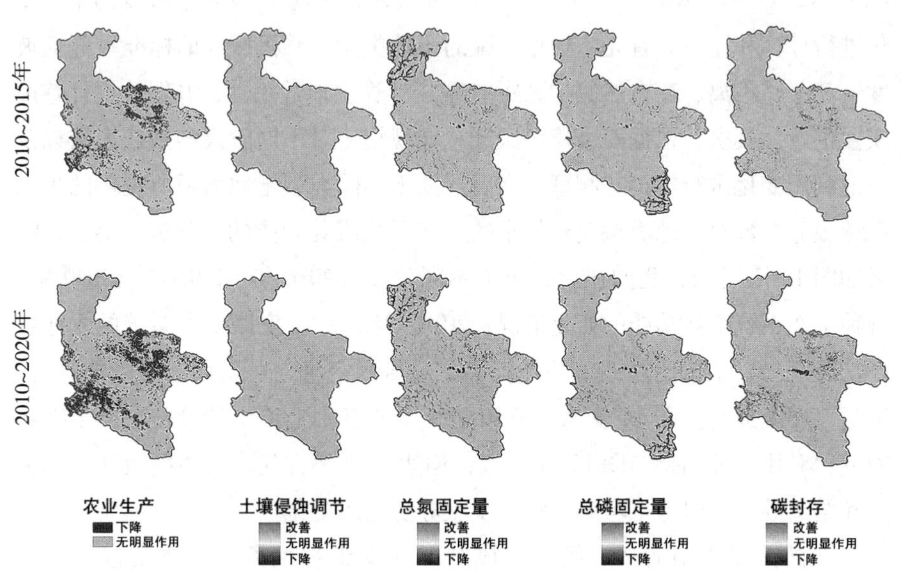

图 12-4 移民搬迁中期时点与后期时点的生态系统服务功能对比

康作为南水北调中线重要水源地的实际情况与需求，我们在此仅计算与水相关的生态系统服务功能变化，为后续计算跨区域生态补偿提供参考；第三，结合相应的参数（比如净化水中的有机物的成本参数、泥沙处理成本等），可以测算生态系统服务功能提高给安康水质净化带来的积极效果（初步计算显示，2011~2020 年搬迁工程实施期间节约的水质净化成本共计约 1.1 亿元）。

第五节　飞地经济工业转移过程中环境效应测算的思路

在数据可得的情况下，我们可以计算飞地经济实施过程中，工业转移带来的环境效应。我们将工业转移过程中的环境效应分为两个部分：第一，工业飞出后给飞出地带来的污染排放减少收益；第二，工业在飞入地聚集之后进行集中治理带来的减污减排效益。我们以水为标的物，主要计算工业排放的化学需氧量减少的效益。具体思路如下。

首先，需要获得转移出的工业企业的类型以及污染排放量（单位：吨/年），根据相关研究和参数（不同行业化学需氧量削减成本参数）计算移出的工业企业给飞出地带来的减排效益值。

其次，需要获得飞入地所有企业的类型及污染排放量（或企业规模），根据相关参数和污水治理厂的规模（在产业聚集的地区，污水治理厂的建设可以规模化处理工业排放，带来规模效益），按照安康市五年规划中污染排放的控制目标，计算飞入工业和企业聚集带来的减排规模化效益。

最后，将飞入地和飞出地的结果进行加总，即飞地经济工业转移过程中的环境效应。

在此需要做如下说明。

第一，以上思路为数据获得的情况下所采用的方法，也可以按照飞入地产业布局规划、企业准入标准、飞出地产业转移规划等进行估算，这样估算的结果可能会跟实际情况有所出入，但仍可以为决策提供一定的依据，而这还有待进一步研究。

第二，以上测算中依然采取以水为标的物，考虑到二氧化硫更多地带来空气的污染，未在此对其进行测算，因此，飞地经济工业转移过程中的环境效应将高于我们的计算。

第三，暂时未考虑生活污水处理。

第四，以上生态和环境效应均包含两部分，即安康系统内受益部分以及安康系统外受益部分，根据不同的分摊系数进行分摊（安康系统内受益部分占5.24%，其余94.76%为外溢部分）。

结束语

作为"脱贫攻坚"的头号工程和标志性工程，易地扶贫搬迁解决了近1000万建档立卡贫困人口的"两不愁三保障"问题，破解了"一方水土养不起一方人"的困境，促进了生态脆弱地区的生态保护，取得了良好的经济、社会、生态效益，为世界减贫贡献了"中国经验"和"中国方案"。本书聚焦我国易地扶贫搬迁政策的策源地之一——陕西的易地扶贫搬迁政策实践，从农户生计和生态保护的双重视角出发，基于翔实的实地调研数据对易地扶贫搬迁的政策效应进行了系统评估，对精准扶贫过程中涌现的脱贫模式进行了总结，得出的主要研究结论如下。

易地扶贫搬迁对农户生计的影响是深远的。在生计资本方面，搬迁户的生计资本总体优于非搬迁户。易地扶贫搬迁在一定程度上提升了家庭的物质资本、金融资本、社会资本和人力资本，此外，在安置方式的选择上，集中安置这一模式对生计资本的提升较分散安置表现出更多的优势。在生计策略方面，易地扶贫搬迁显著降低了农户参与传统农林种植、家畜养殖活动的概率，家庭劳动力在重新配置的过程中向外出务工活动侧重。从农户生计的整体态势来看，农户移民搬迁后其生计策略的变化基本上契合了政府所提倡的农户生计方式向非农生计转型的发展方向，但这一变化更多地体现在已经参与非农活动的农户身上，该类农户通过重新配置家庭内部劳动力而强化了其非农生计活动，这在一定程度上促进了农户生计结构的优化，家中成员外出务工成为移民搬迁户生计活动的重要表征。在家庭消费方面，搬迁政策的实施提高了农户的家庭消费水平，在一定程度上引起了农户消费的波动，随着搬迁时间的增加，搬迁对农户消费水平和消费波动的影响逐渐减弱，农户的家庭消费趋向平滑。在贫困脆弱性方面，参与易地移民搬迁的家庭陷入贫困的概率低于非搬迁家庭，搬迁在一定程度上降低了农户贫困脆弱性，提高了其对抗冲击和风险的能力。从安置方式来看，以政府为主导的集中安置方式对于降低贫困脆弱性的效果显著优于进城入镇、自主搬迁、插花等分散安置方式，在新型城镇化背景下，搬迁农户对外部资源的可及性得到不同程度的加强，从而促进了搬迁户对抗冲击、抵御风险能力的有效提升；此外，相较于早期零散自发搬迁，新阶段的易地移民搬迁工程规模大、影响广，农户离开了原有的家庭社会网络以及生产体系，在收入能力和收益受损的情况下，政府给予的补贴和支持得以及时补位，从而有效降低了农户的贫困风险。

易地扶贫搬迁在我国生态脆弱地区具有良好的生态效益。易地移民搬迁工程的实施在实现生计转变过程中有效地降低了农户对生态系统服务的依赖程度，达到了生态保护与经济发展的双赢。参与易地移民搬迁有利于优化农户的收入结构，在降低其从生态系统获取供给服务的同时，也提高了社会经济收入所占比重，促使农户向“高福祉-低依赖”模式发展。在自愿搬迁的基本原则下，农户往往会主动应对外界的变化和机遇，更快完成向非资源依赖型生计模式的转变，实现“高福祉-低依赖”模式。集中安置的方式能够产生一定的规模效应和政策溢出，农户有机会获得更多配套和后续支持，从而提高对外部机会和资源的占有能力，拓宽非资源依赖型收入的途径，向“高福祉-低依赖”模式发展。新阶段易地移民搬迁工程的惠民措施和补贴力度都较以往有较大幅度提高，同时强调搬迁农户非农转变过程中的自我发展能力的建设和引导，也有效地降低了农户对生态资源的依赖程度，对农户形成“高福祉-低依赖”模式起到了明显的促进作用。在生态系统修复方面，通过将易地扶贫搬迁与退耕还林政策有机结合，实现了陡坡地退耕还林、还草，缓解了人口和资源的矛盾，有效减少了对自然环境的人为侵扰。易地扶贫搬迁工程提高了陕南地区森林覆盖率，带来重要的生态系统服务价值。随着森林覆盖面积的增加，迁出地的生物多样性提高，带来了多种生态系统服务功能，山区坡耕地面积的减少又直接减轻了水土流失和汉江流域氮、磷等化学沉积，给南水北调中线下游用水区域带来了净水成本的节约，并带来全球尺度上的固碳收益，有力推进了生态文明建设与生态目标的实现。

易地扶贫搬迁过程中涌现了可复制、可推广的脱贫模式。例如，在陕西易地扶贫搬迁地区，“社区工厂+农户”的脱贫模式迅速发展，习近平总书记来陕西考察时对“山上兴产业，山下建社区，社区办工厂”的脱贫模式给予了充分肯定。该模式本质上是一种“搬迁促发展，发展助搬迁”良性循环的产业扶贫模式，其内核可概括为“依托社区、多元参与、面向市场、内外结合”，为打破资源匮乏与贫困之间的恶性循环、接续推进全面脱贫与乡村振兴有效衔接提供了借鉴。社区工厂也为易地搬迁地区实现产业振兴与解决搬迁地区留守妇女发展问题相结合创造了契机与桥梁，通过“就业增收、融合发展、持续驱动”推进了迁入地妇女可持续发展。一方面，社区工厂通过为大量留守妇女提供就业岗位增加其发展资源和能力进而促进留守妇女实现经济和人文层面的全面发展；另一方面，社区工厂为移民搬迁家庭提供了参与经济发展与变革的机会，通过增强搬迁家庭在社区的归属感来促进其经济、行为、文化和心理等方面的融合。再如四川省旺苍县涌现了本土化渐进型脱贫模式，通过打造美丽田园风貌、三产融合发展、三治管理合一、功能配套完善的新型农村安置社区，循序渐进夯实脱贫基础，实现搬迁户从“搬得出”到“可持续”的平稳过渡，以及乡村振兴战略的逐步落实，这种转变思维稳中求进、因地制宜开展脱贫以及统筹推进稳定脱贫与区域发展的做法对于推进易地扶贫搬迁以及精准扶贫对象的稳定脱贫具有重要的借鉴和推广价值。

本书对易地扶贫搬迁背景下的农户生计和生态环境可持续发展进行了系统和深入的分析，虽然取得了一些有益的成果，但受作者水平、研究条件等原因限制仍存在一些局限性，未来进一步的研究工作可以围绕深化搬迁情境下农户生计与生态环境耦合的内在机理、拓展研究结论的外部有效性、推进搬迁农户在迁入地的生计恢复和社会融入等方向展开。正如习近平总书记所说：“脱贫摘帽不是终点，而是新生活、新奋斗的起点。”希望本书能够为关注易地扶贫搬迁的研究者和工作者提供有益的参考，为推进易地扶贫搬迁的后续扶持和实现与乡村振兴的有效衔接贡献力量。

参考文献

阿马蒂亚·森，2001，《贫困与饥荒——论权利与剥夺》，王宇、王文玉译，商务印书馆。

阿玛蒂亚·森，2002，《以自由看待发展》，任赜、于真译，中国人民大学出版社。

艾春荣、汪伟，2010，《非农就业与持久收入假说：理论与实证》，《管理世界》第1期。

曹瓅、罗剑朝、房启明，2014，《农户产权抵押借贷行为对家庭福利的影响——来自陕西、宁夏1479户农户的微观数据》，《中南财经政法大学学报》第5期。

陈斌开、曹文举，2013，《从机会均等到结果平等：中国收入分配现状与出路》，《经济社会体制比较》第6期。

陈传波，2007，《中国农户的非正规风险分担实证研究》，《农业经济问题》第6期。

陈飞、田佳，2017，《农业生产投入视角下农户借贷的福利效应研究》，《财经问题研究》第10期。

陈浩、陈雪春，2013，《城镇化进程中失地农民就业分化及特征分析——基于长三角858户调研数据》，《调研世界》第7期。

陈佳、杨新军、尹莎，2016，《农户贫困恢复力测度、影响效应及对策研究——基于农村家庭结构的视角》，《中国人口·资源与环境》第1期。

陈胜东、蔡静远、廖文梅，2016，《易地扶贫搬迁对农户减贫效应实证分析——基于赣南原中央苏区农户的调研》，《农林经济管理学报》第6期。

陈世清，2010，《对称经济学》，中国时代经济出版社。

程名望、JinYanhong、盖庆恩，2016，《中国农户收入不平等及其决定因素——基于微观农户数据的回归分解》，《经济学》（季刊）第3期。

程名望、史清华、Jin Yanhong，2015，《农户收入差距及其根源：模型与实证》,《管理世界》第7期。

邓曲恒,2012,《农村家庭的消费平滑:对完全保险假说的检验》,《浙江学刊》第5期。

丁士军、张银银、马志雄,2016,《被征地农户生计能力变化研究——基于可持续生计框架的改进》,《农业经济问题》第6期。

豆书龙、叶敬忠,2019,《乡村振兴与脱贫攻坚的有机衔接及其机制构建》,《改革》第1期。

冯伟林、李树茁、李聪,2013,《生态系统服务与人类福祉——文献综述与分析框架》,《资源科学》第7期。

傅春、林永钦,2009,《鄱阳湖退田还湖移民生计资产调查分析》,《南昌大学学报》(人文社会科学版)第3期。

甘宇,2017,《中国农户融资能力的影响因素:融资渠道的差异》,《经济与管理评论》第2期。

高梦滔、毕岚岚、师慧丽,2008,《流动性约束、持久收入与农户消费——基于中国农村微观面板数据的经验研究》,《统计研究》第6期。

高明,2018,《什么样的农户更容易贫困——家庭结构视角下的多维贫困精准识别研究》,《现代经济探讨》第2期。

高晓巍、左停,2007,《农村社区互助与农户生计安全》,《广西社会科学》第6期。

高艳云,2012,《中国城乡多维贫困的测度及比较》,《统计研究》第11期。

关信平,1999,《中国城市贫困问题研究》,人民出版社。

郭继强、姜俪、陆利丽,2011,《工资差异分解方法述评》,《经济学》(季刊)第2期。

郭玲霞,2014,《基于可持续生计的失地农民补偿模式探讨》,《湖北农业科学》第11期。

郭熙保、周强,2016,《长期多维贫困、不平等与致贫因素》,《经济研究》第6期。

郭晓鸣、张克俊、虞洪等,2018,《实施乡村振兴战略的系统认识与道路选择》,《农村经济》第1期。

郭晓鸣、赵昌文,2000,《别走破坏生态的老路》,《中国改革》第

2 期。

韩秀华、梁义成、李树茁，2013，《退耕还林对农户非木材林产品采集的影响》，《当代经济科学》第 1 期。

韩振燕，2006，《水库移民迁移前后人力资本变化实证分析——温州珊溪水库移民案例研究》，《技术经济》第 3 期。

郝爱民，2009，《农户消费决定因素：基于有序 probit 模型》，《财经科学》第 3 期。

何广文，1999，《从农村居民资金借贷行为看农村金融抑制与金融深化》，《中国农村经济》第 10 期。

何金财、王文春，2016，《关系与中国家庭财产差距——基于回归的夏普里值分解分析》，《中国农村经济》第 5 期。

何仁伟、刘邵权、陈国阶等，2013，《中国农户可持续生计研究进展及趋向》，《地理科学进展》第 4 期。

侯亚景、周云波，2017，《收入贫困与多维贫困视角下中国农村家庭致贫机理研究》，《当代经济科学》第 2 期。

胡静、杨云彦，2009，《大型工程非自愿移民的人力资本失灵——对南水北调中线工程的实证分析》，《经济评论》第 4 期。

黄承伟、王小林、徐丽萍，2010，《贫困脆弱性：概念框架和测量方法》，《农业技术经济》第 8 期。

黄颖、吴惠芳，2008，《贫困山区农户生计创新的社会整合分析——基于皖西南村庄的调查》，《农村经济》第 7 期。

霍增辉、吴海涛，2015，《贫困脆弱性研究综述：评估方法与决定因素》，《农村经济与科技》第 11 期。

江雪萍、李尚蒲，2015，《农户参与横向分工：测度及其比较——来自广东的农户问卷》，《华中农业大学学报》（社会科学版）第 2 期。

江泽林，2018，《精准方略下的稳定脱贫》，《中国农村经济》第 11 期。

姜德华、张耀光、杨柳等，1988，《中国贫困地区类型划分及开发研究提要报告》，《地理研究》第 3 期。

金梅、申云，2017，《易地扶贫搬迁模式与农户生计资本变动——基于准实验的政策评估》，《广东财经大学学报》第 5 期。

康晓光，1995，《中国贫困与反贫困理论》，人民出版社。

拉采尔，2022，《人文地理学的基本定律》，方旭、梁西圣译，华东师范大学出版社。

黎洁，2011，《西部贫困山区农户的采药行为分析——以西安周至县为例》，《资源科学》第 6 期。

黎洁，2016，《陕西安康移民搬迁农户的生计适应策略与适应力感知》，《中国人口·资源与环境》第 9 期。

黎洁、李亚莉、邰秀君，2009，《可持续生计分析框架下西部贫困退耕山区农户生计状况分析》，《中国农村观察》第 5 期。

黎洁、邰秀军，2009，《西部山区农户贫困脆弱性的影响因素：基于分层模型的实证研究》，《当代经济科学》第 5 期。

李斌、李小云、左停，2004，《农村发展中的生计途径研究与实践》，《农业技术经济》第 4 期。

李伯华、陈佳、刘沛林、伍瑶、袁敏、郑文武，2013，《欠发达地区农户贫困脆弱性评价及其治理策略——以湘西自治州少数民族贫困地区为例》，《中国农学通报》第 23 期。

李聪，2018，《易地移民搬迁对农户贫困脆弱性的影响——来自陕南山区的证据》，《经济经纬》第 1 期。

李聪、郭嫚嫚、李萍，2019，《“破解一方水土养不起一方人”的发展困境？——易地扶贫搬迁农户的“福祉—生态”耦合模式分析》，《干旱区资源与环境》第 11 期。

李聪、康博纬、李萍，2017，《易地移民搬迁对农户生态系统服务依赖度的影响——来自陕南的证据》，《中国人口·资源与环境》第 11 期。

李聪、李树茁、费尔德曼，2010，《劳动力迁移对贫困农户生计资本的影响分析》，《人口与经济》第 6 期。

李聪、李树茁、费尔德曼，2014a，《微观视角下劳动力外出务工与农户生计可持续发展》，社会科学文献出版社。

李聪、柳玮、冯伟林、李树茁，2013，《移民搬迁对农户生计策略的影响——基于陕南安康地区的调查》，《中国农村观察》第 6 期。

李聪、柳玮、黄谦，2014b，《陕南移民搬迁背景下农户生计资本的现状与影响因素分析》，《当代经济科学》第 6 期。

李惠梅、张安录，2011，《生态系统服务研究的问题与展望》，《生态环境学报》第10期。

李旻、赵连阁、谭洪波，2007，《农村女性劳动力非农就业影响因素——基于辽宁省的实证分析》，《中国农村经济》第12期。

李树茁、李聪、梁义成，2011，《外出务工汇款对西部贫困山区农户家庭支出的影响》，《西安交通大学学报》（社会科学版）第1期。

李树茁、梁义成，2010，《退耕还林政策对农户生计的影响研究——基于家庭结构视角的可持续生计分析》，《公共管理学报》第2期。

李小云、董强、饶小龙，2007，《农户脆弱性分析方法及其本土化应用》，《中国农村经济》第4期。

李晓楠、李锐，2013，《我国四大经济地区农户的消费结构及其影响因素分析》，《数量经济技术经济研究》第9期。

梁伟军、谢若扬，2019，《能力贫困视阈下的扶贫移民可持续脱贫能力建设研究》，《华中农业大学学报》（社会科学版）第4期。

梁义成、李树茁、李聪，2011，《基于多元概率单位模型的农户多样化生计策略分析》，《统计与决策》第15期。

梁义成、刘纲、马东春、王凤春、郑华，2013，《区域生态合作机制下的可持续农户生计研究——以稻改旱治项目为例》，《生态学报》第3期。

林闽钢，1994，《中国农村贫困标准的调适研究》，《中国农村经济》第2期。

刘辉煌、吴伟，2014，《我国家庭信贷状况研究：基于CHFS微观数据的分析》，《商业经济与管理》第8期。

刘静、朱立志，2011，《我国农户能源消费实证研究——基于河北、湖南、新疆农户的调查数据》，《农业技术经济》第2期。

刘林，2016，《边境连片特困区多维贫困测算与空间分布——以新疆南疆三地州为例》，《统计与信息论坛》第1期。

刘奇，2019a，《当脱贫攻坚遇到乡村振兴》，《中国发展观察》第1期。

刘奇，2019b，《如何实现脱贫攻坚与乡村振兴有机衔接?》，《中国农村科技》第2期。

刘荣增，2006，《共生理论及其在我国区域协调发展中的运用》，《工业技术经济》第 3 期。

刘锐，2009，《熟人社会的治理——以贵州湄潭县聚合村调查为例》，《中国农业大学学报》（社会科学版）第 2 期。

刘松林、杜辉，2010，《基于农户收入水平的借贷需求特征分析》，《统计与决策》第 8 期。

刘伟、黎洁、李聪、李树茁，2015，《移民搬迁农户的贫困类型及影响因素分析——基于陕南安康的抽样调查》，《中南财经政法大学学报》第 6 期。

刘旭、赵桂慎、邓永智等，2012，《区域生态系统服务价值评估方法与 GIS 表达》，《生态经济》（学术版）第 1 期。

刘永茂、李树茁，2017，《农户生计多样性弹性测度研究——以陕西省安康市为例》，《资源科学》第 4 期。

罗纳德 · I. 麦金农，1997，《经济发展中的货币与资本》，卢骢译，上海人民出版社。

罗章、王烁，2018，《精准扶贫视阈下乡村旅游内生脱贫机制——以重庆市“木根模式”为例》，《农村经济》第 1 期。

Martha G. Roberts、杨国安，2003，《可持续发展研究方法国际进展——脆弱性分析方法与可持续生计方法比较》，《地理科学进展》第 1 期。

马尔腾、顾朝林、袁晓辉，2012，《人类生态学：可持续发展的基本概念》，商务印书馆。

牛荣、罗剑朝、张珩，2012，《陕西省农户借贷行为研究》，《农业技术经济》第 4 期。

农业部农村经济研究中心课题组、魏琦，2017，《重视农业现代化建设中小农生产的独特作用——基于传统农耕文化和生态文明的视角》，《农村工作通讯》第 23 期。

潘海英、翟方正、刘丹丹，2011，《经济发达地区农户借贷需求特征及影响因素研究——基于浙江温岭市的调查》，《财贸研究》第 5 期。

彭新万、程贤敏，2015，《脆弱性与农村长期贫困的形成及其破解》，《江西社会科学》第 9 期。

沈益民、童乘珠，1992，《中国人口迁移》，中国统计出版社。

盛来运，2007，《中国农村劳动力外出的影响因素分析》，《调研世界》第9期。

世界银行，2000，《2000/2001年世界发展报告：与贫困作斗争》。

宋建辉、李瑾、孙国兴，2014，《天津城市化进程中失地农民收入问题探讨》，《中国农业资源与区划》第3期。

苏芳、蒲欣冬、徐中民，2009，《生计资本与生计策略关系研究——以张掖市甘州区为例》，《中国人口·资源与环境》第6期。

孙敬水、于思源，2014，《物质资本、人力资本、政治资本与农村居民收入不平等——基于全国31个省份2852份农户问卷调查的数据分析》，《中南财经政法大学学报》第5期。

孙炜红、张冲，2013，《新型城镇化进程中失地农民的可持续生计问题研究》，《中国人口·资源与环境2013年专刊》。

孙钰凯，2018，《城镇化移民安置的若干问题思考——以新疆叶城县莫莫克水利枢纽工程移民城镇安置为例》，《黑龙江水利科技》第9期。

邰秀军，2011，《西部山区农户薪材消费的影响因素分析》，《中国农村经济》第7期。

邰秀军、李树茁、李聪，2009a，《中国农户谨慎性消费策略的形成机制》，《管理世界》第7期。

邰秀军、罗丞、李树茁、李聪，2009b，《外出务工对贫困脆弱性的影响：来自西部山区农户的证据》，《世界经济文汇》第6期。

覃志敏，2006，《社会网络与移民生计的分化发展：以桂西北集中安置扶贫移民为例》，知识产权出版社。

汤青、徐勇、李扬，2013，《黄土高原农户可持续生计评估及未来生计策略——基于陕西延安市和宁夏固原市1076户农户调查》，《地理科学进展》第2期。

唐丽霞、林志斌、李小云，2005，《谁迁移了——自愿移民的搬迁对象特征和原因分析》，《农业经济问题》第4期。

唐勇智，2011，《非自愿移民的社会资本补偿——以丹江口库区移民为例》，《湖南农业大学学报》（社会科学版）第1期。

童馨乐、杨向阳，2013，《社会资本对农户借贷资金来源影响研究》，

《西北农林科技大学学报》（社会科学版）第 4 期。

涂丽，2018，《生计资本、生计指数与农户的生计策略——基于 CLDS 家户数据的实证分析》，《农村经济》第 8 期。

万广华，2004，《解释中国农村区域间的收入不平等：一种基于回归方程的分解方法》，《经济研究》第 8 期。

万广华，2008，《不平等的度量与分解》，《经济学》（季刊）第 4 期。

万广华、章元、史清华，2011，《如何更准确地预测贫困脆弱性：基于中国农户面板数据的比较研究》，《农业技术经济》第 9 期。

汪三贵，1994，《贫困问题与经济发展政策》，农村读物出版社。

汪三贵、郭子豪，2016，《论中国的精准扶贫》，《党政视野》第 7 期。

汪三贵、李文、李芸，2004，《我国扶贫资金投向及效果分析》，《农业技术经济》第 5 期。

王朝明、王彦西，2018，《中国精准扶贫、瞄准机制和政策思考》，《贵州财经大学学报》第 1 期。

王成、王利平、李晓庆等，2011，《农户后顾生计来源及其居民点整合研究——基于重庆市西部郊区白林村 471 户农户调查》，《地理学报》第 8 期。

王成超、杨玉盛，2011，《农户生计非农化对耕地流转的影响——以福建省长汀县为例》，《地理科学》第 11 期。

王春超、叶琴，2014，《中国农民工多维贫困的演进——基于收入与教育维度的考察》，《经济研究》第 12 期。

王大尚、李屹峰、郑华等，2014，《密云水库上游流域生态系统服务功能空间特征及其与居民福利的关系》，《生态学报》第 1 期。

王俊、张向龙、杨新军等，2009，《半干旱区社会-生态系统未来情景分析——以甘肃省榆中县北部山区为例》，《生态学杂志》第 6 期。

王性玉、任乐、赵辉，2016，《社会资本对农户信贷配给影响的分类研究——基于河南省农户的数据检验》，《经济问题探索》第 9 期。

王瑜、汪三贵，2011，《基于夏普里值过程的农村居民收入差距分解》，《中国人口·资源与环境》第 8 期。

王造兰，2018，《乡村振兴战略视野下的广西脱贫攻坚路径研究》，《理论建设》第 3 期。

韦克游，2014，《中国农村金融对农户生产经营的支持——基于时间序列的经验证据》，《金融论坛》第 11 期。

魏后凯，2018，《2020 年后中国减贫的新战略》，《中州学刊》第 9 期。

习近平，2017，《决胜全面建成小康社会夺取新时代中国特色社会主义伟大胜利——在中国共产党第十九次全国代表大会上的报告》，中国政府网，https：//www. gov. cnzhuanti/2017-10/27/content_ 5234876. htm。

习近平，2019，《在解决“两不愁三保障”突出问题座谈会上的讲话》，《实践》（思想理论版）第 9 期。

肖殿荒、毕艳成、王姝力，2018，《中国农村家庭代际贫困传递及演化趋势》，《上海经济研究》第 12 期。

肖玉、谢高地、鲁春霞等，2016，《基于供需关系的生态系统服务空间流动研究进展》，《生态学报》第 10 期。

徐晓玲、余劲，2015，《连片贫困山区农村移民的消费结构变动研究——基于陕南 1593 户农户调查》，《调研世界》第 10 期。

许庆、田士超、徐志刚等，2008，《农地制度、土地细碎化与农民收入不平等》，《经济研究》第 2 期。

闫啸、牛荣，2017，《农户借贷对收入增长的影响：1771 个农户样本》，《改革》第 10 期。

严登才，2011，《搬迁前后水库移民生计资本的实证对比分析》，《现代经济探讨》第 6 期。

阎建忠、吴莹莹、张镱锂等，2009，《青藏高原东部样带农牧民生计多样化》，《地理学报》第 2 期。

阎建忠、卓仁贵、谢德体、张镱锂，2010，《不同生计类型农户的土地利用——三峡库区典型村的实证研究》，《地理学报》第 11 期。

杨明婉、张乐柱、颜梁柱，2018，《基于家庭禀赋视角的农户家庭非正规金融借贷行为研究》，《金融经济学研究》第 5 期。

杨云彦、赵锋，2009，《可持续生计分析框架下农户生计资本的调查与分析——以南水北调（中线）工程库区为例》，《农业经济问题》第 3 期。

姚洪心、王喜意，2009，《劳动力流动、教育水平、扶贫政策与农村收入差距——一个基于 multinomial logit 模型的微观实证研究》,《管理世界》第 9 期。

易小兰、蔡荣，2017,《放宽市场准入下农户借贷渠道选择及信贷可得性分析》,《财贸研究》第 10 期。

易小兰、莫媛，2016,《放宽市场准入下农户借贷渠道选择及其影响因素分析》,《农村经济》第 3 期。

殷浩栋、汪三贵、郭子豪，2019,《精准扶贫与基层治理理性——对于 A 省 D 县扶贫项目库建设的解构》,《社会学研究》第 4 期。

殷浩栋、王瑜、汪三贵，2017,《易地扶贫搬迁户的识别：多维贫困测度及分解》,《中国人口·资源与环境》第 11 期。

尹音频、刘巍巍，2010,《农村居民消费缘何不足——基于消费过度敏感性假说的分析》,《财经科学》第 12 期。

张国培、庄天慧，2011,《自然灾害对农户贫困脆弱性的影响——基于云南省 2009 年的实证分析》,《四川农业大学学报》第 1 期。

张建华、陈立中，2006,《总量贫困测度研究述评》,《经济学》（季刊）第 2 期。

张敬石、郭沛，2011,《中国农村金融发展对农村内部收入差距的影响——基于 VAR 模型的分析》,《农业技术经济》第 1 期。

张少宁、张乐柱，2018,《维持型农户借贷渠道及其影响因素分析——基于广东省云浮市农户问卷的验证》,《经济与管理评论》第 5 期。

赵剑治、陆铭，2009,《关系对农村收入差距的贡献及其地区差异———项基于回归的分解分析》,《经济学》（季刊）第 4 期。

赵亮、张世伟，2011,《农村内部收入不平等变动的成——基于回归分解的研究途径》,《人口学刊》第 5 期。

赵雪雁，2011,《生计资本对农牧民生活满意度的影响——以甘南高原为例》,《地理研究》第 4 期。

赵永华、张玲玲、王晓峰，2011,《陕西省生态系统服务价值评估及时空差异》,《应用生态学报》第 10 期。

郑华、李屹峰、欧阳志云等，2013,《生态系统服务功能管理研究进展》,《生态学报》第 3 期。

周先波、罗连化，2015,《中国农户正式和非正式借贷行为：竞争还是互补》，《中山大学学报》（社会科学版）第4期。

朱利凯、蒙吉军、刘洋、周平，2011，《农牧交错区农牧户生计与土地利用——以内蒙古鄂尔多斯市乌审旗为例》，《北京大学学报》（自然科学版）第1期。

朱喜、李子奈，2006，《我国农村正式金融机构对农户的信贷配给——一个联立离散选择模型的实证分析》，《数量经济技术经济研究》第3期。

卓仁贵，2010，《农户生计多样化与土地利用——以三峡库区典型村为例》，硕士学位论文，西南大学。

《中国网：四川旺苍县实施易地扶贫搬迁推动乡村全面振兴》，旺苍人民政府网，2018年4月2日。

Adam, A. B., Owen, J. R., and Kemp, D. 2015. "Households, Livelihoods and Mining-induced Displacement and Resettlement." *Extractive Industries & Society* 2 (3): 581-589.

Adger, W. N. 2000. "Social and Ecological Resilience: Are They Related?" *Progress in Human Geography* 24 (3): 347-364.

Ahmed, N., Troell, M., and Allison, E. H. 2010. "Prawn Postlarvae Fishing in Coastal Bangladesh: Challenges for Sustainable Livelihoods." *Marine Policy* 34 (2): 218-227.

Alexander, C., Ishikawa, S., & Silverstein, M. 1977. *A Pattern Language: Towns, Buildings, Construction*. Oxford: Oxford University Press.

Aliero, H. M. and Ibrahim, S. S. 2012. "The Relationship Between Energy Consumption and Economic Growth in Nigeria: A Causality Analysis." *International Journals of Marketing & Technology*.

Alkire, S. and Foster, J. 2007. "Counting and Multidimensional Poverty Measurement." *Journal of Public Economics* 95 (7-8): 476-487.

Alkire, S. and Santos, M. E. 2014. "Measuring Acute Poverty in the Developing World: Robustness and Scope of the Multidimensional Poverty Index." *World Development* 59 (1): 251-274.

Alkire, S. and Seth, S. 2015. "Multidimensional Poverty Reduction in India Between 1999 and 2006: Where and How?" *World Development* 72: 93-108.

Allison, E. H. and Horemans, B. 2006. " Putting the Principles of the Sustainable Livelihoods Approach into Fisheries Development Policy and Practice. " *Marine Policy* 30 (6): 757-766.

Ashley, C. and Carney, D. 1999. *Sustainable Livelihoods: Lessons from Early Experience*. London: Department for International Development.

Babulo, B. , Muys, B. , Nega, F. , Tollens, E. , Nyssen, J. , Deckers, J. , & Mathijs, E. 2008. " Household Livelihood Strategies and Forest Dependence in the Highlands of Tigray, Northern Ethiopia. " *Agricultural Systems* 98 (2): 147-155.

Bagstad, K. J. , D. J. Semmens, S. Waage et al. 2013. " A Comparative Assessment of Decision-Support Tools for Ecosystem Services Quantification and Valuation. " *Ecosystem Services* (5): e27-e39.

Banzhaf, H. S. and James Boyd. 2012. "The Architecture and Measurement of an Ecosystem Services Index. " *Sustainability* (4): 430-461.

Bialowolski, P. and Weziak-Bialowolska, D. 2013, " The Index of Household Financial Condition, Combining Subjective and Objective Indicators: An Appraisal of Italian Households. " *Social Indicators Research* 118 (1): 365-385.

Blood, Robert Jr and Wolfe, Donald. 1960. *Husbands and Wives*. New York: The Free Press.

Brian, Walker, Holling, C. S. , Carpenter, S. R. et al. 2004. " Resilience Adaptability and Transformability in Social-ecological Systems. " *Ecology and Society* 9 (2): 5-12.

Broekx, S. , I. Liekens, W. Peelaerts et al. 2013. " A Web Application to Support the Quantification and Valuation of Ecosystem Service. " *Environmental Impact Assessment Review* (40): 65-74.

Busch, Malte, Kira Gee, and Benjamin Burkhard. 2011. " Conceptualizing the Link Between Marine Ecosystem Services and Human Well-being: The Case of Offshore Wind Farming, International Journal of Biodiversity Science. " *Ecosystem Services & Management* 7 (3): 190-203.

Cai, C. F. et al. 2000. " Study of Applying USLE and Geographical Information

System IDRISI to Predict Soil Erosion in Small Watershed." *J Soil Water Conserv* 14 (2): 19-24.

Cana, De Ll J., Jackson, R. B., Ehleringer, J. R. et al. 1996. "Maximum Rooting Depth of Vegetation Types at the Global Scale." *Oecologia* 108 (4): 583-595.

Canadell, J. et al. 1996. "Maximum Rooting Depth of Vegetation Tupes at Global Scal." *Oecologia* 108: 583-595.

Carney, D. 1998. "Implementing the Sustainable Rural Livelihoods Approach." *Sustainable Rural Livelihoods: What Contribution Can We Make.*

Cernea, M. M. 2000. "Risks, Safeguards and Reconstruction: A Model for Population Displacement and Resettlement." *Economic and Political Weekly* 35 (41): 3659-3678.

Cetinkaya, G., Kambu, A., and Nakamura, K. 2014. "Sustainable Development and Natural Resource Management: An Example from Kanyon National Park, Turkey." *Sustainable Development* 22 (1): 63-72.

Chambers, R. and Conway, G. R. 1992. "Sustainable Rural Livelihoods: Practical Concepts for the 21st Century." *IDS Discussion Paper* (296): 296.

Chaudhuri, S., Jalan, J., and Suryahadi, A. 2002. "Assessing Household Vulnerability to Poverty from Cross Sectional Data: A Methodology and Estimates from Indonesia." *Department of Economics Discussion Paper Series* 0102-52, Columbia University.

Chen, H., Shivakoti, G., and Zhu, T. 2012. "Livelihood Sustainability and Community Based Co-Management of Forest Resources in China: Changes and Improvement." *Environmental Management* 49 (1): 219-228.

Chen, P., Wang, X., and Wang, L. 2008. *Carbon Budget and Its Sink Promotion of Terrestrial Ecosystem in China*. Beijing: Science Press.

Cherni, J. A. and Hill, Y. 2009. "Energy and Policy Providing for Sustainable Rural Livelihoods in Remote Locations—The Case of Cuba." *Geoforum* 40 (4): 645-654.

Daily, G. C. 1997. *Nature's Services: Societal Dependence on Natural Ecosystem.*

Washington DC: Island Press.

Daily, G. C. et al. 2013. "Securing Natural Capital and Human Well-being: Innovation and Impact in China." *Acta Ecol Sin* 33 (3): 677-692.

Daw, T. M., S. Coulthard,, W. W. L. Cheung. 2015. "Evaluating Taboo Trade-offs in Ecosystems Services and Human Well-being." *Proceedings of the National Academy of Sciences of the United States of America* 112 (22): 6949-6954.

Dercon, S. 2005. "Risk, Poverty and Vulnerability in Africa." *Journal of African Economies* 14 (4): 483-488.

DFID. 1999. "Sustainable Livelihoods Guidance Sheets." UK: Department for International Development.

Downing, Theodore E. 1996. "Mitigating Social Impoverishment When People Are Involuntarily Displaced." In *Understanding Impoverishment: The Consequences of Development-Induced Displacement*, edited by C. McDowell. Oxford and Providence, RI: Berghahn Press.

Du, Y., Wang, X. L., and Cai, S. M. 2005. "Effect and Countermeasure of the Middle Route Project of South to North Water Transfer on Ecology and Environment in the Middle and Lower Reaches of Hanjiang River." *Bull Chin Acad Sci* 20 (6): 477-482.

Ellis, F. 2000. *Rural Livelihoods and Diversity in Developing Countries*. Oxford: Oxford University Press.

El-Hinnawi, E. 2004. "Environmental Refugees." *Un High Commissioner for Refugees* 19 (2): 167-182.

Farrington, J. 2009. *Sustainable Livelihoods, Rights and the New Architecture of Aid*. Overseas Development Institute.

Glewwe, P. and Hall, G. 1998. "Are Some Groups More Vulnerable to Macroeconomic Shocks Than Others? Hypothesis Tests Based on Panel Data from Peru." *Journal of Development Economics* 56 (1): 181-206.

Glick, Peter and Sahn, David. 2000. "Schooling of Girls and Boys in a West African Country: The Effects of Parental Education, Income and Household Structure." *Economics of Education Review* 19 (1): 63-87.

Goh, C. C., Luo, X., and Zhu, N. 2009. "Income Growth, Inequality and Poverty Reduction: A Case Study of Eight Provinces in China." *China Economic Review* 20 (3): 485-496.

Goldman, R. L., Tallis, H., and Kareiva, P. 2008. "Daily GC Field Evidence That Ecosystem Service Projects Support Biodiversity and Diversify Options." *Proc Natl Acad Sci USA* 105 (27): 9445-9448.

Guo, R. et al. 2008. "Soil Carbon Sequestration and Its Potential by Grassland Ecosystems in China." *Acta Ecol Sin* 28 (2): 862-867.

Günther, I. and K. Harttgen. 2009. "Estimating Households Vulnerability to Idiosyncratic and Covariate Shocks: A Novel Method Applied in Madagascar." *World Development* 37 (7): 1222-1234.

Hahn, M. B., Riederer, A. M., and Foster, S. O. 2009. "The Livelihood Vulnerability Index: A Pragmatic Approach to Assessing Risks from Climate Variability and Change—A Case Study in Mozambique." *Global Environmental Change* 19 (1): 74-88.

Han, B. 2008. "Soil Carbon Sequestration and Its Potential by Cropland Ecosystems in China." *Acta Ecol Sin* 28 (2): 612-619.

Heckman, J. J. 1979. "Sample Selection Bias as a Specification Error." *Econometrica: Journal of the Conometr-ric Society*: 153-161.

Holling, C. S. 1973. "Resilience and Stability of Ecological Systems." *Annual Review of Ecology and Systematics* 4 (1): 1-23.

Hou, X. R., Xu, Y. L., and Bi, X. D. 1998. "Study on Conservative Ecological Benefits Calculating of Mountainous Forest in Hebei Province." *Bull Soil Water Conserv* 18 (1): 17-21.

Inge, L., S. Marijeb, D. N. Leo et al. 2013. "Developing a Value Function for Nature Development and Land Use Policy in Flanders, Belgium." *Land Use Policy* (30): 549-559.

Jalan, J. and Ravallion, M. 2001. "Behavioral Responses to Risk in Rural China." *Journal of Development Economics* 66 (1): 23-49.

Kelman, I. 2008. "Mather TA, Living with Volcanoes: The Sustainable Livelihoods Approach for Volcano-related Opportunities." *Journal of Volcanology and*

Geothermal Research 172 (3-4): 189-198.

Koenig, D., Diarra, T., and Sow, M. 1999. "Aspects of Interethnic Relations in Contemporary Agricultural Migration and Settlement in Southern Mali." *Artificial Life* 17 (1): 1-20.

Kollmair, M. and Gamper, S. 2002. "The Sustainable Livelihoods Approach." Input Paper for the Integrated Training Course of NCCR North-South Aeschiried.

Larondelle, Neele, Klasen, S., Lechtenfeld, T., and Povel, F. 2015. "A Feminization of Vulnerability? Female Headship, Poverty, and Vulnerability in Thailand and Vietnam." *World Development* 71: 36-53.

Larondelle, N. & Haase, D. 2013. "Urban Ecosystem Services Assessment Along a Rural-Urban Gradient: A Cross-analysis of European Cities." *Ecological Indicators* 29: 179-190.

Lewis, O. 1959. *Five Families: Mexican Case Studies in the Culture of Poverty*. New York: Basic Books.

Li, C., Zheng, H., Li, S. et al. 2015. "Impacts of Conservation and Human Development Policy Across Stakeholders and Scales." *Proceedings of the National Academy Ofences of the United States of America* 112 (24): 7396-7401.

Li, J., Feldman, M. W., Li, S. et al. 2011. "Rural Household Income and Inequality under the Sloping Land Conversion Program in Western China." *Proceedings of the National Academy of Sciences of the United States of America* 108 (19): 7721-7726.

Li, Y. F. et al. 2013. "Effects of Land Use Change on Ecosystem Services: A Case Study in Miyun Reservoir Watershed." *Acta Ecol Sin* 33 (3): 726-736.

Ligon, E. and Schechter, L. 2003. "Measuring Vulnerability." *Economic Journal* 113 (486): 95-102.

Lipton, M. 1980. "Migration from Rural Areas of Poor Countries: The Impact on Rural Productivity and Income Distribution." *World Development* 8 (1): 1-24.

Liu, Y. and Pereira, L. S. 2000. "Validation of FAO Methods for Estimating Crop Coefficients." *Trans CSAE* 16 (5): 26–30.

Long, T. Y. et al. 2008. "Forecasting the Pollution Load of Non-point Sources Imported to the Three Gorges Reservoir." *Acta Sci Circum Stantiae* 28 (3): 574–581.

Lu, F. et al. 2009. "Soil Carbon Sequestration by Nitrogen Fertilizer Application, Straw Return and No-tillage in China's Cropland." *Glob Chang Biol* 15: 281–305.

Marschke, M. J. and Berkes, F. 2006. "Exploring Strategies That Build Livelihood Resilience: A Case from Cambodia." *Ecology & Society* 11 (1): 709–723.

Martín-López, B., Gómez-Baggethun, E., García-Llorente, M. et al. 2014. "Trade-offs Across Value-domains in Ecosystem Services Assessment." *Ecological Indicators* 37 (PT. A): 220–228.

Mo, S. J., Zhang, P. F., Ding, W. H., and Xue, X. H. 2016. "Survey and Appraisal on Rocky Desertification Land in Karst Fengcong Depression Areas of Guizhou－A Case Study of Laojie Village, Bijie City." *Resour Environ Yangtze Basin* 15 (6): 757–760.

Mohieldin, M. and Wright, P. 1994. "Formal and Informal Credit Markets in Egypt." *Working Papers* 48 (3): 657–670.

Morduch, J. and Sicular, T. 2002. "Rethinking Inequality Decomposition, with Evidence from Rural China." *The Economic Journal* 112 (476): 93–106.

Ni, J. P. et al. 2001. "Supplying Geographical Information System ARC/INFO to Predict Soil Erosion of Watershed." *J Soil Water Conserv* 15 (4): 29–32, 50.

Nian, E. et al. 2008. "Research on Efficiency and Operating Cost of Chemical Phosphorus Removal." *Water Wastewater Eng* 34 (5): 7–10.

Obrist, B., Pfeiffer, C., and Henley, R. 2010. "Multi-layered Social Resilience: A New Approach in Mitigation Research." *Prog. Dev. Stud.* 10 (4): 283–293.

Pearce, D. W., Atkinson, G., and Mourato, S. 2006. *Cost-benefit Analysis and the Environment*: *Recent Developments*. Paris, France: Organisation for Economic Co-operation and Development.

Piao, S. et al. 2009. "The Carbon Balance of Terrestrial Ecosystems in China." *Nature* 468: 1009–1013.

Post, W. M. et al. 2004. "Enhancement of Carbon Sequestration in US Soils." *Bio Science* 54: 895–908.

Rall, E. L., Kabisch, N., and Hansen, R. 2015. "A Comparative Exploration of Uptake and Potential Application of Ecosystem Services in Urban Planning." *Ecosystem Services* 16: 230–242.

Reid, P. and Vogel, C. 2006. "Living and Responding to Multiple Stressors in South Africa—Glimpses from Kwa Zulu-Natal." *Global Environmental Change* 16 (2): 195–206.

Rowntree, B. S. 1902. *Poverty*: *A Study of Town Life*. Macmillan.

Sallu, S. M., Twyman, C., and Stringer, L. C. 2010. "Resilient or Vulnerable Livelihoods? Assessing Livelihood Dynamics and Trajectories in Rural Botswana." *Ecology & Society* 15 (4): 299–305.

Schultz, T. W. 1964. *Transforming Traditional Agriculture*. Chicago: The University of Chicago Press.

Scoones, I. 1998. "Sustainable Rural Livelihoods: A Framework for Analysis." *IDS Brighton* 72: 22.

Scott, J. C. 1977. "Protest and Profanation: Agrarian Revolt and the Little Tradition, part I." *Theory & Society* 4 (1): 1–38.

Sen, A. 1983. *Poverty and Famines*: *An Essay on Entitlement and Deprivation*. Oxford: Oxford University Press.

Sen, A. 2010. "Development as Freedom." *Economica* 73 (289): 157–158.

Sharp, K. 2003. "Measuring Destitution: Integrating Qualitative and Quantitative Approaches in the Analysis of Survey Data." IDS Working Paper.

Shi, Z. H. et al. 2000. "The Establishment and Application of Agricultural Non-point Source Pollution Information System in Hanjiang River Watershed." *J Remote Sensing* 6 (5): 382–386.

Shoo, R. A. & Songorwa, A. N. 2013 "Contribution of Eco-tourism to Nature

Conservation and Improvement of Livelihoods Around Amani Nature Reserve, Tanzania." *Journal of Ecotourism*12 (2): 75-89.

Shorrocks, A. F. 2013. "Decomposition Procedures for Distributional Analysis: A Unified Framework Based on the Shapley Value." *The Journal of Economic Inequality* 11 (1): 99-126.

Simtowe, F. P. 2010. "Livelihoods Diversification and Gender in Malawi." *African Journal of Agricultural Research* 5 (3): 204-216.

Singh, P. K. & Hiremath, B. N. 2010. "Sustainable Livelihood Security Index in a Developing Country: A Tool for Development Planning." *Ecological Indicators* 10 (2): 442-451.

Smith, D. R., Gordon, A., Meadows, K. et al. 2001. "Livelihood Diversification in Uganda: Patterns and Determinants of Change Across Two Rural Districts." *Food Policy* 26 (4): 421-435.

Smith, L. M., Case, J. L., Smith, H. M. et al. 2013. "Relating Ecoystem Services to Domains of Human Well-being: Foundation for a U. S. Index." *Ecological Indicators* 28 (4): 79-90.

Soil Census Office of Shaanxi Province. 1992. *Shananxi Soil*. Shananxi Soil Beijing: Science Press.

Speranza, C. I., Wiesmann, U., and Rist, S. 2014. "An Indicator Framework for Assessing Livelihood Resilience in the Context of Social-ecological Dynamics." *Global Environmental Change* 28 (1): 109-119.

Stefan Dercon and Pramila Krishnan. 2000. "Vulnerability, Seasonality and Poverty in Ethiopia." *Journal of Development Studies* 36 (6): 25-53.

Sunanda, T., M. K. Singh, and Daya Ram. 2014. *Assessment of the Sustainable Livelihoods of Loktak Lake Islanders in Bishnupur District of Manipur*. Indian Res: J. Ext. Edu.

Tallis, H., Taylor, R., Anne, G., Spencer, W., and Richard, S. 2011. "In VEST 2. 2. 0 User's Guide: Integrated Valuation of Ecosystem Services and Tradeoffs." *The Natural Capital Project*: 226-276.

Taylor, J. Edward, Scott Rozelle, and Alan de Brauw. 2005. "Migration and Incomes in Source Communities: A New Economics of Migration

Perspective from China." *Economic Development & Cultural Change* 53 (4): 983-986.

Thorbecke, E. 2007. "Multidimensional Poverty: Conceptual and Measurement Issues." In *The Many Dimensions of Poverty*, edited by Kakwani, N. and Silber, J. London: Palgrave Macmillan.

Uchida, E., Rozelle, S., and Xu, J. 2009. "Conservation Payments, Liquidity Constraints and Off-farm Labor: Impact of the Grain for Green Program on Rural Households in China." *American Journal of Agricultural Economics* 91 (1): 70-86.

Vista, B. M., Nel, E., and Binns, T. 2012. "Land, Landlords and Sustainable Livelihoods: The Impact of Agrarian Reform on a Coconut Hacienda in the Philippines." *Land Use Policy* 29 (1): 154-164.

Walker, B., Hollin, C. S., Carpenter, S. R. et al. 2004. "Resilience, Adaptability and Transformability in Social-ecological Systems." *Ecology & Society* 9 (2).

Wan, G. and Zhangyue Zhou. 2005. "Income Inequality in Rural China: Regression-based Decomposition Using Household Data." *Review of Development Economics* 9 (1): 107-120.

Wan, G. H. 2001. "Changes in Regional Inequality in Rural China: Decomposing the Gini Index by Income Sources." *Australian Journal of Agricultural and Resource Economics* 45 (3): 361-381.

Wan, G. H. 2002. "Regression-based Inequality Decomposition: Pitfalls and a Solution Procedure." Wider Working Paper.

Wang, C., Yang, Y., and Zhang, Y. 2011. "Economic Development, Rural livelihoods, and Ecological Restoration: Evidence from China." *AMBIO: A Journal of the Human Environment* 40 (1): 78-87.

Wang, C. and Wan, G. 2015. "Income Polarization in China: Trends and Changes." *China Economic Review* 36: 58-72.

Wang, F., Zheng, H., Wang, X. K. et al. 2017. "Classification of the Relationship Between Household Welfare and Ecosystem Reliance in the Miyun Reservoir Watershed." *Sustainability* 9 (12): 2290.

Wang, J. W., Zhang, T. Z., and Chen, J. N. 2009. "Cost Model for Reducing Total COD and Ammonia Nitrogen Loads in Wastewater Treatment Plants." *Chin Environ Sci* 29 (4): 443-448.

Wang, L. C, Liu, H. F., and Wang, G. Q. 1999. "The Method of Farmland's Grading Based on the Work Platform of GIS." *Areal Res Dev* 18 (4): 20-22.

Wang, W. Z. et al. 1996. "Quantitative Evaluation on Factors Influencing Soil Erosion in China." *Bull Soil Water Conserv* 16 (5): 1-20.

Wegner, Giulia and El-Hinnawi, E. 2004. "Environmental Refugees." *Un High Commissioner for Refugees* 19 (2): 167-182.

Wegner, G. & Pascual, U. 2011. "Cost-benefit Analysis in the Context of Ecosystem Services for Human Well-being: A Multidisciplinary Critique." *Global Environmental Change* 21: 492-504.

Wen, H. G., Zhou, J. F., Li, M., and Xiao, Q. H. 2011. "Estimation of Non-point Soluble Nitrogen and Phosphorus Pollutant Loads in the Drainage Area of Liuxi River Reservoir." *Res Environ Sci* 24 (4): 387-394.

Wischmeier, W. H. 1978. "Predicting Rainfall Erosion Losses—A Guide to Conservation Planning." *Agriculture Handbook*: 537.

Wouterse, F. 2008. "Migration and Income Diversification." *World Development* 36 (4): 625-640.

Wu, C. J. and Gan, Z. M. 1998. "The Problem about the River Silt Delivery Ratio in South Shaanxi." *Sci Geogr Sin* 18 (1): 39-44.

Xue, L. Y., Wang, M. Y., and Xue, T. 2013. "'Voluntary' Poverty Alleviation Resettlement in China." *Dev Change* 44 (5): 1159-1180.

Yang, W., Dietz, T., Liu, W., Luo, J., and Liu, J. 2013a. "Going Beyond the Millennium Ecosystem Assessment: An Index System of Human Dependence on Ecosystem Services." *PLoS ONE* (8): e64581.

Yang, W., T. Dietz, D. B. Kramer et al. 2015. "An Integrated Approach to Understanding the Linkages Between Ecosystem Services and Human Well-being." *Ecosystem Health & Sustainability* 1 (5): 1-12.

Yang, W., T. Dietz, D. B. Kramer, X. Chen, and J. Liu. 2013b. "Going

Beyond the Millennium Ecosystem Assessment: An Index System of Human Well-being." *PLoS ONE* (8): e64582.

Yotopoulos, P. A. 1968. "On the Efficiency of Resource Utilization in Subsistence Agriculture." *Food Research Institute Studies* 8 (2): 13-49, 64.

Zhang, Y. and Wan, G. 2006a. "An Empirical Analysis of Household Vulnerability in Rural China." *Journal of the Asia Pacific Economy* 11 (2): 196-212.

Zhang, Y. and Wan, G. 2006b. "The Impact of Growth and Inequality on Rural Poverty in China." *Journal of Comparative Economics* 34 (4): 694-712.

Zhou, Y. R., Yu, Z. L., and Zhao, S. D. 2000. "Carbon Storage and Budget of Major Chinese Forest Types," *Acta Phytoecol Sin* 24 (5): 518-522.

图书在版编目(CIP)数据

易地扶贫搬迁、农户生计与生态环境可持续发展 / 李聪著. --北京：社会科学文献出版社，2024.1

ISBN 978-7-5228-2429-1

Ⅰ.①易… Ⅱ.①李… Ⅲ.①不发达地区-扶贫-移民-研究-中国 ②农户经济-研究-中国 ③生态环境-可持续性发展-研究-中国 Ⅳ.①D632.4 ②F126 ③F325.1 ④X321.2

中国国家版本馆 CIP 数据核字（2023）第 165114 号

易地扶贫搬迁、农户生计与生态环境可持续发展

著　　者 / 李　聪

出 版 人 / 冀祥德
责任编辑 / 高　雁
文稿编辑 / 张真真
责任印制 / 王京美

出　　版 / 社会科学文献出版社 · 经济与管理分社（010）59367226
地址：北京市北三环中路甲 29 号院华龙大厦　邮编：100029
网址：www.ssap.com.cn
发　　行 / 社会科学文献出版社（010）59367028
印　　装 / 三河市尚艺印装有限公司

规　　格 / 开 本：787mm × 1092mm　1/16
印 张：33.5　字 数：539 千字
版　　次 / 2024 年 1 月第 1 版　2024 年 1 月第 1 次印刷
书　　号 / ISBN 978-7-5228-2429-1
定　　价 / 168.00 元

读者服务电话：4008918866